纪法
思维

XINSHIDAI JIFA SIWEI XILIE CONGSHU

新时代纪法思维系列丛书

（第二版）

纪检监察学基础

王希鹏——著

中国方正出版社

本书党内法规和法律文件全称简称对照表

党内法规文件

全　　称	简　　称
《中国共产党章程》	党章
《中国共产党廉洁自律准则》	《廉洁自律准则》
《中国共产党纪律检查委员会工作条例》	《纪律检查委员会工作条例》
《中国共产党党内监督条例》	《党内监督条例》
《中国共产党纪律处分条例》	《党纪处分条例》
《中国共产党问责条例》	《问责条例》
《中国共产党巡视工作条例》	《巡视工作条例》
《党政机关厉行节约反对浪费条例》	《厉行节约反对浪费条例》
《中国共产党党内法规制定条例》	《党内法规制定条例》
《中国共产党党员权利保障条例》	《党员权利保障条例》
《中国共产党重大事项请示报告条例》	《重大事项请示报告条例》
《中国共产党纪律检查机关控告申诉工作条例》	《纪律检查机关控告申诉工作条例》
《党的纪律检查机关案件审理工作条例》	《案件审理工作条例》
《中国共产党纪律检查机关监督执纪工作规则》	《纪律检查机关监督执纪工作规则》
《纪检监察机关案件监督管理工作规则》	《案件监督管理工作规则》
《纪检监察机关处理检举控告工作规则》	《处理检举控告工作规则》
《纪检监察机关派驻机构工作规则》	《派驻机构工作规则》
《党委（党组）落实全面从严治党主体责任规定》	《落实主体责任规定》
《国家监察委员会特约监察员工作办法》	《特约监察员工作办法》
《中共中央纪律检查委员会关于查处党员违纪案件中收集、鉴别、使用证据的具体规定》	《关于查处党员违纪案件中收集、鉴别、使用证据的具体规定》

续表

全　　称	简　　称
《中国共产党处分违纪党员批准权限和程序规定》	《处分违纪党员批准权限和程序规定》
《党组讨论和决定党员处分事项工作程序规定》	《工作程序规定》
《纪检监察机关监督检查审查调查措施使用规定》	《监督检查审查调查措施使用规定》
《纪检监察机关准确运用“四种形态”实施办法（试行）》	《“四种形态”实施办法（试行）》

国家法律文件

全　　称	简　　称
《中华人民共和国宪法》	宪法
《中华人民共和国监察法》（2025 年）	《监察法》
《中华人民共和国公职人员政务处分法》	《政务处分法》
《中华人民共和国刑法》（2024 年）	《刑法》
《中华人民共和国刑事诉讼法》(2018 年)	《刑事诉讼法》
《中华人民共和国立法法》	《立法法》
《中华人民共和国监察官法》	《监察官法》
《中华人民共和国监察法实施条例》（2025 年）	《监察法实施条例》
最高人民法院、最高人民检察院、公安部、国家安全部、司法部、全国人大常委会法制工作委员会《关于实施刑事诉讼法若干问题的规定》	六部门《规定》
最高人民法院《关于适用〈中华人民共和国刑事诉讼法〉的解释》	最高院《关于适用刑事诉讼法的解释》
《人民检察院刑事诉讼规则》	最高检《刑事诉讼规则》
《公安机关办理刑事案件程序规定》	公安部《办理刑事案件程序规定》
《办理刑事案件排除非法证据规程》	《排除非法证据规程》
《人民法院办理刑事案件第一审普通程序法庭调查规程（试行)》	《法庭调查规程（试行)》
最高人民检察院、公安部《关于公安机关办理经济犯罪案件的若干规定》	《办理经济犯罪案件的若干规定》
全国人民代表大会常务委员会《关于司法鉴定管理问题的决定》	《关于司法鉴定管理问题的决定》
中国银监会、最高人民检察院、公安部、国家安全部《关于银行业金融机构协助人民检察院公安机关国家安全机关查询冻结工作规定》	四部门《查询冻结工作规定》
最高人民法院、最高人民检察院、公安部《关于办理刑事案件收集提取和审查判断电子数据若干问题的规定》	三部门《电子数据规定》
最高人民法院、最高人民检察院《关于适用犯罪嫌疑人、被告人逃匿、死亡案件违法所得没收程序若干问题的规定》	两高《所得没收程序规定》

目　录

第一编　总　论

第一章　纪检监察学 …………………………………………………… (3)
第一节　建设纪检监察学的重大意义 ………………………………… (3)
第二节　纪检监察学的学科特点 ……………………………………… (7)
第三节　纪检监察学的研究对象和研究范围 ……………………… (10)
第四节　纪检监察学的学科归属 …………………………………… (11)
第五节　纪检监察学的学科体系 …………………………………… (13)
第二章　纪检监察概述 …………………………………………………… (15)
第一节　纪检监察的概念 …………………………………………… (15)
第二节　纪检监察的内涵 …………………………………………… (20)
第三节　纪检监察的属性 …………………………………………… (34)
第四节　纪检监察的功能 …………………………………………… (52)
第三章　纪检监察的基础理论 ………………………………………… (60)
第一节　习近平总书记关于党的自我革命的重要思想 ………… (60)
第二节　权力制约与监督理论 ……………………………………… (76)

第三节　中国特色党和国家监督理论 …………………………（97）

第四章　纪检监察的历史沿革 …………………………（115）

第一节　新民主主义革命时期的纪检监察 …………………………（115）

第二节　社会主义革命和建设时期的纪检监察 …………………………（123）

第三节　改革开放和社会主义现代化建设新时期的纪检监察 …………………………（131）

第四节　中国特色社会主义新时代的纪检监察 …………………………（146）

第二编　任务职责

第五章　纪检监察机关的性质职责 …………………………（169）

第一节　概　　述 …………………………（169）

第二节　纪检监察机关的性质 …………………………（172）

第三节　纪检监察机关的任务 …………………………（179）

第四节　纪检监察机关的职责 …………………………（187）

第五节　纪检监察监督与其他监督的关系 …………………………（194）

第六章　纪检监察工作的基本原则 …………………………（202）

第一节　概　　述 …………………………（202）

第二节　政治忠诚原则 …………………………（204）

第三节　正当程序原则 …………………………（210）

第四节　实事求是原则 …………………………（214）

第五节　保障权益原则 …………………………（219）

第六节　严格内部监督原则 …………………………（223）

第七章　纪检监察工作的基本政策 …………………………（226）

第一节　概　　述 …………………………（226）

第二节　惩前毖后、治病救人 …………………………… (235)
第三节　把党的纪律挺在前面 …………………………… (240)
第四节　准确运用"四种形态" …………………………… (244)
第五节　一体推进不敢腐、不能腐、不想腐 ………………… (253)

第三编　组织结构

第八章　纪检监察机关的机构设置 …………………… (265)
第一节　概　　述 ………………………………………… (265)
第二节　纪检监察机关的组织体系 ……………………… (271)
第三节　纪委与监委合署办公 …………………………… (275)
第四节　执纪执法一体机制建设 ………………………… (281)
第九章　纪检监察机关的领导体制 …………………… (287)
第一节　概　　述 ………………………………………… (287)
第二节　纪检监察机关上下级之间关系 ………………… (295)
第三节　纪检监察机关与党委之间关系 ………………… (304)
第十章　纪检监察机关内部组织结构 ………………… (315)
第一节　概　　述 ………………………………………… (315)
第二节　纪检监察机关内设机构 ………………………… (319)
第三节　纪检监察派驻机构 ……………………………… (329)
第十一章　纪检监察机关的管辖制度 ………………… (347)
第一节　概　　述 ………………………………………… (347)
第二节　纪检监察机关的职能管辖 ……………………… (350)
第三节　纪检监察机关的管辖分工 ……………………… (360)
第四节　纪检监察机关的特殊管辖制度 ………………… (367)

第四编　监督执纪执法

第十二章　监督检查 ………………………………………………（373）

第一节　概　　述 ………………………………………………（373）

第二节　政治监督 ………………………………………………（378）

第三节　党风政风监督 …………………………………………（387）

第四节　日常监督 ………………………………………………（396）

第五节　监督检查的方法创新 …………………………………（404）

第十三章　线索处置 ………………………………………………（416）

第一节　概　　述 ………………………………………………（416）

第二节　检举控告的处理 ………………………………………（419）

第三节　线索处置的程序 ………………………………………（423）

第四节　线索处置的制度要求 …………………………………（429）

第十四章　谈话函询 ………………………………………………（434）

第一节　概　　述 ………………………………………………（434）

第二节　谈话函询的程序 ………………………………………（438）

第三节　谈话函询后的处置 ……………………………………（444）

第十五章　初步核实 ………………………………………………（451）

第一节　概　　述 ………………………………………………（451）

第二节　初步核实的程序 ………………………………………（455）

第三节　初步核实后的处置 ……………………………………（461）

第十六章　审查调查 ………………………………………………（466）

第一节　概　　述 ………………………………………………（466）

第二节　审查调查工作的总体要求 ……………………………（472）

第三节　审查调查的程序 ……………………………………………… (477)
第四节　审查调查后的处置 …………………………………………… (491)

第十七章　审查调查措施的使用 ………………………………………… (500)
第一节　概　　述 …………………………………………………… (500)
第二节　谈　　话 …………………………………………………… (507)
第三节　讯　　问 …………………………………………………… (510)
第四节　询　　问 …………………………………………………… (514)
第五节　强制到案 …………………………………………………… (518)
第六节　责令候查 …………………………………………………… (520)
第七节　管　　护 …………………………………………………… (522)
第八节　留　　置 …………………………………………………… (524)
第九节　查　　询 …………………………………………………… (530)
第十节　冻　　结 …………………………………………………… (533)
第十一节　搜　　查 ………………………………………………… (537)
第十二节　调　　取 ………………………………………………… (540)
第十三节　查封、扣押 ……………………………………………… (543)
第十四节　勘验检查、调查实验 …………………………………… (547)
第十五节　鉴　　定 ………………………………………………… (550)
第十六节　技术调查 ………………………………………………… (555)
第十七节　通　　缉 ………………………………………………… (558)
第十八节　限制出境 ………………………………………………… (560)

第十八章　纪检监察证据适用 …………………………………………… (566)
第一节　概　　述 …………………………………………………… (566)
第二节　纪检监察证据适用的原则与规则 ………………………… (579)
第三节　纪检监察证据适用的过程 ………………………………… (587)

第四节　各种类证据的适用问题 ……………………………… (596)

第十九章　案件审理 …………………………………………… (620)

第一节　概　　述 …………………………………………… (620)

第二节　案件审理工作程序 …………………………………… (622)

第三节　处分决定的执行 ……………………………………… (630)

第四节　处理申诉 …………………………………………… (633)

第二十章　处分处置 …………………………………………… (643)

第一节　概　　述 …………………………………………… (643)

第二节　党纪处分 …………………………………………… (647)

第三节　政务处分 …………………………………………… (652)

第四节　党纪政务处分以外的处理 …………………………… (659)

第五节　问　　责 …………………………………………… (667)

第六节　移送起诉 …………………………………………… (673)

第七节　处置涉案财物 ……………………………………… (690)

第二十一章　监督管理 ………………………………………… (698)

第一节　概　　述 …………………………………………… (698)

第二节　纪检监察机关的实体约束 …………………………… (701)

第三节　纪检监察机关的程序约束 …………………………… (709)

第四节　纪检监察机关的内部监督 …………………………… (712)

第五节　纪检监察机关的外部监督 …………………………… (714)

后　　记 ………………………………………………………… (719)

第一编　总　　论

第一章　纪检监察学

纪检监察是中国共产党纪律检查和中华人民共和国国家监察的简称。纪检监察学是研究党和国家监督体系、党风廉政建设和反腐败以及纪检监察理论、制度和实践的综合性学科。

建设纪检监察学科，是贯彻习近平新时代中国特色社会主义思想特别是习近平总书记关于党的自我革命的重要思想，推动纪检监察工作高质量发展的重大举措，是具有中国特色的开创性事业。《纪律检查委员会工作条例》第47条强调，加强理论研究和学科建设。《监察官法》规定，国家加强监察学科建设。2023年1月1日起，《研究生教育学科专业目录（2022年）》和《研究生教育学科专业目录管理办法》正式实施，纪检监察学正式成为法学门类下独立的一级学科。随着纪检监察学科建设的稳步推进，理论和实务界对纪检监察学科的认识不断深入。2024年教育部发布的《研究生教育学科专业简介及其学位基本要求（试行版）》对纪检监察学的学科定位、学科内涵、学科范围、培养目标等作出具体规定。

第一节　建设纪检监察学的重大意义

建设纪检监察学科，是对我们党自我革命、自我监督丰富实践进行规律总结和理论升华，是构建中国自主的纪检监察知识体系的重要载体，是增强中国反腐败国际话语权的重要途径。

一、建设纪检监察学科是落实习近平总书记关于党的自我革命的重要思想、实现跳出历史周期率战略目标的重要体现

党的十八大以来，习近平总书记带领全党以前所未有的决心力度推进全面从严治党，创造性提出一系列具有原创性、标志性的新理念新思想新战略，形成习近平总书记关于党的自我革命的重要思想，指引百年大党开辟了自我革命的新境界。这一重要思想深刻阐述我们党“为什么要自我革命”的道理、“为什么能自我革命”的底气，明确提出“怎样推进自我革命”的实践要求，是一个博大精深、逻辑严密、系统科学的思想体系[①]。落实习近平总书记关于党的自我革命的重要思想、关于全面从严治党的重要论述，解决我们党在长期执政条件下推进自我革命、永葆党的先进性和纯洁性、有效监督制约公权力等问题，迫切需要构建纪检监察学科相关知识体系，为新时代全面从严治党提供有力的理论支撑。通过学科建设，以高度自觉的态度、科学的路径、体系化的方式推进自我革命，不断推进实践探索和理论创新，不断深化对党的自我革命的规律性认识，把党的自我革命的思路举措搞得更加严密，实现跳出历史周期率的战略目标，确保党永远不变质、不变色、不变味。

二、建设纪检监察学科是服务健全党和国家监督体系重大战略部署的重要体现

中国特色社会主义制度是党和人民在长期实践探索中形成的科学制度体系，我国国家治理体系和治理能力是中国特色社会主义制度及其执行能力的集中体现。监督是治理的内在要素和有机组成部分，推进国家治理体系和治理能力现代化，必须建立健全监督体系，形成决策科学、

---

① 钟纪言：《深入学习贯彻习近平总书记关于党的自我革命的重要思想　持续发力纵深推进反腐败斗争》，载中央纪委国家监委网站，2024年1月18日。

执行坚决、监督有力的权力运行机制，确保党的路线方针政策和各项决策部署贯彻落实，确保党和人民赋予的权力始终用来为人民谋幸福。党的十九大着眼全面从严治党、提高党的执政能力和领导水平，作出健全党和国家监督体系的战略部署。党的十九届四中全会确立党和国家监督体系在坚持和完善中国特色社会主义制度、推进国家治理体系和治理能力现代化中的重要支撑地位。党的二十大报告强调，健全党统一领导、全面覆盖、权威高效的监督体系，完善权力监督制约机制，以党内监督为主导，促进各类监督贯通协调。随着全面深化改革向纵深推进，健全党和国家监督体系，已进入到系统集成、协同高效的新阶段。但是当前健全党和国家监督体系更多是实践层面的探索，理论层面的构建仍显不足，也没有将这一重大国家战略纳入哲学社会科学的教学研究和学科建设平台。健全党和国家监督体系，需要不断在实践和理论上进行探索、并用发展着的理论指导发展着的实践。学科作为对事物规律性认识的相对独立的知识体系，具有比各种理论、学说更加广泛和深入的认识形式。建设纪检监察学科，专门开展党和国家监督体系的理论和实践研究，可以为完善党和国家监督体系提供理论支撑、智力支持和人才保证，使党和国家监督体系更好融入国家治理体系，把制度优势转化为治理效能。

三、建设纪检监察学科是坚定不移走中国特色反腐败之路的重要体现

习近平总书记反复强调，腐败问题对党的执政基础破坏力、杀伤力最大，是最容易颠覆政权的问题，是党面临的最大危险，反腐败斗争是一场输不起也决不能输的重大政治斗争。党的十八大以来，反腐败斗争取得的历史性成就，赢得了确保党不变质、不变色、不变味的历史主动，赢得了党团结带领全体人民为强国建设、民族复兴伟业共同奋斗的历史主动。在党中央坚强领导下，成功走出一条中国特色反腐败之路。腐败治理是一项系统工程，需要各个领域、各类要素的综合施治、一体

推进，实现集成效应。与一体推进“三不腐”要求相比，反腐败理论研究存在着明显不足。比如，对腐败现象的产生变化规律、治理机制等研究不足，一些老问题反复发作、新问题层出不穷，对清正廉洁价值观的研究宣传、教育引导不到位等。建设纪检监察学科，有利于更好发挥纪检监察协会、高校和科研院所等智库功能，加强对党风廉政建设和反腐败工作新理念新思想新战略的研究阐释，深入总结新时代党风廉政建设的实践成果，上升为理性认识，提炼出新的理论成果。深入研究反腐败领域出现的新情况新问题，深化标本兼治、系统施治，不断拓展反腐败斗争深度广度，推动防范和治理腐败问题常态化、长效化。同时，推动中国特色反腐败理论体系国际化传播，讲清楚反腐败的中国之路、中国之治、中国之理，持续增强中国反腐败国际话语权。

四、建设纪检监察学科是系统推进纪检监察工作高质量发展的重要体现

规范化、法治化、正规化是纪检监察工作高质量发展的内在要求和重要保障。党的十八大以来，党中央一体推进党的纪律检查体制改革、国家监察体制改革、纪检监察机构改革，实现了党内监督和国家监察有机统一，形成了具有中国特色的纪检监察体制。推进纪检监察工作高质量发展必须有专门的学科支撑。学科是关于研究对象全面、系统的科学知识，体现了当时人类认识的最高水平。“科学学科是以科学理论为核心材料和其他材料建构起来的具有系统化的知识体系，是比科学理论更广和更深的认识形式。”① 通过建设纪检监察学科，打破学科壁垒，克服纪检监察研究上的分散性，调动科学的研究方法，将相关知识综合起来，提炼新的概念、理论、逻辑和方法等，形成中国特色纪检监察学科体系、学术体系、话语体系。另外，设立纪检监察学科，是推进纪检监察实务界与哲学社会科学界良性互动的重要媒介，是实现纪检

① 舒炜光：《科学认识论》（第三卷），吉林人民出版社 1990 年版，第 145 页。

监察理论与实践有机统一的重要载体，通过对党的纪律检查、国家监察的基本原理与发展规律进行学科化、学理化阐释和研究，进一步优化纪检监察业务流程和执纪执法规范，更好指导纪检监察实践；通过推动开展前瞻性、政策性、应用性研究，回答和解决好新时代新征程纪检监察工作面临的重大问题，以理论创新带动实践破题。此外，通过开展纪检监察研究生教育，可以培养更多专业人才，实现事业薪火相传、后继有人。

五、建设纪检监察学科是优化我国学科结构的重要体现

近年来，高等教育领域在推进纪检监察学科建设上做了大量基础性工作。目前，全国有 100 余所高校、科研院所设立了专门的纪检监察、廉政建设和反腐败方面的教学科研机构，专职教学科研人员近千人。通过设立纪检监察学科，能够搭建更广阔平台，整合研究资源，汇聚学科队伍，形成更加丰富系统的研究成果，吸引更多专家学者开展纪检监察理论和实践研究，培养造就一批勇于创新、在国内外有广泛影响的纪检监察理论人才。同时，也能够培养一些领域的紧缺人才，比如国际追逃追赃人才、巡视巡察专门人才、企业廉洁内控人才等。此外，建设纪检监察学科也能够为中国特色哲学社会科学拓展学科资源，培育新的学科增长点，为中共党史党建学、法学、政治学、马克思主义等学科发展提供有力支撑，拓宽其研究视域和研究空间，共同繁荣发展哲学社会科学。

第二节 纪检监察学的学科特点

纪检监察学是具有鲜明中国特色的哲学社会科学学科，是在中国共产党深入推进全面从严治党取得重大理论、制度和实践成果基础上形成的新兴学科，具有鲜明的政治性、时代性和实践性。

一、纪检监察学科具有鲜明的中国特色

“纪检监察学是以完善和发展中国特色社会主义监督制度为导向的

一门新兴学科，是中国特色自主知识体系的重要组成部分。”① 纪检监察学科具有深厚的历史文化积淀，中国古代监察制度在人类文明史上独树一帜，形成了独特的监察制度和丰富的监察思想文化。我们党从成立之初，就注重把马克思主义思想精髓同中华优秀传统文化精华结合起来，探索符合国情的监督制度。特别是党的十八大以来，以习近平同志为核心的党中央举旗定向、谋篇布局，着眼于党永续执政和国家永远兴盛的长远考量，一体深化推进党的纪律检查体制改革、国家监察体制改革、纪检监察机构改革，健全党统一领导、全面覆盖、权威高效的监督体系，开辟了权力监督理论的新境界，走出了一条中国特色监督道路。“中国特色监督具有鲜明的政治属性、坚定的政治立场、明确的政治目标，与西方国家的三权分立式监督、分散低效式监督、为少数利益集团服务的监督有着本质区别。”② 纪检监察学科以中国特色监督理论为基础，体现了中国特色监督道路的显著优越性，是实现中国式现代化的重要制度保障，是中国智慧、中国方案、中国力量的重要体现。

二、纪检监察学科具有很强的政治属性

中国共产党领导是中国特色社会主义最本质的特征，是中国特色社会主义制度的最大优势。“纪检监察学科围绕完善和发展中国特色社会主义监督制度开展理论研究，为解决党在长期执政条件下永葆先进性和纯洁性、健全党和国家监督体系、有效监督制约公权力等重大课题提供理论支撑，有利于以高质量党内监督、国家监察促进国家制度和治理体系提质增效，充分彰显中国特色社会主义制度的优越性。”③ 纪检监察学科产生于中国特色社会主义制度深厚土壤，根本目的是坚持和加强党

---

① 胡扬：《纪检监察学若干基本问题研究——兼论中国特色纪检监察学学科体系、学术体系、话语体系的构建》，载《河南社会科学》2024 年第 7 期，第 27 页。

② 许罗德：《坚持和完善党和国家监督体系　走中国特色监督之路》，载《中国纪检监察报》2020 年 2 月 10 日。

③ 刘硕：《建设纪检监察学科是中国特色开创性事业》，载《中国纪检监察报》2022 年 9 月 15 日。

的全面领导，根本要求是推动中国特色社会主义监督制度更加巩固、优越性充分发挥，一切工作都必须体现党中央精心设计自我监督体制的政治考量和政治内涵，服务于以伟大自我革命引领伟大社会革命的战略全局。

三、纪检监察学科源于丰富的纪检监察工作实践

中国共产党成立初期，党的纪律检查工作便已开展，经过一百多年的发展演进，党的纪律检查制度日臻完善，积累了极为丰富的实践成果。我们党还积极探索建立行政监察制度，行政监察理论和实践也得到长足发展。党的十八大以来，以习近平同志为核心的党中央深化纪检监察体制改革，习近平总书记亲自领导、亲自指挥、亲自部署，提出一系列新思想、新理念、新要求，改革成效显著。在我国的纪检监察体制之下，党内监督与国家监察有机统一，党的纪律检查委员会和监察委员会合署办公，执纪执法相互贯通。与这一实践发展相适应，纪检监察学科具有“纪法一体性”的特点，理论上应当将“纪检”与“监察”视为一个整体展开研究，贯通政党理论和法学理论，形成针对“纪检监察”整体问题的创新理论。纪检监察学科建设系统总结建党以来特别是新时代纪检监察工作的理论成果、制度成果、实践成果，体现纪法一体性，形成纪检监察领域独特的知识体系和研究方法，为纪检监察工作高质量发展提供理论支撑。

四、纪检监察学科体现多学科融合性

党和国家监督是一个由多元参与主体、多类制度措施、多重作用机制构成的综合系统，是国家治理内外部因素协同配合的过程。纪检监察机关作为党和国家监督的专责机关，纪法双施双守，纪检监察学科因而兼有“纪”和“法”的研究范畴及特征，实践领域广，多学科融合性强。纪检监察学科必须拥有更广阔的胸怀，更宽厚的研究视野，注重多重视角、采取多元方法、依靠多方力量，注重借鉴马克思主义理论、中共党史党建学、政治学、法学、公共管理学等多学科的理论知识和研究

方法，拓宽学科建设的广度和深度①。

第三节 纪检监察学的研究对象和研究范围

对象是学科的基础。具有独立的研究对象，是纪检监察学作为一门独立学科的前提和基础，也是纪检监察学区别于其他学科的重要依据。

一、纪检监察学的研究对象

纪检监察研究对象是否具有独立研究的可能性和必要性？毛泽东同志讲："科学研究的区分，就是根据科学对象所具有的特殊的矛盾性。因此，对于某一现象的领域所特有的某一种矛盾的研究，就构成某一门科学的对象。"② 要成为一门科学，首先要求这个研究对象是相对明确和完整的，具有一定的研究意义，而且是其他学科研究尚未包括的。如果这个对象已经被其他学科确定为研究对象，那么对这个研究对象就没有必要再设立一个学科进行研究。纪检监察作为一种以党内监督和国家监察为主要职能、以维护党的全面领导为主要目的的活动，应当有专门的学科将其作为自己的独立研究对象。

纪检监察学科的研究对象是什么？经过实践发展，纪检监察学科已经形成了特有的研究对象。党章、宪法是纪检监察学科设立的根本依据。根据党章规定，党的纪律检查机关是党内监督的专责机关；根据宪法规定，中华人民共和国各级监察委员会是国家的监察机关。毫无疑问，纪检监察学科的研究对象就是"纪检监察"。在研究对象的具体表达上，有两种观点：第一种观点是将纪检监察作为一种制度形态来对待、来研究，即纪检监察制度是中国共产党纪律检查制度和中华人民共和国国家监察制度的总称。这里的"制度"是广义的制度，包括某一领域的一整套规则、关系和模式，比如政治制度、经济制度、监督制

---

① 王希鹏：《纪检监察学科建设前瞻》，载《中国纪检监察报》2022 年 1 月 20 日。

② 《毛泽东选集》（第一卷），人民出版社 1991 年版，第 309 页。

度、文化制度等。那么，纪检监察学科的研究对象是纪检监察制度与纪检监察活动。[①] 第二种观点是根据 2024 年教育部发布的《研究生教育学科专业简介及其学位基本要求（试行版）》规定，纪检监察是中国共产党纪律检查和中华人民共和国国家监察的简称，纪检监察学的具体研究对象是纪检监察理论、制度和实践。这里的制度是狭义的“制度”，主要是指纪检监察法规制度。本书主要借鉴第二种观点，即纪检监察学科的具体研究对象是纪检监察理论、制度和实践。

二、纪检监察学的研究范围

研究对象和研究范围是学科建设中的两个重要范畴，两者密切相关。研究对象是对某一个学科研究内容、范围的高度概括，其意义在于确定学科研究的起点，也是学科发展追求的价值目标，即“应然”的，而研究范围则是说明这一学科涉及的领域，指明学科研究的纵深度、宽广度及与其他学科的关系界限。具体来讲，纪检监察主体是纪检监察行为的实施者，即纪检监察机关。纪检监察客体是纪检监察行为的作用对象，包括党和国家监督体系、党风廉政建设和反腐败斗争，以及纪检监察具体活动等。因此，纪检监察学科以完善和发展中国特色社会主义制度为导向，研究范围包括党和国家监督体系、党风廉政建设和反腐败斗争以及纪检监察的理论、制度和实践等。

当然，纪检监察学是一门新兴学科，随着党和国家事业发展，纪检监察机关的任务职责不断拓展，这就决定了纪检监察学的研究内容必然是开放、发展的，而不是封闭、僵化的。实践中仍有大量问题亟待深入研究，将来还会出现一些新的研究课题。随着形势任务变化和纪检监察实践发展，纪检监察学的研究内容和研究范围也将不断延伸和拓展。

第四节 纪检监察学的学科归属

纪检监察学成为法学门类下的一级学科，是党和国家事业发展的需

---

① 王希鹏：《纪检监察学基础》，中国方正出版社 2021 年版，第 7 页。

要，也是纪检监察理论和实践发展的结果。

第一，这是由纪检监察权的属性决定的。党和国家监督体系是中国专门的政治监督制度，是中国特色政治制度的重要组成部分，政治要求高。另外，在我国宪法架构下，监察权是国家独立的监察权，监察权与行政权、司法权的职责性质存在本质上的区别。这就意味着，通过行政管理类学科或司法类学科来研究国家监察制度，是不可行的。把纪检监察学科放在“法学”“政治学”“公共管理学”等一级学科内，都是不合适的，都与纪检监察权的性质不相符。从纪检监察学科的性质来看，纪检监察权兼有“纪”和“法”的范畴及特征，是重要的践行法治活动，法学门类属性明显。同时，由于其政治属性强、实践领域广，也体现了马克思主义、法学、政治学、党史党建学等多学科融合性。在法学门类下建立纪检监察一级学科，符合纪检监察工作特点和规律，也是在培育新的学科增长点，优化我国的学科结构，为中国特色哲学社会科学拓展学科资源。

第二，这是由纪检监察的内容决定的。“为学科构建体系，从某种意义说，意味着要使直观认识上升到理念，要把经验知识凝练为范式，要使理论思想升华到新的更高境界。”[①] 从纪检监察活动具体内容来看，其职责包括了监督、执行党的纪律、调查职务违法、调查职务犯罪等内容，不管是法学学科、政治学科、党史党建学科等都仅仅涉及纪检监察的某一部分内容，而非整体和全部，只有纪检监察学这门学科才能对纪检监察进行整体系统性的研究。成熟的纪检监察学应当是关于纪检监察完整而系统、具有内在联系的知识体系，具有比各种理论、学说更加广泛和更深入的认识形式，能够成为继续认识纪检监察及其内在规律的工具，为纪检监察活动提供理论支撑、智力支持和人才保障。

---

① 高清海：《高清海哲学文存①：哲学的创新》，吉林人民出版社 2005 年版，第 268—269 页。

第三，这是由我国的学科分类所决定的。学科门类是对具有一定关联学科的归类。从学理上说，纪检监察是党和国家治理的重要组成部分，纪检监察机关既是监督机关，也是执纪执法机关，它以纪和法为“尺子”，具有“依法治理”的属性，应当放在法学学科门类内。那么，纪检监察学能否成为独立的一级学科呢？一级学科是具有共同理论基础或研究领域相对一致的学科集合。2009 年教育部发布的《学位授予和人才培养学科目录设置与管理办法》第 7 条规定，一级学科须符合 4 个条件，包括“具有确定的研究对象，形成了相对独立、自成体系的理论、知识基础和研究方法；一般应有若干可归属的二级学科；已得到学术界的普遍认同；社会对该学科人才有较稳定和一定规模的需求”。对照上述要求，纪检监察学科具有独立的研究对象；具有专门的话语体系、研究方法和知识体系，形成了相对独立、自成体系的中国特色监督理论体系；具有较为完整的学科体系，有若干可归属于纪检监察学科的二级学科；已有一定数量的学位授予单位开展了较长时间的纪检监察学科研究和人才培养工作；目前全国有 70 多万名纪检监察干部，随着纪检监察体制改革的不断深化，对纪检监察实务人才和研究人才有长期、大规模的需求。可以说，将纪检监察学科设置为一级学科，形成体现中国特色、中国风格、中国气派的纪检监察学科体系，是纪检监察专业化发展的必然结果。

第五节　纪检监察学的学科体系

有无科学的学科体系是一个学科发展是否成熟的重要标志。所谓学科体系，就是指由学科内部不同层次、相互联系的若干分支学科所构成的有机整体①。纪检监察学作为一个一级学科，是由横向展开的各个不同类别的分支学科和纵向展开的不同等级、层次的分支学科科学配置而

① 石少侠：《检察学新论》，中国检察出版社 2013 年版，第 21 页。

成的。构建纪检监察学科必须将其内部不同层次、相互关联的若干组成部分，按照一定的逻辑关系进行优化集成，这个优化集成的过程就是对学科体系进行构成分析和梳理。

构建纪检监察学科体系必须坚持以习近平新时代中国特色社会主义思想特别是习近平总书记关于党的自我革命的重要思想为指导，以制约与监督为逻辑起点，以完善和发展中国特色社会主义监督制度为导向开展研究，围绕解决大党独有难题、党在长期执政条件下推进自我革命、永葆党的先进性和纯洁性、健全党和国家监督体系等重大课题提供理论支撑和构建相关知识体系。

具体来讲，至少包括以下五个层次：第一个层次研究纪检监察学的指导思想，特别是习近平总书记关于党的自我革命的重要思想。第二个层次是研究纪检监察学的基础理论体系，包括：中国特色党和国家监督理论、中国特色廉政理论、中国共产党党内监督理论、作风建设理论、纪律建设理论、国家监察理论等。第三个层次是研究纪检监察学的研究范围，包括：党和国家监督体系、党风廉政建设和反腐败斗争、权力运行制约与监督、党的纪律检查、国家监察等。第四个层次研究纪检监察的现实运行，包括：纪检监察的任务职责、组织体系、职权配置，以及监督检查、审查调查、审理、巡视巡察、反腐败国际合作、数字纪检监察等监督执纪执法体系。第五个层次研究国内外监督制度比较，通过研究国（境）外监督制度和反腐败制度，建立独有特色的比较监督学。

第二章　纪检监察概述

纪检监察的内涵是什么？根本属性是什么？主要特征是什么？基本要素有哪些？这是研究纪检监察的前提性问题。只有准确回答这些问题，才能把纪检监察与其他政党制度或监督制度区分开来，进而明确纪检监察机关的职责定位、组织结构、运行机制和权力配置规则等。

第一节　纪检监察的概念

“纪检监察”是中国共产党长期探索符合中国国情的监督体制形成的重大成果。纪检、监察、纪检监察等概念是历史形成的，有着特定的内涵，体现了纪检监察的历史变迁与发展。

一、纪检的概念及来源

“纪检”是党的纪律检查的简称，是指党的纪律检查机关为维护党的纪律，促进党组织和党员牢固树立党章意识，依规依纪对党组织和党员开展的监督、执纪、问责活动，是党进行自我监督的重要方面。党章第46条和《纪律检查委员会工作条例》第3条明确规定，党的各级纪律检查委员会是党内监督专责机关。

从中国历史来看，在汉语中，检查的“检”是“考查、察验”和“约束、制止”之意，《后汉书·周黄徐姜申屠列传》中“骠骑执法以检下，故臣不敢不至”[1]，就是此意。“查”是考察、检查、翻阅、检寻之意，这个词古代用得比较少，近现代使用较多。可见，“检查”一词，既指检视察验，又指检举制止。比如，1879 年黄遵宪《日本杂事诗》：“官派员检查，令酒人于盛酒器标识其数，如或隐匿偷漏，皆重课罚金。”[2]

从我们党的历史来看，“纪律检查”是中国共产党的独创性贡献。我们党在革命实践中，逐步将“纪律”和“检查”联合起来使用，1930 年 9 月，中国共产党六届三中全会在上海举行，首次提出全党应实行自上而下的工作检查。在全会上，周恩来作了组织报告，其中第七部分报告了检查工作与纪律情况，报告指出，我们检查的方法是自上而下的巡视，自下而上的批评，相互的督促和检查。[3] 全会通过的《组织问题决议案》指出：“为使党的组织工作在实际上有个真正的转变，为使党的纪律更加巩固起来，全党应实行自上而下的工作检查，检查的方法依国际的指示：1. 遣派巡视员到地方支部中去；2. 发展自下的自我批评。但这一检查须是巩固纪律的，须是加强工作速度的。”[4] 这是在党的历史上，第一次系统提出通过检查巩固党的纪律，具有重大历史意义。随着解放战争的节节胜利，党内出现了一些违反政策、破坏纪律的现象，当时党的建设的核心就是严明纪律，制止党内的无政府无纪律现象。比如，1946 年 7 月，党中央专门发出《中央关于加强各部队纪律教育的指示》，要求“任何部队，在每一次行动前，必须进行一次公开的全体的纪律教育”[5]。新中国成立以前，在中国人民解放军的序列里，

---

① 《后汉书》卷五十三，《周黄徐姜申屠列传》。

② 《日本杂事诗》卷一。

③ 《中国共产党党风廉政建设百年纪事》，中国方正出版社 2021 年版，第 31 页。

④ 中共中央纪律检查委员会办公厅：《中国共产党党风廉政建设文献选编》（第三卷），中国方正出版社 2001 年版，第 41 页。

⑤ 中共中央纪律检查委员会办公厅：《中国共产党党风廉政建设文献选编》（第五卷），中国方正出版社 2001 年版，第 97 页。

为严明部队纪律，曾经成立过纪律检查大队、纪律检查队或纪律检查组之类的机构。[①] 新中国成立后，为了保证党的路线、方针、政策的贯彻执行，继续在党内坚持铁的纪律，就更加迫切和必要。1949 年 11 月 2 日，毛泽东同志主持召开中央政治局会议，刘少奇、朱德、周恩来、陈云、彭真、董必武、林伯渠出席，会议强调："为整饬党纪，决定组织中央纪律检查委员会，朱德为书记。"[②] 此时，"纪律检查"一词在党的历史上正式出现，这是中国共产党成立专门组织整饬党纪的重大里程碑事件，在国际共产主义运动史上是第一个，是中国共产党对马克思主义建党学说的重大贡献。改革开放后，党的十一届三中全会恢复重建党的纪律检查机关，并一直延续至今。

二、监察的概念及来源

"监察"是国家监察的简称，是指监察机关依法对所有行使公权力的公职人员进行监督、调查、处置的活动。宪法第 123 条规定，中华人民共和国各级监察委员会是国家的监察机关。

从中国历史上来看，"监"字出现得很早，在甲骨文中即已出现，"监"的本义为临水自照[③]。殷商时期，"监"不仅表示从旁察看的监督之义，还是专司监察的官名。在殷墟卜辞中出现商王令某人监某地的记载[④]。"察"是"细看、详审"和"考察、调查"之意，源于《论语·卫灵公》："众恶之，必察焉；众好之，必察焉。"[⑤] 在古代一般将"监察"与"监督"作为同义词使用，大多数场合可互换通用，《说文解字》中就有"督，察也"。简言之，监察是指通过对事物的督察与监测，实现查核与考察之目的。《诗经》有云："监观四方"，郑玄解释为"监察天下之

① 参见杨明伟：《陈云晚年岁月》，人民出版社 2005 年版，第 71 页。

② 《毛泽东年谱（一九四九—一九七六）》（第一卷），中央文献出版社 2013 年版，第 36 页。

③ 曹呈宏：《"监督"考》，载《华东政法大学学报》2008 年第 5 期，第 147 页。

④ 张亚初、刘雨：《西周金文官制研究》，中华书局 1986 年版，第 49 页。

⑤ 《论语·卫灵公》。

众国”。《三国志 · 魏书 · 夏侯尚附子玄传》中也有“宰牧相累，监察相司。……宜省郡守，但任刺史。刺史职存，则监察不废”的记载。

从我们党的历史来看，党内专门监督机构最早使用“监察”的名称。1927 年 4 月 27 日至 5 月 9 日，党的五大在武汉召开，选举产生了中央监察委员会，开创了设立党内专门监督机构的历史。之后，“监察”更多代表行政监察，比如，新民主主义革命时期，创建的华北人民政府的人民监察院（1948 年）、陕甘宁边区政府的人民监察委员会（1949 年）。新中国成立后，先后成立了中央人民政府政务院人民监察委员会（1949 年）、国务院监察部（1954 年）、国务院监察部（1987 年）。党的十八大以来，党中央作出了深化国家监察体制改革的重大决策部署，“行政监察”变为“国家监察”，这是事关全局的重大政治体制改革，是推进国家治理体系和治理能力现代化的重大战略部署，赋予了“监察”新的内涵、价值和使命。

三、纪检监察的概念及来源

纪检监察是中国共产党纪律检查和中华人民共和国国家监察的简称。根据党中央要求，党的纪律检查机关和国家监察机关合署办公，统称为纪检监察机关。《纪律检查机关监督执纪工作规则》第 6 条规定：“党的纪律检查机关和国家监察机关是党和国家自我监督的专责机关，中央纪委和地方各级纪委贯彻党中央关于国家监察工作的决策部署，审议决定监委依法履职中的重要事项，把执纪和执法贯通起来，实现党内监督和国家监察的有机统一。”纪检监察机关是党和国家自我监督的专责机关，这是党内法规对纪检监察机关性质职责的准确定位。

在党的历史上，第一次将“纪检”与“监察”合并使用为“纪检监察”，出现在 1993 年 2 月中共中央、国务院批转的《关于中央纪委、监察部机关合署办公和机构设置有关问题的请示》中，“纪检监察”一词由此出现。中央纪委、监察部合署办公的决定，构建了更加符合党风廉政建设需要的党政并轨监督体制，开创了纪检监察工作新历史。党的十八大以来根据党中央部署，国家监察体制改革后，组建国家、省、市、县监察委员会，同党的纪律检查机关合署办公，依然简称为“纪检监察机关”，此时“监察”的内容已发生重大变化，由原来的行政监察变为国家监察。“纪检监察”形成与发展具有重大历史意义，是中国共产党探索符合中国国情的监督体制的重大标志性成果，体现了中国特色监督制度的鲜明特点和显著优势。①

四、相关概念辨析

实践中，应厘清“监督”“党和国家监督体系”“党内监督”“纪检监察监督”“政治监督”等相关概念的区别。

1. 监督。监督是一个宏观概念。从广义上讲，监督是人类社会普遍存在的一种现象，自从有人类社会开始，监督这种现象就出现了。从狭义上讲，监督是指享有法定监督权的监督机关对被监督者实施的具有法定效力的监督活动。任何一个国家的权力运行都必须有监督，监督是国家权力运行的必备要件。

2. 党和国家监督体系。党和国家监督体系指党和国家监督的各个主体，按照一定组织结构和运行机制，在对党和国家权力运行进行监督过程中形成的党统一领导、全面覆盖、权威高效的监督体系，是一个由多元参与主体、多类制度措施、多重作用机制构成的综合系统。党和国家监督体系以党内监督为主导，贯通人大监督、民主监督、行政监督、司法监督、审计监督、财会监督、统计监督、群众监督、舆论监督等各类监督。党和国家监督体系是中国特色社会主义制度和国家治理体系的重要组成部分，是实现依规治党和依法治国有机统一的成功做法。

3. 党内监督。党内监督是党的建设的重要内容，也是全面从严治党的重要保障，是指根据党章和其他党内法规，从思想、组织、作风、

① 王希鹏：《“纪检监察”的由来、变迁及启示》，载《中国纪检监察研究》2025 年第 1 期，第 39 页。

纪律等方面，对党组织和党员执行党的路线方针政策和党规党纪情况的监督和督促活动。具体来说，党内监督包括党委（党组）的全面监督、纪律检查机关的专责监督、党的工作部门的职能监督、党的基层组织的日常监督、党员的民主监督等。纪律检查机关是党内监督的专责机关。

4. 纪检监察监督。纪检监察监督是指党的纪律检查机关和国家监察机关依规依纪依法开展的监督执纪问责和监督调查处置活动。在党和国家监督体系中，纪检监察机关处于主干地位。纪检机关是党内监督的专责机关，监察机关是国家监察的专责机关，纪检与监察机关合署办公，实现了党内监督和国家监察的有机统一，这是党和国家监督体系的重大制度设计。

5. 政治监督。政治监督重点加强对党章党规和法律法规执行情况的监督检查，加强对党中央重大决策部署、重大战略举措和习近平总书记重要指示批示精神落实情况的监督检查，加强对各领域各方面重要政策、重要任务推进情况的监督检查。政治监督的根本指向，就是“两个维护”，根本目的是坚持和加强党的全面领导。纪检监察机关具有鲜明的政治属性，必须把政治监督摆在首位。

第二节　纪检监察的内涵

研究纪检监察工作，不能仅仅关注纪检监察业务工作，更要把它作为一种制度形态来对待、来研究。这样对纪检监察工作的研究，才更具有根本性、全局性、长期性和科学性。

一、纪检监察的含义

纪检监察工作作为党和国家监督体系的重要组成部分，不仅是一种工作，更是一种制度。制度可以理解为一种公开的规范体系。[①] 广义的

① 参见［美］罗尔斯：《正义论》，何怀宏译，中国社会科学出版社 1988 年版，第 50 页。

制度包括某一领域的一整套规则、关系和模式，比如政治制度、经济制度、监督制度、文化制度等，狭义的制度主要是指具体的规则制度。我们在这里使用广义的“制度”，不仅仅研究纪检监察领域的制度规范，而是把整个纪检监察制度作为一项党和国家重大的政治制度、专门的监督制度进行整体性研究，这样对纪检监察的研究才更加深刻和透彻。

具体来讲，纪检监察是坚持和加强党的全面领导的基础性制度，是推动党和国家治理能力现代化的重要保证，是党和国家监督体系的重要组成部分，是中国特色反腐败之路的重要力量，是包括纪检监察活动的职责职权、组织体系、职权配置、职能活动及制度规范等在内的统一规定，是将马列主义党和国家监督理论同中国和中国共产党的建设实际相结合的产物，丰富和发展了世界政治文明的多样性。

（一）纪检监察是坚持和加强党的全面领导的基础性制度

中国共产党的领导是中国特色社会主义最本质的特征。坚决维护党中央权威和集中统一领导，是马克思主义执政党的一项重大原则，是我们党最大的政治优势。习近平总书记深刻指出：“维护党中央集中统一领导，是一个成熟的马克思主义执政党的重大建党原则。”① 中国共产党的权威是整个国家政治体系权威的基点和支撑，没有中国共产党的权威，整个国家政治体系的权威都会受到严重挑战。② 党的历史也充分印证，什么时候党中央有权威，党就有力量；什么时候党中央权威弱化，党的领导就会削弱，党和国家事业发展就难以顺利前进。

纪检监察是维护党中央权威和集中统一领导的基础性制度安排。监督是任何一个政治组织的一种本能。监督的根本目的是维护秩序，“监督源于集体生活的需要。集体活动要求有一定的规则，保证规则的执行

① 《习近平关于全面加强党的纪律建设论述摘编》，中央文献出版社2024年版，第52页。

② 王希鹏：《腐败治理体系和治理能力现代化研究》，载《求实》2014年第8期，第30页。

就需要人和人之间的监督”[1]。从历史来看，我们党成立纪律检查机关最根本的目的就是维护党的团结统一。1927年国民党反动派发动反革命政变，“面对困境，登报脱党者有之，投敌叛变者有之，腐化堕落者有之”，为“巩固党的一致及威权起见”，党的五大选举成立中央监察委员会。党章规定了纪律检查机关的“四项主要任务、六项经常性工作”，核心要义就是维护党中央权威和集中统一领导。国家监察体制改革后，中央纪委和国家监委合署办公，统一接受党中央领导和监督，向党中央报告工作，对党中央负责。监察委员会不设党组、不决定人事事项，本质上就是党的工作机构。[2] 可以说，不管是党的纪律检查机关还是国家监察机关，都以加强党的领导特别是党中央集中统一领导为根本目标，都是为了坚持和加强党的领导，完善和发展中国特色社会主义制度，巩固党的执政基础，提高党的执政能力。党的十八大以来，党中央坚定不移推进全面从严治党，清除党和国家的重大政治隐患，挽狂澜于既倒，纪检监察机关发挥了重要作用。

（二）纪检监察是推动党和国家治理能力现代化的重要保证

党和国家治理体系和治理能力是政党制度、国家制度以及制度执行能力的集中体现，纪检监察在党和国家治理体系中居于重要地位并发挥重要作用。党和国家治理的需求决定了纪检监察的产生，党和国家治理的目标决定了纪检监察的方向，党和国家治理的模式决定了纪检监察的制度形态。第一，纪检监察夯实国家治理的法治根基。纪检监察权是党章和宪法确立的，纪检监察的依据、程序和权限都是法定的，纪检监察是法治精神和法治方式的具体体现和重要承载。同时，纪检监察是维护和推动法治的重要力量，纪检监察通过监督党章党规和国家法律贯彻执行情况，依规依纪依法审查调查违纪、职务违法和职务犯罪行为，维护

---

① 吴丕：《政治监督学》，北京大学出版社2007年版，第2页。

② 《监察委员会是政治机关》，载《中国纪检监察报》2018年3月8日。

党内法规和国家法律的权威和尊严，确保党和国家治理在法治轨道上运行发展，并通过深入分析现行法规制度及其执行中存在的不足和漏洞，提出立改废释的建议，促进法治体系完善。第二，纪检监察是党和国家治理体系重要的内生“免疫系统”。从系统论的角度来看，在党和国家治理的决策系统、执行系统和监督控制系统中，纪检监察属于监督控制系统范畴，服务于决策系统，承担着对执行系统实施制约和监督的重要职责。纪检监察作为党和国家治理中权力制约机制的重大制度设计，通过监督制约和反馈信息，跟踪监督党中央重大决策部署和公共权力运行情况，及时查明各项治理政策和决策落实情况，严肃查处违纪违法行为，并强化对权力运行的制约监督，防止权力滥用，减少腐败机会；同时，通过反馈系统，为决策部门提供客观、翔实、可靠的信息，促进各项决策部署的相互配合、相得益彰，保证党和国家重大决策部署有效实施。第三，纪检监察提升党和国家整体治理效能。当前我国全面深化改革已经进入攻坚期和深水区，在远大航程中必然会有“风高浪急”甚至“惊涛骇浪”的考验，党和国家治理的复杂程度和难度都在增加。纪检监察以其独有的监督职责优势、组织制度优势和技术方法优势，能够及时识别风险，预警政治经济社会发展中的风险隐患，反映真实情况和揭示存在问题，有效防范化解腐败风险及关联性经济社会风险，维护国家政治经济社会安全与稳定。同时，纪检监察通过以案促改、以案促治，分析体制机制性障碍和制度性缺陷，对产生问题的原因，从个别到一般、从局部到全局、从微观到宏观进行深层次分析，推动深化体制机制改革，加快新兴领域治理机制建设，完善权力配置和运行制约机制，推动取得更多制度性成果和更大治理成效。

（三）纪检监察是党和国家监督体系的重要组成部分

在中国特色社会主义制度、国家治理体系中，党和国家监督体系居于极为重要的地位，是国家政治制度的重要组成部分，是国家管理的关键环节和必备手段。习近平总书记指出：“健全党统一领导、全面覆盖、权威高效的监督体系，是实现国家治理体系和治理能力现代化的重要标志。”监督作为管理的重要环节，其监控、审视、督促、纠正、救济的功能是任何社会的正式组织中都存在的。列宁指出，计算和监督“是把共产主义社会第一阶段‘调整好’，使它能正常地运转所必需的主要条件”①。从现代国家管理环节和政策实施的过程来看，现代国家管理是由决策、执行、信息、咨询、监督、反馈等诸多环节构成的一个完整的系统。由监督机构对决策、执行的过程进行检查、评议和督促，这是防止和克服失误和偏差、保证决策和政策执行畅通的必然要求。

健全党和国家监督体系是现代国家政治制度建设的重要内容，是推进党和国家治理体系和治理能力现代化的重要步骤，也是中国共产党在长期执政条件下推进自我革命的必然要求。习近平总书记深刻指出：“我们党作为世界上最大的马克思主义执政党，如何成功跳出治乱兴衰历史周期率、确保党永远不变质不变色不变味？这是摆在全党同志面前的一个战略性问题。党的十八大以来，在推进全面从严治党的伟大实践中，我们不断进行实践探索和理论思考，在毛泽东同志当年给出‘让人民来监督政府’的第一个答案基础上，给出了第二个答案，那就是不断推进党的自我革命。”② 勇于自我革命是中国共产党独有的政治品格，是百年大党风华正茂的基因密码。党和国家监督体系是我们党在长期执政条件下实现自我革命的重要制度保障，是我们党纵深推进全面从严治党、解决大党独有难题、加强对权力运行的制约和监督、破解“历史周期率”的重大举措。党的十八大以来，以习近平同志为核心的党中央坚持问题导向、加强顶层设计，构建起以党内监督为主导、各类监督贯通协调的体制机制，党和国家监督体系实现了理论突破和实践创新，为加强党的全面领导，推进国家治理体系和治理能力现代化提供了

---

① 《列宁选集》（第三卷），人民出版社 1995 年版，第 202 页。

② 《习近平在二十届中央纪委三次全会上发表重要讲话强调　深入推进党的自我革命　坚决打赢反腐败斗争攻坚战持久战》，载中央纪委国家监委网站，2024 年 1 月 8 日。

强大支撑。

纪检监察机关是党进行伟大自我革命、推动伟大社会革命的重要力量，处于党和国家监督体系的主干地位。党的纪律检查机关作为党内监督的专责机关，通过对全体党组织和党员干部的监督全覆盖、有效性，保证党立党为公、执政为民；国家监察机关作为行使国家监察职能的专责机关，独立行使国家监察权，通过对所有行使公权力的公职人员的监督全覆盖、有效性，保证国家机器依法履职、秉公用权，提升党和国家运用制度和法律治理国家的能力，把制度优势转化为治理效能。[①] 特别是党的纪律机关同国家监察机关合署办公，履行纪检、监察两项职责，实行一套工作机构、两个机关名称，在党中央集中统一领导下开展工作，更加凸显了纪检监察在整个党和国家监督体系中的重大地位和作用。

（四）纪检监察是中国特色反腐败之路的重要力量

腐败是世界性的顽疾，是国家治理中的一种病变。为治理腐败，每个国家和地区都设立了专门的反腐败机构。从世界范围来看，按照一国或地区中反腐败机构之间的关系及权力集中的程度来划分，反腐败体制机制大致可分为职权集中型、独立分散型与协调分散型三种模式。[②] 一是职权集中型反腐败体制，即反腐败机构设在立法、司法、行政等监督机构体系之外，法律地位突出，专职负责反腐败，具有较强的独立性和权威性。比如，新加坡、中国香港。二是独立分散型反腐败体制，即反腐败机构门类齐全、设立分散、条块分割，机构之间有较大的独立性，没有全国统一的反腐败领导、协调机构，各反腐败机构各司其职，分工明确。比如，美国反腐败职能由隶属立法、行政、司法的多种机构来履行，国会设立有总审计署、政府道德署，联邦政府设立有监察长办公

① 王希鹏：《国家监察权的属性》，载《求索》2018 年第 4 期，第 132 页。

② 王希鹏：《中国共产党纪律检查工作概论》，中国社会科学出版社 2016 年版，第 143 页。

室，司法部设立有联邦调查局、独立检察官等，而且联邦和地方两个系统也各不相同。三是协调分散型反腐败体制，即通过重点强化某一个法定权力机构的反腐败执法和监督职能，使其成为反腐败的主导机构，地位高、权威强、人员配备级别高，其他机构各自依法配合行使一定的反腐败职能，形成一部门牵头、多部门分工配合的格局。比如，俄罗斯于2003年成立的直属总统领导的反腐败委员会、越南于2012年成立的由越共总书记挂帅的反腐败指导委员会。以上反腐败体制机制均有其合理性，是一国或地区的政治制度、基本情况等多种因素所共同决定的。

纪检监察是中国特色的反腐败制度。“中国的反腐败斗争是在党中央集中统一领导下，由纪检监察机关具体组织实施的，具有鲜明的中国特色。”① 国家监察体制改革前，我国实行的是协调分散型反腐败体制，即由纪律检查机关“协助党委组织协调反腐败工作”（党章规定），具体的反腐败机构包括纪律检查机关、行政监察机关、腐败预防机关、审计机关、检察机关等。这些机关监察力量分散、职责重叠，难以形成监督合力。针对这种情况，监察委员会应运而生。监察委员会整合之前的反腐败力量，成为专门的反腐败机构。改革后，我国的反腐败体制由协调分散型转变为职权集中型。纪律检查机关协助党委组织协调反腐败工作，监察委员会是党统一领导下的反腐败机构，纪检监察机关合署办公，使两者的反腐败职能融为一体，这是党和国家合力惩治腐败的重大制度设计，完善了中国的反腐败体制机制，完善了中国特色社会主义制度，为增强党长期执政条件下自我净化能力探索有效路径。需要强调的是，纪检监察制度从根本上讲是党和国家监督的专门制度，反腐败职能是纪检监察制度的重要内容，但不是唯一职能。比如，党章规定了纪律检查机关四项主要任务，其中一项是“协助党委组织协调反腐败工

① 《为新时代新征程纪检监察工作高质量发展贡献力量——专访中国纪检监察协会会长吴玉良》，载《中国纪检监察》2023年第24期。

作”；《监察法》第 11 条规定了监察机关的职责，反腐败是其中的一项重要内容。

（五）纪检监察是规范纪检监察活动的制度体系

纪检监察作为党和国家重大政治制度，需要一定的载体来实现。“作为人类政治文明成果之一，监督制度具体包括了监督主体的权责、监督内容、监督对象、监督客体、监督过程、监督方式、监督信息传播和设备等方面的机理和规则。”[①] 纪检监察机关是党和国家监督的专责机关，是纪检监察制度的具体执行者。纪检监察制度对纪检监察活动的职责职权、组织体系、职权配置、职能活动及制度规范等作出统一规定。

从具体内容来看，纪检监察制度一般包括以下内容：一是职责职权。纪检监察活动的性质是什么，以及与这种性质相适应的任务和职责是什么、拥有的措施和权限是什么。二是组织体系。组织体系是指各级纪检监察机关之间、纪检监察机关内设机构之间及其与纪检监察干部之间的基本关系。包括党和国家在什么层面上或者根据什么原则设置纪检监察机关，如何优化机构设置、健全领导体制、完善内部组织结构等一系列重大问题。三是职权配置。职权优化配置的目标是合理界定纪检监察职权，建立各个主体间最佳权力结构和运行机制，特别是处理好纪检监察机关与同级党委的职权配置、上下级纪检监察机关之间的职权配置、纪检监察机关内设机构的职权配置、纪检监察派驻（派出）机构与派出机关的职权配置。四是职能活动。职能活动是指纪检监察机关行使职权的基本活动。纪检监察机关如何履行职责，按照什么样的方式、程序、原则开展监督执纪问责和监督调查处置。五是制度规范。主要是关于党的纪律检查工作和国家监察工作的党内法规、国家法律以及内部工作制度。此外，在纪检监察机关内部，如何对不同部门和人员进行管

① 尤光付：《中外监督制度比较》，商务印书馆 2013 年版，第 2 页。

理，如何保证各个部门之间在行使职权过程相互配合协调，保障资源的有效整合和充分利用等，都是纪检监察制度必不可少的内容。

二、纪检监察的制度渊源

纪检监察的制度渊源是指纪检监察制度规范的存在形式。纪检监察制度是由一系列规则构成的规范体系，主要来自以下几个方面：

（一）党章

党章是中国共产党的根本大法，是管党治党的总依据和总遵循，也是规范全体党员言行的总规矩和总遵循。党章对党员的义务和权利、党的组织制度、党的中央组织、党的地方组织、党的基层组织、党的纪律、党的纪律检查机关等都作出了具体规定。党章关于纪律检查机关的产生方式、职责任务、组织结构、领导体制等方面的规定是纪检监察制度的重要内容。

（二）宪法

宪法是国家的根本法，具有最高法律效力，是制定一切法律的依据。宪法规定了我国的社会制度、经济制度、政治制度、国家机构及其活动原则、公民的基本权利和义务等重要内容。宪法规定了一些与纪检监察直接有关的原则和制度，比如，监察委员会依照法律规定独立行使监察权，不受行政机关、社会团体和个人的干涉；监察机关办理职务违法和职务犯罪案件，应当与审判机关、检察机关、执法部门互相配合，互相制约。这些规定是纪检监察制度的基本原则和重要内容。

（三）有关党内法规和党中央规范性文件

党内法规是党的中央组织，中央纪律检查委员会以及党中央工作机关和省、自治区、直辖市党委制定的体现党的统一意志、规范党的领导和党的建设活动、依靠党的纪律保证实施的专门规章制度。党内法规的名称为党章、准则、条例、规定、办法、规则、细则。与纪检监察制度相关的具体包括三类：一是党中央制定的党内法规。比如，《关于新形势下党内政治生活的若干准则》《廉洁自律准则》《党内监督条例》

《党纪处分条例》《问责条例》《纪律检查委员会工作条例》《纪律检查机关监督执纪工作规则》等。二是中央纪律检查委员会制定的党内法规。比如，《纪检监察机关处理主动投案问题的规定（试行）》《中央纪委国家监委立案相关工作程序规定（试行）》等。三是党中央工作机关和省、自治区、直辖市党委制定的与纪检监察有关的党内法规。这些都是纪检监察制度的重要渊源。

此外，党中央规范性文件也是纪检监察的重要制度渊源。规范性文件，指党组织在履行职责过程中形成的具有普遍约束力、在一定时期内可以反复适用的文件。党中央制定的规范性文件对纪检监察工作具有普遍约束力。比如，2021 年颁布的《中共中央关于加强对“一把手”和领导班子监督的意见》等。

（四）有关国家法律

有关国家法律是指全国人大及其常务委员会制定的有关国家监察方面的法律规定。根据我国宪法规定，法律分为两种情况。一是基本法律。基本法律是由全国人民代表大会制定和修改的，比较全面地规定和调整国家及社会生活某一方面基本社会关系的法律，在中国法的渊源体系中，其地位仅次于宪法，如《监察法》。二是基本法律以外的法律。这类法律是由全国人大常委会制定的，数量较多，地位仅次于宪法和基本法律，其内容涉及的范围较基本法律要窄，比如《监察官法》。这些都是纪检监察制度的重要渊源。

（五）监察法规

监察法规是指国家监察委员会根据宪法和法律制定的监察法规。根据 2019 年 10 月十三届全国人大常委会通过的《全国人民代表大会常务委员会关于国家监察委员会制定监察法规的决定》，国家监察委员会根据宪法和法律，有权制定监察法规。监察法规可以就下列事项作出规定：（1）为执行法律的规定需要制定监察法规的事项；（2）为履行领导地方各级监察委员会工作的职责需要制定监察法规的事项。[①] 国家监察委员会根据宪法和法律、全国人民代表大会常务委员会的有关决定，制定监察法规，报全国人民代表大会常务委员会备案。监察法规不得与宪法、法律相抵触。2021 年 9 月 20 日，经党中央批准，国家监察委员会公告第 1 号公布了《监察法实施条例》，这是国家监察委员会根据《决定》制定的第一部监察法规；2025 年 6 月 1 日，修订后的《监察法实施条例》施行。

（六）纪检监察规范性文件

纪检监察规范性文件，是指纪委监委在履行职责过程中形成的，在其管辖范围内具有普遍约束力、在一定时期内可以反复适用，以纪委监委或者其办公厅（室）发文字号印发的文件。2024 年，中共中央纪委印发《纪检监察规范性文件备案审查规定》。中央纪委国家监委制定的规范性文件对纪检监察系统具有普遍约束力。比如，2023 年发布的《中共中央纪委关于规范和明确党员受留党察看处分期满后恢复党员权利等工作程序的通知》等。

（七）国际条约

条约是国际法的最主要渊源，缔约国忠实履行条约所确定的义务，是国际社会法律秩序得以维护的基本条件。按照 1990 年全国人大常委会通过的《中华人民共和国缔结条约程序法》和有关法律的规定，凡我国缔结或参加的国际条约与协定在我国具有法律效力，属于当代中国法的渊源之一[②]。具体到纪检监察制度，这些规范性文件中，有些包含了纪检监察机关的职权配置、活动原则等内容，有些是纪检监察机关与其他国家机关应当共同遵守的规则。比如《联合国反腐败公约》规定：

---

① 《全国人大常委会明确国家监委制定监察法规职权》，载中央纪委国家监委网站，2019 年 10 月 26 日。

② 张文显主编：《法理学》（第四版），高等教育出版社、北京大学出版社 2011 年版，第 260 页。

“各缔约国均应当根据本国法律制度的基本原则采取必要的措施，确保设有一个或多个机构或者安排了人员专职负责通过执法打击腐败。这类机构或者人员应当拥有根据缔约国法律制度基本原则而给予的必要独立性，以便能够在不受任何不正当影响的情况下有效履行职能。”国家缔结或者批准的国家条约中有关直接规定或约束纪检监察机关活动的条款等，都可以构成纪检监察制度的重要渊源。

（八）其他

此外，党和国家的路线方针政策，以及党在长期实践中形成的优良传统和工作惯例等党内规矩也是纪检监察制度重要的渊源。我们党在长期实践中形成的优良传统和工作惯例，经过实践检验，约定俗成、行之有效，需要全党长期坚持并自觉遵循。

以上党内法规和国家法律的适用，要注意它们的位阶问题。在党内法规体系中，党章是最根本的党内法规。根据《党内法规制定条例》规定，党章在党内法规中具有最高效力，其他任何党内法规都不得同党章相抵触。中央党内法规的效力高于中央纪律检查委员会以及党中央工作机关和省、自治区、直辖市党委制定的党内法规。省、自治区、直辖市党委制定的党内法规不得同中央纪律检查委员会以及党中央工作机关制定的党内法规相抵触。

在国家法律体系中，宪法是国家根本法，具有最高法律效力，其他任何法律都不得与宪法相抵触。根据《立法法》的规定，必须遵守上位法优先遵守的原则。比如，法律的效力高于行政法规、地方性法规、规章。行政法规的效力高于地方性法规、规章。地方性法规的效力高于本级和下级地方政府规章。

三、纪检监察活动的基本特征

根据党章党规和宪法法律规定，纪检监察活动具有以下基本特征：

（一）纪检监察活动始终以坚持和加强党的全面领导为根本原则

纪检监察机关最重要、最根本的使命和责任是，坚持党对一切工作的领导，坚持党中央集中统一领导，维护党中央权威，巩固党的团结一致，保证党的政治纲领和政治目标实现。“纪检监察机关因党而生、为党而战，始终同一切破坏党的团结统一、损害党的先进纯洁的人和事作斗争”①。《纪律检查委员会工作条例》规定：“党的各级纪律检查委员会把坚决维护习近平总书记党中央的核心、全党的核心地位，维护党中央权威和集中统一领导作为最高政治原则和根本政治责任。”纪检监察一切活动都围绕这个使命和责任而展开。离开这一点，纪检监察工作就会无根可寻、迷失方向。纪检监察机关是党的政治机关，必须旗帜鲜明讲政治，自觉在党中央坚强领导下开展工作，把坚持和加强党的领导作为一切工作的根本目标，坚决贯彻党的基本理论、基本路线、基本方略，以实际行动确保党的路线方针政策和党中央重大决策部署贯彻落实，确保党总揽全局、协调各方的领导核心地位坚如磐石。

（二）纪检监察活动是党和国家专门的监督活动

党章第46条规定：“党的各级纪律检查委员会是党内监督专责机关。”宪法第123条规定：“中华人民共和国各级监察委员会是国家的监察机关。”《纪律检查机关监督执纪工作规则》第6条规定：“党的纪律检查机关和国家监察机关是党和国家自我监督的专责机关。”中国共产党全面领导、长期执政，面临的最大挑战是对权力的监督。要破解这一难题，跳出历史周期率，必须探索出一条实现自我净化的有效路径。纪检监察制度是党和国家强化自我监督、实现自我净化的重大制度安排。纪检监察机关是实现党和国家自我监督的专责机关，在党中央直接领导下，代表党和国家对所有党员和行使公权力的公职人员进行监督，确保党和人民赋予的权力真正用来为人民谋利益，不断厚植党执政的政治基础，推动国家治理体系和治理能力现代化。

---

① 李希：《深入学习贯彻习近平总书记关于党的自我革命的重要思想　纵深推进新征程纪检监察工作高质量发展——在中国共产党第二十届中央纪律检查委员会第三次全体会议上的工作报告》，载《人民日报》2023年2月26日。

（三）党的纪律检查机关与国家监察机关合署办公

根据《纪律检查委员会工作条例》等规定，党的中央纪律检查委员会与国家监察委员会合署办公，党的地方各级纪律检查委员会与地方各级监察委员会合署办公，实行一套工作机构、两个机关名称，履行党的纪律检查和国家监察两项职责，实现纪委监委领导体制和工作机制的统一融合。各级监察委员会与党的纪律检查委员会合署办公，实现了党内监督和国家机关监督、党的纪律检查和国家监察有机统一，实现了依规治党与依法治国有机统一。合署办公后，纪检监察机关既是执纪机关，又是执法机关，既要审查违纪问题，又要调查职务违法和职务犯罪问题。这就要求必须建立统一决策、一体运行的执纪执法工作机制，执纪与执法同向发力、精准发力，纪法双施双守，共同守好纪法两条防线。

（四）纪检监察活动有固有的规律规则

纪检监察是一门科学。纪检监察工作有其相对独立的工作对象和工作领域，有固有的客观规律、专门的话语体系和区别于其他职业的思维方式、工作方法和纪律要求。党内法规和国家法律对纪检监察机关依规依纪依法履行职权作出明确规定。比如，在执纪审查方面有《纪律检查机关监督执纪工作规则》，在执纪审理方面有《案件审理工作条例》，在纪律处分方面有《党纪处分条例》，在巡视方面有《巡视工作条例》，在国家监察方面有《监察法》《监察法实施条例》等。纪检监察机关在线索处置、监督检查、审查调查、案件审理等各项职能活动中，都必须遵循纪检监察工作的客观规律，依规依纪依法履行职责，这是提高纪检监察机关履职能力的重要保证。

（五）纪检监察活动必须严格依照党内法规和国家法律规定的程序进行

纪检监察活动关涉党的自我监督和自我净化，关涉社会公平正义，关涉党员、干部及公职人员的权益。纪检监察机关的履职活动，必须由党内法规和国家法律规定的程序和规则严加规范和制约，防止其权力滥用，损害党、国家和人民利益。纪检监察活动必须严格按照党内法规和国家法律赋予的职责权限开展，健全既相互协调又相互制约的执纪执法权力运行机制，不断增强法治思维和程序意识，切实以“良法”推进“善治”，实现规范化、法治化、正规化。纪检监察机关履职的严格程序化，体现了正当程序的要求，这是民主法治社会的必然要求。

（六）纪检监察活动必须接受最严格的监督和制约

从监督学的角度来看，任何一种权力都有被滥用的倾向，任何一种权力都必须接受监督，特别是监督者更要接受监督。各级纪检监察机关必须以更高的标准、更严的纪律要求自己。具体包括：必须在党委和上级纪委监委的领导下开展工作，绝不能自行其是、自作主张；必须不断加强内部管理监督，健全内控机制，严格防范风险；必须建立健全纪委常委会监督制约机制，发挥纪检监察内部专门监督部门的职能作用，构建以案件监督管理部门为主导的审查调查监督机制等；必须强化纪律约束，对私存线索、跑风漏气、以案谋私等行为，严肃追究纪律和法律责任，建立办案质量责任制，对失职失责造成严重后果的，实行终身问责；必须强化外部约束机制，完善特约监察员制度，接受群众监督和舆论监督等，确保党和国家赋予的权力不被滥用。

第三节　纪检监察的属性

纪检监察作为坚持和加强党的全面领导的基础性制度，作为党和国家监督的重大政治制度，具有政治属性、监督属性、纪法属性等基本属性。政治属性，反映了纪检监察作为党和国家监督制度的根本性质；监督属性，体现了纪检监察的典型特征；纪法属性，体现了纪检监察的职责权限。

一、政治属性

政治属性是纪检监察制度的第一属性、根本属性。纪检监察是政治制度，纪检监察权是政治权力，坚持和加强党的全面领导是纪检监察制度的根本目标。

（一）纪检监察制度的政治属性

什么是政治？政治的概念，最早出现在人类文明史的奴隶社会时期，在中国古代典籍中，《尚书》有“道洽政治，泽润生民”[①]，《周礼》有“掌其政治禁令”[②] 等说法。在西方，“政治”（politics）一词来源于古希腊的 polis、polity 和 politeria。在古希腊思想家柏拉图的《理想国》、亚里士多德的《政治学》等著作中，“政治”一词得到广泛使用。从西方近代思想发展史来看，各类非马克思主义观点千差万别，比如，有的认为“政治是对于一种社会价值的追究，是一种规范性的道德”；有的认为“政治是对于权力的追求和运用”；有的认为“政治是公共事务的管理活动”；有的认为“政治是对于社会价值物的权威性分配的决策活动”[③]。这些观点由于受到历史和认识的局限，都还没有触及政治的核心内容和基本特征。

马克思主义政治观为我们正确认识和把握政治的含义提供了科学方法论基础。马克思主义认为，政治是一种社会关系，是特定社会主体维护自身利益的特定方式和由此结成的特定关系。马克思指出：“以一定的方式进行生产活动的一定的个人，发生一定的社会关系和政治关系。经验的观察在任何情况下都应当根据经验来揭示社会结构和政治结构同生产的联系，而不应当带有任何神秘和思辨的色彩。”[④] 列宁也指出：“政治就是各阶级之间的斗争，政治就是反对世界资产阶级而争取解放的无产阶级的关系。”[⑤]

---

① 《尚书·周书·毕命》。

② 《周礼·地官司徒》。

③ 王浦劬等：《政治学基础》（第二版），北京大学出版社 2006 年版，第 3—6 页。

④ 《马克思恩格斯选集》（第一卷），人民出版社 1972 年版，第 29 页。

⑤ 《列宁选集》（第四卷），人民出版社 1972 年版，第 370 页。

政治有一定的政治形式。政治关系在实际的发展进程中，会出现两种结果：一种政治关系受历史力量的推动，继续向前发展；另一种政治关系被宪法和法律肯定下来。前一种可以称之为非制度化的政治关系，后一种为制度化的政治关系。[①] 制度化的政治关系即政治形式，政治形式一般包括政治体制形式和政治结构形式。政治体制形式主要是指国家或公共权力的组织形式，如国体、政体、政府形式、法治形式等；政治结构形式主要是指具体的组织机构或机构设置，如政党、政府、立法机构等。其中，政党是重要的政治结构形式，而且具有比其他政治结构形式更强的政治性。因为政党具有特定的政治控制功能，通过内部一定的组织结构，形成统一认识和统一意志，从而将其成员连接成为一个整体，形成特定的政治角色。政党的内部结构是建立在一定纪律和纲领基础之上的组织系统。首先是纪律，没有统一的纪律，这个组织系统就无法首先实现意志统一和行动一致；而仅仅有纪律还不够，这个组织系统还必须建立在一定的政治共识的基础之上，使之获得维持自身的持续的动力，这种共识就是政党的纲领。简言之，讲政治是政党的基本属性和职能，是天经地义的事情；一个政党如果不讲政治，不重视政治和研究政治，不按政治规律进行政治活动，就不可能长久发展。

马克思主义政党具有比资产阶级政党更高的政治性。马克思主义认为，政党的功能与政党的阶级性密切相关，归根结底是维护自己所代表的阶级利益。马克思主义政党以共同理想和严格纪律为基础，共同理想、统一纲领和严明纪律是无产阶级政党的“天性”。中国共产党是马克思主义政党，始终坚持以马克思主义为科学指南，以全心全意为人民服务为根本宗旨，以实现共产主义为远大理想，以严明的纪律和规矩为保证。因此，讲政治是我们党的本质特性，也是对党员、干部的根本要

① 王沪宁：《政治的逻辑——马克思主义政治学原理》，上海人民出版社2004年版，第17页。

求。习近平总书记指出："作为党的干部，不论在什么地方、在哪个岗位上工作，都要增强党性立场和政治意识，经得起风浪考验。"只有这样，我们党才能在复杂形势中、在前进道路上始终保持清醒的头脑、坚定的信念、远大的理想、严明的纪律，才能经受住各种困难和风险的考验，完成革命、建设和改革的各项任务。从我们党成长成熟的历史来看，也是如此。什么时候讲政治，全党就团结有力；什么时候不讲政治，全党就涣散无序。

政治性是政党的根本属性，政治性也是纪检监察制度的根本属性。因为，党内专责监督机构是维护一个政党团结统一的专门力量，它的根本职责就是维护政党的"政治性"。就纪检监察机关而言，作为党和国家监督的专责机关，它始终以坚持和加强党的全面领导为根本原则，与生俱来的天然职责就是"维护党中央权威，巩固党的团结一致，保证党的政治纲领和政治目标实现"。这种地位和政治责任决定了纪检监察具有比其他任何制度更强烈的政治属性，决定了纪检监察机关必须遵循更严格的政治要求。政治性是纪检监察机关的第一属性，是根本属性，是立身之本。

（二）纪检监察权的政治属性

权力是一种广泛存在的社会现象。在中国古代典籍中，"权"的概念有两个基本含义：一是衡量审度之义，孔子说，"谨权量，审法度，修废官，四方之政行焉"[①]。二是制约别人的能力，比如《管子》中指出，"夫欲用天下之权者，必先布德诸侯"[②]。在西方，英语中的权力即"power"，其本义是"力"或"驱使的能力"。近代以来，西方思想家从不同的角度对权力进行解释，有的将其作为社会普遍现象，比如罗素

① 《论语·尧曰》。
② 《管子·霸言》。

认为，“权力可以定义为有意努力的产物”[①]。有的将其定义为强制力，比如罗伯特·达尔认为，“A 驾驭 B 的权力达到这样的程度：他可以让 B 做他本来不愿意做的事”[②]。

马克思主义认为，政治权力形成的基础在于人们的利益，权力这个概念指的是一个阶级实现其特殊客观利益的能力。根据马克思主义的观点，国家是阶级社会的产物，而政治权力是与国家相联系的一种现象。利益内在矛盾的运动，促使不同的利益主体之间结成社会利益关系，在这种利益关系中，当人们选择以力量凝聚的方式开辟利益实现途径的时候，就会促使利益关系中不同利益基础上产生的各种社会力量之间形成特定的力量对比关系。从政治权力的形成过程来看，政治权力实际是人们选择以力量对比和力量制约方式作为实现和维护自己利益要求的过程中，聚集形成的一种力量，它是在特定的力量对比关系中，政治权力主体拥有的对其他社会和政治力量及其他政治权力客体的制约力量。政治权力本质上是特定的力量制约关系，在常态下必然是公共力量，政治权力由此成为特定的公共权力。[③]

纪检监察机关行使的是政治权力。作为政治权力，纪检监察权具有以下特性：一是主体利益性。社会关系在现实形态上体现为人们的利益和利益关系，政治权力的性质也必然现实地表现为该权力主体的利益性。纪检监察权体现了执政党和人民的利益，服务于执政党和人民的利益，并以实现其利益最大化为使命。二是强制约束性。强制性是一切政治权力的基本特性。纪检监察权具有鲜明的强制性，能够也必须对监督对象形成有效的监督和制约。只有能够支配、影响和约束监督对象，才

---

① ［英］伯特兰·罗素：《权力论——一个新的社会分析》，靳建国译，东方出版社 1988 年版，第 23 页。

② ［美］乔纳森·哈斯：《史前国家的演进》，罗林平等译，求实出版社 1988 年版，第 140 页。

③ 王浦劬等：《政治学基础》（第二版），北京大学出版社 2006 年版，第 67 页。

构成真正意义上的政治权力。三是专属排他性。专属性强调政治权力具有特定的作用和运行领域、范围和事务；同时，政治权力对于自己的力量和权限具有专有性，对其作用的领域、范围和相关事务具有专属性。党章规定，党的各级纪律检查委员会是党内监督专责机关，履行监督、执纪、问责职责，规定了专属于纪律检查机关的职责、任务、权限和监督手段。宪法规定，中华人民共和国各级监察委员会是国家的监察机关；《监察法》规定，各级监察委员会是行使国家监察职能的专责机关，履行监督、调查、处置职责，规定了专属于国家监察机关的职责、任务、权限和监督手段。

（三）纪检监察活动的政治属性要求

纪检监察活动必须把讲政治放在首位，把维护执政党和人民利益作为根本目的。

1. 必须坚持正确的政治方向

讲政治的核心价值是忠诚于党、忠诚于国家、忠诚于人民。习近平总书记指出："全面从严治党首先要从政治上看，不断提高政治判断力、政治领悟力、政治执行力。"纪检监察机关所处的特殊位置和承担的重要职责，决定了纪检监察权必须牢牢掌握在党和人民手里，为党和人民的利益服务。如果纪检监察工作只讲业务不讲政治，业务就变成了工具。工具是没有方向的，没有立场的，容易权为私用、利为私谋，后果是极其严重的。纪检监察机关必须坚定执行党的政治路线，始终在政治立场、政治方向、政治原则、政治道路上同党中央保持高度一致，以党的旗帜为旗帜、以党的意志为意志、以党的使命为使命，与党中央保持高度一致，坚决维护党中央权威和集中统一领导，厚植党执政的政治基础，始终做到忠诚干净担当。

2. 必须善于从政治上把握大局

政治是灵魂，是大局。"由于政治是统率、是灵魂，贯穿于各项工作之中，因而它就不是局部的问题，而是涉及整体和全局；反之，凡是关系到整体和全局的事情，必然也具有政治性。”[①] 纪检监察机关作为政治机关，必须提高政治能力，善于掌握政治现象的规律性，善于从整体和全局看待问题，善于从政治上谋划、部署、推动工作。而且，政治在不同时空条件下其内容是不同的，但它所涉及的必然是最核心、最重要的事情。例如，抗日战争时期，党的主要任务是打倒日本帝国主义，抗日就是当时共产党人最大的政治。党的十一届三中全会后，党的工作重心转移到社会主义现代化建设上来。邓小平同志明确指出：“社会主义现代化建设是我们当前最大的政治，因为它代表着人民的最大的利益、最根本的利益。现在，每一个党员、团员，每一个爱国的公民，都必须在党和政府的统一领导下，克服一切困难，千方百计地为实现四个现代化贡献出一切力量。”[②] 当前，中国共产党正在团结带领全国各族人民全面建成社会主义现代化强国、实现第二个百年奋斗目标，以中国式现代化全面推进中华民族伟大复兴。中国共产党要充分行使好历史与人民赋予的领导责任，就必须加强自身建设，必须全面从严治党。纪检监察机关作为管党治党的重要力量，必须紧盯这一中心任务发挥职能作用，持之以恒推进全面从严治党，深入推进新时代党的建设新的伟大工程，以党的自我革命引领社会革命，为实现党的政治目标发挥坚强政治保证作用。

3. 必须严明党的政治纪律和政治规矩

纪检监察机关行使的是政治权力，必须始终维护政党利益，防范政党建设中可能出现的政治风险，解决党的政治建设中的突出问题，坚决清除对党不忠诚不老实、阳奉阴违的两面人、两面派；坚决反对和纠正个人主义、分散主义、自由主义、本位主义、好人主义，严肃查处结党营私、拉帮结派，搞圈子文化、码头文化等行为；坚决防止党内形成利

---

① 王沪宁：《政治的逻辑——马克思主义政治学原理》，上海人民出版社 2004 年版，第 282 页。

② 《邓小平文选》（第二卷），人民出版社 1994 年版，第 163 页。

益集团攫取政治权力、改变党的性质等行为，消除山头主义和宗派主义，保证党的集中统一。

二、监督属性

监督属性是纪检监察的重要属性。监督属性体现了纪检监察作为党和国家专门监督制度的典型特征。作为一种监督权力，纪检监察权应当遵循监督权运行的一般规律。

（一）纪检监察制度的监督属性

监督是一种社会现象，指的是人对他人的监视和制约。“监”和“督”这两个词义相近的单音词连在一起，作为一个双音词“监督”来使用，最早见于东汉。[①]《周礼·地官·乡师》云：“大丧用役，则帅其民而至，遂治之。”郑玄注：“治谓监督其事。”唐贾公彦疏：“云‘治谓监督’者，谓监当督察其事。”[②] 从两字的关系来看，“督”以“监”为前提和基础，“监”以“督”为结果和目的，两者不可分离，前者引申为了解权、观察权，后者发展为督促权、纠正权，从而构成了以观察纠正权为主要内容特征的监督权力结构。在英语中，监督一词“supervision”由 super 和 vision 两部分组成，前词指位居上方，后词指观察、视察，联为一词，加以直译，即位居上方查看督导，与汉词同义。

关于“监督”的定义，根据学术界的诸多观点，大致可以分为广义说和狭义说。从广义的角度看，监督是人类社会普遍存在的一种现象，是人在社会生活中的普遍需要，自从有人类社会开始，监督这种现象就出现了。从狭义的角度看，监督是指为了保障公共权力的正常运行，监督主体运用法律和纪律等赋予的权力和手段，对监督客体所进行的检查、监察、督促或惩戒活动。在这里，笔者主要侧重使用狭义上的监督概念。

---

① 曹呈宏：《“监督”考》，载《华东政法大学学报》2008 年第 5 期，第 147 页。
② 《周礼注疏》，北京大学出版社 2000 年版，第 341 页。

监督行为从人类社会产生便有，但是专门监督机构的产生有一个历史发展的过程。在原始社会，由于生产力低下，不可能有剩余产品，因而没有私有财产，人们也没有分化为阶级，人和人之间的关系是平等的，生产资料和产品实行公有制。这个时期，由于公共管理的需要，虽然有管理者，群体也是有组织的，但是还没有形成国家，没有作为统治阶级的官吏。此时的监督方式主要依靠群体生活形成的习惯或习俗。列宁在《论国家》中讲到，在原始社会，没有国家，“公共联系、社会本身、纪律以及劳动规则全靠习惯和传统的力量来维持，全靠族长或妇女享有的威信或尊敬（当时妇女往往不仅同男子处于平等地位，而且有时还占有更高的地位）来维持，没有专门从事管理的人构成的特殊等级”①。

随着生产力的发展，原始社会末期出现诸如剩余产品、私有财产、奴隶制、世袭制等社会因素，氏族社会逐渐衰落，社会开始向国家过渡。随着国家的产生，专门的监督机构开始登上历史舞台。《史记》中已记载了黄帝“置左右大监，监于万国”，但尚无确切的文物予以证实。有出土文物证实设监进行监督的，目前最早可追溯到殷商时期，在殷墟卜辞中出现商王令某人监某地的记载。② 周灭商后，对设监一事可能进一步予以推广。另外，《周礼》中记载的具有监督职责的“乡师”的职责与西周中晚期金文中的“邑人”相似，《周礼》中“小宰”的职责与金文中的“宰”相似。因此，有学者认为，在西周时期我国已经有了司职监督的官员。但这种监督的权力并不是独立的，而是分散的、附属的，在不少的官职设置中，比如乡师、小宰、宰夫，均负有某种监督的职权内容。“由此可以归纳中国历史上的监督权的发展，先由萌芽状态的‘监’和常设的但非专职的如‘乡师’、‘小宰’等官员，

① 《列宁选集》（第四卷），人民出版社 1995 年版，第 28 页。
② 张亚初、刘雨：《西周金文官制研究》，中华书局 1986 年版，第 49 页。

以及专职的但临时设置的‘监军’等官员并存。而最终发展到独立的、常设的、专职的行使监督职责的官员，则是秦朝的台谏制度。这也是监督权的最重要的成熟形态。”①

自专门的监督制度和监督机构出现后，监督越来越作为一种专职活动或专职行为而具有法律的保障，并呈现出独立性、常态化和职业化的要求和特征。比如，我国秦汉时期专门行使监察职权的御史组织、司隶校尉，唐朝最主要的专职监察机关御史台，明朝的都察院；再如现在新加坡的反贪污调查局，我国香港特别行政区的廉政公署，都是专门监督的组织机构。

纪检监察制度作为党和国家监督的专门制度，具有与其他监督制度相同的使命和任务。比如，在作用机制上强调通过监督降低社会治理成本，纠正社会治理偏差，实现对权力的监督和制约，推动公职人员履职尽责，预防和惩治腐败行为，彰显社会公平正义，服务政治经济社会发展等。在运行机制上强调监督理念的公平公正性、监督主体的权威性和独立性、监督内容的明确性、监督客体的公开性、监督程序的规范性、监督手段的强制性和可行性、监督结果的绩效性等。

（二）纪检监察权的监督属性

纪检监察权作为监督权，具有监督权的一般属性。从权力的特性看，监督权具有天生的内在贫困性。人类活动的功利性内在地决定了执行权通常处于权力金字塔的顶端，是政治系统运作的核心和中枢，而监督权则处于相对次要和附属的地位。所有的政治系统都建立了庞大的执行机关和相对小得多的监督机关。而且从监督对象上看，监督权主要是对政府机关及其官员的监督。现代政府规模庞大、职能扩张、机构膨胀、成员众多，工作任务错综复杂，技术含量越来越高，这些因素都增加了监督的任务，加大了监督的难度，使得监督机关难以对政府机构实

① 曹呈宏：《“监督”考》，载《华东政法大学学报》2008年第5期，第150页。

施全面、系统的审查。甚至有人断言，官僚机构“除了受到偶然性的监督外，对其实行任何实质性监督都不过是不切实际的期望而已”①。没有任何政府能真正实现对官僚机制的严密控制。②

因此，从一般意义上讲，任何权力都应当受到监督和制约，而且被监督对象权力大小与应受到的监督力量是适度匹配的，即权力越大，受到的监督就应越强，这是监督的一条基本规律。在党和国家各类权力中，执行权的权力影响很大，面对强大的执行权及其可能的规避或抵制行为，就要求与之对应的监督权应具有较高的地位和监督效力；否则，这种监督行为必将软弱无力，无所作为。党的十八大以来，党中央不断深化纪检监察体制改革，纪检监察机关的独立性、权威性大大增强，纪检监察机关在国家治理体系中发挥的重要作用不断得到体现。与此同时，纪检监察权作为监督权，同样也应当受到严格的监督和制约，而且越重要的监督环节和监督岗位，越应受到更严的监督和制约，始终确保监督权力在正确的轨道上运行。

（三）纪检监察活动的监督属性要求

1. 监督行为的相对独立性

“独立是确保正直的良方，或者它至少有助于确保正直免受来自那些企图与它妥协的人的压力。”③ 监督权运行的基本规律要求监督权必须具有相对独立性，监督权和被监督权不能由同一机构或者个人掌控。如果监督者所需要的核心资源如人事任免权、财政权、福利待遇等受制于监督对象，后者就可以利用他们对资源的控制来与监督者讨价还价，做交易，甚至利用其优势和特权来保护自己免于受到监督者的控制和检

① ［美］威廉·F. 韦斯特：《控制官僚：制度制约的理论和实践》，张定淮、白锐译，重庆出版社2001年版，第152页。

② ［美］迈克尔·罗斯金：《政治科学》，林震等译，华夏出版社2001年版，第331页。

③ ［美］詹姆斯·W. 费斯勒：《行政过程中的政治——公共行政学新论》，中国人民大学出版社2002年版，第434页。

查。这样必然导致监督权的软化和虚化。比如，我国古代的监察系统就曾与行政系统同一设置，地方的监察官员与行政官员难免有纠缠不清的利益关系。汉武帝时打破了地方监察与行政一一对应设置的体制，把全国划分为13个监察区，各监察若干郡县，设地方监察官刺史一名，并制定了《刺史六条》等监察法规。列宁曾指出，监督机关如果“通常要依靠被检查机关的施舍过日子”，就“丝毫没有威信”，它应该“具有最大限度的独立性”。只有这样，才能解除监督工作人员的“后顾之忧”①。这就决定了纪检监察机关必须具有相对独立性，有独立的、客观的判断，有自主的意志，不受其他国家机关、社会团体和个人的干预。

2. 监督行为的权威性

监督必须有权威才能有力量。纪检监察监督的对象是手中掌握一定权力的党员、干部及公职人员，纪检监察机关要切实发挥好监督作用，必须具有较高的权威性，这种权威性体现在纪检监察制度设计、组织结构、监督权限等各个方面。比如，在制度设计上，纪检监察开展监督检查、审查调查、使用各项审查调查措施等活动，必须有明确的制度授权。如果缺乏强有力的法规制度依据，权力监督就可能面临监督对象的抵制，无从实施制裁或惩罚。再如，在组织形式上，“监督权作为非生产性的系统活动，只有次要的、弱势的系统地位”②。面对强大的执行权及其可能的规避或抵制行为，纪检监察机关必须具有较高的政治地位。再如，在监督权限上，职务犯罪具有极强的复杂性、智能性、隐蔽性，犯罪主体往往具有较高的社会地位、智商和反侦察能力，犯罪行为往往采取一对一的形式，知情面窄，取证的难度大，对口供的依赖性强，为了减少审查调查工作的阻力与干扰，必须赋予纪检监察机关一定

① 《列宁全集》（第四十三卷），人民出版社1995年版，第33页。

② 韩志明：《监督权的内在贫困及其理论建构》，载《中共福建省委党校学报》2009年第8期，第66页。

的调查手段和惩罚权，能够对监督对象形成有力震慑和实质性的惩罚后果。

3. 监督行为的制裁性

监督权应当拥有制度明确赋予的广泛监督职权和充分行动资源，足以阻止和纠正监督对象所发生的违规行为。这种监督职权和行动资源应当体现在一系列具体的制度安排之中，比如，调查、质询、罢免、问责、信访制度等。这些制度规定了监督者的权利、被监督者的义务和监督工作的步骤、手段、方法，以及监督者想要付诸行动时，它所能组织和动员起各种资源的能力。就纪检监察工作而言，要树立纪检监察权的权威性和威慑力，必须赋予其一定的制裁权或惩罚权，掌握和具备制裁或惩罚监督对象的手段和能力，让错误或失误行动的当事人承担起与其权力相称的责任。亚里士多德认为："多数人在本性上是被恐惧所推动的，而不是被荣誉感所激励，避开恶的东西不是由于它的卑下，而是对惩处的害怕。"[①] 人的本性只有对切近的惩罚才会心存畏惧和警惕，才会从行动上约束自己。"党的十九大以来，全国纪检监察机关充分发挥新体制的治理效能，收拢五指，重拳出击，不敢腐的震慑效应充分显现，一批腐败分子投案自首，标本兼治综合效应更加凸显。"[②] 如果纪检监察机关只有建议权或评议权，而没有影响监督对象权益的工具和方法，就不可能形成有效的压力和威慑，也难以建立起纪检监察机关的权威和尊严。

4. 监督行为的公正性

"善禁者，先禁其身而后人。不善禁者，先禁人而后身。"公正是监督的灵魂，是纪检监察机关监督的落脚点。第一，监督必须公平正直。只有公正的监督，才能保证公权力行使的合法、公正和有效。纪检

---

① ［美］阿拉斯代尔·麦金太尔：《伦理学简史》，龚群译，商务印书馆2003年版，第124页。

② 习近平：《在新的起点上深化国家监察体制改革》，载《求是》2019年第5期。

监察机关作为监督公权力正确运行的重要力量，必须没有偏私，始终代表正义的力量，严格以党内法规和国家法律为准绳，实现监督公正。第二，必须坚持客观立场。所谓“客观”指的是客观规律、客观事实、客观真理，是不以人的意志为转移的。纪检监察机关必须站在客观立场，遵循客观规律、追求客观事实和客观真理，不能先入为主，也不应站在当事人立场上进行活动。否则，可能会过度追求某种“预设”的后果，事实真相就难以被揭示和尊重。第三，必须忠于事实真相。纪检监察机关客观全面地收集证据，还事实本来面目。无论是有利于或者是不利于被审查调查人的事实和证据都要关注，且在执纪执法过程中要严格执行回避制度。

三、纪法属性

纪法属性反映了纪检监察的职责定位。纪法属性强调纪检监察机关履行纪检、监察双重职责，既执纪又执法，手握纪律和法律“两把尺子”，做到纪法双施双守。

（一）纪检监察制度的纪法属性

纪律和法律都是中国特色社会主义制度体系的重要内容，党规党纪是国法的先导，依规治党是全面依法治国的重要组成部分，两者的本质目标是一致的。

从纪理角度讲，纪律是特定组织的行为规范，随着组织的产生而产生。与国家和法律存在的历史性不同，纪律是一种与人类社会共始终的社会现象。原始社会虽然没有国家、没有法，但这并不意味着原始社会是个杂乱无章的社会。“秩序”是任何社会都必需的，原始社会也不例外。在原始社会中，随着氏族组织、部落组织、部落联盟等相继出现，人们迫切需要创制一些相对稳定的、大家共同遵守的行为规则来规范和约束自己的组织和成员，调整这些组织的内外关系，这就是原始社会中的纪律。随着国家的出现，纪律在社会生活中原有的那种独一无二的重要地位虽然被日益完备的法律所取代，但是纪律并没有因此而退出历史舞台，而是被广泛地运用至各个组织的自我规范和约束，以及规范人们在那些法律不可能也没有必要顾及的社会生活领域中的行为，成为社会规范体系中的重要组成部分。在当代，纪律这种社会行为规范已普遍作用于社会生活的各个领域、各个层面和各种组织。党有党纪，军有军纪，校有校纪……几乎所有的组织都有自己的纪律。从本质上讲，纪律是特定组织维护共同利益和意志的集中体现。任何一个组织创制纪律的目的都是为了维护自己组织的共同利益。一般来讲，纪律具有引导、评价、预测、保护、惩戒和教育等规范作用，政治组织的纪律还具有一定的政治功能、政治作用。中国共产党的纪律是党的各级组织和全体党员必须遵守的行为规则，是维护党的团结统一、完成党的任务的保证。

从法理角度讲，法律是由国家制定或认可并依靠国家强制力保证实施的，以权利和义务为内容的行为规范体系。法既然是由国家制定或认可的，就必然具有国家意志的属性，具有高度的统一性、极大的权威性。法的基本价值集中体现在法对秩序的维护作用、法对自由的确认和保障作用、法对效率的促进作用以及法对正义的实现作用。[①] 法作为一个整体在本国主权范围内具有普遍的约束力，任何国家机关、团体和个人都不得超越法律或者凌驾于法律之上。

党的纪律检查制度具有鲜明的纪律属性。党章第 46 条规定纪委承担的四项主要任务，前两项任务说的就是纪律问题，特别是政治纪律、组织纪律问题，后两项任务涉及推动党和国家监督体系、全面从严治党、党风廉政建设和反腐败工作，而背后也是纪律问题。这四项任务相互促进、以纪律为核心共成一体。说到底，纪委监督本质上是纪律监督。1927 年，党的五大决定成立中央及各级监察委员会，随后通过的

① 张文显主编：《法理学》（第四版），高等教育出版社、北京大学出版社 2011 年版，第 261 页。

《中国共产党第三次修正章程决案》明确规定："严格党的纪律是全体党员及全体党部最初的最重要的义务。"1949 年 11 月，新中国成立后，中央决定成立中央及各级纪律检查委员会，《关于成立中央及各级党的纪律检查委员会的决定》规定纪委的首要职责就是"检查中央直属各部及各级党的组织、党的干部及党员违犯党的纪律的行为"。在党的历史上，根据形势发展和任务要求，纪律检查机关的名称职能、产生方式、领导体制多次变化，但严明纪律、强化监督的职责始终没有变，维护党的集中统一、捍卫党的先进性纯洁性的使命始终没有变。

国家监察制度具有鲜明的法律属性。根据宪法规定，国家监察机关不是行政机关，也不是司法机关，它就是独立行使国家监察职能的专责机关。国家监察机关开展监察、调查职务违法和职务犯罪的依据就是国家法律。《监察法》第 5 条规定了监察工作的原则，首要的就是"国家监察工作严格遵照宪法和法律，以事实为根据，以法律为准绳"。监察的依据是宪法和国家法律，监察的重要目的是维护宪法和法律的尊严，监察的过程就是执行国家法律的过程。

（二）纪检监察权的纪法属性

纪检监察机关是执纪执法机关。我们首先从概念上理清"执纪执法"的内涵。

广义的执纪执法是指一切执行纪律法律、适用纪律法律的活动，包括党委、纪委、党的工作部门、党的基层组织及其党员，依照特定职权和程序，贯彻实施党的纪律的活动；国家行政机关、监察机关、司法机关和法律授权、委托的组织及其公职人员，依照法定职权和程序，贯彻实施国家法律的活动。执纪机关则是指有执纪权力的机关，包括党委、纪委、党的工作部门、党的基层组织。执法机关则是指有执法权力的机关，包括行政执法机关（国家行政机关和法律授权、委托的组织）、监察执法机关（国家监察机关）、司法执法机关（人民法院、人民检察院）。另外，狭义的执法机关一般不包括司法机关，司法机关履行的是司法活动。笔者在这里使用的是广义的执纪执法概念。根据党章党规和国家法律规定，纪检监察机关是中国共产党专门的执纪机关、国家重要的执法机关，行使执纪执法权。

具体来讲，纪检监察的执纪执法活动有以下特点：一是执纪执法主体的特定性。执纪权由党章党规赋予，执法权由宪法法律赋予，没有党内法规和国家法律授权，其他任何组织或者个人都不能构成执纪执法的主体。二是把纪律挺在法律前面的明确性。法律是任何组织和个人必须遵守的底线，纪律是任何党组织和党员必须遵守的底线。中国共产党是肩负神圣使命的政治组织，党的先锋队性质和执政地位决定了党规党纪必然严于国家法律。纪严于法、纪在法前，是管党治党的重大理念，也是处理好纪律与法律关系的重要准则。三是执纪执法活动的单方面性。纪检监察机关体现了党和国家权威，在纪律和法律关系中居于支配地位，其意思表示和处分行为对于该纪律关系和法律关系具有决定的意义，执纪执法机关在党内法规和国家法律规定的范围内，依规依纪依法决定和直接实施执纪执法行为。四是执纪执法活动的主动性。执纪执法活动是纪检监察机关的特定职责，在履职过程中，应当采取积极主动的行为去履行职责，保证党的纪律和国家法律的贯彻实施。

（三）纪检监察活动的纪法属性要求

1. 把党的纪律挺在前面

纪严于法、纪在法前。党员干部守住国法底线还不够，守住党纪红线才是基本要求。全面从严治党，要用严明的纪律管住全体党员。如果把违纪当成“小节”，党员不违法就没人管、不追究，就会造成“要么是好同志、要么是阶下囚”。纪检监察机关既是执纪机关又是执法机关，首先必须把纪律挺在前面，不能只执法而忽视执纪，要以更严的纪律为尺子，发现苗头就要及时提醒，触犯纪律就要立即处理，依纪监督、从严执纪，真正把纪律立起来、严起来，执行到位。

2. 树立纪法思维

习近平总书记强调，纪检监察机关必须“不断增强专业能力，强化纪法思维特别是程序意识”。纪检监察机关作为监督执纪执法机关，必须学习贯彻习近平法治思想，强化纪法意识、纪法思维、纪法素养，提高专业化水平。一是程序依规依纪依法。纪检监察机关在行使纪检监察权时要严格遵循有关程序规定，全面履行党章党规和国家法律赋予的职责，防止纪检监察权的滥用。执纪执法程序为纪检监察机关行使职权设定了边界和依据，体现了规则对纪检监察权的控制和约束，为纪检监察权的正确行使提供了合法性基础。纪检监察权的行使必须严格遵循这个规则程序。二是实体依规依纪依法。纪检监察机关在行使纪检监察权时必须严格遵守有关实体规定，准确执行党的纪律和国家法律，依规依纪依法追究责任，坚决防止对纪律和法律的误用、滥用。

3. 严格履行程序要求

严格工作程序，公正执纪执法，是纪检监察机关开展监督执纪执法工作的重要前提。严格执纪执法程序不仅是对被监督者权利的维护和尊重，而且有助于进一步提升监督的科学性和权威性。纪检监察工作在问题线索处置、审查调查、审理、处分、执行等各个环节，必须严格按照实体和程序的有关规定执行，保证“事实清楚、证据确凿、定性准确、处理恰当、手续完备、程序合法”。

4. 专业化

秉公执纪执法需要一支专业化的执纪执法队伍，要求执纪执法者必须具备优秀的职业操守、深厚的专业知识、娴熟的专业技能。纪检监察干部必须尊崇党章和党纪权威，奉行法治理念和程序思维；掌握体系化的知识结构，熟知法律、党建、经济、管理、财会、心理学、社会学等专业知识；具备专业化的知识技能，在监督执纪执法工作中保持理性、客观、公正的专业态度，具备“专家”的言论、处事行为、洞察能力和形势判断能力，特别是要遵守严格的纪律约束。纪检监察机关作为党和国家监督的专责机关，是一个纪律性很高的机构，对执行纪律的要求不亚于军队。

第四节　纪检监察的功能

纪检监察作为坚持和加强党的全面领导的基础性制度，是政党治理和国家治理的“免疫系统”，在维护党中央权威和集中统一领导、解决大党独有难题、推进党的自我革命、实现国家治理体系和治理能力现代化中发挥重要作用。

一、防治功能

防治功能强调纪检监察通过监督执纪执法，及时发现和预防本地区全面从严治党、政治生态建设以及政治经济社会发展状况及存在的廉洁问题，及时防控风险、化解矛盾、促进治理。

（一）及时防治风险隐患

习近平总书记多次强调，要守住不发生系统性风险的底线，坚决查处经济风险背后的腐败问题。当前，经济领域很多风险的形成往往与腐败行为交织在一起，腐败问题成为一些重大风险形成的重要原因，特别是资本泛滥和权力贪婪深度结合成为腐败的一个突出特点，增加了防范化解风险的难度。不受节制的资本、不受监督的权力一旦“结盟”，危害国家政治和经济安全。纪检监察机关通过严格监督、严惩腐败，精准“排雷”、安全“拆弹”，坚决斩断权力与资本勾连纽带，决不让党和人民赋予的权力变成少数人谋利的工具。同时，发挥好纪检监察工作在经济发展大局中的保障和防御作用，既打掉经济领域的“蛀虫”“暗雷”，又注重标本兼治，构建亲清政商关系，从源头上压缩腐败生存空间，促进防范化解重大风险，保障经济健康稳定发展。此外，纪检监察工作坚持激励约束并重，深化运用“四种形态”，既严格依规依纪依法履职尽责，又激励干部担当作为、建功立业，增强经济发展动力，维护经济发展秩序。

（二）有力防治腐败行为

腐败现象的出现绝不是偶然的，它有其特定的土壤和条件。党的十八大以来，以习近平同志为核心的党中央多次强调要铲除腐败问题产生的土壤和条件，提出“腐败问题产生的土壤和条件”的实质是要探究腐败问题产生的根源①。治理腐败，必须做到“惩”“治”结合、系统施治，从源头上解决问题、防范风险。纪检监察通过监督执纪执法，将个案查处和系统整治有机结合，分析职能部门容易滋生腐败的薄弱环节，权力行使的风险点以及腐败的易发多发点，揭示问题、提出意见，实现从个案清除、重点惩治向系统整治、全域治理提升转变。同时，前移关口，深化源头治理，及时发现、揭示滋生腐败问题的各种体制障碍、制度缺陷、机制扭曲和管理漏洞，向相关部门提出合理化建议，推动不同行业、不同主体围绕案发领域的权力运行、内控机制、工作程序等方面，深入查找制度建设薄弱点、权力运行风险点、监督管理空白点，以案促治、深化改革。

（三）优化政治生态建设

政治生态是一个地方、一个部门、一个单位政治生活现状以及政治发展环境的集中反映，是党风、政风和社会风气的综合体现。纪检监察通过拉长耳朵，瞪大眼睛，及时跟进、密切关注本地区本部门本单位政治生态建设状况，及时发现党员干部队伍出现的苗头性、倾向性问题，及早感知风险，提前发出预警信号，防止苗头性问题转化为趋势性问题、局部性问题演变为全局性问题。要始终保持高度的政治敏锐性，从政治上看、政治上查，善于从工作偏差中发现政治问题，从倾向性苗头性问题中发现政治端倪，让背离初心使命、背离党的理论和路线方针政策的人和事无处藏身，督促党员领导干部坚决执行好党中央重大决策部

① 李雪勤、姚文胜：《持续发力铲除腐败问题产生的土壤和条件》，载《光明日报》2024年3月20日。

署，真正把“两个维护”落实到实际行动中，为全面推进中国式现代化创造风清气正的政治生态。

二、纠偏功能

纠偏功能强调纪检监察及时纠正党的纪律建设、作风建设、干部权力行使等过程中出现的错误偏差，查错纠弊，纠正对规则和秩序的背离，使中国式现代化始终沿着正确轨迹良性运行。

（一）对纪律建设的纠偏作用

纪律是党的生命，是管党治党的尺子。纪律的实施也是由纪律的遵守、执行、适用、监督等环节构成、联结和推动的“闭环式”系统。党内纪律监督是这个“闭环式”系统中的防控机制和纠偏机制。纪检监察通过强有力的监督检查，督促党组织和党员服从、遵守和执行纪律，对不遵守、不执行纪律的行为加以惩处，坚决纠正无组织、无纪律问题，严肃查处党组织和党员违犯党的纪律的行为，使党的纪律真正成为党组织、党员必须严格遵守的行为准则。

（二）对作风建设的纠偏作用

作风问题是腐败的温床。作风问题看似是小事，实际上很多腐败行为都是从开始的不良作风逐步演化而来的。形式主义、官僚主义、享乐主义和奢靡之风严重侵蚀党的肌体，动摇党的执政基础，是脱离群众危险的集中体现。“四风”问题从严格意义上讲都是违犯党的纪律的行为。纪检监察要深刻把握不正之风和腐败问题同根同源的规律性认识，建立风腐同查同治工作机制，一体整饬不正之风、惩治腐败。既要及时查处顶风违纪行为，深挖不正之风背后存在的权权交易、利益输送等腐败问题，打击腐败滋生的温床；同时，要细查腐败背后的享乐奢靡等作风问题，以典型案件透视不正之风活情况、新动向，推进作风建设常态化、长效化。

（三）对权力行使的纠偏作用

习近平总书记深刻指出：“腐败的本质是权力滥用。”许多腐败问题都与权力配置不科学、使用不规范、监督不到位有关。当前，少数领导干部把权力作为谋取个人利益的工具，以权谋私、权钱交易。大量事实表明，地位越高、权力越大，就越应受到制约和监督，党内决不允许存在超越于党纪国法之上、不接受监督的特殊党员、特殊公民。调查公职人员涉嫌职务违法和职务犯罪，是纪检监察机关开展廉政建设和反腐败工作，维护宪法和法律尊严的一项重要举措。监察机关通过调查职务违法和职务犯罪，纠正公权力行使偏差，保证公权力行使的公正性和廉洁性。

（四）对腐败行为的惩治作用

腐败是全人类的公敌，是普遍存在于世界各国的痼疾。腐败不仅侵蚀党的肌体、破坏公平正义，而且影响发展环境、积累风险隐患。纪检监察要深化“三不腐”一体推进，通过信访举报、监督检查、审查调查、巡视巡察等多种方式，准确分析、揭示、判断本地区本部门全面从严治党特别是党风廉政建设和反腐败斗争形势，精准发现各个领域存在的腐败问题，及时清除阻碍中国式现代化的“拦路虎”“绊脚石”。要及时发现新型腐败和隐性腐败，有效应对腐败手段隐形变异、翻新升级，严肃查处通过“影子公司”“影子股东”“虚假交易”“期权腐败”及政商“旋转门”等权钱交易行为。要及时发现并坚决打击搞团团伙伙、结党营私、官商勾结等政治问题与经济问题交织的腐败问题，坚决防止领导干部成为利益集团和权势团体的代言人、代理人，防止政商勾连、资本向政治领域渗透等破坏政治生态和经济发展环境，阻断权力和利益的交换通道。要善于从异常现象背后发现隐藏的腐败问题，把反腐败与防风险结合起来推进，及时消除政治隐患，维护党和国家政治安全。

三、维护功能

维护功能强调纪检监察坚持党中央集中统一领导，维护党中央权威，维护中国特色社会主义制度，维护群众切身利益，维护社会公平正义，保证中国式现代化各项目标顺利实现。

（一）维护党的执政权威

纪律检查机关是维护党的执政权威的关键力量。中国共产党是中国特色社会主义事业的领导核心，没有中国共产党的执政权威，整个国家政治体系的权威都会受到严重挑战。而腐败的猖獗必然会削弱国家治理权威，扭曲执政党和国家政权的利益整合功能。纪律检查机关作为管党治党的重要力量，要切实担负起“严明党的纪律、维护执政权威”这个核心职责，收拢五指攥成拳，按照党章、党内法规赋予的职责，执好纪、问好责、把好关，维护和巩固党的执政基础和执政地位。

（二）维护中国特色社会主义制度

中国特色社会主义制度是当代中国发展进步的根本保证，是推进中国式现代化的根本制度保证。纪检监察工作既是中国特色社会主义制度和国家治理体系的重要组成部分，又是重要保障，必须在尊崇制度、维护制度、执行制度上做表率。要聚焦坚持和完善支撑中国特色社会主义制度的根本制度、基本制度、重要制度，强化政治监督，推动构建全覆盖的制度执行监督机制，督促党员、干部严格执行制度，保障党和国家治理各项决策部署、政策措施贯彻落实到位。要按制度办事，按制度行使权力，不逾越制度、不违反制度，保证中国特色社会主义制度切实得以坚持巩固。

（三）维护群众切身利益

纪律检查机关是群众利益的“守护神”。民心是最大的政治。维护党的纪律，解决损害群众利益的突出问题，切实维护人民利益，这是纪律检查各项工作的出发点，也是最终的价值取向和归宿。“在民主国家，贪腐的主要受害者是这个国家的公民，他们承受着腐败造成的所有损失和负担。……腐败危害在层层地传递—腐败活动层级越来越高，一直延伸至最高委托人—人民大众—之前。”① 纪检监察始终坚持群众路线，紧紧依靠人民支持开展工作；始终坚持让群众评判，把人民拥护不拥护、赞成不赞成、高兴不高兴作为根本标准。坚持纠正一切损害群众利益的腐败和不正之风，加强对党中央惠民利民、安民富民各项政策落实情况的监督，集中纠治教育医疗、养老社保、生态环保、安全生产、食品药品安全等领域群众反映强烈的突出问题，让群众从一个个具体问题的解决中切实感受到公平正义，保持国泰民安的社会环境。

（四）维护社会公平正义

全面深化改革，促进社会公平正义，使发展成果更多更公平惠及全体人民，是中国式现代化的内在要求。如果一个社会腐败横行、阶层隔阂，升学、考公务员、办企业、上项目、晋级、买房子、找工作、演出、出国等各种机会都要靠关系、搞门道，有背景的就能得到更多照顾，没有背景的再有本事也无法出头，就会严重影响一个社会的公平正义，阻碍党和国家的蓬勃向前。中国共产党是执政党，执政党的纪律建设决定着社会治理秩序，执政党的风气决定着社风民风，决定着社会公平正义的实现。纪检机关要坚守责任担当，通过严明党的纪律、持之以恒纠正“四风”，以党风政风新气象带动社风民风新风尚，让“清正廉明”“公平正义”“和谐协调”等廉洁理念成为整个社会发展的价值取向和发展图式。

四、推动功能

推动功能强调纪检监察作为重要支撑性制度，服务于“四个全面”战略布局，通过专责监督，推动“四个全面”战略布局的协调推进，不断提高党和国家治理效能。

① ［俄］T. A. 萨塔罗夫：《反腐败政策》，郭家申译，社会科学文献出版社 2011 年版，第 33 页。

（一）推动全面从严治党纵深推进

党章规定，纪委协助党委推进全面从严治党。纪检监察机关作为党和国家监督的专责机关，时刻把党的纪律和规矩挺在前面，严格日常监督执纪执法；推动落实管党治党主体责任和监督责任，加强对党的领导机关和党员领导干部特别是主要领导干部的监督，不断完善党和国家监督体系；拔“烂树”、治“病树”、正“歪树”，推动形成风清气正的政治生态；深化全面从严治党规律性认识，坚持内容上全涵盖、对象上全覆盖、责任上全链条、制度上全贯通，推动健全全面从严治党体系；健全发现问题、纠正偏差的有效机制，增强我们党自我净化、自我修复能力，为中国式现代化提供坚强保障。

（二）推动全面依法治国

一个现代国家，必须是一个法治国家；国家要走向现代化，必须走向法治化。纪检监察是推动全面依法治国的重要力量。推动全面依法治国的关键是规范和约束公权力，形成科学有效的权力运行制约和监督体系，做到有权必有责、用权受监督、违法必追究。当前，要在党内监督已经全覆盖的基础上，持续深化国家监察体制改革，实现对公权力和公职人员监督的全覆盖，消除权力监督的真空地带，压缩权力行使的任性空间，推动公权力运行规范化、法治化，这是全面依法治国向纵深推进的重要保证。此外，纪检监察机关严格执纪执法，惩恶扬善、激浊扬清，维护公平正义、弘扬社会正气，维护社会主义法治的权威和尊严，保障中国特色社会主义法治体系执行到位，推动全面依法治国的制度优势更好地向国家治理效能转化。

（三）推动全面深化改革

纪检监察是全面深化改革的重要推动力。首先，纪检监察通过严厉惩治腐败，提高公共资源的优化配置，消除不公平竞争以及由此带来的黑色、灰色等腐败收入，实现完全竞争、自由竞争、公平竞争的市场环境，为政治经济社会发展保驾护航。一个廉洁的政府和风清气正、规则公平的市场，是最好的投资软环境。其次，纪检监察要及时发现权力运行过程中的体制机制漏洞，通过标本兼治、系统施治，推动相关地区和部门深化改革，破除体制机制弊端。比如，通过以案促改、以案促治，紧盯重点领域腐败行为的共性表现，从制度层面堵塞漏洞、补齐短板，推动重点领域监督机制改革和制度建设。此外，改革一个重要方面就是涉及利益关系的调整。要想赢得改革攻坚战的胜利，必须以壮士断腕的勇气打破利益固化的藩篱，为改革扫清障碍，为发展增添动力。强力反腐就是顺利推进改革的一把利剑。

（四）推动全面建设社会主义现代化国家

纪检监察必须以高质量党内监督、国家监察促进国家制度和治理体系提质增效，消除阻碍中国式现代化的不利因素。通过强化对公权力的监督制约，督促掌握公权力的部门和组织合理分解职权、科学配置权力、严格职责权限，推动权力运行科学化。通过盯紧公权力运行各个环节，建立完善发现问题、纠正偏差、精准问责有效机制，压缩权力设租寻租空间。通过监督发现问题症结、提出整改意见，倒逼深化改革、完善制度机制，解决体制性障碍、机制性梗阻方面问题，推动构建系统完备、科学规范、运行有效的制度体系，不断彰显中国共产党领导和中国特色社会主义制度的优越性。

思考题：

1. 纪检监察的含义是什么？
2. 纪检监察活动的基本特征有哪些？
3. 如何理解纪检监察工作的政治属性？

第三章　纪检监察的基础理论

纪检监察的基础理论是支撑纪检监察产生、存在和发展的理论基石。基础理论为纪检监察的建立、完善和制度设计，提供方法和理论根据，对纪检监察的确立和运行具有重要指导意义，为纪检监察改革发展提供理论保障。

第一节　习近平总书记关于党的自我革命的重要思想

习近平总书记关于党的自我革命的重要思想是我们党坚持“两个结合”推进理论创新取得的新成果，是习近平新时代中国特色社会主义思想的新篇章，极大丰富和发展了马克思主义建党学说，标志着我们党对马克思主义政党建设规律、共产党执政规律的认识达到新高度，具有重大的理论意义①。习近平总书记关于党的自我革命的重要思想，立足新时代党的建设伟大实践和理论探索，深刻揭示了中国共产党以改造客观世界同时改造主观世界为崇高使命、最具革命性批判性的本质特征；深刻揭示了中国共产党在中国大地上全面领导、长期执政，需要而且能够成功应对风险考验、致力跳出历史周期率的本质特征；深刻揭示

① 钟纪言：《深入学习贯彻习近平总书记关于党的自我革命的重要思想　持续发力纵深推进反腐败斗争》，载中央纪委国家监委网站，2024 年 1 月 18 日。

了中国共产党只有广大人民根本利益没有丝毫自身利益，一切为了人民、一切依靠人民，彻底地为人民的利益工作的本质特征；深刻揭示了中国共产党在新时代发扬彻底的自我革命精神，坚定不移全面从严治党，一刻不停推进党的革命性锻造的最大特征。习近平总书记关于党的自我革命的重要思想为新时代新征程深入推进全面从严治党、党风廉政建设和反腐败斗争提供了根本遵循，是纪检监察的理论根基。

一、习近平总书记关于党的自我革命的重要思想的重大历史意义

（一）提升了对马克思主义政党建设规律、共产党执政规律的认识新境界

习近平总书记关于党的自我革命的重要思想深刻回答了经典作家未曾明确讲过的重大理论和现实问题，极大丰富和发展了马克思主义建党学说。马克思主义经典作家虽然没有直接使用过“自我革命”这个概念，但是作出了许多类似的论述。比如，马克思、恩格斯从人类社会发展规律和无产阶级政党建设规律出发，深刻揭示了社会革命的发生根源，阐明了自我革命的发生机理，指出：“革命之所以必需，不仅是因为没有任何其他的办法能够推翻统治阶级，而且还因为推翻统治阶级的那个阶级，只有在革命中才能抛掉自己身上的一切陈旧的肮脏东西，才能胜任重建社会的工作。”[①] 中国共产党是按照马克思主义建党学说建立的无产阶级政党，习近平总书记关于党的自我革命的重要思想，坚持和运用马克思主义建党学说的基本原理，立足新时代世情国情党情的深刻变化，围绕建设长期执政的马克思主义政党这一重大命题，从理论到实践、从方针到目标、从思路到布局都实现了重大创新。[②] 比如，创造性地提出党的自我革命的重要概念，系统阐述“四个自我”，对党的自我革命的内涵进行理论概括；创造性提出全面从严治党是新时代党的自

① 《马克思恩格斯选集》（第一卷），人民出版社 2012 年版，第 171 页。

② 中国纪检监察学院党委：《引领百年大党开辟自我革命新境界》，载《中国纪检监察报》2024 年 2 月 1 日，第 5 版。

我革命的伟大实践的新判断，深化了对全面从严治党与自我革命二者关系的认识；创造性将自我革命作为跳出历史周期率的“第二个答案”，深刻阐释自我革命与人民监督之间的内在关系；创造性提出发挥全面从严治党政治引领和政治保障作用，以伟大自我革命引领伟大社会革命，体现了改造主观世界和改造客观世界相统一的内在要求，继承发展了无产阶级掌握政权后要实现从经济基础到上层建筑的全面变革，实现生产关系根本改造乃至生产力伟大飞跃的社会革命观。

（二）汲取中华优秀传统文化精神滋养，彰显了坚持“两个结合”推进理论创新的高度自觉

“两个结合”深刻阐明了马克思主义在中国创新发展的内在机理，极大深化了我们党对推进马克思主义中国化时代化的规律性认识，为党的自我革命思想提供了丰厚沃土。中华民族在五千多年的漫长发展过程中，创造了璀璨夺目、博大精深、源远流长的中华文明。无论是“政之所兴在顺民心，政之所废在逆民心”的民本理念，还是“德主刑辅、明德慎罚”的礼教制度，无论是“先天下之忧而忧，后天下之乐而乐”的使命意识，还是“朝闻道，夕死可矣”的求真精神，无论是“代天巡狩、整肃纲纪”的巡察体系，还是“法不阿贵、绳不挠曲”的法治追求，都是中华优秀传统文化的重要组成部分，在今天仍有重要启示和借鉴价值。习近平总书记关于党的自我革命的重要思想的形成和发展，立足五千多年连绵不断的中华优秀传统文化，将马克思主义建党学说与中华优秀传统文化有机融合，在赓续红色血脉和历史文脉中实现了中华优秀传统文化的创造性转化和创新性发展，既为中华优秀传统文化赋予时代价值，也让马克思主义建党学说呈现出更多中国特色、时代特征。

（三）充分彰显了我们党不忘初心、牢记使命的政治自觉和历史主动

从哲学意义上讲，“革命”是指事物的质变和飞跃。我们党坚持和运用的“革命”概念，来源于马克思主义。马克思指出：“一般的革

命——推翻现政权和废除旧关系——是政治行动。但是，社会主义不通过革命是不可能实现的。社会主义需要这种政治行动，因为它需要破坏和废除旧的东西。”① 马克思讲的“革命”是指推翻旧政权的革命举动，强调革命在社会历史发展中的重大作用。“革命”一词应用到“自我革命”中，强调主体自觉进行自我扬弃的过程。自我革命，意味着勇于坚持真理，随时修正错误；意味着不断提升自我，确保肌体的健康与活力②。党外靠发展人民民主、接受人民监督，内靠全面从严治党、推进自我革命，这是中国共产党跳出治乱兴衰历史周期率的两个答案和有效路径，体现了自律与他律、内因与外因的辩证统一，两者有机统一、内在一致。

我们党勇于自我革命的强大动力源于党的初心和使命。回顾党的百年历史，为什么我们党在那么弱小的情况下能够逐步发展壮大起来，在腥风血雨中能够一次次绝境重生，在攻坚克难中能够不断从胜利走向胜利，根本原因就在于不管是处于顺境还是逆境，我们党始终坚守为中国人民谋幸福、为中华民族谋复兴这个初心和使命③。无私才能无畏，中国共产党除了国家、民族、人民的利益，没有任何自己的特殊利益，这是中国共产党勇于自我革命、革除一切病症和顽瘴痼疾的根本动力。习近平总书记深刻指出：“我们党没有任何自己特殊的利益，这是我们党敢于自我革命的勇气之源、底气所在。正因为无私，才能本着彻底的唯物主义精神经常检视自身、常思己过，才能摆脱一切利益集团、权势团体、特权阶层的围猎腐蚀，并向党内被这些集团、团体、阶层所裹挟的人开刀。”④ 革命难，自我革命更难。一个没有自己特殊利益，心里

① 《马克思恩格斯全集》（第三卷），人民出版社 2002 年版，第 395 页。

② 曹平：《勇于自我革命是党最鲜明的品格》，载《人民日报》2017 年 12 月 14 日。

③ 习近平：《牢记初心使命，推进自我革命》，载《求是》2019 年第 15 期。

④ 习近平：《以史为鉴、开创未来，埋头苦干、勇毅前行》，载《求是》2022 年第 1 期。

只有人民、民族和国家利益的党，才能大公无私，从人民根本利益出发，检视自己；才能不掩饰缺点、不回避问题、不文过饰非；才敢于把手术刀对准自己，刮骨疗毒、去除病灶，进行彻底的、大无畏的自我革命。

（四）坚守人民至上根本立场，实现了马克思主义政党党性与人民性的高度统一

人民性是马克思主义最鲜明的品格，人民立场是马克思主义政党的根本政治立场。一是强调自我革命为了人民。马克思、恩格斯指出："过去的一切运动都是少数人的，或者为少数人谋利益的运动。无产阶级的运动是绝大多数人的，为绝大多数人谋利益的独立的运动。"[①] 列宁指出："把千百万劳动群众组织起来，这是革命最有利的条件。"党的十八大以来，中国共产党始终把人民至上立场贯穿于全面从严治党过程中，把维护人民利益作为党的自我革命的基准和目标，切实解决群众反映强烈问题和损害群众利益问题，以积极回应人民关切。二是强调自我革命依靠人民。人民是历史和实践的主体，人民群众中蕴含着丰富的智慧和无限的创造力。中国共产党坚持人民至上的根本立场，牢记人民主体地位，始终保持同人民群众的血肉联系，坚持调查研究，拓宽人民群众诉求表达渠道，及时发现和解决党内突出问题，实现了党的自我革命新发展；同时发挥人民首创精神，充分激发人民群众创造伟力，不断在人民群众创造性实践中获得新知识、作出新概括，把党的自我革命不断推向前进。深刻把握"两个答案"的辩证统一关系，推进全过程人民民主，自觉将人民对党的期待、对党的监督转化为自我革命的目标和动力。三是强调以人民满意为标准评价自我革命。新时代推进党的自我革命，正是把人民的满意度作为党的自我革命效果的衡量标准，能够真刀真枪革除与人民利益相悖的一切行为，用心用情满足人民对美好生活

① 《马克思恩格斯选集》（第一卷），人民出版社 2012 年版，第 319 页。

的向往，在持续的自我净化、自我完善、自我革新、自我提高中，赢得人民群众的信任和拥护。

二、习近平总书记关于党的自我革命的重要思想的科学体系

习近平总书记关于党的自我革命的重要思想，是在科学总结马克思主义建党理论和实践经验、深刻分析国际国内形势变化、直接针对长期执政和大党治理面临的矛盾和问题，对新的历史背景下管党治党理论作出的重大原创性贡献。

（一）这一重要思想，深刻回答了我们党“为什么要自我革命”的重大问题

习近平总书记关于党的自我革命的重要思想深刻阐明了自我革命的重大意义。第一，坚持自我革命是马克思主义政党属性的内在要求。自我革命理论创造性发展了马克思主义辩证法思想，实现了革命主体与革命客体之间的相互转化，要求革命者不仅要善于对旧世界进行批判和扬弃，也善于在历史进程中不断对自身进行革命。这就要求在党的建设过程中要善于实现“扬弃”和“超越”，以刀刃向内的勇气消除阻碍自身发展思想和体制机制上存在的问题。第二，自我革命是实现中国共产党历史使命的必然选择。中国共产党从事的是前无古人的开创性事业，肩负的使命艰巨而繁重，必然会遇到各种艰难险阻和风险挑战，需要共产党人始终保持旺盛的革命斗志，这些都对无产阶级政党的精神状态、能力水平、作风形象不断提出新要求。[①] 第三，坚持自我革命是推进强国建设、民族复兴伟业的重要保障。当今世界进入新的动荡变革期，我国发展外部环境复杂性、严峻性、不确定性上升。形势越是复杂，挑战越是严峻，越要以彻底的自我革命精神加强党的建设，确保党在世界形势深刻变化的历史进程中始终走在时代前列，在应对国内外各种风险和考

---

① 田培炎：《深入推进党的自我革命的行动指南》，载《中国纪检监察报》2024年3月21日，第5版。

验的历史进程中始终成为全国人民的主心骨，领导14亿人民以中国式现代化全面推进中华民族伟大复兴。

（二）这一重要思想，深刻回答了我们党“为什么能自我革命”的重大问题

习近平总书记关于党的自我革命的重要思想深刻阐明了自我革命的内在动力。马克思主义政党的性质宗旨，决定了它始终代表最广大人民的根本利益，没有任何自己特殊的利益，从来不代表任何利益集团、任何权势团体、任何特权阶层的利益。中国共产党长盛不衰的重要秘诀在于，善于将接受人民监督、发展人民民主的价值取向与实现自我革命的内在要求有效结合起来，共同确保党不断发展壮大。只有真正自我革命的党，才能主动接受人民监督，发展实质民主。国外一些政权虽然也号称要发展民主，接受人民监督，但受制于资本逻辑、金钱政治等多种因素的制约，无论是民众的利益诉求，还是对权力的监督根本无法真正落到实处。中国共产党始终代表最广大人民根本利益，具有彻底的自我革命精神，能够摆脱利益集团、权势团体、特权阶层的围猎腐蚀，在发展民主和接受监督上，不仅有意志和决心，还有具体制度安排予以保障，能够更加自觉把自我监督与人民监督有机统一起来，才能实现自律与他律良性互动、相得益彰。

（三）这一重要思想，深刻回答了我们党“怎样推进自我革命”的重大问题

习近平总书记关于党的自我革命的重要思想深刻阐明了自我革命的实践路径。作为一项具有历史接续性的社会实践活动，中国共产党人的自我革命伴随党的治国理政实践不断深入推进①。“九个以”的实践要求，涵盖了推进自我革命的根本目的、主攻方向、有效路径、强大动力

① 李智勇：《习近平总书记关于党的自我革命的重要思想的哲学意蕴和时代意义》，载《求是》2024年第6期。

等内在要素，既有战略安排又有工作部署，既有认识论又有科学方法论，构成一个相互联系、逻辑严密、系统完备的有机整体。

三、习近平总书记关于党的自我革命的重要思想的实践要求

习近平总书记提出的“九个以”的实践要求，具有丰富的思想内涵和很强的现实针对性，每一条都是纪检监察的重要理论基础和实践指引。

（一）以坚持党中央集中统一领导为根本保证

中国特色社会主义制度的最大优势是中国共产党领导，中国共产党是最高政治领导力量。坚持党中央集中统一领导是党的最高政治原则，是一个成熟的马克思主义政党必须坚持的根本要求。马克思、恩格斯在创建和领导无产阶级政党过程中，就提出“实行最严格的中央集权制是真正革命党的任务”[①]；在总结巴黎公社失败教训时，又指出“巴黎公社遭到灭亡，就是由于缺乏集中和权威”[②]。列宁指出，“在历史上，任何一个阶级，如果不推举出自己的善于组织运动和领导运动的政治领袖和先进代表，就不可能取得统治地位”[③]。在领导布尔什维克党的建设实践中，列宁将党中央集中统一领导明确为建党原则之一。中国共产党秉持马克思主义建党学说和国家学说，不断深化拓展对党的领导规律性认识和实践。1962 年 1 月，毛泽东同志在扩大的中央工作会议上明确指出，“工、农、商、学、兵、政、党这七个方面，党是领导一切的”。邓小平同志强调，在中国这样的大国，“没有这样一个党的统一领导，是不可能设想的”。习近平总书记深刻指出：“治理我们这样的大党大国，如果没有党中央权威和集中统一领导，如果没有全党全国思

① 《马克思恩格斯选集》（第一卷），人民出版社 1995 年版，第 409 页。
② 《马克思恩格斯选集》（第四卷），人民出版社 1995 年版，第 650 页。
③ 《列宁全集》（第四卷），人民出版社 1984 年版，第 364 页。

想统一、步调一致，什么事也办不成。”① 历史实践充分表明，什么时候党中央有权威，党和国家的事业就会乘势而上、大步前进；反之，则停滞不前，甚至受到严重损失。

党中央集中统一领导是党的自我革命必须坚持的最高原则。党的二十大报告强调：“坚持和加强党中央集中统一领导。党的领导是全面的、系统的、整体的，必须全面、系统、整体加以落实。”系统推进党的自我革命必须有明确的目标、周密的部署、权威高效的组织、协调一致的行动，需要全方位、全覆盖、一贯到底、持续不断地发力，必须而且只能在党中央集中统一领导下统一谋划、统一部署、统一推进，始终沿着正确方向前进②。

（二）以引领伟大社会革命为根本目的

党的自我革命是手段而不是目的，根本目的是更好引领伟大社会革命，坚持以党的自我革命引领社会革命深刻揭示了马克思主义政党永葆生机活力、实现历史使命的奥秘所在。习近平总书记指出：“要以伟大自我革命引领伟大社会革命，以伟大社会革命促进伟大自我革命，确保党在新时代坚持和发展中国特色社会主义的历史进程中始终成为坚强领导核心。”③ 自我革命是中国共产党自觉进行自我扬弃、自我变革的过程。社会革命以生产力和生产关系的矛盾运动为基础，是一种新的社会变革、社会建设的过程。“两个革命”相伴相随，互促共进、相得益彰。一方面，自我革命是先导和保证，自我革命是共产党人始终保持先进性和纯洁性、更好地领导和引领社会革命的必然要求，不进行自我革命，共产党就会丧失革命性、先进性和纯洁性，就不可能领导人民继续

① 习近平：《在二十届中央政治局第一次集体学习时的讲话》，载《求是》2023年第2期。

② 田培炎：《深入推进党的自我革命的行动指南》，载《中国纪检监察报》2024年3月21日。

③ 《习近平著作选读》（第二卷），人民出版社2023年版，第561页。

社会革命。另一方面，社会革命是目的和方向，党的自我革命的最终目的是推动社会发展，促进社会物质文明和精神文明的双向进步[①]。回望百余年的党史，我们党之所以能饱经磨难而生生不息、风华正茂，关键在于始终坚持党要管党、全面从严治党不放松，在推动社会革命的同时进行彻底的自我革命，以党的自我革命来推动党领导人民进行的伟大社会革命。实践证明，只有通过解决好影响党的先进性纯洁性的各种问题，才能更好地引领和推动社会革命[②]。

引领伟大社会革命是党的自我革命的目标任务。当前，党领导下的中国式现代化是人类历史上宏大而独特的实践创新，形势环境变化之快、改革发展稳定任务之重、矛盾风险挑战之多、对我们党治国理政考验之大，都前所未有。推进党的自我革命必须紧紧围绕以中国式现代化全面推进强国建设、民族复兴伟业来谋划和推进党的自我革命，明确目标任务、战略部署、聚焦点发力点。同时，以伟大社会革命发展的新成果来检验党的自我革命的实际成效，始终使自我革命服务于党的中心任务，实现自我革命与社会革命相互促进、良性互动。

（三）以习近平新时代中国特色社会主义思想为根本遵循

习近平新时代中国特色社会主义思想是引领中国、影响世界的当代中国马克思主义、二十一世纪马克思主义，是中华文化和中国精神的时代精华，是顺应时代大势、适应实践所需、植根文化沃土的科学真理，是全党全国人民奋进新征程、夺取新胜利的科学指引和行动指南，必须长期坚持并不断发展[③]。置身百年未有之大变局加速演进的当今世界，

---

① 洪向华、张杨：《坚持以党的自我革命引领社会革命》，载《中国纪检监察报》2023年9月12日。

② 曲青山：《坚持“九个以”的实践要求　把党的自我革命进行到底》，载《中国纪检监察报》2024年3月14日。

③ 李希：《持之以恒学懂弄通做实习近平新时代中国特色社会主义思想 在新征程上始终坚定拥护“两个确立”、坚决做到“两个维护”》，载中央纪委国家监委网站，2023年6月27日。

处在强国建设、民族复兴的关键时期，发展面临新的战略机遇、新的战略任务、新的战略阶段、新的战略要求、新的战略环境，只有坚持不懈用习近平新时代中国特色社会主义思想凝心铸魂，淬炼自我革命锐利思想武器，才能使全党始终保持统一的思想、坚定的意志、协调的行动、强大的战斗力。

习近平新时代中国特色社会主义思想是党的自我革命的根本指导思想。推进党的自我革命，必须坚持不懈用党的创新理论武装全党，教育引导广大党员、干部在深化转化上下功夫。要掌握和运用习近平新时代中国特色社会主义思想的世界观、方法论和贯穿其中的立场观点方法，深刻领会习近平总书记关于党的自我革命的重要思想的科学内涵、精髓要义。掌握和运用习近平总书记关于全面从严治党的战略方针、战略部署、战略举措，着力增强推进自我革命的政治自觉、思想自觉、行动自觉，不断增强推进党的自我革命的本领。自觉汲取党的创新理论中蕴含的坚定理想信念、加强党性锻炼、提升精神境界和道德水平等思想营养，不断提高党的自我革命的坚定性。

（四）以跳出历史周期率为战略目标

跳出历史周期率问题，是关系党千秋伟业的重大问题，关系党的生死存亡，关系我国社会主义制度的兴衰成败。习近平总书记指出："马克思主义政党夺取政权不容易，巩固政权更不容易；只要马克思主义执政党不出问题，社会主义国家就出不了大问题，我们就能够跳出'其兴也勃焉，其亡也忽焉'的历史周期率。"① 党的十八大以来，习近平总书记以深沉的忧患意识、强烈的历史担当，着眼于党长期执政的战略考量，把跳出"其兴也勃焉、其亡也忽焉"的"历史周期率"作为我们党要永远面对的重大"考题"。历史上兴衰治乱、往复循环的周期性难题，是数千年来困扰历朝历代统治者的大问题，被称为人类政治史上

---

① 《习近平著作选读》（第二卷），人民出版社 2023 年版，第 102 页。

的“哥德巴赫猜想”。作为已经在全国执政 70 多年的百年大党，如何永葆先进性和纯洁性、永葆青春活力；如何永远得到人民拥护和支持，实现长期执政，是新时代党的建设必须回答好、解决好的一个根本性、战略性问题[①]。

把跳出历史周期率作为战略目标，体现了党对自我革命规律认识的升华，体现了我们党对初心使命的执着坚守，体现了新时代中国共产党人高度的历史自觉，进一步凸显了党的自我革命的深远历史意义，明确了自我革命努力的方向。推进党的自我革命，必须始终聚焦这个战略目标，科学谋划党实现自我净化、自我完善、自我革新、自我提高的路径、方法与策略，形成有效的体制机制，及时清除侵蚀党的健康肌体的病毒，及时消除损害党的执政根基的各种隐患，始终保持党的肌体健康，形成跳出历史周期率的中国方案，实现党的长期执政、永远执政。

（五）以解决大党独有难题为主攻方向

保持解决大党独有难题的清醒和坚定，这是我们党从所处的历史方位、肩负的使命任务、面临的复杂环境出发，深刻把握党的根本性质和党情发展变化，对新时代新征程全面从严治党提出的新的重大命题。习近平总书记指出：“我们党是在马克思主义建党学说指导下、按照民主集中制原则建立起来的世界最大政党，在世界上人口最多的国家长期执政，历史久、人数多、规模大，既有办大事、建伟业的巨大优势，也面临治党治国的特殊难题。”[②] 大党大国，既是我们办大事、建伟业的优势，也使我们治党治国面对很多独有难题。如何始终不忘初心、牢记使命，如何始终统一思想、统一意志、统一行动，如何始终具备强大的执政能力和领导水平，如何始终保持干事创业精神状态，如何始终能够

① 于红：《新时代中国共产党跳出“历史周期率”的伟大实践》，载《青海日报》2022 年 3 月 28 日。

② 习近平：《时刻保持解决大党独有难题的清醒和坚定，把党的伟大自我革命进行到底》，载《求是》2024 年第 6 期。

及时发现和解决自身存在的问题，如何始终保持风清气正的政治生态，都是我们这个大党必须解决的独有难题，是全面从严治党适应新形势新要求必须啃下的硬骨头。

把解决大党独有难题作为主攻方向，指明了党自我革命的战略重点，充分体现了我们党坚持问题导向、沉下心来反思存在的短板和问题的历史主动，增强了推进党的自我革命的针对性、精准性和实效性。推进党的自我革命，必须紧紧围绕破解“六个如何始终”持续发力，保持战略定力，奔着问题去、对着问题改，科学分析自身问题、深入研究自身问题，挖掘问题的症结所在，敢于触及深层矛盾、善于解决矛盾，向顽瘴痼疾开刀①；掌握科学思想方法，始终把全的要求、严的基调、治的理念落实到党的各项建设之中，标本兼治、综合施策，一个问题一个问题解决，一个难关一个难关攻克，积小胜为大胜，在不断解决大党独有难题中彰显大党优势。

（六）以健全全面从严治党体系为有效途径

党的十八大以来，我们党坚定不移推进全面从严治党，取得一系列理论创新、实践创新、制度创新成果，构建起全面从严治党体系，开辟了百年大党自我革命新境界。习近平总书记强调：“坚持和加强党的全面领导和党中央集中统一领导，贯彻落实新时代党的建设总要求，用系统思维、科学方法推进管党治党内容全涵盖、对象全覆盖、责任全链条、制度全贯通，进一步健全要素齐全、功能完备、科学规范、运行高效的全面从严治党体系。”② 全面从严治党体系的构建，体现了我们党对新时代管党治党、全面从严治党认识规律的极大提升，“面对风高浪急的国际环境和艰巨繁重的改革发展稳定任务，只有整体地而不是局部

---

① 洪向华：《始终能够及时发现和解决自身存在的问题》，载《中国纪检监察报》2023 年 2 月 28 日。

② 《习近平在中共中央政治局第十五次集体学习时强调　贯彻落实新时代党的建设总要求　进一步健全全面从严治党体系》，载《人民日报》2024 年 6 月 28 日。

地，系统地而不是零碎地，持久地而不是短暂地，高标准地而不是一般化地全面从严治党，才能永葆党的先进性和纯洁性，才能更好地担负起党的历史使命”[①]。健全全面从严治党体系的关键是在科学理论指导下，形成一整套具有系统的顶层设计、先进的理念方法、科学的任务布局、有效的体制机制、健全的制度规范、科学的实施方法的动态系统。

以健全全面从严治党体系为有效途径，指明了党自我革命的具体路径和方法。党的自我革命是一个系统工程，不能单打独斗，不能攻其一点、不及其余，需要整体谋划、系统推进[②]。要紧扣健全全面从严治党体系的要求，按照“内容上全涵盖、对象上全覆盖、责任上全链条、制度上全贯通”的重要要求，坚持制度治党、依规治党，更加注重科学的态度、法治化的思维、体系化的方式进行，更加突出党的各方面建设有机衔接、联动集成、协同协调，更加突出体制机制的健全完善和法规制度的科学有效，持续健全上下贯通、执行有力的组织体系，固本培元、凝心铸魂的教育体系，精准发力、标本兼治的监管体系，科学完备、有效管用的制度体系，主体明确、要求清晰的责任体系，进一步形成依靠党的自身力量发现问题、纠正偏差、推动创新、实现执政能力整体性提升的良性循环。

（七）以锻造坚强组织、建设过硬队伍为重要着力点

组织建设是党的建设的重要基础，党的组织优势、组织力量在大战大考中得到充分体现。习近平总书记指出，“全面建设社会主义现代化国家，必须有一支政治过硬、适应新时代要求、具备领导现代化建设能力的干部队伍”“严密的组织体系是党的优势所在、力量所在”。重视组织体系建设是马克思主义政党的鲜明特征，是我们党的优良传统，是

① 王林：《履职尽责推动健全全面从严治党体系》，载中央纪委国家监委网站，2023年12月21日。

② 田培炎：《深入推进党的自我革命的行动指南》，载《中国纪检监察报》2024年3月21日。

建设伟大工程的坚强保证。各级党组织形成上下贯通、执行有力的组织体系，干部忠诚干净担当，党的组织优势充分彰显，我们党执政大厦的根基才能更加稳固。

锻造坚强组织、建设过硬队伍是推进党的自我革命的组织基础和力量保障。组织体系严密，干部担当作为，党组织才会肌体健康，党的自我革命才有坚强保障。推进党的自我革命，要着力解决党的领导弱化、党的建设缺失、管党治党不力等问题，推动各级党组织全面进步、全面过硬，成为推进党的自我革命的坚强战斗堡垒。坚持落实新时代好干部标准，严把政治关、能力关、廉洁关，加强思想淬炼、政治历练、实践锻炼、专业训练，要坚持严管与厚爱相结合，激励和约束并重，加强对干部全方位管理和经常性监督，激发干部干事创业活力，成为勇于自我革命的先锋模范。

（八）以正风肃纪反腐为重要抓手

一刻不停纵深推进党风廉政建设和反腐败斗争是我们党永葆先进性和纯洁性、永葆生机活力的必然要求。习近平总书记指出，“党风问题关系执政党的生死存亡”“腐败是危害党的生命力和战斗力的最大毒瘤，反腐败是最彻底的自我革命”。新时代以来，以习近平同志为核心的党中央以前所未有的力度和决心推进党风廉政建设和反腐败斗争，力度之大、成效之巨，中国历史未有，世界历史罕见，成功走出了一条中国特色反腐败之路。实践证明，只有持之以恒正风肃纪反腐，我们党才能永葆先进性和纯洁性、永葆生机和活力。

正风肃纪反腐是推进党的自我革命的突破口和切入点，是深入推进党的自我革命、坚决打赢反腐败斗争攻坚战持久战总体战的必然要求。“党性党风党纪一起抓”，风腐同根同源，风腐同查同治，是党在新时代对正风肃纪反腐实践规律的深刻认识和科学把握。二十届中央纪委四次全会强调，风腐交织是现阶段党风廉政建设和反腐败斗争要着力解决的突出问题，必须坚持正风肃纪反腐相贯通，不敢腐、不能腐、不想腐一体推进，多措并举全面铲除腐败滋生的土壤和条件。深入推进党的自我革命必须把正风肃纪反腐结合起来一起抓，始终坚持严的基调、严的措施、严的氛围，以优良作风作引领，以严明纪律强保障，以反腐惩恶清障碍，推动党的自我革命环环相扣、层层递进，不断向纵深推进。

（九）以自我监督和人民监督相结合为强大动力

自我监督和人民监督是一个相互贯通、相互补充、相互促进的内在统一的整体，“自我监督”强调自律自为，“人民监督”强调外部约束，体现了内因和外因关系的深刻辩证法，是运用马克思主义立场、观点和方法破解监督难题的科学路径，是我们党跳出历史周期率的一体两翼。习近平总书记指出：“必须依靠强化党的自我监督和人民监督推进党的自我革命，构建以党内监督为主导、各类监督贯通协调的机制，强化对权力运行的制约和监督，把监督制度优势更好转化为治理效能。”党的十八大以来，以习近平同志为核心的党中央坚持以党内监督为主导，完善人民监督的体制机制，人民监督主动性不断提升，人民监督的参与度、透明度和刚性显著提升，参与的范围与渠道持续拓展，自我监督与人民监督合力的优势不断发挥。

自我监督和人民监督相结合展现了我们党实现自律和他律良性互动、相得益彰的政治敏锐和智慧，这是成熟的马克思主义政党的重要标志。实践证明，自我监督和人民监督目标一致、实践贯通、相互促进，自我监督越主动、越有力、越深入，人民监督越广泛、越经常、越充分，监督的作用和合力就更突出。深入推进党的自我革命，必须持续发挥党内监督的主导作用，健全人民监督制度、畅通监督渠道，丰富自我监督和人民监督贯通的方法措施，推动各类监督贯通协调，建立更加科学、更加严密、更加有效的中国特色监督体系，确保权力在阳光下运行。

第二节 权力制约与监督理论

制约和监督是国家权力运行的必备要件，是公权力正确运行的重要保证。习近平总书记深刻指出：“国家之权乃是‘神器’，是个神圣的东西。公权力姓公，也必须为公。只要公权力存在，就必须有制约和监督。不关进笼子，公权力就会被滥用。”① 权力制约与监督理论是纪检监察制度重要的基础理论。

监督和制约，是现代政治控权制度的两种基本方式。在一般意义上讲，“监督”是指“察看并督促”②。“制约”是指“甲事物本身的存在和变化以乙事物的存在和变化为条件，则甲事物为乙事物所制约”③。权力监督理论和分权制衡理论是两种不同的理论体系，但具有异曲同工之效，都是为了寻求防止权力滥用的制度设计而形成的政治理论。

具体来讲，监督关系是非对称性的，监督者可以对被监督者权力行为进行单方的监察、督促，监督者并不直接参与被监督者的权力行使过程，只能对权力行使进行中止或事后追究。制约关系是双向的，是权力主体之间相互约束牵制的关系，具有制约关系的权力主体需共同参与到特定权力行使过程之中。现实中，权力主体往往处于多重权力关系之中，制约关系与监督关系往往混杂在一起，同一个权力主体在不同的权力关系中可能分别扮演着制约者与监督者的角色，在特定情况下，监督者与被监督者的身份还会发生互换。④

纵观历史，从古代中国、希腊、罗马直至近代，人类在管理国家的社会实践中，充分认识到了加强监督、强化制约的重要性。从总体来看，中国传统政治思想更注重监督，西方政治思想更注重制约。

---

① 习近平：《在新的起点上深化国家监察体制改革》，载《求是》2019年第5期。

② 《现代汉语词典》（第7版），商务印书馆2016年版，第633页。

③ 《现代汉语词典》（第7版），商务印书馆2016年版，第1689页。

④ 陈国权：《权力制约监督论》，浙江大学出版社2013年版，第28页。

一、中国古代权力制约监督制度

中国古代的权力结构是沿着专制主义集权的轨道发展的。为了巩固皇权、延续国祚，历朝历代的统治者进行了相应的制度设计，逐步形成一系列权力监督和制约体系。这些监督制约思想和制度设计对完善纪检监察制度具有重要参考价值。

（一）历代主要监督制度

在原始社会晚期，随着公共权力分化，监督开始成为中国古代社会权力运行机制的重要组成部分，夏商周时期不断发展，到春秋战国时期趋于完善。这种监督结构主要体现在两个方面，一是对君王的谏议式监督，即臣民对君王的监督；二是君主对百官的纠察式监督，即君主成为国家权力的所有者，权力监督机制以维护君王的专制地位为导向，以诸侯和官吏为主要监督对象。

谏议制度的基本内涵是强调君主必须吸收和接纳来自臣下的劝谏。比如，春秋战国时期的重民论，认为应当尊重民众的政治地位和参政意识，要求执政者应当允许民众发表意见，接受民众的舆论监督，“君必有弗弗之臣，上必有谘谘之下，分议者延延，而支苟者谘谘，焉可以长生保国”[①]。比如，群臣互补理论，认为执政者自身也有所短，应当听取民众和左右的谏议，补充自己的不足，《国语·楚语上》讲到，“近臣谏，远臣谤，舆人诵，以自诰也”。再比如，“君道”“臣道”思想，认为君臣是否各安其道的基本表现就在于是否勇于接纳臣下的谏议和敢于向君上提出谏议，“事圣君者，有听从无谏争；事中君者，有谏争无谄谀；事暴君者，有补削无挢拂”[②]。

与谏议制度相反，纠察监督制度主张加强君主对百官的监督和控制，热衷于探讨纠察监督理论的思想派别主要是法家。[③] 春秋时期的管

① 《墨子》卷一，《亲士》。

② 《荀子》卷九，《臣道》。

③ 张晋藩：《中国古代监察法制史》，江苏人民出版社2017年版，第53页。

仲提出了“法”“术”“势”相结合的策略。法指的是健全法制；势指的是君主的权势，要独掌军政大权；术指的是驾驭群臣、掌握政权、推行法令的策略和手段。在具体政治和法律制度设计上，就是要建立专门的权力监督机构。管仲认为：“有五横以揆（纠察之意）其官，则有司不敢离法而使矣。”因而有必要设立专门的纠察官员来监督和控制百官，使其不敢悖法行私。战国时期，法家有关纠察监督的设计更趋完整，更加强调设置专门监督机关的重要性。商鞅认为：“吏虽众，事同体一也。夫事同体一者，相监不可。且夫利异而害不同者，先王所以为保也。”意思是，一国官吏虽然众多，但处于一个官僚系统，彼此职责相同，利害关系一致，很难形成相互监督关系。因此，要建立职务相关而利益相异、官吏相互钳制的权力监督体制，借以有效地纠察官吏的不法行为。尤其是要在国家行政系统之外，另外设置一套独立的监督机构对行政系统及其官吏进行监督，保证官僚机构的正常运行。他们还提出了监督臣下的一些方法，比如，李悝提出的监督官吏的“五察”法，即“居视其所亲，富视其所与，达视其所举，窘视其所不为，贫视其所不取，五者足以定之矣”。韩非提出了督责“七术”，“一曰众端参观，二曰必罚明威，三曰信赏尽能，四曰一听责下，五曰疑诏诡使，六曰挟知而问，七曰倒言反事。此七者，主之所用也”，其目的都在于强化君主对官吏的监督和控制。

秦汉建立起后世仿效的君主专制主义政权结构。这一政权结构主要由皇帝、皇帝直接控制下的中央政府以及统辖于中央政府的地方政权构成，三者形成一种由上到下的权力控制关系。中央政府的基本构成是三公九卿。所谓“三公”，即丞相、太尉和御史大夫。御史大夫掌管文书图籍，侍从皇帝左右，因其熟知律令制度文书，皇帝诏令传达或臣下奏议上呈，都由其承转，成为执掌法律、监督百官的最高监察官。从监督思想来看，秦统治者过于关注百官纠察，监督思想陷入片面与极端。秦朝厉行督责之术，以“督责”之术维护君主专制制度，“督责之，则臣不敢不竭能以徇其主矣。此臣主之分定，上下之义明，则天下贤不肖，莫敢不尽力竭任以徇其君矣，是故主独制于天下而无所制也，能穷乐之极矣。贤明之主，可不察焉”[①]！同时，秦朝抑制谏议制度，“群臣谏者以为诽谤”[②] 扼制了谏议对君权的制约职能。两汉时期纠察与谏议并重，监察思想更加理性和从容。[③] 西汉初期奉行“无为”的治国之策，包括废除了秦朝实行的对地方郡县行使监察权的监御史制度。对地方监察的忽略，某种程度助推了诸侯王坐大、危及皇权的严重后果。针对这种情况，文帝时期的贾谊和武帝时期的晁错主张君主集权，晁错宣称，“人主所以尊显，功名扬于万世之后者，以知术数也”[④]。这些术数中重要的一项就是要监督和控制臣下的督责之术。同时，两汉汲取了秦的教训，注重纠察与谏议。两汉思想家延续孔子所阐发的“君使臣以礼，臣事君以忠”的君臣相对主义的权利义务关系理论，将君臣之间看作是“君为元首，臣为股肱，同体相须，共成美恶”[⑤] 的伙伴关系，要求君主和臣下不仅要履行君道和臣道所蕴含的基本义务，还要在道德上相互尊重，在政治上相互扶持。在监察方面，臣下要勇于和积极向皇帝进谏，皇帝则要认真对待和善于接纳臣下的谏议，[⑥] 即所谓“明主不恶切谏以博观，忠臣不敢避重诛以直谏，是故事无遗策而功流万世”[⑦]。

唐朝时期的政治监督制度取得重大进步，典型特点是“分权制衡、监察独立”。一是分权制衡。唐朝在整个机构设置和政治运行上体现了制衡，这种制度设计方式为后代所推崇。唐朝实行三省六部行政管理体制，中书省取旨、门下省审核、尚书省执行，三省权限划分明确，各自

① 《史记》卷八十七，《李斯列传》。
② 《史记》卷六，《秦始皇本纪》。
③ 张晋藩：《中国古代监察法制史》，江苏人民出版社 2017 年版，第 96 页。
④ 《汉书》卷四十九，《晁错传》。
⑤ 《后汉书》卷六十六，《陈王列传》。
⑥ 张晋藩：《中国古代监察法制史》，江苏人民出版社 2017 年版，第 101 页。
⑦ 《史记》卷一百一十二，《平津侯主父列传》。

独立、相互制衡。此外，唐朝司法机关的体制建构，也体现了独立、制衡的分权理念。皇帝掌握最高司法权，拥有最高的审判权和终审判决权。皇帝之下设大理寺、刑部、御史台三大司法机关，分别执掌中央司法机构的各项职能。大理寺是中央最高审判机关，刑部是尚书省六部之一，掌管司法政令，御史台是最高监察机关，执掌纠察、弹劾百官违法之事，同时负责监督大理寺、刑部的司法审判活动，遇有重大疑难案件，也参与审判，或受理有关行政诉讼案件。三大司法机关之间既有分工侧重，又相互监督制约，保证了监察机关对司法监察的作用。二是监察独立。唐朝的御史台受皇帝直接领导，“掌以刑法典章，纠正百官之罪恶”①。御史有权弹劾百官，参与大狱，审察礼仪，尽规纳谏，监督库存的出纳，是皇帝“耳目之司”的重要官职。此外，唐朝监察御史对外执掌“巡按郡县”，与道察监察官员——十道按察使（开元二十一年改为十五道）共同构成了唐代地方监察的双轨体系，即部察与道察。“部察”是指监察御史奉君命出巡，“道察”是指十道（后增至十五道）监察区的按察使经常性地巡行考察官员的政绩。“道察”的主要法律依据是《监察六法》。三是形成了完备的监察职官管理制度。唐朝对“治官之官”的监察官的选任极为重视，要求监察官“先正其身，始可行事。当须举直措枉，不避亲仇。纠慝绳违，务从公正”②，并在监察官的铨选、考课和升转等方面都形成了完整的制度。

为了防范五代动乱的重演，宋初在国家制度建设上贯彻的一项总原则就是强调分权制衡，制定严密的制约防范措施，使政府机构之间相互牵制，“事为之防，曲为之制”③，以强化中央集权。北宋建立了行政与军事分立的中央政体，执掌最高行政权的机关是中书门下，枢密院是最高军事行政领导机关。宋朝强调官员之间相互牵制，对台谏官分外重

---

① 《唐六典》卷十三，《御史台》。

② 《唐大诏令集》卷一百，《政事·官制上》。

③ 《续资治通鉴长编》卷十七。

视，“夫君臣之道，本是一体。君者，元首也。执政者，股肱心膂也。谏官、御史、侍从论思者，耳目也”[1]。将台谏与君主、执政并列为共同构成宋朝政权结构的重要组成部分，表明了台谏在国家政权体制中的重要作用。

元代高度重视监察机关的独立性。为了使监察官能够独立行使职权，不受其他机构和官员的掣肘，至元三十一年，世祖颁发诫谕，“肃政廉访司官、监察御史察出公事取问，其间诸人毋得搅扰沮坏”[2]。元代监察官发挥的作用是多元的，既监察百官，又是皇帝的耳目，同时还发挥劝谏作用。大德十一年，成宗在诏书中说：“若言无可采，并无罪责；如其可取，量加迁擢。其蠹政害民事理，仰巡历监察御史、肃政廉访司仔细采访。应厘革者，就与厘革，合申闻者，即便申闻。”[3] 这是关于地方监察官员就地方事务向皇帝和中央行使建议权的明确规定。

明初设立了中书省、都督府、御史台，统称“三大府”。洪武十三年，朱元璋废除中书省，丞相权力由皇帝独揽，后逐步设立内阁。明代的政治监督思想体现为“重耳目之寄，严纪纲之任”。明代把监察官作为皇帝的耳目，明太祖曾说，“朕设察院，职英俊，禄忠良，以为耳目之寄”[4]。同时，明代赋予监察官以严纪纲之任，历代皇帝都反复强调监察官肃正纲纪的职责。比如，洪武三年，“上因召御史台臣并谕之曰：风宪之任，本以折奸邪，理冤抑，纠正庶事，肃清纪纲，以正朝廷”[5]。宣德三年，敕谕都察院，“都察院为朝廷耳目，国家纲纪，得人则庶政清平，群僚警肃；否则百职怠弛，小人横恣”[6]。

---

① 〔宋〕吕祖谦：《宋文鉴·论辩邪正》，中华书局 1992 年版。
② 《元典章》卷二，《圣政·肃台纲》。
③ 《元典章》卷二，《圣政·求直言》。
④ 《明太祖集》卷七，《谕御史》。
⑤ 《国朝典汇》卷七十七，《吏部·按察司》。
⑥ 《明大政纂要》卷十八，《洪熙元年至宣德三年》。

清代也非常注重监督机构的独立，清代的都察院相对独立。都察院与六部、大理寺等行政和司法机构并列，左都御史、左副都御史主持都察院的工作，率下属六科给事中、各道御史行使对中央各部院及各地方的监察权。而且监察官的地位较高，他们的考选、差遣、内升、外转俱由皇帝裁定。这种与行政、司法并立的监察体制保证了监察权的相对独立性，有利于监察权的有效行使。

（二）专门监督（监察）机构的设置

成立专门的监督（监察）机构，监督纠察百官，且监督机构与行政机关、司法机关独立，是中国古代监察监督的重要特点。

甲骨卜辞中有“王呼其监”或“令监”的记录，大意是商王呼令监从事某事。可见殷商时期已出现了如“监”那样具有专门性监督权力的官员。[①] 夏商周时期具有监督职责的官员有多种，首先是各种史官，传说夏代末期已有“太史令”的官职，太史令作为掌管法令、策命诸侯卿大夫之职的“守法之臣”，具有监督的职责。西周时期行使监督权力的职官种类增多，首先是史官，并且在史官系统内部出现了一定程度的分工，比如西周时期的内史，承担执行周天子赏赐臣下或受周王之命册命臣下等使命，具有一定的监督性质；其次是各类宰官，包括大宰、小宰、宰夫，大宰居于监督系统的首脑，小宰作为大宰之副职，宰夫的主要职责就是考核百官治绩，根据“官刑”监督并惩治官吏的不法行为，“宰夫之职，掌治朝之法。以正王及三公、六卿、大夫、群吏之位，掌其禁令。叙群吏之治，以待宾客之令、诸臣之复、万民之逆。掌百官府之征令，辨其八职”[②]。

春秋战国时期，行使监督权的官员朝着专业化的方向发展。据记载，春秋时期各诸侯国均设有史官，且史官系统中御史的监督职能开始

① 张晋藩：《中国古代监察法制史》，江苏人民出版社2017年版，第19页。
② 《周礼》，《天官冢宰·宰夫》。

突出。如《左传》记载：“（楚）子南之子弃疾为王御士（史）。”[①] 除史官以外，春秋战国时期还有其他专门和兼职的行使监督权的官吏，前者如执秩、司正等，后者如诸侯、卿大夫、县令等。

秦汉时期建立的监察体制，对后世影响深远。这个体系由专门的御史组织、行政系统内部设立的监察组织及其他专职或兼职的监察官员组成，并且初步形成了中央与地方监察组织之间的分工。[②] 秦汉时期的中央监察机关主要包括：一是御史组织。中央御史组织被称为御史府，或曰御史大夫府，其长官为御史大夫，位列三公，御史大夫“位次丞相，典正法度，以职相参，总领百官，上下相监临”[③]。在西汉时，御史中丞是御史府的副长官，在汉成帝时御史大夫的监察职权逐渐淡化，御史中丞成为御史府的实际长官。特别是在东汉，御史府改为御史台，御史中丞成了御史台的首脑。在御史系统中，具体行使监察职权的主要是侍御史。二是司隶校尉。司隶校尉是皇帝特设的监察官员，不隶属御史府，自成一个特殊的监察组织，负责一些特殊地区的监察，它属于地方监察官，又作为中央监察官负责监察京畿地区，纠举中央官吏。三是谏官系统。谏官是执掌谏诤的官员。秦朝设立了谏议大夫，“秦置谏议大夫，掌议论，无常员，多至数十人，属郎中令”[④]。但在秦朝，言谏并没有发挥应有的作用。两汉时期，言谏制度较为发达，主要由光禄勋的属官诸大夫与议郎担任。四是行政系统内部的中央监察官员。秦汉时期根据特定时期行政权力运行的需要，会设立专门或兼职行使监察权力的机关，比如汉武帝元狩五年，丞相府中特设主管监察事务的属官丞相司直。秦汉时期的地方监察机关主要有三类。一是监御史。秦时期的监御

---

① 《左传》，《襄公二十二年》。

② 张晋藩：《中国古代监察制度史（修订本）》，中国方正出版社 2019 年版，第 48 页。

③ 《汉书》卷八十三，《朱博传》。

④ 《通典·职官三》。

史是指设立在郡一级政权中的监郡御史，作为常驻地方的监察官员，代表皇帝监察地方官吏。监御史在汉武帝时被废除。二是刺史。刺史创设于汉武帝时期，是两汉时期承担地方监察任务的官员。汉武帝将除京畿附近七郡以外的其他地区划分为十三个州部，每州为一监察区，设立一名刺史负责监察事宜，“分十三州，假刺史印绶，有常治所”①。东汉时期，刺史的权力不断加重，成为兼有监察、行政和军事权力的地方行政长官。三是行政系统内部的地府监察官员。比如西汉时期的郡守、丞相史、督邮以及东汉出现的廷掾。②

隋唐时期中央集权的政治结构日臻成熟。在唐代，监察机关发展为独立的系统，形成严密的网络，将整个国家活动纳入监察范围。唐代最主要的专职监察机关是御史台，以御史大夫为长官，御史中丞二人为辅佐，由御史台行使监察权。而且御史具有很高的政治地位，“御史执宪、纲纪是司”。据《通典·职官六》记载，唐朝“以法理天下，尤重宪官，故御史最为雄要”。依唐制，选官由吏部负责，五品以上由皇帝敕授，六品以下奏授。但是御史地位特殊，职责重要，侍御史、殿中御史、监察御史虽不过六至八品，却多为皇帝敕授。御史不仅有风闻言事权，而且在行使弹劾权时不受任何干涉，即使是御史长官也无权过问，“御史为风霜之任，弹纠不法，百僚震恐，官之雄峻，莫之比焉”③。

宋代沿袭唐制，设立御史台为最高监察机关，其职掌为“纠察官邪，肃正纲纪，大事则廷辨，小事则奏弹”④。御史台以御史大夫为长官，但向无实任，御史中丞为实际长官。御史台下分台院、殿院、察院。台院置侍御史，负责助理台政。殿院置中侍御史，负责纠察百官在朝仪

① 《汉旧仪》卷上。

② 张晋藩：《中国古代监察制度史（修订本）》，中国方正出版社2019年版，第66页。

③ 《通典》卷二十四，《职官考》。

④ 《宋史》卷一百六十四，《职官志四》。

中的失礼行为。察院置监察御史，负责监察六部及朝廷行政、司法等工作。此外，宋真宗天禧元年，在门下省设立谏院，以谏议大夫为长官，下设鼓院和检院。宋代言谏的对象不再只是皇帝，大凡百官行事有所违失，言官都有规谏的责任。关于地方监察机构的设置，宋代的路是地方最高行政区划，各路先后设置转运司、提点刑狱司、提举常平司等中央派出机构，分别负责某方面的政务，并具有监察地方官的职责，统称为“监司”。

元建立以后，为了遏制和克服干扰国家纲纪的蒙古国旧制、积习，监察机关的职能受到重视。至元五年，世祖下令设御史台，“以正朝纲”。御史台与中书省、枢密院鼎足三立，在体制上是独立的。世祖曾明确表示：“中书朕左手，枢密朕右手，御史台是朕医两手的。”元代进一步提高了御史台长官的品级，并摆脱了宰相的控制，使御史台成为名副其实的最高监察机关。元代监察体制改革，尤具特色的是地方行御史台的设置。比如至元十四年设置江南诸道行御史台，至元十七年设置云南诸道行御史台。元代设置行御史台的目的一方面是为了建立最权威的监察机构，加强对地方官员的监督，巩固中央集权；另一方面，鉴于当时疆域广袤，行御史台作为中央御史台的派出机构，还起到沟通中央与地方监察网络的桥梁作用。除行御史台外，元代还建立了提刑按察司与肃政廉访司，作为地方常设的监察机构。

明初设立了中书省、都督府、御史台，统称“三大府”。洪武十三年，朱元璋废除了中书省，丞相权力由皇帝独揽，后逐步设立内阁。明时期，对监察体制进行了重大改革。洪武十五年，设立都察院，设左、右御史各一人，并设立了十二道监察御史（后为十三道），从中央到地方形成了一个完整的监察体系，加强了中央对地方的控制。监察御史在组织系统上虽隶属都察院，但只对皇帝负责，“大事奏裁，小事立断”，不必经过都察院，因而具有较强的独立性。[1] 此外，明代设立了六科给

① 张晋藩：《中国古代监察法制史》，江苏人民出版社2017年版，第335页。

事中，作为言谏监察系统。明代地方监察机构是提刑按察使司，兼掌司法与监察，“纠官邪，戢奸暴，平狱讼，雪冤抑，以振扬风纪，澄清吏治”①。此外，明代一个重要贡献是创立了巡按御史制度。汉唐以来，中央政府就派遣监察官对地方进行定期巡回考察，明代在此基础上创立了巡按御史制度。由于巡按御史“代天子巡狩”，直接对皇帝负责，因此，“其文科武举，处决重辟，审录冤刑，参拔吏典，纪验功赏，系御史独专者，巡抚亦不得干预”②。

清代中央政权多仿明代，但又有自己的特点。清代设立都察院作为全国最高的监察机关。清初，六科是独立机构，本不隶属都察院，到了雍正元年，为了提高监察机关的职能，遂决定把专察六部的六科合并于都察院。科道合并加强了监察队伍，提高了监察效率。另外，清代建立了遍及全国的监察网。在中央设立了都察院，都察院下设六科、各道、五城察院等，地方督抚也均是中央监察系统的一部分，承担对地方各级各类官员的考核权和监察权。比如，各地总督均兼都察院右都御史衔，各省巡抚包括漕运总督、河道总督均兼右副御史衔。此外，清代还设立了负责专门事务的监察机构，比如巡按御史，巡盐御史，巡漕御史，巡视京、通各仓御史等。

（三）监察职官的管理制度

中国古代社会高度重视监察官员，各朝代也建立了严格的管理制度。在监察官员的选任上，两汉时期采取的形式包括皇帝策试、察举、辟除、功次等。为了确保监察官员能够奉典守法，依法履职，秦汉时期就初步建立了监察官责任制，规定了包括失察不举、漏泄省中语、不廉、职权滥用在内的多种渎职罪名，③ 比如就失察不举，西汉官吏“见

---

① 《明史》卷七十五，《职官四》。

② 《大明会典》卷两百一十一，《都察院·巡按通例》。

③ 张晋藩：《中国古代监察法制史》，江苏人民出版社 2017 年版，第 116 页。

知人犯法不举告为故纵，而所监临部主有罪并连坐”[①]。秦汉时期就非常重视对监察官员的考核，对中央监察官的考课主要由皇帝及中央监察机构的最高长官进行，中下级属官则由各自的主管长官进行。

唐代对于“治官之官”的监察官的选任极为重视，要求监察官必须刚正不阿、敢谏真言，学识渊博、明习法令，且规定御史必须从有历政经验者中选用。[②] 据《文献通考》记载，唐“监察选拜，多自京畿县尉”。《新唐书·选举志下》记载，唐玄宗规定：“凡官不历州县，不拟台省。”这种严格的选拔标准，在一定程度上保证了监察官员队伍的良好素质。唐代监察官的选任方式多为敕授制，无论是御史台长官、御史大夫、御史中丞，还是一般监察官，都由皇帝亲自选任，体现了皇帝对监察官员的钦重。“监察御史自永徽以后，多是敕授，虽有吏部注拟，门下过覆（复），大半不成。”[③] 唐代高度重视监察官考课与升转，监察官的考课除适用对一般官吏的考课标准，还要接受另外的专门考察。在考核内容上，能执奏指出并被采纳者，可以提高考核的等级，并可擢升。唐代监察官虽然品秩不高，但升迁便捷、仕途广阔。《新唐书·宰相表》记载，唐代时由御史大夫升为宰相者二十一人，御史中丞升任宰相者十一人。

明代时期监察职官管理制度越来越完整规范。明代监察官地位显赫，权重察广，选拔更为严格。洪武元年（1368 年），太祖诏曰：“监察御史、提刑按察司，耳目之寄，肃清百司，今后慎选贤良方正之人，以副朕意。”[④] 明代对监察官的铨选非常严格，“必身、言、书、判皆备，始授台谏”[⑤]，且“不许用曾犯奸贪罪名之人”为监察官。明代对

---

① 《汉书》卷二十三，《刑法志》。

② 张晋藩：《中国古代监察法制史》，江苏人民出版社 2017 年版，第 212 页。

③ 《唐会要》卷六十，《御史台上》。

④ 《大明会典》卷两百零九，《都察院·急缺选用》。

⑤ 〔明〕张瀚：《松窗梦语》卷八，《铨部记》，中华书局 1997 年版。

监察官的考核非常严格，还制定了专门的考察法。比如，洪武二十六年（1393 年）定科道官考满法，“监察御史、从都御史考核。给事中、从都给事中考核。都给事中，从本衙门，将行过事迹，并应有过犯，备细开写，送本部考核。又定，监察御史，系耳目风纪之司，任满黜陟，取自上裁”[①]。明朝对监察官的考核标准极为详明，嘉靖十三年制定的《满日造报册式》二十八条，便是巡按御史满日回道考核的依据。《按察司官造报册式》中详载了按察司官的考核标准。

清代对监察职官的管理越来越有效。御史作为朝廷耳目，必须“上之则匡过陈善，下之则激浊扬清，务求知而不言，言无不尽”[②]，必须忠于皇帝，忠于职守，这是最基本的政治素质要求。因此，对科道官铨选的基本要求、年龄、出身、考选、引见、任命和限制等，以及对科道官的考核、奖惩等都有一整套管理规定。

二、西方权力制约监督思想

西方政治监督思想由来已久，最早可以追溯到古希腊、古罗马时期。比如，雅典城邦里的公民大会、五百人议事会、公民陪审法庭等都体现了监督思想。古希腊思想家亚里士多德还从人性恶的角度分析了权力制约的必要性，认为人存在“兽性”，“人类倘若由他任性行事，总有难保不施展他内在的恶性”。在《政治学》中亚里士多德从人性恶的视角提出了选举、限任、监督和法治等一系列权力制约方法，并提出一切政体应当由三个要素构成：其一是有关城邦一般公务的议事机构；其二为有关公务执行的行政机能；其三为审判机能。[③] 亚里士多德还强调应通过制度的手段约束权力，以法律制度约束官员，“为政最重要的一个规律是：一切政体都应订立法制并安排它的经济体系，使执政和属官

① 《大明会典》卷十二，《吏部·考核》。
② 《钦定台规》卷一，《训典一》。
③ ［古希腊］亚里士多德：《政治学》，商务印书馆 1965 年版，第 216 页。

不能假借公职，营求私利”[1]。

近代以来，西方分权制衡思想成果丰硕。从17世纪到19世纪这两百年间涌现出了大批政治哲学家和思想家，比如霍布斯、洛克、卢梭、孟德斯鸠、边沁、汉密尔顿等，他们对权力制约与监督都进行了一系列重要探索，提出了一系列重要主张。

约翰·洛克（1632—1704年）是英国的经验论哲学家和政治思想家，近代资产阶级分权理论的最早提出者。洛克认为，要避免一人专权或少数人的暴政，就必须对政府权力进行分解配置，达到相互制约的目的，“在一切情况和条件下，对于滥用职权的真正纠正办法，就是用强力对付强力”[2]。洛克把国家权力分为三种：立法权、执行权和对外权（又称联盟权）。在强调三种权力的分立时，洛克特别强调了立法权和执行权的分立，“如果同一批人同时拥有制定和执行法律的权力，这就会给人们的缺点以绝大的诱惑，使他们动辄要攫取权力，借以使他们自己免于服从他们自己所制定的法律，并且在制定和执行法律时，使法律适合他们自己的私人利益，因而他们就与社会的其他成员有不相同的利益，违反了社会和政府存在的目的”[3]。洛克还提出，如果政府不能体现人民的意志，独断专行甚至侵害人民的财产和利益，人民有权收回他们的权力，终止他们的委托代理。

孟德斯鸠（1689—1755年）是法国杰出的政治思想家，是分权理论的完成者。孟德斯鸠认为，一切有权力的人都容易滥用权力。权力本身具有强烈的腐蚀性，具有被滥用的天然风险，“一切有权力的人都容易滥用权力，这是万古不易的一条经验。有权力的人们使用权力一直到

① ［古希腊］亚里士多德：《政治学》，商务印书馆1965年版，第269页。
② ［英］洛克：《政府论》，瞿菊农、叶启芳译，商务印书馆1983年版，第95页。
③ ［英］洛克：《政府论》，瞿菊农、叶启芳译，商务印书馆1983年版，第89页。

遇有界限的地方才休止”①。如何防止权力滥用呢？孟德斯鸠认为：“从事物的性质来说，要防止滥用权力，就必须以权力制约权力。”② 据此，他提出了三权分立的理论，把国家权力划分为立法权、行政权和司法权。立法权负责宪法和法律的制定和修改，它隶属于立法机关；行政权负责执行法律和按照法律管理国家，它隶属于行政机关；司法权是根据法律进行审判，它隶属于司法机关。为了防止不同国家机关在行使权力时超出自己的权限，孟德斯鸠强调三种权力不但要分立，而且必须相互制约，使他们三者既彼此独立又相互制衡。“要形成一个宽和的政体，就必须联合各种权力，加以规范与调节，并使它们行动起来，就像是给一种权力添加重量，使它能和另一种权力相抗衡。”③

汉密尔顿（1757—1804 年）是美国建国初期的政治思想家、活动家。作为美国宪法的主要起草者，汉密尔顿将霍布斯、洛克和孟德斯鸠等人的思想结合起来，对分权与制衡进一步作了解释、补充和发挥，并对美国的政治体制作了详细设计。对于立法、行政、司法三种国家职能权力如何运行，各个机构的设立以及相互之间应如何影响和牵制，都从权力行使的正当性、效率、可控性等方面作了论证。比如，他主张三权严格划分之时，要设计一种利益和动机的平衡，以保持三种权力不是绝对分立，而是彼此在权力对比上处于均势：首先，要设立孟德斯鸠所提的两院制，造成国会内部的自我约束；其次，要加强行政部门权威和效率，赋予总统较大的权力；再次，要让三权中最弱的司法权独立，即法官终身制、法官工资法定、依法审判、违宪审查等。④

① ［法］孟德斯鸠：《论法的精神》（上册），张雁深译，商务印书馆 1961 年版，第 154 页。

② ［法］孟德斯鸠：《论法的精神》（上册），张雁深译，商务印书馆 1961 年版，第 156 页。

③ ［法］孟德斯鸠：《论法的精神》（上册），张雁深译，商务印书馆 1961 年版，第 76—77 页。

④ 尤光付：《中外监督制度比较》，商务印书馆 2013 年版，第 26 页。

从实践看，为了防止权力的滥用，西方一般采取了“分权制衡+监督”的模式。“分权制衡”就是在国家权力架构上多元分立，在分立的诸权之间相互制约。它主要有以下特点：一是权力平行分工。国家权力按其性质和功能一般分为立法、行政、司法三种，他们一般不受制于同一个上位权力。二是权力相互牵制。每个权力在行使时或在内容上具有不完整性，或在程序上具有非终局性，或在效力上具有附条件性，从而使三权中任何一方的权力错用或滥用都将受到其他一个或两个方面的制约。三是权力之间的制约是双向的。① 每两种权力之间相互制约，没有只制约对方而不受对方制衡的权力。除了分权制衡外，还有监督关系，既包括“权利监督”也包括“权力监督”。权利监督包括选民的监督、在野党的监督、新闻媒体的监督等。权力监督就是设置专门的监督机构进行监督。但是由于在西方多元分立的国家政治权力运行机制中，有各种不同的制约、监督机制来防止国家权力的滥用，因而一般不会在国家权力架构中单独设立一个专门的监督机关，而是实行“分散型权力监督体制”，就是由隶属于立法、行政、司法的多种机构来履行监督。比如美国，在纵向上联邦和地方均有监督机构，在横向上议会、司法、行政各设立了监督或反腐败机构，包括国会下设的总审计署，联邦政府下的政府道德署、监察长办公室等，司法部门下设的联邦调查局、独立检察官等。

此外，随着经济社会发展，西方国家对政治监督从理论和实践诸多方面进行了探索，积累了重要经验，也值得我们借鉴。总体来看，有以下几个特点②：一是有充分的理论准备。从古代的苏格拉底、柏拉图、亚里士多德到近代的洛克、卢梭、孟德斯鸠，到现代的亨廷顿和海登海默，都提出了重要的政治监督理论和制度设计，为这些国家政治监督奠

① 朱孝清、张智辉：《检察学》，中国检察出版社 2010 年版，第 155 页。

② 参见宋振国、刘长敏：《各国廉政建设比较研究》，知识产权出版社 2013 年版，第 8—10 页。

定了厚实的理论基础。二是较完整的民主框架。包括资产阶级的宪政制度、代议制度、政党制度和选举制度，这些与封建专制相比是一个巨大的历史进步。三是分权制衡机制。三权分立是分权制衡的一种具体形式，这种三权分立的模式对资产阶级调整各集团的利益、稳定统治有一定的积极意义，也存在明显的弊端。当然，西方的监督和制约思想对我们依然有很好的借鉴意义。四是设置监督机构。为了加强对公职人员的监督，西方国家都设立了专门的监督机构，比如美国的政府道德署、国家总审计署、联邦调查局、独立检察官等，英国的重案院、议会行政监督专员、国家稽查委员会，瑞典的议会监察专员，新加坡的贪污调查局等。五是制定专门的监督法律。比如，英国有 1885 年的“文官法”，1889 年的“公共机构贿赂法”，1906 年的“防止腐败法”，1987 年的“刑事司法法”等。美国有 1883 年的“国家公务员法”，1971 年的“涉外反行贿法”，1978 年的“文官制度改革法”“政府道德法”，1992 年颁布的“行政部门雇员道德行为准则”，等等。六是有一套严格的吏治制度。包括对国家公职人员的选任、考核、纪律、奖惩、待遇等都有严格的明文规定，为建立清廉精干的公职人员队伍创造条件。七是国家公职人员有比较优厚的工薪。随着任职的年限、功绩不断增加，即使退休后也有足够的生活保障。这些特点对完善我国的政治监督制度有一定的参考价值。

三、马克思主义权力制约监督思想

马克思和恩格斯是科学社会主义和无产阶级政党学说的创始人，也是科学的政治监督学说的奠基者。马克思高度重视权力监督，与近代资产阶级思想家不同的是，近代资产阶级思想家大多以人性恶作为逻辑起点来论证权力监督的必要性，而马克思、恩格斯则坚持唯物主义历史观，从国家和社会关系角度，深刻论证了权力监督的必要性和现实路径。

马克思主义经典作家认为，国家绝不是从外部强加于社会发展的一种力量，也不像黑格尔所断言的是“伦理观念的现实”“理性的形象和现实”，国家是人类社会一定历史发展阶段的产物。在阶级社会产生之前，人类社会中的公共权力已经存在，它的本质就是服务社会的。到了阶级产生后，国家才相应地在与社会相分离的基础上产生了。恩格斯在《家庭、私有制和国家的起源》中讲道：“国家是社会在一定发展阶段上的产物；国家是承认：这个社会陷入了不可解决的自我矛盾，分裂为不可调和的对立面而又无力摆脱这些对立面。而为了使这些对立面，这些经济利益互相冲突的阶级，不致在无谓的斗争中把自己和社会消灭，就需要一种表面上凌驾于社会之上的力量，这种力量应当缓和冲突，把冲突保持在‘秩序’的范围以内；这种从社会中产生但又自居于社会之上并且日益同社会相异化的力量，就是国家。”① 恩格斯还讲道：“我们已经看到，国家的本质特征，是和人民大众分离的公共权力。”② 这里所说的“和人民大众分离”，是指原本产生于社会并为社会服务的公共权力却凌驾于社会之上，这些机关“随着时间的推移，这些机关——为首的是国家政权——为了追求自己的特殊利益，从社会的公仆变成了社会的主人。这样的例子不但在世袭君主国内可以看到，而且在民主共和国内也同样可以看到”③。马克思恩格斯从社会决定国家的理论出发，深刻论证了权力监督的必要性。这些论断虽然是针对特定时代及历史条件而言的，但对今天依然具有重要的警示意义。任何权力都应当为公众服务，如果脱离监督，就必然成为脱缰的野马。

如何对公共权力进行监督呢？马克思恩格斯强调尊重人民的主体地位。目睹了资本主义的“政治病”，以及政治投机者轮流执政，卑鄙地操纵政权等种种弊端，马克思恩格斯强调，必须通过暴力打碎旧的国家机器，真正实现人民的主权地位。马克思恩格斯在《共产党宣言》中

---

① 《马克思恩格斯选集》（第四卷），人民出版社 2012 年版，第 186—187 页。

② 《马克思恩格斯选集》（第四卷），人民出版社 2012 年版，第 132 页。

③ 《马克思恩格斯选集》（第三卷），人民出版社 2012 年版，第 54 页。

指出：“工人革命的第一步就是使无产阶级上升为统治阶级，争得民主。”① 作为无产阶级执掌国家政权的伟大探索和尝试，1871 年巴黎公社的实践得到了马克思恩格斯的充分肯定。巴黎公社是资产阶级国家机器亦即集权化行政权力的真正对立物，“公社体制会把靠社会供养而又阻碍社会自由发展的国家这个寄生赘瘤迄今所夺去的一切力量，归还给社会机体”②。马克思还讲道，公社“所采取的各项具体措施，只能显示出走向属于人民、由人民掌权的政府的趋势”③。此时，政治权力就变成了公共权力，公共权力就还原为真正的社会自我组织和自我管理的权力，“旧政权的纯属压迫性质的机关予以铲除，而旧政权的合理职能则从僭越和凌驾于社会之上的当局那里夺取过来，归还给社会的承担责任的勤务员”④。马克思还总结了巴黎公社把权力保持在人民自己手中的方式，包括，公社用人民的武装代替了资产阶级的常备军；用人民的“公仆”代替了资产阶级的权贵；用兼管立法和行政的工作机关代替了资产阶级的议会；用无产阶级的最彻底的民主集中制代替了资产阶级的官僚制。

马克思恩格斯还从公共权力人民性的角度论证了对公共权力制约的必要性，强调要通过“人民自治”和“人民监督”，有效减少行政机构和行政官员，促使“公仆”不敢懈怠。在《法兰西内战》中，马克思分析了巴黎公社公共权力的运作情形，指出经过普选产生的公职人员应当为公社里的人民服务，巴黎公社“彻底清除了国家等级制，以随时可以罢免的勤务员来代替骑在人民头上作威作福的老爷们，以真正的责任制来代替虚伪的责任制，因为这些勤务员总是在公众监督之下进行工

① 《马克思恩格斯选集》（第一卷），人民出版社 2012 年版，第 421 页。
② 《马克思恩格斯选集》（第三卷），人民出版社 2012 年版，第 101 页。
③ 《马克思恩格斯选集》（第三卷），人民出版社 2012 年版，第 107 页。
④ 《马克思恩格斯选集》（第三卷），人民出版社 2012 年版，第 100 页。

作的”[1]。此外，马克思还强调要给人民一个廉价政府，“公社实现了所有资产阶级革命都提出的廉价政府这一口号”。[2] 一方面，公社彻底打碎了旧式的国家政权，以人民群众的选举制代替了贵族的特权制，以公职人员代替了官老爷，并使之处于有效的监督之下；另一方面，公社废除了资产阶级的常备军和官吏，取消了两项最大的开支。“公社的真正秘密就在于：它实质上是工人阶级的政府，是生产者阶级同占有者阶级斗争的产物，是终于发现的可以使劳动在经济上获得解放的政治形式。”[3]

此外，马克思主义在创建无产阶级政党的过程中，十分重视党内监督问题并不断进行探索性实践，形成了无产阶级政党党内监督的基本思想。1847 年，马克思恩格斯创立了第一个国际无产阶级政党——共产主义者同盟。《共产主义者同盟章程》第 29 条规定：“同盟各级机关必须采取必要的措施来保证同盟的安全并加强其活动，按照章程独立负责进行活动，并立即把一切通知上级机关。”第 37 条规定：“凡不遵守盟员条件者（见第 2 条），视情节轻重或暂令离盟或开除出盟。”这些要求都蕴含了党内监督思想的萌芽。马克思恩格斯还强调，实施党内监督，必须健全党内民主生活，允许党员在党内充分自由地交换意见，开展批评和自我批评。1890 年 8 月 9 日，恩格斯在致左尔格的信中指出：“党已经很大，在党内绝对自由地交换意见是必要的。”[4] 党内必须充分发扬民主，通过民主讨论和批评，达到党内监督督促的目的，规范约束每个党员的行为。“不要再总是过分客气地对待党内的官吏——自己的仆人，不要再总是把他们当做完美无缺的官僚，百依百顺地服从他们，

---

① 《马克思恩格斯选集》（第三卷），人民出版社 2012 年版，第 141 页。
② 《马克思恩格斯选集》（第三卷），人民出版社 2012 年版，第 101 页。
③ 《马克思恩格斯选集》（第三卷），人民出版社 2012 年版，第 102 页。
④ 《马克思恩格斯全集》（第三十七卷），人民出版社 1971 年版，第 435 页。

而不进行批评。”[①]

列宁更加重视监督，认为监督形成了党内运行的良性机制，“对于党员在政治舞台上的一举一动进行普遍的（真正普遍的）监督，就可以造成一种能起生物学上所谓‘适者生存’的作用的自动机制。完全公开、选举制和普遍监督的‘自然选择’作用，能保证每个活动家最后都‘各得其所’，担负最适合他的能力的工作，亲身尝到自己的错误的一切后果，并在大家面前证明自己能够认识错误和避免错误”[②]。为了增强对领导机关和领导干部的制约和监督，1920 年 2 月，根据列宁和俄共（布）中央的指示精神，成立了苏维埃俄国的国家监察机关——工农检查院。在开展国家监察的同时，列宁高度重视党内监督机关建设，1920 年 9 月，列宁在关于党的建设的一个决议草案中提出：“有必要成立一个同中央委员会平行的监察委员会，由受党的培养最多、最有经验、最大公无私并最能严格执行党的监督的同志组成。党的代表大会选出的监察委员会应有权接受一切申诉和审理（经与中央委员会协商）一切申诉，必要时可以同中央委员会举行联席会议或把问题提交党代表大会。”[③] 1921 年 3 月，在列宁主持召开的俄共（布）第十次代表会议上，选举产生了首届中央监察委员会，这是党的最高监察机关。为了保证中央监察委员会能够独立行使监察权，列宁推动俄共（布）中央作出决议：“派出中央委员参加监察委员会，一般说来是不正确的，只有根据党代表会议的愿望才能这样做，这些中央委员在其监察委员会的工作中，不受中央委员会决定的约束；参加监察委员会的中央委员，在监察委员会专门讨论同他们的主管部门或工作范围有关的问题时，不参加表决。”[④] 1923 年 4 月，俄

---

① 《马克思恩格斯全集》（第三十八卷），人民出版社 1972 年版，第 33 页。
② 《列宁选集》（第一卷），人民出版社 1995 年版，第 417—418 页。
③ 《列宁全集》（第三十九卷），人民出版社 1986 年版，第 288 页。
④ 《列宁全集》（第三十九卷），人民出版社 1986 年版，第 289 页。

共（布）第十二次代表大会根据列宁的建议，成立了中央监察委员会和工农检查院的联合监察机构。

第三节　中国特色党和国家监督理论

党的十八大以来，党中央把健全党和国家监督体系作为坚持和完善中国特色社会主义制度、推进国家治理体系和治理能力现代化的重要内容，作出一系列重大决策部署，创造性发展了马克思主义公权力监督理论，形成了系统完整的中国特色党和国家监督理论。新时代以来的生动实践充分证明，我们党完全有能力解决好自我监督这个“哥德巴赫猜想”，完全有能力实现执政能力整体性提升的良性循环，完全有能力依靠制度优势和法治优势走出一条符合党情国情的中国特色监督之路，始终成为中国人民最可靠、最坚强的主心骨①。

一、中国特色党和国家监督理论的主要内容

监督权是现代国家政治框架中的支柱性权力，是国家治理体系和治理能力现代化的重要组成部分。建立健全党和国家监督体系关系党的千秋伟业，关系到中国特色社会主义的兴衰成败，是我们党长期执政必须解决的一个重大问题。经过百余年的不懈奋斗，特别是党的十八大以来新的实践，我们党已经探索出一条中国特色党和国家监督道路，形成系统完整的中国特色党和国家监督理论，中国特色社会主义监督制度不断健全。中国特色党和国家监督理论系统回答了“什么是党和国家监督、为什么要开展党和国家监督、怎样开展党和国家监督、依靠谁来开展党和国家监督”等一系列重大问题，是将马克思列宁主义的权力制约监督思想同中国具体实际相结合形成的重大理论成果。

中国特色党和国家监督理论有着严密的逻辑体系。第一个层次是党

① 钟纪言：《健全党统一领导全面覆盖权威高效的监督体系》，载《中国纪检监察报》2023 年 11 月 2 日。

和国家监督的理论根基，包括马克思主义经典作家关于制约和监督的理论，党的历代领导集体形成的关于制约和监督的思想，以及坚持和加强党的全面领导、新时代党的建设总要求、党的自我革命、推进全面从严治党等新时代理论创新。特别是新时代以来，我们党不断深化中国特色社会主义监督制度规律性认识，习近平法治思想，习近平总书记关于党的建设的重要思想，习近平总书记关于党的自我革命的重要思想，习近平总书记关于坚持和完善党和国家监督体系重要论述等，是中国特色党和国家监督理论的主体内容。第二个层次是党和国家监督的基本原理，包括权力的来源、权力的控制、监督的属性、公民的权利与义务、国家治理现代化等。第三个层次是关于开展党和国家监督的基础理论，包括，党的作风建设理论、党的纪律建设理论、中国特色廉政理论，以及党内监督理论、国家监察理论等，为深入开展党和国家监督提供具体理论支撑。第四个层次是关于开展党和国家监督活动的具体理论，包括一体推进不敢腐、不能腐、不想腐理论，监督执纪“四种形态”理论等，体现出党和国家监督理论与实践的有机统一。第五个层面是纪检监察应用理论，为政治监督、监督检查、信访举报、线索处置、审查调查、审理、巡视巡察、反腐败国际合作、数字纪检监察等职责任务提供具体理论支撑。①

二、党和国家监督体系的内涵

监督是权力正确运行的保证，是国家制度和治理体系有效运转的重要支撑，在管党治党、治国理政中居于基础性、保障性地位。中国共产党全面领导、长期执政，必须建立和完善一套强化自我监督、实现自我净化的制度体系。这直接关乎党的执政能力和治理水平，关乎党和国家长治久安。

---

① 王希鹏、蔡志强：《新时代纪检监察一级学科理论体系的科学构建》，载《中国纪检监察》，2022 年第 10 期，第 46—48 页。

党的十八大以来，党中央对健全党和国家监督体系作出全面部署。2013 年党的十八届三中全会对“强化权力运行制约和监督体系”作出专门部署。2016 年党的十八届六中全会及修订的《党内监督条例》对健全党内监督体系作出全面部署。2017 年党的十九大报告正式写入“健全党和国家监督体系”。2018 年党的十九届三中全会通过的《中共中央关于深化党和国家机构改革的决定》强调“健全党和国家监督体系”，要求推进党的纪律检查体制和国家监察体制改革。2019 年党的十九届四中全会通过的《中共中央关于坚持和完善中国特色社会主义制度、推进国家治理体系和治理能力现代化若干重大问题的决定》把“坚持和完善党和国家监督体系，强化对权力运行的制约和监督”作为坚持和完善中国特色社会主义制度、推动国家治理体系和治理能力现代化的一个重要方面专门作出制度安排，党内形成了决策、执行、监督相互协同、相互制约的内循环体系，监督成为其中关键一环。这标志着我们党对在长期执政条件下实现自我监督、自我净化的认识达到一个新境界。党的二十大报告鲜明提出，“健全党统一领导、全面覆盖、权威高效的监督体系”，这是对新时代全面从严治党成功实践的深刻总结，是对执政党建设规律和国家治理规律的深刻把握。党的二十大党章赋予纪委协助党委推动完善党和国家监督体系的重要职责，要求纪委监委进一步发挥好协助引导推动功能，推动各类监督在党的领导下贯通协调、形成合力。2023 年 1 月，习近平总书记在二十届中央纪委二次全会上深刻指出：“健全党统一领导、全面覆盖、权威高效的监督体系，是实现国家治理体系和治理能力现代化的重要标志。党委（党组）要发挥主导作用，统筹推进各类监督力量整合、程序契合、工作融合。”2024 年 7 月，党的二十届三中全会通过的《中共中央关于进一步全面深化改革、推进中国式现代化的决定》，对完善党和国家监督体系作出进一步部署。

具体来讲，党和国家监督体系，是中国特色社会主义制度和国家治理体系的重要组成部分，是党在长期执政条件下实现自我净化、自我完善、自我革新、自我提高的重要制度保障，是健全党领导下决策科学、执行坚决、监督有力的权力运行机制的重要方面，是在党的集中统一领导下以党内监督为主导，其他各类监督有机贯通、相互协调的监督体系。坚持和完善党和国家监督体系，要始终把坚持和加强党的全面领导作为根本原则、根本任务和根本目的，聚焦坚持和巩固支撑中国特色社会主义制度的根本制度、基本制度、重要制度，不断健全中国特色社会主义监督制度，以高质量监督推动党领导下的国家制度和治理体系提质增效。

三、健全党和国家监督体系的基本要求

党和国家监督体系是党和国家监督各个主体按照一定组织结构和运行机制，协同促进、同向发力的综合系统。监督结构、监督能力、监督目标是党和国家监督体系的重要支点，三者共同支撑监督系统的稳健运行。

（一）完善监督结构

监督结构是指党和国家监督体系的组织结构和协同方式。党和国家监督结构可以概括为“纵五、内四、外九”。“纵五”就是着力构建党中央集中统一领导，党委（党组）全面监督、纪委监委专责监督、党的工作部门职能监督、党的基层组织日常监督、党员民主监督等有机结合、融为一体的党内监督体系；“内四”就是推进纪律监督、监察监督、派驻监督、巡视监督统筹衔接；“外九”就是构建以党内监督为主导，人大监督、民主监督、行政监督、司法监督、审计监督、财会监督、统计监督、群众监督、舆论监督有机贯通、相互协调的党和国家监督“大格局”。完善监督结构的基本要求是“党统一领导、全面覆盖、权威高效”。其中，“党统一领导”是基本前提，强调党和国家监督必须在党中央直接领导下开展工作，从决策指挥、资源整合、制度建设、体制改革上，强化党的全方位、全过程领导。“全面覆盖”是监督范

围，强调构建全方位监督格局，覆盖到每一个党员、干部和公职人员，覆盖到党和国家机关所有机构履行职责全过程，消除权力监督的真空地带。“权威高效”是治理效能，强调赋予监督机关必要的监督手段和监督权限，以刚性的制度规定和严格的制度执行，保证监督的权威性和相对独立性。

（二）提高监督能力

监督能力是指党和国家监督体系应当具备的理念、禀赋和运行机制。党和国家监督体系的能力要求是“增强监督政治性、严肃性、协同性、有效性”。其中，“政治性”突出的是根本性，强调监督目的必须彰显政治高度，监督原则必须坚持政治立场，监督主体必须胸怀政治担当，监督内容和方式必须体现鲜明的政治要求。“严肃性”突出的是公信力，强调建立健全监督常态化、长效化机制，提高监督的规范化、法治化，强化制度执行力。“协同性”突出的是系统性，强调要以党内监督为主导，推动人大监督、民主监督、行政监督、司法监督、审计监督、财会监督、统计监督、群众监督、舆论监督有机贯通，实现监督主体协调联动、相互配合，制度建设环环相扣、分层对接，改革措施系统集成、协同高效。“有效性”突出的是治理效能，强调完善监督方式方法，推动标本兼治，降低监督成本和损耗，提高治理效率和效能。

（三）实现监督目标

监督目标是指党和国家监督体系应当实现的价值诉求。健全党和国家监督体系的目标是“形成决策科学、执行坚决、监督有力的权力运行机制，确保党和人民赋予的权力始终用来为人民谋幸福”。决策、执行、监督是权力结构“三位一体”的组成部分，其中决策是核心，执行是关键，监督是保障。决策、执行、监督的相互协调和相互制约是任何政治活动达到预定目标、实现效益最大化的基本途径和基本手段。这种协调制约要求不仅体现在国家权力配置中，更体现在每一个职权运行中都应当围绕决策、执行、监督，统一谋划、一体推进，科学配置权力，明晰权力边界，规范工作流程，强化制约监督，压缩权力的自由裁量空间和缺失监督的放纵空间，最终实现“为人民谋幸福”的社会主义权力本性。

（四）推动各类监督有机贯通、相互协调

健全党和国家监督体系，必须通过建立健全科学的体制机制，构建以党内监督为主导，人大监督、民主监督、行政监督、司法监督、审计监督、财会监督、统计监督、群众监督、舆论监督有机贯通、相互协调的党和国家监督“大格局”。

1. 这是推进国家治理体系和治理能力现代化的必然要求

在我国，党和国家的治理体系包括两个方面：一是依规治党，依靠党章党规党纪管党治党；二是依法治国，依据宪法法律法规治国理政。依规治党和依法治国一体两面、高度契合。党和国家监督体系作为横向到边、纵向到底的大体系，各类监督都是监督体系组成部分，如果不将党内监督与各类监督结合起来，就形不成监督合力。必须以党内监督为主导，以各类监督充分发挥作用为辅助，以强化政治监督为首要任务，找准结合点和着力点，建立健全相互贯通协调的制度机制，健全党统一领导、全面覆盖、权威高效的监督体系，推动形成决策科学、执行坚决、监督有力的权力运行机制，确保党和人民赋予的权力始终用来为人民谋幸福。

2. 这是巩固反腐败斗争成果的必然要求

习近平总书记深刻指出，要清醒认识腐蚀和反腐蚀斗争的严峻性、复杂性，认识反腐败斗争的长期性、艰巨性，切实增强防范风险意识，提高治理腐败效能。提高治理腐败效能，必须坚持和完善党和国家监督体系，以党内监督为主导，推动各类监督贯通协调、形成合力，持续深化标本兼治，构建一体推进不敢腐、不能腐、不想腐体制机制，不断增强制度刚性，让党员干部从害怕被查处的“不敢”走向敬畏党和人民、敬畏党纪国法的“不敢”；加强重点领域制度建设和监督机制改革，推动形成不断完备的制度体系、严格有效的监督体系；加强理想信念教育、提高党性觉悟、涵养廉洁文化，筑牢党员干部拒腐防变思想堤坝，放大“三不腐”叠加效应，最终夺取反腐败斗争彻底胜利。

3. 这是实现纪检监察工作高质量发展的必然要求

随着全面深化改革向纵深发展，健全党和国家监督体系进入系统集成、协同高效的新阶段。各领域各环节监督的关联性互动性明显增强，每一种监督都会对其他监督产生重要影响，都需要其他监督协同配合，必须上下统筹、联动推进。纪检监察机关作为监督专责机关，在党中央集中统一领导下，既要在深化“内功”上下功夫，完善制度机制，推进纪律监督、监察监督、派驻监督、巡视监督统筹衔接，健全完善“四项监督”全覆盖工作格局；又要充分发挥协助引导推动功能，协助和推动党委（党组）履行党内监督主体责任和全面监督职责，推动党内监督各主体发挥作用、相互贯通、形成合力，实现其他各类监督贯通协调，不断弥补监督空白、织密监督网络，确保把公权力置于严密监督之下，推动党和国家监督体系全覆盖高质量。

四、发挥党内监督主导作用

党内监督是指中国共产党的内部监督，是指党运用自身力量，依据党章党规党纪进行的自我监督和自我约束，确保党章党规党纪在全党有效执行，维护党的团结统一。

（一）党内监督的地位

在党和国家监督体系中，党内监督是第一位的监督。对我们党来说，外部监督是必要的，但从根本上讲，还在于强化自身监督。“党的执政地位，决定了党内监督在党和国家各种监督形式中是最基本的、第一位的。”[①] 一个国家采取何种监督模式绝不是一个孤立的问题，必须

① 习近平：《在第十八届中央纪律检查委员会第六次全体会议上的讲话》，载《人民日报》2016年5月3日。

从一个政治体系的内在需要出发。西方的政党国家是基于政党运行现代国家而产生的，而中国的政党国家是基于政党建设现代国家而形成的。[①] 中国的现代政治体系是在中国共产党主导下确立起来的，是从中国共产党那里脱胎出来的，其维系与健全，都离不开中国共产党的主导作用。而且从实际看，我们党的执政是全面执政，从立法、执法到司法，从中央部委到地方、基层，都在党的统一领导之下。我国公务员队伍中党员比例超过 80%，县处级以上领导干部中党员比例超过 95%。[②] 要对党政机关和党员、公职人员进行有效监督，必须依靠党内监督的力量。

回顾我们党的百年历程可以清楚看到，勇于进行强有力的自我监督，是我们党不断从胜利走向新的胜利的关键所在。党的一大党纲只有 15 条，其中第 2 条规定党内监督。第 10 条规定："工人、农民、士兵和学生等地方组织的人数很多时，可以派他们到其他地区去工作，但是一定要受当地执行委员会最严格的监督。" 第 12 条规定："地方执行委员会的财政、活动和政策，必须受中央执行委员会的监督。" 1927 年，党的五大决定成立党的监察委员会，这是我们党首次设立党内监督专门机构。1928 年，党中央颁布的巡视条例，是党的历史上第一部党内监督专门法规。新中国成立后，党不断推进长期执政条件下党内监督组织制度创新，在推进党的建设、加强党内监督方面积累了丰硕的理论成果和实践经验。党的十八大以来，面对全面从严治党的新形势新任务，党中央把强化党内监督作为党的建设重要基础性工程摆在更加突出的位置，实现了党内监督理念、理论和制度的一系列重大创新。习近平总书记多次提出"党内监督是全党的任务"

---

① 林尚立：《以政党为中心：中国反腐败体系的建构及其基本框架》，载《中共中央党校学报》2009 年第 4 期，第 21—22 页。

② 钟纪轩：《深化国家监察体制改革，健全党和国家监督体系》，载《求是》2018 年第 9 期。

“做好监督体系顶层设计”“积极探索强化党内监督的有效途径”等一系列重要要求。2016 年 10 月，党的十八届六中全会审议通过修订后的《党内监督条例》，对党内监督的指导思想、基本原则、监督主体、监督内容、监督对象、监督方式等重要问题作出规定，为新形势下强化党内监督提供了根本遵循。

（二）党内监督的特点

党内监督是各类监督发挥作用的方向引领和根本支撑，是推动党和国家监督体系系统集成、协同高效、成熟定型的根本前提。党内监督具有其他监督所无法替代的作用和优势：（1）党内监督具有重要的示范引领作用。中国共产党是中国的执政党，党内监督失效，其他监督形式必然失灵；内部监督不到位，外部监督再用劲，作用也有限。党只有自我监督坚强有力，才能对其他各种监督形式起到示范引领的作用。（2）党内监督具有重要的纠偏作用。党内监督是总体性的政治监督，重点解决党的领导弱化、党的建设缺失、全面从严治党不力，党的观念淡漠、组织涣散、纪律松弛，管党治党宽松软等根本性问题，保证党的组织充分履行职能、发挥核心作用，保证全体党员发挥先锋模范作用。（3）党内监督具有重要的统领作用。在中国共产党强有力的领导下，党内监督能够凝聚党和国家各个监督力量，能够保证国家机关监督体系和社会监督体系有机配合，确保各个监督力量统一意志、统一行动、步调一致，形成党内监督、国家机关监督、社会监督的强大合力。

（三）党内监督的构成

党内监督包括党委（党组）全面监督，纪律检查机关专责监督，党的工作部门职能监督，党的基层组织日常监督，党员民主监督。

1. 党委（党组）全面监督。《党内监督条例》第 15 条规定：“党委（党组）在党内监督中负主体责任，书记是第一责任人，党委常委会委员（党组成员）和党委委员在职责范围内履行监督职责。”党委

（党组）在各级组织中发挥总揽全局、协调各方的领导核心作用，领导本地区本部门本单位党内监督工作，加强对领导干部特别是“一把手”和领导班子的日常管理监督，组织实施各项监督制度，抓好督促检查，加大对各类监督的领导指导、统筹协调力度。各级党委（党组）通过落实管党治党的主体责任，层层传导压力，层层压实责任，把党委（党组）全面监督责任落到实处。

2. 纪委专责监督。习近平总书记指出：“纪委监委要把握好在全面从严治党中的职责，发挥好在党和国家监督体系中的作用，抓重点、补短板，一体推动、落实纪检监察体制改革各项任务。”①《纪律检查委员会工作条例》第 3 条规定：“党的各级纪律检查委员会是党内监督专责机关，是党推进全面从严治党、开展党风廉政建设和反腐败斗争的专门力量。”“专责”体现的是权力与责任相统一，凸显的是政治责任和使命担当。纪律检查机关在发挥好党内监督专责作用的同时，要发挥好协助推动作用，在贯通各类监督上主动作为，完善执纪执法贯通、有效衔接司法的制度，健全信息沟通、线索移交、成果共享机制，做实监督全覆盖、增强监督有效性。

3. 党的工作部门职能监督。《党内监督条例》第 16 条规定：“党的工作部门应当严格执行各项监督制度，加强职责范围内党内监督工作，既加强对本部门本单位的内部监督，又强化对本系统的日常监督。”党委办公厅、组织部、宣传部、统战部、政法委等党的工作部门是党委（党组）主体责任在不同领域的载体和抓手，负有推进全面从严治党，实施政治、思想、组织等方面领导的政治责任。要通过切实履职，让每名党员、干部行使应有权利、履行应尽责任，做到权责对等、失责必问，层层传导压力。

---

① 《习近平关于全面加强党的纪律建设论述摘编》，中央文献出版社 2024 年版，第 176 页。

4. 党的基层组织日常监督。根据《党内监督条例》第 35 条，党的基层组织应当发挥战斗堡垒作用，严格党的组织生活，维护和执行党的纪律，监督党员切实履行义务，保障党员权利不受侵犯。

5. 党员民主监督。根据《党内监督条例》第 36 条，党员是党内生活的主体，要本着对党和人民事业高度负责的态度，积极行使党员权利，认真履行监督义务，对错误言行敢于较真、敢于斗争，加强对党的领导干部的民主监督。

五、强化国家机关监督

国家机关监督是党和国家监督体系的重要组成部分。国家机关监督是指拥有国家权力的监督主体开展的监督活动。

（一）国家机关监督的地位

在党和国家监督体系中，政党监督与国家机关监督是不同的逻辑，前者从组织的纪律与政党的意识形态出发，后者从国家的法律和制度出发。改革开放以来，中国社会的基本权力结构发生了深刻变化，在国家与社会不再完全统合在政党的组织与体制内的条件下，仅仅依靠政党一方监督力量自然是不可能的，于是，更加重视人大、检察机关、审计机关等在开展监督中的重要作用。比如，为了更好发挥人大监督的作用，1982 年颁布的宪法就明确全国人民代表大会作为国家最高权力机关和最高监督机关的地位，2007 年《中华人民共和国各级人民代表大会常务委员会监督法》颁布实施，明确规定“各级人民代表大会常务委员会依据宪法和有关法律的规定，行使监督职权”。再比如，为了更好发挥检察机关监督作用，宪法和《中华人民共和国人民检察院组织法》规定，“人民检察院是国家的法律监督机关”；为了更好发挥审计的监督作用，《中华人民共和国审计法》规定，“国家实行审计监督制度。坚持中国共产党对审计工作的领导，构建集中统一、全面覆盖、权威高效的审计监督体系”。这些规定都体现了国家机关监督在党和国家监督体系中不可替代的地位和作用。

（二）国家机关监督的特点

国家机关监督体系具有以下特点：（1）国家机关监督体现了依法治国的要求。随着社会主义法治的不断健全和完善，国家机关的一切活动都应当纳入法治轨道。国家机关监督以法律作为监督尺子，对国家机关及其公职人员执行国家法律法规的行为进行检查和监督，确保国家机关和公职人员的一切活动在法律的规范下进行，维护宪法国家法律的权威性，推动依法治国。（2）各类国家机关监督功能互补。在国家机关监督体系中，各种监督职责不同，都是不可或缺和替代的。其中，人大监督重在对政府、监察机关、司法机关的工作实施监督。行政监督重在维护行政纪律，改善行政管理，提高行政效能。监察监督重在对所有行使公权力的公职人员进行监察，调查职务违法和职务犯罪。在司法诉讼中，还有司法机关相互间的监督，有上下级法院的审级监督，有检察院的法律监督。（3）国家机关监督具有权威性。国家机关监督以国家机器为后盾，以国家强制力为支撑，拥有宪法法律赋予的职责、权限和手段，通过法律程序保证监督成效，具有一定的预防作用、威慑作用和惩罚作用。（4）国家机关监督是党内监督的延伸和拓展。在党和国家监督体系中，党内监督居于主导地位，各种形式的国家机关监督是重要补充，在党的领导下，相互配合，共同发挥作用。

必须强调的是，国家机关监督必须在党的统一领导下，稳妥有序地推进。我国社会主义政治制度优越性的一个突出特点是党总揽全局、协调各方的领导核心作用。在党和国家监督体系中，不同层次、不同类型的监督是一种分工和协同的关系，是一个整体中的局部。要使党和国家监督体系各个组成部分形成有机整体，共同发挥作用，各个监督主体既不能相互替代，也不能自行其是，关键是发挥党内监督主导作用，实现党的自我监督和其他各类监督相结合，同向发力、形成合力。国家机关监督必须在党的领导下才能有效发挥作用；离开了党的领导，仅仅靠国家机关监督，作用是有限的。国家监察委员会成立后，党中央决定中央纪委与国家监委合署办公，目的就是强化党中央对国家机关监察工作的统一领导，使党内监督与国家机关监督相互促进、相得益彰。

（三）国家机关监督构成

国家机关监督包括人大监督、民主监督、行政监督、司法监督、审计监督、财会监督、统计监督等。

1. 人大监督。全国人民代表大会及其常委会的监督是国家监督体系中最高层、最高权威的监督。《中华人民共和国各级人民代表大会常务委员会监督法》第6条规定："各级人民代表大会常务委员会对本级人民政府、监察委员会、人民法院和人民检察院的工作实施监督，实行正确监督、有效监督、依法监督，促进依法行政、依法监察、公正司法。"根据宪法和法律的规定，人大监督主要是两项：一是工作监督，二是法律监督。工作监督是指人大常委会对"一府一委两院"等在工作中是否正确实施法律和依法行使职权，是否正确贯彻国家的方针政策，是否正确执行人大及其常委会作出的决议、决定的情况所进行的监督，包括专项工作监督、计划和预算执行情况监督、法律法规实施情况的监督等。法律监督是指人大常委会对规范性文件是否符合宪法和法律规定所进行的监督①。

2. 民主监督。民主监督主要是指政协和民主党派的监督。中国共产党同各民主党派长期共存、互相监督、肝胆相照、荣辱与共，作为参政党的民主党派是党和国家监督的重要力量。民主监督的主要方式有：提出建议案，民主协商会，民主座谈会，列席人民代表大会，政协各专门委员会对口协商或专业座谈会，政协提案，政协委员视察考察，政协委员专题调查，参加咨询、论证等。

3. 行政监督。行政监督是指对行政机关、对机关内部的行政行为

---

① 韩晓武：《监督法和全国人大常委会的监督工作》，载全国人大网，2018年6月29日。

和行政人员的职务行为进行的监督。国家监察委员会成立后，虽然行政监察部门被撤销，但是行政监督依然存在，只是行使的主体发生了转变，即行政监督职能由各个行政机关自己行使，这是行政机关应当承担的重要的职能监督职责。各个行政机关必须加强职责范围内行政监督工作，既加强对本部门本单位的内部监督，又强化对本系统的日常监督。

4. 司法监督。司法监督是指国家司法机关依据法定职权和程序，对法律实施情况进行的监督。比如，人民法院通过行政诉讼对具体行政行为的合法性进行审查，人民法院对相对人提请审查的行政规范性文件进行审查等。人民检察院在履行职责中发现行政机关违法行使职权或者不行使职权的行为，应该督促其纠正等。

5. 审计监督。审计是党和国家监督体系的重要组成部分。审计监督是指审计机关及其审计工作人员根据国家法律法规，依法对被审计单位财政收支、财务收支以及其他有关经济活动进行监督检查的过程。审计法第 18 条规定，“审计机关对本级各部门（含直属单位）和下级政府预算的执行情况和决算以及其他财政收支情况，进行审计监督。”近年来，审计机关围绕党和国家工作大局，立足经济监督定位，在促进经济健康发展、维护国家经济安全、揭示风险隐患、推动反腐治乱等方面发挥了积极作用。党的二十大以来，纪检监察监督与审计监督的贯通协同机制不断健全，充分发挥了审计在反腐治乱方面的重要作用。

6. 财会监督。财会监督是依法依规对国家机关、企事业单位、其他组织和个人的财政、财务、会计活动实施的监督。财政部门应当履行好财会监督主责，加强对财政、财务、会计管理法律法规及规章制度执行情况的监督，强化对预算管理、行政事业性国有资产管理规章制度、政府采购制度、财务管理、财会行为的监督。有关部门依照法定职责实施监督，依法依规强化对主管、监管行业系统和单位财会监督工作的督促指导，严负其责、严管所辖，坚决守住财经纪律红线、底线。各单位加强内部监督，履行好主体责任和监督责任，加强对自身经济业务、财务管理、会计行为的日常监督。中介机构抓牢执业监督，保持独立、客观、公正、规范执业。行业协会抓实自律监督，加强行业诚信建设，推动提升中介机构执业规范化水平。

7. 统计监督。统计监督是指各级统计机构在履行好统计调查、统计分析职能的同时，发挥统计监督职能，依法监测经济社会发展运行情况、评估监控统计数据、监督检查统计工作和查处统计违法行为，以期实现宏观调控目标。统计监督是统计工作的基本任务之一。《中华人民共和国统计法》规定：“统计的基本任务是对经济社会发展情况进行统计调查、统计分析，提供统计资料和统计咨询意见，实行统计监督。”统计监督是党和国家监督制度体系的重要组成部分，通过统计监督，严肃查处统计违法违纪行为，着力解决统计数据失真失实干扰决策判断、虚增群众获得感、透支党和政府公信力等问题。

六、充分发挥人民监督作用

自我监督和人民监督相结合是深入推进党的自我革命的强大动力。人民监督是我们党坚持人民立场的现实体现，是党和国家监督体系的重要组成部分，是党的自我革命的重要保障。习近平总书记指出：“我们党有严密的组织性和纪律性，党的根本宗旨是全心全意为人民服务，接受组织和人民监督天经地义。”人民监督是指人民群众基于宪法和法律赋予的权利，对国家机关及其工作人员所进行的监督。人民监督的主体既可以是单个公民，也可以是组织起来的公民集体。

（一）人民监督的地位

习近平总书记指出：“勇于自我革命和接受人民监督是内在一致的，都源于党的初心使命。”发挥人民监督的作用从根本上讲是由党的性质宗旨、初心使命决定的，我国是人民当家作主的社会主义国家，人民是国家的主人，人民群众享有广泛民主权利。特别是随着社会主义民主政治的推进和市场经济的发展，民众权利意识不断彰显，互联网的发展也为大众参与监督提供了重要平台。广大民众的参与以及蓬勃发展的社会组织，在党和国家监督中发挥越来越重要的作用。

从权力制约监督的类型来看，人民监督属于权力制约的重要构成，是民主政治的重要范畴。让人民监督权力，在更广泛、更开放的层面上对党的执政和国家权力进行监督，使权力处于各种社会群体及社会公众的监督之下，保障国家权力更多地满足社会需要，实现国家权力服务于社会公众这个根本目标。当前社会参与监督已成为国际共识，随着政府的推动和社会的积极参与，人民监督在治理腐败中的作用日益显现。《联合国反腐败公约》第 13 条专门提出了“社会参与”问题，要求“各缔约国均应当根据本国法律的基本原则在其力所能及的范围内采取适当措施，推动公共部门以外的个人和团体，积极参与预防和打击腐败”。在我国党和国家监督体系中，人民监督是重要力量，《党内监督条例》《监察法》等对拓宽监督渠道、自觉接受人民监督都有明确的规定。

（二）人民监督的特点

人民监督具有以下特点：（1）人民监督具有广泛性的特点。群众的眼睛是雪亮的，党员、干部身上的问题，群众看得最清楚，最有发言权。人民监督无处不在、无时不有，覆盖面广，不受地域时间的限制，可以对党员、干部和公职人员的履职行为以及八小时内外的各种活动进行广泛监督，是其他监督形式、监督方法的有益补充，弥补了其他监督形式的不足。（2）人民监督具有针对性的特点。随着民主法治建设的不断加强和党纪国法的深入宣传，群众监督的意识不断增强，热情空前高涨，监督的方式方法多样化，监督水平不断提高，能够及时反映党员、干部、公职人员违纪违规、作风粗暴、与民争利、侵害群众利益等问题，具有一定的针对性。（3）人民监督具有辐射性的特点。人民监督特别是舆论监督借助报纸、广播、电视、网络，快速传播，社会影响大，能够提高党员、干部及公职人员接受监督的意识，督促执纪执法机关履职尽责。舆论监督还可以转化为其他监督形式，如通过曝光违法犯罪问题，可将舆论监督转化为法律监督，转化为专门监督机关的监督，由个别监督转化为普遍监督等。

需要强调的是，人民群众开展监督必须在党的领导下，纳入法治轨道，稳妥有序推进。改革开放以来中国法治建设取得了有目共睹的辉煌成绩，但同时也要看到，公民的法治意识还相对薄弱。法治“器物”易成，但法治“意识”养成难。法治意识、法治思维和法治素养作为一种“习惯”的养成，需要一个较长的历史时期。人民群众监督的正常运行需要一整套国家制度的支撑，以法治思维和法治方式进行，建立法治社会监督模式。因此，人民监督必须在党的正确领导下，强化法治化、有序化建设，绝不能让社会监督凌驾于法律之上，只有这样，社会监督的正能量才能得到进一步释放。

（三）人民监督体系构成

人民监督体系具体包括群众监督、舆论监督等。

1. 群众监督。群众监督是密切党群关系的有效抓手。群众监督是指公民个人或集体通过各种形式、渠道开展的监督。强化群众监督必须畅通监督渠道，及时反馈办理情况，健全激励保护机制，激发群众监督正能量，开启全天候探照灯。群众监督的方式包括批评建议、检举控告、申诉、选举罢免、游行示威等。

2. 舆论监督。舆论监督是指公民依据宪法和法律赋予的权利和自由，通过报纸、杂志、广播、电视、网络等新闻媒体，对国家和社会进行的监督。舆论监督权是一种普遍的、平等的民主监督权利，具有主体多元、手段多样、传播速度快等特点。强化舆论监督必须适应信息化时代新要求，及时关注舆论新动向，善于从舆论动态中了解民意、体察民情，发现问题线索，回应民众关注热点。

思考题：

1. 习近平总书记关于党的自我革命的重要思想的主要内容是什么？
2. 党的自我革命和社会革命的关系是什么？
3. 如何以党内监督为主导，推动各类监督有机贯通、相互协调？

第四章　纪检监察的历史沿革

纪检监察的产生、发展与完善，是马克思主义关于无产阶级政党的组织原则和纪律原则同中国共产党的建设实际相结合的过程。纪检监察发展历程是中国共产党历史和新中国历史的重要组成部分。

第一节　新民主主义革命时期的纪检监察

自 1921 年 7 月中国共产党创立到 1949 年 10 月的新民主主义革命时期是纪检监察工作的创建时期，面对复杂残酷的生存和发展环境，纪检监察机关以严明纪律、防止消极腐败现象为重点，探索了依靠密切党群关系、严格执行党的纪律来端正党风、筑牢红色基因的成功经验①。

一、党的纪律和纪律检查规定的产生

1921 年 7 月 23 日至 8 月初，中国共产党第一次全国代表大会先后在上海法租界和浙江嘉兴南湖举行。大会通过的《中国共产党第一个纲领》和《中国共产党第一个决议》，虽然没有专门列出“纪律”条款，却有不少关于纪律监督内容的具体规定。一是明确了严格的党员标准。党的第一个纲领规定：“在加入我们队伍之前，必须与企图反对本党纲领的党派和集团断绝一切联系”；“在党处于秘密状态时，党的重要主张和党员身份应保守秘密”；“党员除非迫于法律，不经党的特许，

① 刘硕：《党的纪检监察工作的百年发展历程》，载《人民论坛》2021 年第 36 期。

不得担任政府官员或国会议员。士兵、警察和职员不受此限”①。二是对党员和党的各级组织接受监督作出明确规定。纲领规定：“工人、农民、士兵和学生的地方组织中党员人数多时，可派他们到其他地区去工作，但是一定要受地方执行委员会的严格监督”；“地方委员会的财务、活动和政策，应受中央执行委员会的监督”②。三是强调了党对工会的领导和宣传工作的纪律。党的第一个决议要求“勿使工会执行其他的政治路线”，规定“一切书籍、日报、标语和传单的出版工作，均应受中央执行委员会或临时中央执行委员会的监督”；“不论中央或地方出版的一切出版物，其出版工作均应受党员的领导”；“任何出版物，无论是中央的或地方的，均不得刊登违背党的原则、政策和决议的文章”③。中国共产党第一个纲领和第一个决议表明，中国共产党从诞生之日起，就把严明的纪律和严格的监督写在自己光辉的旗帜上。

1922 年 7 月，中国共产党在上海召开了第二次全国代表大会，通过了党的第一个章程，其中把“纪律”单列一章，包括九条。一是强调了党的民主集中制原则。明确规定“全国大会及中央执行委员会之议决，本党党员皆须绝对服从之”，“下级机关须完全执行上级机关之命令；不执行时，上级机关得取消或改组之”，“本党一切会议均取决多数，少数绝对服从多数”。④ 二是明确了对党员的纪律处分。规定党员有“言论行动有违背本党宣言章程及大会各执行委员会之议决案”等六种情形之一者，必须开除党籍。三是第一次明确规定设立中央分

---

① 《中国共产党第一个纲领》，载《中共中央文件选集》第一册，中共中央党校出版社 1989 年版，第 3—5 页。

② 《中国共产党第一个纲领》，载《中共中央文件选集》第一册，中共中央党校出版社 1989 年版，第 4 页。

③ 《中国共产党第一个决议》，载《中共中央文件选集》第一册，中共中央党校出版社 1989 年版，第 6—7 页。

④ 《中国共产党章程》，载《中共中央文件选集》第一册，中共中央党校出版社 1989 年版，第 96—97 页。

派各地指导工作的特派员。这是党的巡视制度的开端。除了党章外，党的二大还通过了《关于共产党的组织章程决议案》，突出强调了纪律的重要性，指出“凡一个革命的党，若是缺少严密的集权的有纪律的组织与训练，那就只有革命的愿望便不能够有力量去做革命的运动”，强调自中央机关以至基层组织“要有严密系统才免得乌合的状态；要有集权精神与铁似的纪律，才免得安那其（无政府）的状态”①。

1923 年 6 月召开的党的三大和 1925 年召开的党的四大分别通过的第一次和第二次修正章程，都专列“纪律”一章，其内容基本是沿袭二大党章的有关规定。1924 年国共两党实行合作，中国共产党的队伍有了迅速发展，党员人数从 1923 年的 400 余人猛增到 1925 年的 3 万余人。随着党员队伍的扩大，难免混进一些投机分子，他们趁革命高潮之机捞取个人利益。因此，中共中央于 1926 年 8 月 4 日发出《关于坚决清洗贪污腐化分子的通告》（以下简称《通告》）。《通告》指出，随着革命运动的蓬勃兴起，党的队伍得到加强，同时不可避免地有一些投机分子混入党内，触犯党的纪律，“给党造成很恶劣的影响，最显著的事实，就是贪污的行为，往往在经济上发生吞款、揩油的情弊”。“一个革命的党若是容留这些分子在内，必定会使他的党陷于腐化，不但不能执行革命的工作，且将为群众所厌弃。所以应该很坚决地清洗这些不良分子，和这些不良倾向奋斗，才能巩固我们的营垒，才能树立党在群众中的威望。”② 因此，中央要求各级党组织接到《通告》后，“迅速审查所属同志，如有此类行为者，务必不容情地清洗出党，不可令留存党中”，并将结果上报中央。《通告》是迄今发现的我们党历史上最早反对贪污腐化的文献。

① 《关于共产党的组织章程决议案》，载《中共中央文件选集》第一册，中共中央党校出版社 1989 年版，第 90 页。

② 《中国共产党重要文献汇编》（第九卷），人民出版社 2022 年版，第 28 页。

二、党的五大和中央监察委员会的成立

1927年4月27日至5月9日，中国共产党第五次全国代表大会在武汉举行。会议选举产生了党内维护和执行纪律的专责机关——中央监察委员会。这是党的历史上第一个中央纪律检查监督机构，标志着中国共产党纪律检查制度的初步创立，具有重要的意义。大会选举产生的中央监察委员会由正式委员7人、候补委员3人组成，王荷波为主席，杨匏安为副主席。

同年6月，中共中央政治局受第五届中央委员会的委托，制定和通过了《中国共产党第三次修正章程决案》（以下简称《决案》），专列“监察委员会”一章，明确成立监察委员会的目的是为“巩固党的一致及威权”，对于成立监察委员会的目的及其机构的设置、职权和地位等，都有比较明确的规定，使党的纪律建设有了组织保证。该章规定，在全国代表大会及省代表大会上选举中央及省监察委员会。中央及省监察委员，不得以中央委员及省委员兼任。中央及省监察委员得参加中央及省委员会会议，但只有发言权无表决权。中央及省委员会不得取消中央及省监察委员会的决议；中央及省监察委员会的决议，必须经中央及省委员会的同意，方能生效执行。如遇有不同意见，则移交至中央或省监察委员会与中央或省委员会联席会议，仍不能解决时，则提交省及全国代表大会或移交于高级监察委员会解决。此外，在“党的中央机关”一章中，也涉及有关监察委员会的工作报告，改选中央监察委员会，并决定中央监察委员会的组成人员。这样，就形成了党委与监委彼此制约、互相监督的运行规则和制衡机制，以期达到强化党的纪律，巩固党的统一，提高党的纯洁性、凝聚力和战斗力的目的。

同时，《决案》关于纪律处分的规定，无论是在处分的内容上，还是在处分的方式上，都比以前有了很大的进步。比如，《决案》第66条规定：“不执行上级机关的决议及其他破坏党的行为，即认为违背党的共同意志而处罚之。”这一条还规定了党纪处分的方式和种类，一类

是对党组织的，其处分分为警告、改组和重新登记（解散原组织）；另一类是对党员个人的，其处分分为警告、党内公开警告、临时取消党内外工作、留党察看和开除党籍。改变了以前党章简单开除违纪党员的规定，确立了区别对待的原则。《决案》第70条还规定："对于违反党的纪律的行为，须经党的委员会、党员大会或监察委员会，依合法手续审查之。"要求党内作出纪律处分时要通过一定的组织程序和手续，实现了党内对党员处理的规范化制度化，防止滥施纪律处分。

中央监察委员会的成立是党的纪律检查工作的重大创举，是加强党的纪律建设的重大里程碑。中央监察委员会的成立表明我们党已经意识到建立党内专门监督机构的重要性，并且初步形成了党内专门监督机构比较独立、政治地位较高、完整地行使监督权力等为主要内容的监督经验，对及时清除党内违纪分子和混入党内的投机分子，保证党的纯洁性发挥了重要作用。但是，由于党是首次设立中央纪律检查监督机构，缺乏经验，对于监察委员会的具体任务和具体工作权限等问题并没有完全解决，再加上当时处于革命低潮，大批共产党人包括中央监委主席王荷波都惨遭国民党反动派杀害，中央监委未能充分履行自己的职责。尽管如此，党在创建初期和大革命时期加强纪律的探索和实践，为后来党的纪律检查机构的发展和完善奠定了基础，为党的自身建设和发展壮大积累了重要经验。

三、土地革命时期党的纪律检查工作

第一次大革命失败到全民族抗日战争爆发，是中国革命史的土地革命时期。党在极其艰难的环境中，对党的纪律检查工作进行了调整和加强。

第一次大革命失败后，党的组织遭到严重破坏，党的监察机关不复存在。1927年8月7日，中共中央在武汉召开紧急会议，纠正并结束了陈独秀的右倾投降主义错误，选举产生了中央临时政治局。针对白色恐怖下党内一些党员经不起考验的状况，会议决定组织党内审查委员会，

以“审查各该党部之党员有否不可靠分子”。

为总结历史教训，进一步统一全党思想，1928 年 6 月，党在莫斯科召开第六次全国代表大会。党的六大通过的党章对有关纪律和纪律检查的规定，结合当时情况作了一些补充和改动。一是对接收新党员提出严格的纪律要求；二是针对党内存在的极端民主化倾向，强调要实行民主集中制；三是将过去的“监察委员会”改为“审查委员会”，规定由党的全国、省县市代表大会选举产生中央或省县市审查委员会，主要职能是“监督各级党部之财政、会计及各机关之工作”。六大选举产生了以刘少奇同志为书记的中央审查委员会，审查委员会部分地行使了监察委员会的职权。

1933 年年初，党的临时中央局从上海迁入江西中央苏区。为适应工作需要，同年 9 月，中共中央作出《关于成立中央党务委员会及中央苏区省县监察委员会的决定》（以下简称《决定》）。《决定》指出，中央党务委员会及省县监察委员会的职能是：“维护无产阶级政党的铁的纪律，正确地执行铁的纪律，保证党的思想和行动的一致，监察党章和党决议的实行，检查违反党的路线的各种不正确的倾向与官僚主义及腐化现象等，并与之作无情的斗争。”1934 年 1 月，党的六届五中全会选举产生了以李维汉为书记的中央党务委员会。在全国党的代表大会召开前，中央党务委员会是议决关于党的组织和党员个人处分的最高机关。1943 年 3 月，中央政治局会议决定，将中央党务委员会划归中央组织委员会管理。中央党务委员会作为当时党内纪律检查的职能机关，在加强党的纪律建设方面发挥了一定的作用。

四、抗日战争时期党的纪律检查工作

1935 年 1 月，中央政治局召开了遵义会议，确立了毛泽东同志在全党的领导地位。从此，在正确路线的指引下，党的各项工作包括纪律检查工作，逐步走上了正确的发展道路。

1938 年 9 月至 11 月，党中央召开了扩大的六届六中全会。会议的重要成果之一，就是针对王明违反党的组织原则的错误和张国焘分裂党直至叛党的事件，制定通过了一系列法规性的规定，诸如《关于中央委员会工作规则与纪律的决定》《关于各级党部工作规则与纪律的决定》等。会议特别重申了党的组织纪律，要求全党同志必须坚持个人服从组织、少数服从多数、下级服从上级、全党服从中央的民主集中制。这些党内法规对中央和各级党部的工作任务、职责范围及组织纪律分别提出了明确要求，并规定了在解放区党委之下设立监察委员会。这是对党章的重要补充，使党的纪律建设和纪律检查工作内容更加具体化。

1941 年至 1945 年的延安整风运动是我党历史上第一次大规模的整风运动，也是全党范围内一次普遍的深刻的马克思主义思想教育运动。延安整风运动的主要内容是：反对主观主义以整顿学风，反对宗派主义以整顿党风，反对党八股以整顿文风。这次整风，核心的问题是反对教条主义，树立一切从实际出发、理论与实践统一、实事求是的马克思主义的作风。整顿“三风”，中央宣布了两条方针：一是“惩前毖后”，二是“治病救人”。对于犯错误的同志不着重追究个人责任，而着重于分析犯错误的环境和原因，以达到“既要弄清思想，又要团结同志”这样两个目的。在贯彻这一方针过程中，创造性地提出了“团结—批评—团结”的公式。

延安整风运动为端正党风、加强党的建设创造了丰富的经验。整风期间提出并实行的“惩前毖后、治病救人”方针，不仅是正确开展党内斗争的方针，直到今天也仍然是纪律检查工作的方针。纪律检查机关正确地实施这一方针，就是要维护纪检工作的严肃性，坚持“纪律面前人人平等”，同时对违纪行为的处理又要有利于犯错误者认识和改正错误。这一方针的确立，为全党正确开展纪律检查工作奠定了重要基础。

五、党的七大进一步健全了党的纪律检查（监察）制度

1945 年 4 月至 6 月，在抗日战争即将取得最后胜利的重要时刻，中国共产党在延安召开了第七次全国代表大会，为夺取全国革命的胜利作了政治上、思想上和组织上的准备。这次大会决定了党的政治路线，通过了新的党章，选举产生了第七届中央委员会。党的七大通过的党章，总结了20多年来党领导革命的历史经验，继续把党的纪律建设向前推进。第一，新党章第一次增设了“总纲”部分，并把党的纪律的主要特征、要求、重要性等内容列入了“总纲”，明确提出：“中国共产党是按民主的集中制组织起来的，是以自觉要履行的纪律联结起来的统一的战斗组织。”“在党内不容许有离开党的纲领和党章的行为，不能容许有破坏党纪、向党闹独立性、小组织活动及阳奉阴违的两面行为。中国共产党必须经常注意清除自己队伍中破坏党的纲领和党章、党纪而不能改正的人出党。”这在客观上增强了党的纪律的严肃性。第二，新党章在第一章“党员”中，把党员遵守党的纪律同遵守革命政府的行政纪律的要求统一起来，为党在即将执政的条件下开展纪律建设作了准备。第三，新党章专门列了“奖励与处分”一章，突出强调了对党员进行奖励和处分是维护和执行纪律的重要方面。这一章明确规定，“开除党籍是党内的最高处分”。如果党员犯法则由政府依法处理。该章把开除党籍作为对违纪处分的最高手段，对于严格区分党内外问题的界限，保护党员的权利，有着重要的作用。第四，新党章列了“党的监察机关”一章，对监察机关的产生方式、任务和职能、领导体制作了明确的规定。例如，规定“中央监察委员会由中央全体会议选举。各地方党的监察委员会，由各地方党委全体会议选举，并由上级组织批准”。关于监察机关的任务与职权，规定“中央及地方监察委员会的任务与职权是决定或取消对党员的处分，受理党员的控诉”。关于监察机关的领导体制，规定“党的各级监察委员会，在各该级党的委员会指导下进行工作”。

党的七大以后没有能够成立党的监察机构，党的纪律检查工作由各级党委组织部门负责。尽管如此，七大党章关于监察机构的规定较以往党章的有关规定更具体，从组织制度上为新中国成立以后正式建立党的各级纪律检查委员会作了准备。七大党章关于纪律检查工作的规定说明，党在经过 20 多年的奋斗和探索之后，对纪律检查工作有了更加深刻的认识，并从组织上和制度上为新中国成立以后党的各级纪律检查委员会的建立和全面开展工作，打下了重要基础。

第二节　社会主义革命和建设时期的纪检监察

1949 年 10 月至 1978 年 12 月的社会主义革命和建设时期是纪检监察工作的发展探索时期，纪检监察机关通过严明纪律维护党的路线方针，加强思想和制度建设，探索了执政条件下开展纪检监察工作的成功经验。

一、新中国成立初期党的纪律检查机关的建立

新中国成立后，中国共产党成为在全国范围内执政的党。为了更好地执行党的政治路线及各项具体政策，保证党的一切决议的正确实施，1949 年 11 月 9 日，中共中央政治局会议作出《关于成立中央及各级党的纪律检查委员会的决定》（以下简称《决定》），成立了由朱德等 11 人组成的中共中央纪律检查委员会。①

《决定》规定：各中央局、分局、省委、区委、地委、县委均设立纪律检查委员会，并须设置一级工作机关，开展经常性的工作。1949 年 12 月，中央纪委召开全体委员会议，讨论通过《中共中央纪律检查委员会工作细则》。关于县级以下基层，1950 年中央纪委作出规定，设立党委的要设纪律检查员，党的总支和支部要设立纪律检查委员。到 1950 年年底，全国大部分地、县级以上党委均建立了纪律检查委员会。中央纪律检查委员会和各级纪检机构的设立，使得执政后的中国共产党

---

① 中共中央纪律检查委员会办公厅：《中国共产党党风廉政建设文献选编》（第八卷），中国方正出版社 2001 年版，第 5 页。

处理党组织和党员违犯党章党纪的工作有了专门负责机构，从制度上加强了党的组织建设和纪律建设。

关于纪律检查机关的领导体制。《决定》规定，中央纪律检查委员会在中央政治局领导之下工作，各级地方纪律检查委员会在各该党委会指导之下进行工作，并且规定上级党的纪律检查委员会有权改变或取消下级党的纪律检查委员会的决定。但是1950年2月16日，中共中央发出《关于各级党的纪律检查委员会与党委关系的指示》，指出："1. 各级党的纪律检查委员会是各级党委的一个工作部门，犹如各级党的宣传部和组织部一样。因此，各级党的纪律检查委员会是直接在各级党委的领导下进行工作。2. 上级党的纪律检查委员会在工作上、业务上对下级党的纪律检查委员会有指导关系；但其指示或决定同下级党的委员会意见不同时，则应提请同级党委会做决定。"① 在这个时期，党的各级纪律检查委员会是各级党委在执行党的纪律方面的助手，是检查和处理那些违反党纪的党员和党的组织的办事机关。这种"由同级党委领导，受上级纪委指导"的领导体制也限制了纪委职能的充分发挥。一个地方和部门的纪委能否很好地开展工作，很大程度上取决于党委的支持与否，各级纪委也无法对本地区本部门的党委进行有效的纪律监督。

关于纪律检查机关的职责。《决定》规定，中央及各级党的纪律检查委员会的任务与职权是："（甲）检查中央直属各部及各级党的组织、党的干部及党员违犯党的纪律的行为。（乙）受理、审查并决定中央直属各部门、各级党的组织及党员违犯纪律的处分，或取消其处分。（丙）在党内加强纪律教育，使党员干部严格地遵守党纪，实行党的决议与政府法令，以实现全党的集中的统一。"新中国成立初期，关于纪律检查工作的范围，在1951年曾一度限定为审查和处分党员干部明知

① 中共中央纪律检查委员会办公厅：《中国共产党党风廉政建设文献选编》（第八卷），中国方正出版社2001年版，第47页。

故犯、阳奉阴违、贪污、失职等具体问题。至于执行党的决议、政策的检查，则不在纪律检查委员会的工作范围之内。这种规定很容易使纪律检查工作陷入日常琐碎的事务而忽视政治方向和对党的政治纪律的监督执行。1953 年，朱德同志在中国共产党第二次全国纪律检查工作会议上所作的报告中强调，今后党的纪律检查工作的总任务是保证党的总路线和总任务的彻底实现。他指出："党的各级纪律检查委员会是各级党委在执行党的纪律方面的助手，是检查和处理那些违犯党纪的党员和党的组织的办事机关。检查和处理有关违犯党纪的各种案件，并指导党的基层组织执行党的纪律，是各级纪律检查委员会的专门职责。党的各级纪律检查委员会通过纪律检查工作来保证党的总路线和党在各个时期的任务、计划与政策的贯彻执行，并向党员进行关于遵守纪律的教育。"① 时任中央纪委副书记钱瑛在这次会议上所作的报告中也指出："党的纪律检查部门必须把检查和处理案件的经常工作，提高到贯彻党的总路线和各项政策、决议的水平上来，而不应把这种工作限制在一种单纯事务工作的圈子里；但是，也不应该放弃自己的专门职责，放弃检查和处理案件的工作，而去从事其他工作。为了更有效地反对和克服党员和党的组织违反党纪的行为，各级纪律检查委员会还必须从检查和处理案件中，经常地、系统地研究每一个时期在执行党的任务和政策时党内所产生的主要错误倾向，向党委报告并提出克服的意见。"② 可以说，新中国成立后，纪律检查机关的定位非常准确，就是维护党的纪律，特别是政治纪律和组织纪律，保证党的路线方针政策的贯彻实施。

为适应党的纪检工作需要，1954 年 1 月，中共中央制定了《关于处理党的组织及党员的批准权限和手续规定》。同时，中央纪委制定了《中共中央纪律检查委员会关于处理控告、申诉案件的若干规定》。这

---

① 《中共中央文件选集》（第 15 册），人民出版社 2013 年版，第 145 页。

② 中共中央纪律检查委员会办公厅：《中国共产党党风廉政建设文献选编》（第四卷），中国方正出版社 2001 年版，第 37 页。

两个规定，是我党历史上在执行纪律和维护纪律方面第一次作出的较为系统的规定，对于正确开展纪律检查工作发挥了重要作用。

二、党的监察委员会的成立

随着国民经济的恢复和社会主义改造的不断深入，党员中违法乱纪的现象有所滋长，原有的纪律检查委员会由于职权的限制加上组织狭小，缺乏与党内外公开、直接的联系，已不能适应形势的需要，特别是高岗、饶漱石反党联盟事件发生后，中央决定加强党内专门监督机构建设。1955 年 3 月 21 日至 31 日，中国共产党全国代表会议在北京举行。会议决定，党的中央和地方各级组织成立监察委员会，代替党的纪律检查委员会，以便更有力地对于党员中违反党章党纪和国家法律法令的行为作经常的坚决的斗争。毛泽东同志在会议上指出："为着建成社会主义社会这一个目的，中央委员会认为有必要在这个时候按照党章成立中央监察委员会，代替过去的纪律检查委员会，借以在新的激烈的阶级斗争时期加强党的纪律，加强对各种违法乱纪现象的斗争，特别是防止像高、饶反党联盟这一类严重危害党的利益的事件重复发生。"1955 年 4 月 14 日，《人民日报》专门刊发了《动员全党全民同坏人坏事作斗争》的社论。社论明确提出，"党的监察委员会就是党内的一个专门同坏人坏事作斗争的监督机关"①，明确了监察委员会作为党内专门监督机构的地位。

这次党的全国代表会议通过了《关于成立党的中央和地方监察委员会的决议》（以下简称《决议》），选举产生了中央监察委员会，委员由 15 人组成，候补委员 6 人，董必武同志任书记。为了便于工作和保证集体领导，中央监委设立常务委员会，负责委员会的日常工作。不久，经中央批准，中央监委在中央国家机关和人民团体中分别设立了中央监委的兼职监察员。他们定期向中央监委作报告并协助检查案件。关

① 《动员全党全民同坏人坏事作斗争》，载《人民日报》1955 年 4 月 14 日。

于地方党的各级监察机关的建立，《决议》规定，由各地方最近召开的党代表大会或代表会议选举产生，并由上一级党委批准，成立办事机构，开展经常性工作。1955 年 4 月召开的七届五中全会通过了关于成立党的中央和地方监察委员会的组成人选。

1955 年 5 月 6 日，中共中央监察委员会第一次会议通过的《中共中央监察委员会工作细则》规定了监察机关的四项任务：（一）经常检查和处理党中央各部门、中央国家机关和人民团体中党的组织及其所属党员违反党章、党纪和国家法律、法令的案件；（二）经常检查和处理各地方党的组织并在必要时直接检查处理各地方党的组织所属党员有关违反党章、党纪和国家法律、法令的案件；（三）领导地方党的监察委员会的工作；（四）受理党员、群众对党的组织和党员的检举、控告及党员对处分不服的申诉。同原来的纪律检查委员会的职权相比，监委的任务有两点重要变化：一是监察案件范围的扩大。原来纪律检查委员会只检查党组织和党员违犯党纪的行为，而监察委员会不仅要检查处理党组织和党员违犯党纪的案件，并要检查处理违犯国家法律法令的案件。1956 年党的八大党章中，又将违犯共产主义道德的案件纳入监委检查处理之列。二是监委除了继续检查处理各种违纪案件外，还要加强对各级党组织和党员干部在执行党的路线政策中的监督工作，特别是要加强对中央各部门和各省的高级干部的监督工作，主要是监督他们有无违反党章党纪、党的路线政策和国家法律、法令的行为，真正成为党中央对党的组织和党员干部进行监督的强有力的机关。

关于监委的领导体制，党的全国代表会议规定，各级监委在各级党委指导下进行工作，下级监委在上级监委领导下工作。这种体制是党在当时的历史背景下，为开展纪检工作所作的重要尝试和探索。

此外，新中国成立初期，我国行政监察制度也基本建立并不断完善，全国性的行政监察网络基本形成。根据《中国人民政治协商会议共同纲领》第 19 条关于“在县市以上的各级人民政府，设人民监察机关”之规定，1949 年 10 月 19 日举行的中央人民政府委员会第三次会议决定，成立中央人民政府政务院人民监察委员会。1951 年 10 月颁布的《大行政区人民政府（军政委员会）人民监察委员会试行组织通则》《省（行署、市）人民政府人民监察委员会试行组织通则》对人民监察委员会的组织结构、工作职责等作出了规定。1954 年 9 月 21 日，第一届全国人民代表大会第一次会议通过《中华人民共和国国务院组织法》，政务院改为国务院，原政务院人民监察委员会改为国务院监察部。监察部成立后实行了双重领导体制，1955 年 11 月 2 日国务院常务会议批准的《中华人民共和国监察部组织简则》规定，省、自治区监察厅，直辖市监察局受各该省、自治区、直辖市人民委员会的领导，并且受监察部的领导。但是，1957 年 10 月 24 日，《国务院批准监察部关于监察机关体制改进方案的报告的通知》明确将监察机关的“双重领导体制”改革为“受同级政府领导，上级监察部门指导”，行政监察机关的双重领导体制被废止。1959 年 4 月，党的八届七中全会讨论了撤销监察部的问题。同时，二届全国人大一次会议召开，国务院提请这次会议讨论了撤销监察部的议案，建议撤销监察部，今后对于国家行政机关工作人员的监督工作，一律由各有关国家机关负责进行。4 月 28 日，二届全国人大一次会议作出决议，宣布撤销监察部；各省、市、自治区的监察厅（局）的业务及其人员并入省、市、区的党的监察委员会，监察部向国务院各部委及其一些部属重点企事业单位派出的行政监察组织，相应改为党的中央监委的派出机构。5 月 8 日，监察部停止办公，随后监察部的业务及人员并入中央监察委员会。

三、社会主义建设时期党的纪律检查制度的发展

1956 年党的八大的召开，标志着我国进入了全面建设社会主义的新阶段。从那时开始到“文化大革命”前夕，随着社会主义建设的发展，党的纪律检查工作也有相应的发展。

1956 年 9 月，中国共产党召开了第八次全国代表大会，这是我国

历史转折时期召开的一次具有深远历史意义的大会。八大着重提出了执政党的建设问题，强调要坚持民主集中制和集体领导制度，反对个人崇拜，发展党内民主和人民民主，加强党和群众的联系。八大的路线为新时期社会主义事业的发展和党的建设指明了方向。中共八届一中全会重新选举产生了由董必武等 21 人（委员 17 人，候补委员 4 人）组成的中共中央监察委员会，董必武任书记[①]。

党的八大通过的党章是党成为执政党后的第一部党章。党章对在执政条件下党内生活各个方面都有一些新的规定。其中与纪律和纪律检查工作有关的包括：一是关于监察机关的产生。党章规定监委由本级党的委员会全体会议选举产生，并规定党的各级委员会都设立监察委员会。二是关于监察机关的任务与职权。八大党章规定，监委的任务有三条："检查和处理党员违反党章、党纪、共产主义道德和国家法律、法令的案件；决定和取消对于党员的处分；受理党员的控告和申诉。"三是关于监察机关的领导体制。八大党章明确规定，"各级监察委员会在各级党的委员会领导下进行工作"，这是对 1955 年党的代表会议确定的领导体制的重大调整。四是关于党纪处分有新的规定，主要是规范和简化了对党员处分的种类。确定为五种，警告、严重警告、撤销党内职务、留党察看、开除党籍。这一规定一直沿用至今。八大党章重申了 1955 年 3 月党的全国代表会议关于监察委员会的任务和职权的规定，并将七大党章关于党的中央委员会认为必要时得设立党的监察机关的规定修改为"党的中央委员会，省（区、市）、自治州委员会和县、自治县、市委员会，都设立监察委员会"，从而把党的监察委员会作为必须设立的党的纪律检查机构用党章的形式固定下来。

社会主义改造基本完成以后，党领导全国各族人民开始转入全面的

① 本书编写组：《中国共产党纪律检查工作历程》，中国方正出版社 2023 年版，第 66 页。

大规模的社会主义建设，直到“文化大革命”前夕的十年中，我们虽然遭到过严重挫折，仍然取得了很大的成就，党的监察工作得到了一定的发展。

党的监察机构的职能在1962年9月召开的党的八届十中全会上得到进一步加强。八届十中全会通过的《关于加强党的监察委员会的决定》（以下简称《决定》），从组织和制度方面加强了监察机构，具体表现在四个方面。一是扩大了各级监察委员会委员的名额，并规定监察委员会委员应当多数是专职的，其办事机构应予以加强。八届十中全会增选了中央监察委员20名，候补委员21名，使中央监委委员达61名。二是各级党的委员会必须加强对同级监察委员会的领导，定期讨论党的监察工作。中央监察委员会的委员和候补委员，列席中央全会。三是加强了对同级国家机关和党员的监督工作。《决定》规定，“中央监察委员会可以派出监察组常驻国务院所属部门”，监察组成员由相当于国务院部长、司局长一级的干部担任，“监察组由中央监察委员会直接领导”。这是我们党首次探索纪律检查派驻工作，在整个纪律检查工作历史上具有重要意义。四是在职权上扩大了上诉权限。《决定》规定，“地方各级监察委员会有权不通过同级党委，向上级党委、上级监察委员会直到党中央，直接反映情况，检举党员的违法乱纪行为”。这些规定，对于加强党的监察机构建设，加强党的监察工作，更好地发挥监察机构职能，具有一定的意义。

四、党的纪律检查机关被撤销

1966年5月至1976年10月的“文化大革命”，使党、国家和人民遭到新中国成立以来最严重的挫折和损失，党的各级组织普遍受到冲击并陷于瘫痪、半瘫痪状态，党的各级领导干部普遍受到批判和斗争，广大党员被停止了组织生活，党长期依靠的许多积极分子和群众受到排斥。党的监察工作被全盘否定，大批监察干部受到迫害，党的纪律遭到严重践踏，党的监察机构陷于瘫痪。1969年7月，党的中央监察委员会被撤销。党的九大、十大党章中都取消了设立党的纪律检查机构的条款。

1976 年 10 月，粉碎“四人帮”反革命集团的胜利，从危难中挽救了党、挽救了革命，使党和国家进入了新的历史发展时期。

第三节　改革开放和社会主义现代化建设新时期的纪检监察

1978 年 12 月至 2012 年 11 月的改革开放和社会主义现代化建设新时期是纪检监察工作的创新发展时期，纪检监察机关把改革、发展、稳定同推进反腐败斗争结合起来，在坚决惩治腐败的同时，不断拓展从源头上防治腐败工作领域，探索了在社会主义市场经济下开展纪检监察工作的成功实践。

一、党的十一届三中全会恢复重建纪律检查机关

面对十年内乱所造成的党的部分组织和党员思想混乱、党风不正、纪律废弛的情况，全党的主要任务就是要尽快把林彪、“四人帮”破坏的党风恢复过来，适应全党工作重点向社会主义现代化建设转移的要求，保证党的路线方针政策得到贯彻执行。1977 年 8 月，党的第十一次全国代表大会通过的党章是十年内乱以后的第一部党章，它恢复了八大关于把中国建设成四个现代化的社会主义强国的提法，在党的纪律建设方面，与九大、十大党章比较作了一些修改。譬如，十一大党章在总纲及有关条款中增写了关于民主集中制的内容，还规定，“要严格遵守党的纪律，维护党的集中统一，加强党的团结”，要“防止党员、特别是党的领导干部利用职权谋取任何特权”，明确规定“党的中央委员会，地方县和县以上、军队团和团以上各级党的委员会，都设立纪律检查委员会”。但是，由于十一大仍然肯定十大的政治路线和组织路线是正确的，十一大党章没能清除“左”倾错误的影响，继续沿用了“文化大革命”的错误理论、政策和口号。这些错误在党的十一届三中全会后才得到彻底的纠正。

1978年12月，党的十一届三中全会在北京召开。会议的主要任务是确定把全党工作的重点转移到社会主义现代化建设上来。十一届三中全会选举产生了中央纪律检查委员会，共由100名委员组成。陈云任第一书记，邓颖超任第二书记，胡耀邦任第三书记，黄克诚任常务书记。1979年1月4日至22日，中央纪委召开成立后的第一次全体会议。100名中央纪委委员中，有97名出席了会议。会议主要讨论并拟定《关于党内政治生活的若干准则》（草稿）和通过《中共中央纪律检查委员会关于工作任务、职权范围、机构设置的规定》。1979年3月9日，中央纪律检查委员会和中央组织部联合发出通知，要求省和县各级党的委员会，都设立纪律检查委员会。[①] 3月17日，中央纪律检查委员会和中央组织部联合发出通知，就中央和国务院各部、委、局成立纪律检查机构问题作出规定[②]。

关于纪律检查委员会的职责，十一届三中全会公报指出：成立中央纪律检查委员会“是保障党的政治路线的贯彻执行的一个重要措施”，并规定“纪律检查委员会的根本任务，就是维护党规党法，切实搞好党风”。邓小平同志在中央工作会议闭幕会上的讲话明确指出：“各级纪律检查委员会和组织部门的任务不只是处理案件，更重要的是维护党规党法，切实把我们的党风搞好。”[③] 十一届三中全会以后，坚决维护四项基本原则，保证全党在政治上同党中央保持一致显得尤为重要。纪律检查机关把严明党的政治纪律，坚决维护十一届三中全会制定的路线、方针、政策，作为自己的首要职责，牵头起草制定了《关于党内政治生活的若干准则》。1981年2月24日至3月4日召开的中央纪委三

---

① 本书编写组：《中国共产党纪律检查工作历程》，中国方正出版社2023年版，第91页。

② 李雪勤主编：《中国共产党纪律检查工作60年》，中国方正出版社2009年版，第82页。

③ 《邓小平文选》（第二卷），人民出版社1994年版，第147页。

次全体会议强调指出，要把纪检工作的重点放到保证党的路线、方针、政策的贯彻上来。

关于纪律检查委员会的领导体制。《中共中央纪律检查委员会关于工作任务、职权范围、机构设置的规定》指出，中央纪律检查委员会在党中央领导下进行工作，应经常向党中央反映情况，报告工作。遇有重大问题，随时请示报告。成立之初的中央纪律检查委员会在党中央的领导下开展工作，各级纪委也由同级党委领导。随着党的纪律检查工作的开展，各级纪委只由同级党委领导这一领导体制的弊端日益明显地暴露出来。下级纪委与上级纪委的关系需要进一步明确。为此，中央纪律检查委员会于 1980 年 2 月 21 日向中共中央提交了《关于改变省、市、自治区以下各级党委纪委领导关系的请示报告》。中央批转了这份报告，并指示各级党委要照此执行。报告指出，为有利于加强党的纪律检查工作，各省、市、自治区党委纪委同志提议，将省、市、自治区和省、市、自治区以下各级党的纪律检查委员会的领导关系，由受同级党委领导改为受同级党委和上级纪委双重领导，而以同级党委领导为主。领导关系改变后，有关纪委主要领导的任免，要征求上级党委纪委的意见。至此，纪律检查制度的双重领导体制格局基本形成。

二、党的十二大实现了纪律检查制度的重大发展

1982 年 9 月 1 日至 11 日，党的十二大在北京召开，大会选举了由陈云等 132 名委员组成的中央纪律检查委员会。党的十二大党章专门写了“党的纪律”和“党的纪律检查机关”两章，对纪检机关的产生、领导体制、任务和职权等根本性问题作出规定，奠定了改革开放以来党的纪律检查工作的制度基础。

首先，纪律检查机关的政治地位大大提高。党的七大、八大、十一大通过的党章都规定，党的中央和各级地方党委的纪律检查（监察）委员会，由同级党的委员会全体会议选举产生。十二大通过的党章明确规定，中央和各级地方纪委均由相应的党的代表大会选举产生。选举产生机关由党委或者全会升格为党代会，使各级纪委的政治地位得以大大提高，使纪委在维护党纪方面更具有权威性。另外，中央纪委第一书记的地位有了明确规定。十一届三中全会后，陈云同志以中央政治局常委身份出任中央纪委第一书记，但是中央纪委第一书记的地位却没有明确规定。十二大党章明确规定：党的中央纪律检查委员会的第一书记必须从中央政治局常务委员会委员中产生。1985 年 9 月，中央纪委下发了《关于贯彻执行中办〔1984〕33 号文件的通知》，明确指出，“地方各级纪委是同级党政领导机关的几套班子之一”①。这就再一次明确了各级纪委是一个规格较高的党的委员会机构，或者说是党的领导机关，极大地提高了纪检机关的地位。

其次，推动了纪律检查双重领导体制改革。十二大党章明确规定：“党的中央纪律检查委员会在党的中央委员会领导下进行工作。党的地方各级纪律检查委员会在同级党的委员会和上级纪律检查委员会的双重领导下进行工作。”同时，在加强上级对下级纪委的领导方面，十二大党章规定：“中央和地方各级纪律检查委员会，要把处理特别重要或复杂的案件中的问题和处理的结果，向同级党的委员会报告。党的地方各级纪律检查委员会要同时向上级纪律检查委员会报告。”“上级纪律检查委员会有权检查下级纪律检查委员会的工作，并且有权批准和改变下级纪律检查委员会对于案件所作的决定。”

另外，明确了纪律检查机关的职责定位。十二大党章首次规定了纪律检查机关的“三项主要任务”和“三项经常性工作”，规定：“党的中央和地方各级纪律检查委员会的主要任务是：维护党的章程和其他重要的规章制度，协助党的委员会整顿党风，检查党的路线、方针、政策和决议的执行情况。中央和地方各级纪律检查委员会，要经常对党员进

① 中共中央纪律检查委员会办公厅：《中国共产党党风廉政建设文献选编》（第八卷），中国方正出版社 2001 年版，第 142 页。

行遵守纪律的教育，作出关于维护党纪的决定；检查和处理党的组织和党员违反党章党纪和国家法律法令的比较重要或复杂的案件，决定或取消对这些案件中的党员的处分；受理党员的控告和申诉。”这些职责任务规定符合纪律检查机关的性质，此后历次党章中关于纪律检查机关职责的规定都是在此基础上不断完善的。同时，各级纪检机关的工作权限进一步扩展，在加强同级监督方面，十二大党章规定：“中央纪律检查委员会发现中央委员会成员有违犯党的纪律的行为，可以向中央委员会检举，中央委员会应即受理。”

根据党的十二大提出的有计划、有步骤地进行整党，使党风根本好转的要求，纪律检查机关着力纠正党内不正之风，并协同政法部门查处违法乱纪行为，纠正社会上的不正之风。同时，中央纪委和各级纪检机关为改革开放排除障碍，纠正改革过程中的错误倾向，使纪检工作为改革服务。1986 年 10 月，第十二届中央纪委第八次全体会议深刻指出，“要使纪检工作成为促进改革的重要力量”，全会强调“端正党风和改革是相辅相成，互相促进的”。[①] 事实证明，纪律检查机关必须把坚决维护党的基本路线和各项方针、政策作为自己的首要职责，才能使纪检机关在改革中发挥更大作用，也才能使纪检工作充满生机和活力。

三、党的十三大对纪检监察机关设置进行调整

1987 年 10 月 25 日至 11 月 1 日，党的十三大在北京召开，大会选举产生了由乔石等 69 人组成的中共中央纪律检查委员会。党的十三大报告的一个重要内容，就是政治体制改革。按照党的十三大关于党政分开的要求，十三大报告指出：“党的纪律检查委员会不处理法纪和政纪案件，应当集中力量管好党纪，协助党委管好党风。”

在十三大之前，行政监察机关的重建也提上了议事日程。1982 年

---

① 中共中央纪律检查委员会办公厅：《中国共产党党风廉政建设文献选编》（第四卷），中国方正出版社 2001 年版，第 233 页。

12月，第五届全国人民代表大会第五次会议通过的宪法第89条规定，国务院“领导和管理民政、公安、司法行政和监察等工作”，这为行政监察制度的恢复和发展奠定了宪法依据。1986年12月，第六届全国人民代表大会常务委员会第十八次会议召开，时任国务院副总理乔石作了《关于设立中华人民共和国监察部议案的说明》。根据国务院的提请，常务委员会会议决定设立中华人民共和国监察部，标志着我国行政监察体制的恢复。经过半年的筹备，1987年6月，中华人民共和国监察部正式成立，尉健行任监察部部长。1987年7月1日，监察部正式对外办公。1987年8月15日，国务院发出了《关于在县以上地方各级人民政府设立行政监察机关的通知》，规定“地方各级行政监察机关是各级人民政府负责监察工作的专门机构，受所在人民政府和上级行政监察机关双重领导”。

四、纪检监察机关合署办公

1992年9月，中国共产党第十四次全国代表大会在北京召开，大会选举产生了由尉健行等108人组成的中共中央纪律检查委员会。

改革党政监督体制，实行党的纪律检查机关和政府行政监察机关合署办公，是改革开放新形势下纪检监察工作中的重大事件，是纪检监察工作进入新阶段的重要标志。1993年2月22日，中共中央、国务院批转中央纪委、监察部《关于中央纪委、监察部机关合署办公和机构设置有关问题的请示》，明确指出：“中央纪委、监察部合署，实行一套工作机构、两个机关名称的体制。合署后的中央纪委履行党的纪律检查和政府行政监察两项职能，对党中央全面负责；监察部按照宪法规定仍属于国务院的序列，接受国务院的领导。”① 合署办公的指导原则是“三个有利于”，即“有利于在党中央和各级党委的统一领导下进一步

---

① 中共中央纪律检查委员会办公厅：《中国共产党党风廉政建设文献选编》（第八卷），中国方正出版社2001年版，第182页。

强化党的纪律检查和政府行政监察两项职能，有利于国务院和地方各级政府继续加强对行政监察工作的领导，使各级监察机关领导班子便于继续向政府负责，有利于避免纪检、监察工作的交叉和重复，精简机构和人员”[①]。按照这一原则，合署后的中央纪委履行党的纪律检查和行政监察两项职能，对党中央全面负责。监察部按照宪法规定仍属国务院序列，接受国务院的领导。随后，各省、地（市）、县和中央国家机关纪检、监察机构的合署办公，自上而下逐步展开。至6月底，全国除深圳特区保持纪检、监察相对独立的工作体制外，其余均进行合署办公。1993年5月8日，根据纪检监察合署办公的要求，中央纪委、监察部下发了《关于中央直属机关和中央国家机关纪检、监察机构设置的意见》，对中央直属机关和中央国家机关的纪检、监察机构设置等若干问题提出改革意见。

1993年8月20日至25日，十四届中央纪委召开第二次全体会议。二次全会的召开，是党中央在新的历史条件下加强党风廉政建设的重大步骤，是新中国反腐败历史上具有里程碑意义的一次会议。第一，二次全会表明了党中央坚决同腐败现象作斗争的决心和意志。在二次全会上，江泽民同志发表重要讲话，在京的中共中央政治局常委和中共中央政治局委员、候补委员参加了会议。之后，党的总书记每年出席中央纪委全会并讲话，成为惯例。第二，二次全会首次作出“反腐败斗争的形势是严峻的”重大判断。全会强调：“消极腐败现象有些方面还在滋长和蔓延，反腐败斗争的形势是严峻的。如不坚决克服消极腐败现象，就会葬送我们的党，葬送我们的人民政权，葬送我们的社会主义现代化大业。”[②] 第三，二次全会首次提出“三项工作格局”。全会指出：“当前要重点抓几个严重影响经济建设和改革开放，干扰、阻碍国家宏观调

① 中共中央纪律检查委员会办公厅：《中国共产党党风廉政建设文献选编》（第八卷），中国方正出版社2001年版，第184页。

② 《中纪委二次全会公报发表》，载《人民日报》1993年8月26日。

控措施贯彻落实，群众反映强烈，是非界限比较清楚，便于监督检查，年内能够收到明显效果的问题，扎扎实实抓出效果。”① 全会提出要着重抓好三项工作，并在三次全会上将其明确为反腐败“三项工作格局”，即领导干部廉洁自律、查处案件、纠正行业不正之风。② 第四，二次全会揭开了纪律检查工作勇闯思路的新篇章。在建立社会主义市场经济体制下，如何有效开展党风廉政建设和反腐败斗争是一个重大的新课题，没有任何经验可以借鉴参考，二次全会指出：“在新的形势下，我们既不能完全沿用计划经济时期反腐败的思路和办法去处理新情况和新问题，也不能等待社会主义市场经济体制建立之后才着手去解决问题。各级党组织和纪检监察机关必须充分认识并努力适应反腐败斗争面临的新形势……解放思想，实事求是，本着保障改革开放，促进社会主义市场经济体制建立的原则，研究和制定新形势下反腐败斗争的新思路和新办法。”正是按照这个精神，各级纪检监察机关积极开拓、勇于进取，创造性地开展工作，在基本思路、工作格局、领导体制、责任机制、工作方式等各方面进行了一系列重大的创新和拓展③。

五、从侧重治标、着力遏制到推动标本兼治、综合治理

面对新形势新任务，以江泽民同志为核心的党的第三代中央领导集体，提出“治国必先治党、治党务必从严”，紧紧围绕提高党的领导水平和执政水平、提高拒腐防变和抵御风险能力两大历史性课题，稳步推进党的建设新的伟大工程。自党的十三届四中全会到党的十六大，纪检监察工作从侧重治标、着力遏制，到推动标本兼治、综合治理，初步探索在社会主义市场经济条件下，把改革、发展、稳定同推进反腐败斗争

---

① 中共中央纪律检查委员会办公厅：《中国共产党党风廉政建设文献选编》（第四卷），中国方正出版社 2001 年版，第 329 页。

② 中共中央纪律检查委员会办公厅：《中国共产党党风廉政建设文献选编》（第四卷），中国方正出版社 2001 年版，第 354—356 页。

③ 李雪勤主编：《中国共产党纪律检查工作 60 年》，中国方正出版社 2009 年版，第 223 页。

结合起来，依靠党的坚强领导和人民群众积极参与，加强对权力运行的监督制约，有效开展反腐败斗争的新模式①。

"三项工作格局"提出以后，纪检监察机关以领导干部廉洁自律、查处违纪违法案件、纠正部门和行业不正之风为重点工作抓手，并根据情况的变化适时赋予新的内容。反腐败三项工作相互联系，相互促进，基本涵盖了当时反腐败的主要内容，具有很强的现实针对性和可操作性，有利于反腐败工作整体推进、协调发展。

党的十四大至十五大，在开展领导干部廉洁自律方面，党中央先后制定了多部党员领导干部廉洁自律方面的制度规定，并开展对领导干部违反规定乘坐小汽车、制止用公款"吃喝玩乐"、清理领导干部住房方面以权谋私、制止奢侈浪费行为等问题的专项治理。在严肃查办违纪违法案件方面，五年期间，查处县（处）级干部 20295 人，厅（局）级干部 1673 人，省（部）级干部 78 人。② 在纠正部门和行业不正之风方面，坚持纠建并举的方针，对清理乱收费、减轻农民负担、治理公路"三乱"、清理预算外资金和"小金库"、清理党政机关无偿占用企业钱物、中小学校乱收费、公费出国（境）旅游、整治药品市场等八个方面问题进行集中整治。

1997 年 9 月，党的十五大召开，大会选举产生了由尉健行等 115 人组成的中共中央纪律检查委员会。改革开放以来，我们党部署党风廉政建设和反腐败工作，始终包含治标和治本两方面的任务。但在不同的时期，反腐败工作的侧重点是不同的。改革开放初期，针对腐败现象大量滋生蔓延、腐败现象来势很猛的情况，从治标入手，侧重于遏制正在发生的一些腐败现象，尤其是通过专项治理集中力量解决几个群众反映强

---

① 钟纪言：《改革开放 40 年纪检监察事业的创新发展》，载《中国纪检监察报》2018 年 12 月 18 日。

② 《中共中央纪律检查委员会向党的第十五次全国代表大会的工作报告》，载《人民日报》1997 年 9 月 24 日。

烈、带有普遍性、是非界限和政策界限容易分清的问题，把腐败现象蔓延发展的势头压下去，同时提出一些治本的要求，逐步解决引发腐败现象的源头和深层次问题。随着党风廉政建设和反腐败斗争的深入，随着治本的各种有利条件的增加，包括物质基础不断增强，社会主义市场经济体制逐步建立，党的建设和党的思想政治工作不断加强，民主法制建设的不断发展等，治本的任务开始逐步增加。特别是党的十五大提出了“坚持标本兼治，教育是基础，法制是保证，监督是关键。通过深化改革，不断铲除腐败现象滋生蔓延的土壤”，之后，反腐败工作从侧重治标转向标本兼治、逐步加大治本力度。

在治标方面，领导干部廉洁自律工作不断深化，各级党组织认真贯彻执行《中国共产党党员领导干部廉洁从政若干准则（试行）》《中共中央、国务院关于党政机关厉行节约制止奢侈浪费行为的若干规定》和党中央关于领导干部廉洁自律的系列规定，重点对奢侈浪费和可能影响领导干部公正、廉洁履行职务的问题进行专项治理，进一步规范了领导干部的从政行为。查办违纪违法案件工作力度加大，1997 年 10 月至 2002 年 9 月，全国纪检监察机关共立案 861917 件，结案 842760 件，给予党纪政纪处分 846150 人，其中开除党籍 137711 人，被开除党籍又受到刑事追究的 37790 人。在受处分的党员干部中，县（处）级干部 28996 人，厅（局）级干部 2422 人，省（部）级干部 98 人。特别是查处了全国人大常委会原副委员长成克杰、江西省原副省长胡长清、公安部原副部长李纪周、沈阳市原市长慕绥新等一批腐败分子，查办了湛江和厦门特大走私案。[①] 纠正部门和行业不正之风工作持续发展，对治理公路“三乱”、纠正医药购销中的不正之风、减轻企业和农民负担等群众反映强烈的不正之风认真进行纠正。

---

① 《中共中央纪律检查委员会向党的第十六次全国代表大会的工作报告》，载《人民日报》2002 年 11 月 20 日。

在治本方面，各级党委、政府按照中央的决策，坚持标本兼治，逐步加大治本力度，采取了一系列改革体制机制制度的重大举措，有力地推进了从源头上预防和治理腐败的工作。包括推动军队、武警部队停止生产经营活动，政法机关与所办经营性企业彻底脱钩；改革行政审批制度，取消了一批行政审批项目，对保留的行政审批项目，规范审批程序，加强监督制约；改革财政制度，加强了行政事业性收费和罚没收入“收支两条线”管理工作，完善政府采购工作；改革干部制度，干部选拔任用工作中民主、公开、竞争的程度逐步提高；开展政务厂务村务公开等工作。此外，党内监督工作也取得重要进展，党中央提出要加强党内监督，相继制定廉洁从政若干准则、党纪处分条例、党风廉政建设责任制规定、领导干部报告个人重大事项规定和行政监察法等一批党内法规和国家法律；健全对领导干部自上而下、自下而上以及党委内部的监督；中央和各省区市党委逐步建立巡视制度；推动形成党委统一领导、党政齐抓共管、纪委组织协调、部门各负其责、依靠群众的支持和参与的反腐败领导体制和工作机制，搭建起党内监督基本框架。

另外，该阶段纪检监察组织建设不断推进。一是强化了上级纪委对下级纪委的领导。1996 年 1 月经中央批准，十四届中央纪委六次全会在坚持纪委现行领导体制的前提下，重申和建立了“五项监督制度”。五项监督制度进一步强化了上级纪委对下级纪委的领导。在线索管理与纪律审查方面，“五项监督制度”提出，“党的地方和部门的纪委（纪检组）发现同级党委（党组）或它的成员有违反党的纪律的情况，有权进行初步核实，并直接向上级纪律检查委员会报告，任何组织和个人不得干预和阻挠”；“党的地方和部门的纪委（纪检组）接到对下一级党委（党组）成员的检举和控告，必须报告上一级纪律检查委员会，任何人无权扣压”。在干部提名与任免方面，“五项监督制度”强调，“凡属地方和部门主要领导干部的提拔任用，党的组织部门在提请党委（党组）讨论决定前，应征求同级纪委（纪检组）的意见”；“各级纪检监察机关领导干部的提名、任免、兼职、调动，各级组织、人事部门必须事先征得上级纪检监察机关的同意”。二是在派驻机构建设方面，中央纪委进一步加强了对派驻纪检监察机构的领导和管理。2000 年 9 月 4 日，中央纪委、中央组织部、中央编办、监察部联合下发了《关于加强中共中央纪委、监察部派驻纪检、监察机构管理的意见》，提出了 7 条具体改革意见，明确提出派驻机构受中央纪委、监察部和驻在部门党组（党委）、行政的双重领导，以中央纪委、监察部领导为主。2001 年 10 月，十五届中央纪委六次全会提出，纪律检查机关将对派出机构实行统一管理。2002 年 1 月，十五届中央纪委七次全会提出，要在中央国家机关就派出机构实行统一管理进行试点，将试点单位的派出纪检组由现行的中央纪委与所在部门党组双重领导改变为由中央纪委直接领导。三是在加强纪检监察队伍建设方面，中央相继出台了一系列举措，提高纪检监察机关监督地位。2000 年 12 月，十五届中央纪委五次全会提出，为进一步加强党的纪律检查工作，中央决定逐步做到地方各级纪委书记由同级党委副书记担任。派驻纪检监察机构要以上级纪检监察机关领导为主，编制单列；派驻纪检组组长、监察局局长一般不从驻在部门产生，任现职满 5 年的原则上要轮换和交流。2002 年召开的中央纪委七次全会再次强调，要认真落实中央关于地方各级纪委书记由同级党委副书记担任的决定，担任纪委书记的党委副书记，要把主要精力放在纪检工作上，分管其他工作要与纪检工作密切相关，有利于加强党风廉政建设和反腐败斗争。

六、党的十六大对纪律检查工作的新要求

党的十六大以后，以胡锦涛同志为总书记的党中央深刻认识到党面临的考验与风险，充分认识反腐败斗争的长期性、复杂性、艰巨性，坚持以改革创新精神推进党的建设新的伟大工程，大力加强党的执政能力建设和先进性建设。

2002 年 11 月，党的十六大选举产生了由吴官正等 121 人组成的中

共中央纪律检查委员会。党的十六大通过的党章，对纪律检查委员会的主要职责和任务进行了完善。同党的十四大党章相比，党的十六大党章把“协助党的委员会加强党风建设”，修改为“协助党的委员会加强党风建设和组织协调反腐败工作”，同时在顺序上也有所调整。这是第一次把纪委协助党委“组织协调反腐败工作”的职责通过党章的形式规定下来，有利于发挥纪律检查机关的职能作用，形成反腐败斗争的整体合力。另外，党的十六大党章在纪律检查委员会的经常性工作方面，增加了“对党员领导干部行使权力进行监督”和“保障党员的权利”的内容，各级纪律检查委员会的经常性工作从三项增加到五项，大大丰富了纪律检查工作的内涵。

党的十六大以后，纪律检查机关的职责定位进一步明确。2003 年 12 月颁布的《中国共产党党内监督条例（试行）》以党内法规的形式明确规定：“党的各级纪律检查委员会是党内监督的专门机关。”这对党的纪律建设和各级纪律检查机关的建设意义重大，在党的纪律检查史上也有重要的地位。胡锦涛同志 2003 年 2 月 19 日在十六届中央纪委二次全会上的讲话中还明确指出，“党的纪律检查机关的根本职责，是保证党的政治纲领和政治目标的实现”，突出了纪律检查机关在维护党的政治纪律方面承担的重要职责。

七、建立惩治和预防腐败体系，探索从源头上预防和解决腐败问题

党的十六大至十八大期间，纪检监察机关统筹推进教育、制度、监督、改革、纠风、惩治各项工作，在坚决惩治腐败的同时，更加注重治本，更加注重预防，更加注重制度建设，不断拓展从源头上防治腐败工作领域，为全面建设小康社会提供了重要保障。[①]

党的十六大以后，党中央提出标本兼治、综合治理、惩防并举、注

① 钟纪言：《改革开放 40 年纪检监察事业的创新发展》，载《中国纪检监察报》2018 年 12 月 18 日。

重预防的反腐倡廉方针，作出建立健全教育、制度、监督并重的惩治和预防腐败体系的决策，要求拓展从源头上防治腐败工作领域。2004 年 9 月 19 日，党的十六届四中全会通过的《中共中央关于加强党的执政能力建设的决定》强调："坚持标本兼治、综合治理，惩防并举、注重预防，抓紧建立健全与社会主义市场经济体制相适应的教育、制度、监督并重的惩治和预防腐败体系。"2005 年 1 月 3 日，中共中央印发《建立健全教育、制度、监督并重的惩治和预防腐败体系实施纲要》。2008 年 5 月，中央颁布《建立健全惩治和预防腐败体系 2008—2012 年工作规划》。十六大至十七大期间，纪检监察机关注重从源头上预防和治理腐败，中央纪委配合有关部门推进行政审批制度、财政管理体制、干部人事制度、司法体制和工作机制、投资体制、金融体制改革。积极实施和完善工程建设项目招标投标、经营性土地使用权招标拍卖挂牌出让、产权交易、政府采购等制度。同时，在党中央坚强有力的领导下，各级纪检监察机关在查办大案要案、深挖腐败分子、加强制度建设、强化对领导干部的监督、治理商业贿赂、纠正损害群众利益的不正之风等方面取得重要进展。2002 年 12 月至 2007 年 6 月，全国纪律检查机关共立案 677924 件，结案 679846 件（包括十六大前未办结案件），给予党纪处分 518484 人。查处陈良宇、杜世成、郑筱萸等极少数高级干部严重违纪案件。①

2007 年 10 月，党的十七大召开，大会选举了由贺国强等 127 人组成的中央纪律检查委员会。党的十七大把反腐倡廉建设纳入党的建设布局，并把巡视制度写入党章。十七大以来，各级纪检监察机关加大监督检查力度，推动中央重大决策部署贯彻落实。组织开展对中央关于加快转变经济发展方式决策部署、扩大内需促进经济增长政策落实情况的监督检查，开展对汶川特大地震等抗灾救灾和灾后恢复重建工作的监督检

① 《中共中央纪律检查委员会向党的第十七次全国代表大会的工作报告》，载《人民日报》2007 年 10 月 21 日。

查，开展对中央关于西藏、新疆工作重大决策部署落实情况的监督检查，开展对北京奥运会、上海世博会、广州亚运会筹办运行工作的监督检查。在查办违纪违法案件方面，2007年11月至2012年6月，全国纪检监察机关共立案643759件，结案639068件，给予党纪政纪处分668429人。涉嫌犯罪被移送司法机关处理24584人。查处了薄熙来、刘志军、许宗衡等一批重大违纪违法案件。[①]

党的十六大至十八大期间，纪检监察组织建设也取得新成效。一是在对派驻机构的统一管理方面。2001年9月，党的十五届六中全会作出“纪律检查机关对派出机构实行统一管理”的决定，中央纪委监察部2004年完成对36家双派驻机构的统一管理，2006年完成对20家单派驻机构的统一管理。二是在完善巡视制度方面。2003年8月，经中共中央、国务院批准，中央纪委、中央组织部组建了巡视工作办公室和巡视组。2008年10月，党的十七大将巡视制度写入党章，规定“党的中央和省、自治区、直辖市委员会实行巡视制度”，将这项工作以党内根本大法的形式确立下来。2009年7月，《中国共产党巡视工作条例(试行)》颁布施行。三是在纪检监察队伍建设方面。2004年9月，《中共中央关于加强党的执政能力建设的决定》提出“减少地方党委副书记职数，实行常委会分工负责”的要求。根据这一精神，从2006年1月开始，在省级党委换届过程中，省委副书记这一层级便开始削减，新任命的省纪委书记不再像过去通常所安排的那样担任省委副书记，而是只担任省委常委。纪委书记不再兼任副书记，对纪委书记能够减少工作干扰，集中精力抓好党风廉政建设和反腐败工作具有重要意义。2010年4月，中央纪委监察部印发《关于进一步加强和改进纪检监察干部队伍建设的若干意见》，对纪委书记的任职回避作出更加明确规定，要求

---

① 《中共中央纪律检查委员会向党的第十八次全国代表大会的工作报告》，载《人民日报》2012年11月20日。

“地方各级新任职的纪委书记一般应易地交流产生，纪检监察机关领导班子成员在同一班子任职满 10 年的，应当交流。地方县级纪委书记不得在本人成长地任职”。

第四节　中国特色社会主义新时代的纪检监察

中国特色社会主义进入新时代，以习近平同志为核心的党中央把全面从严治党纳入“四个全面”战略布局，从制定和落实中央八项规定开局破题，持之以恒正风肃纪，开展史无前例的反腐败斗争，以“得罪千百人、不负十四亿”的使命担当祛疴治乱，刹住了一些长期没有刹住的歪风，纠治了一些多年未除的顽瘴痼疾，管党治党宽松软状况得到根本扭转，全面从严治党取得了历史性、开创性成就，产生了全方位、深层次影响，走过百年奋斗历程的中国共产党在革命性锻造中更加坚强有力①。纪检监察机关在党中央集中统一领导下，以习近平总书记关于党的自我革命的重要思想为指导，坚定拥护“两个确立”、坚决做到“两个维护”，自觉服务保障新时代党的历史使命，以推动解决大党独有难题、健全全面从严治党体系为目标方向，走出了一条依靠健全党和国家监督体系，持续深化全面从严治党，一体推进不敢腐、不能腐、不想腐，不断增强党自我净化能力的新路径，在坚持和发展中国特色社会主义历史进程中书写了浓墨重彩的时代华章，为强国建设、民族复兴伟业提供了坚强保障。

一、将全面从严治党纳入“四个全面”战略布局，党经历了革命性锻造

2012 年 11 月，中国共产党第十八次全国代表大会在北京召开，大会选举产生了由王岐山等 130 人组成的中共中央纪律检查委员会。

---

① 《十九届中央纪律检查委员会向中国共产党第二十次全国代表大会的工作报告》，载《人民日报》2022 年 10 月 28 日。

党的十八大确立“两个一百年”奋斗目标，开启中国特色社会主义新时代。党的十八大适应新形势新任务，对加强和改进党的建设、推动党风廉政建设和反腐败斗争提出了一系列新要求。包括，把“建设学习型、服务型、创新型的马克思主义执政党”写入党章；提出“建设廉洁政治”的战略目标；提出“党的纪律建设”的概念，并且专门作为一个重要内容进行阐述和部署；提出领导干部“决不允许搞特权”；等等①。

党的十八大后，党中央深刻洞察党面临的“四大考验”“四种危险”是长期的、复杂的、严峻的，最根本的风险和挑战来自党内，突出问题是党的领导弱化、党的建设缺失、全面从严治党不力，党的观念淡漠、组织涣散、纪律松弛，不正之风和腐败问题严重侵蚀党的肌体。以习近平同志为核心的党中央以强烈的历史使命感、深沉的忧患意识、顽强的意志品质，团结带领全党全国各族人民进行具有许多新的历史特点的伟大斗争，党和国家事业发生历史性变革，全面从严治党不断向纵深发展。② 习近平总书记深刻指出：“党和人民把我们放在这个位置上，历史的接力棒传到我们手中，我们就要对党、对国家、对民族、对人民负责，就要敢于同破坏党的领导、损害党的肌体的行为作斗争，否则我们就会成为历史的罪人！”党中央将全面从严治党纳入战略布局，把党风廉政建设和反腐败斗争摆到前所未有的新高度，以猛药去疴、壮士断腕的决心，正风肃纪、反腐惩恶，使党经历了一次革命性锻造。

2017 年 10 月，中国共产党第十九次全国代表大会在北京召开，大会选举产生了由赵乐际等 133 人组成的中共中央纪律检查委员会。

---

① 本书编写组：《中国共产党纪律检查工作历程》，中国方正出版社 2023 年版，第 325—327 页。

② 《十八届中央纪律检查委员会向中国共产党第十九次全国代表大会的工作报告》，载《人民日报》2017 年 10 月 30 日。

党的十九大作出中国特色社会主义进入新时代的重大政治判断，将习近平新时代中国特色社会主义思想写入党章，确立为我们党必须长期坚持的指导思想。十九大党章在总结十八大以来从严治党成功经验基础上对党的建设新的伟大工程、实行全面从严治党提出新要求，调整充实了党的建设总体部署，规定“以党的政治建设为统领，全面推进党的政治建设、思想建设、组织建设、作风建设、纪律建设，把制度建设贯穿其中，深入推进反腐败斗争，全面提高党的建设科学化水平”。此外，十九大党章把十八大以来管党治党形成的系列重要理论成果写入党章。包括“不断增强自我净化、自我完善、自我革新、自我提高能力”“坚持依规治党、标本兼治，坚持把纪律挺在前面”“强化管党治党主体责任和监督责任”“以零容忍态度惩治腐败，构建不敢腐、不能腐、不想腐的有效机制”“党的纪律主要包括政治纪律、组织纪律、廉洁纪律、群众纪律、工作纪律、生活纪律” “运用监督执纪‘四种形态’”等。

十九大党章还对党的十八大以来纪律检查工作取得的理论和实践成果进行高度凝结，对纪律检查机关的任务职责、领导体制、工作程序等作出更加具体的规定，在整个纪检监察工作历史上具有重大意义。一是对纪律检查机关的主要任务作出重大调整。明确纪委“协助党的委员会推进全面从严治党”，这是对纪委主要任务的重大补充和完善，对职能、使命和作用的进一步拓展。二是进一步明确了纪律检查机关的职能职责。明确规定纪委是“党内监督专责机关”，职责是“监督、执纪、问责”。围绕纪委的职责，十九大党章将“对党员领导干部行使权力进行监督”调整为“对党的组织和党员领导干部履行职责、行使权力进行监督”，增加“受理处置党员群众检举举报，开展谈话提醒、约谈函询”“进行问责或提出责任追究的建议”。三是完善了纪律检查工作双重领导体制。进一步强调上级纪委对下级纪委的领导，规定“党的地方各级纪律检查委员会和基层纪律检查委员会在同级党的委员会和上级纪律检查委员会双重领导下进行工作。上级党的纪律检查委员会加强对下级纪律检查委员会的领导”。四是在党的历史上首次将地方纪委向同级党和国家机关全面派驻纪检组写入党章。规定“党的中央和地方纪律检查委员会向同级党和国家机关全面派驻党的纪律检查组”，“他们的工作必须受到该机关党的领导组织的支持”。这是对十八大以来派驻制度改革成果的固化。

2022 年 10 月，中国共产党第二十次全国代表大会在北京召开，大会选举产生了由李希等 133 人组成的中共中央纪律检查委员会。

党的二十大对坚定不移全面从严治党、深入推进新时代党的建设新的伟大工程作出战略部署。二十大党章深刻阐明党的全面领导地位，将“党是最高政治领导力量、坚持和加强党的全面领导”等内容写入总纲，进一步明确了党的领导是全面领导、最高领导，从全党总规矩的高度夯实了党的全面领导地位。二十大党章更加突出政治建设统领作用，明确将“必须提高政治判断力、政治领悟力、政治执行力，增强贯彻落实党的理论和路线方针政策的自觉性和坚定性”纳入总纲部分。党章深刻阐述了“两大革命”内在关联，明确提出“以伟大自我革命引领伟大社会革命”“党的自我革命永远在路上”的内容，深刻揭示了马克思主义政党永葆生机活力、实现历史使命的奥秘所在。此外，党章进一步强调了全面从严治党责任，将“强化管党治党主体责任和监督责任”修改为“强化全面从严治党主体责任和监督责任”，不只是字面上的变化，更体现了对推进新时代党的建设新的伟大工程规律认识的深化，是对各级党组织落实全面从严治党“两个责任”的有力指导和规范，进一步巩固全党动手一起抓党建的良好局面①。

二十大党章总结党的纪律建设和纪律检查体制改革的新成果，对新

① 钟纪言：《认真落实党章修正案关于党的领导和党的建设新要求》，载《中国纪检监察报》2023 年 6 月 29 日。

时代新征程纪检监察工作提出更高要求。一是完善了纪律检查机关的主要任务，在主要任务中增写“推动完善党和国家监督体系”内容，这是对党的纪律检查机关职能使命的进一步丰富，深化拓展了纪委的使命和作用。二是进一步丰富了监督执纪问责的方式手段，党章第40条对监督执纪问责的处理方式进行了补充完善，规定按照错误性质和情节轻重，给以批评教育、责令检查、诫勉直至纪律处分，给全面从严治党、强化日常管理监督提供了更多的抓手。三是体现了派驻监督的范围拓展，党章增写“按照规定向有关国有企业、事业单位派驻党的纪律检查组”，这是派驻机构范围的进一步拓展，增强了派驻监督全覆盖的有效性。四是强调了一体推进“三不腐”的方针方略，总纲部分将“构建不敢腐、不能腐、不想腐的有效机制”，修改为“一体推进不敢腐、不能腐、不想腐”，深刻把握了“惩、治、防”的辩证统一关系，体现了党中央对新时代惩治腐败规律的持续深化①。

全面从严治党是一场伟大的自我革命。我们党以前所未有的勇气和定力推进全面从严治党，推动新时代全面从严治党取得了历史性、开创性成就，产生了全方位、深层次影响。实践证明，全面从严治党既是政治保障，也是政治引领。全面从严治党不仅有力清除了党的肌体上的毒瘤，净化了党内风气和政治生态，还在坚持和加强党的全面领导、推动管党治党、推进“四个全面”战略布局中发挥着重要的统领地位、牵引作用，这是以习近平同志为核心的党中央谋划党和国家事业“大棋局”的决定性举措。

二、把党的政治建设摆在突出位置，持续强化政治监督

政治属性是中国共产党最本质的属性。纪检监察机关把保证全党服从中央、坚持党中央权威和集中统一领导作为首要任务，严明政治纪律

① 钟纪言：《落实党章关于党的纪律和纪律检查机关重要要求》，载《中国纪检监察报》2023年11月30日。

和政治规矩，切实强化政治监督，督促各级党组织和广大党员干部令行禁止、步调一致，巩固发展党的十八大以来形成的党中央集中统一领导、全党高度团结统一的政治局面。

严明政治纪律和政治规矩。十八届期间，各级纪检监察机关严肃查处公开发表违背中央精神的言论和有令不行、有禁不止行为，解决无视政治纪律和政治规矩的“七个有之”[①] 问题，增强领导干部政治警觉性和政治鉴别力，五年间，共立案审查违反政治纪律案件 1.5 万件，处分 1.5 万人，其中中管干部 112 人[②]。十九届期间，各级纪检监察机关坚持从政治纪律查起，坚决防止和治理“七个有之”问题，坚决清除对党阳奉阴违的“两面人”，坚决查处政治问题和经济问题交织的违纪违法行为，铲除拉帮结派、结党营私的政治团伙，消除党内存在的严重政治隐患，维护政治安全[③]。党的二十大以来，中央纪委国家监委坚定不移扛起“两个维护”的重大政治责任，认真贯彻加强和维护党中央集中统一领导的若干规定，严肃查处对党不忠诚不老实的两面派、两面人。比如，2023 年，全国纪检监察机关处分违反政治纪律人员 8890 人，其中中管干部 34 人[④]。2024 年，全国纪检监察机关共处分违反政

① 习近平总书记 2014 年 10 月 23 日在中共十八届四中全会第二次全体会议上的讲话中提出“七个有之”，即一些人无视党的政治纪律和政治规矩，为了自己的所谓仕途，为了自己的所谓影响力，搞任人唯亲、排斥异己的有之，搞团团伙伙、拉帮结派的有之，搞匿名诬告、制造谣言的有之，搞收买人心、拉动选票的有之，搞封官许愿、弹冠相庆的有之，搞自行其是、阳奉阴违的有之，搞尾大不掉、妄议中央的也有之。

② 《十八届中央纪律检查委员会向中国共产党第十九次全国代表大会的工作报告》，载《人民日报》2017 年 10 月 30 日。

③ 《十九届中央纪律检查委员会向中国共产党第二十次全国代表大会的工作报告》，载《人民日报》2022 年 10 月 28 日。

④ 李希：《深入学习贯彻习近平总书记关于党的自我革命的重要思想　纵深推进新征程纪检监察工作高质量发展——在中国共产党第二十届中央纪律检查委员会第三次全体会议上的工作报告》，载《人民日报》2024 年 2 月 26 日。

治纪律人员 1.2 万人①。

聚焦党和国家工作大局强化政治监督。十八届期间，各级纪检监察机关贯彻全面从严治党要从党内政治生活严起的要求，以党内政治生活准则为依据、用“四个意识”去衡量，检查在同党中央保持一致上是否存在差距，督促密切联系实际贯彻中央大政方针②。十九届期间，中央纪委国家监委聚焦统筹推进“五位一体”总体布局和协调推进“四个全面”战略布局，聚焦把握新发展阶段、贯彻新发展理念、构建新发展格局、推动高质量发展重大战略，聚焦打好防范化解重大风险、精准脱贫、污染防治三大攻坚战，促进党中央大政方针落地见效。各级纪检监察机关结合实际，围绕北京冬奥会和冬残奥会举办、雄安新区规划建设、海南自由贸易港建设等重大项目全程监督，围绕京津冀协同发展、粤港澳大湾区建设、长三角一体化发展、黄河流域生态保护和高质量发展、新时代东北全面振兴等发展战略精准监督③。党的二十大以来，中央纪委国家监委把坚持党中央集中统一领导、落实党的二十大决策部署作为政治监督中心任务，推进政治监督具体化、精准化、常态化，保障党中央政令畅通。比如，2024 年，中央纪委国家监委健全对跨地区跨部门重大战略的协同监督机制，常态化开展落实情况“回头看”，压实责任、纠正偏差、促进发展④。2025 年，《纪检监察机关开展政治监督工作办法（试行）》颁布实施。

---

① 李希：《深入推进党风廉政建设和反腐败斗争　以全面从严治党新成效为推进中国式现代化提供坚强保障——在中国共产党第二十届中央纪律检查委员会第四次全体会议上的工作报告》，载《人民日报》2025 年 2 月 28 日。

② 《十八届中央纪律检查委员会向中国共产党第十九次全国代表大会的工作报告》，载《人民日报》2017 年 10 月 30 日。

③ 《十九届中央纪律检查委员会向中国共产党第二十次全国代表大会的工作报告》，载《人民日报》2022 年 10 月 28 日。

④ 李希：《深入推进党风廉政建设和反腐败斗争　以全面从严治党新成效为推进中国式现代化提供坚强保障——在中国共产党第二十届中央纪律检查委员会第四次全体会议上的工作报告》，载《人民日报》2025 年 2 月 28 日。

三、一体推进不敢腐、不能腐、不想腐，提升系统整治、全域治理水平

腐败是最容易颠覆政权的问题，是危害党的生命力和战斗力的最大毒瘤，反腐败是最彻底的自我革命。党的十八大后，党中央开展了史无前例的反腐败斗争，不敢腐、不能腐、不想腐一体推进，“打虎”“拍蝇”“猎狐”多管齐下，系统施治、标本兼治，反腐败斗争取得历史性成就，消除了党、国家、军队内部存在的严重隐患，走出了一条中国特色反腐败之路。

始终保持反腐败斗争高压态势。坚持无禁区、全覆盖、零容忍，坚持重遏制、强高压、长震慑，坚持受贿行贿一起查，坚持有案必查、有腐必惩，反腐败斗争一刻不停向纵深推进。十八届期间，党中央严肃查处周永康、薄熙来、郭伯雄、徐才厚、孙政才、令计划等严重违纪案件，消除重大政治隐患；经党中央批准立案审查的省军级以上党员干部及其他中管干部 440 人，全国纪检监察机关立案 154.5 万件，处分 153.7 万人，其中厅局级干部 8900 余人，县处级干部 6.3 万人，涉嫌犯罪被移送司法机关处理 5.8 万人①。十九届期间，党中央坚决惩治利用公权力及其影响力谋取私利的腐败问题和特权行为，深入整治“影子公司”“影子股东”等新型腐败和隐性腐败，中央纪委国家监委立案审查调查中管干部 261 人；全国纪检监察机关共立案 306.6 万件，处分 299.2 万人；立案审查调查行贿人员 4.8 万人，移送检察机关 1.3 万人②。党的二十大以来，党中央持续加大反腐败力度，比如，2023 年，中央纪委国家监委立案审查调查中管干部 87 人，全国纪检监察机关共

---

① 《十八届中央纪律检查委员会向中国共产党第十九次全国代表大会的工作报告》，载《人民日报》2017 年 10 月 30 日。

② 《十九届中央纪律检查委员会向中国共产党第二十次全国代表大会的工作报告》，载《人民日报》2022 年 10 月 28 日。

立案 62.6 万件，留置 2.6 万人，给予党纪政务处分 61 万人[①]。2024 年，中央纪委国家监委立案审查调查中管干部 92 人，全国纪检监察机关共立案 87.7 万件，留置 3.8 万人，给予党纪政务处分 88.9 万人[②]。

坚决铲除腐败问题产生的土壤和条件。党中央紧盯权力集中、资金密集、资源富集的部门、行业和领域，集中力量靶向治理。十八届期间，党中央坚决查处政治问题和经济问题相互交织的腐败问题，把握政策、突出重点，严肃查处十八大后不收敛、不收手，问题线索反映集中、群众反映强烈，现在重要岗位且可能还要提拔使用的领导干部，把三类情况同时具备的作为重中之重[③]。十九届期间，严肃查处金融领域、国企领域、煤炭资源领域、工程建设领域腐败问题，集中治理执法司法、粮食购销、开发区建设、人防、供销、医药等领域的腐败问题[④]。党的二十大以来，党中央坚决清除系统性腐败风险隐患，深化金融反腐，聚焦国企、高校、体育、烟草等领域腐败问题加大惩治力度，深化粮食购销领域腐败问题专项整治，配合开展统计造假专项治理、全国医药领域腐败问题集中整治[⑤]。习近平总书记在二十届中央纪委三次全会上强调，必须在铲除腐败问题产生的土壤和条件上持续发力、纵深推进；在二十届中央纪委四次全会上强调，铲除腐败滋生土壤和条件任

---

① 李希：《深入学习贯彻习近平总书记关于党的自我革命的重要思想　纵深推进新征程纪检监察工作高质量发展——在中国共产党第二十届中央纪律检查委员会第三次全体会议上的工作报告》，载《人民日报》2024 年 2 月 26 日。

② 李希：《深入推进党风廉政建设和反腐败斗争　以全面从严治党新成效为推进中国式现代化提供坚强保障——在中国共产党第二十届中央纪律检查委员会第四次全体会议上的工作报告》，载《人民日报》，2025 年 2 月 28 日。

③《十八届中央纪律检查委员会向中国共产党第十九次全国代表大会的工作报告》，载《人民日报》2017 年 10 月 30 日。

④《十九届中央纪律检查委员会向中国共产党第二十次全国代表大会的工作报告》，载《人民日报》2022 年 10 月 28 日。

⑤ 李希：《深入学习贯彻习近平总书记关于党的自我革命的重要思想　纵深推进新征程纪检监察工作高质量发展——在中国共产党第二十届中央纪律检查委员会第三次全体会议上的工作报告》，载《人民日报》2024 年 2 月 26 日。

务仍然艰巨繁重。中央纪委国家监委推动重点领域体制机制改革，促进完善公共资源配置、公共资产交易、公共产品生产等领域市场运行机制，推动健全足球健康发展、廉洁从医等方面制度机制，推动金融领域围绕违规插手干预信贷问题开展专项整治，加快推动新兴领域治理机制建设，切实把权力关进制度的笼子。此外，各级纪检监察机关坚持不敢腐、不能腐、不想腐一体推进，深化以案为鉴、以案促改、以案促治，以发现问题推动查补漏洞，以查办案件促进整改整治，以典型案例开展警示教育，不断强化治本力度。

加强反腐败国际合作和追逃追赃。党中央把追逃追赃作为遏制腐败蔓延的重要一环，把反腐败追逃追赃提升到国家政治和外交层面，深化国际反腐败执法合作，筑牢防逃堤坝，切断腐败分子后路。十八届期间，公布百名外逃人员红色通缉令，连续组织开展“天网行动”，因国施策、因案制宜，追拿归案一批外逃腐败分子，2014 年以来，共从 90 多个国家和地区追回外逃人员 3453 名、追赃 95. 1 亿元，“百名红通人员”中有 48 人落网①。十九届期间，深度参与全球反腐败治理，推进追逃防逃追赃一体化建设，持续开展“天网行动”，建立健全跨境腐败治理工作协调机制，五年来，“天网行动”追回外逃人员 7089 人，其中党员和国家工作人员 1992 人，追回赃款 352. 4 亿元，“百名红通人员”有 13 人归案②。党的二十大以来，党中央持续深化反腐败国际合作，比如，举办联合国全球反腐败执法合作网络全体会议，通过《关于加强执法合作、拒绝腐败避风港的北京共识》。集中力量查办跨境腐败案件，2023 年追赃挽损 102 亿元，“天网 2023”行动追回外逃人员

① 《十八届中央纪律检查委员会向中国共产党第十九次全国代表大会的工作报告》，载《人民日报》2017 年 10 月 30 日。

② 《十九届中央纪律检查委员会向中国共产党第二十次全国代表大会的工作报告》，载《人民日报》2022 年 10 月 28 日。

1624 人[①]。2024 年，开展境外腐败问题专项治理，立案查处跨境腐败案件 360 件，挽回损失 322 亿元；持续推进追逃追赃，“天网 2024”行动共追回外逃人员 1597 人，追赃 182. 8 亿元[②]。

坚决整治群众身边的不正之风和腐败问题。党中央始终坚持人民群众反对什么、痛恨什么，就坚决防范和纠正什么，把整治群众身边不正之风和腐败问题作为正风反腐重中之重，因地制宜，精准施治，以实际成效赢得群众支持和信赖。十八届期间，坚决惩治群众身边的腐败，为脱贫攻坚提供有力保障，加大对“小官大贪”惩处力度[③]。十九届期间，推动全面从严治党向基层延伸，整治扶贫和乡村振兴领域突出问题，促进惠民富民政策落实落地，坚决惩治涉黑涉恶腐败和“保护伞”[④]。党的二十大以来，着力查处群众身边“蝇贪蚁腐”，深入整治就业创业、教育医疗、养老社保、生态环保、安全生产、食品药品安全、执法司法等领域群众反映强烈的突出问题，开展乡村振兴领域不正之风和腐败问题专项整治，严查涉黑涉恶腐败以及充当黑恶势力“保护伞”问题[⑤]。2024 年，中央纪委国家监委专门部署开展群众身边不正之风和腐败问题集中整治，以超常规举措依法推动解决群众急难愁盼问题，全国共查处相关问题 70. 5 万起，给予党纪政务处分 53 万人，移送检察机

① 李希：《深入学习贯彻习近平总书记关于党的自我革命的重要思想　纵深推进新征程纪检监察工作高质量发展——在中国共产党第二十届中央纪律检查委员会第三次全体会议上的工作报告》，载《人民日报》2024 年 2 月 26 日。

② 李希：《深入推进党风廉政建设和反腐败斗争　以全面从严治党新成效为推进中国式现代化提供坚强保障——在中国共产党第二十届中央纪律检查委员会第四次全体会议上的工作报告》，载《人民日报》2025 年 2 月 28 日。

③ 《十八届中央纪律检查委员会向中国共产党第十九次全国代表大会的工作报告》，载《人民日报》2017 年 10 月 30 日。

④ 《十九届中央纪律检查委员会向中国共产党第二十次全国代表大会的工作报告》，载《人民日报》2022 年 10 月 28 日。

⑤ 李希：《深入学习贯彻习近平总书记关于党的自我革命的重要思想　纵深推进新征程纪检监察工作高质量发展——在中国共产党第二十届中央纪律检查委员会第三次全体会议上的工作报告》，载《人民日报》2024 年 2 月 26 日。

关1.6万人。二十届中央纪委四次全会强调，聚焦县以下这一关键环节、薄弱环节，再狠抓两年，确保取得更大成效[①]。

四、锲而不舍落实中央八项规定精神，严厉整治“四风”

党中央把握党性党风党纪内在联系，把握“四风”与腐败风腐同源、风腐一体特征，始终把中央八项规定精神作为长期有效的铁规矩、硬杠杠，一年接着一年抓，以钉钉子精神纠“四风”、树新风。

持之以恒加固中央八项规定堤坝。党的十八大后，全面从严治党从中央政治局立规矩开始，从落实中央八项规定精神破题，习近平总书记以身作则、率先垂范，全党言出纪随、久久为功，驰而不息纠正“四风”。十八届期间，纪检监察机关从治理公款大吃大喝、旅游、送礼等奢靡之风入手，紧盯公款购买赠送月饼、贺卡、烟花爆竹等问题，一个节点一个节点抓，一年接着一年干，以一个个具体问题的突破，带动了作风整体转变[②]。十九届期间，制定推动落实中央八项规定及其实施细则精神工作意见，紧盯“四风”新表现新动向开展明察暗访、专项检查，深挖彻查作风问题背后的腐败行为和腐败案件中的作风问题[③]。党的二十大以来，党中央一刻不停狠刹享乐主义、奢靡之风，对“四风”问题开展明察暗访、重点通报，比如，2023年，全国共查处享乐主义、奢靡之风问题6.2万个，批评教育和处理8.3万人[④]。2024年，全国纪检监察机关共查处享乐主义、奢靡之风问题11.8万起，批评教育和处

---

① 李希：《深入推进党风廉政建设和反腐败斗争　以全面从严治党新成效为推进中国式现代化提供坚强保障——在中国共产党第二十届中央纪律检查委员会第四次全体会议上的工作报告》，载《人民日报》，2025年2月28日。

② 《十八届中央纪律检查委员会向中国共产党第十九次全国代表大会的工作报告》，载《人民日报》2017年10月30日。

③ 《十九届中央纪律检查委员会向中国共产党第二十次全国代表大会的工作报告》，载《人民日报》2022年10月28日。

④ 李希：《深入学习贯彻习近平总书记关于党的自我革命的重要思想　纵深推进新征程纪检监察工作高质量发展——在中国共产党第二十届中央纪律检查委员会第三次全体会议上的工作报告》，载《人民日报》2024年2月26日。

理15.7万人[①]。坚持正风肃纪反腐相贯通，健全风腐同查同治机制，以“同查”严惩风腐交织问题，以“同治”铲除风腐共性根源。

深化整治形式主义、官僚主义顽瘴痼疾。党中央坚决查处影响党中央重大决策部署贯彻落实、漠视侵害群众利益、不作为乱作为、加重基层负担的形式主义、官僚主义，集中纠治做选择搞变通打折扣、表态多调门高、行动少落实差问题，严肃查处领导干部任性决策、庸懒无为和基层干部推诿扯皮、冷硬横推问题，督促纠正文山会海、频繁填表报数、工作过度留痕、检查考核过多、“指尖上的形式主义”问题，重点治理脱离实际搞劳民伤财的“形象工程”“政绩工程”，推动建立为基层减负机制[②]。党的二十大以来，着力纠治落实党中央决策部署不担当不用力、执行政策措施“一刀切”、基层治理不作为乱作为、“新官不理旧账”、漠视侵害群众利益等问题，下大气力纠治加重基层负担问题，抓住权力观、政绩观这个关键，严肃纠治“形象工程”、数据造假等问题[③]。

纠树并举促进作风建设常态长效。党中央完善作风建设长效机制，着力解决普遍存在、反复发生的问题，出台工作指导意见，推动地方和部门完善津贴补贴发放、开会发文、公务用车、公务接待、国企商务接待、制止餐饮浪费等制度规定。着力消除“四风”问题的思想根源、土壤条件，做到立破并举、扶正祛邪[④]。党的二十大以来，党中央纠树

① 李希：《深入推进党风廉政建设和反腐败斗争　以全面从严治党新成效为推进中国式现代化提供坚强保障——在中国共产党第二十届中央纪律检查委员会第四次全体会议上的工作报告》，载《人民日报》2025年2月28日。

② 《十九届中央纪律检查委员会向中国共产党第二十次全国代表大会的工作报告》，载《人民日报》2022年10月28日。

③ 李希：《深入推进党风廉政建设和反腐败斗争　以全面从严治党新成效为推进中国式现代化提供坚强保障——在中国共产党第二十届中央纪律检查委员会第四次全体会议上的工作报告》，载《人民日报》2025年2月28日。

④ 《十九届中央纪律检查委员会向中国共产党第二十次全国代表大会的工作报告》，载《人民日报》2022年10月28日。

并举促进作风建设常态长效，推动中央有关部门完善公务接待等相关制度规定，围绕政策制定、考核检查、问责奖惩等环节完善细化制度，加强新时代廉洁文化建设，大力弘扬新风正气，推动移风易俗，治理陈规陋习，以优良党风政风引领社风民风持续向好。[①] 2025 年，党中央决定在全党开展深入贯彻中央八项规定精神学习教育。

五、把纪律和规矩挺在前面，全面加强党的纪律建设

党的纪律建设是全面从严治党的治本之策。党中央把纪律建设摆在更加突出位置，坚持纪严于法、纪在法前，明方向、立规矩、正风气、强免疫，促进从严管理监督和鼓励担当作为相统一。

坚决维护纪律刚性。坚持立规明纪，先后制定《关于新形势下党内政治生活的若干准则》《廉洁自律准则》等，先后三次修订《党纪处分条例》，配合全国人大常委会制定《政务处分法》，强化对党员干部和行使公权力的公职人员的监督，使其习惯在受监督和约束的环境中工作生活。坚持执纪必严，开展纪律处分执行情况监督检查，确保处分决定执行到位。坚持纪法协同，推动监督执纪和监察执法有效对接，实现党纪处分和政务处分相互贯通。认真落实加强对“一把手”和领导班子监督的意见，将“一把手”作为监督重点。党的二十大以来，各级纪检监察机关对违反党纪的问题，发现一起查处一起，严明组织纪律、换届纪律。

深化运用“四种形态”。坚持惩前毖后、治病救人，注重纪法情理贯通融合，将“四种形态”从监督执纪向监察执法拓展。精准把握事实证据、思想态度、纪法标准，统筹运用党性教育、政策感召、纪法威慑，整体提高监督执纪执法质量。2015 年至党的十九大期间，全国纪检监察机关实践“四种形态”，用严明的纪律管全党治全党，共处理

---

① 李希：《深入学习贯彻习近平总书记关于党的自我革命的重要思想　纵深推进新征程纪检监察工作高质量发展——在中国共产党第二十届中央纪律检查委员会第三次全体会议上的工作报告》，载《人民日报》2024 年 2 月 26 日。

204.8 万人次[①]。十九届期间，全国纪检监察机关运用“四种形态”批评教育帮助和处理 933.6 万人次[②]。党的二十大以来，中央纪委国家监委准确运用“四种形态”，发布典型案例加强指导，比如，2023 年，全国纪检监察机关运用“四种形态”批评教育和处理 171.8 万人次[③]。2024 年 7 月，中共中央办公厅印发《纪检监察机关准确运用“四种形态”实施办法（试行）》，首次以党内法规的形式对“四种形态”作出全面规定，推动实现“惩治极少数”和“管住大多数”协同并进，维护党内良好政治生态。此外，各级纪检监察机关始终把思想政治工作贯穿始终，完善跟踪回访机制，严肃查处诬告陷害行为，及时开展澄清正名工作，为担当者担当、为负责者负责。

加强纪律教育。党的十八大以来，党中央坚持发扬我们党重视纪律教育的优良传统，深刻总结党在各个历史时期推进纪律教育的重要成果，将纪律教育贯穿党的纪律建设全过程。2024 年，经党中央同意，在全党开展党纪学习教育，印发《关于推进党纪学习教育常态化长效化的意见》。2025 年 1 月，习近平总书记在二十届中央纪委四次全会上强调，建立常态化长效化的纪律教育机制，使纪律教育贯穿干部成长全周期、融入组织管理全过程。

以精准规范问责促进担当作为。完善问责制度，制定、修订《中国共产党问责条例》。坚持失责必问、问责必严，完善问责情形，严格问责程序，精准有效问责。2014 年至党的十九大，全国共有 7020 个单位党委（党组）、党总支、党支部，430 个纪委（纪检组）和 6.5 万余

① 《十八届中央纪律检查委员会向中国共产党第十九次全国代表大会的工作报告》，载《人民日报》2017 年 10 月 30 日。

② 《十九届中央纪律检查委员会向中国共产党第二十次全国代表大会的工作报告》，载《人民日报》2022 年 10 月 28 日。

③ 李希：《深入学习贯彻习近平总书记关于党的自我革命的重要思想 纵深推进新征程纪检监察工作高质量发展——在中国共产党第二十届中央纪律检查委员会第三次全体会议上的工作报告》，载《人民日报》2024 年 2 月 26 日。

名党员领导干部被问责[①]。十九届期间，全国共问责党组织 3.9 万个，问责党员领导干部、监察对象 29.9 万人[②]。党的二十大以来，各级纪检监察机关紧盯重特大安全事故严肃追责问责，比如，2023 年，全国共问责党组织 2317 个、党员领导干部和监察对象 4.3 万人[③]。

六、深化纪检监察体制改革，推动构建党统一指挥、全面覆盖、权威高效的监督体系

纪检监察体制改革是全面深化改革的重要内容。党的十八大以来，中央纪委国家监委坚决落实党中央关于纪检监察体制改革部署，一体推进党的纪律检查体制改革、国家监察体制改革、纪检监察机构改革，实现各项改革系统集成、协同高效，构建起一套行之有效的权力监督制度和执纪执法体系。

持续推进党的纪律检查体制改革。党的十八届三中全会通过的《中共中央关于全面深化改革若干重大问题的决定》提出“查办腐败案件以上级纪委领导为主”，强化了上级纪委对下级纪委的领导。落实党对纪检监察工作全覆盖、全方位、全过程领导，推进双重领导体制具体化、程序化、制度化。完善查办腐败案件以上级纪委监委领导为主的工作机制，开展落实重大事项请示报告条例专项检查，建立法规前置审核、备案审查工作机制，形成上下统一的工作规范、工作标准[④]。党的二十大以来，中央纪委国家监委制定加强基层纪检监察监督若干意见，

---

① 《十八届中央纪律检查委员会向中国共产党第十九次全国代表大会的工作报告》，载《人民日报》2017 年 10 月 30 日。

② 《十九届中央纪律检查委员会向中国共产党第二十次全国代表大会的工作报告》，载《人民日报》2022 年 10 月 28 日。

③ 李希：《深入学习贯彻习近平总书记关于党的自我革命的重要思想　纵深推进新征程纪检监察工作高质量发展——在中国共产党第二十届中央纪律检查委员会第三次全体会议上的工作报告》，载《人民日报》2024 年 2 月 26 日。

④ 《十九届中央纪律检查委员会向中国共产党第二十次全国代表大会的工作报告》，载《人民日报》2022 年 10 月 28 日。

健全以县级统筹为主的片区协作、提级监督、交叉检查工作机制[①]。深化纪委监委机关内设机构改革，完善职能配置、机构设置、力量配备，优化监督检查和审查调查机构职能，提高监督执纪执法综合效能。

构建集中统一、权威高效的国家监察体系。深化国家监察体制改革，2018 年 3 月，《监察法》颁布实施。落实党中央要求，依照宪法规定，由各级人大产生国家、省、市、县四级监察委员会，同党的纪律检查委员会合署办公，一体履行纪检监察两项职责，实现对所有行使公权力的公职人员监察全覆盖。配合全国人大常委会制定《监察官法》，构建中国特色监察官制度。向乡镇（街道）派出监察机构或监察专员，强化对基层公职人员的监督。规范留置审批等程序，严格依法运用监察措施，确保监察权在法治轨道上运行。与政法机关共同完善问题线索移送、案件协调配合、涉案财物处置等对接机制，持续推进监察执法与刑事司法衔接。自上而下、依法有序开展各级监委向本级人大常委会报告专项工作，自觉接受人大监督[②]。党的二十大以来，党中央持续深化国家监察体制改革。2024 年 12 月 25 日，十四届全国人大常委会第十三次会议表决通过关于修改《监察法》的决定，进一步完善监察派驻、监察措施、监察程序等内容。健全反腐败法律法规体系，修改《监察法实施条例》，起草反跨境腐败法，等等。

增强派驻监督效能。派驻监督是党内监督的重要形式。2014 年 12 月，中央办公厅印发《关于加强中央纪委派驻机构建设的意见》，提出了加强中央纪委派驻机构建设的思路和要求。2015 年 11 月，中央办公厅印发《关于全面落实中央纪委向中央一级党和国家机关派驻

---

① 李希：《深入学习贯彻习近平总书记关于党的自我革命的重要思想 纵深推进新征程纪检监察工作高质量发展——在中国共产党第二十届中央纪律检查委员会第三次全体会议上的工作报告》，载《人民日报》2024 年 2 月 26 日。

② 《十九届中央纪律检查委员会向中国共产党第二十次全国代表大会的工作报告》，载《人民日报》2022 年 10 月 28 日。

纪检机构的方案》，对原来的派驻机构进行优化整合，对领导体制、职能调整、主要职责、机构设置等作出了明确规定。党的十九大后，党中央深化派驻机构改革，出台《关于深化中央纪委国家监委派驻机构改革的意见》，并推进中管企业、中管金融企业、中管高校纪检监察体制改革。党的二十大以来，持续推进派驻机构改革，健全“组组”协同监督、“室组”联动监督、“室组地”联合办案机制，逐步扩大派驻机构监察权行使。持续深化中管高校纪检监察体制改革[①]。完成向中管企业全面派驻纪检监察组。根据新修改的《监察法》规定，深化派驻监督向下延伸，制定监察“再派出”的指导意见，稳慎有序推动有关派驻机构向驻在单位的下一级单位、部属高校和国务院国资委管理领导班子的中央企业“再派出”，强化对“再派出”监察人员的管理监督[②]。

促进各类监督贯通融合。建立健全党和国家监督体系，推动纪检监察监督与人大监督、民主监督、行政监督、司法监督、审计监督、财会监督、统计监督、群众监督、舆论监督等各类监督贯通协同。完善纪律监督、监察监督、派驻监督、巡视监督统筹衔接制度，制定推进纪检监察监督、巡视巡察监督与审计监督贯通协同高效的指导意见，健全监督力量整合、措施运用、成果共享等机制。党的二十大以来，持续推动完善党和国家监督体系，比如，中央纪委国家监委机关和中央审计办等联合制定纪检监察监督与审计监督贯通协同机制的工作流程[③]。

---

① 李希：《深入学习贯彻习近平总书记关于党的自我革命的重要思想　纵深推进新征程纪检监察工作高质量发展——在中国共产党第二十届中央纪律检查委员会第三次全体会议上的工作报告》，载《人民日报》2024 年 2 月 26 日。

② 李希：《深入推进党风廉政建设和反腐败斗争　以全面从严治党新成效为推进中国式现代化提供坚强保障——在中国共产党第二十届中央纪律检查委员会第四次全体会议上的工作报告》，载《人民日报》2025 年 2 月 28 日。

③ 李希：《深入学习贯彻习近平总书记关于党的自我革命的重要思想　纵深推进新征程纪检监察工作高质量发展——在中国共产党第二十届中央纪律检查委员会第三次全体会议上的工作报告》，载《人民日报》2024 年 2 月 26 日。

七、运用法治思维和法治方式正风肃纪反腐，严管严治锻造纪检监察铁军

深刻把握依规治党和依法治国的内在一致性，自觉把政治意识与法治思维统一起来，增强法治意识、程序意识、证据意识，做到职权法定、程序规范、监督有力。认真落实“打铁必须自身硬”要求，以党的政治建设为统领，以能力建设作支撑，以更高的标准、更严的纪律要求自己，努力做到政治过硬、本领高强。

构建纪检监察法规制度体系。强化制度建设，推进标本兼治，十八届期间，中央纪委组织制定修改11部党内法规①。十九届期间，按照党中央要求起草《问责条例》《党员权利保障条例》《纪律检查委员会工作条例》《派驻机构工作规则》《处分违纪党员批准权限和程序规定》等中央党内法规，制定《纪检监察机关案件监督管理工作规则》《监督检查审查调查措施使用规定》等党内法规和规范性文件，推动完善党内法规体系。配合全国人大及其常委会制定《监察法》《监察官法》等法律，制定《监察法实施条例》等监察法规和规范性文件，推动健全国家监察法治体系。五年间，纪检监察主要法规制度共增加111项②。党的二十大以来，协助党中央修订《党纪处分条例》，修订《巡视工作条例》，协助党中央制定修订《党组讨论和决定党员处分事项工作程序规定》《农村基层干部廉洁履行职责若干规定》等，健全全面从严治党和反腐败斗争党内法规制度；加强制度供给，形成问题线索处置、案件质量评查、留置场所管理、提出纪检监察建议、办理跨境腐败案件等制度成果。

不断提升规范化、法治化、正规化水平。纪检监察机关严格执行

① 《十八届中央纪律检查委员会向中国共产党第十九次全国代表大会的工作报告》，载《人民日报》2017年10月30日。

② 《十九届中央纪律检查委员会向中国共产党第二十次全国代表大会的工作报告》，载《人民日报》2022年10月28日。

《纪律检查机关监督执纪工作规则》《监督执法工作规定》，确保执纪执法权受监督、有约束。健全监督执纪执法操作规程，完善办案程序衔接机制，构建审查调查标准化体系[①]。党的二十大以来，深化监察官法实施，完成市县监察官等级首次确定工作[②]。以信息化促进提升专业化，加快构建数字纪检监察体系，全面推进办公、办案、管理和服务数字化，建成中央纪委国家监委机关纪检监察一体化工作平台，推动监督执纪执法工作主要流程线上办理、关键要素数据贯通。推出办案大数据分析系统，完善信息查询平台，为发现挖掘问题线索、查清查透职务犯罪安上科技“透视镜”，促进监督执纪执法提质增效[③]。

锻造忠诚干净担当的纪检监察队伍。党中央高度重视纪检监察队伍建设，要求解决“谁来监督纪委”问题，防止“灯下黑”。各级纪检监察机关自觉接受严格的约束和监督，加大严管严治、自我净化力度，坚决清除害群之马。十八届期间，中央纪委机关立案查处 22 人，组织调整 24 人，谈话函询 232 人；全国纪检系统处分 1 万余人，组织处理 7600 余人，谈话函询 1.1 万人[④]。十九届期间，全国谈话函询纪检监察干部 4.3 万人，组织处理 721 人，处分 1.6 万人，移送检察机关 620 人[⑤]。党的二十大以来，中央纪委国家监委以更高标准、更严要求纯洁思想、纯洁组织，2023 年党中央决定开展全国纪检监察干部队伍教育

---

① 《十九届中央纪律检查委员会向中国共产党第二十次全国代表大会的工作报告》，载《人民日报》2022 年 10 月 28 日。

② 李希：《深入学习贯彻习近平总书记关于党的自我革命的重要思想　纵深推进新征程纪检监察工作高质量发展——在中国共产党第二十届中央纪律检查委员会第三次全体会议上的工作报告》，载《人民日报》2024 年 2 月 26 日。

③ 李希：《深入推进党风廉政建设和反腐败斗争　以全面从严治党新成效为推进中国式现代化提供坚强保障——在中国共产党第二十届中央纪律检查委员会第四次全体会议上的工作报告》，载《人民日报》2025 年 2 月 28 日。

④ 《十八届中央纪律检查委员会向中国共产党第十九次全国代表大会的工作报告》，载《人民日报》2017 年 10 月 30 日。

⑤ 《十九届中央纪律检查委员会向中国共产党第二十次全国代表大会的工作报告》，载《人民日报》2022 年 10 月 28 日。

整顿，全系统干部接受了一次深入灵魂的精神洗礼和刻骨铭心的革命性锻造。2025 年，纪检监察系统开展“纪检监察工作规范化法治化正规化建设年”行动，推动纪检监察铁军建设再上新台阶。

思考题：

1. 中国共产党成立以来，党内专门监督机构的变迁情况是什么？
2. 纪检监察工作领导体制的历史变迁情况是什么？
3. 二十大党章对纪律检查工作有哪些新规定？

第二编　任务职责

第五章　纪检监察机关的性质职责

从事任何一项工作，首先要明确自身职责定位，定位准才能责任清。纪检监察机关是党和国家监督的专责机关，明确纪检监察机关的性质和职责任务，是做好纪检监察工作的关键，纲举则目张。

第一节　概　　述

一、性质、任务与职责的概念

明确纪检监察机关的性质、任务、职责，必须理清三者的关系。

性质（nature）是指事物的本质。《现代汉语词典》将其解释为："一种事物区别于其他事物的根本属性。"① 事物的性质是由事物自身的矛盾所决定的。事物的不同，主要表现为其性质的不同。因此，事物的性质是事物相区别的内在标志。任何事物都有许多的属性，在事物的诸多属性中，有些属性是某个或某类事物所特有的，决定该事物的本质，是某一事物之所以成为它自己的最低限度，并把这种事物与其他事物区别开来。这种最低限度所包含的性质就是事物的本质属性，它是事物本质的规定性。纪检监察机关的性质，揭示纪检监察机关区别于其他社会活动主体的根本特性，决定了纪检监察机关的地位、职责、职权和活动方式，反映了纪检监察机关的政治和社会功能。深刻认识纪检监察机关

① 《现代汉语词典》（第7版），商务印书馆2016年版，第1470页。

的性质，是把握纪检监察制度的基础，理解纪检监察制度的各项具体规定的必要性、合理性的关键。

任务（mission）是指为达到某一明确目的所进行的工作。《现代汉语词典》将其解释为："指定担任的工作；指定担负的责任。"[①] 任务的特征在于有明确的责任性，无论是国家、政党、团体委派给某个组织或个人的任务，都有明确的责任目标。一旦组织或个人接受了这项任务，就必须依靠组织或个人的努力去实现这种责任目标。纪检监察机关的任务是指纪检监察机关作为党和国家监督的专责机关所必须完成的工作内容和责任目标。

职责（obligation）是指为了完成工作任务而具体从事的工作。《现代汉语词典》将其解释为："职务和责任。"[②] 职责强调组织或个人为履行组织职能或完成工作任务，所负责的范围和必须履行的义务或责任。职责与职权是相互联系的，一定的职责以一定的法定职权为前提，职责是行使职权的体现。没有无职权的职责，也没有无职责的职权。职责更强调责任，未尽职责或者尽责不善的，就要依法承担相应的责任或后果。纪检监察机关的职责是指纪检监察机关依照党章党规和宪法国家法律在管辖范围内必须履行的责任和义务。

性质、任务和职责三者相互联系、密不可分。对于某个组织或机构，性质决定了任务和职责，任务和职责体现了性质；职责是任务的具体化，履行职责必然要行使一定的权力，承担相应的责任。总之，纪检监察机关的性质是纪检监察机关诸规定因素中的根本性决定因素，并由此决定纪检监察机关的任务、职责。任务指明纪检监察机关的工作内容和目标，职责是任务得以实现的路径和方法。

---

① 《现代汉语词典》（第7版），商务印书馆2016年版，第1102页。

② 《现代汉语词典》（第7版），商务印书馆2016年版，第1683页。

二、明确纪检监察机关性质、任务、职责的意义

（一）明确的性质、任务、职责是纪检监察机关组织设计的前提

从组织行为学来看，正如建筑的功能决定建筑的结构一样，组织的功能也决定组织的结构。组织的管理体制、机构设置、制度规范、资源配置等无不取决于组织的任务职责，并且直接为实现组织的任务职责服务。纪检监察机关必须根据党章党内法规、国家法律及党中央要求，准确地进行目标设定和职能定位。在此基础上，理顺内部和外部管理体制，确定组织的规模和结构，培养适合职责要求和岗位特点的工作人员，并配备相应的辅助设备和物质资源。如果性质职责不明确，纪检监察机关事事冲在前面、越俎代庖、大包大揽，就会导致监管职责混乱不清。整个组织结构的设计也会在错误的导向下进行，造成机构和职能方面叠床架屋、效率低下，浪费人力物力，难以完成党和人民交办的任务。

（二）明确的性质、任务、职责是纪检监察机关组织价值观建立的关键

组织的性质职责是在一定价值观的指导下确定的。一个组织的性质职责与组织的价值观相互依存。有什么样的价值观，明确倡导和反对什么，就会致力于实现何种职责。而职责的落实与推进，又会反过来强化组织的价值观。在本特·伯拉哈姆森（Bengt Abrahamsson）看来，“组织职能是组织行动的结果，是组织为实现特定目标对组织资源进行配置而产生的效果。组织职能实际上包括两个方面：生产力（productivity）的提高和价值目标（an object of value）的建立”。如果把前者理解为组织职能的物质层面，后者则可理解为组织职能的精神层面。因此，纪检监察机关履职的过程，既是完成实际工作的过程，又是在组织内部和外部建立某种价值观的过程。性质职责愈准确，履职愈充分，培育的价值观也愈鲜明，从而愈发得到社会和民众的尊重和认可。

（三）明确的性质、任务、职责是纪检监察机关绩效评估的重要基础

职责目标的定位、分解、实施和评估是组织管理的几个重要环节，前一个环节是后一个环节得以进行的基础，每一个环节的运行状况都可能影响整个管理活动的质量。从实践来看，如果纪检监察工作职责分散、不聚焦，甚至不确定是否真正履行了自身职能以及履职的成效如何，就难以建立系统科学的评估指标和评估体系。绩效评估模糊或缺失，导致问责与奖惩全面落空，监督工作也缺乏导向性。这样，纪检监察机关的积极性和主动性就易受到影响，组织地位的提升和可持续发展也将面临严峻的挑战。

（四）明确的性质、任务、职责是对纪检监察机关追责问责的重要依据

从字面上讲，职责由职能和责任组成。纪检监察机关的职责，强调纪检监察机关依照党章党内法规和宪法国家法律在管辖范围内应承担的责任和义务。职责是组织存在的合法性基础。一个组织建立就是为了承担社会建设和管理中某种不可或缺的职责。组织一旦建立以后，就必须全面履行社会赋予的使命和职责。因此，职责包含义务性和惩罚性两层含义，既规定职责主体依法必须怎样做或不怎样做，同时强调职责主体因违反自身义务而要承担的处罚。纪检监察机关只有明确自身职责，才能有的放矢地对履职不到位的行为进行问责。如果各个主体的责任边界清晰，一旦失职就必将受到问责机制的“审判”，这种约束机制如同高高悬挂在各个责任主体头顶上的“达摩克利斯之剑”，形成足够的震慑力。

第二节　纪检监察机关的性质

根据党中央要求，党的各级纪律检查委员会和国家各级监察委员会合署办公。正确理解纪检监察机关的性质，首先应分别把握党的纪律检查机关和国家监察机关各自的性质定位，这样对纪检监察机关的性质才

能有更加全面深刻的把握。

一、纪律检查机关的性质

党章第46条规定："党的各级纪律检查委员会是党内监督专责机关。"这是党的纪律检查机关的性质和准确定位，纪律检查机关的一切履职活动都必须依据这个性质而展开。具体可以分解为以下层面。

（一）党的机关

纪律检查机关是中国共产党的党内监督机关。纪律检查机关在党的领导下行使监督职权，以中国共产党的名义进行监督活动，以坚持和加强党的全面领导为履职的根本目标。

勇于自我革命是马克思主义政党的鲜明属性，通过设立专门监督机关加强自我监督是马克思主义政党的鲜明特征。马克思、恩格斯认为，应当对党的领导机构的最高领导进行监督制约，并且把监督建立在领导机构的成员集体中。所以在马克思、恩格斯指导下，1869年国际共运史上第一个德国无产阶级政党社会主义民主工党成立大会上，选举产生了一个由11人组成的党的监察委员会，成为无产阶级政党监督发展史上的第一个专职机构。1917年7月，在列宁领导下，由苏联共产党中央委员会建立了中央检查委员会，1920年、1921年苏共九大、十大上决定"成立一个同中央委员会平行的监察委员会"，由党的全国代表大会选举产生并向其负责，监察委员会的任务是同侵入党内的官僚主义和升官发财思想，同党员滥用自己在党内和苏维埃中的职权的行为等现象作斗争[①]。1922年3月，苏共十一大又进一步制定了《监察委员会条例》，强化了监察委员会的独立性和重要的监察职能。中国共产党成立以来始终高度重视党内监督专责机关建设。纪律检查机关作为党内监督机关的地位和作用不断巩固拓展。

---

① 《苏联共产党代表大会、代表会议和中央全会决议汇编》（第2分册），人民出版社1964年版，第70页。

（二）专责机关

党章第46条规定，党的各级纪律检查委员会是党内监督专责机关。“专责”突出的是责任，凸显的是政治责任和使命担当。《纪律检查委员会工作条例》进一步明确，纪委是“党推进全面从严治党、开展党风廉政建设和反腐败斗争的专门力量”，丰富和发展了纪委职能定位的内涵。纪律检查机关的各项职权和全部工作都是围绕着党内监督展开的。当然，开展党内监督，不是也不可能是纪检机关所能“包办”“独揽”的，党委（党组）承担监督主体责任、工作部门承担职能监督责任。但是，开展党内监督却是纪委的天职，这种职责是不可推卸的，履职不力应承担相应责任。纪律检查机关履行党内监督职责，具有党内法规赋予的专门的权限和手段，具有一定的专业性。

（三）监督机关

纪律检查机关作为党内监督专责机关，党章党内法规赋予纪律检查机关的所有权力，都是为了使纪律检查机关能够及时发现和有效查处党组织和党员违反党的纪律的行为。但是纪检机关的“监督权”与社会公共管理部门的“监督权”是截然不同的。纪律检查机关的监督对象是党的组织和党员，而不是社会民众；它的监督客体是党组织及党员干部遵守执行纪律情况，而不是社会公共事务。纪律检查机关履行的是“对监督者的再监督，对检查者的再检查”的职责作用。

（四）执纪机关

纪律检查机关，顾名思义和纪律有关。纪委监督本质上是纪律监督，纪委开展监督的尺子是党章党规党纪，严明党的纪律是纪律检查机关履行职责的基本出发点和落脚点。回顾党的历史，虽然不同历史时期纪委的职责不同，但有一条始终不变，就是严明党的纪律，查处腐败行为，维护党的集中统一。纪检机关作为党的执纪机关，其履职方式与国家的执法机关存在一定差别。“党内审查是纪律审查，不是司法检控，一个依‘纪’、一个依‘法’，二者不能混淆。”① 纪检机关必须用党章党规党纪去衡量党员干部行为，用纪律的语言去描述违纪行为，线索处置、谈话函询、日常监督、纪律审查、审理报告等都要体现出“把党的纪律挺在前面”的要求。纪律检查机关应当坚守执纪属性，把党的纪律严起来，做到经常化、长效化，永葆党的先进性和纯洁性。

二、国家监察机关的性质

宪法第 123 条规定：“中华人民共和国各级监察委员会是国家的监察机关。”《监察法》第 3 条规定：“各级监察委员会是行使国家监察职能的专责机关。”这是国家监察委员会的性质和准确定位，监察机关的一切履职活动都必须依据这个性质而展开。具体可以分解为以下层面。

（一）国家机关

习近平总书记指出，“深化国家监察体制改革是健全党和国家监督体系的重要部署，是推进国家治理体系和治理能力现代化的一项重要改革”。监察机关是国家机关，是由人民代表大会选举产生的国家专门监督机关，负责对本地区所有行使公权力的公职人员依法实施监察。我国是人民当家作主的社会主义国家，一切权力属于人民，人民在中国共产党领导下通过人民代表大会统一行使国家权力。全国人大统一行使国家权力、组织和运作国家政权的职能主要体现在两个方面，一是立法，二是监督。监督通过两种机制具体实施：一是人民代表大会及人民代表大会常务委员会对由其产生的国家机构直接实施立法监督和工作监督；二是人大授权产生专门的监督机关如人民检察院，对人大选举产生的国家机构实行监督制约。根据宪法规定，国家行政机关、监察机关、审判机关、检察机关都由人民代表大会产生，对它负责，受它监督。在人民代表大会这个根本制度下，监察权是行使国家监察职能的专门权力②。要

① 《学思践悟》，中国方正出版社 2017 年版，第 89 页。

② 王希鹏：《国家监察权的属性》，载《求索》2018 年第 4 期，第 132 页。

强调的是，国家监察委员会成立后与中央纪委合署办公，在党中央的领导下开展工作。纪律检查机关是党内监督的专责机关，在党内监督基础上新创设的国家监察监督制度是党内监督的重大拓展和延伸。这种制度设计符合中国国情，既发挥了党的集中统一领导优势，同时体现了人民代表大会制度的权威性，是中国特色社会主义监督制度的重大创新。

此外，设立国家专门监督机构是中国历史上国家治理的有效方式。我国专门的监督机构设置历史非常悠久，从秦汉时期御史组织（如御史大夫、御史中丞、侍御史），到唐代专职的监察机关御史台，到明初期洪武十五年设立都察院，中国历朝历代都有一套自上而下的、专门负责监督纠察百官，且与行政机关、司法机关平行而独立的监察机关。国家监察体制改革是“两个结合”的重大成功实践，是事关全局的重大政治体制改革。

（二）专责机关

监察机关是履行国家监察职责的专责机关。从我国的政治体系来看，全国人民代表大会是国家的最高权力机关，行使最高监督权，但是人民代表大会的监督权是权力机关对其他国家机关的监督权，其监督的对象主要是国家机关而非国家机关中的公职人员。《各级人民代表大会常务委员会监督法》第5条明确规定：“各级人民代表大会常务委员会对本级人民政府、人民法院和人民检察院的工作实施监督，促进依法行政、公正司法。”那么，如何对所有行使公权力的公职人员履行岗位职责和廉洁从政从业的行为进行监督？在此次国家监察体制改革前，没有专门的机构履行这个职责。之前，国务院系统的行政监察机关主要对国家行政机关及其公务员和国家行政机关任命的其他人员实施监察；检察机关的监督是国家法律监督，这些都不是专门的监督机构。成立监察委员会就弥补了我国国家政治体制中缺少专门监督机构的体制欠缺，是事关全局的重大政治体制改革，是对我国政治体制、政治权力、政治关系的重大调整。作为“专责机关”，不仅强调监察委员会的专业化特征、专门性职责，更加突出强调了监察委员会的责任，行使监察权不仅仅是监察委员会的职权，更重要的是职责和使命担当。①

（三）监督机关

监察委员会是监督机关，而不是犯罪追诉机关，监察机关行使的是调查权，而不是侦查权或检察权，这是监察机关与检察机关的重要区别。《中华人民共和国人民检察院组织法》第 2 条明确规定，“人民检察院通过行使检察权，追诉犯罪，维护国家安全和社会秩序，维护个人和组织的合法权益”。“追诉犯罪”是检察机关的重要职责，而监察机关从根本上讲是监督机关，负责对所有行使公权力的公职人员进行日常监督，同时在开展日常监督过程中，调查职务违法和职务犯罪行为，至于公职人员的犯罪行为是否追诉必须由国家司法机关认定。因此，监察机关的调查行为适用《监察法》等监察法规制度，调查完毕后移送检察机关，才适用《刑事诉讼法》。

（四）执法机关

监察机关作为国家执法机关，在党的直接领导下，执行宪法、《监察法》等国家法律，代表党和国家对所有行使公权力的公职人员进行监督，既调查职务违法行为，又调查职务犯罪行为，“依托纪检、拓展监察、衔接司法”②，维护宪法法律的权威和尊严。监察机关依法独立行使监察权，“依法”是前提，履行职责必须遵循社会主义法治原则的基本要求，严格依照法律进行活动，不能滥用或超越法定职权，不能违反法定的程序和要求。特别在办理职务犯罪案件时，监察机关应主动对接以审判为中心的诉讼制度改革，围绕犯罪构成要件、法律规定的量刑情节来收集、固定、审查、运用证据，用以准确证明罪与非罪、此罪与彼

---

① 《〈中华人民共和国监察法〉释义》，中国方正出版社 2018 年版，第 63 页。
② 《〈中华人民共和国监察法〉释义》，中国方正出版社 2018 年版，第 62 页。

罪、罪重与罪轻等方面情况，严把法律适用关，确保定性准确、处理精准。

三、纪检监察机关的性质

关于纪检监察机关的性质，《纪律检查机关监督执纪工作规则》第6条规定，“党的纪律检查机关和国家监察机关是党和国家自我监督的专责机关”。这是对纪检监察机关性质的准确定位。具体来讲，包含以下几个方面的含义。

（一）纪检监察机关是政治机关

正确认识纪检监察权性质的钥匙在于“合署办公”。根据党中央要求，各级监察委员会同党的纪律检查机关合署办公，实行一套工作机构、两个机关名称，履行纪检、监察两项职能，由各级纪律检查委员会对党中央或地方党委全面负责并报告工作。中国共产党的领导是中国特色社会主义最本质的特征，是中国特色社会主义制度的最大优势。在中国的政治生活中，党发挥统揽全局、协调各方的领导核心作用，党的领导不仅体现在对国家思想、组织和政治的领导，还体现在党内设置了一些具有一定管理监督性质的归口部门，以加强对党和国家某些领域的直接领导和管理。就反腐败工作而言，纪律检查委员会在承担党内监督专责的同时，“归口”组织协调反腐败工作，监察机关与纪检机关合署办公，体现了党对反腐败工作的集中统一领导。纪委监委合署办公，监委不是独立于纪委之外的机构。中央纪委与国家监委合署办公，向党中央报告工作、接受党中央领导，同时中央纪委国家监委又加强对下级纪委监委的领导。地方纪委监委接受同级党委和上级纪委监委双重领导。

（二）纪检监察机关是开展党和国家监督的专责机关

在我国，党的纪律检查机关和国家监察机关，两者具有高度内在一致性和互补性。纪委监委合署办公，实现了党内监督和国家监察有机统一。“纪检监察机关是党内监督和国家监察专责机关，在党和国家监督体系中处于主干位置、发挥保障作用。”① 纪检监察机关通过对全体党组织和党员干部监督全覆盖，保证党立党为公、执政为民；通过对所有行使公权力的公职人员监督全覆盖，保证国家机器依法履职、秉公用权。

作为专责机关，“专责性”体现在两个方面：一是职责的不可替代性。在党和国家机关中，纪检监察机关专司监督职责，对推进全面从严治党、维护政治生态健康、推动党风廉政建设和反腐败斗争负有不可推卸的责任，发现不了问题是失职，发现问题不处置是渎职。履职不力，就必须承担责任。二是职责的不可拆分性。党内法规和国家法律赋予纪检监察的职责和权限是纪检监察机关专有的，其他机关和部门没有授权，均无权行使。

（三）纪检监察机关是执纪执法机关

党纪和国法是管党治党、治国理政的基本依据，纪律和法律本质目标是一致的。纪检监察机关既是执纪机关又是执法机关，既以党章党规党纪为依据开展纪律审查，又以宪法、《监察法》等法律法规为依据开展监察调查，履行监督执纪问责和监督调查处置双重职责。纪检监察机关对所有涉嫌违纪、职务违法、职务犯罪的问题一体进行审查调查和审理处置，实现纪法双施双守。这就要求纪检监察机关必须遵守纪理和法理的基本要求，把执纪和执法贯通起来，实现纪法优势互补、相辅相成、相得益彰。

第三节　纪检监察机关的任务

任务是指为达到某一明确目的所从事的一系列活动。纪检监察机关的主要任务是指，纪检监察机关作为党和国家监督的专责机关所应当从

① 杨晓渡：《坚持和完善党和国家监督体系》，载《〈中共中央关于坚持和完善中国特色社会主义制度、推进国家治理体系和治理能力现代化若干重大问题的决定〉辅导读本》，人民出版社 2019 年版，第 68 页。

事的工作内容和目标。

一、纪律检查机关的主要任务

（一）维护党的章程和其他党内法规

这是纪律检查机关的基本任务。党章是党的根本大法，是党的整体意志的体现。党内法规是党章的具体化。全党上下只有坚决维护、遵守党章和其他党内法规的各项规定，才能始终保持党的先进性和纯洁性。党章及其他法规的贯彻执行，不仅需要每个党员特别是每个党员干部用自己的实际行动来自觉维护、自觉执行，同时，还需要党的纪律检查机关的监督执行。1979 年中央纪委恢复重建之初，邓小平同志就指出，纪律检查机关要“维护党规党法，切实把我们的党风搞好”。党的十二大将“维护党的章程和其他重要的规章制度”作为纪律检查机关的主要任务写入党章。党的各级纪律检查委员会要坚定维护党章，促进党组织和党员牢固树立党章意识、严格遵守党章规定，发挥党章作为管党治党总章程的作用，以严明的纪律巩固党的团结统一，同时要切实维护其他各项党内法规，坚持有规必依、执规必严、违规必究，保证党内法规得到有效执行，促进依规治党。

（二）检查党的路线、方针、政策和决议的执行情况

这是纪律检查机关的重要任务。党的路线、方针、政策和决议是党中央重大决策部署的集中表现形式，是党的领导的具体体现。在党的基本理论、基本路线、基本方略和总任务、总方针、总政策、总目标以及关系全局的重大问题上，全党必须同党中央保持高度一致。邓小平在 1980 年 12 月中央工作会议上指出：“各级组织、每个党员都要按照党章的规定，一切行动服从上级组织的决定，尤其是必须同党中央保持政治上的一致。这一点在现在特别重要。……党的纪律检查工作要把这一点作为当前的重点。”[①] 1982 年，党的十二大就将“检查党的路线、方

① 《邓小平文选》（第二卷），人民出版社 1994 年版，第 366 页。

针、政策和决议的执行情况”作为纪律检查机关的主要任务写入党章。《纪律检查委员会工作条例》第3条将其细化规定为：“检查党的理论和路线方针政策、党中央决策部署执行情况。”纪检监察机关必须坚守这个重要任务，做到党中央决策部署到哪里、监督检查就跟进到哪里，跟进监督、精准监督、全程监督。对那些党性不强，执行党的路线、方针、政策不坚决、不认真的，要进行严肃的批评教育；对那些背离党的路线、方针、政策的，要依纪依法严肃处理，保证党中央权威，确保党中央政令畅通。

（三）协助党的委员会推进全面从严治党、加强党风建设和组织协调反腐败工作

1. 协助党的委员会推进全面从严治党

这是新时代赋予纪律检查机关的重要任务。党的十九大党章总结历史和实践经验，提出纪律检查机关“协助党的委员会推进全面从严治党”，这是纪律检查机关工作内容的重大拓展和深化。纪律检查机关作为党内监督的专责机关，不仅要聚焦党风廉政建设和反腐败斗争，还必须对整个地区、单位的政治生态建设、全面从严治党负责。推进全面从严治党，各级党委承担主体责任，但纪律检查机关作为党内监督的专责机关，也必然对一个地区单位的全面从严治党工作承担不可推卸的责任。《纪律检查委员会工作条例》第26条细化规定了纪委协助党委推进全面从严治党应当重点做好的八项工作。

根据党章规定，纪委一方面要协助党委推进全面从严治党，另一方面在党内监督中履行专责监督责任。要准确把握纪委协助职责与监督责任的关系，纪委的协助职责应当立足于监督责任，通过监督责任的有效发挥实现协助职责，推动协助职责和监督责任贯通协同。

2. 协助党的委员会加强党风建设

党的十二大党章规定纪委“协助党的委员会整顿党风”。党的十四大党章规定纪委“协助党的委员会加强党风建设”。执政党的党风问

题，是关系党的生死存亡的根本问题。作风问题是腐败的温床。党风和党纪有着不可分的关系。纪律松弛，不可能端正党风；党风不正，不可能严肃党纪。加强党风建设，党委（党组）承担主体责任，纪律检查机关通过强有力的监督检查协助党委抓好党风。

3. 协助党的委员会组织协调反腐败工作

以零容忍态度惩治腐败是中国共产党鲜明的政治立场，是党心民心所向。党的十六大党章增加规定纪委协助党委"组织协调反腐败工作"。党委承担反腐败工作的主体责任，纪委协助党委组织协调反腐败工作。《纪律检查委员会工作条例》第28条规定："党的各级纪律检查委员会协助同级党的委员会组织协调反腐败工作，坚定不移推进反腐败斗争，坚持和完善党中央集中统一领导、各级党委统筹指挥、纪委监委组织协调、职能部门高效协同、人民群众支持参与的反腐败工作体制机制。"党委承担反腐败工作的主体责任，纪委协助党委组织协调反腐败工作。纪委在同级党委的领导下，按照同级党委和上级纪委的总体部署和要求，协助同级党委研究、部署、协调、督促检查反腐败各项工作。

（四）推动完善党和国家监督体系

这是党的二十大党章赋予纪律检查机关的新的重要任务。党和国家监督体系是党在长期执政条件下实现自我净化、自我完善、自我革新、自我提高的重要制度保障。党全面领导、长期执政，必须坚持和完善一套强化自我监督、实现自我净化的制度体系，只有把自我监督的有效制度确立起来，构建起具有中国特色的监督体系，才能巩固党的执政地位，跳出历史周期率。纪检监察机关是党内监督和国家监察专责机关，在党和国家监督体系中处于主干位置、发挥保障作用。二十大党章将"推动完善党和国家监督体系"纳入党的各级纪律检查委员会的主要任务，深化拓展了纪委的使命和作用，对强化纪委监委监督的协助引导推动功能，进而促进党和国家监督体系不断发展完善具有重要意义。

二、国家监察机关的主要任务

（一）对所有行使公权力的公职人员进行监察

公权力是由一定的人类共同体，按照一定的规则和程序授予的，为共同体成员提供公共秩序和服务的职权。在我国，党是领导一切的，所有党和国家赋予的权力都属于公权力范畴。公权力的存在是人类生存和发展的需要，产生和发展应当符合人类共同利益，应当为共同成员提供公共秩序和公共服务。但如果行使公权力的主体背离公权力的应然状态而损害共同体成员的合法利益时，权力就已发生了异化。“公权力的异化是指权力的运行及结果与它的自身相背离。”① 马克思、恩格斯指出，一切公职人员必须“在公众监督之下进行工作”，这样“能可靠地防止人们去追求升官发财”和“追求自己的特殊利益”。国家监察机关通过对所有行使公权力的公职人员依法履职、秉公用权、廉洁从政从业以及道德操守情况进行监督，督促公职人员履职尽责，保证公权力始终在正确轨道上运行。

（二）调查职务违法和职务犯罪

监督的过程包括检查、审核、批评、督促、纠正和惩戒等。在监督过程中，必然要对公职人员遵纪守法行为进行调查，调查其职务违法和职务犯罪行为。

职务违法是指行使公权力的公职人员实施的与其职务相关联，违反职务法律法规规定，依法应当承担法律责任的行为。只要利用了职权或者职务上的影响，实施了违反国家法律、法规、规章规定的行为，都属于职务违法行为。职务犯罪是指行使公权力的公职人员故意或者过失实施了与其职务之间具有必然联系的、侵犯国家管理公务的职能和声誉，致使国家和人民利益遭受重大损失的各种犯罪的总称。从广义上讲，“职务违法”包括“职务犯罪”，即所有违反法律、法规、规章规定的

---

① 王人博、程燎原：《法治论》，山东人民出版社 1998 年版，第 137 页。

职务行为都是职务违法行为，职务犯罪也是职务违法行为。从狭义上讲，职务违法一般仅指违反了国家法律但尚未构成犯罪的行为。

（三）开展廉政建设和反腐败工作

腐败是世界性的顽疾，是国家治理中不可回避的矛盾。腐败一词所指范围可大可小，以其主体来看，腐败主要包括权力腐败与社会腐败，权力腐败主要是指掌握公权力的公职人员借助职务便利非法或者非道德地谋取个人私利和价值的行为；社会腐败主要是指非公职人员的腐败行为。我们这里讲的主要是权力腐败。腐败现象是公共管理过程中公共权力的不当行使或者滥用，是国家治理中的一种病变。为治理腐败，每个国家和地区都设立了专门的反腐败机构。国家监察委员会就是中国特色的反腐败工作机构。各级监察机关通过开展廉政建设和反腐败工作，推进标本兼治，实现廉洁政治，维护宪法和法律的尊严。

三、纪检监察机关的监督对象

纪检监察机关的监督对象包括党组织、党员和所有行使公权力的公职人员。

（一）纪律检查机关的监督对象

党的纪律检查工作的对象包括所有党组织和党员。党内监督没有禁区、没有例外，《党内监督条例》第 26 条规定，党的各级纪律检查委员会“加强对所辖范围内党组织和领导干部遵守党章党规党纪、贯彻执行党的路线方针政策情况的监督检查”。党内监督既要实现全覆盖，又要抓住“关键少数”，突出党的领导机关和领导干部这个重点。《党内监督条例》第 6 条规定：“党内监督的重点对象是党的领导机关和领导干部特别是主要领导干部。”

（二）国家监察机关的监督对象

国家监察机关的监督对象是所有行使公权力的公职人员。《监察法实施条例》第 40 条规定：“监察机关依法对所有行使公权力的公职人员进行监察，实现国家监察全面覆盖。”公职人员是指在国家的经济、政治和社会生活中，从事组织、领导、管理、监督等工作的人员。综合来讲，相对于刑事法律制度，监察法中的公职人员的范围要大于国家工作人员。根据《监察法》《监察法实施条例》等相关法律规定，监察机关对下列公职人员和有关人员进行监察①：

1. 中国共产党的机关、人民代表大会及其常务委员会机关、人民政府、监察委员会、人民法院、人民检察院、中国人民政治协商会议各级委员会机关、民主党派各级组织机关和各级工商业联合会机关的公务员；以及参照《公务员法》管理的人员，比如证监会中参照公务员法管理的人员。

2. 法律、法规授权或者受国家机关依法委托管理公共事务的组织中履行组织、领导、管理、监督等职责的人员，包括具有公共事务管理职能的行业协会等组织中从事公务的人员，比如根据《律师法》规定承担“对律师、律师事务所实施奖励和惩戒”等职能的中华全国律师协会中从事公务的人员；以及法定检验检测、检疫等机构中从事公务的人员。

3. 国有企业管理人员。“国有企业管理人员”的认定范围与《刑法》关于国有企业中“国家工作人员”的认定范围保持基本一致。具体包括三类：一是在国有公司、企业中，包括国有独资、全资公司、企业中从事公务的人员；二是党组织或者国家机关，国有独资、全资公司、企业，事业单位委派到非国有单位，比如国有控股、参股公司及其分支机构中从事公务的人员；三是国家出资企业中负有管理、监督国有资产职责的组织，比如企业内部的党委、党政联席会等，委派到国有控股、参股公司及其分支机构中从事公务的人员。

4. 公办的教育、科研、文化、医疗卫生、体育等单位中从事管理

---

① 《〈中华人民共和国监察法实施条例〉释义》，中国方正出版社 2022 年版，第 60—72 页。

的人员，即主要是事业单位中从事管理的人员。事业单位可以分为两类：一是国家为了社会公益目的，由国家机关举办的；二是国家为了社会公益目的，由其他组织利用国有资产举办的。

5. 基层群众性自治组织中从事集体事务管理的人员。具体包括三类：一是从事集体事务和公益事业管理的人员，比如农村村民委员会、城市居民委员会中从事公务的人员；二是从事集体资金、资产、资源管理的人员，比如农村集体经济组织中从事公务的人员；三是协助人民政府从事行政管理工作的人员，比如协助人民政府开展计划生育、户籍、征兵工作的人员等。

6. 其他依法履行公职的人员。根据《监察法实施条例》第46条规定，主要包括：一是履行人民代表大会职责的各级人民代表大会代表，履行公职的中国人民政治协商会议各级委员会委员、人民陪审员、人民监督员，比如，人大代表在履行提出议案职责期间，属于履行公职的人大代表，就是监察对象。二是虽未列入党政机关人员编制，但在党政机关中从事公务的人员，比如，辅警在身份上并非国家工作人员，但如果辅警受所在公安机关指派执行公务期间，就属于监察对象。三是在集体经济组织等单位、组织中，由党组织或者国家机关，国有独资、全资公司、企业，国家出资企业中负有管理监督国有和集体资产职责的组织，事业单位提名、推荐、任命、批准等，从事公务的人员。四是在依法组建的评标、谈判、询价等组织中代表国家机关，国有独资、全资公司、企业，事业单位，人民团体临时履行公共事务的人员，比如，某国家机关在某项目的招标活动中，临时聘用某会计师事务所的人员成立评标委员会，这些组成人员临时代表国家机关从事公共事务，行使了公权力，就属于监察对象。五是其他依法行使公权力的人员①。

① 参见《从几起典型案例看监察法实施条例带来的变化》，载《中国纪检监察》2021年第19期。

要强调的是，监察全覆盖不是什么人都管，只有“行使公权力的公职人员”才是监察对象。判断一个人是不是监察对象，关键是看他是不是行使公权力，要坚持动态识别的原则，将“人”和“事”两个标准结合起来看，关键看他是不是行使公权力、履行公务。“人”，就是指行使公权力的公职人员，比如公务员，国企管理人员，公办医院、学校等单位的管理人员，以及在管理、监督国有财产等重要岗位上工作的人员，如出纳、会计等都属于监察对象；“事”，就是是否从事了与职权相联系的管理事务，比如单纯从事教学的普通教师，虽然不是监察对象，而一旦参与了招生、采购、基建等与公权力有关的事宜，就成为监察对象。工作中不能无限制地把不应该属于监察对象的人员也纳入监察范围，甚至连普通群众也要管，这就偏离了纪检监察机关的工作职责，也使“全覆盖”失去了本身应有的震慑效应①。

第四节　纪检监察机关的职责

党章规定，党的各级纪律检查委员会的职责是监督、执纪、问责。《监察法》规定，监察委员会履行监督、调查、处置职责。纪检监察机关合署办公，履行监督执纪问责和监督调查处置双重职责。

一、纪律检查机关的职责

监督执纪问责是对纪委职责的高度凝练，是纪委的履职之本、要务所在。一般来讲，任何一种监督行为包括三方面内容：一是察看、检查、了解被监督者行使权力的情况；二是制裁被监督者的违纪违法行为；三是督促被监督者全面地、正当地行使既定的权力。这三方面内容概括之，分别为监督、执纪、问责。

监督是纪律检查机关的基本职责。监督是指对党的组织和党员领导干部履职用权、对全体党员履行义务进行检查督促，重在发现问题。执

①　石艳红：《“全覆盖”不是“啥都管”》，载《中国纪检监察》2018年第14期。

纪是纪律检查机关的核心职责。执纪是指对党的组织和党员违反党的章程和其他党内法规的行为进行审查，重在查处问题。问责是纪律检查机关的重要职责。问责是指对在党的建设和党的事业中失职失责的党组织和领导干部的主体责任、监督责任和领导责任进行追究，重在压实责任。

监督、执纪、问责，三个方面既彼此联系、相互贯通，又各有侧重、有着不同的内涵和要求。监督才能发现问题，发现问题就要执纪，进而对履职不到位的进行问责。可以说，监督是基础，执纪是关键，问责是保障，相互作用、缺一不可。没有监督，执纪和问责就没有基础；没有执纪，监督和问责就会丧失权威、流于形式；没有问责，监督和执纪就难以落实到位。

为了完成监督执纪问责职责，党章第 46 条规定纪律检查机关要经常开展的“六项经常性工作”。这“六项经常性工作”是完成“四项主要任务”的重要工作内容。党章以列举的方式进行规定，强调了纪委做好这六项工作的不可替代性，以及责任的不可推卸性。

（一）开展党纪教育

第一项经常性工作是，各级纪律检查委员会“要经常对党员进行遵守纪律的教育，作出关于维护党纪的决定”。《纪律检查委员会工作条例》第 32 条规定：“党的各级纪律检查委员会应当把自觉遵守纪律的教育作为基础性工作，经常开展党章党规教育，强化党的政治纪律、组织纪律、廉洁纪律、群众纪律、工作纪律、生活纪律教育，深入开展警示教育，以案明纪、以案说法。”纪律教育是全面加强党的纪律建设的一项基础性、经常性工作，也是党的光荣传统和独特优势。党自成立之日起，就高度重视对党员的纪律教育。土地革命战争时期，毛泽东同志制定了“三大纪律、八项注意”，经广泛传唱成为我党我军纪律教育的生动教材；古田会议决议提出“有计划地进行党内教育”，对红四军党的纪律教育进行了探索。新中国成立后，党中央作出《关于成立中央及各级党的纪律检查委员会的决定》，将“在党内加强纪律教育”明确列为党的纪律检查委员会主要任务之一。改革开放前夕召开的党的十一大在党章中恢复了设置党的纪律检查委员会的条款，并增加规定了“加强对党员的纪律教育”的内容，这是第一次在党章中对纪律教育作出明文规定。党的十二大党章规定，中央和地方各级纪律检查委员会“要经常对党员进行遵守纪律的教育”，这也为此后的历次党章所沿用①。党的十八大以来，以习近平同志为核心的党中央站在统筹中华民族伟大复兴战略全局和世界百年未有之大变局的高度，把党的纪律建设纳入新时代党的建设总体布局，摆在全面从严治党的突出位置，将纪律教育贯穿党的纪律建设全过程，系统深入、常态长效加以推进。党中央坚持集中性教育与经常性教育相结合，党的十八大以来我们党先后部署开展多次党内集中教育，每一次都涵盖纪律内容。2024 年 3 月，中共中央办公厅专门印发《关于在全党开展党纪学习教育的通知》，在全党开展集中性党纪学习教育，这是党的历史上首次开展以党纪为专题的集中性学习教育。同时鼓励各级党组织积极探索纪律教育经常化、制度化的途径，把学习党章党规党纪纳入党员干部教育培训课程，通过民主生活会、组织生活会、“三会一课”等多种形式，强化日常纪律教育。

（二）开展监督检查

第二项经常性工作是，各级纪律检查委员会要“对党的组织和党员领导干部履行职责、行使权力进行监督，受理处置党员群众检举举报，开展谈话提醒、约谈函询”。《纪律检查委员会工作条例》第 34 条规定：“党的纪律检查委员会应当加强日常监督，监督方式主要包括：座谈，召集、参加或者列席会议，了解党内同志和社会群众反映；查阅查询相关资料和信息数据；现场调查，驻点监督；督促巡视巡察整改；谈心谈话，听取工作汇报，听取述责述廉；建立健全党员领导干部廉政

① 中央纪委国家监委研究室：《深入学习贯彻习近平总书记关于加强党的纪律教育的重要论述 推动党纪学习教育入脑入心走深走实》，载中央纪委国家监委网站，2024 年 5 月 9 日。

档案，开展党风廉政意见回复等工作。”监督是执纪审查的基础，没有监督，执纪审查就是“盲人摸象”。纪检机关要把监督挺在前面，把党的纪律挺在前面，加强对党的组织和党员领导干部履行职责、行使权力的监督检查。党内法规规定了纪检机关开展监督检查的重要方法，比如，《党内监督条例》第 4 章、《纪律检查委员会工作条例》第 5 章、《纪律检查机关监督执纪工作规则》第 3 章，规定了多种纪检机关开展监督检查工作的重要方法。

（三）开展纪律审查

第三项经常性工作是，各级纪律检查委员会要“检查和处理党的组织和党员违反党的章程和其他党内法规的比较重要或复杂的案件，决定或取消对这些案件中的党员的处分”。《纪律检查委员会工作条例》第 36 条规定：“党的各级纪律检查委员会对反映党组织、党员的问题线索经过初步核实，对于涉嫌违纪、需要追究党纪责任的，应当按照规定予以立案审查。”第 37 条规定：“党的各级纪律检查委员会根据纪律审查结果，依据相关党内法规，对应当追究党纪责任的党组织和党员进行纪律处理、处分。”纪律审查不等同于反腐败，它是指纪律检查机关以党章党规党纪为尺度，对违反党的纪律的党组织和党员进行纪律审查，依照相关规定给予纪律处分或组织处理的行为。实践中主要包括两种情况：一是发现党员干部有思想、作风、纪律等方面苗头性、倾向性问题，或者发现轻微违纪问题尚不需要进行纪律处分的，党组织、纪检机关应当对其提醒谈话或诫勉谈话。二是对存在严重违纪需要追究党纪责任的，应当立案审查。立案审查结束后，纪检机关案件审理部门对党组织和党员违反党纪、依照规定应当给予纪律处理或者处分的案件进行审理，作出处分决定。

（四）开展问责

第四项经常性工作是，各级纪律检查委员会要“进行问责或提出责任追究的建议”。《纪律检查委员会工作条例》第 38 条规定：“党的纪律检查委员会发现党组织、党的领导干部在党的建设、党的事业中失职失责的，应当依据相关党内法规开展问责调查，查明失职失责问题，向党的委员会提出责任追究的建议，或者按照规定的权限和程序作出问责决定。”纪检机关依据《问责条例》，按照职责权限，对管辖范围内的党组织和党员干部进行问责。问责聚焦的是主体责任、监督责任和领导责任，问责的对象是党组织和党的领导干部，重点是党委（党组）、党的工作部门、纪委（纪检组）的领导成员等“关键少数”。问责必须精准，防止出现问责不力、泛化简单化等问题，着力提高党的问责工作的政治性、精准性、实效性。此外，根据党章规定，纪委要提出责任追究的建议。比如，向下级党组织提出对违纪党员的责任追究建议，向党外组织提出处分建议等。纪律检查机关提出责任追究建议必须经过审批，严格依据程序执行，不得滥用建议权。

（五）受理控告申诉

第五项经常性工作是，各级纪律检查委员会要“受理党员的控告申诉”。检举、控告是党章、宪法赋予党员、公民的重要权利。处理检举控告是纪律检查机关的基本职能，是党内监督与群众监督相结合的重要途径，在全面从严治党中发挥基础性作用。《纪律检查委员会工作条例》第 39 条规定：“党的纪律检查委员会对于党员因合法权益受到党组织或者其他党员侵害提出的控告，按照规定予以受理，及时恰当进行处理。”《处理检举控告工作规则》第 3 条规定：“纪检监察机关应当认真处理检举控告，回应群众关切，发挥党和国家监督专责机关作用，保障党的理论和路线方针政策以及重大决策部署贯彻落实，为党风廉政建设、社会和谐稳定服务。”申诉是指党员、党组织对所受党纪处分或纪律检查机关所作的其他处理不服，向党组织和纪检机关提出的申诉请求。《纪律检查机关控告申诉工作条例》第 6 条规定：“县以上（含县）纪律检查委员会，应建立控告申诉工作部门，配备专职干部，设置接待群众的场所，公布有关的规章制度，为党内外群众提供检举、控告、申诉的必要条件。”

（六）保障党员权利

第六项经常性工作是，各级纪律检查委员会要“保障党员的权利”。党员享有的党章规定的各项权利必须受到尊重和保护，党的任何一级组织、任何党员都无权剥夺。《纪律检查委员会工作条例》第 40 条规定：“党的各级纪律检查委员会应当依据相关党内法规，加强对党组织和领导干部履行保障党员权利工作职责的监督检查，依规依纪查处侵犯党员权利的行为。开展监督执纪工作，应当落实保障党员权利的规定和要求。”2020 年 12 月，中共中央印发修订后的《党员权利保障条例》。各级纪律检查机关要切实担负起保障党员权利的职责，加强对党组织和领导干部履行党员权利保障工作职责情况的监督检查，检查和处理侵犯党员权利方面的案件，对侵犯党员权利的党组织和党员作出处理、处分决定或者提出处理、处分建议。

二、国家监察机关的职责

监督调查处置是对监察机关职责的准确定位。《监察法》对监察机关职责的规定，与党章规定纪委的监督、执纪、问责职责相一致，确保纪委与监委职责上相匹配，保证履职的同步性。

监督是监察委员会的基本职责。监督是指监察机关代表党和国家，监督所有公职人员行使公权力的行为是否正确，确保权力不被滥用、确保权力在阳光下运行。调查是监察委员会的关键职责。调查是指监察机关调查职务违法和职务犯罪行为，体现了监察委员会作为国家反腐败工作机构的定位，以保持公权力行使的廉洁性。处置是监察委员会的重要职责。处置是指监察机关依法对监督、调查结果作出处理，保证监督、调查结果落到实处。

监察委员会的监督、调查、处置三项职责与纪委的监督、执纪、问责三项职责，相互对应、有机统一。

为了完成监督调查处置职责，《监察法》第 11 条列举了国家监察机关要经常开展的工作。

（一）开展廉政教育

廉政教育是防止公职人员发生腐败的基础性工作。廉政教育的核心是加强理想信念教育，引导公职人员树立正确的权力观、地位观、利益观，讲规矩、守法律，时刻把国家和人民的利益放在首位，牢固构筑拒腐防变的思想道德防线。

（二）开展监督检查

监察机关对公职人员依法履职、秉公用权、廉洁从政从业以及道德操守情况进行监督检查。与一般法律注重惩治和打击不同，《监察法》更加注重对监察对象的监督，抓早抓小，防患未然。监察机关作为监督机关，要针对不同情况，综合开展经常监督、专项监督、及时监督、协同监督等，监督的方法包括列席或者召集会议、听取工作汇报、实施检查或者调阅、审查文件和资料、建立和完善廉政档案、提出党风廉政意见回复建议等。监督的内容是公职人员依法履职、秉公用权、廉洁从政从业以及道德操守情况。

（三）开展监察调查

监察机关对涉嫌贪污贿赂、滥用职权、玩忽职守、权力寻租、利益输送、徇私舞弊以及浪费国家资财等职务违法和职务犯罪进行调查。调查公职人员涉嫌职务违法和职务犯罪，是监察委员会的一项经常性工作。对公职人员涉嫌职务违法和职务犯罪的调查，突出地体现了监察委员会作为国家反腐败工作机构的定位，是监察委员会开展廉政建设和反腐败工作，维护宪法和法律尊严的一项重要措施。

（四）开展处分问责

监察机关根据调查结果作出相应处置。主要包括以下内容：（1）监察机关对于有职务违法行为但情节较轻的公职人员，可以依法进行谈话提醒、批评教育、责令检查，或者予以诫勉。（2）对职务违法的公职人员依法作出政务处分决定。监察委员会根据监督、调查结果，对职务违法的公职人员依照法定程序作出警告、记过、记大过、降级、撤职、开除等政务处分决定。（3）对履行职责不力、失职失责的领导人员进行问责。这里的“问责”，是指监察委员会根据问责的有关规定，对不履行或者不正确履行职责的，按照管理权限对负有管理责任的领导人员作出问责决定，或者向有权作出问责决定的机关提出问责建议。（4）对涉嫌职务犯罪的，将调查结果移送人民检察院依法审查、提起公诉。对被调查人涉嫌职务犯罪，监察机关经调查认为犯罪事实清楚，证据确实、充分的，制作起诉意见书，连同案卷材料、证据一并移送检察机关依法审查、提起公诉。（5）对监察对象所在单位提出监察建议。监察建议是监察委员会依照法定职权，根据监督、调查结果，对监察对象所在单位廉政建设和履行职责存在的问题等提出的。监察建议不同于一般的工作建议，它具有法律效力，被提出建议的有关单位无正当理由必须履行监察建议要求其履行的义务，否则，就要承担相应的法律责任。[①] 监察机关应当跟踪了解监察建议的采纳情况，指导、督促有关单位限期整改，对未达到整改要求的提出进一步整改意见，推动监察建议落实到位。

第五节　纪检监察监督与其他监督的关系

在党和国家监督体系中，根据《党内监督条例》等规定，党委（党组）全面监督，纪委监委专责监督，党的工作部门职能监督。同时根据，《中华人民共和国各级人民代表大会常务委员会监督法》等规定，各级人民代表大会常务委员会依据宪法和有关法律的规定，行使监督职权。纪检监察监督与党委监督、职能监督、人大监督的关系是什么？理清它们之间的职责权限，这是明确纪检监察机关性质职责的重要内容。

---

① 参见《〈中华人民共和国监察法〉释义》，中国方正出版社 2018 年版，第 86—95 页。

一、党委监督与纪检监察监督

（一）党委监督的内涵

在党内监督中，党委（党组）全面监督，纪律检查机关专责监督。《党内监督条例》第 15 条规定，“党委（党组）在党内监督中负主体责任”。具体来讲，党内监督主体责任是指，党委（党组）要领导和执行本地区本部门本单位党内监督工作，加强对领导干部的日常管理监督，组织实施各项监督制度，抓好督促检查，并加强对同级纪委和所辖范围内纪律检查工作的领导。党委书记是第一责任人，党委常委会委员（党组成员）和党委委员在职责范围内履行监督职责。

（二）党委监督的职责

党内监督是党的建设的重要组成部分，强化党内监督是落实全面从严治党主体责任的具体化。一些地方和单位的党委在党内监督工作中“只挂帅不出征”，只是开开会、讲讲话，把监督职责完全推给纪委，自己当“甩手掌柜”，这种做法是错误的。党委（党组）在党内监督中的主体责任包括以下方面：

1. 领导本地区本部门本单位党内监督工作。党委（党组）要切实承担好主体责任，把党内监督作为管党治党的重要内容，加强组织领导，组织实施各项监督制度，抓好督促检查。要把开展好党内监督工作列入重要议事日程，加强日常领导，确定目标任务，作出工作部署。要综合运用批评和自我批评、巡视巡察、组织生活、党内谈话、考察考核、述责述廉、个人有关事项报告等监督制度，加强对领导干部的监督。

2. 加强对同级纪委和所辖范围内纪律检查工作的领导。纪律检查机关在同级党委和上级纪委的双重领导下开展工作。党委对纪委的领导不是可有可无的，党委坚强有力的领导是纪检机关履职尽职的重要保障。党委落实好主体责任，一方面，要加强对纪委工作的领导，支持纪委履行监督执纪问责职责，及时协助解决重大问题。另一方面，检查纪委监督执纪问责工作情况，对纪委履职不到位的及时纠正处理。

3. 加强对所辖党组织和党员干部的监督。党的领导本身包含着管理和监督，缺失了“监督”的“领导”，是无力的。党组织不能只管任命不管监督管理，党的领导干部不能只管事不管人，必须强化责任担当，抓好对干部的日常管理监督。要重点加强对党委常委会委员（党组成员）、党委委员，同级纪委、党的工作部门和直接领导的党组织领导班子及其成员进行监督。要定期听取和审议同级人大常委会、政府、政协、法院、检察院党组的工作汇报，加强对党委办公厅、组织部、宣传部、统战部、政法委等工作部门的监督。上级党委（党组）加强对下级党委（党组）的监督，上级“一把手”加强对下级“一把手”的监督，发现问题及时处置，并督促其落实党内监督责任。

4. 对上级党委（党组）、纪委工作提出意见和建议，开展监督。党章第10条规定：“上下级组织之间要互通情报、互相支持和互相监督。”下级党组织认为上级党组织的决定有问题，可提出意见和建议，上级党组织应认真研究考虑并及时回复，但下级党组织决不允许以“监督”为名，不执行上级党组织决定或者公开发表与上级党组织决定相反的意见。

（三）党委监督与纪检监察监督的关系

党委（党组）的全面监督和纪委的专责监督具有内在统一性。党委（党组）的全面监督是前提，纪委的专责监督是保障，二者相互依存、相互促进，缺一不可。

1. 党委（党组）的全面监督是前提

党委（党组）的全面监督强调，党委（党组）在党内监督中负有不可推卸的主体责任，必须领导好、落实好、执行好监督责任，加强对领导干部的管理监督，组织实施各项监督制度，抓好督促检查，加强对纪委工作的领导。党委（党组）落实好主体责任，能够为纪委监督责任提供保证，为纪委监督撑腰鼓劲，同时督促纪委更好履职，对纪委监督不到位、执纪不严肃、作风不扎实等问题进行纠正。

2. 纪委的专责监督是保障

纪委的专责监督强调，纪委必须发挥好党内监督专责机关作用，根据上级纪委和同级党委要求，加强对党组织和领导干部遵守党章党规党纪、贯彻执行党的路线方针政策情况的监督检查。纪委通过有效履职，保障党委（党组）落实好主体责任，确保管党治党责任的落实。

3. 党委监督与纪检监察监督相互促进

在全面从严治党中，党委监督与纪委监督两者缺一不可、相互配合，共同发挥作用。比如，把管党治党或党内监督工作比喻为一辆马车，拉马车的一定是党委（党组），党委（党组）承担主体责任；各个职能部门按照党委（党组）要求各负其责，负责推马车，承担监管责任；纪检监察机关则对主体责任落实和职能部门监管责任落实情况进行监督检查，并及时发现和惩戒其中的违纪违法人员，在大家共同努力下，保证马车行驶得更好更稳。

总之，在党内监督工作中，党委（党组）全面监督，纪律检查机关专责监督。各级党委（党组）要把握好党内监督工作的政治定位，既要主动作为，积极主动开展监督工作，组织实施各项监督制度，又要加强领导统筹，加强对纪委的领导，真正把党内监督主体责任落到实处。实践中，党委（党组）不能将主体责任推卸给纪委，纪委也不能越俎代庖，代替主体责任履行职责。

二、职能部门监管责任与纪检监察监督

（一）职能部门监管责任的内涵

按照党和国家机关分工及权力运行的基本规律，党的工作部门、国家机关部门等职能部门都承担监管责任。二十届中央纪委四次全会强调："切实督促职能部门履行监管责任。坚持管行业管业务必须强监管，坚决纠治监管缺失缺位、管党治党乏力问题，防止以纪委监督代替部门监管。"具体来讲，监管责任是指各职能部门就其主管的工作在其职能范围内实行的监管，它包括对平行关系和上下级关系的职能部门及

其业务的监管。

职能部门的监管责任是以业务内容为核心的专项监督，是职能部门行使管理职能的重要组成部分。就公共权力的行使过程而言，公权力部门对社会经济政治生活进行管理的职能，不仅是管理和服务，更包含着监管。根据职能分工，各个党和国家机关均有明确的职责，各自在职权范围内从事党内管理和国家行政管理活动；同时，各个党和国家机关又在职责范围内对其他党内机关和国家机关实施监管，即“谁主管、谁负责，谁主管、谁监管”。比如，财政部就其主管的国家财政收支工作，对各部委、各地区的预算、计划、收支等工作实施的监管等。再如，政府的工商、税务、海关等机构，一般按照职能性质，在内部设立决策部门、业务部门、咨询部门、财务部门等具体机构，这些内部机构在各自的职能范围内进行具体的管理活动，同时行使着监管权。

（二）职能部门监管责任与纪检监察监督的区别

职能部门监管责任与纪检监察监督有着本质的区别。（1）监督对象不同。职能部门监管的对象是具体公共管理事务；纪检监察机关的监督对象是党的组织、党员干部和公职人员。纪检监察机关绝对不能越组代庖，“插手”对具体业务工作的监管。（2）监督客体不同。职能部门的监管客体是其主管的业务工作；纪检监察机关的监督客体是党组织、党员干部及公职人员履行职责行使权力、遵守党内法规和国家法律情况。比如，就一项招投标业务，招投标部门作为主责部门对招投标是否合法合规进行全程监管，纪检监察机关则监督招投标部门在该过程中是否履职尽责、是否承担好监管职责，并及时惩治其中的违纪违法行为。（3）监督方式不同。职能部门作为业务管理责任主体，应当运用法律法规对其职权范围内的工作事项进行监管，以维护社会公共利益；纪检监察机关则运用党纪法规和国家法律对党组织、党员和公职人员不履行或不正确履行监管职责进行提醒督促、诫勉问责和追究查处，体现的是再监督的要求。这两种监督关系层层对应、不可混淆。

（三）职能部门监管责任与纪检监察监督的联系

在社会管理中，职能部门监管责任与纪检监察监督不可或缺，相互促进。从管理学角度来看，管理活动由五种要素组成，即计划、组织、指挥、协调、控制。其中的控制就是监管。可以说，任何一个组织只要承担了管理职责，就必然承担了监管职责。否则，这个管理过程就是不完整的。因此，任何一个单位、部门行使某项职权，就必须要加强对该项职权的监管，这是管理的应有之义。凡是某个领域、某个行业出了问题，首先就是主责部门管理和监管不到位导致的。二十届中央纪委四次全会也强调指出："对监管责任落实不力的职能部门及相关责任人，依规依纪依法追究责任。"

有监管，还要有再监督。"再监督"是促使"监管"落实到位的重要保障。纪检监察机关通过对职能部门监管责任的再监督，督促主责部门切实履行职责。比如，治理收费乱象是教育主管部门的监管责任，纪委应通过监督执纪问责，督促教育主管部门认真履行监管责任，并及时惩治其中违纪违法行为，但不能冲到一线，开展所谓的"联合检查"。再比如，环保部门作为行业主管部门在一线对生态环境问题进行业务督察，而纪检监察机关则是对有关部门的党员干部、公职人员在环保方面履职尽责、权力行使情况进行监督。做一个形象比喻，各职能部门是"钉子"，根据不同职责钉在不同位置上。而纪检监察机关是"锤子"，它的职责是监督"钉子"钉的位置对不对，钉得结不结实。如果发现问题，则要通过监督检查、执纪问责等方式对职能部门的违纪违法、失职渎职行为进行责任追究，督促它钉得更好更结实。

三、人大监督与纪检监察监督

（一）人民代表大会监督的内涵

我国国家权力机关的监督是国家监督体系中最高层、最高权威的监督。全国人民代表大会是最高国家权力机关，全国人大常委会是最高国家权力机关的常设机关，在全国人民代表大会闭会期间，依法行使包括监督在内的职权。人大及人大常委会依法行使监督职权，其实质是代表人民的监督、代表国家的监督，是具有法律效力的监督，是其他监督不可替代的。《中华人民共和国各级人民代表大会常务委员会监督法》第5条规定："各级人民代表大会常务委员会对本级人民政府、人民法院和人民检察院的工作实施监督，促进依法行政、公正司法。"人大作为国家权力机关，负责对宪法法律实施和行使公权力的国家机关进行监督，以确保宪法和法律得到正确实施，确保行政权、监察权、审判权、检察权得到正确行使，确保人民的合法权益得到尊重和保护，维护社会主义法制的统一和尊严。①

（二）人大监督与纪检监察监督的区别

纪检监察监督与人大监督的区别体现在以下几个方面：（1）性质不同。纪检监督本质上是党内监督。人大监督属于国家监督，而且是最高层、最高权威的国家监督。（2）监督对象不同。纪检监察机关的监督对象是党组织、党员及公职人员，人大监督的对象是行使公权力的国家机关。国家监察机关无权监督行使公权力的国家机关，但是根据《监察法》规定，可以向监察对象所在单位提出监察建议。（3）监督内容不同。人大监督主要是两项，一是工作监督，即人大常委会对"一府一委两院"等在工作中是否正确实施法律和依法行使职权，是否正确贯彻国家的方针政策，是否正确执行人大及其常委会作出的决议、决定的情况所进行的监督；二是法律监督，即人大常委会对规范性文件是否符合宪法和法律规定所进行的监督。纪检监察机关主要对党组织、领导干部及公职人员遵守党章党规党纪和国家法律、贯彻执行党的路线方针政策情况进行监督。（4）监督方式不同。人大的监督方式主要包括：听取和审议专项工作报告；审查和批准决算，听取审议计划、预算的执

① 韩晓武：《监督法和全国人大常委会的监督工作》，载全国人大网，2018年6月29日。

行情况报告，听取审议审计工作报告；对法律法规实施情况进行检查；规范性文件备案审查；质询；特定问题调查；撤职等7种。[1] 纪检监察机关的监督方式是监督执纪问责和监督调查处置。

（三）人大监督与纪检监察监督的联系

人大监督与纪检监察监督的联系体现在以下方面：（1）监察机关由人大选举产生，接受人大监督。根据宪法规定，监察委员会由人大选举产生，受人大及其常务委员会的监督，人大常委会听取和审议本级监察委员会的专项工作报告，组织执法检查。（2）纪检监察监督与人大监督优势互补。人大常委会对"一府一委两院"开展工作监督，监察机关对所有行使公权力的公职人员进行监督，目的都是保证国家方针政策的贯彻落实、维护国家法律尊严和公权力行使的廉洁性。（3）推动纪检监察监督同人大监督贯通协调。加强在执行党和国家的路线方针政策、贯彻落实党中央重大部署等方面的协同配合，把人大监督、执法检查监督、代表建议办理同纪委监委严格开展监督、执纪执法结合起来，推动标本兼治，形成监督合力。比如，人大监督中发现的公职人员违纪违法问题线索，应按照线索所涉人员的管理权限移送给相应纪检监察机关；再如，纪检监察机关根据监督检查情况，向人大提出相应立法建议；等等。

思考题：

1. 纪检监察机关性质、任务与职责三者的关系？
2. 纪检监察机关的监督对象包括哪些？
3. 纪检监察监督与职能部门监管责任的区别与联系？

---

① 韩晓武：《监督法和全国人大常委会的监督工作》，载全国人大网，2018年6月29日。

第六章　纪检监察工作的基本原则

纪检监察工作原则是一个带有全局性、根本性的问题。它反映了纪检监察工作基本规律，贯彻于纪检监察工作始终，体现了纪检监察工作的基本要求和价值准则。

第一节　概　　述

一、基本原则的概念

纪检监察工作基本原则是指，党内法规和国家法律规定的、贯穿于纪检监察工作全过程、纪检监察机关和纪检监察干部监督执纪执法必须遵循的基本准则。纪检监察工作基本原则体现了纪检监察工作的基本功能和基本规律，承载了纪检监察工作的基本精神和价值诉求，对纪检监察实践具有重要的指导意义。

纪检监察工作应当遵循的原则是多层次、多方面的，既包括党建和法治的一般原则，也包括纪检监察活动的特有原则；既包括所有纪检监察活动都应当遵循的普遍性原则，也包括各项具体的纪检监察活动中应当遵循的具体原则。这里所说的基本原则，主要指那些反映纪检监察活动的特殊要求并具有普遍意义的原则，它们是检验纪检监察机关和纪检监察人员行使纪检监察权合规性、合法性和合理性的基本准则。

二、基本原则的特点

根据党内法规和国家法律的规定，纪检监察工作的基本原则应当具有以下特征：

（一）基本原则是由法规制度规定的

纪检监察工作的基本原则应当由党内法规和国家法律明确规定。党章和《纪律检查委员会工作条例》《纪律检查机关监督执纪工作规则》等党内法规，以及宪法和《监察法》《监察法实施条例》等国家法律规定了纪检监察工作应当遵循的基本原则。这些基本原则，是从纪检监察机关监督执纪执法工作的实践中总结出来的，反映了党和国家对纪检监察工作的基本要求，体现了对纪检监察机关的性质职责以及纪检监察活动的理性认识，对纪检监察机关和纪检监察人员开展工作具有普遍的指导意义，也是检验纪检监察机关和纪检监察人员行使纪检监察权合法性和合理性的基本标准。

（二）基本原则体现了纪检监察工作的基本规律

纪检监察工作的基本原则有着深厚的思想理论基础、丰富的思想内涵，是纪检监察工作规律的集中体现。比如实事求是原则，要求纪检监察机关必须强化精准思维，精准发现问题、精准把握政策、精准作出处置，不能马马虎虎、粗枝大叶，防止自由裁量权过大，防止适用不当、尺度不准、畸轻畸重，真正做到对党负责、对干部负责、对历史负责。这些基本原则是纪检监察机关严格开展监督、秉公执纪执法的重要保证，符合纪检监察工作的基本性质要求。

（三）基本原则贯穿于纪检监察工作全过程

纪检监察工作的基本原则是规范和调整整个纪检监察活动的准则，适应于纪检监察工作的各个阶段，在监督检查、线索处置、谈话函询、初步核实、审查调查、案件审理和监督管理等各项工作中都应当遵循，具有全局性意义。一些具体的制度或原则，由于只适应纪检监察工作的某一阶段或仅适用于某项具体工作，不能称之为基本原则。比如管辖原则、审理原则等。

（四）基本原则具有重要约束力

纪检监察工作的基本原则虽然较为概括和抽象，但是纪检监察各项制度设计和程序规范都必须与之相符合。纪检监察具体制度是基本原则的制度化、具体化。纪检监察机关和纪检监察干部如果违背了这些基本原则，就会违背相应的制度和程序，甚至承担一定的纪律和法律后果。

三、基本原则的主要内容

党内法规和国家法律对纪检工作原则和监察工作原则的规定具有相通之处，可以将其提炼总结为：政治忠诚原则、正当程序原则、实事求是原则、严格监督原则、保障权利原则等。这些原则体现了纪检监察工作的根本价值，是纪检监察制度规范的精髓所在，具有丰富的内涵，对纪检监察实践具有重要的指导意义。

第二节　政治忠诚原则

政治忠诚原则是纪检监察工作的首要原则，是纪检监察机关的立身之本、履职首要，是纪检监察干部的第一品质。

一、政治忠诚原则的含义

忠诚是一种崇高的思想境界和道德品质，是中西方公认的美德。在中国，自上古以来，忠诚始终是维系社会秩序、规范人们行为方式的重要支柱。东汉马融在《忠经·天地神明》中对忠作出了解释：“忠者，中也。至公无私，不正其心，而私于事，则与忠反也。天无私四时行，地无私万物生，人无私大亨贞。四时广运，天不私德；万物亨生，地不私力；人能至公，不私诸己。何往不可也？忠也者，一其心之谓矣。一则为忠，二则为僻。为国之本，何莫由忠？未有舍忠而成于务。忠能固君臣、安社稷、感天地、动神明，而况于人乎？”朱熹阐述了忠与诚两者之间的关系：“忠与诚，皆是实理。一心之谓诚，尽心之谓忠。诚是心之本主，忠又诚之用处。”[1] 中国传统中的忠诚既是对人的基本伦理要求，也是调整社会关系的基本准则。

在西方社会，忠诚作为一种规范性要求，同样为人们所普遍关注。亚里士多德的“至善”论、麦金太尔的“实践”论，以及休谟、边沁、卢梭、康德、罗尔斯等都对忠诚有诸多阐述。美国现代哲学家乔西亚·罗伊斯在《忠诚的哲学》中更是把“忠诚”界定为：“一个人对某项事业（cause）自愿的、实际的和彻底的奉献。”罗伊斯进一步指出，一个人之所以被称为忠诚之人，首先是他拥有某些值得其忠诚的事业，其次是他自愿、彻底献身于这项事业，再次是他通过某些持久、实际的途径表达他对事业的奉献。[2] 忠诚产生于情感，但并不局限于情感，随着人们对忠诚的推崇，忠诚已经发展为一种美德、一种伦理秩序、一种基本义务。

忠诚对任何一个组织都极为重要，对政治组织这样一个有着共同政治信仰、政治信念、政治追求、政治信心、政治信任的团体来讲，更为重要。中国共产党在成立之初就对党员提出“对党忠诚”的明确要求。党的一大通过的《中国共产党第一个纲领》规定，申请入党者必须为“承认本党党纲和政策，并愿成为忠实党员的人”。党的二大规定申请入党者必须“承认本党宣言及章程并愿忠实为本党服务”。党的十八大以来，党中央把“对党忠诚”作为党员领导干部的首要政治品格摆在更加突出的位置。习近平总书记指出，“对党忠诚必须是纯粹的、无条件的，是政治标准、更是实践标准”，并多次强调把“忠诚担当”作为选拔衡量干部的重要标准。忠诚是共产党人必须具备的优秀品格，体现在对党的信仰、党的组织、党的路线方针政策、党的纪律等的拥护、执行、遵守上。我们党一路走来，经历了无数艰险和磨难，但任何困难都

① 朱熹：《朱子语类》卷二十一，《论语三·学而篇中》。

② 参见左高山、涂亦嘉：《政治忠诚的核心问题》，载《伦理学研究》2018年第5期，第118页。

没有压垮我们，任何敌人都没能打倒我们，靠的就是千千万万党员的忠诚。政治忠诚作为一种政治美德，是针对某种政治关系或某种政治信仰而言的，它意味着政治行为体对政治事业、政治信念、政治理想、政治原则和政治信仰等的矢志不渝和彻底奉献。[①]

纪检监察机关的忠诚原则是指，纪检监察机关及纪检监察干部必须坚持正确的政治立场，忠诚于党、忠诚于人民、忠诚于纪法，对党和国家事业矢志不渝、无私奉献。

二、政治忠诚原则的价值

把“政治忠诚”作为纪检监察工作的首要原则，有着极为重要的现实意义。第一，政治忠诚是由纪检监察机关的使命决定的。“忠诚是纪检监察机关与生俱来的基因、一脉相承的底色”[②]。纪检监察机关是政治机关，天然使命就是维护党的团结统一，它在国家政治体制中的重要地位决定了纪检监察机关必须坚守忠诚的第一要求，听党指挥、听党号召，为党尽责、为党分忧，始终维护党中央权威，保证中央政令畅通，保证纪检监察正确的工作方向。第二，政治忠诚是由纪检监察机关的职责决定的。纪检监察机关作为党和国家自我监督的专责机关，纪检监察工作只有与党的要求和人民群众的意志保持一致，才能保证党和国家机器的健康运转，维系基本的政治秩序，维护党和国家长治久安。第三，政治忠诚是纪检监察干部履职所需。政治忠诚既是纪检监察干部的品德，也是义务。“对某一特定政治组织例如政党的忠诚则是我们理性选择的结果，由于我们自愿加入这一政治组织，因此对该组织的忠诚就是一种必须自觉严格遵守的政治义务。”[③] 特别是当前纪检监察机关的

① 左高山：《政治忠诚与国家认同》，载《马克思主义与现实》2010 年第 2 期。

② 中国纪检监察报评论员：《努力做遵规守纪的标杆》，载《中国纪检监察报》，2024 年 7 月 3 日。

③ 左高山、涂亦嘉：《政治忠诚的核心问题》，载《伦理学研究》2018 年第 5 期，第 119 页。

作用不断增强，工作中面临的新问题新情况不断出现，艰巨性复杂性不断提高，一些纪检监察干部甚至面临着被“围猎”的风险，只有始终做到政治忠诚，才能不被“糖衣炮弹”所诱惑，不被各种噪音所干扰、杂音所迷惑，始终无私无畏、敢于担当。

三、政治忠诚原则的要求

（一）忠诚于党

坚持党的全面领导是当代中国最重大的政治原则。《纪律检查委员会工作条例》第 3 条规定：“党的各级纪律检查委员会把坚决维护习近平总书记党中央的核心、全党的核心地位，维护党中央权威和集中统一领导作为最高政治原则和根本政治责任。”忠诚于党强调，纪检监察机关作为政治机关、作为党内监督和国家监察专责机关，在“两个维护”上担负着特殊历史使命和重大政治责任，必须坚决维护习近平总书记党中央的核心、全党的核心地位，维护以习近平同志为核心的党中央权威和集中统一领导。

我国正处在实现中华民族伟大复兴的关键节点，维护习近平总书记党中央的核心、全党的核心地位，维护以习近平同志为核心的党中央权威和集中统一领导，是坚持党的领导的根本所在，是坚持和发展中国特色社会主义的根本保证。纪检监察机关必须始终同党中央保持高度一致，加强对党中央大政方针贯彻落实和党章党规执行情况的监督检查，坚决同危害党中央权威和集中统一领导的言行作斗争，严肃查处违反党章党规、违反党的政治路线、破坏政治纪律政治规矩问题，确保党中央政令畅通。

（二）忠诚于人民

民心是最大的政治，纪检监察是政治工作、人心工作。《纪律检查委员会工作条例》第 4 条将“坚持以人民为中心，践行党的根本宗旨和群众路线”规定为纪律检查机关必须遵循的重要原则。忠诚于人民强调，纪检监察工作必须坚持人民至上根本政治立场，践行党的根本宗旨和群众路线，以民心所向作为工作导向，以正风肃纪反腐实际成效赢得人民信赖拥护、厚植党的执政根基。

纪检监察机关要把人民满意作为衡量工作的根本标准，聚焦群众普遍关注、反映强烈和反复出现的问题，找准正风肃纪反腐的着力点，做到人民群众反对什么、痛恨什么，就坚决防范和纠正什么，切实让群众在全面从严治党中感受到公平正义。要坚决惩治群众身边腐败问题，紧盯党中央惠民富民、促进共同富裕政策落实情况强化监督，持续纠治教育医疗、养老社保、生态环保、执法司法等领域腐败和作风问题，坚决铲除侵害群众利益的“微腐败”、包庇黑恶势力的“保护伞”、妨碍惠民政策落实的“绊脚石”。要提高发现基层腐败问题的能力，充分运用信访举报、监督检查、巡视巡察等方式，倾听群众呼声、掌握群众关切，推动健全为民谋利、为民办事、为民解忧工作机制，着力解决群众急难愁盼问题。要畅通群众监督渠道，紧紧依靠人民支持开展工作，听取群众意见、了解群众意愿、创新载体渠道，特别是用好网络、微博、微信等，让广大群众方便参与、有效监督。

（三）忠诚于党纪国法

法治是人类社会进入现代文明的重要标志。习近平总书记深刻指出：“历史是最好的老师。经验和教训使我们党深刻认识到，法治是治国理政不可或缺的重要手段。法治兴则国家兴，法治衰则国家乱。什么时候重视法治、法治昌明，什么时候就国泰民安；什么时候忽视法治、法治松弛，什么时候就国乱民怨。法律是什么？最形象的说法就是准绳。用法律的准绳去衡量、规范、引导社会生活，这就是法治。”① 法的价值体现在多个方面，“法的基本价值集中体现在法对秩序的维护作用、法对自由的确认和保障作用、法对效率的促进作用以及法对正义的

① 《习近平关于全面依法治国论述摘编》，中央文献出版社2015年版，第8—9页。

实现作用”[①]。对法律的忠诚度决定一个国家法治的高度。《纪律检查机关监督执纪工作规则》第3条要求，监督执纪工作必须“以党章党规党纪和国家法律法规为准绳”。《纪律检查委员会工作条例》第4条将“依规依纪依法履行职责”规定为纪律检查机关必须遵循的重要原则。《监察法》第5条规定，“国家监察工作严格遵照宪法和法律，以事实为根据，以法律为准绳”。忠诚于党纪国法强调，纪检监察机关必须牢固树立法治思维和法治方式，尊崇法治、敬畏法治，维护党纪国法权威，严格依规依纪依法履行职责。

忠诚于党纪国法体现在以下几个方面：一是维护党纪国法权威。纪委监委合署办公，履行纪律检查和国家监察两项职能，纪检监察干部是执纪执法者，也是党章党规、宪法法律的守护者[②]，必须严格遵循习近平法治思想要求，始终对党章和宪法保持敬畏之心。只有内心尊崇，才能行为自觉。要不断提高党章党规党纪意识，遵守党章、贯彻党章、维护党章；增强宪法意识，弘扬宪法精神，强化法治信仰和法治思维，严格依照党章、宪法和监察法行使权力、履行职责。二是以党纪国法为准绳。纪检监察机关应当在查明事实真相的基础上，以党纪国法为尺度衡量案件的具体事实和情节，按照党纪国法的规定对案件作出正确处理，不能凭一己好恶或一时情绪来裁定，也不能根据外界压力、自己的利益等其他因素来定案。在适用党纪国法上一律平等，党内不存在“特殊”党员，国家也没有“特殊”公职人员。要严格区分纪与法的界限，纪和法不能相互混淆和彼此代替，既防止以纪律处分代替法律制裁，又防止以刑事处罚代替党纪处分，确保让违纪者受到党纪处分，使违法者受到法律制裁。三是依规依纪依法履行职责。纪检监察机关的权

---

① 张文显主编：《法理学》（第四版），高等教育出版社、北京大学出版社2011年版，第260页。

② 中国纪检监察报评论员：《切实在依纪依法履职上有一个大进步大提升》，载《中国纪检监察报》2018年3月30日。

力由党章和宪法赋予，职责纪定、职责法定，必须严格执行法定权限、遵循法定程序、坚持法定标准，谋划工作运用法治思维，处理问题运用法治方式，严格依照法定权限、规则、程序办事，一言一行、一举一动都要合规、合纪、合法。

第三节　正当程序原则

正当程序被视为“看得见的正义”，注重程序正当是现代政治文明和法治文明共同的价值取向，是纪检监察工作的重要原则。

一、正当程序原则的含义

现代汉语中“程序”是个多义词，指机器的操作规程、事项的展开过程和先后顺序等。从纪理和法理角度来说，程序是从事纪律和法律行为、作出纪律和法律决定的过程、方式和关系。即人们遵循法定时限和时序并按照法定方式和关系进行纪律行为和法律行为。

“正当程序”的理念和原则源于英国。1215 年《自由大宪章》第 39 条规定：“除依据国法之外，任何自由民不受监禁人身、侵占财产、剥夺公民权、流放及其他任何形式的惩罚。”其实，《自由大宪章》的规定与英国古老的自然公正原则有着密切的关系。“自然公正”大致包括两项最基本的程序规则：（1）任何人不能自己审理自己的或与自己有利害关系的案件。（2）任何一方的诉词都要被听取。① 在美国，“正当法律程序”作为一项宪法原则也在宪法中确立，美国宪法修正案第 5 条规定：“未经正当的法律程序不得剥夺任何人的生命、自由或财产。”在 20 世纪，正当程序原则得到越来越多国家的重视。在我国，20 世纪 90 年代初，一些学者对正当程序的价值和功能进行了诸多探讨，程序的工具性价值和内在的独立性价值愈来愈被关注和强调，这顺应了法治对正

---

① ［英］戴维·M. 沃克：《牛津法律大辞典》，李双元等译，法律出版社 2003 年版，第 787 页。

当程序的内在需求。正当程序的价值有很多，包括正当程序促进目标的实现、增进效益和福利、限制权力恣意以保障权利、保证决定的正当化、对尊严的尊重等①。十八届中央四次全会通过的《中共中央关于全面推进依法治国若干重大问题的决定》，对程序正当提出了明确要求。

纪检监察工作是做“人”的工作，无论是监督执纪问责还是监督调查处置，对正当程序有着更高的要求。习近平总书记强调，纪检监察机关要牢固树立法治意识、程序意识、证据意识，严格按照权限、规则、程序开展工作。《纪律检查机关监督执纪工作规则》第3条规定，监督执纪必须“严格工作程序”。《监察法》第5条规定，国家监察工作“遵守法定程序，公正履行职责”。《监察法》第5章和《监察法实施条例》第5章都专门规定了监察程序。

纪检监察机关正当程序原则是指，纪检监察机关必须践行习近平法治思想，严格按照权限、规则、程序开展工作，把依规依纪依法贯穿监督检查、执纪审查、监察调查、审理、巡视巡察、追责问责等各方面和全过程，有效贯通规纪法、衔接纪法罪，把制度优势转化为治理效能。

二、正当程序原则的价值

没有程序正义，就没有实体正义。严格的程序是确保纪检监察权力正确行使的重要保证。第一，正当程序促进纪检监察工作目标和价值的实现。程序的设立是人类认识规律的必然要求，每一项程序的设立都是为了确保理性认识的正确实现，防范风险。程序正当本身所蕴含的参与、中立、公开、理性等要素，能够极大程度地保障纪检监察实体目标的实现。通过程序的正当实现结果的正当，应当是纪检监察工作重要的品格。第二，正当程序限制权力恣意。“程序的实质是管理和决定的非人情化，其一切布置都是为了限制恣意、专断和裁量。”② 正当程序能

① 张文显主编：《法理学》（第四版），高等教育出版社、北京大学出版社2011年版，第141—143页。

② 季卫东：《法治程序的构建》，中国政法大学出版社1999年版，第57页。

够有效发挥约束作用，通过规范权力边界、严密内控机制、严格工作流程，保证权力在正确轨道上运行。纪检监察机关在履职中特别是在审查调查中如果不严格按照权限、程序操作，程序不合法，不仅辛辛苦苦取得的证据会被作为非法证据排除，甚至还会因为执纪执法中的违纪违法行为，受到责任追究。第三，正当程序提高纪检监察工作效率。一个蕴含着参与、中立、公开、理性等要素的正当程序，能够在限制恣意的同时，提供理性的选择和纠错的可能，将“错误耗费”降到最低，提高工作效率。当然要强调的是，效率的提高绝不能凌驾于人的生命、权利、尊严和公平正义之上。第四，正当程序保证纪检监察决策的正当。正当程序具有说服和证明的力量，不仅有助于实现实体正义，而且可以使经由正当程序作出的决定和决策，具有权威性、有效性和可接受性。可以说，一个蕴含着参与、中立、公开、理性的程序，可以在最大程度上吸收不满、缩小怀疑、减少事后被追诉的风险，保证决策的正当性。第五，正当程序尊重监督对象权利。正当的程序内蕴了对人的尊严的尊重，体现了公正公开，保护党员干部和公职人员的权利。

三、正当程序原则的要求

（一）程序分化

分化是指一定的结构或者功能在进化过程中演变成两个以上的组织或角色作用的过程。① 正当程序通过决定权的分散来限制恣意，而决定权的分散是通过程序的功能分化和角色分派体系实现的。程序中的决定者不但不集中决定权，而且将决定权分解于程序的过程之中，通过程序的功能分化和角色分派来完成决定，压缩权力的恣意空间。

一般来讲，分化主要包括两种方式：一是时间维度的功能划分和角色分派，主要突出对流程的阶段性划分，强调流程次序上的相互制约。比如，为了实现纪委与党委在监督执纪中的程序性制约，《纪律检查机

---

① 季卫东：《法治程序的构建》，中国政法大学出版社 1999 年版，第 16 页。

关监督执纪工作规则》第3条第（二）项规定，“坚持纪律检查工作双重领导体制，监督执纪工作以上级纪委领导为主”，并强调线索处置、立案审查等在向同级党委报告的同时应当向上级纪委报告。二是空间维度的功能划分和角色分派，主要突出职能机构之间的各司其职、相互制约。比如，《纪律检查机关监督执纪工作规则》第11条规定，“纪检监察机关应当建立监督检查、审查调查、案件监督管理、案件审理相互协调、相互制约的工作机制”。

（二）公开

公开强调纪检监察机关应当按照党内法规和国家法律规定，主动或者根据相对人的申请公开应当公开的情况和资料。公开原则是公民行使宪法规定的知情权的基础，也是纪检监察机关履行法定职责和义务的重要方式，其目的是保证民众了解真实情况，参与决策与管理，实施有效监督。“没有公开性，其他一切制约都无能力。和公开性相比，其他各种制约是小巫见大巫。”① 公开作为正当程序的运作方式，“意味着：(1) 程序结果和理由的公开。(2) 程序进行过程的公开。(3) 作为参与前提的资讯和信息的公开”②。党内法规和国家法律有诸多关于纪检监察“公开”的规定，比如《监察法》第42条第3款规定：“立案调查决定应当向被调查人宣布，并通报相关组织。涉嫌严重职务违法或者职务犯罪的，应当通知被调查人家属，并向社会公开发布。”第61条规定：“监察机关应当依法公开监察工作信息，接受民主监督、社会监督、舆论监督。”这些都体现了公开的要求。

（三）参与

参与原则是正当程序的必备条件。参与原则是指纪检监察机关在履职过程中，除制度规定的程序外，应当尽可能为监督对象和公众提供实

① 王名扬：《美国行政法》，中国法制出版社1995年版，第433页。

② 张文显主编：《法理学》（第四版），高等教育出版社、北京大学出版社2011年版，第140页。

质性参与的机会。当然，参与不仅包括具体的利害关系人的实质性参与，也包括公众对纪检监察工作的参与。根据党内法规和国家法律规定，监督对象的参与主要包括以下方面。一是获得通知权。比如，需要对被审查调查人采取留置措施的，纪检监察机关应当依据监察法进行，在 24 小时内通知其所在单位和家属，并及时向社会公开发布。二是陈述权。审查调查应当充分听取被审查调查人陈述，保障被审查调查人的合法权利。三是申辩权。审查调查应当尊重被审查调查人的辩解和说明。比如，纪检监察机关查明涉嫌违纪或者职务违法、职务犯罪问题后，审查调查组应当撰写事实材料，与被审查调查人见面，听取意见；案件审理部门根据案件审理情况，应当与被审查调查人谈话，核对违纪或者职务违法、职务犯罪事实，听取辩解意见，了解有关情况，这些都体现了参与原则。

第四节　实事求是原则

坚持实事求是是马克思主义的精髓和灵魂，是中国共产党思想路线的核心内容，也是新时代纪检监察工作高质量发展的生命线[①]。

一、实事求是原则的含义

“实事求是”一词，源于东汉史学家班固撰写的《汉书·河间献王传》。文中称赞西汉景帝第三子河间献王刘德“修学好古，实事求是”。唐朝颜师古注“实事求是”四字，谓“务得事实，每求真是也”。“务得事实”，指务必得到客观事物的事实情况；“每求真是”，指不断追究事物内在的本质。因此，实事求是的本义是指严谨好学、务求真谛的一种认真的治学态度。[②]

---

① 钟纪言：《落实党章关于党的纪律和纪律检查机关重要要求》，载《中国纪检监察报》2023 年 11 月 30 日。

② 陈先达、杨耕：《马克思主义哲学原理》（第 4 版），中国人民大学出版社 2016 年版，第 65 页。

毛泽东同志对“实事求是”作出了全新的马克思主义解释，使其内涵精义升华，并用之来概括马克思主义哲学根本观点和中国共产党思想路线。毛泽东同志 1941 年在《改造我们的学习》中曾对实事求是作过经典阐述，他说：“‘实事’就是客观存在着的一切事物，‘是’就是客观事物的内部联系，即规律性，‘求’就是我们去研究。”[①] 经过毛泽东改造发展之后，“实事求是”上升为马克思主义哲学的基本范畴。邓小平同志讲，“马克思、恩格斯创立了辩证唯物主义和历史唯物主义的思想路线，毛泽东同志用中国语言概括为‘实事求是’四个大字”[②]。1992 年 2 月，邓小平再次强调：“实事求是是马克思主义的精髓。要提倡这个，不要提倡本本。我们改革开放的成功，不是靠本本，而是靠实践，靠实事求是。”

“实事求是”集中体现了马克思主义唯物辩证法。世界物质统一性原理是辩证唯物主义最基本、最核心的观点，是马克思主义哲学的基石。恩格斯在《反杜林论》中指出：“世界的真正的统一性在于它的物质性，而这种物质性不是由魔术师的三两句话所证明的，而是由哲学和自然科学的长期的和持续的发展所证明的。”遵循这一观点，最重要的就是坚持一切从客观实际出发，而不是从主观愿望出发。[③] 实事求是又是与辩证法有机结合在一起的，客观实际是不断变化的，时代在变化，条件在变化，实践中面对的矛盾也在变化。坚持实事求是要立足于变化着的实际，从变化的实际出发。没有一劳永逸永远正确的措施，也没有永远不变的政策，一切都必须从变化着的实际出发。“一切从实际出发，就是要把客观存在的事物作为观察和处理问题的根本出发点。从实际出发，就是从发展变化着的客观实际出发，就是从特定的社会历史条

① 《毛泽东选集》（第三卷），人民出版社 1991 年版，第 801 页。

② 《邓小平文选》（第二卷），人民出版社 1994 年版，第 278 页。

③ 习近平：《辩证唯物主义是中国共产党人的世界观和方法论》，载《求是》2019 年第 1 期。

件出发，要按照客观世界的本来面目认识世界、改造世界，不仅不附加任何其他主观的成分，而且还必须使主观符合客观。”①

纪检监察机关的实事求是原则是指，纪检监察机关必须以事实为依据，一是一、二是二，是就是是、非就是非，以党章党规党纪和国家法律法规为准绳，把握纪检监察工作客观规律，精准监督执纪执法。

二、实事求是原则的价值

坚持实事求是是纪检监察机关依规依纪依法履职的内在要求和重要保证。一方面，实事求是是由纪检监察工作的性质决定的。无论是监督检查党的路线、方针、政策贯彻执行情况，还是审查调查、处理违纪违法干部，都涉及是非问题，涉及具体人具体事。如果纪检监察干部不能坚持原则，在监督执纪中“和稀泥”，做和事佬、当老好人，甚至拿原则作交易，那么，党纪国法就成了一纸空文，纪检监察机关就失去了它存在的价值和意义。纪检监察机关所担负的客观义务就是遵循客观规律、发现客观事实、追求客观真理，维护党纪国法严肃性，实现社会公平正义。另一方面，实事求是是提高纪检监察工作质量的必然要求。纪检监察工作必须坚持一切从实际出发，有“老虎”打“老虎”，有“苍蝇”拍“苍蝇”，正风肃纪有什么问题突出就解决什么问题，监督检查发现什么性质问题就按什么性质对待，审查调查查证多少问题就处理多少问题，监督执纪应该适用哪种形态就适用哪种形态，决不能主观片面，不能随意放大或缩小。②

三、实事求是原则的要求

（一）以事实为依据，客观公正

客观公正是实事求是的具体体现。所谓“客观”，指的是客观规

① 张雷声：《论实事求是的马克思主义内涵》，载《高校马克思主义理论研究》2017 年第 3 期，第 36 页。

② 傅奎：《坚持实事求是原则，做好纪检监察细活》，载《中国纪检监察》2018 年第 19 期。

律、客观事实、客观真理，是不以人的意志为转移的。（1）坚持客观立场。纪检监察机关必须站在客观立场，遵循客观规律、追求客观事实和客观真理，不能先入为主，也不应站在当事人立场上进行活动。否则，可能会过度追求某种“预设”的后果，事实真相就难以被揭示和尊重。（2）忠于事实真相。纪检监察机关必须忠于事实真相，全面客观地收集证据，还事实本来面目。重事实、重证据，认真收集、鉴别和使用证据，严防伪证、错证。发现证据存在疑点或含糊不清的，应重新取证、补证；只有被调查人的交代，而无其他证据或无法查证的，不能认定；被调查人拒不交代而证据确实、充分的，可以认定。无论是有利于或者是不利于被审查人的事实和证据都要关注。（3）实现执纪执法公正。纪检监察机关必须客观公正、不枉不纵，通过严格客观的审查调查活动达到公平正义的目标。这里的“公正”，既包括实体公正，又包括程序公正；既包括纪检监察机关监督执纪过程的公正，又包括处分处置的公正。纪检监察机关必须以党纪国法为准绳，准确定性、恰当处理，是什么问题就定什么问题，不主观臆断，不带框子，不能妄自推论。对于处理错了的案件，一经发现，就要实事求是地予以纠正。

（二）把握政策，宽严相济

宽严相济是我国刑事法律坚持的一项政策，也是做好纪检监察工作的重要要求。宽严相济强调，纪检监察机关要根据违纪违法的具体情况，实行区别对待，做到该宽则宽，当严则严，做到严中有宽、宽以济严；宽中有严、严以济宽。宽严相济体现了实事求是的要求，要求区分案件性质、情节，坚持全案考察、综合衡量、精细权衡，“把纪法和情理融合起来，既讲原则性，又有灵活性，做到严有严的标准、宽有宽的尺度，实现政治效果、纪法效果、社会效果有机统一”[①]。在执纪执法

---

① 钟纪言：《落实党章关于党的纪律和纪律检查机关重要要求》，载《中国纪检监察报》2023年11月30日。

实践中，纪检监察机关应当“既讲政治、又讲法纪，既有原则性、又有灵活性，既讲高压震慑、又讲政策感召。根据问题性质等坚持区别对待，对主动向组织讲清楚问题的宽大处理；对属于一般问题、如实说明的予以了结；对违反纪律的，认真开展约谈诫勉和必要的审查谈话，促其讲清问题，争取从轻处理；对存在严重违纪需要追究党纪责任的，从审查调查开始，就要加强思想政治工作，促其认错悔错改错；对欺瞒组织、负隅顽抗的，坚决依纪依法严肃处理”①。

（三）精准思维，责罚相适应

古语云：天下难事，必作于易；天下大事，必作于细。“纪检监察工作是个细活，不能有丝毫的马虎和浮躁，必须在精准上下实功夫、苦功夫，这也是坚持实事求是思想路线的必然要求。”②（1）精准发现问题。纪检监察机关要综合运用信访举报、日常监督、巡视巡察、派驻监督等方式，盯住“关键人”“关键事”，认真开展问题线索分析研判工作，准确判断其真实性和可查性，并强化与审计、财政、公安等机关和部门的协作配合，提高精准发现问题的能力。（2）精准审查调查。纪检监察机关应当精准把握问题线索指向，制定科学全面的初核方案、审查调查方案，准确把握审查调查的目标、方式、节奏、效果。比如有的地方纪检监察机关推进网络信息“大数据”应用，在线索发现、突破口选择、证据获取、谈话讯问等各个环节引入网络信息和“大数据”分析，通过数据比对、数据分析等信息化手段，大大提高审查（调查）的精准度和工作效能。③（3）精准定性处置。我国的国家法律构建了严密的违法处置体系，党内法规构建了严密的违纪处分体系，而且法

① 《“依规依纪依法履行好纪检监察职责”系列访谈（二）——必须坚持实事求是》，载《中国纪检监察报》2018年6月21日。

② 理轩：《把实事求是作为做好新时代纪检监察工作的生命线》，载《中国纪检监察》2018年第13期。

③ 《推进网络信息“大数据”应用，提高审查调查精准度》，载中央纪委国家监委网站，2018年8月3日。

律有定罪量刑的标准，纪律也有定性量纪的标准。比如，《党纪处分条例》《问责条例》等党内法规，根据党员违纪行为的性质和情节程度，建立了一个违纪处分体系，而且为各种违纪行为规定了能够伸缩、自由裁量的处分规定，党员的行为是否构成违纪、是否应当给予党纪处分都有严格的标准，切不可随意化，特别是对于犯罪问题更是必须经过严格的审判程序才能认定。纪检监察机关在对违纪违法行为进行认定时，必须实事求是，坚持“责罚相适应”原则。“责罚相适应”原则强调，纪检监察机关应当根据违纪违法行为的性质、情节轻重、主观恶性、后果影响等因素综合评判，依规依纪依法精准作出处置决定。要把工作上的失误和违纪违法行为、一般性的过失与严重的失职失责区分开来，有多大的违纪违法行为，就应当承担多大的责任，重责重罚，轻责轻罚，避免畸轻或畸重，对犯罪行为应由法院判处其相应的刑罚。

第五节　保障权益原则

在法治社会，每个人都应享有被尊重和被保护的权利。保障当事人的合法权益是法治社会的基本要求，是检验纪检监察工作合规合法的重要标准，是纪检监察工作应当遵循的基本原则。

一、保障权益原则的含义

权益是指公民受法律保护的权利和利益。《现代汉语词典》将权益解释为“应该享受的不容侵犯的权利”。保护合法权益是当代国家和社会普遍认可的价值和政治道德观念，尊重和保护民众的合法权益已经成为评价一个国家民主法治文明程度的重要标杆。

具体到纪检监察工作，保障权益原则的内涵主要包括：(1) 保护全体公民的合法权益。党员违纪损害党、国家和人民利益，公职人员职务违法职务犯罪更是严重危害国家政治稳定、经济健康发展、社会公平正义，具有严重的社会危害性。纪检监察机关审查违纪行为、调查职务违法和职务犯罪，保护社会公共利益。这是保障公民权益的应有之义。（2）保障遵纪守法者的合法权益。纪检监察机关在执纪执法时应当保持足够的审慎态度，既要查清问题，追究违纪违法者的责任，也要保障遵纪守法的党员和公职人员的人身和财产权益，不使遵法守规者受到错误追究。（3）保障审查调查对象的合法权益。纪检监察机关严格遵守党内法规和国家法律法规的规定，切实保障被审查调查党员和国家公职人员的合法权益。

纪检监察机关的保障权益原则是指，纪检监察机关在履行职责过程中应当切实保障党员、干部及监察对象的合法权益。

二、保障权益原则的价值

保障权益是纪检监察活动必须坚持的原则。第一，保障权益是纪检监察机关维护公平正义的必然要求。维护社会公平正义是纪检监察机关重要的价值诉求。人权是法治的重要价值，法治是人权的确认和保障。纪检监察机关作为党纪国法的维护者和践行者，更应当从程序公正和实体公正两个层面自觉贯彻保障权益原则。第二，保障权益是对公权力运行的重要要求。国家是公民权益保护的主要责任主体，纪检监察在维护党员、公职人员和公民权益方面要发挥表率作用。第三，保障权益是纪检监察机关的法定义务。党章第 46 条规定，纪律检查机关承担“保障党员的权利”重要职责。《监察法》第 5 条规定，国家监察工作“尊重和保障人权，在适用法律上一律平等，保障监察对象及相关人员的合法权益”。第四，保障权益对纪检监察机关具有更特殊的要求。实践中，纪检监察机关侵犯党员和公职人员合法权益的行为时有发生，一些地方一定程度上还存在着“重惩处、轻保护”的现象。中央纪委国家监委反复强调，纪检监察机关必须“依纪依法、安全文明办案”。纪检监察机关在执纪执法过程中认真贯彻保障权益原则，不仅能够提升自身公正客观形象，而且能带动其他机关保护公民权益，对推进法治中国建设具有重要意义。

三、保障权益原则的要求

（一）保障党员权利

保障党员权利，是党章赋予纪检监察机关的重要职责之一。《党员权利保障条例》第 41 条明确规定，党的纪律检查机关应当担负起保障党员权利的职责，加强对党组织和领导干部履行党员权利保障工作职责情况的监督检查，受理和处置有关党员权利保障方面的检举、控告和申诉，检查和处理侵犯党员权利方面的案件，对侵犯党员权利的党组织和党员作出处理、处分决定或者提出处理、处分建议。由于党员权利非常广泛，涉及党内生活方方面面，其具体要求融会于各种党内法规和制度之中。各级纪律检查机关要按照党章党规的要求，切实履行好保障党员权利的职责，对《党员权利保障条例》的贯彻执行情况进行经常性的监督检查，加大对违反《党员权利保障条例》行为的查处力度。对于侵犯党员权利情节严重的，要按照规定给予党纪处分；对于在保障党员权利方面失职、渎职的，要按照规定追究有关责任者的责任。

（二）保障遵纪守法者的合法权益

纪检监察机关既要严肃追究违纪违法者，也要保护遵纪守法者避免受到错误追究，保护他们的合法权益。纪检监察机关支持、鼓励党员通过正当途径如实检举、控告或反映任何组织、任何党员和公职人员的违纪违法问题，但是坚决不允许匿名诬告、有意陷害或者制造谣言，保护受到错告或者诬告的党员的合法权益。《纪律检查机关监督执纪工作规则》第 30 条第 1 款第（四）项规定：“对诬告陷害者，依规依纪依法予以查处。”2020 年，中央纪委国家监委印发《关于做好失实检举控告澄清工作的意见》，有效维护党员、干部合法权益。此外，纪检监察工作也要保护公民的合法权益，纪检监察机关在履行职责过程中，既要查清问题，也要保障企业经营者合法的人身和财产权益，严格依法规范调查措施适用范围。

（三）保障被审查调查人的合法权利

纪检监察机关严格遵守党内法规和国家法律法规的规定，切实保障被审查调查人的合法权益。

1. 保护被审查调查人的申辩权。主要体现在以下方面：一是在审查调查阶段听取审查调查人意见。《纪律检查机关监督执纪工作规则》第 51 条规定：“查明涉嫌违纪或者职务违法、职务犯罪问题后，审查调查组应当撰写事实材料，与被审查调查人见面，听取意见。”二是在审理阶段，听取辩解意见。《纪律检查机关监督执纪工作规则》第 55 条第 1 款第（四）项规定：“案件审理部门根据案件审理情况，应当与被审查调查人谈话，核对违纪或者职务违法、职务犯罪事实，听取辩解意见，了解有关情况。”三是在讨论决定党纪处分阶段，听取申辩意见。根据《党员权利保障条例》规定，在党组织讨论决定对党员的党纪处分或者作出鉴定时，本人有权参加和进行申辩，其他党员可以为其作证和辩护。申辩、作证和辩护必须实事求是。

2. 保护被审查调查人的人身权。纪检监察机关严格依纪依法履职，尊重被审查调查人的人格。《监察法》第 43 条第 2 款规定：“严禁以暴力、威胁、引诱、欺骗及其他非法方式收集证据，严禁侮辱、打骂、虐待、体罚或者变相体罚被调查人和涉案人员。”《纪律检查机关监督执纪工作规则》第 43 条第 2 款规定：“审查调查应当充分听取被审查调查人陈述，保障其饮食、休息，提供医疗服务，确保安全。严格禁止使用违反党章党规党纪和国家法律的手段，严禁逼供、诱供、侮辱、打骂、虐待、体罚或者变相体罚。”此外，还要保护检举人、控告人、证人、被审查调查人亲属和其他有关人员的合法权利。

3. 保护被审查调查人的知情权。在审查调查过程中，纪检监察机关应严格执行有关规定，及时告知被审查调查人依法享有的各项权利及有关事项。比如，《纪律检查机关监督执纪工作规则》第 43 条第 1 款规定：“立案审查调查方案批准后，应当由纪检监察机关相关负责人或者部门负责人与被审查调查人谈话，宣布立案决定，讲明党的政策和纪律，要求被审查调查人端正态度、配合审查调查。”

4. 保护被审查调查人的财产权。纪检监察机关应正确区分合法财产与非法所得，对与违纪违法行为无关的财产，不得扣留、封存；已扣留、封存的，应及时退还；造成损害的，应按规定给予相应的赔偿。比如，《纪律检查机关监督执纪工作规则》第 58 条第 3 款规定：“对经认定不属于违规违纪违法所得的，应当在案件审结后依规依纪依法予以返还，并办理签收手续。”

5. 维护被审查人和有关人员的申诉权。党纪处分决定应写明党员享有的申诉权利和受理申诉的组织；政务处分决定应写明受处分人提起申诉的时限和受理申诉的机关。党纪政务申诉案件实行“首诉必办”制度，对首次申诉，应及时受理。《监察法》第 69 条规定，被调查人及其近亲属、利害关系人有权向该机关申诉，“受理申诉的监察机关应当在受理申诉之日起一个月内作出处理决定”。坚持复议复查与审查审理分离，原案审查、审理人员不得参与复议复查。

6. 请求国家赔偿权。《监察法》第 76 条规定：“监察机关及其工作人员行使职权，侵犯公民、法人和其他组织的合法权益造成损害的，依法给予国家赔偿。”

第六节　严格内部监督原则

信任不能代替监督。纪检监察机关必须自觉接受最严格的约束和监督，加大严管严治、自我净化力度，防止纪检监察权滥用，这是纪检监察工作应当遵循的基本原则。

一、严格内部监督原则的含义

从某种意义上讲，纪检监察制度是基于对公权力运行的不信任而产生的，承担着防范公权力恣意和滥用的功能。但是纪检监察机关本身就是行使公权力的机关，在对监督对象进行监督的同时，也同样面临防范自身权力恣意与滥用问题。

根据党内法规和国家法律规定，纪检监察机关的以下行为应当受到严格监督：（1）是否切实履行了纪检监察职责。包括纪检监察机关是否全面履行了党章党规和宪法法律赋予的各项职责，是否对党员和公职人员进行了有效监督，有无怠于行使职权的现象，是否严格依纪依法履职，对于公民的举报、申诉和控告是否认真进行处置等，都应当属于被监督的范围。（2）在履职过程中有无违纪违法行为。包括在执纪执法过程中有无违反实体和程序规定行为，有无滥用职权侵害当事人合法权益行为，纪检监察干部有无以权谋私行为、违反职业道德行为等。特别是纪检监察干部在行使自由裁量权的过程中有无违纪违法行为和侵害当事人权益行为。（3）在纪检监察职能之外有无违纪违法行为。纪检监察机关作为党和国家机关之一，其包括职能活动在内的一切活动都要符合党内法规和国家法律政策要求。包括纪检监察机关的组织人事管理、财务管理、行政管理，与其他部门相互交往等活动中有无违纪违法行为等，都应当受到相关部门的严格监督。

纪检监察机关的严格监督原则是指，纪检监察机关必须以更高的标准、更严的要求约束自己，严格工作程序，有效管控风险，建立健全权力运行监督制约机制。

二、严格内部监督原则的价值

党章、宪法赋予纪检监察机关权威地位和重要职责，这既是信任也是考验。信任和监督、自律和他律辩证统一，没有监督的信任等于放任。第一，权力的本质属性要求纪检监察工作必须受到监督和制约。权力具有二重性：有效性和腐蚀性①。公共权力无论是作为政治上的强制力量，还是作为职权上的支配力量，都是一把“双刃剑”。如果运用得当，它可以为人类社会进步带来巨大利益；如果运用不当，对权力的运

① 韩大元、林来梵：《宪法学专题研究》，中国人民大学出版社2004年版，第11页。

行缺失监督和制约，则会造成严重后果。可以说，任何权力都有被滥用的可能，任何权力都需要有效的监督，这是一条带有普遍性的规律。纪检监察权具有公权力所具有的基本属性，具有扩张性和腐蚀性，必须加强监督和制约，保证纪检监察权运行的正当性、合法性和公正性。第二，纪检监察权力的属性要求必须接受最严格的监督。纪检监察机关对党组织和党员开展监督，对行使公权力的公职人员实施监察，而纪检监察机关本身就属于拥有公权力的机构，监督权是重要的公权力，必须受到最严格的监督和约束。第三，纪检监察工作的特殊性要求必须受到监督和制约。纪检监察审查调查对象大多数是手中掌握一定权力、具有一定影响力的党员领导干部，纪检监察机关在履职过程中会受到这样或那样的干扰。同时，纪检监察机关在执纪执法过程中掌握一定的自由裁量权，往往会遇到各种诱惑和腐蚀的考验。如果缺乏严密的监督制约机制，纪检监察干部很容易被“围猎”和拉拢腐蚀，发生违纪违法行为，损害纪检监察机关执纪执法的公信力。

三、严格内部监督原则的要求

从纪检监察职权的运行机理看，依据监督与制约方式的不同，可分为实体约束与程序约束；依据监督主体的不同，可分为内部监督与外部监督。这些监督方式相辅相成，共同发挥作用。关于该部分内容，本书第二十一章将作专题论述，在此不赘述。

思考题：

1. 纪检监察工作基本原则的特点与价值？
2. 政治忠诚原则的内涵及对纪检监察工作的要求？
3. 实事求是原则的内涵及对纪检监察工作的要求？

第七章　纪检监察工作的基本政策

党的政策是党的生命。纪检监察政策是有关纪检监察工作的目标、方针和策略的权威性选择，是纪检监察机关在党和国家政策的框架内，根据特定时期的任务或者针对普遍性的问题提出的全局性要求。纪检监察政策对推进纪检监察工作高质量发展具有重要意义。

第一节　概　　述

一、纪检监察政策的内涵

纪检监察政策，是根据党和国家政策、纪检监察法规制度和纪检监察工作发展需要，制定并实施的规范和指导纪检监察工作的准则。纪检监察政策包括纪检监察工作的目的、方针、原则和策略等。

（一）纪检监察政策的制定主体

制定纪检监察政策的主体只能是有权对纪检监察工作发号施令的主体。纪检监察政策的制定者只有有权对纪检监察工作发号施令，其所制定的政策才有可能被纪检监察活动的各个主体所认可并遵循。制定全国性纪检监察政策的主体主要是党中央和中央纪委国家监委。这是因为，中央纪委国家监委在党中央直接领导下进行工作，中央纪委国家监委领导全国纪检监察工作。党中央和中央纪委国家监委掌握纪检监察工作的全局，把握纪检监察工作发展方向，其所制定的纪检监察政策对整个纪检监察工作具有重要指导意义。另外，除了党中央和中央纪委国家监委外，地方各级党委和纪委监委也是制定纪检监察政策的主体，在党中央和中央纪委国家监委制定的政策框架下，有权制定适用于本辖区的纪检监察工作政策。

（二）纪检监察政策的客体

纪检监察政策的客体是纪检监察工作，即纪检监察机关的履职行为以及内部管理活动等。具体包括以下方面：（1）纪检监察政策的目标群体是纪检监察机关和纪检监察干部。纪检监察政策调整的直接对象就是纪检监察机关和纪检监察干部的行为，而不是纪检监察机关以外的组织或个人的行为。当然，纪检监察机关的执纪执法行为也必然会影响到其他组织和个人。（2）纪检监察政策的目的是规范纪检监察工作关系。这种工作关系既包括纪检监察职能运行中形成的社会关系，也包括内部管理中形成的职务关系；既包括业务工作关系，也包括自身队伍建设方面关系。（3）纪检监察政策是以纪检监察工作问题为导向的。任何政策都是针对某种或某些具有普遍性的问题提出的一般性的解决办法。

（三）纪检监察政策的内容

纪检监察政策的内容是确立纪检监察工作的目标和行为模式。目标和行为模式可以表现为理念、方针、准则、原则、要求、意见等。

纪检监察政策主要包括以下内容：（1）纪检监察政策体现了一系列纪检监察理念。贯穿于政策的各个方面的精神首先是一系列理念观念，而且往往是具有一种主导型的观念和价值要求。纪检监察政策的形成往往是萌发或者落实某种监督执纪和监察执法理念，体现了纪检监察工作的倾向和基本要求。而新理念的产生是政策创新的前提；新政策的诞生意味着新的理念的确立。政策创新和理念更新相互依存，共同推进纪检监察工作高质量发展。（2）纪检监察政策指明了纪检监察工作目标。任何政策的制定都是目标导向的，政策是实现一定目标的路线图。从这个意义上讲，纪检监察政策是纪检监察领导机构根据特定时期纪检监察法规制度和纪检监察工作发展的需要，确定一些目标并围绕这些目标设计出的路线，以履行好党和国家赋予纪检监察机关的职责任务。（3）纪检监察政策建构了一系列行为模式。政策与法律制度一样，都是构建行为模式的一种特殊方式。政策在行为模式的调整上，具有特殊的意义，它是对法律制度确定的行为模式的一种因时制宜或因地制宜的补充或说明。这一点对纪检监察机关而言，意义更为重要。纪检监察机关既是执纪机关又是执法机关，执纪与执法既有相通性也有差异性。纪检监察政策以合法合规为前提，通过统一性政策弥合差异，统筹运用纪法“两把尺子”，保证纪检监察机关履行好监督执纪问责和监督调查处置双重职责，同向发力、精准发力，相互贯通、一体贯彻。（4）纪检监察政策是纪检监察机关履职的具体指引。从作用机制来看，纪检监察政策具有一定的引导性、督促性和强制性。遵循纪检监察政策是各级纪检监察机关和纪检监察干部的义务和职责。纪检监察政策将执纪与执法纳入共同的行动规则，将纪检监察机关和纪检监察干部纳入共同的行为框架，建立统一决策、一体运行的执纪执法权力运行机制。

（四）纪检监察政策的特点

纪检监察政策具有一定的权威性、普适性和时效性。（1）权威性。纪检监察政策是由纪检监察机关的领导机关制定和实施的，具有普遍约束力和强制性，是纪检监察机关和纪检监察干部履职中应当遵循的指导性规范。（2）普适性。普适性强调政策普遍地适用于同类对象或事物。纪检监察政策不是处理个案的临时性措施，它在政策制定者管辖范围内对所有纪检监察机关和纪检监察干部具有普遍适用性，是应当共同遵循的行为规范。（3）时效性。任何政策都是针对一定时空条件下特定问题而生成的。纪检监察政策也必然随着管党治党的形势和要求、纪检监察工作的形势、纪检监察工作目标任务的调整等而不断调整，或不断被新的更高权威的政策所替代，因此，纪检监察政策具有一定的时效性和针对性。

二、纪检监察政策的功能

政策的功能，是指政策在社会公共事务管理中的功效与作用。一般来讲，公共政策具有引导功能、规范功能、调控功能、分配功能。纪检监察政策在纪检监察工作中的功能也集中体现在这四个方面。

（一）引导功能

政策具有理念引导和价值选择的功能。纪检监察政策作为规范纪检监察工作的准则，对纪检监察机关和纪检监察干部具有重要的引导作用。纪检监察政策根据党和国家政策发展、社会环境变化和纪检监察工作需要，有针对性地提出一系列的价值观、执纪执法重点及策略，告诉纪检监察机关和纪检监察干部应当以什么为标准、以什么为准则，应当怎么做、不应当怎么做，将整个纪检监察队伍有效地纳入统一的明确的目标上来，使之按统一目标有序前进。特别是在面临价值冲突的情况下，这种理念引导和价值选择就显得尤为重要。

从引导方式来看，纪检监察政策主要有直接引导和间接引导两种功能。直接引导是指对纪检监察机关和纪检监察干部执纪执法活动和行为方式的引导。比如，二十届中央纪委四次全会指出："聚焦政治问题和经济问题交织的腐败案件，严惩以商养官、以官护商、官商一体等问题；着重抓好金融、国有企业、能源、消防、烟草、医药、高校、体育、开发区、工程建设和招标投标等权力集中、资金密集、资源富集领域系统整治，持续深化政商'旋转门'、'逃逸式辞职'治理。"这就是通过明确反腐败任务重点，为执纪执法活动提供具体指引。间接引导是指对执纪执法对象即案件当事人甚至包括所有党员、干部及监察对象产生的引导作用。比如《纪律检查机关监督执纪工作规则》规定，"把握政策、宽严相济，对主动投案、主动交代问题的宽大处理，对拒不交代、欺瞒组织的从严处理"。这个政策对所有党员、干部及监察对象的认错认罪态度及行为选择都有较大的影响。这种间接引导范围已经超越了纪检监察机关本身，对党组织、党员干部、公职人员都产生了一定影响。

（二）规范功能

纪检监察政策具有普遍约束力和强制性，能够规制、约束和修正纪检监察机关和纪检监察干部的既有行为模式，它包括正向要求和反向禁止。正向要求是指纪检监察政策通过正面激励，鼓励某种行为模式的出现频率，形成一种普遍性的、主导性的行为模式。比如，推进纪检监察干部专业化，具有专业能力的干部得到普遍的鼓励。反向禁止是指纪检监察政策通过负向规制，抑制某种行为模式的出现频率，压缩或遏制某种工作方式。比如，中央纪委国家监委反复强调安全文明办案，筑牢办案安全防线。规范功能通过鼓励、制约或禁止纪检监察机关和纪检监察干部做什么、不做什么以及怎么做，突出反映了纪检监察政策的权威性和强制性特征。

（三）调控功能

政策是公共权力机关实行治理的手段、工具和杠杆。而所谓治理，就是对各种社会关系加以调节和控制。纪检监察政策不仅约束和规制纪检监察机关和纪检监察干部的行为，还要告诉纪检监察机关和纪检监察干部应当先做什么、后做什么、重点做什么。比如，“四种形态”要求纪检监察机关要统筹运用好纪律和法律两把“尺子”，还要经常红脸出汗、咬耳扯袖，明确了工作重点。另外，在不同时期和不同历史阶段，纪检监察工作的重点和优先发展目标是不同的，处理各种矛盾的方式和节奏也是不同的。这就要求纪检监察政策必须根据形势发展，及时进行调整。比如，党的十八大后提出“当前要以治标为主，为治本赢得时间”，到提出“一体推进不敢腐、不能腐、不想腐”，强化标本兼治，再到党的二十大以来强调要在铲除腐败问题产生的土壤和条件上持续发力、纵深推进，这就是随着反腐败斗争形势的变化适时进行的纪检监察政策调整。

（四）分配功能

纪检监察政策对纪检监察机关的职权进行科学配置，将不同的职权配置到不同层级的纪检监察机关或部门，实现纪检监察权运行中各种要素的优化组合。比如，为科学分配纪检监察机关各个内设机构的权力和职能，《纪律检查机关监督执纪工作规则》强调要建立监督检查、审查调查、案件监督管理、案件审理相互协调、相互制约的工作机制，强化内部分工与制约。当然，凡是分配就必然涉及公平与效率的问题，根据纪检监察机关的政治属性，纪检监察政策追求的首先是公平，同时要兼顾效率。

三、纪检监察政策与其他规范之间的关系

深刻把握纪检监察政策的科学内涵、价值功能和作用机制，还必须理清它与党和国家政策、国家法律、党内法规之间的关系。

（一）纪检监察政策与党和国家政策的关系

纪检监察机关是政治机关，纪检监察政策与党和国家政策有着极为密切的关系，体现在以下几个方面：（1）党和国家的政策是制定纪检监察政策的依据。纪检监察工作是党和国家事业的重要组成部分，它的一系列政策必须以党和国家政策为依据，保证党的政治纲领和政治目标实现，而不能与之相抵触。（2）纪检监察政策是党和国家政策在纪检监察领域的具体化。纪检监察机关制定的政策，必须服从和服务于党和国家的中心工作，必须根据党和国家的政策，确定自己的发展战略和发展目标。纪检监察机关通过结合自身职责使命和工作实际，把党和国家的政策具体化，使之成为指导纪检监察工作的政策。比如，党中央提出新发展理念，推进高质量发展，推动构建新发展格局，中央纪委国家监委强调纵深推进新征程纪检监察工作高质量发展，为推进中国式现代化提供坚强保障，这就是党和国家方针政策在纪检监察领域的具体化。纪检监察政策与党和国家的政策具有高度一致性。（3）纪检监察政策是落实党和国家政策的相对独立的政策体系。纪检监察政策是专门为纪检监察工作制定的，具有相对独立的政策体系和作用范围。相比于党内和国家政策，纪检监察政策针对的是纪检监察工作实际，解决的是纪检监察工作面临的情况和问题，在内容上更加具体。

（二）纪检监察政策与国家法律的关系

法是调整社会关系的重要方法，但不是唯一方法。除了法律之外，还有政策、纪律、规章、道德、民约、公约、宗教规范及其他社会规范。在法治社会，纪检监察政策是保证纪检监察机关正确执行法律的辅助性手段。

具体来讲，纪检监察政策与国家法律的关系体现在以下方面：(1）纪检监察政策不能与法律相抵触。纪检监察机关的各项工作都必须在党内法规和国家法律的范围内活动，都必须遵守党内法规和国家法律的规定，不得与法律相抵触，不得超越法律的底线，不得违背法治精神，否则就可能构成对国家法治的破坏。(2）纪检监察政策是正确理解和适用法律的重要补充。法律具有一定的局限性，不可能对社会生活的任何方面都规范得事无巨细、面面俱到。在法律空间内，如何准确把握法律的精神，保证在执纪执法中正确适用法律，就有一个政策指导的问题。政策通过对法律的精神和内涵进行有效解释，发挥着重要的补充作用。(3）纪检监察政策能够有效弥补法律的滞后性。“法律作为规范，其内容是抽象的、概括的、定型的，制定出来之后有一定的稳定性。”① 法律不能频繁变动，不能朝令夕改，否则就失去了权威性和确定性。然而社会生活是具体的、易变的，法律不可能预先包容全部社会生活事实。这就使得法律不可避免地呈现出一定的不适应性和滞后性。而政策的灵活性、针对性和及时性特点，能够有效地弥补法律的这种不足。根据纪检监察工作面临的形势和任务以及新情况、新要

① 张文显主编：《法理学》（第四版），高等教育出版社、北京大学出版社 2011 年版，第 50 页。

求，纪检监察政策能够及时对纪检监察工作的方针、工作重点、重点策略等作出相应调整。特别是纵深推进纪检监察工作高质量发展，纪检监察工作面临一系列新的改革要求，工作内容日新月异，纪检监察政策的作用尤其突出。

（三）纪检监察政策与党内法规的关系

党内法规是党的中央组织以及中央纪律检查委员会、中央各部门和省、自治区、直辖市党委制定的体现党的统一意志、规范党的领导和党的建设活动、依靠党的纪律保证实施的专门规章制度。党章是最根本的党内法规，是制定其他党内法规的基础和依据。

纪检监察政策与党内法规两者相辅相成、有机配合，体现在以下几个方面：（1）纪检监察政策与党内法规有机配合。纪检监察政策体现了党内法规的要求，必须符合党内法规的原则和要求；同时，党内法规规定了纪检监察政策，比如，《纪律检查机关监督执纪工作规则》第4条专门规定了监督执纪的重要政策。（2）纪检监察政策是党内法规的重要补充。纪检监察政策根据党内法规的精神和要求，对党内法规的规定进行具体化和细化。（3）纪检监察政策及时写入党内法规。纪检监察政策成熟后，上升为制度规定，以党内法规的形式固化下来。比如，把党的纪律挺在前面、一体推进“三不腐”、“四种形态”等纪检监察政策逐步写入了党内法规。

四、纪检监察政策的分类

纪检监察政策是一个相对独立的体系，具有丰富的内容。根据其发挥作用及影响辐射的范围，可以把纪检监察政策分为总体纪检监察政策、基本纪检监察政策和具体纪检监察政策。

（一）总体纪检监察政策

总体纪检监察政策是指党中央和中央纪委国家监委制定的对整个纪检监察系统和纪检监察工作具有指导意义的政策。总体纪检监察政策是特定时期党和国家政策在纪检监察工作中的集中反映，具有权威性和最高层次性，决定着纪检监察工作的重心，体现着纪检监察工作在特定时期的总体发展战略，对其他纪检监察政策的制定和实施都具有指导意义。

总体纪检监察政策主要规定纪检监察工作的方针、总体要求、工作重心和发展基调等。它集中反映了一定时期纪检监察工作的定位和指向，决定了工作的发展方向、发展思路和方式方法，是一定时期全国纪检监察工作都必须遵循的准则。自改革开放以来，纪检监察机关根据每个时期面临的新情况新问题，立足当前、着眼长远，确定每个历史阶段的目标和工作重点。改革开放初期，针对党的组织、党员的党性观念、党的优良传统和作风遭受严重破坏的严峻形势，邓小平同志强调，纪律检查工作“更重要的是维护党规党法，切实把我们的党风搞好”。1980年11月，时任中央纪委第一书记陈云提出，“执政党的党风问题是有关党的生死存亡的问题”，抓作风建设是当时纪检工作的重中之重。党的十四大提出坚持“反腐败斗争”的重大战略，纪律检查工作提出重点抓“三项工作格局”，即领导干部廉洁自律、查办违纪违法案件、纠正部门和行业不正之风。党的十八大后提出反腐败“无禁区、全覆盖、零容忍”等。党的十九大以后，强调纪检监察工作必须坚持稳中求进工作总基调，实现新时代纪检监察工作高质量发展。党的二十大以来，强调纵深推进新征程纪检监察工作高质量发展。可以说，纪检监察政策的确定和调整是一个非常严肃的政策导向问题。纪检监察政策的每次发展变化，都体现了新形势新任务，体现了纪检监察工作实践和理论发展的最新成果，表达了党和国家对纪检监察工作的新要求新期待。

（二）基本纪检监察政策

基本纪检监察政策主要是指党中央和中央纪委国家监委制定的对某些方面的纪检监察工作具有普遍指导性意义的政策。基本政策反映了某些方面纪检监察工作的基本规律，解决带有普遍性和基础性的问题，是某个方面纪检监察工作最本质的要求。从某种意义上讲，基本政策比总体政策更具有稳定性的特点，基本纪检监察政策准确把握了纪检监察工作规律，本身具有长期有效性，不必随着总体纪检监察政策的更新而调整。比如，《纪律检查机关监督执纪工作规则》第 4 条规定中的“惩前毖后、治病救人”“把纪律挺在前面”“精准有效运用监督执纪‘四种形态’”“把思想政治工作贯穿监督执纪全过程”等；《监察法》第 6 条规定的“标本兼治、综合治理”等。这些都是监督执纪执法必须长期遵循的基本政策。它们深刻把握了纪检监察工作规律，对纪检监察工作具有十分重要的指导作用。

（三）具体纪检监察政策

具体纪检监察政策，是指总体纪检监察政策和基本纪检监察政策以外的所有纪检监察政策。从政策主体上看，它既包括党中央和中央纪委国家监委制定的总体政策和基本政策之外的纪检监察政策，也包括地方各级纪检监察机关制定的纪检监察政策。具体纪检监察政策是根据总体纪检监察政策和基本纪检监察政策，针对某项工作、某项任务、某类问题、某项改革等实际问题制定的，具有针对性强、反应迅速、见效快等特点。从政策内容上看，它包括纪检监察业务政策、纪检监察队伍建设政策、纪检监察保障政策等。

本书将重点选择对纪检监察工作具有重要指导意义的几项基本纪检监察政策进行阐述，包括：惩前毖后、治病救人；把党的纪律挺在前面；准确运用“四种形态”；一体推进不敢腐、不能腐、不想腐。

第二节　惩前毖后、治病救人

一、惩前毖后、治病救人的内涵

惩前毖后、治病救人是中国共产党的一贯方针，是我们党加强自身建设、管党治党的一条重要经验。“惩前毖后”一词，最早出自《诗经·周颂·小毖》，“予其惩而毖后患”，意为批判以前所犯的错误，吸取教训，使以后谨慎些，不致再犯。1942 年延安整风开始时，毛泽东同志在《整顿党的作风》的报告中首次提出了惩前毖后、治病救人的方针。毛泽东同志指出：“对以前的错误一定要揭发，不讲情面，要以科学的态度来分析批判过去的坏东西，以便使后来的工作慎重些，做得好些。这就是‘惩前毖后’的意思。”“对待思想上的毛病和政治上的毛病，决不能采用鲁莽的态度，必须采用‘治病救人’的态度，才是正确有效的方法。”[①] 后来，毛泽东同志又在《学习和时局》《论十大关系》等文章中，反复强调必须坚持好这项方针。改革开放后，党的十一届五中全会通过的《关于党内政治生活的若干准则》，在第十部分专门阐述了“正确对待犯错误的同志”问题，强调恢复并坚持好“惩前毖后、治病救人”方针。

惩前毖后、治病救人的要求体现在党章和党内法规中。党的十二大党章，专门增加了党的纪律一章，并把“惩前毖后、治病救人”的方针作为执行党的纪律的基本要求规定下来，一直沿袭至今。2015 年和 2018 年，党中央两次修订《党纪处分条例》，都把“惩前毖后、治病救人”作为党的纪律处分工作应当坚持的重要原则之一，规定“处理违犯党纪的党组织和党员，应当实行惩戒与教育相结合，做到宽严相济”。2016 年修订的《党内监督条例》，把“惩前毖后、治病救人”作为党内监督工作的重要原则。2019 年制定的《纪律检查机关监督执纪工作规则》把“惩前毖后、治病救人”作为监督执纪重要的政策规定下来。2021 年颁布的《纪律检查委员会工作条例》把“坚持惩前毖后、治病救人，实现政治效果、纪法效果、社会效果有机统一”作为纪律检查机关重要的工作原则规定下来。

具体到纪检监察工作，“惩前毖后、治病救人”强调的是，纪检监察机关既要严肃惩处严重违纪违法甚至涉嫌犯罪的党员、干部及公职人员，更要抓早抓小、防微杜渐，帮助教育党员、干部及公职人员少犯错误或者纠错改过、回归正道。

---

① 《毛泽东选集》（第三卷），人民出版社 1991 年版，第 827—828 页。

二、惩前毖后、治病救人的价值

（一）惩前毖后、治病救人是党加强自身建设的重要方针

“惩前”是为了“毖后”，“治病”是为了“救人”，这是我们党正确对待和处理犯错误同志的科学态度和有效方法，也是我们党政治成熟的重要标志[①]。管党治党一方面绝不能放过任何违纪违法者，另一方面又要着眼于救治和警示大多数干部，帮助那些犯了错误的党员改正缺点，给那些游走在纪律边缘、还没有形成质变的党员一个主动向党组织说明问题、收敛收手的机会。实践证明，坚持惩前毖后、治病救人，运用“团结—批评—团结”公式，开展批评和自我批评，实行惩戒与教育结合，是对严格执行党的纪律、严肃党内政治生活的规律性把握，是中国共产党通过解决自身问题达到巩固和发展党的团结统一的重要法宝。

（二）惩前毖后、治病救人是党对犯错误的同志的一贯方针

人非圣贤，孰能无过。正确地对待犯错误的同志，是保证党的事业兴旺发达的重要条件。对待犯错误的同志必须采取正确的态度和方法，一方面，不能因为错误难免，对犯错误的同志姑息迁就、放任自流；另一方面，也不能因为犯了某种错误，就揪住不放，“一棍子打死”或“置之死地而后快”，而应加强思想政治教育，循循善诱、耐心说服，主动帮助犯错误同志从思想和灵魂深处认错、说清问题、改正错误，帮其改正、改了就好，这是我们党对待和处理犯错误同志秉持的科学态度和方法。党的历史证明，只有坚持这个一贯方针，才能达到既严明纪律、又团结同志的目的。

（三）惩前毖后、治病救人目的是关心和爱护同志

毛泽东同志讲，“揭发错误、批判缺点的目的，好像医生治病一

---

① 《如何坚持惩前毖后治病救人方针　提升纪检监察干部政治本领和专业能力》，载《中国纪检监察报》2021 年 3 月 18 日。

样，完全是为了救人，而不是为了把人整死”，“任何犯错误的人，只要他不讳疾忌医，不固执错误，以至于达到不可救药的地步，而是老老实实，真正愿意医治，愿意改正，我们就要欢迎他，把他的毛病治好，使他变为一个好同志”。[①] 习近平总书记强调：“惩治，治是根本，惩是为了治。要通过加强纪律建设和纪检工作，管住纪律、看住权力，使干部向高标准努力，不犯或少犯错误特别是严重错误，这才是党组织对党员、干部最大的关心和爱护。”[②] “惩前毖后、治病救人”体现了对党员干部的严管厚爱，对犯错误的同志，不是视而不见、包庇纵容，不是无原则斗争、恨不能置之于死地，也不是得过且过，甚至故意“放水养鱼”，而是真正希望犯错误的同志能够及时改正错误，回归正道。通过教育和惩戒相结合，避免其在违纪违法的道路上愈陷愈深，真正体现对党员的严格要求和关心爱护。

三、惩前毖后、治病救人的实践运用

（一）运用好批评和自我批评这个武器

批评和自我批评是我们党强身治病、保持肌体健康的锐利武器，也是加强和规范党内政治生活的重要手段。习近平总书记指出：“我们共产党人开展自我批评，根本动力来自党性，来自对党和人民事业高度负责的精神。”[③] 通过批评和自我批评，揭露错误，使犯错误的同志不仅认识到自己的错误，而且意识到应当迅速改正错误，然后认真分析犯错误的思想根源、历史根源和社会根源，并从自己错误中研究出改正错误的办法，提高自己的思想觉悟，避免今后犯类似的错误。党员干部对待批评要有则改之、无则加勉，不能搞无原则的纷争。

（二）惩戒与教育相结合，宽严相济

《党纪处分条例》第 4 条第（五）项规定，党的纪律处分工作坚持

---

① 《毛泽东选集》（第三卷），人民出版社 1991 年版，第 828 页。

② 习近平：《论坚持党对一切工作的领导》，中央文献出版社 2019 年版，第 124 页。

③ 《习近平总书记论开展批评和自我批评》，载《中国纪检监察》2023 年第 18 期。

“惩前毖后、治病救人。处理违犯党纪的党组织和党员，应当实行惩戒与教育相结合，做到宽严相济”。《监察法》第5条规定，国家监察工作要“惩戒与教育相结合，宽严相济”。惩戒与教育相结合，宽严相济是惩前毖后、治病救人原则在纪检监察工作中的具体体现。纪检监察机关的执纪执法行为不仅是为了惩处，而且是为了教育与改造，纪检监察工作的惩戒作用与教育改造作用应当同时进行、不可偏废，通过惩治极少数、教育大多数。对违纪违法者，应综合考虑违纪违法问题的性质、发生时间节点、造成的后果和影响、认错悔错态度，以及配合组织审查、退缴违纪所得等情况，依纪依规、综合把握、合理分类，因人施策、酌情处理，做到错责相当、宽严相济，力求监督执纪实现政治效果、社会效果的最大化。

（三）挽救干部，团结同志

对犯错误、走弯路的同志不是单纯地“一处了之”“一罚了之”，更不能“一棍子打死”，而是行霹雳手段、怀菩萨心肠。通过加强思想政治工作，强化思想引导和教育感化，引导党员干部在思想上明白错在哪里、过在何处，对知错、悔错、改错的同志给政策、给出路，使他们能够纠正错误、改过自新①，更好地为党和国家事业贡献自己的力量。

（四）运用好“四种形态”

“四种形态”体现了惩前毖后、治病救人的要求，两者是有机统一的。习近平总书记指出：“我们总结党的历史经验和从严治党新要求，提出并实践监督执纪‘四种形态’，在高压震慑和政策感召下，一些犯错误甚至犯严重错误的干部，主动向组织讲清楚问题，得到宽大处理；一些游走在违纪边缘的干部受到警示，悬崖勒马、迷途知返；还有更多干部受到警醒，知敬畏、存戒惧、守底线，真正体现了党的政策和策

① 王珍：《在思想政治工作上用心用力》，载《中国纪检监察报》2017年7月4日。

略，体现对干部的最大关心和爱护。”[①] 通过把纪律和规矩挺在前面，强化日常管理监督，抓早抓小、动辄则咎，通过“四种形态”层层设防、层层屏障，使党员干部不犯或少犯错误特别是严重错误，这才是党组织对党员干部真正的关心和最大的爱护。

第三节　把党的纪律挺在前面

一、把党的纪律挺在前面的内涵

党的十八大以来，党中央提出“把党的纪律挺在前面”，这是纪检监察工作重要的政策。《党纪处分条例》第 4 条第（一）项规定：“加强对党的各级组织和全体党员的教育、管理和监督，把纪律挺在前面，抓早抓小、防微杜渐。”《纪律检查机关监督执纪工作规则》第 4 条强调监督执纪要“把纪律挺在前面”。

纪律是管党治党的尺子。“党要管党、从严治党，靠什么管，凭什么治？就要靠严明纪律。”[②] 党章规定：“党的纪律是党的各级组织和全体党员必须遵守的行为规则，是维护党的团结统一、完成党的任务的保证。”党的纪律通过明确的规范，调整党组织之间、组织与党员之间的关系；党的纪律适用于党的各级组织和全体党员，党纪面前人人平等，不允许有不受纪律约束和凌驾于党组织之上的特殊党员；党的纪律以党的意志为后盾，具有强制性，党的各级组织和党员不得触犯，违纪必受惩处。

把党的纪律挺在前面的核心是纪严于法、纪在法前，实现纪法分开和纪法衔接，这是党的十八大以来思想认识的一次飞跃，是管党治党的理念创新。（1）纪严于法。习近平总书记指出：“党的性质、宗旨都决

---

① 《习近平关于全面加强党的纪律建设论述摘编》，中央文献出版社 2024 年版，第 156 页。

② 《十八大以来重要文献选编》（上），中央文献出版社 2014 年版，第 764 页。

定了纪严于法、纪在法前。”[1] 任何一个组织的内部规则都比国家法律严格，我们党的先锋队性质决定了党规党纪必然严于国家法律。对于普通群众来讲，“法无禁止即可行”，但对党员来讲，还必须接受更为严格的纪律约束。党员加入党组织，意味着对党的阶级属性、根本宗旨和奋斗目标的高度认同，对党的纪律的自愿遵循。面对党旗的庄严宣誓，意味着党员为了党的理想，自愿进行“权利让渡”，对一般公民部分权利和自由的放弃。同时，党的先进性和执政党地位，决定了党员还要承担起高于一般公民的“义务增持”，对党忠诚，遵守党的纪律，违纪后接受党的处分等。这就是党员的“权利让渡”与“义务增持”。比如，普通公民参加封建迷信，应当对其说服教育，但对党员干部而言就是违反政治纪律的行为；违背公序良俗、搞婚外情、包养情人，对普通公民而言是违背道德的行为，对党员干部而言就是违反生活纪律的行为。（2）纪在法前。党员干部面前起码有三道防线，第一道防线是道德，第二道防线是党的纪律，第三道防线是国家法律。纵观腐败落马的官员，往往都是从破坏规矩、违反纪律开始，进而违法。纪律和法律具有作用效力上的时序性，纪律红线失守，往往是法律底线失守的预警信号，而法律底线被践踏，纪律红线必然荡然无存。因此，对党员违反党的纪律的行为，纪律应率先反应，对党员干部身上发生的苗头性、倾向性问题绝对不能放任自流，该提醒的要提醒，该组织处理的要组织处理，该纪律处分的要纪律处分，决不能养痈遗患。（3）实现纪法分开和纪法衔接。国家法律是全体公民包括党员和公职人员都应当严格遵守的行为规范，对那些属于国家法律调整范围并且已经制定有配套法律的事项，党内法规无须进行重复规定。党规党纪要体现自己的特点，着重规范政治纪律、组织纪律，保证党员坚定理想信念、保持优良作风、坚

① 《习近平关于全面加强党的纪律建设论述摘编》，中央文献出版社 2024 年版，第 151 页。

守道德情操。同时，党纪国法都是管党治党、治国理政的基本依据，目标一致、功能相同、优势互补，既不能把纪律和法律混为一谈，又不能把纪律和法律割裂开来，必须统筹好纪法分开和纪法贯通，把执纪和执法贯通起来，监督执纪和监察执法一体推进①。

具体到纪检监察工作，把党的纪律挺在前面强调的是，纪检监察机关必须明确职责定位，守住纪律这条底线，严格用党章党规党纪去衡量党员干部的行为，突出执纪特点，推动全面从严治党落到实处。

二、把党的纪律挺在前面的价值

（一）把党的纪律挺在前面是全面从严治党的必然要求

加强纪律建设是全面从严治党的治本之策。“我们党是用革命理想和铁的纪律组织起来的马克思主义政党，组织严密、纪律严明是党的优良传统和政治优势，也是我们的力量所在。”② 从严治党和严明党的纪律具有内在统一性。全面从严治党，首先要求“全面”，要求做到管党治党全方位、全覆盖。纪律就是管全部的，全面从严治党要靠纪律管全体，否则就不可能做到“全面”。党内存在的许多问题，往往是从违反党的规矩、违反党的纪律开始的。党的观念淡漠也是从党的纪律意识淡薄开始的。管党治党不仅要关注领导干部这个“关键少数”，还必须用严明的纪律管住“大多数”。

（二）把党的纪律挺在前面是源头防贪治腐的有力路径

组织涣散、纪律松弛是党内腐败问题滋生蔓延的根源。“一个人什么时候容易犯错误？就是以为自己万物皆备、一切顺利的时候，得心应手了就容易随心所欲，随心所欲而又不能做到不逾矩，就要出问题

---

① 王希鹏：《新时代党的纪律建设的重大理论、实践和制度创新》，载《中国纪检监察报》2024 年 6 月 20 日。

② 《习近平关于全面加强党的纪律建设论述摘编》，中央文献出版社 2024 年版，第 3 页。

了。”[①] 实践一再证明，腐败分子违法，无不是从违纪开始，党员干部最终出“大”问题，往往始于破坏“小”规矩。反腐败斗争要标本兼治，严明纪律规矩就是“挖根”治本之策。要通过把纪律和规矩挺在前面，抓早抓小、动辄则咎，守住纪律这条底线，把反腐败工作深入到了“破纪”之初，从源头上阻断不正之风和腐败滋生的通道。

（三）把党的纪律挺在前面是优化政治生态的必然要求

政治生态是一个地方、一个部门政治生活现状以及政治发展环境的集中反映。党员干部遵守执行纪律和规矩的情况，直接决定着政治生态的优劣。一段时间以来，一些地方腐败案件抓了不少，但政治生态并没有多大改观，一个重要原因就是把管党治党混同查处少数贪腐分子，只管了贪腐的少数，放过了其他多数。优化政治生态，不能“头痛医头”“脚痛医脚”，而是要防病于未发、治病于初萌。只有把纪律和规矩挺在前面，靠纪律全覆盖地管、全方位地治，才能保证整个“森林”的健康生态。

三、把党的纪律挺在前面的实践运用

（一）明确职责定位，用党章党规党纪衡量党员干部的行为

纪律检查机关是执纪机关，国家监察机关是执法机关，纪检监察机关合署办公，依然必须把党的纪律挺在前面。将“老虎”“苍蝇”绳之以法固然有震慑作用，但严肃党规党纪，抓“小节”，管住大多数同样重要。纪检监察机关要统筹运用纪法“两把尺子”，坚持执纪必严，用铁的纪律强化日常管理和监督，严肃查处违反党章党规的行为；同时，坚持纪法协同，依法监督公职人员严守立身为政的底线。

（二）纪法双施双守，突出执纪特色

纪检监察机关作为执纪执法机关，要查找党员、干部及公职人员在

---

① 《习近平关于党风廉政建设和反腐败斗争论述摘编》，中央文献出版社、中国方正出版社 2015 年版，第 38 页。

遵守党的纪律和国家法律方面存在的问题，实现纪法双施双守。特别是在线索处置、立案调查、审理报告等各环节中都要体现“把纪律挺在前面”的要求。在分析反映问题线索中，要更凸显对违反政治纪律和政治规矩、组织纪律等问题的重视，通过剖析，归纳出违纪的种类、特点、程度等，分析这些行为对党纪的破坏性，用党规党纪去对照、去丈量，依照纪律严肃处理。

（三）创新审查调查方式，抓早抓小

纪检监察机关必须树立正确的政绩观，摒弃“违纪只是小节、违法才去处理”的思维惯性，要有啄木鸟精神，对党员干部的违纪问题，即使情节轻微，或者是曾经习以为常的“小节”，都要及时处理，及时把“虫子”啄出来。发现违纪苗头要马上去管，触犯了纪律就要及时处理，守住纪律这条底线。要深入分析破纪破法关键点，健全立纪必教、有纪必学、执纪必严、违纪必究机制，划出“警戒线”、架起“高压线”，推动以纪为界、循纪而行、知纪而进[①]。

第四节　准确运用“四种形态”

一、“四种形态”的内涵

党的十八大以来，习近平总书记站在全面从严治党的战略高度，着眼解决新时代党的建设深层次问题，总结运用建党百年管党治党经验，创造性提出监督执纪“四种形态”。“四种形态”彰显抓早抓小、防微杜渐理念，体现纪严于法、纪在法前原则，贯彻惩前毖后、治病救人方针，落实宽严相济、严管厚爱要求，是以习近平同志为核心的党中央关于全面从严治党的重大理论、实践和制度创新[②]。

① 边学文：《坚决割除毒瘤、清除毒源、肃清流毒》，载《中国纪检监察》2025年第6期。

② 本报评论员：《以准确运用“四种形态”为导向严格纪律执行》，载《中国纪检监察报》2024年7月14日。

“四种形态”的内容是：经常开展批评和自我批评，及时进行谈话提醒、批评教育、责令检查、诫勉，让“红红脸、出出汗”成为常态；党纪轻处分、组织调整成为违纪处理的大多数；党纪重处分、重大职务调整的成为少数；严重违纪涉嫌犯罪追究刑事责任的成为极少数。伴随思想指引、实践发展，“四种形态”内涵不断深化、作用日益凸显，已经写入党章和《党内监督条例》《党纪处分条例》《纪律检查机关监督执纪工作规则》等一系列党内法规，并形成一个环环相扣、严密完整的逻辑体系。2024 年 7 月，中共中央办公厅印发《纪检监察机关准确运用“四种形态”实施办法（试行）》，首次以党内法规的形式对“四种形态”作出全面规定，标志着“四种形态”形成了重要的制度成果。

“四种形态”是新形势下管党治党的利器，是纪检监察机关执纪执法的重要遵循。（1）“四种形态”的前提是坚持严的基调。从政策上看，“四种形态”强调依规依纪依法，将严的基调长期坚持下去，一以贯之全面从严；从策略上看，强调分类施治、分层施策，统筹考虑、系统把握。（2）“四种形态”的功能定位是更好服从服务于全面从严治党。“四种形态”贯穿着全面从严治党的基本理念和具体要求，蕴含着多数与少数、量变与质变、严管与厚爱、惩治与挽救等深刻的辩证法，为管党治党提供了标尺。运用“四种形态”的根本目的是加强党的建设、深化党的自我革命、永葆党的先进纯洁，通过创新教育、管理、监督的理念思路，把管和治体现在日常，用严明的纪律管全党治全党[①]。（3）“四种形态”的要义是抓早抓小、防微杜渐。按照党员和公职人员犯错误性质和情节轻重，给以批评教育直至党纪政务处分，让“红红脸、出出汗”成为常态，党纪政务处分、组织调整成为管党治党、管权治权的重要手段，严重违纪违法、严重触犯刑律的党员和公职人员必

① 本报评论员：《以准确运用“四种形态”为导向严格纪律执行》，载《中国纪检监察报》2024 年 7 月 14 日。

须给予开除党籍或开除公职处分。(4)“四种形态”体现了标本兼治。“四种形态”既贯通规、纪、法，连接不敢腐、不能腐、不想腐，又着眼标本兼治，囊括教育警醒、惩戒挽救、惩治震慑等功能，推动监督执纪执法由“惩治极少数”向“管住大多数”协同并进。(5)“四种形态”的政策初衷是“惩前毖后、治病救人”，充分体现党的政策和策略，体现组织的关心和爱护，既让党员干部重视、警醒、知止，又激发其积极性、主动性、创造性，在严管厚爱中激励担当作为①。自提出并实践“四种形态”以来，一些犯错误的干部受到高压震慑和政策感召，主动向组织讲清问题，还有更多干部受到警醒，知敬畏、存戒惧、守底线，真正体现了党的政策和策略，体现了对干部的最大关心爱护②。(6)“四种形态”的主责是党委（党组）。推进全面从严治党、准确运用“四种形态”是全党的共同任务，根子在于抓实各级党委（党组）主体责任和书记第一责任人责任③。党要管党、从严治党是党组织的日常工作，批评教育、组织处理、纪律处分都是党章规定的党委应当承担的主体责任。“四种形态”为党委履行好主体责任提供了具体方法和工作抓手。

具体到纪检监察工作，“四种形态”强调的是，纪检监察机关必须将严的基调长期坚持下去，层层设防、分类施治、分层施策，在“治未病”上积极作为，在高压震慑上不放松，有效处置化解存量、强化监督遏制增量，综合发挥教育警醒、惩戒挽救、惩治震慑的功效，实现政治效果、纪法效果和社会效果相统一。

---

① 本报评论员：《以准确运用“四种形态”为导向严格纪律执行》，载《中国纪检监察报》2024 年 7 月 14 日。

② 韩思宁：《精准把握政策策略 深化运用“四种形态”》，载中央纪委国家监委网站，2023 年 7 月 6 日。

③ 本报评论员：《以准确运用“四种形态”为导向严格纪律执行》，载《中国纪检监察报》2024 年 7 月 14 日。

二、“四种形态”的价值

（一）“四种形态”体现了全面从严治党的要求

“四种形态”既有纪律防线，又有法律防线，是管党治党横向到边、竖向到底的重要体现，是真正的“全面”“从严”，体现了全面从严、一严到底的要求。“四种形态”布下了监督的天罗地网，根据每一种形态的界定标准，统筹考虑时间节点、问题性质、本人态度等因素，对积极配合、主动说清问题的从宽处理；对严重违纪需要追究党纪责任的，在审查过程中做好思想政治工作，促其认错、悔错、改错；对极少数严重违纪甚至涉嫌违法，但仍执迷不悟、对抗欺瞒组织的，依纪依法严肃处理。[①] 通过层层设防，既用纪律标准来教育管住全体党员特别是“关键少数”，又用纪律和法律戒尺来追究惩处违纪违法的党员干部和公职人员，真正体现了全面从严治党的要求。

（二）“四种形态”体现了反腐败系统施治、标本兼治的要求

“四种形态”真正把纪律规矩立起来、严起来，执行到位，守住党纪这第一道防线，把反腐败工作提前到了“破纪”之初，从而有效地加强了源头管治，大量地消除产生腐败的萌芽，“在问题发展的每一个环节都及时纠正，防止干部从小错到大错、从量变到质变，在错误的道路上越滑越远”[②]。有效地遏制腐败增量，并为减少腐败存量创造更好的条件。从好人到罪犯之间有一个广阔的空间，如果不用纪律法律去管住这么一个空间，就会形成一个巨大的灰色地带。运用“四种形态”，把纪律挺在前面，把监督挺在前面，很大程度管住了反腐败的空白，管住了腐败萌芽滋生之地。

（三）“四种形态”体现了“惩前毖后、治病救人”的要求

“四种形态”是防止“好同志”变成“阶下囚”的重要手段，是

---

① 傅奎：《深化运用监督执纪“四种形态”》，载《中国纪检监察》2018 年第 3 期。

② 本报评论员：《以准确运用“四种形态”为导向严格纪律执行》，载《中国纪检监察报》2024 年 7 月 14 日。

防范“破窗效应”的因应之策，是爱护党员干部、保证党的肌体健康的关键一招。习近平总书记深刻指出：“党的十八大以来，我们坚持真管真严、敢管敢严、长管长严，坚持把纪律挺在前面，坚持纪严于法、纪在法前，运用监督执纪‘四种形态’，以高压态势作为坚强后盾，在用好第一种形态上下功夫，强化日常管理监督，发现问题及时谈话函询、提醒纠正，让党员、干部真切感受到严管就是厚爱、治病为了救人，更加相信组织、信赖组织，更加严格地要求自己。”①通过咬耳扯袖、红脸出汗，拉起防止犯错误的“第一道防线”；通过党纪政务轻处分和组织处理，守住防止犯大错误的“第二道防线”；通过党纪政务重处分和重大职务调整，筑牢防止犯罪的“第三道防线”，以避免党员和公职人员陷入违法犯罪深渊。这才是对党员和公职人员的真正关心和爱护。

三、监督执纪“四种形态”的实践运用

（一）准确运用第一种形态

第一种形态即“经常开展批评和自我批评，及时进行谈话提醒、批评教育、责令检查、诫勉，让‘红红脸、出出汗’成为常态”。第一种形态主要适用于党员干部和公职人员有政治、思想、工作、生活作风、纪律等方面苗头性、倾向性问题或者轻微违纪违法问题的，或者有一般违纪违法问题但具备免予、不予处分等情形的行为。习近平总书记深刻指出：“要在用好第一种形态上下更大功夫，干部有问题就要批评、教育、处理，多积尺寸之功，常咬耳朵、常扯袖子；对属于一般性问题、能如实说明的予以了结，向本人反馈澄清，帮助干部放下包袱轻装上阵；被谈话函询的党员、干部，要在民主生活会上把情况讲清楚、

① 《习近平关于全面加强党的纪律建设论述摘编》，中央文献出版社 2024 年版，第 155 页。

说明白，体现党内政治生活的严肃性。”[1]充分运用第一种形态，关键是做细做实日常管理监督，常态化开展批评和自我批评，咬耳扯袖、红脸出汗，及时纠正苗头性、倾向性问题，让党员干部习惯在受监督和约束的环境中工作生活。坚持教育在先，对犯错误同志进行触及灵魂的思想教育，促使其发自内心知错悔错改错，不搞不教而诛，真正做到教育人、帮助人、挽救人[2]。

从广义来讲，各级党组织开展的提醒谈话、诫勉谈话、批评教育、个别约谈、集体谈话等都属于第一种形态的范围。比如，《党内监督条例》第21条规定：“坚持党内谈话制度，认真开展提醒谈话、诫勉谈话。发现领导干部有思想、作风、纪律等方面苗头性、倾向性问题的，有关党组织负责人应当及时对其提醒谈话；发现轻微违纪问题的，上级党组织负责人应当对其诫勉谈话，并由本人作出说明或者检讨，经所在党组织主要负责人签字后报上级纪委和组织部门。”这些都属于广义的第一种形态范畴。

第一种形态处理处分的种类方式包括：谈话提醒、批评教育、责令检查、诫勉、其他批评教育类处理。

（二）准确运用第二种形态

第二种形态即“党纪轻处分、组织调整成为违纪处理的大多数”。第二种形态的适用情形是，党员、干部和公职人员有一般违纪违法问题，或者违纪违法问题严重但具有主动交代等从轻、减轻处分情形。第二种形态的核心要义是，对违反党的纪律和国家法律的行为，只要一发现就要根据违纪违法行为的性质、情节及造成的后果，及时作出党纪政务轻处分或组织处理。相对被重处分的党员干部和公职人员而言，此类

---

① 《习近平关于全面加强党的纪律建设论述摘编》，中央文献出版社2024年版，第156页。

② 本报评论员：《以准确运用“四种形态”为导向严格纪律执行》，载《中国纪检监察报》2024年7月14日。

情况应该成为“大多数”，这也体现了对党员干部和公职人员从严管理、从严要求，有利于防止小错变成大错①。

第二种形态处理处分的种类方式包括：依规依纪依法给予党纪政务轻处分，或者建议单处、并处停职检查、调整职务、责令辞职、免职、其他组织调整类处理。其中，党纪轻处分包括：警告、严重警告；政务轻处分包括：警告、记过、记大过、降级。

（三）准确运用第三种形态

第三种形态即“党纪重处分、重大职务调整的成为少数”。第三种形态的适用情形是，党员、干部和公职人员有严重违纪违法问题。第三种形态的核心要义是，对构成严重违纪违法的党员干部和公职人员，必须及时给予重处分、作出重大职务调整，这体现了对党员干部和公职人员的最后挽救。纪检监察机关在事实既定、纪法明晰的前提下，综合考虑违纪违法性质情节和认错悔错态度，把握政策界限，区分不同情况，给予不同处置，做到宽严相济、精准得当。

第三种形态处理处分的种类方式包括：依规依纪依法给予党纪政务重处分，同时建议给予降职、解除人事关系或劳动关系、改组或者解散党组织、其他重大职务职级待遇调整类处理。其中，党纪重处分包括：撤销党内职务、留党察看、开除党籍；政务重处分包括：撤职、开除。

（四）准确运用第四种形态

第四种形态即“严重违纪违法涉嫌犯罪追究刑事责任的成为极少数”。第四种形态的适用情形是，党员、干部严重违纪并且涉嫌构成犯罪应当追究刑事责任。第四种形态的核心要义是，对触犯刑法应该追究刑事责任的严重违纪违法人员，除通过纪律处分予以惩戒外，要坚决追

---

① 钟纪晟：《准确理解和把握监督执纪“四种形态”》，载《中国纪检监察报》2016年1月27日。

究刑事责任，依法严厉打击，及时铲除党内毒瘤、“拔烂树”，净化党员队伍，保持党的健康肌体。腐败表面上是经济问题，本质上是政治变质，实质是对党和人民赋予权力的背叛。我们党与腐败水火不容，反对腐败、建设廉洁政治是我们党的一贯立场和态度。针对严重违纪、涉嫌犯罪的，果断用好第四种形态，依纪依法严肃惩处，以零容忍的警醒、零容忍的力度，把惩治腐败作为有效监督的强大后盾，确保底线常在、“后墙”坚固。

第四种形态处理处分的种类方式包括：给予开除党籍处分，同时依法给予开除公职、调整或者取消其享受的待遇等处理，再移送司法机关依法追究刑事责任。

（五）在精准定性量纪执法中深化运用“四种形态”

“纪律是戒尺，‘四种形态’是刻度。”①纪检监察机关在实践中应当依规依纪依法、精准有效运用“四种形态”，实现纪法情理贯通融合。

1. 坚持实事求是。事实清楚、定性准确是对纪检监察工作的基本要求，“要充分体现实事求是，准确定性量纪执法，统筹把握不同情况给予处置，做到精准得当，毋枉毋纵”②。纪检监察机关必须坚持一切从实际出发，一就是一、二就是二，“坚持从实际出发，该适用哪种形态就适用哪种形态”③，力求精准有效防止出现事实和性质认定不准、政策法规适用不当、执纪执法尺度不一、处理畸轻畸重等问题。

---

① 本报评论员：《以准确运用“四种形态”为导向严格纪律执行》，载《中国纪检监察报》2024 年 7 月 14 日。

② 《李希在二十届中央纪委常委会第十一次集体学习时强调 准确运用“四种形态”以高质量监督执纪执法纵深推进全面从严治党》，载《中国纪检监察报》2024 年 7 月 13 日。

③ 《〈中国共产党纪律检查机关监督执纪工作规则〉释义》，中国方正出版社 2019 年版，第 47 页。

2. 严格依规依法。精准区分纪、法、罪的界限，属于什么性质问题就按什么性质对待，既不能片面夸大，也不能人为缩小。对经过综合考虑可以从宽处罚、从轻处理的案件，也必须依规依纪依法，不能在规定之外随意变通，更不能在违纪违法行为查处、证据适用、性质认定等方面“偷工减料”、任意裁剪。

3. 注重综合研判。综合考虑违纪违法行为的错误性质、情节后果、主观态度、补救措施等因素，历史地、辩证地、全面地进行分析研判。“既注重掌握党员干部个人主客观情况，又注重把握其所在地区、部门或单位政治生态历史和现状，还注重评估违纪违法行为对政治生态的影响，切实把非结构性因素与结构性因素有机统一起来。”[①]“要区别主观恶性大小，看是明知故犯还是无心之过、是肆意违规还是试错之过、是蓄意谋私还是因公之过。把这些因素都考虑进去，才能作出既符合纪法、又兼合情理的判断。”[②]

4. 实现惩前毖后、治病救人。突出严管厚爱结合、激励约束并重，“准确把握纪法、事实两个定量，充分考虑审查调查对象态度这个变量，真正将党的政策和策略体现到案件处理当中”。如果被调查人具有一贯表现良好、初次违纪、危害轻微、积极认错悔罪等情节，应当按照惩前毖后、治病救人的方针，酌情从轻、减轻或者免予处分。总之，既不能简单化、搞“惩办主义”，又不含糊敷衍、包庇纵容，做到当宽则宽、该严则严，罚当其过、令人信服，既要让那些真心认错悔错改错、思想和行动都彻底转变的人得到从轻、减轻处罚，感激党挽救的恩情，又要防止从宽处罚无边、从轻处理无度，超越纪法的“大笼子”[③]。

---

① 夏红民：《把握政策策略　精准运用“四种形态”》，载《中国纪检监察》2021年第3期。

② 王常松：《以实事求是为基础　把纪法情理贯通起来》，载《中国纪检监察》2021年第3期。

③ 《提高案件审理质量　切实加强沟通协调》，载《中国纪检监察报》2019年7月17日。

5. 注重综合效果有机统一。党员干部在改革创新的实践中，犯错误在所难免，关键要严格划分“失误、错误”与“违纪、违法”的界线[①]。营造干事创业良好氛围，树立重实干、重实绩的用人导向，充分调动广大干部的积极性主动性创造性，在每一个案件处理上实现政治效果、纪法效果、社会效果有机统一[②]。总之，通过准确把握从严管理监督和鼓励担当作为内在统一的关系，进一步明方向、立规矩、正风气、强免疫，充分调动保护党员干部积极性、主动性、创造性，汇聚起团结奋斗的强大正能量。

第五节　一体推进不敢腐、不能腐、不想腐

一、一体推进不敢腐、不能腐、不想腐的内涵

一体推进不敢腐、不能腐、不想腐（以下简称“一体推进‘三不腐’”）是我们党在管党治党实践中形成的基本经验、基本原则和基本要求，是反腐败斗争的基本方针，也是新时代全面从严治党的重要方略。一体推进“三不腐”深刻揭示了标本兼治、系统施治的反腐败基本规律，丰富了党的自我革命战略思想，开辟了从严管党治党新境界，充分彰显了我们党勇于自我革命的最鲜明品格和最大政治优势，具有重大而深远的政治意义、历史意义、理论意义和实践意义[③]。

随着全面从严治党、反腐败斗争持续深入，习近平总书记深入阐释“三不腐”的内在联系，明确一体推进的基本原则、方法策略，推动一体推进“三不腐”理论、实践和制度创新。2019 年 1 月，在十九届中央纪委三次全会上提出，“不敢腐、不能腐、不想腐是一个有机整体，

---

① 韩思宁：《精准把握政策策略　深化运用“四种形态”》，载中央纪委国家监委网站，2023 年 7 月 6 日。

② 房灵敏：《坚持系统观念凝聚监督合力》，载《中国纪检监察》2021 年第 3 期。

③ 钟纪言：《提高一体推进“三不腐”能力和水平　全面打赢反腐败斗争攻坚战持久战》，载《中国纪检监察报》2022 年 7 月 14 日。

不是三个阶段的划分，也不是三个环节的割裂。要打通三者内在联系”。2019 年 10 月，党的十九届四中全会明确把构建一体推进不敢腐、不能腐、不想腐体制机制，纳入坚持和完善中国特色社会主义制度、推进国家治理体系和治理能力现代化战略部署。2020 年 1 月，在十九届中央纪委四次全会上强调，“一体推进不敢腐、不能腐、不想腐，不仅是反腐败斗争的基本方针，也是新时代全面从严治党的重要方略”。2021 年 1 月，在十九届中央纪委五次全会上提出，“要坚定不移推进反腐败斗争，不断实现不敢腐、不能腐、不想腐一体推进战略目标”。2022 年 6 月，在中央政治局第四十次集体学习时的重要讲话中提出，“要加深对新形势下党风廉政建设和反腐败斗争的认识，提高一体推进不敢腐、不能腐、不想腐能力和水平”。党的二十大报告强调：“坚持不敢腐、不能腐、不想腐一体推进，同时发力、同向发力、综合发力。”2024 年 1 月，习近平总书记在二十届中央纪委三次全会上强调：“坚持一体推进不敢腐、不能腐、不想腐，深化标本兼治、系统施治，不断拓展反腐败斗争深度广度。”2025 年 1 月，习近平总书记在二十届中央纪委四次全会上强调，一体推进不敢腐、不能腐、不想腐，坚决打好这场攻坚战、持久战、总体战。从反腐败斗争基本方针到全面从严治党重要方略，从构建体制机制、实现战略目标到取得更多制度性成果和更大治理成效，从打通三者内在联系到提高一体推进“三不腐”能力和水平，再到强调“深化标本兼治、系统施治”，党中央把反腐败斗争纳入党和国家监督体系、融入中国特色社会主义制度和国家治理体系中，从顶层设计上思考谋划一体推进“三不腐”的有效举措、长久之策，深刻阐明了一体推进“三不腐”的基本原则、战略重点、方法路径，指引着中国特色反腐败之路行稳致远。

一体推进“三不腐”是一个由多个参与主体、多类制度措施、多重作用机制构成的综合系统。它在主体上包括党内监督主体、国家机关监督主体和社会监督主体；在层级上包括从中央到地方各个层级；在措施上包括纪律、法治、威慑、制度、监督、约束、认知、觉悟、文化；在作用机制上包括内因和外因、自律和他律、治标和治本。其中，不敢腐是前提，指的是震慑和高压，解决的是腐败成本问题，体现的是组织的主导和治理；不能腐是关键，指的是制度和约束，解决的是腐败机会问题，体现的是组织主导和他律；不想腐是根本，指的是觉悟和文化，解决的是腐败动机问题，体现的是自我约束。三者相辅相成，任何一方面滞后，都会影响反腐败整体进程和综合效果，必须同向发力，实现效应叠加。[①]

具体到实践中，一体推进不敢腐、不能腐、不想腐强调的是，纪检监察工作必须科学把握“惩、治、防”辩证统一关系，坚持标本兼治、系统施治，将正风肃纪反腐与深化改革、完善制度、促进治理贯通起来，用“全周期管理”方式，打通不敢腐、不能腐、不想腐三者内在联系，惩治震慑、制度约束、提高觉悟一体发力，努力取得更多制度性成果和更大治理成效。

二、一体推进不敢腐、不能腐、不想腐的价值

（一）一体推进“三不腐”贯彻了马克思主义基本原理

习近平总书记反复强调要增强全面从严治党、反腐败的系统性，强调“不敢腐、不能腐、不想腐是一个有机整体”。系统观是马克思主义世界观的重要组成部分，是马克思主义辩证唯物主义在科学方法论上的体现。马克思讲道，“现在的社会不是坚实的结晶体，而是一个能够变化并且经常处于变化过程中的有机体”[②]。恩格斯用辩证法阐述了系统思维的重要性，“因为辩证法在考察事物及其在观念上的反映时，本质上是从它们的联系、它们的联结、它们的运动、它们的产生和消逝方面

① 苗庆旺：《构建一体推进不敢腐、不能腐、不想腐体制机制》，载《中国纪检监察报》2019 年 12 月 19 日。

② 《马克思恩格斯选集》（第二卷），人民出版社 2012 年版，第 84 页。

去考察的”[1]。全面从严治党和腐败治理是一项系统工程，是各个领域、各类要素的综合反映和系统呈现，不是通过某几个领域和环节的治理措施简单相加或机械地采取某一项措施就得以有效治理，必须通过系统治理、一体推进才能取得整体效果和治理合力。

一体推进“三不腐”运用了马克思主义辩证唯物主义特别是贯穿其中的系统方法。按照一体推进的要求，“三不腐”不是简单停留在传统意义上对不敢腐、不能腐、不想腐等进行“分门别类”式的探究，而是按照系统思想、观点和方法解决好当前突出存在的系统不健全、措施不配套、制度不衔接、工作不协调等问题，把握好惩治与防范、治标与治本、阶段性与连续性的关系，通过系统谋划、一体推进、同向发力，实现集成效应。

（二）一体推进“三不腐”体现了国家治理体系和治理能力现代化的核心要求

一体推进“三不腐”的核心是“一体”。现代治理的核心价值就是协同与一体。一体是指关系密切，协调统一为一个整体，强调“异质同构或异质整合（创新），这里的一体、统一的一，是有机整体大于部分之和的一，是 1+1>2”[2]。现代社会呈现出从单行、直接治理向双向、互动治理转变的趋势。这种注重过程互动的治理，其运行依赖于多元主体、不同作用场所、多个空间尺度以及多项政策措施的综合作用。习近平总书记在党的二十大报告中强调：“万事万物是相互联系、相互依存的。只有用普遍联系的、全面系统的、发展变化的观点观察事物，才能把握事物发展规律。”系统治理是提高治理效能的基础和关键，实现治理现代化的关键是实现多元治理主体的良性互动与共商共治。一体推进“三不腐”遵循了现代治理基本原理和规律，构建出一个环环相

---

① 《马克思恩格斯选集》（第三卷），人民出版社 2012 年版，第 397 页。

② 袁玉立：《多元一体：中庸的政治哲学意蕴》，载《中州学刊》2005 年第 5 期，第 136 页。

扣、同向发力的治理系统。一体推进“三不腐”强调，在治理体系上，实现党统一领导、系统集成、有机贯通；在治理能力上，增强治理的协同性、治本性、高效性；在治理路径上，推动全面从严治党和腐败治理的顶层设计的科学有效、治理主体的协同配合、治理机制的统筹联动、治理效果的联动集成。这是国家治理理论在全面从严治党和腐败治理领域率先实践的成功范本。

（三）一体推进“三不腐”是健全全面从严治党体系的科学路径

健全全面从严治党体系是管党治党全面系统布局、协同高效推进的必然要求，是党的二十大提出的加强新时代党的建设伟大工程的重大举措。习近平总书记强调：“全面从严治党体系应是一个内涵丰富、功能完备、科学规范、运行高效的动态系统。健全这个体系，需要坚持制度治党、依规治党，更加突出党的各方面建设有机衔接、联动集成、协同协调，更加突出体制机制的健全完善和法规制度的科学有效，更加突出运用治理的理念、系统的观念、辩证的思维管党治党建设党。”全面从严治党向纵深推进，必须更加注重治本、更加突出治理、更加体现系统、更加着眼长远，这对治理策略提出了新的要求。一体推进“三不腐”是健全全面从严治党体系的“金钥匙”。

一体推进“三不腐”具有以下优势：一是突出引领性治理。更加发挥全面从严治党在党的建设和“五位一体”总体布局中的统领地位和牵引功能，保障中国特色社会主义制度行稳致远。二是突出整体性治理。一体推进“三不腐”要求进行整体性的顶层设计，对全面从严治党的战略定位、战略目标、战略步骤和战略举措进行谋划与周密部署。三是突出协同性治理。全面从严治党是多主体协同行动，按照一体推进“三不腐”要求，必须以党内监督为主导，形成党内监督、国家机关监督、社会监督协同推进、上下联动的全面从严治党治理体系。四是突出联动性治理。全面从严治党作为一项系统工程包含着若干子系统，每个子系统又包括若干系统要素，必须关注各个子系统之间、各个要素之间、各项措施之间的关联性与耦合性，使各项改革举措在政策取向上目标一致、在实施过程中相互促进、在改革成效上相得益彰，避免内耗与抵牾。

（四）一体推进“三不腐”是中国特色反腐败之路的战略路径

反腐败斗争必须坚持整体思维，标本兼治、系统施治。形势决定任务。面对一个阶段严峻复杂的反腐败斗争形势，必须果断减少存量、遏制增量，重点治标，通过严厉惩治，坚决遏制腐败蔓延势头，为治本赢得时间、创造条件；随着反腐败斗争形势的好转，必然要求由治标为主向标本兼治转变，铲除腐败问题产生的土壤和条件。只有坚持依法严厉惩治、形成不敢腐的惩戒机制和威慑力，坚持完善法规制度、形成不能腐的防范机制和预防效果，坚持加强思想教育、形成不想腐的自律意识和思想道德防线，三者综合发力、相互配合，才能有效铲除腐败现象的生存空间和滋生土壤。一体推进不敢腐、不能腐、不想腐，坚持了整体渐进与局部突破相结合的原则，形成发现一起、查处一起，动态清除、常态惩治的运行机制，建立起严厉惩治、规范权力、教育引导紧密结合的制度规范体系，形成了一个既相互作用、相互融合又环环相扣、层层递进的反腐防腐机制①，这是中国特色反腐败斗争道路的战略选择。

三、一体推进不敢腐、不能腐、不想腐的实践运用

（一）始终保持惩治腐败高压态势

保持惩治腐败高压态势，是一体推进“三不腐”的前提，是不可松动的“后墙”。没有“不敢”的震慑，“后墙”就会松动，就不可能有不能腐、不想腐。

习近平总书记在二十届中央纪委四次全会上强调，“当前反腐败斗争形势仍然严峻复杂。腐败存量尚未清除，增量还在持续发生，铲除腐

① 孙新阳：《一体推进不敢腐不能腐不想腐》，载《中国纪检监察报》2018 年 7 月 26 日。

败滋生土壤和条件任务仍然艰巨繁重”。反腐败斗争已经进入深水区，面临的任务更加艰巨复杂，必须对腐败的顽固性和危害性保持高度警醒，对反腐败斗争的新情况新动向保持清醒认识。要坚持首先从政治上看、从政治上抓，持续盯住、及时发现、着力解决“七个有之”问题，把严惩政商勾连的腐败作为攻坚战重中之重，坚决打击以权力为依托的资本逐利行为，坚决防止各种利益集团、权势团体向政治领域渗透①。要密切关注反腐败斗争呈现的新情况新动向，紧盯影子公司、影子股东、政商旋转门等新型腐败、隐性腐败，针对权力变现期权化、风腐交织一体化等新问题加大惩治力度。坚持个案查处与系统整治相结合，深化整治权力集中、资金密集、资源富集领域的腐败，清理风险隐患。坚持向基层延伸，坚决惩治群众身边腐败问题，让群众有更多获得感。反腐败斗争是一场输不起也决不能输的重大政治斗争，容不得半点松懈和停顿，必须保持足够的战略定力，做好长期斗争的充分准备，坚决打赢反腐败斗争攻坚战持久战总体战。

（二）深化标本兼治、系统施治，铲除腐败问题产生的土壤和条件

习近平总书记强调，新征程反腐败斗争，必须在铲除腐败问题产生的土壤和条件上持续发力、纵深推进，推动防范和治理腐败问题常态化、长效化。腐败是一种复杂的社会现象，有着历史、文化、经济、社会、制度、生态等多方面的土壤和条件，一体推进“三不腐”必须深入把握腐败现象产生的内在机理，坚持标本兼治、系统施治的反腐败基本规律，不断拓展反腐败斗争深度广度，推动防范和治理腐败问题常态化、长效化。要健全权力配置和运行制约机制，聚焦定政策、作决策、审批监管等关键权力，科学分解权力，完善制衡结构，将各项权力从内部按照一定的规则进行分解，并在权力主体之间建立相互约束机制，确

---

① 钟纪言：《下大气力铲除腐败滋生的土壤和条件》，载《中国纪检监察报》2024年3月28日。

保每项权力运行都具有严明的规则、规范的程序、清晰的界限、明确的责任、周延的监督、有效的制约，最大限度防止权力主体的专断和权力滥用。要进一步深化各领域体制机制改革，压实职责部门承担的改革责任，促进完善公共资源配置、公共资产交易、公共产品生产等领域市场运行机制，加快新兴领域治理机制建设，推动相关领域抓紧建章立制、补齐短板，从制度层面压缩权力寻租空间、斩断利益输送链条。要更加突出制度建设，围绕一体推进不敢腐、不能腐、不想腐，推进作风建设常态化长效化等完善基础性法规制度，健全加强对“一把手”和领导班子监督配套制度①。要坚持用法治思维和法治方式惩治腐败，完善惩治贪污贿赂和渎职侵权犯罪法律法规，规范公职人员从政行为方面的法律规定，健全防范腐败分子外逃和追逃追赃机制，制定反跨境腐败法，形成与坚决惩治腐败和有效防治腐败要求相适应的法律法规体系。

（三）不敢腐、不能腐、不想腐同向发力

一体推进不敢腐、不能腐、不想腐的关键在于“一体推进”，打通三者内在联系。在推进“不敢腐”的时候，突出“不能腐”和“不想腐”的功能和作用，在推进“不能腐”和“不想腐”的时候，始终保持“不敢腐”的高压态势，实现三者“你中有我、我中有你”。比如，在推进“不敢腐”时，注重发挥“不能腐”和“不想腐”的作用，通过以案促改，及时堵塞体制机制漏洞，用理想信念和党的政策教育转化审查对象，使其真心认错悔错改错，回到正途上来。在推进“不能腐”时，借鉴“不敢腐”和“不想腐”的有效做法，深入研究案件查办中发现的体制机制漏洞，研究人的心理活动和思想认识规律，使各项制度建设和监督措施更具针对性。在推进“不想腐”时，注重发挥“不敢

① 钟纪言：《下大气力铲除腐败滋生的土壤和条件》，载《中国纪检监察报》2024年3月28日。

腐”的威慑和“不能腐”的约束，强化党性党风党纪教育，重视发挥反面典型警示作用，注重把加强教育融入各项制度规范之中，增强全党全社会遵纪守法意识。

（四）运用“全周期管理”方式

一体推进“三不腐”是一项系统工程，要运用“全周期管理”方式，推动各项措施在政策取向上相互配合、在实施过程中相互促进、在工作成效上相得益彰。“全周期管理”方式要求将腐败治理系统看作一个动态的有机生命体，注重从结构功能、系统要素、过程结果等层面进行全周期统筹和全过程整合，推动构建从前期预警研判、中期应对执行到后期复盘总结始终协同配合、系统有序、运转高效的闭环链条，以问题推动查补漏洞、以案件促进整改整治、以典型案例开展警示教育，进一步提升了反腐败工作的系统性和科学性。要强化全流程管控，在环环相扣的腐败治理中，顶层设计指令统一、目标清晰，中观层面权责明确、条块畅达，微观层面执行有力、信息共享，实现治理整体化、接续化供给。要强化跨区域协同，各类治理主体打破部门分割和行业利益之藩篱，在地域联动、人员合作、部门协同、资源互补、经验分享等方面实现立体化统筹和系统化交互。要强化差异化治理，依据各领域腐败发生发展规律，聚焦重点问题、重点领域，就腐败治理中不同层次、领域面临的难点、热点、堵点、风险点予以分级评估、分类管理、精准施策。要强化全要素统合，按照“一盘棋”的原则进行资源的全域调配。

思考题：

1. 怎样理解纪检监察政策与党和国家政策的关系？
2. “四种形态”的内涵与准确运用？
3. 一体推进不敢腐、不能腐、不想腐的内涵与科学运用？

第三编　组织结构

第八章　纪检监察机关的机构设置

纪检监察机关的组织结构是纪检监察权有效运行的组织载体，是指各级纪检监察机关之间、纪检监察机关内设机构之间及其与纪检监察干部之间的基本关系。它使纪检监察系统形成一个有机的组织体系，保证纪检监察权的有效运行。

第一节　概　　述

机构设置是组织结构的重要组成部分。纪检监察机关机构设置是指在党和国家监督体系中，各级、各类纪检监察机关如何建制，包括中央和地方各级纪检监察机关及其派驻机构、基层纪检机关的设置。

任何一个国家和政党专门监督机关的机构设置，都绝不是随意的。它应当遵循监督权和制约权运行的基本规律，符合本国政治体制和政党结构，并借鉴外国的先进经验，作出最优选择。

一、监督权与制约权的体制差异

监督和制约，是现代政治控权制度的两种基本方式。虽然实践中我们常常将两者混为一谈，但实际上，监督权和制约权作为两种不同的权力运行逻辑，有其各自的作用方式和功能机理，它们对组织结构、领导体制和机构设置的要求也是不同的。

（一）对权威性的要求不同

作为两种不同的控权制度，监督制度与制约制度在权力配置、权力运行等环节都具有各自的特点。总体而言，监督是权力委托主体对权力代理主体的控制，以保障权力行使符合委托意图，监督制度下权力代理主体可以拥有完整事权，只有在违背委托意图时，才会受到制裁。而制约则是通过权力主体之间的相互钳制，防止任何一方滥用权力，同时也意味着任何一个权力主体都无法独自完成整个事项，需要在协商与妥协中进行。

监督是基于权力的功能性分权，制约是基于权力的过程性分权。监督是国家进行权力纵向授予后，专门设置监督职能部门对被授予者的权力行使情况进行监视、督察的制度安排。如在我国，中国共产党党内纪律检查制度、国家监察制度都是出于坚持和加强党的全面领导的需要，专门设置监督职能部门对被领导者的行为进行监控的一种制度安排。此时，被监督者与监督者之间的关系具有非对等性，后者可以对前者的违规行为进行单方面的纠正和惩罚。而制约权则是把事权分解为两个或多个环节，并分别交由不同的权力主体行使，互相分立、彼此制衡。因此，在监督关系中，监督机关必须具有较高的权威性和独立性，保证对被监督对象进行强有力的监督。

（二）对上下级关系要求不同

制约关系是双向的，是权力主体之间相互约束牵制的关系；而监督关系是非对称性的，监督者可以对被监督者权力行为进行单方的监察、督促。制约在控权方式上呈现双向性，要求在权力主体之间防止出现单向的、绝对的命令与服从关系。而监督在控权方式上呈现出单向性，监督权独立于决策权和执行权之外，因而经常采用单向的、绝对命令式的方式开展工作。

在一个国家，权力主体间制约关系和监督关系是构成权力结构的重要因素。若制约关系占主导地位，则会形成制约型权力结构；若监督关系占主导地位，则会形成监督型权力结构。[①] 一般来讲，西方“三权分立制”国家更多是制约型权力结构。在我国监督型权力结构占主要地位，执政党上下级之间，国家权力机关对行政机关、司法机关，上级政府对下级政府等，体现的主要是监督关系，当然也存在着一定的制约关系。因此，在制约关系中，更注重的是同级权力主体之间的制约关系；而在监督关系中，上级对下级实施有效领导，这是专门监督机关发挥作用的重要保证。

（三）对监督手段要求不同

从中国文化沿承看，“监督”这个词，本身就蕴含着职权的要求。从字面讲，“监督”中的“监”意味着监视、察看、临下等意，“督”指督导、督促、纠正，还被延伸为约束、束缚、限制、牵制、制约等意。两字结合形成互为因果的关系，“监”是基础和前提，“督”是结果和目的，前者引申为了解权、观察权，后者发展为督促权或纠正权。而制约在控权方式上更侧重于权力内部的分立并彼此约束，在控权效果上注重对腐败防患于未然。

因此，监督与制约的触发方式和启动阶段不同。监督更强调对违规者的惩戒。监督主体并不直接干涉正常的权力运行过程，监督权的运行往往处于一种蛰伏的状态。多数情况下只有在违规行为或者不利后果发生后才会从蛰伏状态启动为积极追责状态，其重心在于对违规行为的纠正与惩罚。而在制约逻辑下，由于权力主体间存在相互的牵制约束，各个权力主体将共同为可能发生的不利后果承担责任。这种不同的运行方式要求监督机关履行职责必须拥有一定的职权。没有必要的权力，监督活动就是一句空话。

总之，监督与制约是一个国家、政党保证权力正常运行的基本制度，各有所长、各有所短，单纯依靠哪一种都不行，必须综合发挥两者

① 陈国权：《权力制约监督论》，浙江大学出版社2013年版，第29—33页。

的共同作用。

二、境外专门监督机构共性特点

尽管不同国家和地区专门监督机构的组织机构、体制机制等不尽相同、特点各异，但在机构设立、职责权能上呈现出一定的共性特点，表现为以下几个方面：

（一）专门监督机构权威性和独立性较强

在所有政治体制下，各国（地区）都认识到专门监督机构作用的充分发挥取决于较强的权威性和独立性，可以使其能够排除外来干扰集中力量进行监督，因而通过各种方式增强其权威性和独立性。其中包括：将重要的、关键的专门监督机构直接从属于权力核心，使专门监督机构具有与同级权力机构相对平等的权力主体地位，或在体制上保证其相对独立，不受其他机关和地方势力干扰；采用中央主导型的专门监督模式，建立一个全国性的、独立于地方政府之外的专门监督机构；保证经费预算和人事任免的独立性。比如，西方一些国家的议会，作为国家最高权力机构，对政府的行为具有宪法赋予的包括质询权、调查权以及弹劾权等权力。美国政府道德署直接受总统领导，并向总统和国会报告工作，政府道德署主任由总统任命，须征得参议院的同意，主任向总统和国会负责，不征得国会同意，总统无权免职。

（二）专门监督机构被赋予较大的执法权限和必要执法手段

各国（地区）一般都很注重授予专门监督机构较大的执法权限。如美国政府道德署虽受总统领导，向总统和议会报告工作，但其管辖范围包括总统、副总统在内的所有联邦政府官员和雇员。埃及的行政监察署拥有侦查权、搜捕权、建议权，对重大问题还拥有越过总理直接向总统报告的越级报告权。我国香港地区的廉政公署不仅享有警察通常所享有的侦查手段，而且享有某些非常执法手段，如无须拘捕令即可执行拘捕，无须搜查令即可执行搜查等。在现代科技日新月异，犯罪手段日益隐蔽的情况下，各国（地区）倾向于将监听通信、秘密拍照、录音、录像等特殊调查手段赋予监督机关，为专门监督机关调查职务犯罪及收集犯罪证据提供了锐利武器。

（三）强化对专门监督机构及人员的监督

任何权力都有滥用的可能。为了强化对专门监督机构的监督和制约，各国家（地区）都有一系列的具体规定。一是注重针对专门监督机构执法权的监督，运用来自其他方面的司法权力对其进行限制。如有的专门监督机关的起诉权受到检察机关的限制，调查材料必须交由检察机关决定是否进行起诉。有的专门监督机关其权力还受到法院的限制，包括拘捕、搜查、扣留旅行证件等在内的行为须经法官审查批准才可实施。二是注重通过法律授权中立的社会力量介入执法权行使的过程中进行监督，而且往往权限越大的专门监督机构受到的监督越严。三是重视由专门监督机构内部成立的监督部门或按照规定的执法流程对机构内部权力进行监督和制约。比如，我国香港廉政公署内部设有廉政公署事宜投诉委员会，专门受理及检查对廉政公署工作程序或人员所作的投诉，该系统由廉政专员直接控制，系统成员身份保密，主要监视廉政公署内部工作人员。日本检察机关通过准起诉制度和检察审查会制度等诉讼程序加强对自身行使执法权的制约。

三、纪检监察机关机构设置的主要原则

按照制约监督权运行的基本规律，在我国，纪检监察机关机构的设置主要遵循了以下原则：

（一）法定性原则

法定性原则是指，纪检监察机关的设立、职权和运行都必须严格按照党章党内法规和宪法国家法律要求进行，更不能随意增加、变更或撤销。比如，党章、《纪律检查委员会工作条例》和宪法、《监察法》等分别规定了纪律检查委员会、监察委员会的产生方式、组织结构、机构设置、领导体制、纪委监委主要领导的选举产生方式等。纪检监察机关的机构设置必须严格依据上述规定执行。

（二）权威性原则

权威性原则是指，纪检监察机关必须有一定的权威性和强制力，切实维护监督制度的统一和尊严。纪检监察工作的对象是党组织、党员、干部及监察对象，他们手中掌握一定的公权力。从权力特点上来看，监督权与强大的执行权相比，往往处于弱势地位，“监督权作为非生产性的系统活动，只有次要的、弱势的系统地位”①。面对强大的执行权及其可能的规避或抵制行为，如果不从制度上对监督权的地位和能力等予以保障，监督权的内在贫困性就会愈发导致监督权的软弱无力，无所作为，甚至于形同虚设，名存实亡。因此，纪检监察机关必须是高层次的监督机构，在组织形式和政治地位上应当相当甚至高于被监督对象。

（三）相对独立性原则

相对独立性原则是指，纪检监察机关的组织体系必须具有相对独立性，使之能够排除外来的干扰。“监督机构如果没有一个完备的法律框架、相应的独立性、足够的权力、完善的制度和多数公众的支持将是虚弱而无效的。它们带来的危害比益处更多，进一步导致腐败和招致公众的嘲讽。”② 我国《监察法》规定：“监察委员会依照法律规定独立行使监察权，不受行政机关、社会团体和个人的干涉。”

（四）分级设置原则

分级设置原则是指，纪检监察机关与党组织、国家行政区域划分对应设置，受党中央统一领导，纪检监察机关分级负责。比如，根据党章规定，党的纪律检查委员会与党的委员会的设置是对应的，凡是设党委的一般应设纪委，纪委每届任期与党委相同。党的全国代表大会选举中央委员会、中央纪律检查委员会，党的地方各级代表大会选举同级党的

① 韩志明：《监督权的内在贫困及其理论建构》，载《中共福建省委党校学报》2009年第8期，第66页。

② ［美］F. 丹尼尔·小艾赫恩：《美国的总监察长办公室：一种反腐败机构的模式》，胡仙芝译，载《中国行政管理》2002年第1期，第42页。

委员会、同级党的纪律检查委员会。再比如，宪法规定，中华人民共和国设立国家监察委员会和地方各级监察委员会，监察委员会主任每届任期同本级人民代表大会每届任期相同。这些都体现了分级设置原则。

第二节　纪检监察机关的组织体系

根据党章党规和宪法国家法律规定，纪检监察机关机构设置实行分级设置原则，主要包括以下三级。

一、中央一级纪检监察机关

（一）中央纪律检查委员会

中央纪律检查委员会是中国共产党的最高纪律检查机关。（1）中央纪律检查委员会的产生。党章规定，党的全国代表大会选举中央委员会和中央纪律检查委员会。中央纪律检查委员会是由中国共产党全国代表大会选举产生的中央领导机构之一。（2）中央纪律检查委员会的组成。党的中央纪律检查委员会全体会议，选举常务委员会和书记、副书记，并报党的中央委员会批准。中央纪委实行集体领导和分工负责相结合的制度。（3）中央纪律检查委员会的任职期限。党的各级纪律检查委员会每届任期和同级党的委员会相同，每届任期五年。（4）中央纪律检查委员会在党的中央委员会领导下进行工作，履行党的最高纪律检查机关职责。

（二）国家监察委员会

中华人民共和国国家监察委员会是国家最高监察机关。（1）国家监察委员会的产生。宪法规定，国家行政机关、监察机关、审判机关、检察机关都由人民代表大会产生，对它负责，受它监督。国家监察委员会由全国人民代表大会产生，对人大负责、受人大监督。国家监察委员会负责全国监察工作，统一领导地方各级监察机关工作。（2）国家监察委员会的组成。国家监察委员会由主任一人、副主任和委员若干人组成。在产生方式方面，国家监察委员会主任由全国人民代表大会选举产生，副主任、委员由国家监察委员会主任提请全国人民代表大会常务委员会任免，这与最高人民法院、最高人民检察院相关领导人员产生方式相同。（3）国家监察委员会主任的任职期限。国家监察委员会由全国人大产生，任期与全国人大每届任期相同。任期届满，要重新经过全国人大选举新的国家监察委员会主任。在国家监察委员会每届任期内当选的监察委员会主任，其任期以本届人大剩余的任期为限。国家监察委员会主任连续任职不得超过两届，与宪法关于最高人民法院院长、最高人民检察院检察长连续任职届数的规定相一致。此外，法律没有规定监察委员会副主任、委员每届任期同全国人大每届任期相同，以保证国家监察机关职权行使的连续性。（4）国家监察委员会对全国人大及其常委会负责并接受其监督。主要体现在三个方面：第一，国家监察委员会的组成人员由全国人大及其常委会选举、任免。第二，全国人民代表大会有权罢免国家监察委员会主任。第三，根据《监察法》第 60 条的规定，国家监察委员会向全国人大常委会作专项工作报告，接受执法检查，接受人大代表和常务委员会组成人员就监察工作中的有关问题提出的询问或者质询。（5）国家监察委员会在党中央领导下开展工作，履行国家最高监察机关职责。

根据党中央要求，中央纪委与国家监委合署办公。

二、地方各级纪检监察机关

（一）地方各级纪律检查委员会

根据党章和相关党内法规规定，党的地方组织设立各级纪律检查委员会。（1）地方各级纪律检查委员会的设置。地方各级纪律检查委员会包括党的省、自治区、直辖市，设区的市、自治州、县（旗）、自治县，不设区的市和市辖区的代表大会选举产生的地方各级纪律检查委员会。（2）地方各级纪律检查委员会的产生。地方各级纪律检查委员会由同级党的代表大会选举产生，其常务委员会委员、副书记、书记由纪委全体会议选举产生，并由同级党委通过，报上级党委批准。（3）地方各级纪律检查委员会的任职期限。党的各级纪律检查委员会每届任期和同级党的委员会相同，每届任期五年。（4）党的地方各级纪律检查委员会和基层纪律检查委员会在同级党的委员会和上级纪律检查委员会双重领导下进行工作。上级党的纪律检查委员会加强对下级纪律检查委员会的领导。

（二）地方各级监察委员会

根据宪法和国家法律规定，地方设立各级监察委员会。（1）地方各级监察委员会的机构设置。《监察法》规定，省、自治区、直辖市、自治州、县、自治县、市、市辖区设立监察委员会。监察机关的设置与宪法关于我国行政区域划分的规定一致。宪法第30条规定，全国分为省、自治区、直辖市；省、自治区分为自治州、县、自治县、市；直辖市和较大的市分为区、县。因此，地方设省级监察委员会、市（地）级监察委员会、县级监察委员会，乡镇不设监察委员会，但监察委员会可以在乡镇派驻或者派出监察机构、监察专员。（2）地方各级监察委员会的产生。地方各级监察委员会由本级人民代表大会产生。县级以上地方各级监察委员会负责本行政区域内的监察工作，接受国家监察委员会的统一领导，是整个国家监察体系的有机组成部分。（3）地方各级监察委员会的组成。地方各级监察委员会由主任、副主任若干人、委员若干人组成，主任由本级人民代表大会选举，副主任、委员由监察委员会主任提请本级人民代表大会常务委员会任免。（4）地方各级监察委员会主任的任职期限。地方各级监察委员会主任的任期规定与国家监察委员会主任一致，每届任期与本级人大每届任期相同，随本级人大换届而换届。每届地方各级监察委员会主任行使职权至新的监察委员会主任产生为止。（5）地方各级监察委员会对本级人大及其常委会和上一级监察委员会负责，并接受其监督。《监察法》规定，地方各级监察委员会对上一级监察委员会负责，与上下级纪委之间的领导和被领导关系相匹配。

根据党中央的要求，地方各级纪检机关和监察机关合署办公。

三、基层纪律检查机关

党章、《纪律检查委员会工作条例》等党内法规对基层纪律检查机关建设都作出具体规定。根据规定，企业、农村、机关、学校、科研院所、街道社区、社会组织、人民解放军连队和其他基层单位，凡是有正式党员三人以上的，都应当成立党的基层组织。党的基层委员会是设立纪律检查委员会，还是设立纪律检查委员，由它的上一级党组织根据有关规定和具体情况决定。党的基层纪律检查委员会由党员大会或者党员代表大会选举产生，每届任期和同级党的委员会任期相同。党的基层纪律检查委员会选出的书记、副书记，经同级党的委员会通过后，报上级党组织批准。

（一）乡镇、街道纪检组织

乡、民族乡、镇、城市街道等基层单位纪委，由同级党员大会或党员代表大会选举产生，每届任期与同级党委相同，受同级党委和上级纪委双重领导。

另外，《监察法》规定各级监察委员会可以向辖区内特定区域、国有企业、事业单位等派驻或者派出监察机构、监察专员。当前，一些地方监察委员会向乡镇（街道）派出监察专员，设立监察专员办公室。监察专员办公室与乡镇（街道）纪（工）委合署办公。

（二）机关纪委

中央直属各部门和中央国家机关各部门应设立机关纪委，负责本部门和所属单位的纪检工作，各省、自治区、直辖市党委和政府直属部门机关，凡设立党委的，一般要同时设立机关纪委。《中国共产党党和国家机关基层组织工作条例》第9条规定：“机关党的基层委员会应当设立机关党的纪律检查委员会。机关党的纪律检查委员会书记应当由机关党的基层委员会副书记担任。机关党的总支部委员和支部委员会设立纪律检查委员。”

（三）企事业单位纪检机构

根据党章及有关规定，国有企业（包括国有资产占控股地位或主导地位的公司）、事业单位，凡是设党委的一般应设纪委；经上级党组织批准不设纪委的小型企业、事业单位，党委应设专职纪检委员；设党总支或党支部的企业、事业单位（包括党委下属的总支或支部单位），在党总支或党支部内设专职或兼职纪检委员。对同一地区或同一系统的若干小型企业，也可由主管上级纪委派出纪检员，专职协办这些小型企业党的纪检工作。企业、事业单位纪委受同级党委和上级纪委的双重领导。

第三节　纪委与监委合署办公

根据党中央要求，党的纪律检查机关与国家监察机关合署办公。研究纪检监察机关机构设置，必须正确认识纪检机关与监察机关合署办公体制。

一、纪检监察合署办公的历史沿革

中国共产党执政以来，为处理好党内专门监督机关和国家（行政）专门监督机关的关系，在反复比较中，进行了不断探索。

新中国成立初期，我国曾经实行党的纪律检查（监察）机关和国家行政监察并存的党政双轨监督体制。党内和国家行政机关内部分别设有党的纪律检查（监察）和行政监察机构，分别负责党内的纪律检查和国家行政机关内的监督工作。1957 年以后，党的纪检机关承担了许多属于国家行政监察范围内的事情。1959 年监察部被撤销，党政双轨监督体制逐步为党的一元化监察体制所代替。

党的十一届三中全会以后，改革开放带来了许多新情况新问题，迫切需要加强对国家各级行政机关及其工作人员恪尽职守、遵纪守法情况的监督。1986 年 12 月，第六届全国人大常委会第十八次会议决定设立监察部。行政监察机关的恢复成立，使纪检机关摆脱了既管党纪、又管政纪的局面，两者之间形成了分工协作的关系。1993 年党的十三大报告要求“党的纪律检查委员会不处理法纪和政纪案件，应当集中力量管好党纪，协助党委管好党风”。但是，由于党的纪检机关与行政机关在监督对象上具有相当大的重合，在案件查办过程中出现了职责不清、办事重复、相互脱节、不够协调等诸多问题。“实践证明，在执政党的条件下，党员违纪违法案件往往同时涉及党纪、政纪和法纪，单靠一家是搞不好的。”① 比如，1989 年 1 月召开的全国纪检工作会议上就总结道：“由于我们侧重抓了党政职能分开和纪检机关体制的改革，执纪办案工作一度抓得不够”②，甚至“查处案件的数量在整体上呈下降的趋势”③。

鉴于此，1993 年，党中央决定中央纪委、监察部机关合署办公。1993 年 2 月 22 日，中共中央、国务院批转中央纪委、监察部《关于中央纪委、监察部机关合署办公和机构设置有关问题的请示》，明确指出：“中央纪委、监察部合署，实行一套工作机构、两个机关名称的体制。合署后的中央纪委履行党的纪律检查和政府行政监察两项职能，对党中央全面负责；监察部按照宪法规定仍属于国务院的序列，接受国务院的领导。”④ 合署办公的指导原则是“三个有利于”，即“有利于在党中央和各级党委的统一领导下进一步强化党的纪律检查和政府行政监察两项职能，有利于国务院和地方各级政府继续加强对行政监察工作的领导，使各级监察机关领导班子便于继续向政府负责，有利于避免纪检、

① 中共中央纪律检查委员会办公厅：《中国共产党党风廉政建设文献选编》（第四卷），中国方正出版社 2001 年版，第 276 页。

② 中共中央纪律检查委员会办公厅：《中国共产党党风廉政建设文献选编》（第四卷），中国方正出版社 2001 年版，第 271 页。

③ 李雪勤主编：《中国共产党纪律检查工作 60 年》，中国方正出版社 2009 年版，第 185 页。

④ 中共中央纪律检查委员会办公厅：《中国共产党党风廉政建设文献选编》（第八卷），中国方正出版社 2001 年版，第 182 页。

监察工作的交叉和重复，精简机构和人员”[①]。随后，各省、地（市）、县和中央国家机关纪检、监察机构的合署办公，自上而下逐步展开。至1993年6月底，全国除深圳特区保持纪检、监察相对独立的工作体制外，其余均进行合署办公。[②] 实践充分证明，纪检监察合署办公有利于加强党的领导，增强纪检监察权威性，扩大监督覆盖面，符合党情国情，是成功可行的。

党的十八大以来，党中央推动国家监察体制改革，国家监察委员会成立后依然与中央纪律检查委员会合署办公。2018年3月，党的十九届三中全会审议通过的《深化党和国家机构改革方案》规定：“组建国家监察委员会，同中央纪律检查委员会合署办公，履行纪检、监察两项职责，实行一套工作机构、两个机关名称。”纪检监察机关合署办公，构建党统一领导、全面覆盖、权威高效的监督体系，有效破解反腐败体制机制不畅、资源力量分散等困境，实现反腐败决策指挥体系更加集中统一、反腐败资源力量更加集中统一、反腐败手段措施更加集中统一，实现党内监督和国家监督有效的融合和互补。

二、纪检监察合署办公的本质

纪检与监察合署办公，实行一套工作机构、两个机关名称。这种制度设计与我国国家治理的价值、体系与能力要求有着密不可分的关联。中国共产党的领导是中国特色社会主义最本质的特征，是中国特色社会主义制度的最大优势，这决定了党和国家的权力结构有两种划分方式：一是中国共产党领导的政治权力划分逻辑，二是全国人民代表大会领导下国家权力划分逻辑，两者都是中国特色国家治理体系的重要组成部分。在中国的政治生活中，党的领导不仅体现在对国家思

① 中共中央纪律检查委员会办公厅：《中国共产党党风廉政建设文献选编》（第八卷），中国方正出版社2001年版，第184页。

② 李雪勤主编：《中国共产党纪律检查工作60年》，中国方正出版社2009年版，第221页。

想、组织和政治的领导，还体现在党内设置一些具有一定管理监督性质的归口部门，以加强对党和国家某些领域的直接领导和管理。“党”和“政”之间不是此消彼长的对立关系，而是各有分工、相互配合的协同关系，其目的都是为了巩固党的领导。就反腐败工作而言，纪律检查委员会在承担党内监督专责的同时，“归口”组织协调反腐败工作，监察机关与纪检机关合署办公，既体现了党对反腐败工作的集中统一领导，同时能够有效协调党政关系、增强协同合力，提高治理效能。纪委监委合署办公是党的领导在纪检监察方面的具体实现形式，解决了监委接受党的领导的问题。需要强调的是，合署不是合并，合署是为了增强监督合力，提高监督效能。党内监督和国家监察相互补充，但不可相互替代。

三、纪检监察合署办公的领导关系

（一）纪检机关与监察机关的关系

《纪律检查委员会工作条例》第7条规定：“党的中央纪律检查委员会与国家监察委员会合署办公，党的地方各级纪律检查委员会与地方各级监察委员会合署办公，实行一套工作机构、两个机关名称，履行党的纪律检查和国家监察两项职责，实现纪委监委领导体制和工作机制的统一融合，集中决策、一体运行，坚持纪严于法，执纪执法贯通。”在党和国家监督体系中，党内监督是第一位的，国家监察是党内监督的延伸和拓展。中国任何的事情要解决好，首先是党的问题要解决好，党的事情办好了，其他事情才能办好。纪检监察机关合署办公，纪检是基础，纪检的职能作用发挥好了，监察的威力才会展现。

（二）纪检监察机关与党委的关系

纪检监察工作受党委的领导、管理和监督，向党委报告工作。《纪律检查机关监督执纪工作规则》第5条第2款规定：“党委应当定期听取、审议同级纪律检查委员会和监察委员会的工作报告，加强对纪委监委工作的领导、管理和监督。”《纪律检查委员会工作条例》第6条规定："党的地方各级纪律检查委员会和基层纪律检查委员会应当落实同级党的委员会推进全面从严治党、加强党风廉政建设和反腐败工作的部署，执行同级党委作出的决定，及时向同级党委汇报工作，按照规定请示报告重大事项。"纪检监察工作作为党的工作的重要组成部分，接受党委领导，向党委报告工作。

（三）监察机关与人大的关系

国家监察机关由人民代表大会选举产生，接受人大及其常委的监督。要强调的是，人大与监察机关之间是监督与被监督关系，而不是领导与被领导关系。要处理好监委接受党委领导与接受人大监督两者的关系。

一方面，监委接受党委领导。纪检与监察合署办公，监察机关本质上就是党的工作机构①，中央纪委国家监委在党中央领导下开展工作，地方纪委监委在同级党委和上级纪委监委双重领导下开展工作。纪检监察机关主要向党委报告工作，在人民代表大会上监察机关不另行作工作报告。比如，中央纪委的工作报告经中央政治局常委会会议和中央政治局会议审议，由中央纪委全会讨论通过后，向社会公开发布。中央纪委和国家监委合署办公，中央纪委的工作报告就是国家监委的工作报告，报告向全社会公开就是主动接受全党全民监督。

另一方面，监察机关要接受人大及其常委会的监督。《监察法》第60条第2款规定："各级人民代表大会常务委员会听取和审议本级监察委员会的专项工作报告，组织执法检查。"各级人大及其常委会主要从监督的角度，听取和审议本级监察委员会的专项工作报告。监察机关向人大常委会报告专项工作，突出的是"专项工作报告"的定位。比如，2024年12月22日，在十四届全国人大常委会第十三次会议上，国家监察委员会主任刘金国作了国家监察委员会关于整治群众身边不正之风和腐败问题工作情况的报告。监察机关向人大常委会报告专项工作，是接

① 《监察委员会是政治机关》，载《中国纪检监察报》2018年3月8日。

受人大监督的重要方式，确保监察机关依法履行职责、严格行使权力。“坚持党对纪检监察工作的领导，与监委依法对人大及其常委会负责、接受监督是一致的”①，两者相辅相成、不可分割。

四、纪检监察合署办公的主要内容

纪委与监委合署办公，实现了纪检监察职能的优化协同，是将两者各项职能相似的科室和人员在空间上集聚、在履职上耦合，局部实现分工优化，整体实现持续优势的纪检监察组织形式。

（一）设置一套内设机构

按照合署办公的要求，合署后纪检机关和监察机关合并为一套工作机构，人、财、物统一管理。为精简效能、全面履职，纪检监察机关合署后设置一个领导班子，在纪委常委会统一领导下进行工作。监察委员会不设党组，根据党管干部原则，研究干部人事问题需以纪委常委会名义进行。② 纪委监委设置一套内设机构，比如，设立一个案件监督管理部门、一个案件审理部门、一个干部监督部门。这些部门既履行纪律检查职能又履行国家监察职能。设置一套内设机构的目的是把纪检、监察两项职能的优势有机结合起来，切实发挥“1+1>2”的工作合力。

（二）履行纪检与监察双重职责

合署办公后，纪检监察机关既要履行好监督执纪问责职责，又要履行好监督调查处置职责。比如，在日常监督方面，纪检监察机关承担着“监督检查党员和党组织遵守党章党规党纪、贯彻执行党的路线方针政策情况”和“监督检查公职人员依法履职、秉公用权、廉洁从政以及道德操守情况”双重职责。在审查调查方面，纪检监察机关承担着“检查和处理党的组织和党员违反党的章程和其他党内法规的比较重要或复杂的案件”和“对涉嫌贪污贿赂、滥用职权、玩忽职守、权力寻

---

① 《依法有序报告专项工作》，载《中国纪检监察报》2020年8月10日。

② 《监察委员会如何进行议事决策?》，载中央纪委国家监委网站，2017年12月26日。

租、利益输送、徇私舞弊以及浪费国家资财等职务违法和职务犯罪进行调查”双重职责，工作内容涉及审查和调查“违反党的纪律”“职务违法”“职务犯罪”三个层面。当然，纪检与监察两项职责相互衔接、互为补充、内在一致，但在适用对象、适用情形、适用方式上又有所区别，有各自的边界，该执纪的时候要执纪，该执法的时候要执法，不能相互混淆和代替。[①]

（三）综合使用纪检权限与监察权限

合署办公后，纪检机关和监察机关的监督权限、执纪执法权限统一归至纪检监察机关，纪检监察机关的职权更加饱满。根据规定，审查调查组依照党章党规和《监察法》，经审批进行谈话、函询、讯问、询问、强制到案、责令候查、管护、留置、禁闭、查询、冻结、搜查、调取、查封、扣押（暂扣、封存）、勘验检查、调查实验、鉴定、通缉，提请有关机关采取技术调查、限制出境等措施。纪检监察机关可以根据审查调查对象不同，依据党内法规和国家法律规定使用上述手段。其中，采取讯问、询问、留置、禁闭、搜查、查封、扣押、通缉等措施，应当以国家监察机关名义进行，而不能以党的纪律检查机关名义进行。

第四节　执纪执法一体机制建设

如何正确处理纪检与监察的关系，上级纪检监察机关如何加强对下级纪检监察机关的领导，各地纪检监察机关之间如何实现协作配合，纪检监察机关如何组织所属内设机构和干部统一有效地行使执纪执法权，这是纪检监察组织建设的重大问题。

一体原则是世界上很多专门监督机构，包括检察机关通行的活动原则，它强调整个监督机构是个不可分割的整体，应当上下一体、协同配合、职能统一。习近平总书记明确要求，纪检监察机关要“健全统一

① 王玮：《有机结合纪检监察两项职能》，载《中国纪检监察报》2018 年 5 月 10 日。

决策、一体运行的执纪执法工作机制，把适用纪律和适用法律结合起来”①。《纪律检查委员会工作条例》第 7 条强调：“实现纪委监委领导体制和工作机制的统一融合，集中决策、一体运行。”执纪执法一体，是指纪检监察机关作为一个整体，统一行使纪检和监察两项职责，监督执纪和监察执法一体推进，形成整体统筹、上下一体、横向协作、指挥灵敏的运行机制，实现全国一盘棋。

一、强化执纪与执法的工作合力，实现优势互补

所谓优势互补，就是严格落实党中央关于纪律检查机关与国家监察机关合署办公的要求，把执纪和执法贯通起来，监督执纪和监察执法一体推进，统筹运用纪法“两把尺子”，切实发挥“1+1>2”的工作合力。

（一）优化内部职权配置

科学配置监督执纪问责和监督调查处置各项职权，将具有相似属性和特征的职权整合到一个部门，将权力过于集中特别是易导致权力滥用的职权进行科学分解。科学配置内设机构的职权和职能，明确职责定位和工作任务，实现各部门之间各司其职、相互配合和相互制约，保证监督权公正行使。

（二）统筹运用纪法“两把尺子”

习近平总书记指出：“合署办公以后，统筹运用纪法‘两把尺子’，要坚持执纪必严，用铁的纪律强化日常管理和监督，严肃查处违反党章党规的行为；同时，坚持纪法协同，依法监督公职人员严守立身为政的底线。”②纪检监察机关既要用好党章党规党纪的“尺子”，强化党内监督，用纪律管住党员干部，保持党的先进纯洁；又要依据宪法、监察法和相关法律，对所有行使公权力的公职人员实施监察，保证职务行使的廉洁性。同时，严格分清纪法界限，防止以纪律处分代替法律制裁，防

---

① 习近平：《在新的起点上深化国家监察体制改革》，载《求是》2019 年第 5 期。

② 《习近平关于全面加强党的纪律建设论述摘编》，中央文献出版社 2024 年版，第 157 页。

止以刑事处罚代替党纪处分。

（三）执纪和执法贯通协调

执纪执法贯通体现了依规治党和依法治国在理论理念上的贯通，以及党内监督和国家监察在体制机制上的贯通①。合署办公后，纪委监委在同级党委和上级纪委双重领导下，形成统一决策、一体运行的执纪执法领导体制和工作机制。如，建立执纪与执法有效衔接、统一的信访举报制度、监督检查制度、线索处置制度、审查调查制度、案件审理制度等。通过制度上的贯通，实现领导体制和工作机制、依纪监督和依法监察、适用纪律和适用法律、执纪审理和执法审理的融合，促进执纪与执法同向发力、精准发力。

（四）监督执纪和监察执法一体推进

优化工作程序，使执纪审查和依法调查、党纪处分和政务处分、党内问责和监察问责精准有序对接，执纪手段权限与执法手段权限配合使用，执纪执法一体推进。比如，对党员监察对象同时存在违纪问题和职务违法犯罪问题的，执纪审查和依法调查可同时启动、同步进行，调查结果可作为证据运用于司法审判，纪法衔接更加顺畅有效。

二、强化上级对下级的领导，做到上下统一

所谓上下统一，就是强化上级纪检监察机关对下级纪检监察机关的领导，做到上命下从、步调一致，防止纪检监察机关地方化、部门化的倾向。

“一体”强调关系密切或协调一致，犹如一个整体。执纪执法一体强调在党中央的集中统一领导下，所有纪检监察机关和纪检监察干部在共同的行动目标下结成一个自上而下的有机整体，遵循上命下从的领导原则和相互配合的工作原则。具体来讲，在党中央集中统一领导下，中央

① 刘一霖：《促进执纪执法贯通　形成纪法合力》，载《中国纪检监察报》2024年3月27日。

纪委国家监委领导全国纪检监察工作。中央纪委国家监委的决定，地方各级纪检监察机关必须执行；上级纪检监察机关的决定，下级纪检监察机关必须执行；上级纪检监察机关可以撤销或者变更下级纪检监察机关的决定，切实做到上下统一、步调一致。按照一体化的要求，建立完善纪检监察机关请示报告制度、指令纠正制度、案件管辖制度、组织协调制度、备案制度等，进一步明确上级纪检监察机关对下级纪检监察机关领导的范围、权限、程序、方法、后果，保证纪检监察权的统一正确行使。

三、完善地区协同机制，强化横向协作

所谓横向协作，就是加强各地纪检监察机关之间工作协同，互通情况、加强协作，紧密配合、相互支持。

强化横向协作，强调各地和各级纪检监察机关之间具有职能协助的义务。纪检监察机关在履职过程中，如果确实需要其他纪检监察机关协助，如调查取证、扣押等调查措施和强制措施的使用，相应的纪检监察机关有职务协助的义务，应当依规依法予以协助配合。包括代为执行有关任务、协助其他辖区的纪检监察干部在本辖区内开展工作等。

为规范纪检监察机关之间的协同机制，2019 年，中央纪委国家监委专门印发意见，推动纪检监察机关（机构）在监督检查和审查调查中协作配合的常态化、规范化。根据规定，中央纪委国家监委派驻（派出）机构、中管企业纪检监察机构、中管高校纪委商请其他纪检监察机关（机构）协助的，直接向其提出书面协作请求；地方纪委监委商请中央纪委国家监委派驻（派出）机构、中管企业纪检监察机构、中管高校纪委协助的，由省级纪委监委协调办理；地方纪委监委跨省商请协助的，由市地级以上纪委监委按照同级协商的原则办理①。

---

① 《中央纪委国家监委印发指导意见 进一步规范纪检监察机关（机构）在监督检查审查调查中的协作配合》，载《中国纪检监察报》2019 年 11 月 22 日。

实践中，纪检监察机关的协助配合主要包括以下情形：一是在本机关工作人员不直接参与的情况下，出具《委托调查函》，商请其他纪检监察机关协助收集证据。比如，A 市纪委监委商请并委托 B 市纪委监委调取有关物证和书证。二是在本机关工作人员直接参与的情况下，出具《商请协助采取措施函》，商请其他纪检监察机关对采取措施提供协助。比如，A 市纪委监委派工作人员到 B 市对某证人采取询问措施，商请 B 市纪委监委提供必要的支持和保障。

四、优化支持保障机制，实现总体统筹

所谓总体统筹，就是全国纪检监察机关结成运转高效、关系协调、规范有序的统一整体，发挥监督整体效能。

纪检监察机关上下之间、横向之间，纪检监察机关内设机构之间应是统一的整体，都要认真执行党章、宪法、党内法规和国家法律规定，把纪律挺在前面，把监督挺在前面，树立法治思维和法治方式，统一规范执纪执法行为，严格公正文明执纪执法。探索建立全国性的纪检监察信息资源共享机制，建设从中央纪委国家监委贯通到县级纪委监委的监督执纪执法信息管理系统，实现日常监督、信访举报、线索管理、审查调查、审理等各项工作无缝化对接。比如，2019 年中央纪委已经率先建立了覆盖纪检监察系统的检举举报平台，实现了纪检监察工作机构、服务渠道、工作流程、举报数据的全面覆盖。[①] 加强全国纪检监察机关执纪执法规范化建设，制订全国统一的文书规范、执纪执法保障规范、业务考评规范、责任追究规范，形成完备的规范化体系。比如，2022 年 2 月，中央纪委印发《纪检监察机关监督检查审查调查措施使用规定》，对全国纪检监察系统在措施使用及监管方面统一标准、统一尺度，还设计了一批常用措施文书模板，将措施文书分为纪检文书、监察

① 《中央纪委国家监委召开全国纪检监察系统检举举报平台推广部署工作会议》，载中央纪委国家监委网站，2019 年 11 月 26 日。

文书和纪检监察文书三类格式，以方便纪检监察系统不同主体根据具体情况选择适用[1]。2025 年，中央纪委国家监委对纪检监察机关监督检查审查调查措施常用文书格式进一步作出规范，确保监督执纪执法工作规范化法治化正规化。

加强大数据信息化与纪检监察工作深度融合，推进纪检监察大数据全国一体化建设，实现统一管理、上下贯通、资源共享。对此，二十届中央纪委四次全会强调，聚焦“全要素覆盖、全流程贯通、全领域标准、全系统共享”的目标要求，全面推进纪检监察大数据资源中心建设、公权力大数据监督平台建设、纪检监察大数据办案中心建设、纪检监察一体化工作平台建设、纪检监察科技装备建设。

思考题：

1. 纪检监察合署办公的本质是什么？
2. 怎样理解纪检监察机关与同级党委、人大的关系？
3. 如何建立集中决策、一体运行的执纪执法运行机制？

---

[1] 《中央纪委印发〈纪检监察机关监督检查审查调查措施使用规定〉强化对执纪执法权力监督约束》，载《中国纪检监察报》2022 年 2 月 9 日。

第九章 纪检监察机关的领导体制

领导体制是纪检监察机关组织结构的重要组成部分，是纪检监察工作有效开展的重要组织保证。根据党章、宪法和《纪律检查委员会工作条例》《监察法》等规定，纪检监察工作实行双重领导体制，上级纪委监委加强对下级纪委监委的领导。

第一节 概 述

一、领导体制的内涵

纪检监察工作领导体制是指上下级纪检监察机关之间，以及纪检监察机关与对于纪检监察机关有干部任免、执纪执法领导及工作监督权限的其他党政机关之间形成的组织关系。

如何完善纪检监察领导体制，一直是当前学术界和实务界探索和争论的热点问题。从学理和逻辑层面上来讲，纪检监察领导体制主要有“垂直领导体制”“平行领导体制”“双重领导体制”三种模式。①

垂直领导体制主张，省以下（含省）纪委由上级纪委垂直领导，由中央纪委统一领导，与地方完全独立。垂直领导体制的优势是强化了上级纪检监察机关对下级纪检监察机关的领导，增强了纪检监察机关的

① 参见王希鹏：《中国共产党纪律检查工作概论》，中国社会科学出版社2016年版，第172—179页。

独立性和权威性。但是也面临着一系列难题：比如，如何处理好纪委与同级党委关系；如果全国纪检监察系统实行垂直管理，庞大的后勤保障是一个巨大的负担；垂直管理单位不受地方党委的领导和监督，且上级机关监督太远，在上级机关监督不力的情况下，极易导致监督的弱化；等等。

“平行领导体制”源于列宁最早创立的党内监督领导体制，主张将各级纪委与同级党委平行设置，都由党的代表大会选举产生，并向党的代表大会负责。纪委委员和党委委员之间不相互兼职，纪委和党委如有不同意见，可以把问题提交纪委和党委的联席会议或党的代表大会解决。平行领导体制的优势是纪委能够对同级党委进行有效的监督和制约。但是也面临着一系列难题：比如，假设实行平行领导体制，党代会是同级党组织中唯一最高权力机关，由其选举产生政治地位平等的党委会和纪委会，那么纪委会能否监督党代会呢？这实际上又陷入了纪委难以监督同级党委同样的怪圈。

双重领导体制是指，纪检监察机关在同级党委和上级纪检监察机关双重领导下进行工作。这是当前纪检监察机关实行的领导体制。党章第45条规定：“党的中央纪律检查委员会在党的中央委员会领导下进行工作。党的地方各级纪律检查委员会和基层纪律检查委员会在同级党的委员会和上级纪律检查委员会双重领导下进行工作。”《监察法》第10条规定：“国家监察委员会领导地方各级监察委员会的工作，上级监察委员会领导下级监察委员会的工作。”由于监察委员会与纪律检查机关合署办公，同时受同级党委领导。

二、双重领导体制的优势

（一）双重领导体制体现了党中央对纪检监察工作的集中统一领导

坚持党中央集中统一领导是党的最高政治原则，新时代反腐败斗争取得的历史性成就，根本在于强化党对反腐败斗争的全过程领导。中央纪委国家监委在党中央直接领导下开展工作，自觉接受党中央的领导和监督，带头严格执行请示报告制度，研究重大事项、重要问题以及作出立案审查决定、给予党纪处分等事项向党中央请示报告。地方纪委监委和基层纪委接受同级党委的领导，对党委负责、向党委报告工作、接受党委的领导和监督；同时，在监督检查、审查调查等方面加强上级纪委监委对下级纪委监委的领导，从组织形式、职能定位、决策程序上将党对反腐败工作的统一领导具体化，做实党对纪检监察工作全方位、全过程领导，确保党中央始终牢牢掌握正风肃纪反腐的领导权、主动权①。

（二）双重领导体制是纪律检查实践长期探索的成果

从历史来看，党内专门监督机构对垂直领导体制和平行领导体制都探索和尝试过，但成效甚微。比如，平行领导体制，1927 年 4 月，党的五大选举产生了中央监察委员会。当时，党仿照苏联的做法，监察委员会由党的代表大会选举产生，与党的委员会的地位是平等的，但这种平行领导体制仅实行了很短的时间。而自改革开放后双重领导体制确定以来，双重领导体制不断发展健全，为纪检监察机关作用发挥提供了重要组织保障。

（三）双重领导体制优化了同级党委与上级纪委监委的职权配置

完善纪检监察领导体制改革，必须统筹协调好纪委监委与同级党委和上级纪委监委之间的关系，实现有效“共轭”。“共轭”这个概念在数学、物理、化学、地理等学科中都有出现，强调作用于同一物体的两对矛盾体要相互协调、有效配合，发挥整体合力。“轭”原指马车行驶时套在马颈上用于拉车的人字形马具，如果一辆马车有两匹马以上拉车，就必须使“轭”平衡用力。如果共轭关系调控不当，马车就走不动或翻车或偏离前进方向。推动纪检监察领导体制改革同样如此，必须处理好同级党委与上级纪委监委这对矛盾体之间的关系，使之平衡发

① 钟纪言：《坚持和加强党中央集中统一领导》，载《中国纪检监察报》2023 年 5 月 25 日。

力、形成合力，任何一方过度强势或过度弱势都难以共轭。实行纪检监察双重领导体制改革最大的优势是有利于两者实现共轭，而最大的难题是如何有效实现共轭。

（四）双重领导体制形成了强有力的工作合力

双重领导体制同时发挥了同级党委领导和上级纪委监委领导的优势。一方面，各级党委担负起全面从严治党主体责任，书记履行第一责任人责任，把党风廉政建设和反腐败工作看作分内之事、应尽之责，充分发挥统筹指挥、系统谋划作用。另一方面，上级纪委监委抓住“管业务”这个要害，聚焦监督检查、审查调查等关键环节，丰富完善加强上级纪委监委对下级纪委监委领导的有效举措，以上带下推动全系统提高履职质量，形成以上带下、上下联动的综合效应[①]。

三、双重领导体制的历史沿革

（一）新民主主义革命时期以及社会主义革命和建设时期

从党创立后到改革开放前，纪检监察机关经历过平行领导体制、垂直领导体制等探索，但主要以属地领导体制为主。

1927 年 4 月，中央监察委员会成立，探索实行了平行领导体制，监察委员会由党的代表大会选举产生，与党的委员会的地位是平等的。《中国共产党第三次修正章程决案》第 64 条明确规定：“中央及省委员会，不得取消中央及省监察委员会之决议；但中央及省监察委员会之决议，必须得中央及省委员会之同意，方能生效与执行。遇中央或省监察委员会与中央或省委员会意见不同时，则移交至中央或省监察委员会与中央或省委员会联席会议，如联席会议再不能解决时，则移交省及全国代表大会或移交于高级监察委员会解决之。”

新中国成立后，1949 年 11 月，党中央作出了《中共中央关于成立

① 刘海泉：《以系统化思维巩固拓展改革成果》，载《中国纪检监察》2023 年第 6 期。

中央及各级党的纪律检查委员会的决定》，中央纪律检查委员会成立。新中国成立初期，纪律检查工作经历了短暂的以系统领导为主的体制。《中共中央关于成立中央及各级党的纪律检查委员会的决定》规定："各中央局、分局、省委、区党委、市委、地委、县委党的纪律检查委员会，由各该级党委提出名单，经上两级党委批准后，在各该党委会指导之下进行工作。上级党的纪律检查委员会，有权改变或取消下级党的纪律检查委员会的决定。"① 但是3个月之后，中共中央发出《关于各级党的纪律检查委员会与党委关系的指示》，指出："各级党的纪律检查委员会是各级党委的一个工作部门，犹如各级党的宣传部和组织部一样。因此，各级党的纪律检查委员会是直接在各级党委的领导下进行工作。"②

1955年，中央监察委员会成立。成立初期，监察委员会再次实行以系统领导为主的领导体制。《中国共产党全国代表会议关于成立党的中央和地方监察委员会的决议》明确规定："党的上级监察委员会有权检查下级监察委员会的工作，并有权审查、批准和改变下级监察委员会对案件所作的决定。党的下级监察委员会应向上级监察委员会报告工作，并忠实地报告一切党员和党的组织违反纪律的情况。"③ 这种以系统领导为主的体制加大了监察机关的权力。但是，以系统领导为主的体制只实行了一年就改变了。1956年9月，党的八大党章将监委的领导关系明确规定为"各级监察委员会在各级党的委员会领导下进行工作"。党委和监委的关系由"指导"关系改为"领导"关系。

此外，新中国成立后行政监察机关成立，全国性的行政监察网络形成。1949年10月，根据《中国人民政治协商会议共同纲领》第19条

---

① 中共中央纪律检查委员会办公厅：《中国共产党党风廉政建设文献选编》（第八卷），中国方正出版社2001年版，第44页。

② 中共中央纪律检查委员会办公厅：《中国共产党党风廉政建设文献选编》（第八卷），中国方正出版社2001年版，第47页。

③《中国共产党全国代表会议关于成立党的中央和地方监察委员会的决议》，1955年3月31日。

关于“在县市以上的各级人民政府，设人民监察机关”之规定，中央人民政府政务院人民监察委员会成立。人民监察委员会成立后主要实行“本级政府领导，上级监委指导”的属地领导体制。1951 年 10 月 25 日政务院通过的《省（行署、市）人民政府人民监察委员会试行组织通则》也作出了同样规定：“省（行署、市）人民政府人民监察委员会受省（行署、市）人民政府之领导，及所隶属的大行政区人民政府人民监察委员会之指导。中央直属省（市）监委受中央人民政府人民监察委员会之指导。”

1954 年 9 月 21 日，第一届全国人民代表大会第一次会议通过《中华人民共和国国务院组织法》，政务院改为国务院，政务院人民监察委员会改为国务院监察部。监察部成立后在整个监察系统内全面推行双重领导体制，这是新中国成立后行政监察系统首次全面实行双重领导体制。但是，1957 年 10 月 24 日，《国务院批准监察部关于监察机关体制改进方案的报告的通知》明确将监察机关的“双重领导”体制改革为“受同级政府领导，上级监察部门指导”，行政监察机关的双重领导体制被废止。1959 年 4 月 28 日，二届全国人大一次会议作出决议，宣布撤销监察部。

（二）改革开放和社会主义现代化建设新时期

改革开放以后，纪律检查工作确立了双重领导体制。上级纪律检查机关对下级纪律检查机关的领导内容和领导方式不断制度化、规范化。

1978 年 12 月，党的十一届三中全会决定重建中央纪律检查委员会。恢复重建之初，纪委依然实行“受同级党委领导”的领导体制。随着党的纪律检查工作的开展，属地领导体制的弊端日益凸显。1980 年 2 月 22 日，中共中央批转《中共中央纪律检查委员会关于改变省、市、自治区及以下各级党委纪委领导关系的请示报告》，要求“将省、市、自治区和省、市、自治区以下各级党的纪律检查委员会的领导关系，由受同级党委领导改为受同级党委和上级纪委双重领导，而以同级党委领导为主。领导关系改变后，有关纪委主要领导干部的任免，要征求上级党委纪委的意见”。至此，各级纪委的双重领导体制格局基本形成。

1982年9月，党的十二大召开。十二大党章明确规定党的中央纪律检查委员会在党的中央委员会领导下进行工作。党的地方各级纪律检查委员会在同级党的委员会和上级纪律检查委员会的双重领导下进行工作。这种双重领导不再以同级党委领导为主，而是同级党委领导和上级纪委领导各有侧重。纪律检查双重领导体制正式形成。1987年，国务院监察部恢复成立，成立后同样实行双重领导体制，监察机关受所在人民政府和上级行政监察机关双重领导。

1993年2月，中共中央决定中央纪委、监察部合署办公，实行一套工作机构、两个机关名称的体制。合署办公后，纪检监察机关依然实行双重领导体制。由于这种双重领导体制并没有规定以谁为主，在实际工作中，上级纪委的领导，主要是业务工作的指导，领导的力度、作用相对较弱。而纪检监察人权、财权通常由当地党委政府掌握，各级纪检干部的配备、任免、调动，同级党委的意见起主导作用，人员编制、财政经费、工作生活待遇等一系列问题主要由同级党委、政府决定。这导致实践中纪委仍处在“以同级党委领导为主”的状态。[①]

（三）中国特色社会主义新时代

党的十八大以来，双重领导体制改革开启新的篇章。2013年10月，十八届三中全会通过的《中共中央关于全面深化改革若干重大问题的决定》强调，推动党的纪律检查工作双重领导体制具体化、程序化、制度化，强化上级纪委对下级纪委的领导，明确要求“查办腐败案件以上级纪委领导为主，线索处置和案件查办在向同级党委报告的同时必须向上级纪委报告”，有力推动了上级纪委对下级纪委领导的规范化、制度化。2016年10月，党的十八届六中全会通过的《党内监督条

① 《学思践悟》，中国方正出版社2017年版，第50页。

例》进一步规定，落实纪律检查工作双重领导体制，执纪审查工作以上级纪委领导为主，线索处置和执纪审查情况在向同级党委报告的同时向上级纪委报告。

根据党的十八大以来的改革探索，十九大党章更加强调加强上级纪委对下级纪委的领导，明确规定"上级党的纪律检查委员会加强对下级纪律检查委员会的领导"，将加强上级纪委对下级纪委的领导以党内根本大法的形式规定下来。

党的十九大以来，党中央在新的起点上深化双重领导体制改革。十九届三中全会通过了《深化党和国家机构改革方案》，明确组建国家监察委员会，同中央纪委合署办公。国家监察机关成立后，同样实行双重领导体制。2021 年颁布的《纪律检查委员会工作条例》对纪检监察双重领导体制专门作出规定："党的中央纪律检查委员会（国家监察委员会）在党中央领导下进行工作，履行党的最高纪律检查机关（国家最高监察机关）职责。""党的地方各级纪律检查委员会和基层纪律检查委员会在同级党的委员会和上级纪律检查委员会双重领导下进行工作。"在党中央坚强领导下，中央纪委国家监委将党的纪律检查体制改革、国家监察体制改革和中央纪委国家监委机关内设机构改革统筹谋划、一体推进，深化纪检监察派驻机构改革。

党的二十大以来，党中央继续深化纪检监察体制改革。2023 年 4 月 25 日，二十届中央纪委常委会就"深化党和国家机构改革，推进国家治理体系和治理能力现代化"举行集体学习，强调要进一步落实党对纪检监察工作全覆盖、全方位、全过程领导，推进双重领导体制具体化、程序化、制度化①。纪检监察机关根据党中央统一安排，健全统筹推进"三项改革"的领导体制和工作机制，整合设立纪检监察体制改

① 李希：《发挥纪检监察机关职能作用　为深化党和国家机构改革提供有力保障》，载中央纪委国家监委网站，2023 年 4 月 25 日。

革专项小组。二十届中央纪委三次全会再次强调，“推进纪检监察工作双重领导体制具体化、程序化、制度化，健全重要情况请示报告制度，完善市县两级纪委监委查办案件提级管辖和指定管辖制度”。各级纪检监察机关严格执行请示报告制度，重大事项、重大案件、重要工作及时主动向同级党委请示报告，聚焦监督检查、审查调查等关键环节，丰富完善加强上级纪委监委对下级纪委监委领导的有效举措①。

第二节　纪检监察机关上下级之间关系

从语义上看，“领导”即“率领并引导”②，意味着“在下级的职责和事务方面，上级的意志效力原则上高于下级的意志效力”③。实践中，应当正确认识上下级纪委监委的职权配置，加强上级对下级的领导。

一、上级纪检监察机关的领导职权

根据党内法规和国家法律规定，上级纪委监委在领导下级纪委监委方面，应当拥有以下职权：

（一）工作部署权

行使工作部署权是上级纪检监察机关加强对下级纪检监察机关领导的重要方式。《纪律检查委员会工作条例》第6条规定，上级纪委加强对下级纪委的领导，对下级纪委的工作作出部署、提出要求。党中央和中央纪委国家监委对全党全国的纪检监察工作进行部署。中央纪委国家监委主管全国的纪检监察工作，率领并引导所属各内设机构及地方各级纪检监察机关的工作，一切纪检监察机关都必须服从它的领导。地方纪检监察机关对管辖范围内的纪检监察工作进行部署，下级纪检监察机关必须坚决执行。

---

① 兰琳宗：《纵深推进新征程纪检监察工作高质量发展　推动完善党的自我革命制度规范体系》，载中央纪委国家监委网站，2024年1月7日。

② 《现代汉语词典》（第7版），商务印书馆2016年版，第832页。

③ 甄贞：《法律监督原论》，法律出版社2007年版，第180页。

党章第16条第2款规定："党的下级组织必须坚决执行上级组织的决定。下级组织如果认为上级组织的决定不符合本地区、本部门的实际情况，可以请求改变；如果上级组织坚持原决定，下级组织必须执行，并不得公开发表不同意见，但有权向再上一级组织报告。"下级纪检监察机关接受"上级"纪检监察机关的领导，而不仅仅是"上一级"纪检监察机关。以县级纪委监委为例，在工作上既要接受市级纪委监委的领导，当然也要接受中央纪委国家监委、省纪委监委的领导。

同时，上级纪检监察机关要正确行使工作部署权。根据党章第15条规定，党的各级领导机关，对同下级组织有关的重要问题作出决定时，在通常情况下，要征求下级组织的意见。要保证下级纪检监察机关能够正常独立行使职权。凡属应由下级纪检监察机关处理的问题，如无特殊情况，上级领导机关不要干预。《关于新形势下党内政治生活的若干准则》也规定，建立上级组织在作出同下级组织有关重要决策前征求下级组织意见的制度。上级纪检监察机关要转变领导作风和工作作风，深入基层、深入实际，加强调查研究、了解实际情况，增强工作部署的针对性和可操作性，提高对下级领导和指导的质量和效率，防止政出多门和拖拉延误。上级纪检监察机关要主动接受下级的监督，经常通报情况，虚心听取批评和意见。

（二）工作知悉权

请示报告制度是我们党重要的组织制度。《纪律检查委员会工作条例》第6条规定，上级纪委"检查下级纪委的工作，定期听取工作汇报"。获知下级纪检监察机关的实际运行状况，是上级对下级行使领导权的前提条件。上级应当知悉的内容包括以下几个方面：

1. 下级纪检监察机关一段时期的工作情况

根据《党内监督条例》第26条第（三）项规定，下级纪委至少每半年向上级纪委报告1次工作，每年向上级纪委进行述职。上级可以就下级纪检监察机关一段时间的工作情况，包括当年部署的专项工作、信访举报办理、监督检查、审查调查、审理等工作，听取下级纪检监察机关的专项报告，可以就工作中的重要情况、紧急情况、决定事项落实情况等，要求下级纪检监察机关及时进行报告。

2. 下级纪检监察机关工作中的重要事项

根据《纪律检查机关监督执纪工作规则》第10条第2款规定，地方各级纪检监察机关对作出立案审查调查决定、给予党纪政务处分等重要事项，应当向同级党委请示汇报并向上级纪委监委报告，形成明确意见后再正式行文请示。遇有重要事项应当及时报告。这是强化上级纪委监委对下级纪委监委领导的重要体现。

3. 上级纪检监察机关交办的事项和案件

对上级纪检监察机关交办的职权范围内的事项，下级应当在要求的时限或规定期限内办理并报告结果。逾期不能办结的，应及时书面报告进展情况，并说明未办结原因和下一步打算。另外，必须明确的是，存在工作领导关系的主体是上下级纪检监察机关之间，不是上级与下级纪检监察的内设部门之间，也不是上级与下级纪检监察机关的人员之间，更不是上级纪检监察的内设部门与下级纪检监察的人员之间。实践中如果上级纪检监察机关的个人或内设部门在未经授权或超越职权的情况下，擅自要求下级纪检监察机关提供相关信息，或否定下级纪检监察机关决定的做法是缺乏党内法规依据的，也不符合领导关系的基本逻辑①。

（三）执纪执法领导权

执纪执法领导权是指，监督检查和审查调查工作以上级纪检监察机关领导为主，下级纪检监察机关应当严格按照规定履行请示报告制度，重要事项得经上级纪检监察机关批准。《纪律检查委员会工作条例》第

① 王希鹏：《改革党的纪检监察体制的几个关键问题》，载《理论视野》2014年第8期，第55页。

6条规定："坚持查办腐败案件以上级纪委领导为主，按照规定审议和批准下级纪委关于线索处置、立案审查、纪律处分等的请示报告，按照程序改变下级纪委作出的错误或者不当的决定，必要时直接审查或者组织、指挥审查下级纪委管辖范围内有重大影响或者复杂的案件。"当然，需要强调的是，监督检查和审查调查是以上级领导为主，而不是以上级查办为主。执纪执法领导权强调上级纪检监察机关要发挥好领导、指挥、协调、统筹等职能，而不是包揽、包办。审查调查工作的责任主体仍是本级纪检监察机关。上级的领导权体现在以下几个方面：

1. 提级管辖和指定管辖

提级管辖和指定管辖是上级纪委监委加强对下级纪委监委的领导，以及彰显上级纪委监委权威性的重要体现，对此党内法规和国家法律都有明确规定。比如，《纪律检查机关监督执纪工作规则》第9条第1款规定："上级纪检监察机关有权指定下级纪检监察机关对其他下级纪检监察机关管辖的党组织和党员、干部以及监察对象涉嫌违纪或者职务违法、职务犯罪问题进行审查调查，必要时也可以直接进行审查调查。上级纪检监察机关可以将其直接管辖的事项指定下级纪检监察机关进行审查调查。"《监察法》第16条规定："上级监察机关可以办理下一级监察机关管辖范围内的监察事项，必要时也可以办理所辖各级监察机关管辖范围内的监察事项。"第17条规定："上级监察机关可以将其所管辖的监察事项指定下级监察机关管辖，也可以将下级监察机关有管辖权的监察事项指定给其他监察机关管辖。"

2. 重要线索处置及时向上级纪检监察机关报告

下级纪检监察机关向上级纪检监察机关报告问题线索和线索处置情况，是监督执纪执法工作以上级纪委监委领导为主的具体体现。比如，《纪律检查机关监督执纪工作规则》第22条规定："纪检监察机关对反映同级党委委员、候补委员，纪委常委、监委委员，以及所辖地区、部门、单位主要负责人的问题线索和线索处置情况，应当及时向上级纪检监察机关报告。”

3. 重要立案向上级纪检监察机关报告

根据党章第 46 条第 4 款的规定，各级纪律检查委员会发现同级党的委员会委员有违犯党的纪律的行为，可以先进行初步核实，如果需要立案检查的，应当在向同级党的委员会报告的同时向上一级纪律检查委员会报告；涉及常务委员的，报告上一级纪律检查委员会，由上一级纪律检查委员会进行初步核实，需要审查的，由上一级纪律检查委员会报它的同级党的委员会批准。

4. 使用重要审查调查措施的批准权

根据相关制度规定，纪检监察机关在使用一些重要审查调查措施时，应经上级纪检监察机关批准，以加强对措施使用的监督。比如，采取留置措施，根据《监察法》规定，监察机关采取留置措施，应当由监察机关领导人员集体研究决定；设区的市级以下监察机关采取留置措施，应当报上一级监察机关批准；省级监察机关采取留置措施，应当报国家监察委员会备案。再比如，采取技术调查措施，根据规定，省级以下纪委监委采取技术调查措施，还应报上一级纪委监委批准；县级纪委监委和直辖市所辖区（县）纪委监委采取技术调查措施，应当报上一级纪委监委主要负责人批准；等等。

5. 重要纪律处分征求上级纪委意见或批准

根据《纪律检查机关监督执纪工作规则》第 55 条的规定，给予同级党委委员、候补委员，同级纪委委员、监委委员处分的，在同级党委审议前，应当与上级纪委监委沟通并形成处理意见。此外，纪律处分工作必须严格履行决定和批准程序。根据党章和党内法规规定，一般来讲，纪律处分的批准权是党的基层委员会、党组。如果涉及的问题比较重要或复杂，或给党员以开除党籍的处分，应分别不同情况，报县级或县级以上党的纪律检查委员会审查批准。比如，《处分违纪党员批准权限和程序规定》第 14 条第 2 款规定：“除本规定第二十九条、第三十一条、第三十八条第三款另有规定外，给予违纪党员开除党籍处分，须经县级以上纪委审查批准，或者经县级以上纪委审查同意后报请有处分批准权的党组织依照本规定履行处分审批程序。”这体现了对于开除党籍处分的慎重态度，只有具备特定条件的党组织才能批准给予党员开除党籍处分①。

（四）履职考核权

履职考核权是指，为了督促各级纪检监察机关切实履行职责，上级应当加强对下级的履职考核。《纪律检查委员会工作条例》第 6 条规定：上级纪委“督促指导和支持下级纪委开展同级监督，检查下级纪委的工作，定期听取工作汇报，开展政治和业务培训。”通过对下级纪检监察机关进行履职考核，督促下级纪检监察机关履职尽责，引导各级纪检监察机关自觉执行党中央和中央纪委国家监委的一系列要求部署，及时纠正下级纪检监察工作中的职能泛化及错位、缺位、越位等问题。

（五）监督权

监督权是指，各级纪检监察机关除了依纪依法履行自身的纪检监察职责外，还应对管辖范围内下级纪检监察机关工作实行有效监督。这是上级领导权的重要体现。

上级纪检监察机关应当通过日常性的监督督查，督促下级纪检监察机关履职尽责。党章第 47 条第 1 款规定：“上级纪律检查委员会有权检查下级纪律检查委员会的工作，并且有权批准和改变下级纪律检查委员会对于案件所作的决定。如果所要改变的该下级纪律检查委员会的决定，已经得到它的同级党的委员会的批准，这种改变必须经过它的上一级党的委员会批准。”上级纪检监察机关应当通过督导、检查和调研等方式，及时掌握下级纪检监察机关执行党中央和中央纪委国家监委决策

① 《〈中国共产党处分违纪党员批准权限和程序规定〉释义》，中国方正出版社 2024 年版，第 96 页。

部署情况、履职尽责情况、落实上级部署的工作情况等，了解情况、发现问题，层层传导压力。同时根据干部管理权限，及时查处纪检监察干部的违纪违法行为。

二、下级纪检监察机关的相应职权

加强上级对下级纪检监察机关的领导，必须正确处理好增强上级纪检监察机关领导的权威性与发挥下级纪检监察机关的主动性积极性这两个辩证关系。下级纪检监察机关在接受领导的同时，亦应主动担当作为，能动地行使独立执纪执法权、请示报告权、请求复查申诉权、建议权和监督权等。

（一）独立执纪执法权

各级纪检监察机关依纪依法享有独立的执纪执法权，这是保证纪检监察机关权威性和相对独立性的重要体现。下级纪检监察机关虽然接受上级纪检监察机关的领导，但并不是上级纪检监察机关的派出机构或分支机构，而是党的地方各级代表大会选举产生的一个规格较高的党的委员会机构，具有独立执纪执法主体资格。党章第 10 条规定："党的下级组织既要向上级组织请示和报告工作，又要独立负责地解决自己职责范围内的问题。上下级组织之间要互通情报、互相支持和互相监督。"

此外，执纪执法活动具有亲历性的规律要求，开展监督检查，在案件事实的认定、证据的采信、审查调查措施的采取，以及案件的最终处理上，只有直接进行执纪执法的纪检监察机关才能依纪依法作出决定，没有参与执纪执法的纪检监察机关，不能决定审查调查中的实体和程序问题。因此，各级纪检监察机关作为独立的执纪执法主体，应当独立自主地依照党章党内法规和国家法律规定的实体和程序性要求，对监督检查和审查调查工作采取行动和作出决定。当然，下级纪检监察机关享有独立的执纪执法权，并不意味着以此来抵制上级纪检监察机关享有的对下级纪检监察机关的执纪执法指挥权，实践中应当发挥好两者的积极性。

（二）请示报告权

请示报告不是一般的工作程序问题，而是政治立场、政治纪律问题。纪检监察工作进展情况特别是作出立案审查决定、给予党纪处分等重要事项，要事先报告，之后再正式行文请示。决不能先斩后奏，更不能搞倒逼、“反管理”。这既是讲政治的具体体现，也是工作程序，更是一项基础性工作。[①] 下级纪检监察机关拥有的请示报告权，一方面有利于加强上级对下级纪检监察机关履职情况的监督，督促下级纪检监察机关严格依规依纪依法办事，公正履职，及时纠正工作偏差；另一方面，当下级纪检监察机关遇到阻力时，上级纪检监察机关可以支持其依法行使职权，帮助其排除各种干扰。比如，根据《纪律检查机关监督执纪工作规则》第 9 条规定，纪检监察机关认为所管辖的事项重大、复杂，需要由上级纪检监察机关管辖的，可以报请上级纪检监察机关管辖。纪检监察工作牵涉各方面的利益，地方各级纪检监察机关在查办案件或办理其他纪检监察事项过程中，可能会遇到来自某些方面的阻力和地方保护主义的干扰，上级纪检监察机关就是他们坚强的后盾。

根据党内法规和国家法律规定，下级纪检监察机关应当请示报告的内容包括：（1）对作出立案审查调查决定、给予党纪政务处分等重要事项，应当向同级党委请示汇报并向上级纪委监委报告。（2）遇到的重要事项。比如涉及全局的重大事项、重大敏感事件、突发事件、重大审查调查活动等应当及时报告。（3）需要上级纪检监察机关支持的事项。比如，通缉范围超出本行政区域的，报请有权决定的上级监察机关决定和支持；再比如，地方纪委监委商请中央纪委国家监委派驻（派出）机构、中管企业纪检监察机构、中管高校纪委协助的，报请省级纪委监委协调办理；等等。（4）工作中疑难问题。比如，执纪执法工

---

① 李显锋、孟庆海：《深刻理解把握监督执纪工作规则的内涵》，载《中国纪检监察报》2017 年 2 月 8 日。

作中遇到的法规制度规定不明确、法规制度理解存在争议、违纪违法事实难以认定、证据采信难以把握、对案件管辖存在异议的等问题，也可以及时向上级纪检监察机关请示。（5）其他需要请示报告的事项。《中国共产党重大事项请示报告条例》第 13 条规定了党组织应当向上级党组织请示的事项，具体包括 13 项内容。第 14 条规定了党组织应当向上级党组织报告的事项，具体包括 9 项内容。下级纪检监察机关都应当严格贯彻执行。

（三）请求复查申诉权

根据党章第 47 条规定，下级纪检监察机关拥有请求复查申诉权。一是请求复查权。党的地方各级纪委和基层纪委如果对同级党委处理案件的决定有不同意见，可以请求上一级纪委予以复查。二是申诉权。党的地方各级纪委和基层纪委如果发现同级党委或它的成员有违犯党的纪律的情况，在同级党委不给予解决或不给予正确解决的时候，有权向上级纪委提出申诉，请求协助处理。这是纪委强化同级监督的有力抓手。

下级纪检监察机关向上级纪检监察机关请求复查申诉，应当严格按照公文和请示件的有关规定办理。上级纪检监察机关要认真研究，及时办理并提出书面答复意见。对下级请示不及时答复、批复或对下级报告中反映的问题在职责范围内不及时处置，造成严重后果的，追究有关人员责任。

（四）建议权

建议权是指，下级纪检监察机关在贯彻执行上级纪检监察机关工作部署和执行上级纪检监察机关决定时，认为上级纪检监察机关的部署或决定存在问题时，可以依照法定程序向上级纪检监察机关提出建议。

赋予下级纪检监察机关建议权是加强对上级纪检监察权力运行的制约与监督，推进上级决策科学化、民主化的重要手段。包括：（1）发现上级纪检监察机关的部署和决定存在与党和国家的路线、方针、政策相悖的情形，以下级纪检监察机关的名义向其直接的上级纪检监察机关反映，阐明具体理由，提出改进方案。（2）认为上级纪检监察机关的工作部署与本地区本部门情况不符时，可以根据实际情况向上级提出修改意见。但不能以建议权的名义，对上级纪检监察机关作出的决定和部署求全责备，不能以其中的措辞或者某个表述不恰当，而任意对上级纪检监察机关的部署或者决定提出异议，更不能以建议权的行使，消极对抗上级纪检监察机关的决定或者工作要求。（3）上级纪检监察机关对违纪违法案件作出的处理决定，下级纪检监察机关如有不同意见，可以向上级纪检监察机关提出。但是，当上级党委或纪检监察机关没有改变原处理决定时，不得停止执行，对拒不执行的要追究有关人员的责任。

（五）监督权

监督权是指，下级纪检监察机关享有对上级纪检监察机关进行监督，及时指出上级工作中存在的缺点和问题的权力。中国共产党实行民主集中制的原则，不仅上级机关可以监督下级机关，下级机关也同样可以监督上级机关，向上级机关提出批评和建议，上级机关必须虚心听取意见，并及时根据这些意见调整自己的行为。通过自下而上的监督，使得上级能够及时获取工作实际情况和存在的现实问题，着力解决工作中出现的新问题、新矛盾，提高决策水平，不断推动工作创新发展。

第三节　纪检监察机关与党委之间关系

正确处理纪委与同级党委的关系，应当围绕两个主题展开，一是党委（党组）落实全面从严治党的主体责任，纪委在履行全面从严治党监督责任同时，协助党委（党组）落实全面从严治党主体责任。二是纪检监察机关在同级党委领导下开展工作，党委加强对纪委监委工作的领导、管理和监督。这两个方面相互依存、不可分割。

一、党委的主体责任

全面从严治党是各级党组织的职责所在。习近平总书记深刻指出："坚持责任上全链条，压实各级党委（党组）全面从严治党主体责任、各级纪委的监督责任，推动各级党委（党组）书记扛起第一责任人责任、领导班子其他成员切实担负‘一岗双责’，让每名党员、干部行使应有权利、履行应尽责任。”[①]《党委（党组）落实全面从严治党主体责任规定》（以下简称《规定》）对党委（党组）、党委（党组）书记、纪委在全面从严治党中履行什么责任，如何履行责任等作出明确规定。根据《规定》，党委（党组）在全面从严治党中承担的主体责任主要体现在以下几个方面：

（一）组织领导责任

党章规定：“党必须按照总揽全局、协调各方的原则，在同级各种组织中发挥领导核心作用。”组织领导责任强调，党委（党组）应当将党的建设与经济社会发展、业务工作同谋划、同部署、同推进、同考核，加强对本地区全面从严治党各项工作的领导。其中，党委（党组）书记履行本地区本单位全面从严治党第一责任人职责，党委（党组）领导班子其他成员根据工作分工对职责范围内的全面从严治党工作负重要领导责任。主体责任能否真正落实，关乎坚持党要管党、从严治党，关乎党的生死存亡，关乎国家和民族的前途命运。

党委（党组）的组织领导责任包括：坚决维护以习近平同志为核心的党中央权威和集中统一领导，坚决贯彻执行党中央决策部署以及上级党组织决定。将全面从严治党融入本地区经济社会发展和本部门本单位中心工作总体布局，统一研究部署、统一检查考核，着力解决党的领导弱化、党的建设缺失、全面从严治党不力等突出问题。按照《规定》要求，多举措落实全面从严治党各项工作要求，包括党委（党组）每半年至少召开1次常委会会议（党组会议）专题研究全面从严治党工作；结合实际制定责任清单，明确书记和领导班子其他成

① 《习近平关于全面加强党的纪律建设论述摘编》，中央文献出版社2024年版，第179页。

员承担的全面从严治党责任；制定本地区本单位落实全面从严治党主体责任的年度任务安排；开展经常性全面从严治党宣传教育；将落实全面从严治党责任情况作为年度民主生活会对照检查内容；通过各种形式通报本地区本单位落实全面从严治党主体责任情况；开展有针对性的教育培训等。①

（二）开展党内监督责任

《党内监督条例》第15条规定："党委（党组）在党内监督中负主体责任，书记是第一责任人，党委常委会委员（党组成员）和党委委员在职责范围内履行监督职责。"党内监督责任强调，党委（党组）领导和执行本地区本部门本单位党内监督工作。

党委（党组）的党内监督责任包括：按照《党内监督条例》等要求，领导本地区本部门本单位党内监督工作，组织实施各项监督制度，抓好督促检查；加强对同级纪委和所辖范围内纪律检查工作的领导，检查其监督执纪问责工作情况；对党委常委会委员（党组成员）、党委委员，同级纪委、党的工作部门和直接领导的党组织领导班子及其成员进行监督；加强对党组织和党员的日常监督，综合运用谈心谈话、检查抽查、指导民主生活会、受理信访举报、督促巡视巡察整改等形式，把管理和监督寓于实施领导的全过程，突出加强对"关键少数"特别是"一把手"和领导班子的监督；对上级党委、纪委工作提出意见和建议，开展监督；等等。

（三）抓好党的建设责任

《规定》第6条、第7条要求，党委（党组）必须把党的政治建设摆在首位，把党的思想建设作为基础性建设来抓，贯彻新时代党的组织路线，持之以恒抓好党的作风建设，加强党的纪律建设，加强本地区党

---

① 王希鹏：《推动"三种责任"贯通联动一体落实》，载《中国纪检监察》2020年第9期。

内法规制度建设。抓好“六大建设”责任强调，党委（党组）必须坚持全面从严治党各领域各方面各环节全覆盖，抓好党的政治建设、思想建设、组织建设、作风建设、纪律建设和制度建设。

党委（党组）抓好党的建设责任包括：加强党的政治建设，引导党组织和党员干部坚定政治信仰，强化政治领导，提高政治能力，净化政治生态，实现全党团结统一、行动一致；加强党的思想建设，用习近平新时代中国特色社会主义思想武装头脑、指导实践、推动工作；加强党的组织建设，坚持民主集中制，建设忠诚干净担当的高素质专业化干部队伍，夯实党执政的组织基础；加强党的作风建设，严格落实中央八项规定精神、纠正“四风”，抓党风带民风促社风，营造风清气正的社会环境；加强党的纪律建设，严格执行和维护党的纪律，有效运用“四种形态”，强化日常监督，使纪律真正成为“带电的高压线”；加强党的制度建设，严格落实党内法规执行责任制，扎紧制度建设篱笆，把权力关进制度的笼子；等等。

（四）落实党风廉政建设主体责任

党章第46条规定，纪委协助党的委员会组织协调反腐败工作。开展反腐败斗争，党委（党组）承担主体责任。习近平总书记深刻指出：“各级党委要切实强化对反腐败斗争全过程领导，坚决支持查办腐败案件，动真碰硬抓好问题整改，不能用纪委的监督责任代替党委的主体责任，更不能放弃责任、一推了之。”[①] 落实党风廉政建设主体责任强调，各级党委（党组）承担反腐败斗争主体责任，党委（党组）书记是反腐败第一责任人。

党委（党组）的反腐败斗争责任包括：保持惩治腐败的高压态势，坚持“打虎”“拍蝇”“猎狐”三管齐下；党委（党组）书记要定期主

---

① 《习近平关于全面加强党的纪律建设论述摘编》，中央文献出版社2024年版，第180页。

持研判问题线索，分析反腐败形势，听取重大案件情况报告；按照规定，对初核、立案、采取审查调查措施、作出处置决定等重大事项审核把关；发挥好各级党委反腐败协调小组的作用，进一步明确职责定位，规范协调机制；一体推进不敢腐、不能腐、不想腐，发挥查办案件的治本作用，剖析案发原因、研究案发规律，查找制度漏洞、完善制度设计，从根本上遏制同一地区同一部门同一单位重复发生同类腐败问题的现象；为纪委监委履职提供坚强保障；等等。

（五）深化体制机制改革责任

体制机制改革责任强调，党委（党组）要大力推进体制机制创新，强化对权力运行的制约和监督，从源头上防治腐败。

党委（党组）的体制机制改革责任包括：不断深化改革，消除体制机制的障碍和弊端，不断铲除腐败问题产生的土壤和条件；合理配置党政部门及内设机构权力和职能，合理分解、科学配置权力，严格职责权限，加快推进机构、职能、权限、程序、责任法定化；优化权力配置，抓住定政策、作决策、审批监管等关键权力，聚焦重点领域深化体制机制改革，加快新兴领域治理机制建设，完善权力配置和运行制约机制，进一步堵塞制度漏洞，规范自由裁量权，减少设租寻租机会；建立权力清单制度，推进权力运行公开，强化廉政风险防控机制建设，完善党务、政务和司法等各领域办事公开制度；建立健全各类监督制度，包括“三重一大”制度，干部选拔任用制度，防止利益冲突制度，领导干部述职述廉和报告个人有关事项制度，领导干部配偶、子女及其配偶经商、出国定居和任职回避等制度。

二、党委（党组）对同级纪委监委的领导职权

党委（党组）加强对纪检监察工作的领导，是党委（党组）落实好主体责任的重要内容，是各级党委的职责所在。《纪律检查委员会工作条例》第6条规定：“党的地方各级纪律检查委员会和基层纪律检查委员会应当落实同级党的委员会推进全面从严治党、加强党风廉政建设

和反腐败工作的部署，执行同级党委作出的决定，及时向同级党委汇报工作，按照规定请示报告重大事项。”党委（党组）对同级纪委监委的领导职权体现在以下几个方面：

（一）在组织领导方面

根据《党内监督条例》第 15 条规定，党委（党组）在党内监督中，加强对同级纪委和所辖范围内纪律检查工作的领导，检查其监督执纪问责工作情况。党委（党组）应当定期听取同级纪委的工作情况报告，加强对纪委监委工作的领导、管理和监督，对应当由党委审批的事项严格把关。“有的党委书记认为，落实主体责任就是‘支持’纪委工作。这句话不准确。党委、纪委是领导和被领导的关系，不是支持不支持的问题。”[①] 党委（党组）要加强对纪检监察工作的领导，旗帜鲜明支持纪委监委行使职权、开展工作，为其履行职责创造有利条件、排除干扰。加强对反腐败工作的领导，党委书记要经常研判问题线索，分析反腐败形势，定期听取重大案件情况报告，加强反腐败协调机构建设，审核批准对本级管理干部的立案决定，研究净化政治生态的有效措施。及时研究解决纪检监察体制改革中遇到的问题，加强对纪委监委的监督，督促纪委监委加强自身建设[②]，党委要“担负起统筹纪检监察干部培养、选拔、任用的责任，选优配强纪检监察干部队伍”[③]，等等。

（二）在开展监督检查方面

《纪律检查机关监督执纪工作规则》第 13 条要求，党委（党组）在党内监督中履行主体责任，纪检监察机关履行监督责任，应当将纪律监督、监察监督、巡视监督、派驻监督结合起来，扎实开展监督检查工

① 《学思践悟》，中国方正出版社 2017 年版，第 7 页。

② 《〈中国共产党纪律检查机关监督执纪工作规则〉释义》，中国方正出版社 2019 年版，第 51 页。

③ 《习近平在十九届中央纪委五次全会上发表重要讲话强调 充分发挥全面从严治党引领保障作用 确保“十四五”时期目标任务落到实处》，载《人民日报》2021 年 1 月 23 日。

作。在开展监督检查方面，党委（党组）应当突出以下职责：（1）加强对监督检查工作的领导，突出监督检查工作重点，督促纪检监察机关有效开展监督，对发现的问题分类处置、督促整改。（2）组织实施并严格执行党内各项监督制度，包括对领导干部的日常管理监督制度、巡视巡察制度、党的组织生活制度、党内谈话制度、干部考察考核制度、述责述廉制度、领导干部个人有关事项报告制度、领导干部插手干预重大事项记录制度等。（3）加强对党组织主要负责人和关键岗位领导干部的监督，强化自上而下的组织监督。（4）定期组织或会同纪委监委（纪检监察组、纪检监察工委）定期召开专题会议，听取加强党内监督情况专题报告，综合分析所联系的地区、部门、单位政治生态状况，提出加强和改进的意见及工作措施，抓好组织实施和督促检查。

（三）在开展约谈函询方面

《纪律检查机关监督执纪工作规则》第 26 条要求，各级党委（党组）和纪检监察机关应当推动加强和规范党内政治生活，经常拿起批评和自我批评的武器，及时开展谈话提醒、约谈函询，促使党员、干部以及监察对象增强党的观念和纪律意识。强化对党员干部的日常监督管理，党委（党组）承担主体责任。在开展约谈函询方面，党委（党组）应当突出以下职责：（1）各级党委（党组）应当及时对党员干部开展谈话提醒、约谈函询。（2）纪检监察机关对同级党委管理的正职领导干部采取谈话方式处置问题线索的，报同级党委主要负责人审批。[①]（3）纪检监察机关开展谈话函询，可以由被谈话人所在党委（党组）、纪委监委（纪检监察组、纪检监察工委）有关负责人陪同；经批准也可以委托被谈话人所在党委（党组）主要负责人进行。（4）党员干部被纪检监察机关函询，被函询人应当在收到函件后 15 个工作日内写出

① 《〈中国共产党纪律检查机关监督执纪工作规则〉释义》，中国方正出版社 2019 年版，第 108—109 页。

说明材料，由其所在党委（党组）主要负责人签署意见后发函回复。

（四）在开展初步核实方面

《纪律检查机关监督执纪工作规则》第32条要求，党委（党组）、纪委监委（纪检监察组）应当对具有可查性的涉嫌违纪或者职务违法、职务犯罪问题线索，扎实开展初步核实工作，收集客观性证据，确保真实性和准确性。在开展初步核实方面，党委（党组）应当突出以下职责①：（1）加强对初核工作的领导，及时研究初核中的重要事项，按照规定，批准使用相关审查调查措施。（2）纪检监察机关对同级党委管理的正职领导干部开展初步核实，报同级党委（党组）主要负责人审批。（3）纪检监察机关对同级党委管理的正职领导干部开展初步核实的情况报告，报同级党委（党组）主要负责人审批。

（五）在开展审查调查方面

深化纪检监察体制改革，根本目的在于加强党对反腐败工作的集中统一领导。在开展审查调查方面，党委（党组）应当突出以下职责：（1）进行立案审批。坚持党管干部原则，纪检监察机关依法需要对同级党委管理的干部进行立案审查调查，应当报同级党委（党组）主要负责人审批。（2）加强组织领导。加强对审查调查工作的领导，随时听取工作汇报，研究解决审查调查工作中的重要事项，确保党对审查调查关键环节、重大问题的领导和监督。（3）审批重要审查调查措施。按照相关规定，纪检监察机关对同级党委管理的正职领导干部采取询问、搜查、技术调查、限制出境等措施，以及依法需要对同级党委管理的干部采取强制到案、责令候查、管护、留置等措施，应当报同级党委主要负责人审批。（4）审批审理报告。纪检监察机关对案件审理终结后，审理报告应按有关规定报送同级党委（党组）审批。

① 《〈中国共产党纪律检查机关监督执纪工作规则〉释义》，中国方正出版社2019年版，第122页、第126页。

（六）在开展纪律处分方面

根据党内法规规定，给予党员重处分必须由同级纪委审查同意后，报请这一级党委审议批准，这是落实党委主体责任的重要体现。比如，《处分违纪党员批准权限和程序规定》第6条规定："除本规定和有关党内法规另有规定外，给予各级党委管理的党员警告、严重警告处分，可以由同级纪委审查批准；给予其撤销党内职务、留党察看或者开除党籍处分，须经同级纪委审查同意后报请这一级党委审议批准。"《处分违纪党员批准权限和程序规定》细化了纪委协助党委推进全面从严治党在处分权限方面的适用规则，也就是党委纪委分工负责制。由于受到党纪重处分的党员，则通常会涉及职务上的调整、变化，有的还会限制其党员权利甚至开除其党籍，因此，给予党纪重处分则应当更为慎重，一般经同级纪委审查同意后，报请这一级党委审议批准，这是党委主体责任、纪委监督责任同向发力的要求，也是纪委自觉接受同级党委领导的体现①。

三、纪委监委对同级党委的相应职权

（一）在独立执纪执法方面

纪检监察机关受同级党委（党组）的领导、管理和监督，同时是独立的执纪执法主体，且监督执纪工作以上级纪委领导为主，必须保持独立的执纪执法权。（1）党委（党组）应严格遵守党章和党内法规，加强和改善对同级纪检监察机关的领导，确保纪检监察机关发挥主动性积极性的空间。党委（党组）对纪委的领导必须依法合规，指挥和命令以完善和保证职能正确履行为必要，绝对不能违规干涉纪委独立的执纪执法行为。（2）纪委监委应勇于承担责任，自觉接受党委（党组）的领导。（3）发挥双重领导体制优势，实现党委（党组）领导与纪委

① 《〈中国共产党处分违纪党员批准权限和程序规定〉释义》，中国方正出版社2024年版，第58页。

监委独立执纪执法有机统一。党委（党组）应切实履行主体责任，加强对纪检监察工作的领导，健全明责、履责、问责的督促检查和考核追究机制，为纪委监委独立执纪执法做好坚强后盾、创造良好环境。（4）建立健全党委（党组）领导纪委的程序性规范。严密的运行程序是规范党委（党组）与纪委领导关系的轨道和规则保障。当前，要进一步明确纪检监察机关就有关重要事项向党委（党组）报告的范围、报告内容、报告程序以及监督指导、督促办理、责任追究等有关要求，优化工作程序，形成工作合力。

（二）在请示报告方面

纪检监察机关在工作中向党委（党组）请示报告重要事项，是加强党对反腐败工作集中统一领导的具体体现，也是寻求党委（党组）支持、排除工作干扰的重要方式。各级纪检监察机关应当严格按照规定要求，在线索处置、初步核实、立案审查调查、措施使用等环节及时向党委请示报告，并就重要事项报同级党委（党组）或者主要负责人审批。

（三）在开展协助方面

党章第46条规定，纪委协助党委推进全面从严治党工作。纪委要正确处理好监督与协助的关系，监督是纪检监察机关的基本职责，是做好协助的基础和前提；协助是纪检监察机关的重要职责，是做好监督的重要载体和方法，两者相辅相成、不可分割。纪委做好协助工作，首先必须坚守正确的职责定位，“要聚焦监督执纪问责，尽职不越位、协助不包办、帮忙不代替，该牵头的牵头，该监督的监督，该配合的配合，不能回到‘包打天下’的老路上去”[①]。在协助方式上要不断创新、务求实效，为党委主体作用发挥提供有效载体、当好参谋助手。《纪律检

① 陈辐宽：《切实履行“协助”职责 推动全面从严治党向纵深发展》，载《中国纪检监察报》2019年2月14日。

查委员会工作条例》第26条详细规定了纪委协助党委推进全面从严治党的具体职责。

（四）在同级监督方面

开展同级监督是纪律检查机关的重要职责。《党内监督条例》第26条第（一）项规定，纪律检查机关在党内监督中“加强对同级党委特别是常委会委员、党的工作部门和直接领导的党组织、党的领导干部履行职责、行使权力情况的监督”。《纪律检查机关监督执纪工作规则》第7条第2款规定：“地方各级纪委监委依照规定加强对同级党委履行职责、行使权力情况的监督。”强化同级监督，一方面，各级纪委在同级监督上要主动作为，敢于监督、敢于提醒；另一方面，对不接受监督的，要及时将有关情况报告上级纪委，寻求支持。开展同级监督时，监督的后盾就是上级纪委，上级纪委应当给予下级纪委开展同级监督坚定的支持。

思考题：

1. 纪检监察工作双重领导体制有哪些优势？
2. 上级纪检监察机关如何加强对下级纪检监察机关的领导和监督？
3. 党委（党组）落实全面从严治党主体责任体现在哪些方面？

第十章　纪检监察机关内部组织结构

纪检监察机关内部组织结构是纪检监察权行使的基本组织形式，也是纪检监察干部岗位设置和职责划分的基本框架。完善纪检监察机关内部组织结构，对保证纪检监察权全面公正高效行使，实现纪检监察机关治理能力现代化具有重要意义。

第一节　概　　述

一、内部组织结构概念

纪检监察机关的内部组织结构是指，纪检监察机关内部的组织关系、机构设置与职能分工。

具体来讲，纪检监察机关内部组织结构包括两方面内容：一是同一纪检监察机关内设机构的职能分工与彼此关系。比如，中央纪委国家监委内设机构的职能分工与组织协调关系。二是不同层级纪检监察机关内部组织结构的对应与衔接。纪检监察系统各个层级的纪检监察机关内设机构的设置应当坚持“统一性”的原则，坚持统一标准和统一名称，提高整体工作合力。同时，还应当坚持分级分类设置原则，防止“职责同构”。比如，市级纪检监察机关与县级纪检监察机关管辖区域、工作量大小不同，其内设机构的设置也略有区别。

纪检监察机关内部组织结构设置，要综合考虑我国党政机关设置现实、纪检监察机关的职责定位、纪检监察工作领导体制、纪检与监察合署办公等多种因素，并遵循内部机构设置的基本规律。

二、优化内部组织结构的意义

（一）保证纪检监察权全面行使

“全面”强调，通过优化内部组织结构，保证党章党内法规和宪法国家法律赋予纪检监察机关的各项职权都得到有效行使。纪检监察机关的各项职权都应由相应的内部机构（或人员）来承担，不能出现遗漏，并尽量避免重复。因此，机构设置的一项基础性工作就是要按照科学的分类标准，对纪检监察机关的各项职权进行全面的总结，进行科学合理的分类。唯有如此，才能保证纪检监察机关内部机构改革遵循纪检监察工作发展的客观规律，防止盲目性和随意性。

（二）保证纪检监察权公正行使

“公正”强调，通过优化内部组织结构，保证纪检监察权公平、公正、合理地行使。纪检监察机关肩负着捍卫党纪国法、维护公平正义的光荣使命，必须强化自我约束和监督，保证职权运行过程的公正合规。纪检监察机关内设机构设置必须按照权力制约监督的要求，对纪检监察权进行合理分解，规范主要领导干部职责权限，科学配置内设机构的权力和职能，明确职责定位和工作任务，健全部门职责和人员编制体系。通过科学分权，强化内部有效监督和制约，实现各部门之间各司其职、相互配合、相互制约，保证纪检监察权公正行使。

（三）保证纪检监察权高效行使

“高效”强调，通过优化内部组织结构，厘清纪检监察职责范围，减少职能交叉，提高工作效能。纪检监察内设机构设置必须认真落实中央纪委国家监委合署办公的要求，通过对纪律检查机关和国家监察机关职能相似的部门进行整合，增强合署办公合力，提高工作效率，以最低的监督成本获得最大的监督效益。另外，应当保证工作资源的节约和有效利用，内设机构的设置和人员配备要符合其工作的客观需要，避免内设机构数量过多、忙闲不均，或者内设机构人员不均衡、人浮于事，出现人力资源浪费、工作效率低下等问题。

三、优化内部组织结构的原则

（一）聚焦纪检监察工作中心任务

明确职能定位，聚焦主业主责，不越位、不错位、不缺位，是纪检监察机关内设机构设置的基本立足点。纪检监察机关是党和国家监督的专责机关，内设机构的设置必须符合专门监督机关的要求，把主要力量配备到监督检查和审查调查主业上来，做细做实监督检查职责，增强审查调查力量，把主要精力放在主责主业上。

（二）科学分解配置各项纪检监察职权

科学分解纪检监察职权，通过不同的内设机构行使不同的纪检监察职权，优化内部分工并强化纪检监察机关内部监督和制约。

1. 相同职权由专门的内设机构行使。将纪检监察职权进行分解，将具有相同职责属性、价值目标和运行特征的职权归为一类，设置相对应的内设机构行使同一类监督职权。比如，党的十八大之前，党风建设由党风廉政建设室负责，部门和行业不正之风问题由纠风室负责。实际上，这两类职权性质相似，党风、政风两者之间相互包含、相促相成。因此，为了避免职能交叉和冲突，党的十八大之后，中央纪委经过两轮机构调整，将其整合为党风政风监督室。

2. 根据监督制约要求配置各项职权。为强化内部监督制约，建立相互协调、相互制约的工作机制，必须科学分解线索收集、监督检查、审查调查、案件监督管理、案件审理等各项职权，实现相互之间有效监督制约。上述职权在行使过程中不仅要相互配合，更重要的是要相互制约和监督，防止出现以案谋私、徇私舞弊、贪赃枉法等严重损害纪检监察机关公信力的行为。

3. 在强化制约的同时提高监督效能。对监督职权的分解必须科学，但不能过于烦琐。比如，为了防止一个主体或者一个人独揽案件的审查调查权，就需要增加制约的环节，不能让一个主体或一个人对案件具有完全的决定权。但是如果制约的环节过多，案件的处理就可能相互推诿、久拖不决，以致影响案件办理的效率，因此在制度设计上，既要设置必要的制约环节，不能由一个主体完全独立地处理案件，以防止滥用办案权力，又不能设置过多的制约环节，使办案主体毫无责任感，也无效率观。

（三）统一设置与分级设置相结合

纪检监察内设机构设置在坚持统一性原则的同时，应注重分级分类设置，两者有机结合。

1. 统一性原则。统一是一个系统的灵魂和核心，是一个系统发挥一致功能的重要保障。纪检监察机关的内设机构设置应当坚持统一的设置标准、统一的机构名称。统一的设置标准，即纪检监察机关应当科学分解职权，按照统一的设置标准，科学配置各内设机构，明确职责定位和工作任务。统一的机构名称，即纪检监察机关内设机构的名称应当上下一致，行使相同职权的机构应当具有相同的名称，这不仅是纪检监察机关整体性的要求，也是对外展示纪检监察机关职能的客观需要。

2. 分级分类设置原则。内设机构设置在坚持统一性原则的同时，还应当体现分级分类设置原则，防止“职责同构”。不同层级、地区和部门的纪检监察机关，其管辖区域和工作量大小不同，其内设机构的设置数量也应当有所区别。比如说，两三百人的纪检监察机关与二三十人的纪检监察机关，要不要设置完全相同的内设机构？内设机构分得越多越好、分工越细越好，还是集约型设置好？哪个机构应当增设，哪些机构应当合并？归根到底还是要根据实际情况来设定。一般来讲，中央纪委国家监委和省级纪检监察机关工作应侧重于对下领导、指导和监督管理，为了加强对纪检监察业务工作的分类指导和有效监督管理，其内设机构应当基本保持一致。派驻机构和市一级的纪检监察工作应侧重于具体行使职权，内设机构的设置应充分考虑其工作量的大小，部门的设置不要求与上级纪检监察全面保持一致，只要与上级主要业务部门保持一致即可，非业务部门可以根据实际情况自行设置。县级以下纪检监察机关，可以根据业务工作量和人员编制规模来设置业务部门，把更多的力量压到主业上来，区别共性与个性，不强求上下一律。要注意的是，即使下级纪检监察机关没有设置与上级相对应的内设机构，其相应的职责也必须有专门的人员来负责，以保持纪检监察工作的上下一致性和统一性。

第二节　纪检监察机关内设机构

纪检监察机关的内设机构是保证纪检监察机关高效运行的组织载体，是纪检监察权内部配置和管理的表现形式。优化内设机构建设，对保证纪检监察权全面公正高效行使具有重要意义。

一、中央纪委内设机构历史沿革

新中国成立后，纪检监察机关围绕每个时期党和国家的中心任务，着眼于职能的有效发挥，不断健全优化内设机构设置[①]。

1949 年，中央纪律检查委员会成立后，1954 年 1 月，中央纪委机构逐步建立，内设办公室、城市纪律检查处、农村纪律检查处[②]。1954 年 10 月，办事机构调整为四处一室，分别是办公室、第一处——案件审批处、第二处——城市检查处、第三处——农村检查处、第四处——直属机关检查处[③]。至 1955 年年初，中央纪委有干部 129 人（两名副书

① 参见王希鹏：《中国共产党纪律检查工作概论》，中国社会科学出版社 2016 年版，第 198—213 页。

② 中央纪委国家监委办公厅：《中国共产党纪检监察工作百年历程》，中国方正出版社 2022 年版，第 173 页。

③ 中共中央纪律检查委员会办公厅：《中国共产党党风廉政建设文献选编》（第八卷），中国方正出版社 2001 年版，第 51—52 页。

记除外）[①]。

1955 年 3 月，中央监察委员会成立后，6 月，中共中央批准《中央监察委员会的机构编制方案》，设办公厅、案件审查处理处、地方监察处、工矿交通监察处、财经贸易监察处、中央直属机关监察处、来信来访处[②]。经中央批准，中央监委设专职副书记 2 人，专职委员 2 人，中央监察员 20 人，办公厅正副主任、各处正副处长 16 人，共计 175 人[③]，比原中央纪委的人数略有增加。1957 年 2 月，中央监委机构进行调整，设办公厅、研究室、案件审查处理处、控诉申诉受理处，另外按照 6 个大区和中央机关设 8 个组，分别为中直机关监察组、华北地区监察组、东北地区监察组、西北地区监察组、西南地区监察组、中南地区监察组、华东第一监察组、华东第二监察组。1957 年 6 月，将研究室合并到办公厅，案件审理室与控诉申诉处合并为案件审理处，8 个组不变[④]。此后，根据工作要求，中央监委的内设机构多次进行微调。中央监察委员会内设机构和人员编制根据形势发展有所增减，其中，1957 年人员编制多达 257 人。此外，根据党的八届十中全会关于加强党的监察机关的决定，从 1963 年到 1965 年，中央监察委员会先后派到国务院各部门的常驻监察组 41 个，编制 481 人。

1978 年，党的纪律检查机关恢复重建。根据 1979 年出台的《中共中央纪律检查委员会关于工作任务、职权范围、机构设置的规定》（以下简称《规定》），中央纪委在没有现成经验的基础上，暂设办公厅、

---

① 中共中央纪律检查委员会办公厅：《中国共产党党风廉政建设文献选编》（第四卷），中国方正出版社 2001 年版，第 69 页。

② 中央纪委国家监委办公厅：《中国共产党纪检监察工作百年历程》，中国方正出版社 2022 年版，第 173 页。

③ 中共中央纪律检查委员会办公厅：《中国共产党党风廉政建设文献选编》（第八卷），中国方正出版社 2001 年版，第 61 页。

④ 中央纪委国家监委办公厅：《中国共产党纪检监察工作百年历程》，中国方正出版社 2022 年版，第 174 页。

研究室、纪律检查室、案件审理室、来信信访室。同时，《规定》指出，根据工作需要，可以设置其他的室或小组。另外，《规定》对中央纪律检查委员会内部的管理体制，也作出了明确规定。《规定》指出，中央纪律检查委员会全体会议，每半年召开一次，讨论提请中央批准的重要文件、重大案件和一个时期的工作部署、工作总结。必要时可以提前或者推迟召开。常务委员会根据工作需要召开会议，一般每两个月召开一次，讨论中央管理的党员干部违反党纪的案件、有关党风问题、中央交办的工作以及其他重要事项。办公会一般每周召开一次，由专职的书记、副书记、有关的常委、委员和有关厅、室的同志参加，处理日常工作中的重大问题。

中央纪委监察部合署办公后，根据1993年1月出台的《关于中央纪委、监察部机关合署办公和机构设置有关问题的请示》，合署后的中央纪委监察部设置23个厅、室、局，分别为办公厅、研究室、法规室、宣教室、案件审理室、信访室（举报中心）、干部室、老干部局、机关党委、机关事务管理局、监察综合室、执法监察室、党风廉政建设室、外事局，以及9个纪检监察室，其中5个室分管中央和国家机关纪检监察工作，4个室分管地方纪检监察工作。此后，中央纪委分别于1993年增设了纠正部门和行业不正之风室（国务院纠正行业不正之风办公室），2003年增设了中央纪委、中央组织部巡视工作办公室，2007年先后增设了案件监督管理室、预防腐败室（国家预防腐败局办公室），2010年增设了绩效管理监察室。至党的十八大之前，中央纪委监察部共设有内设机构27个，分别为办公厅、监察综合室、预防腐败室（国家预防腐败局办公室）、研究室、法规室、宣传教育室、党风廉政建设室、中央纪委、中央组织部巡视工作办公室（中央巡视工作领导小组办公室）、纠正部门和行业不正之风室（国务院纠正行业不正之风办公室）、执法监察室、绩效管理监察室、案件监督管理室、案件审理室（“两案”办公室）、信访室（监察部举报中心）、干部室、外事局、机关事务管理局、机关党委、离退休干部局，以及 8 个纪检监察室。

党的十八大以后，中央纪委监察部围绕聚焦中心任务，突出主业主责，先后进行了两轮机构调整。2013 年上半年，中央纪委进行了第一轮机构调整，将原党风廉政建设室和纠风室整合为党风政风监督室，将执法监察室和原绩效管理监察室整合为执法和效能监督室，并新增设了 2 个纪检监察室。2014 年年初，中央纪委进行了第二轮机构调整，整合 6 个部门，把办公厅、监察综合室整合为办公厅；把党风政风监督室、执法和效能监督室整合为党风政风监督室；把预防腐败室、外事局整合为国际合作局。增设了 3 个部门，其中 2 个纪检监察室、1 个纪检监察干部监督室。重新组建了 2 个部门，在干部室的基础上组建了组织部，在宣传教育室基础上组建了宣传部。在国家监察委员会成立前，中央纪委共有 27 个内设机构。

此外，根据 2018 年 2 月出台的《中共中央关于深化党和国家机构改革的决定》，不再保留监察部、国家预防腐败局。因此，中央纪委内设职能部门取消了两块加挂的牌子，即党风政风监督室不再加挂国务院纠正行业不正之风办公室的牌子，国际合作局不再加挂国家预防腐败局办公室的牌子，上述两个机构都已不复存在。

二、国家监察委员会成立后的内设机构改革

2018 年 3 月，国家监察委员会成立后，最高人民检察院反贪总局 102 名干部转隶至国家监委，被充实到机关 26 个部门，与原有干部混合编成，其中到业务部门的占 87%。[①] 改革后，内设机构从原先的 27 个增加到 31 个，主要是纪检监察室由原来的 12 个变为 16 个，增加了 4 个。中央纪委国家监委还对 16 个纪检监察室进行了更名，第一到第十

---

① 《中纪委公布最新组织机构情况，其中有何奥妙?》，载《人民日报》2019 年 1 月 25 日。

一室更名为监督检查室，第十二到十六室更名为审查调查室。

目前，中央纪委国家监委设有31个部门，包括：办公厅、组织部、宣传部、研究室、法规室、党风政风监督室、信访室、中央巡视工作领导小组办公室、案件监督管理室、案件审理室、纪检监察干部监督室、国际合作局、机关事务管理局、机关党委、离退休干部局，第一至第十一监督检查室，第十二至第十六审查调查室。①

2024年7月，党的二十届三中全会通过的《中共中央关于进一步全面深化改革、推进中国式现代化的决定》提出，优化监督检查和审查调查机构职能。二十届中央纪委四次全会再次强调，深化纪委监委机关内设机构改革，完善职能配置、机构设置、力量配备，优化监督检查和审查调查机构职能，提高监督执纪执法综合效能。

三、优化纪检监察内设机构

优化内设机构设置，一项基础性工作就是对党内法规和国家法律赋予纪检监察机关的各项职责职权进行系统的概括和梳理，按照各项职责职权的性质、特点和要求，对纪检监察履职内容进行科学合理的分类和分解。在此基础上，将具有相似属性和特征的职权整合到一个部门，将权力过于集中，特别是易导致权力滥用的职权进行科学分解，以达到相互制约和监督的目的。

按照相互协调、相互制约、形成合力的工作机制要求，纪检监察机关的业务职权主要分解为信访举报、案件监督管理、监督检查、党风政风监督、审查调查、案件审理、宣传教育、国际合作以及其他职权，这些职权分别由相应的具体部门承担，② 这是纪检监察机关区别于其他机关的重要特征。

---

① 参见《中央纪委国家监委组织机构》，载中央纪委国家监委网站，2021年4月6日。

② 参见《中央纪委国家监委组织机构》，载中央纪委国家监委网站，2021年4月6日。

（一）信访举报部门

纪检监察信访举报部门归口受理同级党委管理的党组织和党员、干部以及监察对象涉嫌违纪或者职务违法、职务犯罪问题的信访举报，统一接收有关纪检监察机关、派驻或者派出机构以及其他单位移交的相关信访举报，移送本机关有关部门，深入分析信访形势，及时反映损害群众最关心、最直接、最现实的利益问题。信访举报工作实行“分级负责、分工处理”的原则，分类处理信访举报件。对管辖范围内的检举控告，属于上级管辖范围的，及时报送上一级信访举报部门；属于本级管辖范围的，要加强梳理汇总，定期报告本级纪委监委主要领导，并按照本机关内部职责分工及时移交交接；对属于下级或者其他纪检监察机关管辖范围的，转送有关纪检监察机关办理①。

中央纪委国家监委信访室的职责包括：负责受理对党的组织、党员违反党纪行为和对行使公权力的公职人员职务违法、职务犯罪行为等的检举、控告；受理党员对中央纪委作出的党纪处分或者其他处理不服的申诉、监察对象对国家监委作出的涉及本人的处理决定不服的复审申请；综合分析信访举报情况；接待群众来访，处理群众来信和电话网络举报事项等。

（二）案件监督管理部门

设立案件监督管理部门是纪检监察机关强化内部监督制约，对监督执纪执法工作全过程进行监督管理的重要举措。案件监督管理部门负责对监督检查、审查调查工作全过程进行监督管理，做好线索管理、组织协调、监督检查、督促办理、统计分析等工作。具体包括：（1）发挥线索处置的组织协调作用。统一接受纪检监察机关以外的有关部门发现的问题线索的职责，包括巡视巡察工作机构和审计机关、行政执法机关、司法机关等单位发现的涉嫌违纪或者职务违法、职务犯罪问题线

① 本书编写组：《纪律审查和监察调查程序》，中国方正出版社2019年版，第9页。

索；统一备案纪检监察机关内部发现的问题线索，监督检查部门、审查调查部门、干部监督部门发现的相关问题线索，属于本部受理范围的，应当送案件监督管理部门备案；负责纪检监察机关内部发现线索的移送与转办，监督检查部门、审查调查部门、干部监督部门发现的相关问题线索，不属于本部门受理范围的，经审批后移送案件监督管理部门，由其按程序转交相关监督执纪部门办理；对问题线索实行集中管理、动态更新、定期汇总核对，提出分办意见，报纪检监察机关主要负责人批准，按程序移送承办部门；定期汇总、核对问题线索及处置情况，向纪检监察机关主要负责人报告，并向相关部门通报。（2）对监督执纪工作全过程进行监督。对审查调查措施使用情况进行监督，监督检查部门和审查调查部门应当建立台账，记录使用审查调查措施情况，向案件监督管理部门定期备案。对重要取证工作进行监督，纪检监察机关对涉嫌严重违纪或者职务违法、职务犯罪问题的审查调查谈话、搜查、查封、扣押（暂扣、封存）涉案财物等重要取证工作应当全过程进行录音录像，并妥善保管，及时归档，案件监督管理部门定期核查。（3）归口管理查办案件工作中与有关部门联系协调的事项。被审查调查人涉嫌职务犯罪的，应当由案件监督管理部门协调办理移送司法机关事宜。在移送涉嫌职务犯罪的被审查调查人时，案件监督管理部门是与司法机关对接的部门，其承担协调办理的职能。（4）对依纪依法安全办案情况进行监督检查。除审查调查部门严格遵守相关制度以避免安全事故发生外，案件监督管理部门承担办案安全的监督管理的责任，开展经常性检查和不定期抽查，发现问题及时报告并督促整改。

中央纪委国家监委案件监督管理室的职责包括：负责对监督检查、审查调查工作全过程进行监督管理，履行线索管理、组织协调、监督检查、督促办理、统计分析等职责；统一受理有关单位移交的相关问题线索以及下级纪检监察机关线索处置和案件查办报告；归口管理审查调查有关协调事项；对调查措施使用进行监督管理，监督检查纪检监察机关依纪依法安全办案情况等。

（三）党风政风监督部门

党风政风监督部门负责党风政风监督的综合协调，承担督促检查、通报曝光和综合分析等工作。党风政风监督部门不负责党风政风案件的具体查处工作，主要承担党风政风监督工作牵头职能，重点履行研究规划、统筹协调、分析研判、综合平衡等工作职能，充分发挥“决策的参谋部”“部署的指挥所”“执行的督查队”作用，以此推动党风政风监督各项任务的落实①。

中央纪委国家监委党风政风监督室的职责包括：负责综合协调贯彻执行党的路线方针政策和决议、国家法律法规等情况的监督检查；综合协调党的政治纪律和政治规矩执行、贯彻落实中央八项规定精神、纠正“四风”工作、整治群众身边和扶贫领域的腐败和作风问题；综合协调党内监督、问责等方面工作等。

（四）监督检查部门

根据《纪律检查机关监督执纪工作规则》等规定，监督检查部门主要负责联系地区和部门、单位的日常监督检查和对涉嫌一般违纪问题线索处置。监督检查部门的具体职责包括：（1）日常监督。监督检查室与所联系地区和部门、单位的关系不仅仅是“联系”，更不是“服务”，而是“监督”。监督检查室通过分类处置问题线索、检查个人有关事项报告情况以及开展多种形式的监督检查对被监督对象进行有效监督，发现苗头性、倾向性问题或者轻微违纪问题，及时进行约谈提醒、批评教育、责令检查、诫勉谈话，提高日常监督的针对性和实效性。（2）对涉嫌一般违纪违法问题，主要是应给予党纪政务轻处分类案件进行初核和审查调查。发现涉嫌严重违纪或者职务违法、职务犯罪类问

---

① 浙江省杭州市纪委监委调研课题组：《坚持党风政风监督鲜明政治属性》，载《中国纪检监察报》2019年1月31日。

题按程序移送给审查调查室处置。（3）向有关党组织或者单位提出纪律检查建议或者监察建议等。

中央纪委国家监委第一至第十一监督检查室主要履行依纪依法监督的职责。具体包括：监督检查联系单位（地区）领导班子及中管干部遵守和执行党的章程和其他党内法规，遵守和执行党的路线方针政策和决议、国家法律法规，推进全面从严治党，依法履职、秉公用权、廉洁从政从业以及道德操守等方面的情况；监督检查联系单位（地区）党委（党组）落实管党治党主体责任的情况，指导、检查、督促纪委监委（派驻、派出机构）落实纪检、监察责任，实施问责；向监察对象所在单位提出监察建议；综合分析研判问题线索，按程序提出处置意见或移交审查调查室；综合、协调、指导联系单位（地区）及其系统的纪检监察工作等。

（五）审查调查部门

根据《纪律检查机关监督执纪工作规则》的规定，审查调查部门主要负责对涉嫌严重违纪或者职务违法、职务犯罪问题线索进行初步核实和立案审查调查。审查调查部门的具体职责包括：（1）审查调查部门实行一案一授权，承办涉嫌严重违纪或者职务违法、职务犯罪问题线索的初步核实和立案审查调查。（2）向有关党组织或者单位提出纪律检查建议或者监察建议等。

中央纪委国家监委第十二至第十六审查调查室主要履行执纪审查和依法调查处置的职责。具体包括：承办涉嫌严重违纪或者职务违法、职务犯罪问题线索的初步核实和立案审查调查，以及其他比较重要或者复杂案件的初步核实、审查调查，并提出处理建议；向监察对象所在单位提出监察建议；可以办理下一级监察机关管辖范围内的监察事项，必要时也可以办理所辖各级监察机关管辖范围内的监察事项等。

（六）案件审理部门

案件审理部门负责对需要给予党纪政务处分案件的监督制约和审核

把关，按照规定的程序，对案件的事实、证据、定性、处理以及办案程序等方面进行审核把关。案件审理部门的主要职责包括：（1）进行审核处理。对涉嫌违纪或者职务违法、职务犯罪问题，依照规定应当给予纪律处理或者处分、政务处分的案件和复议复查案件进行审核处理。（2）提前介入。对于重大、复杂、疑难案件，监督检查、审查调查部门已查清主要违纪或者职务违法、职务犯罪事实并提出倾向性意见的；对涉嫌违纪或者职务违法、职务犯罪重要或重大案件，经批准案件审理部门可以提前介入。

中央纪委国家监委案件审理室的职责包括：负责审理中央纪委国家监委直接审查调查和省（部）级党的组织、纪检监察机关报批或者备案的违反党纪和职务违法、职务犯罪案件；承办党员对中央纪委作出的党纪处分或者其他处理不服的申诉案件、监察对象对国家监委作出的涉及本人的处理决定不服的申请复审案件等。

（七）宣传教育部门

开展宣传教育是纪检监察机关的重要职责。（1）开展宣传教育是纪律检查机关的经常性工作。党章第46条规定纪律检查机关的六项经常性工作，第一项就是“要经常对党员进行遵守纪律的教育”。（2）加强宣传教育是一体推进不敢腐、不能腐、不想腐的有效方式。通过宣传教育，强化纪法宣传、警示教育，引导党员干部坚定理想信念，加强社会主义廉政文化建设，涵养清正廉洁的价值理念。（3）通过宣传教育有效引导社会舆论。纪检监察宣传教育是全党宣传工作大格局的重要组成部分，通过宣传教育，及时传递党中央声音，尤其是党的重大理论创新和重大政策决策，引导社会舆论。通过及时发布审查调查、巡视巡察信息，通报曝光典型案件，强化群众监督和舆论监督。

中央纪委国家监委宣传部的职责包括：负责组织协调全面从严治党、党风廉政建设和反腐败宣传教育以及廉洁文化建设工作；归口管理机关承担宣传教育职责的单位；负责机关的新闻事务和有关网络信息工作等。

（八）国际合作部门

党的十八大以来，党中央把反腐败国际追逃追赃工作提升到国家政治和外交层面，纳入反腐败工作总体部署。中央反腐败协调小组于2014年6月建立追逃追赃工作协调机制，设立国际追逃追赃工作办公室。《监察法》专门设立了“反腐败国际合作”一章，规定了国家监察委员会在反腐败国际合作方面的职责。包括：统筹协调与其他国家、地区、国际组织开展的反腐败国际交流、合作，组织反腐败国际条约实施工作；组织协调有关方面加强与有关国家、地区、国际组织在反腐败执法、引渡、司法协助、被判刑人的移管、资产追回和信息交流等领域的合作；加强对反腐败国际追逃追赃和防逃工作的组织协调，督促有关单位做好相关工作。

中央纪委国家监委国际合作局的职责包括：负责纪检监察国际交流与合作事宜；组织反腐败国际条约实施工作和履约审议事务；承担反腐败国际追逃追赃和防逃工作的组织协调，协调反腐败执法、引渡等领域国际合作；归口管理机关外事工作和涉港澳台事务等。

（九）其他职权部门

纪检监察机关的其他业务职权还包括组织人事、调查研究、法规制定、内部监督等。中央纪委国家监委分别设置了组织部、研究室、法规室、纪检监察干部监督室等分别行使上述职权。省级及以下纪检监察机关根据实际工作需要，有区别性设置了相关职能部门。比如，调查研究职权和制度建设职权，两者具有一定的相通性，一些地方纪委将这两者整合至一个内设机构，称为调研法规室或政策法规研究室等。

第三节　纪检监察派驻机构

纪检监察派驻机构，是由纪检监察机关派出、派驻在党政机关及其他组织的常设机构。派驻监督是在党中央集中统一领导下，强化自上而下组织监督的重要形式，在党和国家监督体系中具有十分重要的作用。

一、派驻机构改革的历史沿革

（一）新中国成立后派驻机构的建立

新中国成立后，派驻监督制度首先在政府监察系统确立。1949年10月，政务院人民监察委员会成立。1951年9月，政务院决定中央一级在财政部、贸易部、重工业部、铁道部等7个部门内，先行设置内部监察机构，受该部门首长领导、政务院人民监察委员会指导。1952年12月，为适应即将到来的大规模国家经济建设需要，政务院要求省（市）以上各级人民政府财经部门及国营财经企业单位，均设立监察室，受该部门首长及上级监察室双重领导。至此，派驻机构已初现雏形。

1954年9月，第一届全国人大决定政务院改为国务院，原政务院人民监察委员会改为国务院监察部。1955年7月，中共中央发出《关于加强国家监察机关的工作的指示》，决定将国家监察机关与政府各部门内部监察机构分设，在省（市）政府厅、局中由省（市）监察厅派驻监察人员，受省（市）监察厅领导。这是中央文件中首次提出监察机构"派驻"概念。1955年11月2日，国务院常务会议批准的《中华人民共和国监察部组织简则》对行政监察派驻机构进一步作出制度化规定。一些内部监察机构逐渐从组织上独立出来，成为行政监察机关的派驻机构。

在国家监察机关探索设置派驻机构的同时，党内监督机关也在积极探索建立派驻制度。1955年12月，中央监察委员会决定在中央国家机关和中央群众团体两个系统中分别设立中央监委兼职监察员，由中央国家机关各部门政治副部长担任，在中央监委领导下，了解有关情况，定期向中央监察委员会报告。兼职监察员制度，是中央监委设置派驻机构的前奏。

1962年9月27日，党的八届十中全会通过的《关于加强党的监察机关的决定》（以下简称《决定》），明确提出要建立监察派驻工作制度。这是我们党首次系统探索纪律检查机关派驻管理工作，是新中国成立后党的纪律检查工作的重大体制创新。《决定》规定，中央监察委员会可以派出监察组常驻国务院所属各部门。监察组的成员，由相当于国务院部长、司局长一级的干部担任。监察组由中央监察委员会直接领导。各省、市、自治区党的监察委员会，在必要的时候，可以派监察组或监察员驻省、市、自治区人民委员会所属的各部门进行工作。[①] 12 月 28 日，中央监察委员会制定了《中央监察委员会常驻各中央局、国务院所属各部门监察组试行工作条例》。1963 年 1 月 27 日，《中共中央监察委员会工作细则》就“中央监察委员会在各中央局设常驻监察组”进行了规定。1963 年至 1965 年，中央监察委员会先后在国务院部门建立 41 个常驻监察组。地方党的监察委员会同期也陆续派出一些监察组（如山西省监委同期先后向粮食厅、林业厅、农业厅等 16 个厅局派驻监察组）。[②] 1969 年 7 月，中央监察委员会被撤销，派驻机构也不复存在。

（二）改革开放后派驻机构恢复与重建

党的十一届三中全会选举产生了新的中央纪律检查委员会。1982 年 9 月，党的十二大通过的党章规定：“党的中央纪律检查委员会根据工作需要，可以向中央一级党和国家机关派驻党的纪律检查组或纪律检查员。”1983 年 1 月，中央纪委决定先向对外经济贸易部、城乡建设环境保护部、教育部、中国科学院等 11 个单位派驻纪检组。这是中央纪委恢复重建后派出的第一批纪检组。

1983 年 3 月，中央纪委《关于印发纪检机构组织建设的文件的通知》明确提出，“中央纪律检查委员会根据工作需要，向中央一级党和

① 中共中央纪律检查委员会办公厅：《中国共产党党风廉政建设文献选编》（第八卷），中国方正出版社 2001 年版，第 72 页。

② 李雪勤主编：《中国共产党纪律检查工作 60 年》，中国方正出版社 2009 年版。

国家机关的某些部门派驻党的纪律检查组”[1]，并规定“中央纪委派驻各部门的纪律检查组或纪律检查员，在中央纪委直接领导和驻在部门党组指导下进行工作”[2]。1983 年至 1987 年党的十三大召开前，中央纪委共向国务院 21 个部委派驻纪检组，编制 372 人。

1987 年 6 月，监察部恢复成立。1987 年 10 月至 11 月，党的十三大在北京召开。十三大报告指出：“党的纪律检查委员会不处理法纪和政纪案件，应当集中力量管好党纪，协助党委管好党风。”按照党的十三大提出的党政分开和机构改革的要求，1988 年 7 月，中央同意并转发了《关于逐步撤销国务院各部门党组纪检组和中央纪委派驻纪检组有关问题的意见》。截至 1988 年年底，国务院各部门 63 个党组纪检组和派驻纪检组中有 49 个被撤销，只保留了 14 个纪检组（其中派驻 3 个）。改革后，由于纪委派驻政府机关的纪检组和党组纪检组撤销后，政府监察机关的派驻没有及时跟上，反腐败工作力量有所削弱。

部分派驻纪检机构被撤销的同时，行政监察机关派驻机构开始逐步组建。1987 年 8 月，国务院印发《关于在县以上地方各级人民政府设立行政监察机关的通知》规定，行政监察机关根据工作需要可在同级政府职能部门建立派出机构。1988 年 5 月，经国务院批准，监察部在 46 个部门设立监察局和监察专员办公室，受监察部和所在单位双重领导，业务工作以监察部领导为主。

1989 年 6 月，党的十三届四中全会召开。1989 年 11 月，十三届中央纪委第五次全会提出，要按照党章的规定，继续做好向有关部门派驻纪检组的工作。1990 年 2 月，中央纪委给党中央写信，建议除现有 14 个纪检组继续保留和加强外，再向中央一级党和国家机关一些主管意识形

① 中共中央纪律检查委员会办公厅：《中国共产党党风廉政建设文献选编》（第八卷），中国方正出版社 2001 年版，第 107 页。

② 中共中央纪律检查委员会办公厅：《中国共产党党风廉政建设文献选编》（第八卷），中国方正出版社 2001 年版，第 109 页。

态的部门和下属单位较多的重要经济部门派驻纪律检查组，包括人民日报社、冶金工业部等16家单位；派驻纪检组受中央纪委的领导和驻在部门党组的指导。中央批准了这个请示。自此，一度被削弱和取消的派驻纪检组重新恢复建立。1991年4月23日，中央纪委颁布了《关于中央纪委派驻纪检组和各部门党组纪检组（纪委）若干问题的规定（试行）》规定，中央纪委派驻纪检组改为受中央纪委和驻在部门党组双重领导。

1993年2月，党中央决定中央纪委与监察部合署办公。随后，派驻纪检、监察机构的合署办公自上而下逐步展开，按照驻在部门特点，双派驻机构合署办公，单派驻机构与驻在部门内设纪检或监察机构合署办公。

2000年9月4日，中央纪委、中央组织部、中央编办、监察部联合下发了《关于加强中共中央纪委、监察部派驻纪检、监察机构管理的意见》，提出了七条具体改革意见，特别是对派驻机构的性质和领导体制进行了明确，规定“中央纪委、监察部派驻纪检、监察机构是中央纪委、监察部的组成部分，受中央纪委、监察部和驻在部门党组（党委）、行政的双重领导，以中央纪委、监察部领导为主”。

（三）对派驻机构统一管理

对派驻机构实行统一管理，是进入新世纪后党中央为改革和完善纪检监察体制作出的一项重大决策。2001年9月，党的十五届六中全会作出“纪检监察机关对派出机构实行统一管理”的决定。根据中央的要求，中央纪委监察部自2002年先后在卫生部、国家发展和改革委员会等8个部门进行了派驻机构统一管理试点工作。

2004年4月，中共中央办公厅、国务院办公厅转发了《中央纪委、中央组织部、中央编办、监察部关于对中央纪委监察部派驻机构实行统一管理的实施意见》，当年实现了对36家双派驻机构的统一管理。

2005年8月，中央纪委、监察部下发了《关于中央纪委、监察部单派驻纪检、监察机构实行统一管理的实施意见》，2006年，中央纪委、监察部完成了对20家单派驻纪检、监察机构的统一管理。按照派驻工作统一管理的要求，派驻机构由中央纪委监察部和驻在部门双重领导改为由中央纪委监察部直接领导，中央纪委监察部对派驻机构的业务工作和干部工作实行统一管理。派驻机构的后勤保障仍由驻在部门负责。派驻机构实行统一管理后，派驻机构与驻在部门的工作关系得到进一步明确。

（四）党的十八大以来的派驻机构改革

党的十八大以来，以习近平同志为核心的党中央把健全党和国家监督体系作为推进国家治理体系和治理能力现代化的重要一环，高度重视纪检监察派驻机构建设，对纪检监察派驻机构改革作出全面部署，着力发挥派驻监督作用。2013年11月，党的十八届三中全会通过了《中共中央关于全面深化改革若干重大问题的决定》，吹响了全面深化改革的号角。《决定》强调："全面落实中央纪委向中央一级党和国家机关派驻纪检机构，实行统一名称、统一管理。派驻机构对派出机关负责，履行监督职责。"这是纪检监察派驻制度的重大改革。2014年12月11日，中央政治局常委会议审议通过了《关于加强中央纪委派驻机构建设的意见》。《意见》对派驻机构职能进行了重新定位，强调派驻机构由中央纪委直接领导、统一管理，依据党章规定，围绕监督执纪问责，履行党的纪律检查职能，监督的重点对象是驻在部门领导班子及中管干部和司局级干部。此次改革，明确派驻机构和驻在部门是监督与被监督的关系，驻在部门领导班子履行党风廉政建设主体责任，派驻机构履行监督责任，不再承担驻在部门党风廉政建设日常工作。这就使派驻机构从应由驻在部门承担的、属于主体责任范围的大量日常工作中解脱出来，按照党章的规定和中央的要求，专注监督执纪问责，切实发挥好"派"的权威和"驻"的优势[①]。2015年1月，中央决定，先在中央办

① 《加强派驻机构建设提升派驻监督效能》，载《人民日报》2014年12月12日。

公厅、中央组织部、中央宣传部、中央统战部、全国人大机关、国务院办公厅、全国政协机关等7家中央和国家机关新设中央纪委派驻机构，积极探索实现全面派驻的有效途径。

2016年年初，经党中央同意，中共中央办公厅印发了《关于全面落实中央纪委向中央一级党和国家机关派驻纪检机构的方案》的通知。中央决定，对原来的派驻机构进行优化整合，实现对中央一级党和国家机关派驻纪检机构全覆盖，并对领导体制、职能调整、主要职责、机构设置等作出了明确规定。

十九大党章与时俱进，对全面派驻机制进一步完善，规定“党的中央和地方纪律检查委员会向同级党和国家机关全面派驻党的纪律检查组”。从十二大党章规定的“可以派驻”到十九大党章规定的“全面派驻”，意味着派驻监督不留死角、不留空白以党内根本大法的形式固定了下来。

党的十九大以来，按照党和国家机构改革、国家监察体制改革新要求，纪检监察派驻改革又迈入新的历史进程。2018年6月，经党中央批准，根据党章党规和宪法《监察法》有关规定，中央纪委国家监委统一设立派驻机构，名称为中央纪律检查委员会国家监察委员会派驻纪检监察组。派驻纪检监察组对中央纪委国家监委负责，履行党的纪律检查和国家监察两项职责①。

2018年10月，中共中央办公厅印发《关于深化中央纪委国家监委派驻机构改革的意见》，对进一步深化中央纪委国家监委派驻机构改革作出全面部署②。《意见》强调，全面加强对派驻机构的领导。同时，分类施策推进中管企业、中管金融企业、党委书记和校长列入中央管理

① 《中央纪委国家监委统一设立派驻机构》，载中央纪委国家监委网站，2018年6月20日。

② 《中共中央办公厅印发〈关于深化中央纪委国家监委派驻机构改革的意见〉》，载中央纪委国家监委网站，2018年10月30日。

的高校纪检监察体制改革。党的十九届四中全会对坚持和完善党和国家监督体系作出重大制度安排，强调“完善派驻监督体制机制”。中央纪委国家监委按照党中央要求，分层分类分领域推进派驻机构改革，“派”的权威和“驻”的优势不断增强。2021年12月颁布的《中国共产党纪律检查委员会工作条例》第六章对“派驻、派出机构”作出专章规定。2022年1月，中央纪委国家监委印发《关于深化中管高校纪检监察体制改革的意见》，中央纪委国家监委加强对中管高校纪检监察工作的统筹领导，中管高校纪委书记担任国家监委派驻监察专员，设立监察专员办公室，与学校纪委合署办公，中管高校纪检监察机构一体履行党的纪律检查和国家监察两方面职责。2022年，中共中央办公厅印发《纪检监察机关派驻机构工作规则》，这是规范纪检监察机关派驻机构工作的基础性党内法规。

党的二十大报告着眼解决大党独有难题，作出“完善党的自我革命制度规范体系”重大部署，对“健全党统一领导、全面覆盖、权威高效的监督体系”提出明确要求。纪检监察机关持续推进派驻机构改革，中央纪委国家监委调整完善党和国家机构改革中央一级涉改部门纪检监察机构设置，健全“组组”协同监督、“室组”联动监督、“室组地”联合办案机制，逐步扩大派驻机构监察权行使①。二十届中央纪委三次全会强调：“深化派驻机构改革，加强直接领导、统一管理，制定加强中管高校纪检监察机构与地方纪委监委联合开展审查调查的意见，指导各省区市纪委监委开展向省属高校和国有企业派驻纪检监察组试点，在垂管系统省级以下单位开展涉嫌职务犯罪案件管辖和监察措施使用改革试点。”2024年7月，党的二十届三中全会通过的《中共中央关于进一步全面深化改革　推进中国式现代化的决定》作出“推进向中

---

①　李希：《深入学习贯彻习近平总书记关于党的自我革命的重要思想　纵深推进新征程纪检监察工作高质量发展——在中国共产党第二十届中央纪律检查委员会第三次全体会议上的工作报告》，载《人民日报》2024年2月26日。

管企业全面派驻纪检监察组”重大决策。2025 年 1 月，二十届中央纪委四次全会再次强调，深化派驻机构改革，完成向中管企业全面派驻纪检监察组。此外，2025 年修订后实施的《监察法》对监察“再派出”制度作出规定，为实现监察有效覆盖提供法律依据，这是持续深化国家监察体制改革的重大制度成果。

二、派驻纪检监察机构的主要类型

根据党章、《纪律检查委员会工作条例》、《纪检监察机关派驻机构工作规则》（以下简称《派驻机构工作规则》）以及《监察法》等规定，纪检监察派驻机构包括以下类型：

（一）中央纪委国家监委派驻机构、地方纪委监委派驻机构

中央纪委国家监委派驻机构是指中央纪委国家监委根据党内法规和国家法律授权，向中央一级党和国家机关、中管金融企业、中管国有企业等派驻纪检监察组，以及向中管高校依法派驻监察机构。

此外，根据 2025 年实施的《监察法》规定，国家监委实行“再派出”制度。从适用单位范围看，监察再派出制度可以适用于四类单位：一是中央垂直管理或者双重领导并以中央单位领导为主单位的下一级单位，比如，中央纪委国家监委驻海关总署纪检监察组根据授权，可以向海关总署下一级单位实行监察再派出。二是中管企业的下一级国有企业，比如，中央纪委国家监委驻某中央企业的纪检监察组根据授权，可以向下一级国有企业实行监察再派出。三是国务院国资委管理领导班子的国有企业，比如，中央纪委国家监委驻国资委纪检监察组根据授权，可以向国资委管理的中央企业实行监察再派出。四是教育部等中央单位管理领导班子的普通高等学校，比如，中央纪委国家监委驻教育部纪检监察组根据授权，可以向教育部直属高校实行监察再派出。其他类型的单位不适用该制度。

地方纪委监委派驻机构是指地方纪委监委向本级党和国家机关、所管辖的国有金融企业派驻纪检监察组，以及按照规定向国有企业、普通

高等学校等单位派驻纪检监察组；或者依法派驻监察机构，派驻监察专员并设立监察专员办公室，与该单位党的纪律检查机构合署办公。

（二）派驻纪检监察组、派驻监察机构

党内法规和国家法律既把握共性，又区别个性，适应各行业领域的党建工作体制和各地区实际情况，根据派驻机构组织设置的不同，分为派驻纪检监察组、派驻监察机构。派驻纪检监察组是指同时派驻纪律检查机构与国家监察机构，《派驻机构工作规则》第 6 条明确规定，有两类单位必须派驻纪检监察组，即本级党和国家机关、所管辖的国有金融企业。派驻监察机构是指派驻监察专员并设立监察专员办公室，与驻在单位党的纪律检查机构合署办公。比如，国家监委向北京大学派驻监察专员并设立监察专员办公室，与北京大学纪委合署办公。

（三）单独派驻、综合派驻

根据派驻纪检监察组的监督范围，可以分为单独派驻和综合派驻两种形式。单独派驻是指对系统规模大、直属单位多、监督对象多的单位，单独派驻纪检监察组，比如，某市纪委监委驻市人大机关纪检监察组作为单独派驻，负责监督市人大机关。综合派驻是指对业务关联度高，或者需要统筹力量实施监督的相关单位，综合派驻纪检监察组，比如，某市纪委监委驻市财政局纪检监察组作为综合派驻，综合监督市财政局、市审计局、市统计局等 3 家单位。

三、纪检监察派驻机构的定位

（一）纪检监察派驻机构的性质

派驻监督是党和国家监督体系的重要组成部分，是纪委监委监督全覆盖的重要方式。派驻监督不是同级监督，它的本质是上级党组织通过强化纪检监察监督，加强对下级党组织“一把手”、领导班子、班子成员及其部门管理的二级班子和有关人员的监督。

派驻监督归根到底体现了党中央的领导，加强对派驻机构的领导是各级党委应当承担的主体责任。《派驻机构工作规则》第 10 条规定：

"各级党委应当加强对纪检监察机关派驻机构工作的领导，健全机构设置、干部管理、工作保障等机制，听取纪律检查委员会监察委员会关于派驻监督工作的汇报，推动派驻机构履职尽责。"派驻监督工作覆盖党和国家机关、国有企业、国有金融企业、高校等组织，涉及机构设置、人员编制、干部管理、工作保障等党的领导和党的建设事业。各级党委对本地区派驻工作必须切实加强领导，发挥好总揽全局、协调各方的作用。

（二）派驻机构与派出机关的关系

《派驻机构工作规则》明确规定，"派驻机构是派出机关的组成部分"。派驻机构直接受派出机关领导，具体体现在以下方面：（1）派驻机构体现派出机关意志。派驻机构依据党章党规、宪法和监察法，根据派出机关授权开展工作，由派出机关直接领导、统一管理，向派出机关负责，受派出机关监督，是纪委监委工作的延伸。（2）派驻机构的基本定位是监督。派驻监督体现的是上级纪委监委对下级党组织和领导干部的监督，首要任务是监督驻在单位领导班子及其成员和驻在单位党组（党委）管理的干部，及时准确发现问题，有效发挥"探头"作用。（3）派驻机构对派出机关负责。派驻机构作为派出机关的重要组成部分，代表派出机关开展工作，不受驻在单位党组（党委）领导，不承担驻在单位领导班子履行主体责任相关的日常工作①。

（三）派驻机构与驻在部门的关系

派驻机构与驻在部门是监督与被监督关系，而不是领导与被领导关系。两者的监督关系体现在以下方面：（1）驻在单位党组（党委）承担本单位（本系统）全面从严治党主体责任。驻在单位党组（党委）按照党章、《党委（党组）落实全面从严治党主体责任规定》等法规要

---

① 中央纪委国家监委法规室：《准确把握纪委监委派驻机构与驻在单位党组（党委）的关系》，载中央纪委国家监委网站，2020 年 8 月 26 日。

求，承担本单位（本系统）全面从严治党主体责任。派驻机构履行监督职责，督促驻在单位党组（党委）加强党的建设，推动履行全面从严治党主体责任。（2）派驻机构按照要求对驻在部门开展监督。派驻机构严格按照有关要求，查办腐败案件以派出机关领导为主，定期向派出机关报告问题线索处置和案件查办情况，遇有重要问题应当及时请示报告。对驻在单位领导班子成员加强党的领导和党的建设、履行全面从严治党主体责任的情况应当定期专题报告。（3）对一些重要审批事项，派驻机构须报派出机关审批。对于需要经审批才能开展的工作、采取的措施，应当按规定报派出机关审批，而不是报驻在单位党组（党委）审批。派驻机构经批准对驻在单位管理的干部涉嫌违纪违法问题进行审查调查，立案前根据授权可以通知驻在单位党组（党委）主要负责人，也可以立案后再通报①。

四、派出机关的领导管理职责

《派驻机构工作规则》第 12 条第 1 款规定："派驻机构由派出机关直接领导、统一管理，向派出机关负责，受派出机关监督。"派驻机构是派出机关的组成部分，是纪委监委工作的有效延伸。派出机关要按照规定，加强对派驻机构的领导和管理。

（一）加强日常领导

根据《派驻机构工作规则》第 12 条第 2 款规定，各级纪委常委会应当定期听取派驻监督工作情况报告，派出机关分管领导应当定期召开派驻机构负责人会议，经常同派驻机构主要负责人研究工作。比如，中央纪委国家监委建立了中央纪委常委会统一领导、中央纪委国家监委统一管理，中央纪委副书记（常委）、国家监委副主任（委员）分管，相关职能部门分工负责、协调配合的派驻工作领导体制，加强对派驻机构

① 中央纪委国家监委法规室：《准确把握纪委监委派驻机构与驻在单位党组（党委）的关系》，载中央纪委国家监委网站，2020 年 8 月 26 日。

的指导、管理、服务和保障[1]。

派出机关应当完善体制机制，加强对派驻机构的日常领导。比如，根据《派驻机构工作规则》第33条规定，派驻机构应当严格执行报告制度，发现驻在单位领导班子及其成员重要问题、重要事项及时向派出机关报告。派驻机构应当经常对驻在单位领导班子及其成员坚持党的领导、加强党的建设、履行全面从严治党主体责任情况以及党风廉政状况进行分析，每年向派出机关提交专题报告。

（二）健全协作机制

派出机关相关部门，包括监督检查部门、党风政风监督部门、干部监督部门等，应当根据职能职责，加强对派驻机构的指导、联系、服务和保障，实现上下贯通、左右衔接、集成联动，充分发挥纪检监察系统优势和作用[2]。（1）监督检查部门协助分管领导联系派驻机构日常工作。《派驻机构工作规则》第13条规定了指导督促派驻机构履行职责、对派驻机构请示报告的问题和事项进行审核把关等6个方面内容。（2）开展“室组”联动监督。《派驻机构工作规则》第14条规定了派出机关相关部门应当会同派驻机构联合开展监督工作。派出机关相关部门应与派驻机构建立信息共享机制、共同研判政治生态机制、办案协助机制等，切实发挥好派驻机构的“探头”作用。（3）加强办案指导。根据《派驻机构工作规则》第15条规定，对于派驻机构管辖的重大、复杂案件，派出机关相关部门经批准可以直接办理或者组织、指挥办理。（4）开展“室组地”协作。根据《派驻机构工作规则》第16条规定，派出机关相关部门应当指导、协调派驻机构与地方纪委监委开展协作办案，协同开展专项检查、专项监督，共同推动解决有关系统和领域的突

---

① 《中办印发〈关于深化中央纪委国家监委派驻机构改革的意见〉》，载《人民日报》2018年10月31日。

② 中央纪委国家监委法规室：《坚持职责定位　完善体制机制　推动纪检监察派驻监督工作高质量发展》，载《中国纪检监察报》2022年6月30日。

出问题。比如，深化乡村振兴领域不正之风和腐败问题专项整治，推进扫黑除恶“打伞破网”常态化机制化，均需要发挥派出机关、驻有关部门纪检监察组以及有关地方纪委监委的协作优势，形成上下左右“一盘棋”。(5) 开展“组组协作”。根据《派驻机构工作规则》第 17 条规定，派出机关相关部门应当组织、指导各派驻机构之间在同步开展专项监督、进行联合审查调查、联合开展调研和培训等方面加强协作配合。比如，实践中，有的地方纪委监委统筹调动派驻机构力量，建立派驻机构分片协作机制或派驻机构协作组，有的派驻机构建立行业协同监督机制等。

(三) 加强对派驻机构的统一管理

派出机关应加强对派驻机构的统一管理力度，及时掌握了解派驻机构对驻在部门开展监督工作情况，为派驻机构履职壮胆撑腰，督促派驻机构履职担责，提高专业化水平。及时研究派驻工作中遇到的重大问题，加强对派驻机构干部的统一管理，提供必要的后勤保障，统一规范派驻机构各项制度要求。完善对派驻机构的考核评价机制，理顺和明确派驻机构的年度考核、任免奖惩、交流轮岗、回避等事项。

五、派驻机构的工作职责和履职程序

派驻机构在派出机关的统一领导下，按照规定的职责权限，切实履行好监督执纪问责和监督调查处置职责。根据《纪律检查委员会工作条例》《派驻机构工作规则》等规定，概括起来包括以下方面：

(一) 推动驻在部门落实主体责任

派驻机构要发挥好监督作用，突出监督重点，推动驻在部门党委（党组）切实履行好管党治党主体责任，督促驻在部门机关纪委履行好监督责任。

1. 建立常态化沟通机制

《派驻机构工作规则》第 34 条规定，派驻机构与驻在单位党组（党委）建立会商沟通制度，派驻机构要注意对发现的重要问题，及时与驻在单位党组（党委）会商解决。派驻机构要用好定期会商机制，及时掌握驻在单位工作开展情况，反馈日常监督中发现的倾向性问题，督促驻在单位解决突出问题，推动形成监督合力①。此外，《派驻机构工作规则》第35条要求建立情况通报制度，即派驻机构应当向驻在单位领导班子成员通报其分管部门和单位领导干部遵守党章党规党纪、廉洁自律等情况，推动领导班子成员落实“一岗双责”要求，抓好分管部门和单位的党风廉政建设工作。

2. 精准提出监督建议

派驻机构要及时向党组（党委）通报日常监督中发现的普遍性问题或者突出问题，经常与驻在单位党组（党委）主要负责人就政治生态、作风建设、廉洁风险等情况交换意见，提出工作建议，督促完善有关制度措施。要推动标本兼治，发挥派驻监督优势，分析研判行业性、系统性廉洁风险，向驻在部门党组（党委）提出监督建议，督促其不断完善相关制度和监管措施，坚决铲除腐败滋生的土壤和条件。

3. 协助驻在单位开展内部巡视巡察

《派驻机构工作规则》第36条规定，派驻机构对驻在单位开展内部巡视巡察提供以下协助。包括：通报监督执纪执法中发现的问题；处置内部巡视巡察移交的问题线索；检查整改责任落实情况；其他协助内部巡视巡察的工作。

4. 加强对驻在单位纪检机构的指导检查

《派驻机构工作规则》第18条规定，派驻机构加强对驻在单位内设纪检机构及直属单位纪检机构的业务指导和监督检查。“驻在单位内设纪检机构”，主要包括党和国家机关以及国有企业、国有金融企业中的直属纪委、机关纪委等。派驻机构虽然与驻在单位内设纪检机构不是领导与被领导关系，但是应当加强对其工作指导，督促、支持其发挥职能作用，加强对驻在单位纪检机构在职能发挥、业务工作、队伍建设、

① 杨硕：《定期会商擦亮派驻探头》，载《中国纪检监察报》2024年5月23日。

教育培训等方面的指导力度。

（二）依规依纪依法履行监督职责

1. 在政治监督上精准发力

派驻机构必须将强化政治监督作为根本任务，围绕监督对象政治立场、政治态度、政治担当、政治能力、政治操守开展政治监督。要重点监督贯彻党的理论和路线方针政策、落实党中央决策部署、践行“两个维护”情况，保证党中央政令畅通。政治监督不能笼而统之，必须把握共性、区分个性。不同地区、层级、领域的派驻机构，要结合驻在单位实际，有针对性地开展监督。比如，就国有企业而言，要重点监督推动其党组（党委）“一把手”和领导班子强化管党治党政治责任，围绕“国之大者”攻坚克难，在维护国家政治安全、经济安全和增强竞争实力方面作用发挥情况。

2. 突出重点监督对象

派驻监督重在加强对驻在单位本级机关和直属单位的监督，紧盯“关键少数”，实现聚焦“关键少数”与监督“全覆盖”有机统一。《派驻机构工作规则》第 24 条规定了派驻机构应当重点监督的四类对象，包括：驻在单位领导班子及其成员特别是主要负责人；驻在单位上级党委管理的其他人员；驻在单位党组（党委）管理的领导班子及其成员；其他列入重点监督对象的驻在单位人员。

3. 做实做细日常监督

派驻机构要自觉把监督寓于被监督单位日常工作，经常谈心谈话、做思想政治工作，抓早抓小、防微杜渐，督促党员、干部习惯在受监督和约束的环境中工作生活。《派驻机构工作规则》第 32 条强调，派驻机构开展日常监督应当深入实际、深入群众，并规定了开展日常监督的 9 种方式。派驻机构发现驻在单位在贯彻党中央决策部署、落实全面从严治党主体责任、开展党风廉政建设以及决策机制、监督管理、制度执行等方面存在突出问题或者薄弱环节的，应当提出纪检监察建议。

（三）依规依纪依法开展审查调查

派驻机构根据派出机关授权依规依纪依法开展纪律审查和监察调查，严肃查处违纪违法问题。

1. 根据干部管理权限开展审查调查

《派驻机构工作规则》第 29 条根据干部管理权限，规定了派驻机构依规依纪审查的 3 类对象，包括：驻在单位党组（党委）直接领导的党组织；驻在单位党组（党委）管理的领导班子成员；其他列入重点监督对象的驻在单位人员。派驻机构必要时可以审查驻在单位党组（党委）管理的其他党组织和党员涉嫌违犯党纪的案件。此外，派驻机构根据派出机关授权，依法调查驻在单位监察对象涉嫌职务违法、职务犯罪案件。需要强调的是，根据干部管理权限和纪检监察管辖规定，派驻机构审查调查对象不包括驻在单位领导班子及其成员，派驻机构发现驻在单位领导班子成员涉嫌违纪违法问题，应当按规定及时向派出机关报告，经批准后可以参与派出机关的初步核实、审查调查。比如，中央纪委国家监委派驻纪检监察组发现驻在部门领导班子成员及中管干部涉嫌职务违法或者职务犯罪问题，应当及时向中央纪委国家监委报告；重点监督驻在部门领导班子及其成员和司局级干部，驻在部门机关纪委重点监督处级及以下干部；负责调查驻在部门非中央管理的司局级及以下公职人员职务违法或者职务犯罪案件。

2. 规范使用审查调查措施

根据规定，派驻机构按照规定报批后，可以依规依纪依法采取谈话、函询、讯问、询问、强制到案、责令候查、管护、留置、禁闭、查询、冻结、搜查、调取、查封、扣押（暂扣、封存）、勘验检查、调查实施、鉴定措施。对依法应当交有关机关执行的措施，报派出机关审批并以派出机关名义办理。要强调的是，实践中，各级各类派驻机构的权限是不一样的。比如，中央纪委国家监委的派驻纪检监察组可以使用“全口径”的审查调查措施，而地方各级纪委监委派驻机构具体权力行使和措施使用要严格按照地方纪委监委的授权，在地方纪委监委指导下开展工作，确保用权不滥权，严格依规依纪依法履行职权。此外，派驻机构应当加强问题线索集中统一管理，完善审查调查、案件审理等工作机制。

3. 提出党纪政务处分建议

《派驻机构工作规则》第 40 条规定，派驻机构审查调查工作结束后，应当按照规定进行审理，提出纪律处理或者党纪处分建议、拟作出的政务处分决定或者处分建议，通报驻在单位党组（党委）。需要强调的是，根据《处分违纪党员批准权限和程序规定》等规定，派驻机构不能直接作出纪律处理或者党纪处分，应当由有相应批准权限的党组织作出。对违法的监察对象，派驻机构可以依法作出政务处分决定，也可以交由驻在单位给予处分。

此外，派驻机构发现驻在单位党组（党委）管理的党组织和领导干部失职失责造成严重后果或者恶劣影响，需要进行问责调查的，应当报派驻机构主要负责人审批后，启动问责调查程序。

思考题：

1. 优化纪检监察内部组织结构的基本要求有哪些？
2. 纪检监察内设机构的职责分工有哪些？
3. 纪检监察派驻机构的性质与任务是什么？

第十一章　纪检监察机关的管辖制度

管辖制度是纪检监察机关组织结构的重要内容。纪检监察机关对哪些案件享有管辖权，以及如何确定各级纪检监察机关、不同地区同级纪检监察机关之间具体的职权范围和具体分工，这是纪检监察工作必须明确的重要问题。

第一节　概　　述

一、管辖的概念

纪检监察工作中的管辖是指，纪检监察机关对党员、干部及监察对象违纪、职务违法和职务犯罪进行监督执纪问责和监督调查处置的权限和分工。

管辖权是纪检监察机关行使执纪执法权的前提和基础。纪检监察机关在规定范围内依规依纪依法受理案件的职权，称为管辖权。

二、管辖的分类

根据党内法规和国家法律的规定，纪检监察管辖主要包括两方面内容：一是职能管辖，即纪检监察机关直接受理案件的职权范围；二是管辖分工，即各级纪检监察机关之间的管辖权划分。前者是解决纪检监察机关、公安机关、人民检察院在案件管辖上的不同权限，明确纪检监察机关的管辖范围；后者是解决各级纪检监察机关以及不同地区的同级纪检监察机关之间具体的管辖分工。

纪检监察机关的职能管辖，概言之，就是党组织和党员违反党的纪律的行为，以及行使公权力的公职人员的职务违法和职务犯罪行为。根据《监察法》《监察法实施条例》等规定，监察机关履行职务犯罪调查职责，共涉及 101 个罪名，但这些罪名并非全部由监察机关单独管辖，具体包括三种情况：第一，监察机关专属管辖的罪名。包括贪污贿赂类犯罪，如贪污罪、受贿罪、行贿罪等；滥用职权、玩忽职守、徇私舞弊类犯罪，如枉法仲裁罪、放纵走私罪、为亲友非法牟利罪等。第二，监察机关与公安机关共同管辖的罪名。比如，故意泄露国家秘密罪，打击报复会计、统计人员罪，重大责任事故罪，破坏选举罪，违法发放贷款罪等。第三，监察机关与检察机关共同管辖的罪名。也就是依据《刑事诉讼法》第 19 条第 2 款规定，可以由检察机关管辖的相关犯罪所涉及的罪名。根据规定，对属于纪检监察机关管辖范围的，纪检监察机关应当及时受理。对不属于纪检监察机关管辖范围的，应当及时转有关机关或者单位处理或者告知检举控告人依规依法向有权处理的机关或者单位反映。

纪检监察机关的管辖分工，概言之，就是分级负责制，即以干部管理权限为主、属地管辖为辅。《纪律检查机关监督执纪工作规则》第 7 条规定，“监督执纪工作实行分级负责制”；《监察法实施条例》第 48 条规定，“监察机关开展监督、调查、处置，按照管理权限与属地管辖相结合的原则，实行分级负责制”。此外，党内法规和国家法律还规定了纪检监察机关实行提级管辖、指定管辖、协商管辖等特殊管辖制度。

三、管辖的意义

（一）管辖制度明晰不同国家机关的管辖范围

管辖是公权力机关启动案件处置程序的合法性依据与基础。通过管辖制度，明确纪检监察机关、检察院、公安机关直接受理案件的职权范围，使其各司其职、各尽其责。明确的管辖范围，有利于各个国家机关依法行使自己的职权，防止在受理案件上相互推诿，发挥各自工作的积极主动性和职能作用。

此外，管辖制度保证各级纪检监察机关各司其职。管辖是纪检监察活动中首先要解决的问题。纪检监察程序从线索处置开始，哪类线索由纪检监察机关受理和管辖，以及哪一级、哪一地区的纪检监察机关对此案件享有管辖权，这是纪检监察机关各司其职、各尽其责的前提。如果某一纪检监察机关对案件一开始就不享有管辖权，那么它后续对案件的办理就缺少正当基础。

（二）管辖制度保证各级纪检监察机关有力惩治违纪违法行为

当前，违纪和职务违法犯罪行为还不同程度存在发现难、查证难、处理难等特点，特别是上述行为与被审查调查对象的职务级别、岗位性质、工作区域等密切相关，智能化、跨地域化、隐蔽化等趋势愈来愈明显，靠简单的“工作单位所在地”管辖或“犯罪所在地”管辖，都难以有效地发现和惩治违纪和职务违法犯罪行为。这就必然要求建立与违纪和职务违法犯罪特点和规律相适应的管辖制度，提高惩治违纪和职务违法犯罪的权威性、主动性和有效性。实行以干部管理权限为主、属地管辖为辅的管辖分工有利于纪检监察机关及时发现和查处违纪违法行为，维护审查调查过程中的实体公正和程序公正。

（三）管辖制度保证公民依法行使检举控告权

检举控告权是宪法规定的公民权利。对纪检监察机关的管辖范围、管辖分工作出明确规定，有利于有关单位和个人根据所反映问题的性质，向纪检监察机关或其他机关有针对性地进行检举控告；根据所反映对象的干部管理权限，向相应的纪检监察机关进行检举控告，提高检举控告的针对性和有效性。此外，明确纪检监察机关的职能管辖，也是划出了党员干部和公职人员履行职责的底线要求和负面清单，有利于教育警示党员干部和公职人员敬畏和尊崇纪法。

第二节　纪检监察机关的职能管辖

职能管辖是指根据党内法规和国家法律规定，纪检监察机关直接受理的案件范围。具体包括以下方面：

一、党组织和党员违反党的纪律行为

党的纪律是党的各级组织和全体党员必须遵守的行为规则。违纪行为即违反党的纪律的行为。纪检机关管辖所有党组织和党员违反党的纪律的行为。《党纪处分条例》第7条规定："党组织和党员违反党章和其他党内法规，违反国家法律法规，违反党和国家政策，违反社会主义道德，危害党、国家和人民利益的行为，依照规定应当给予纪律处理或者处分的，都必须受到追究。"

二、公职人员职务违法行为

（一）调查职务违法

职务违法是指公职人员实施的与其职务相关联，虽不构成犯罪但依法应当承担法律责任的行为。监察机关负责调查所有公职人员职务违法行为。职务违法行为具有以下特征：第一，职务违法具有"职务相关性"，即职务违法是与公职人员行使公权力密切相关的行为。第二，职务违法具有"违法性"，即违反了规定公职人员相关职务职责和义务的法律法规。这里"法"的范围包括《监察法》《政务处分法》《监察法实施条例》等专门对职务违法行为作出规定的法律法规、监察法规，以及其他规范公职人员履职行为的法律法规等。其中，"其他规范公职人员履职行为的法律法规"包括了公务员法、人民警察法、法官法、检察官法、企业国有资产法、事业单位人事管理条例等规定不同类型公职人员履职要求的"身份法"，以及规定了税收征收、海关、电力、铁路、邮政等不同行业管理的各类"行业管理法"。第三，职务违法具有"应受处罚性"，即应当承担相应的法律责任，依法给予政务处分或者处分。如果已违反刑法规定构成犯罪的，就需要作为职务犯罪处理。

根据《监察法实施条例》第 26 条规定，根据“职务相关性”具体情形的不同，可以将职务违法行为分为四类。第一类是利用职权实施的违法行为。其中的“职权”，既包括利用本人职务上主管、负责、承办某项公共事务的职权，也包括利用职务上有隶属、制约关系的其他公职人员的职权。如收受管理服务对象赠送的礼品、礼金等财物行为。第二类是利用职务上的影响实施的违法行为。其中，“职务上的影响”是指行为人与被其利用的公职人员之间在职务上虽然没有隶属、制约关系，但是行为人利用了本人职权或地位产生的影响和一定的工作联系。这种便利条件既包括现职公职人员利用本人现职权或者地位形成的便利条件，也包括退休公职人员利用本人原职权或者地位形成的便利条件。比如，一名公职人员通过请托其他公职人员的方式干预市场经济活动，这本身是一种职务违法行为。如果他从中收受了少量财物，同时构成斡旋受贿的职务违法。第三类是履行职责不力、失职失责的违法行为。如不履行或者不正确履行职责，玩忽职守，贻误工作的职务违法行为。第四类是其他违反与公职人员职务相关的特定义务的违法行为。这些特定义务与公职人员职务相对应，例如公职人员应当按规定请示、报告重大事项，办理因私出境证件需要经上级审批等，都属于公职人员特有的义务。上述义务同样与公权力行使密切相关，属于法律规定的公职人员履职要求，违反上述特定义务也属于职务违法①。

（二）调查其他违法

根据《监察法》《政务处分法》等规定，监察机关不仅负责调查公职人员的职务违法行为，而且对公职人员的其他相关违法行为，也可以进行调查、处置。《监察法实施条例》第 27 条详细规定了监察机关可以调查职务违法行为之外的其他违法行为的三种类型。

① 《〈中华人民共和国监察法实施条例〉释义》，中国方正出版社 2022 年版，第 39—40 页。

第一，未追究行政或刑事法律责任，依法需要给予政务处分的。由于法律并未规定政务处分的追究时效，出于对公职人员的更严格要求，法定情形下仍需要依法给予政务处分。具体包括两种情形：一是超过行政违法追究时效的，比如公职人员违反治安管理行为在6个月内没有被公安机关发现，根据《治安管理处罚法》规定不再处罚，监察机关应当依法处置，当然对此类行为，监察机关并非一律要开展调查，只有综合考虑性质、影响、后果等因素，属于“需要依法给予政务处分的”，才需对公职人员进行调查。二是超过犯罪追诉时效、未追究刑事责任的，比如公职人员有构成《刑法》规定的法定最高刑期不满5年的犯罪行为，超过追诉期限司法机关不再进行追诉，但是需要依法给予政务处分的，监察机关应当依法处置。此外，关于公职人员因犯罪被单处罚金，或者犯罪情节轻微，人民检察院依法作出不起诉决定或者人民法院依法免予刑事处罚的情形，根据《政务处分法》第14条规定，监察机关无需开展调查，而应当根据司法机关的生效判决或认定的事实，依法给予撤职或者开除政务处分。

第二，被追究行政法律责任，需要依法给予政务处分的。公职人员违反行政法律法规，被依法追究行政法律责任，监察机关综合考虑性质、影响、后果等因素，需要依法给予政务处分的，应当依法办理立案手续，开展调查工作。比如，公职人员因酒驾行为违反《道路交通安全法》被给予行政处罚，监察机关应当依法办理立案手续，开展监察调查。

第三，需要对事实简单、清楚的违法行为一并查核的。监察机关调查职务违法或者职务犯罪时，对被调查人实施的事实简单、清楚，需要依法给予政务处分的其他违法行为，比如，赌博、嫖娼等行为，可以一并查核，提高工作效率。

需要强调的是，虽然根据法律规定，监察机关对于职务违法行为之外的其他违法行为，在上述特定情形下可以依法进行调查、处置，但是监察机关对职务违法行为之外的其他违法行为不能大包大揽，应仅限定在《监察法实施条例》第 27 条所规定的特定情形，避免与行政执法机关在职能职责上交叉。监察机关发现依法由其他机关管辖的违法犯罪线索，应当及时移送有管辖权的机关①。

三、公职人员职务犯罪行为

职务犯罪是指行使公权力的公职人员故意或者过失实施了与其职务之间具有必然联系的、侵犯国家管理公务的职能和声誉，致使国家和人民利益遭受重大损失的各种犯罪的总称。根据《监察法》《监察法实施条例》等规定，监察机关履行职务犯罪调查职责，共涉及 101 个罪名，其中，46 个罪名是监察机关专属管辖，41 个罪名是监察机关与公安机关共同管辖，14 个罪名是监察机关与检察机关共同管辖。

（一）贪污贿赂类犯罪

监察机关管辖 19 个贪污贿赂类罪名，具体包括两类：

第一类是监察机关专属管辖的罪名，包括：贪污罪（刑法第 382 条），挪用公款罪（刑法第 384 条），受贿罪（刑法第 385 条），单位受贿罪（刑法第 387 条），利用影响力受贿罪（刑法第 388 条之一），行贿罪（刑法第 389 条），对有影响力的人行贿罪（刑法第 390 条之一），对单位行贿罪（刑法第 391 条），介绍贿赂罪（刑法第 392 条），单位行贿罪（刑法第 393 条），巨额财产来源不明罪（刑法第 395 条），隐瞒境外存款罪（刑法第 395 条），私分国有资产罪（刑法第 396 条），私分罚没财物罪（刑法第 396 条），共 14 个。

第二类是监察机关与公安机关共同管辖的罪名，包括：职务侵占罪（刑法第 271 条），挪用资金罪（刑法第 272 条），对外国公职人员、国际公共组织官员行贿罪（刑法第 164 条），非国家工作人员受贿罪（刑法第

① 《〈中华人民共和国监察法实施条例〉释义》，中国方正出版社 2022 年版，第 41 页。

163条）和相关联的对非国家工作人员行贿罪（刑法第164条），共5个。

这里要着重强调一下监察机关管辖的公职人员在行使公权力过程中实施的非国家工作人员受贿罪和相关联的对非国家工作人员行贿罪。由于监察法和刑法规制对象不同，公职人员的范围大于国家工作人员的范围，公职人员未必都是国家工作人员①。比如，有的基层群众性自治组织中从事管理的人员，未必属于“国家工作人员”，对于他收受贿赂的行为，就要判断是受贿罪还是非国家工作人员受贿罪。另外，监察机关管辖“对非国家工作人员行贿罪”的前提是，与公职人员实施的非国家工作人员受贿罪“相关联”，管辖这个罪名时，首先要看行贿对象是否为公职人员②。

判断共管类罪名由谁管辖的关键是犯罪主体是否属于公职人员，公职人员涉嫌有关犯罪由监察机关管辖，公职人员之外的人员涉嫌有关犯罪则依法由公安机关等进行侦查。

（二）滥用职权类犯罪

监察机关管辖21个滥用职权类罪名，具体包括三类：

第一类是监察机关专属管辖的罪名，包括：国有公司、企业、事业单位人员滥用职权罪（刑法第168条），滥用管理公司、证券职权罪（刑法第403条），食品、药品监管渎职罪（刑法第408条之一），报复陷害罪（刑法第254条），阻碍解救被拐卖、绑架妇女、儿童罪（刑法第416条），帮助犯罪分子逃避处罚罪（刑法第417条），违法发放林木采伐许可证罪（刑法第407条），办理偷越国（边）境人员出入境证件罪（刑法第415条），放行偷越国（边）境人员罪（刑法第415条），非法剥夺公民宗教信仰自由罪（刑法第251条），侵犯少数民族风俗习

① 王多：《国家工作人员与公职人员的关系》，载《中国纪检监察报》2021年1月27日。

② 邹开红：《〈中华人民共和国监察法实施条例〉总体解读》，载《党风廉政建设》2021年第12期。

惯罪（刑法第251条），共11个。

第二类是监察机关与公安机关共同管辖的罪名，包括：打击报复会计、统计人员罪（刑法第255条），挪用特定款物罪（刑法第273条），故意泄露国家秘密罪（刑法第398条），共3个。区分由哪个机关管辖的标准，依然要看涉嫌相关犯罪的主体是否为公职人员。

第三类是监察机关与检察机关共同管辖的罪名，包括：滥用职权罪（刑法第397条），非法拘禁罪（刑法第238条），虐待被监管人罪（刑法第248条），非法搜查罪（刑法第245条），刑讯逼供罪（刑法第247条），暴力取证罪（刑法第247条），执行判决、裁定滥用职权罪（刑法第399条），共7个。

这里要强调以下几点：第一，根据《刑事诉讼法》规定，司法工作人员利用职权实施的非法拘禁、刑讯逼供、非法搜查等侵犯公民权利、损害司法公正的14种犯罪，一般由检察机关管辖。但是，因为这些犯罪都属于职务犯罪，根据《监察法实施条例》第55条等规定，监察机关必要时也可以依法调查。这14个罪名中的刑讯逼供罪，暴力取证罪，执行判决、裁定滥用职权罪这3个罪名，性质上也属于滥用职权类犯罪，虽然在《监察法实施条例》第30条中没有列举，也应当纳入此类犯罪。第二，司法工作人员之外的公职人员实施的非法拘禁罪、非法搜查罪、虐待被监管人罪、滥用职权罪、玩忽职守罪这5个罪名，只能由监察机关管辖。这是因为，根据《刑事诉讼法》等规定，检察机关有权调查犯罪的主体仅限于司法工作人员，司法工作人员之外的公职人员实施相关罪名，应当由监察机关承担相关调查职责。比如，在治安拘留中发生的公安人员虐待被监管人员犯罪，应当由监察机关管辖①。

① 邹开红：《〈中华人民共和国监察法实施条例〉总体解读》，载《党风廉政建设》2021年第12期。

（三）玩忽职守类犯罪

监察机关管辖13个玩忽职守类罪名，具体包括三类：

第一类是监察机关专属管辖的罪名，包括：国有公司、企业、事业单位人员失职罪（刑法第168条），签订、履行合同失职被骗罪（刑法第167条），国家机关工作人员签订、履行合同失职被骗罪（刑法第406条），环境监管失职罪（刑法第408条），传染病防治失职罪（刑法第409条），商检失职罪（刑法第412条），动植物检疫失职罪（刑法第413条），不解救被拐卖、绑架妇女、儿童罪（刑法第416条），失职造成珍贵文物损毁、流失罪（刑法第419条），共9个。

第二类是监察机关与公安机关共同管辖的罪名，包括：过失泄露国家秘密罪（刑法第398条），共1个。

第三类是监察机关与检察机关共同管辖的罪名，包括玩忽职守罪（刑法第397条），执行判决、裁定失职罪（刑法第399条），失职致使在押人员脱逃罪（刑法第400条），共3个。这里要强调的是，执行判决、裁定失职罪，失职致使在押人员脱逃罪这2个罪名属于《监察法实施条例》第55条规定的检察机关管辖的司法工作人员涉嫌利用职权实施的犯罪，性质上也属于玩忽职守，所以归入此类犯罪中。

（四）徇私舞弊类犯罪

监察机关管辖19个徇私舞弊类罪名，具体包括三类：

第一类是监察机关专属管辖的罪名，包括：非法批准征收、征用、占用土地罪（刑法第410条），非法低价出让国有土地使用权罪（刑法第410条），枉法仲裁罪（刑法第399条之一），徇私舞弊发售发票、抵扣税款、出口退税罪（刑法第405条），商检徇私舞弊罪（刑法第412条），动植物检疫徇私舞弊罪（刑法第413条），放纵走私罪（刑法第411条），放纵制售伪劣商品犯罪行为罪（刑法第414条），招收公务员、学生徇私舞弊罪（刑法第418条），徇私舞弊不移交刑事案件罪（刑法第402条），违法提供出口退税凭证罪（刑法第405条），徇私舞弊不征、少征税款罪（刑法第404条），共12个。

第二类是监察机关与公安机关共同管辖的罪名，包括：非法经营同类营业罪（刑法第165条），为亲友非法牟利罪（刑法第166条），徇私舞弊低价折股、出售公司、企业资产罪（刑法第169条），共3个。

第三类是监察机关与检察机关共同管辖的罪名，包括：徇私枉法罪（刑法第399条），民事、行政枉法裁判罪（刑法第399条），私放在押人员罪（刑法第400条），徇私舞弊减刑、假释、暂予监外执行罪（刑法第401条），共4个。

（五）重大责任事故类犯罪

监察机关管辖12个重大责任事故类罪名，这些罪名都是由监察机关与公安机关共同管辖。重大责任事故类犯罪的犯罪主体包括对生产、作业负有组织、指挥或者管理职责的负责人、管理人员、实际控制人、投资人等人员，以及直接从事生产、作业的人员等，但并不要求一定是公职人员。公职人员在行使公权力过程中涉及本类犯罪时，由监察机关管辖，否则由公安机关管辖。

这12个罪名具体包括：重大责任事故罪（刑法第134条），教育设施重大安全事故罪（刑法第138条），消防责任事故罪（刑法第139条），重大劳动安全事故罪（刑法第135条），强令、组织他人违章冒险作业罪（刑法第134条），危险作业罪（刑法第134条之一），不报、谎报安全事故罪（刑法第139条之一），铁路运营安全事故罪（刑法第132条），重大飞行事故罪（刑法第131条），大型群众性活动重大安全事故罪（刑法第135条之一），危险物品肇事罪（刑法第136条），工程重大安全事故罪（刑法第137条）。

（六）公职人员在行使公权力过程中涉及的其他犯罪

监察机关管辖17个公职人员在行使公权力过程中涉及的其他罪名，这些罪名也都是由监察机关与公安机关共同管辖。从《刑法》规定的犯罪主体来看，这些罪名既可以由公职人员实施，也可以由其他人员实施。如果是公职人员涉嫌上述罪名的，依法由监察机关进行调查。

这 17 个罪名具体包括：破坏选举罪（刑法第 256 条），背信损害上市公司利益罪（刑法第 169 条之一），金融工作人员购买假币、以假币换取货币罪（刑法第 171 条），利用未公开信息交易罪（刑法第 180 条），诱骗投资者买卖证券、期货合约罪（刑法第 181 条），背信运用受托财产罪（刑法第 185 条之一），违法运用资金罪（刑法第 185 条之一），违法发放贷款罪（刑法第 186 条），吸收客户资金不入账罪（刑法第 187 条），违规出具金融票证罪（刑法第 188 条），对违法票据承兑、付款、保证罪（刑法第 189 条），非法转让、倒卖土地使用权罪（刑法第 228 条），私自开拆、隐匿、毁弃邮件、电报罪（刑法第 253 条），故意延误投递邮件罪（刑法第 304 条），泄露不应公开的案件信息罪（刑法第 308 条之一），披露、报道不应公开的案件信息罪（刑法第 308 条之一），接送不合格兵员罪（刑法第 374 条）。

四、互涉案件的管辖

互涉案件的管辖是指，监察机关、检察机关和公安机关等对同一案件都拥有共同或部分管辖权时如何确定案件的管辖问题。具体包括两种情况：一是“共同管辖”，即监察机关与检察机关对司法工作人员利用职权实施的侵犯公民权利、损害司法公正等犯罪案件都拥有管辖权时的管辖问题；二是“交叉管辖”，即同一案件既涉嫌监察机关管辖的犯罪，又涉嫌检察机关、公安机关管辖的犯罪时的管辖问题。

（一）关于“共同管辖”

《刑事诉讼法》第 19 条第 2 款规定：“人民检察院在对诉讼活动实行法律监督中发现的司法工作人员利用职权实施的非法拘禁、刑讯逼供、非法搜查等侵犯公民权利、损害司法公正的犯罪，可以由人民检察院立案侦查。”根据规定，人民检察院在诉讼监督活动中发现的司法工作人员利用职权实施的侵犯公民权利、损害司法公正的犯罪，由人民检察院管辖更为适宜的可以由人民检察院管辖。同时由于司法人员也属于公职人员，对于上述案件，监察机关也有管辖权，我们可将其称为“共同管辖罪名”。

“共同管辖罪名”管辖的基本原则是，检察机关优先管辖，监察机关必要时管辖。“必要时”主要包括两种情况：一是根据《监察法实施条例》第55条等规定，监察机关必要时，比如案情复杂或舆论反映强烈等，可以依法调查司法工作人员利用职权实施的涉嫌非法拘禁、刑讯逼供、非法搜查等侵犯公民权利、损害司法公正的犯罪，并在立案后及时通报同级人民检察院。二是检察机关在办理直接受理侦查的案件中，发现犯罪嫌疑人有监察机关管辖的职务犯罪问题线索，应当及时与同级监察机关沟通，一般应当由监察机关为主调查，检察机关予以协助。监察机关对检察机关经沟通全案移送的案件，应当及时办理。

（二）关于“交叉管辖”

公职人员既涉嫌贪污贿赂、失职渎职等严重职务违法和职务犯罪，又涉嫌公安机关、人民检察院等机关管辖的犯罪，比如公职人员既涉嫌监察机关管辖的受贿罪，又涉嫌公安机关管辖的非法持有枪支罪，我们可称之为“交叉管辖案件”。“交叉管辖案件”的基本原则是监察机关为主调查、分别依职权立案。

1. 以监察机关调查为主。之所以以监察机关调查为主，是因为“反腐败所涉及的职务犯罪不同于一般的刑事犯罪。监察机关调查的职务犯罪案件主体身份特殊，犯罪手段隐蔽，案件内容涉及大量国家秘密、国家安全和国家利益”①，对此类案件以监察机关调查为主，能够取得更好的综合效果。实践中，以监察机关调查为主强调监察机关具有调查的优先性，比如，监察机关优先开展监察调查活动，根据案件进展情况再由其他机关进行其他犯罪的侦查取证活动，查明普通犯罪事实、牵连犯罪事实；其他机关要协助监察机关采取搜查、留置、通缉、查

① 《〈中华人民共和国监察法〉释义》，中国方正出版社2018年版，第172页。

封、扣押等调查措施；其他机关要协助发现职务犯罪线索，及时移交监察机关等①。

2. 分别依职权立案。“分别依职权立案”强调监察机关不能包办代替其他机关侦查，各机关在办理互涉案件中仍应分别依职权立案，这样有利于保证监察机关和其他机关按照职能管辖分工，对违法犯罪案件办理各司其职、各尽其责。

3. 监察机关承担组织协调职责。根据《监察法实施条例》第 54 条等规定，对于“交叉管辖案件”，监察机关承担组织协调职责。比如，监察机关可以请求检察机关、公安机关给予协助；监察机关协调调查和侦查工作进度、重要调查和侦查措施使用等重要事项；调查终结前，监察机关应当与相关机关就涉嫌职务犯罪问题以及其他违法犯罪问题移送审查起诉事宜进行协商，由检察机关并案审查起诉等。

第三节　纪检监察机关的管辖分工

管辖分工，是指各级纪检监察机关以及不同地区的同级纪检监察机关之间各自受理和审查调查党组织、党员及监察对象涉嫌违纪、职务违法和职务犯罪问题的职权范围和具体分工。根据《纪律检查机关监督执纪工作规则》《监察法》《监察法实施条例》等规定，纪检监察机关管辖的基本原则是分级负责制，即以干部管理权限为主、属地管辖为辅。

一、对党组织的管辖分工

根据党章第 44 条第 2 款规定，对于严重违犯党的纪律、本身又不能纠正的党组织，上一级党的委员会在查明核实后，应根据情节严重的程度，作出进行改组或予以解散的决定，并报再上一级党的委员会审查批准，正式宣布执行。

---

① 《从几起典型案例看监察法实施条例带来的变化》，载《中国纪检监察》2021 年第 19 期。

二、对党员干部和监察对象的管辖分工

（一）以干部管理权限为主

实行分级负责制是落实党管干部原则的具体体现。党管干部，既包括对干部的教育培养、选拔任用、考核评价，也包括对干部的监督管理。干部管理权限是指中央和地方各级党委管理干部的职权范围和责任范围，它强调哪一级党委管理的干部，就由哪一级纪委监委监督执纪。《纪律检查机关监督执纪工作规则》第7条规定，“监督执纪工作实行分级负责制”；再比如，《监察法实施条例》第49条明确规定，设区的市级以上监察委员会按照管理权限，依法管辖同级党委管理的公职人员涉嫌职务违法和职务犯罪案件。具体来讲，中央纪委国家监委负责监督检查和审查调查中央委员、候补中央委员，中央纪委委员，中央管理的党员、干部及监察对象。地方各级纪委监委负责监督检查和审查调查同级党委委员、候补委员，同级纪委委员，同级党委管理的党员、干部以及监察对象。基层纪委负责监督检查和审查同级党委管理的党员。

（二）以属地管辖为辅

属地管辖具体包括违纪案件的属地管辖和职务违法犯罪案件的属地管辖两种情形。

违纪案件的地域管辖是指，按照党员所在的党组织隶属关系，确定由哪个地方或部门的纪检机关进行受理和审查。一般来讲，党的组织关系在哪里，就由哪里的纪检机关进行监督执纪。

职务违法和职务犯罪案件的地域管辖是指，监察机关对辖区内的监察对象依法进行监察。比如，《监察法实施条例》第49条规定，县级监察委员会和直辖市所辖区（县）监察委员会按照管理权限，依法管辖本辖区内公职人员涉嫌职务违法和职务犯罪案件。之所以强调管辖“本辖区内公职人员”，主要是因为乡镇一级不设监委，因此县级监委和直辖市所辖区（县）监委除按照干部管理权限管辖同级党委管理的

公职人员外，还应依法管辖乡镇党委管理的公职人员以及基层群众性自治组织中的管理人员等公职人员。

（三）正确处理管理权限与属地管辖的关系

准确把握管理权限与属地管辖相结合的原则，应注意以下三点：（1）管理权限优于属地管辖。比如某省管干部，虽然党组织关系在某市，但是该干部是省管干部序列，就应当由省纪委监委管辖。（2）上级管辖优于下级管辖。如果依照干部管理权限，两个以上纪检监察机关都有管辖权，应当由上级纪检监察机关管辖。比如，某党员担任两级党委委员，具有属于上级党委管理的职务，应由上级纪委管辖，多级党委管理的，由最高一级党委的同级纪委进行管辖。（3）干部管理权优于职务级别。干部管理权限通常取决于党员干部的职务级别，因此，干部管理权限管辖一定程度上等同于级别管辖，即依据党员干部的职务级别来确定由哪一级纪检监察机关受理和审查调查其违纪违法的问题。但是，党员干部的职务级别与其干部管理权限也有时存在不相一致的情况。比如，某县县委书记（正县级），按级别本应由市委管理，但被纳入了省委管理干部名录，这种情况下，市一级纪检机关就无权对其监督执纪，而应由省纪委进行管辖①。

三、对非公职人员的关联管辖

“关联管辖”是指监察机关调查公职人员涉嫌职务犯罪案件，可以依法对涉嫌犯罪的涉案人员中的非公职人员一并管辖。现实中，职务犯罪案件往往有多位涉案人，比如行贿的商人、领导干部的亲属等，这些涉案人可能涉嫌构成行贿犯罪、介绍贿赂犯罪或者共同职务犯罪，由于这些涉案人很多是非公职人员，无干部管理权限可言，而且其犯罪行为与公职人员职务犯罪密切相关，是一条藤上的两个“毒瓜”，此时就产生了关联管辖，由监察机关一并管辖。当然要强调的是，这种“关联

① 王臻：《浅析监督执纪工作管辖权限》，载《中国纪检监察报》2018年1月31日。

管辖”决不可滥用，前提必须是公职人员涉嫌构成职务犯罪，涉案人也涉嫌构成犯罪，“此犯罪”与“彼犯罪”密切相关，而且都是监察机关管辖的罪名。此外，“关联管辖”还有一种情形，就是非公职人员涉嫌利用影响力受贿罪的，此时，应当按照其所利用的公职人员的管理权限确定管辖。

四、对“双管干部”的具体管辖分工

“双管干部”的管辖问题是纪检监察机关对党员干部和公职人员管辖分工中的特别情况，在此专门进行阐述。

（一）“双管干部”的含义

“双管干部”是指，党的组织关系或者工作单位在地方，干部管理权限在主管部门的党员干部及公职人员。对该类干部的管辖问题，党内法规和国家法律作出了专门规定。

具有干部管理权限的主管部门在管理其干部过程中，根据工作需要，有可能任命党员干部在主管单位以外的相对固定的地方长期工作，那么党员干部就应该加入相对固定的地方基层党组织，于是形成了党员的党组织关系在地方而其干部管理权限在主管部门的情形。这就是通常讲的“双管干部”。此类干部主要是涉及国有企业、高等院校以及铁路、外交、民航、海关、税务和部分中央新闻机构等部门和单位。比如，一些中央企业分支机构班子成员，其党内职务一般由分支机构所在地的党组织下文任命，行政职务则一般由中央企业集团总部下文任命。从之前监督执纪工作实际看，对该类“双管干部”的违纪违法问题，有的抢着管，有的没人管，一定程度存在着相互推诿扯皮的现象，需要予以解决①。

---

① 《〈中国共产党纪律检查机关监督执纪工作规则〉释义》，中国方正出版社2019年版，第57—59页。

（二）对“双管干部”的具体管辖分工

对“双管干部”违纪违法问题的管辖权问题，党的十八大以来逐步明确。《纪律检查机关监督执纪工作规则》第 8 条规定：“对党的组织关系在地方、干部管理权限在主管部门的党员、干部以及监察对象涉嫌违纪违法问题，应当按照谁主管谁负责的原则进行监督执纪，由设在主管部门、有管辖权的纪检监察机关进行审查调查，主管部门认为有必要的，可以与地方纪检监察机关联合审查调查。”该规定对“双管干部”的管辖确立了“谁主管谁负责”，并以属地管辖为补充的管辖制度。这就是强调主管部门纪检监察机关和地方纪检监察机关都有管辖权，但是以主管部门管辖为主，属地管辖为辅。而且主管部门纪检监察机关负责的范围不仅包括审查违纪问题，也包括调查违法犯罪问题。2019 年 12 月，中央纪委国家监委印发的进一步规范纪检监察机关（机构）在监督检查审查调查中的协作配合的指导意见进一步明确，“党的组织关系在地方、干部管理权限在主管部门的党员涉嫌违纪问题，一般由设在主管部门、有管辖权的纪检监察机构立案审查。设在主管部门、有管辖权的纪检监察机构认为由地方纪委监委管辖更为适宜的，经协商可以由地方纪委监委立案审查。地方纪委监委接到问题线索反映的，经与设在主管部门、有管辖权的纪检监察机构协商，也可以进行立案审查”[①]。此外，《监察法实施条例》对“双管干部”涉嫌职务违法和职务犯罪问题同样规定了“谁主管谁负责”原则。

对“双管干部”按照谁主管谁负责、谁任命谁监督的原则进行监督执纪，有利于主管部门党组织落实管党治党的主体责任，而不能将这个责任推给地方党组织；有利于与纪检监察机关总体的管辖规定相统一，纪检监察机关总体实行的是干部管理权限为主、属地管辖为辅的管

---

① 《中央纪委国家监委印发指导意见 进一步规范纪检监察机关（机构）在监督检查审查调查中的协作配合》，载《中国纪检监察报》2019 年 11 月 22 日。

辖原则，对“双管干部”同样适用该原则，依干部管理权限管辖为主；有利于开展监督执纪和审查调查，相对于地方，主管部门纪检监察机关熟知该领域权力运行模式，更便于在日常监督中发现被监督对象的违纪违法行为[①]。

实践中，对“双管干部”的管辖分工应当突出以下制度要求：

1. 以主管部门管辖为主。一般来讲，对“双管干部”涉嫌违纪违法问题，应当按照“谁主管谁负责”的原则，由驻在主管部门、有管辖权的纪检监察机关进行审查调查。地方纪检监察机关在工作中发现上述人员有关问题线索，应当向驻在主管部门、有管辖权的纪检监察机关通报。

2. 可以协商管辖。根据规定，驻在主管部门、有管辖权的纪检监察机关可以与地方纪检监察机关进行协商管辖。一般来说，协商管辖是“谁先受理（发现）谁启动协商”，经协商后确定管辖或联合调查[②]。比如，国家电网集团某省电力公司副总 A 某涉嫌严重职务违法职务犯罪，对于 A 某案件的协商管辖，有两种启动模式。第一种是由驻国家电网纪检监察组启动协商。第二种是由该省纪委监委启动协商，即该省纪委监委在工作中掌握了 A 某涉嫌违法犯罪问题线索，应当向驻国家电网纪检监察组通报并协商案件管辖。

3. 开展联合调查。实践中，对党员干部违纪问题以及一般职务违法问题，驻在主管部门、有管辖权的纪检监察机关应当充分履行职责，自行开展审查调查，涉嫌严重职务违法职务犯罪的可以联合调查，发挥二者所长，形成工作合力。

4. 执行情况通报制度。驻在主管部门、有管辖权的纪检监察机关

① 王威、邓佑成：《如何在监督执纪和审查调查中处理管辖问题》，载《中国纪检监察》2019 年第 7 期。

② 陈秀敏、许展：《着眼效果确定管辖　协作配合构建合力》，载《中国纪检监察》2022 年第 7 期。

自行立案调查的，应当及时通报地方纪委监委。协商后，交给地方纪委监委管辖的案件或者双方联合调查的案件，双方应当加强协作、互通信息，及时掌握相关工作情况。

（三）对非“双管干部”的管辖分工

“双管干部”强调的干部管理权限在上级主管部门的干部，主要包括下级单位的领导班子成员或由上级主管部门任命的主要干部。而下级单位的其他党员、干部及监察对象的干部管理权并不在上级主管部门，而是在本单位，因此该类干部不属于“双管干部”。比如，省税务局领导班子成员以外的干部、省证监局领导班子成员以外的干部。

对非“双管干部”违纪违法问题的管辖，分为以下情况：一是违纪问题由所在单位纪检机关管辖。二是涉嫌职务违法可以由公职人员工作单位所在地的地方监察委员会管辖，也可以由驻在主管部门的监察机构、监察专员管辖。根据《监察法实施条例》第 52 条第 2 款的规定，两者均有管辖权。三是涉嫌职务犯罪的，一般由公职人员工作单位所在地的地方监察委员会管辖；因涉及主管部门管理的公职人员等特殊情形，驻在主管部门的监察机构、监察专员认为由自己管辖或者其他地方监察委员会管辖更为适宜的，经与公职人员工作单位所在地的地方监察委员会协商，可以自行调查或者依法办理指定管辖。这就是说，非“双管干部”的职务犯罪问题，以公职人员工作单位所在地的地方监察委员会管辖为主。因为对于实行垂管或类似体制的单位监察机构、监察专员来讲，其在地方的下级单位的监察对象涉嫌职务犯罪，均由派出机关调查的必要性不大，而且执法资源也有限，由公职人员工作单位所在地的地方监察委员会管辖，可以更好运用地方的执法资源。比如，一个省属国有企业在某市子公司的公职人员涉嫌职务犯罪，一般由该市监委调查，特别重大复杂的可由驻在该国有企业的监察机构、监察专员进行调查。实践中，派驻监察机构、监察专员与地方监委之间应当加强沟通协作，及时通报问题线索和审查调查中的重要情况，形成工作合力。

第四节 纪检监察机关的特殊管辖制度

在一般管辖原则之下，纪检监察机关同时实行提级管辖、指定管辖、协商管辖等作为一般管辖原则的重要补充。

一、提级管辖

提级管辖是指，上级纪委监委有权对下一级纪委监委管辖的党组织和党员、干部以及监察对象涉嫌违纪或者职务违法、职务犯罪问题直接进行审查调查。提级管辖是管辖权的“上调性转移”，通过高位的纪检监察权保证党和国家监督权的权威性和严肃性，有利于纪检监察机关排除工作干扰和阻力，处理一些难度较大的纪检监察事项。提级管辖一般包括以下两种情况：

（一）上级纪委监委主动指定

在法定情形下，上级纪委监委可以主动指定，将下级纪委监委管辖的事项直接进行管辖。《监察法实施条例》第50条规定了可以依法提级管辖的法定情形，比如，在本辖区有重大影响的案件，调查难度大的案件等。另外，按照查办腐败案件以上级纪委领导为主的原则，上级纪委监委对于所辖各级纪委监委管辖范围内有重大影响的案件，必要时可以依规依纪依法直接调查或者组织、指挥、参与调查。

（二）下级纪检监察机关主动报请

在法定情形下，地方纪委监委认为所管辖的案件符合《监察法实施条例》第50条第1款规定的情形的，比如，团伙性犯罪涉及多个地方纪委监委管辖的对象、调查难度大，可以依法报请上一级纪委监委机关管辖。一般来讲，地方纪委监委只能报请“上一级”提级，而不能“越级”报请，上一级纪委监委认为确有必要，可以依规依纪依法再向上一级纪委监委报请提级管辖。

二、指定管辖

指定管辖是指，上级纪委监委（以下简称“指定机关”）有权指定下级纪委监委（以下简称“被指定机关”）对其他下级纪委监委管辖的党组织和党员、干部以及监察对象涉嫌违纪或者职务违法、职务犯罪问题进行审查调查，也可以将其直接管辖的事项指定下级纪委监委进行审查调查。违纪违法案件指定管辖体现了鲜明的中国智慧，是反腐败斗争中创造的有效模式，体现了纪检监察机关内部形成相互支持配合、密切协同作战的一体化执纪执法格局要求，能够防止非法干扰，排除人情障碍，平衡办案资源，实现公平公正。指定管辖一般包括以下两种情况：

（一）指定下级纪委监委审查调查其他下级纪委监委管辖的案件

特定情形下，上级纪委监委指定下级纪委监委对其他下级纪委监委管辖的事项进行审查调查，《监察法实施条例》第 51 条详细规定了可以依法指定的具体情形，包括管辖有争议的，指定管辖有利于案件公正处理的，下级监察机关报请指定管辖的，等等。比如，涉嫌职务违法犯罪行为由分属两个或者两个以上行政区域的监察对象共同所为，可以由上级监察机关指定其中一个下级监察机关将有管辖权的监察对象的涉嫌职务违法犯罪行为交由另一个下级监察机关管辖，以保证能够得到正确、及时处理。按照有关规定，指定管辖需要综合考虑被调查人的涉嫌职务违法和职务犯罪行为主要发生地、主要任职地、出生地、成长地、主要涉案单位和涉案人所在地以及被指定的监察机关办案力量、办案场所、留置场所、交通条件等因素，确保案件得到公平公正的处理①。

对该类指定管辖案件，指定机关和被指定机关的分工如下：第一，开展审查调查和审理工作，应当由被指定机关负责。需要强调的是，发

① 《从几起典型案例看监察法实施条例带来的变化》，载《中国纪检监察》2021 年第 19 期。

现新的违纪或者职务违法犯罪线索，以及其他重要情况、重大问题，被指定机关应当及时向指定机关请示报告。第二，给予党纪政务处分，应当按照管理权限交有处分权的纪委监委依纪依法作出党纪政务处分。对于党纪或者政务处分需要报上级纪检监察机关审批的案件，由有处分权的纪检监察机关按程序报批。第三，移送司法机关，一般情况下应当由被指定机关开展审理工作，并负责移送司法机关。

（二）指定下级纪委监委审查调查上级纪委监委管辖的案件

特定情形下，上级纪委监委将其管辖的案件指定下级纪委监委管辖。比如，省纪委监委可以将自己管辖的案件指定本省内某个市纪委监委管辖。当然，上级纪委监委将同级党委管理的干部违纪违法犯罪案件交给下级纪委监委管辖，是管辖权的“下放性转移”，这种转移可能降低案件的分级管辖，弱化案件应有的分级管辖的程序保障。对此，《监察法实施条例》第51条对管辖“下放性转移”规定了严格的备案审批程序，规定设区的市级纪委监委管辖“下放性转移”，应当报省纪委监委批准；省级纪委监委管辖“下放性转移”，应当报中央纪委国家监委相关监督检查部门备案。此外，《监察法实施条例》第229条还规定了严格的“双审理、双审议”程序，强调被指定管辖的下级纪委监委和上级纪委监委应当分别进行审理，保证管辖“下放性转移”的严肃性。

三、协商管辖

协商管辖是指，两个或两个以上的纪检监察机关对某一事项都有管辖权，由双方进行协商，确定具体管辖机关。比如，根据《纪律检查机关监督执纪工作规则》《监察法实施条例》等规定，地方纪委监委接到或发现关于“双管干部”问题线索，应当向主管部门的纪检监察机构通报，并协商确定管辖。

四、管辖争议及解决

管辖争议，是指对同一纪检监察事项，有两个或者两个以上纪检监察机关都认为自己具有或者不具有管辖权而发生的争议①。根据《纪律检查机关监督执纪工作规则》第9条的规定，两个或者两个以上纪检监察机关发生管辖争议之后，应报请它们的共同上级纪检监察机关，由该上级纪检监察机关确定由哪一个纪检监察机关管辖。“共同的上级纪检监察机关”，是指同发生管辖争议的两个或者两个以上纪检监察机关均有领导与被领导关系的上级纪检监察机关。这一规定的基础是隶属关系，比如，同一省的两个地市纪委监委的共同上级纪检监察机关，是该省纪委监委；两个县级纪委监委，如分属同一省内的两个不同地市，其共同的上级纪检监察机关还是该省纪委监委。

思考题：

1. 纪检监察机关的职能管辖范围包括哪些？
2. 对党员干部和公职人员的一般管辖原则是什么？
3. 对“双重管理干部”的管辖是如何规定的？

① 《〈中国共产党纪律检查机关监督执纪工作规则〉释义》，中国方正出版社2019年版，第60页。

第四编　监督执纪执法

第十二章　监督检查

监督是纪检监察工作的首要职责。无论是纪委还是监委，监督职责都处于基础性地位。建立完善科学有效的监督检查工作机制是纪检监察工作的重点。

第一节　概　　述

一、监督检查职责的内涵

根据《现代汉语词典》释义，监督即察看并督促。关于纪检监察机关的监督职责，党章和《监察法》均有规定。党章规定，纪律检查机关的监督职责是指，对党的组织和党员领导干部履行职责、行使权力进行监督；《监察法》规定，监察机关的监督职责是指，对公职人员依法履职、秉公用权、廉洁从政从业以及道德操守情况进行监督检查。此外，《纪律检查委员会工作条例》《纪律检查机关监督执纪工作规则》《监督执法工作规定》以及《监察法实施条例》等党内法规和国家法律对开展监督检查都作出明确规范和要求，目的都是强化纪检监察机关的监督职责。

具体来讲，纪检监察机关的监督检查职责，是指纪检监察机关依规依纪依法对党组织、党员以及监察对象遵守和执行党章党规党纪、宪法法律法规，贯彻落实党和国家路线方针政策、决策部署，推进全面从严治党，依法履职、秉公用权、廉洁从政从业以及道德操守等情况进行监督并及时发现问题、纠正偏差的活动，目的是确保组织目标的实现。

二、监督检查职责的特征

（一）监督检查的主体

在开展监督工作中，党委（党组）履行主体责任。《党内监督条例》第15条规定："党委（党组）在党内监督中负主体责任，书记是第一责任人，党委常委会委员（党组成员）和党委委员在职责范围内履行监督职责。"监督职责首先是党委（党组）的事情，落实好监督责任是党委落实管党治党主体责任的重要内容。要坚决破除把监督职责仅仅认为是纪委监委职责的认识误区，党委（党组）要把监督融入抓班子、带队伍的各环节，扎扎实实做好日常监督工作。

在开展监督工作中，纪检监察机关履行监督责任。无论纪委还是监委，监督职责都是首要职责。在合署办公体制下，纪检机关的监督和监察机关的监督在指导思想、基本原则上是高度一致的，目的都是惩前毖后、治病救人，抓早抓小、防微杜渐。要准确把握、高度重视纪委和监委的日常监督职责，把纪委监督与监委监督贯通起来①。

（二）监督检查的内容

根据党章、《纪律检查机关监督执纪工作规则》等规定，监督检查的重点内容包括政治监督、遵纪守法监督、党风政风监督、履行职责情况监督、行使权力情况监督等。（1）政治监督。重点加强对党中央重大决策部署和习近平总书记重要指示批示精神落实情况的监督检查，加强对各领域各方面重要政策、重要任务推进情况的监督检查。（2）遵纪守法监督。重点监督检查党组织、党员和公职人员遵守、执行党章党规党纪和宪法法律法规情况。（3）党风政风监督。重点监督党风政风

---

① 马森述：《深刻认识监察法的重大意义和科学内涵》，载《中国纪检监察》2018年第6期。

建设、贯彻落实中央八项规定精神、纠治“四风”工作，以及整治群众身边和乡村振兴领域的腐败和作风问题。（4）履行职责情况监督。重点监督党员和公职人员主动作为、真抓实干，落实民主集中制原则、选人用人规定、巡视巡察整改等情况。（5）行使权力情况监督。重点监督党员和公职人员依法履职、秉公用权、廉洁从政从业以及恪守社会道德规范等情况。其中，强化政治监督，强化对党组织和党员践行“四个意识”，贯彻党章和其他党内法规，执行党的路线方针政策和决议情况的监督，督促党员领导干部把“两个维护”落实在实际行动上，保证党的政治纲领和政治目标实现，是最重要的监督内容，是监督的重中之重。

（三）监督检查的方式

从总体来看，监督检查的方式包括：日常监督、专项监督、基层监督等。监督的具体方法包括检查、评议、批评、督促、纠正和惩戒等。“‘监督’不单单是在口头上加以责备，而是要在行动上加以纠正。”①监督既要通过检查及时发现问题，又应拥有必要的权限对违纪违法行为进行批评、督促整改、纠正惩戒。党内法规和国家法律赋予纪检监察机关开展监督检查必要的权限手段，包括受理检举控告，进行约谈提醒、批评教育、责令检查、诫勉谈话、给予党纪处分等。

（四）监督检查的过程

监督检查的过程包括三个阶段：一是发现问题。纪检监察机关综合运行集中检查、重点抽查、明察暗访、巡视监督、信访受理等多种方式，自觉主动地深入到被监督地区的一些重要工作环节，“张家长、李家短”地查找和发现党员干部和公职人员出现的或者可能出现的违纪、违法和犯罪行为。二是分析问题。通过去粗取精、去伪存真、由表及里、由此及彼的过程，发现违纪违法的“人”和“事”。三是解决问

① 《列宁全集》（第八卷），人民出版社 1959 年版，第 197 页。

题。对苗头性、倾向性问题或轻微违纪问题，进行约谈提醒、谈话函询、诫勉谈话，对构成违纪违法的行为给予相应的党纪政务处分，对涉嫌犯罪问题的将调查结果移送人民检察院依法审查、提起公诉。同时强化标本兼治，推动主责部门建章立制、堵塞漏洞，推动普遍性、系统性问题的解决。

三、监督检查职责的重要意义

（一）强化监督是忠实履行党章宪法赋予纪检监察机关职责使命的必然要求

监督是纪委监委最基本的职责。党章和宪法、《纪律检查委员会工作条例》和《监察法》等规定的纪委监委职责是监督执纪问责、监督调查处置，监督都是打头的；规定的纪委监委主要任务，每项都涉及监督，办案也涉及监督。比如，党章规定纪委的第一项主要任务是“维护党的章程和其他党内法规”，这就要求纪委监委通过强有力的监督检查维持党内秩序、统一全党步调、实现党的意志、完成党的任务；第二项主要任务是“检查党的路线、方针、政策和决议的执行情况”，如果这方面没有很好地履职尽责，没有很好地保障党的路线、方针、政策和决议贯彻执行，就丢掉了最根本的职责。

（二）强化监督是推进党的自我革命深化全面从严治党的必然要求

加强监督是实现自我革命、深化全面从严治党的重要路径和工作基础。纪检监察机关是推进党的自我革命重要力量，做好监督就是在做党的自我革命工作。纪委监委要深刻理解监督在党的自我革命、全面从严治党中的重要作用，进一步立足职能职责打造及时发现问题、处置问题、纠正偏差、推动改革、促进治理的工作闭环，以有力有效监督推动发现和解决一切同党的初心使命、性质宗旨不一致的问题，破除一切阻碍党中央决策部署贯彻落实的梗阻，清除一切侵蚀党的健康肌体的病毒。小到解决个人主义膨胀等问题，大到清除利益集团和权力与资本勾连等问题，解决管党治党宽松软和偏离党的宗旨和初心使命等问题，都需要靠有效的监督来解决。

（三）强化监督是贯彻一体推进不敢腐、不能腐、不想腐方针方略，坚决打赢反腐败斗争攻坚战持久战总体战的必然要求

新时代反腐败斗争取得历史性成就，但是反腐败斗争形势仍然严峻复杂，铲除腐败滋生土壤和条件任务仍然艰巨繁重，必须坚持一体推进“三不腐”，保持严的基调、保持高压态势，坚持从治标入手、把治本与治标有机结合，既要及时发现、坚决查处已经发生的严重问题，也要及时发现、坚决遏止苗头性的问题，还要筑牢防线、坚决防范虽未发生但可能发生的负面问题。这就需要把监督工作延伸到公权力运行的每个领域、把反腐败防线前移、完善防治腐败滋生蔓延的体制机制，通过加强监督来推动全面从严治党的深化、通过深化全面从严治党来推动自我革命的升华，逐步清除腐败产生的土壤，保障党和国家事业始终朝气蓬勃、行稳致远。

（四）强化监督是完善党和国家监督体系、推进国家治理体系和治理能力现代化的必然要求

监督在管党治党、治国理政中发挥着重要作用。健全党和国家监督体系、推进监督体系与治理体系对接，就要将监督融入治理，保障党和国家各项重大决策部署、重要政策措施贯彻落实，促进各项制度日益完善、有效实施，推进国家治理体系和治理能力现代化。纪委监委要聚焦党和国家工作大局强化政治监督，这是第一位的；虽然不同单位、不同领域、不同层级的具体情况不一样、监督重点也不一样，但都要做到党中央决策部署到哪里，监督检查就跟进到哪里。比如，要紧跟党中央对形势任务的科学判断，深刻理解把握党中央精神实质，聚焦贯彻落实“三新一高”发展战略、全方位守住安全底线等重大决策部署跟进监督、强化监督、有效监督，确保各级党组织和党员干部在党中央坚强领导下切实担负起责任，保持战略定力，充分履行职责。

第二节　政治监督

党和国家监督工作具有鲜明政治属性，纪检监察监督最根本的职责是政治监督，必须把政治监督摆在首要位置。

一、政治监督的内涵

政治监督是实现党的政治路线的重要保障，是督促全党坚持党中央集中统一领导的有力举措，在各项监督中处于根本性地位。政治监督是指为拥护“两个确立”、做到“两个维护”，对党组织、党员以及监察对象特别是领导干部，落实党中央重大决策部署和习近平总书记重要指示批示精神，履行职责使命等情况进行的监督检查活动。新时代加强政治监督，根本是要防范化解思想涣散、纪律松弛风险，使全党自觉而紧密地团结在党中央周围，时时刻刻向党中央看齐，把党的理论和路线方针政策落到实处[①]。2025 年，《纪检监察机关开展政治监督工作办法（试行）》颁布实施。

纪检监察机关作为党内监督专责机关，在开展政治监督上承担重要职责，必须守住政治监督根本定位，把“两个维护”作为根本政治任务，加强对党的理论路线方针政策以及重大决策部署贯彻落实情况的监督检查。纪检监察机关必须始终坚持加强党的全面领导的根本原则，把维护领袖权威性、党中央权威性、维护党的路线方针政策和决议权威性作为监督的根本使命、根本任务。当然这并不是说纪检监察机关不需要对党组织和党员的其他履职用权、履行义务情况进行监督，或者说这方面的监督不重要，而是强调维护领袖权威性、党中央权威性、党中央大政方针权威性是监督的重中之重，是纪检监察机关的最根本职责，是监督之“本”。离开对这些根本性问题的监督，监督的作用和效果就会大

① 《习近平关于全面加强党的纪律建设论述摘编》，中央文献出版社 2024 年版，第 48 页。

打折扣。

二、政治监督的重大意义

政治监督具有全方位、多层次的重要意义，关系党中央权威和集中统一领导，关系党的创造力、凝聚力、战斗力，关系中华民族伟大复兴。

（一）政治监督关系党中央权威和集中统一领导

维护党中央权威和集中统一领导是推进国家治理体系和治理能力现代化的基点和支撑，是推进新时代党和国家各项事业的根本保证，事关坚持和完善中国特色社会主义制度的根本方向。没有党中央权威和集中统一领导，一切改革发展都是空谈，这是关系党、民族、国家前途命运的大问题。习近平总书记指出："党中央权威是危难时刻全党全国各族人民迎难而上的根本依靠。中国特色社会主义制度，我国基本国情，决定了实现我们的奋斗目标、应对前进道路上的惊涛骇浪，必须坚持党的集中统一领导，必须维护党中央权威。"①实践证明，重大历史关头，重大考验面前，领导力是最关键的条件，党中央的判断力、决策力、行动力具有决定性作用。全党上下在坚持党的领导、维护党中央权威这个决定党和国家前途命运的重大原则问题上必须保持高度的自觉，通过强化政治监督，坚决维护习近平总书记党中央的核心、全党的核心地位，坚决维护党中央权威和集中统一领导，确保党总揽全局、协调各方的领导核心地位坚如磐石。

（二）政治监督关系党的创造力

创造力是我们党始终保持先进性和纯洁性的力量源泉，是我们党不断前进的制胜法宝。正是因为我们的党是具有伟大创造力的党，因此才能紧紧地把广大人民群众团结在党中央的周围，不断开拓进取、与时俱

① 《习近平关于全面加强党的纪律建设论述摘编》，中央文献出版社2024年版，第47—48页。

进。党的创造力包括理论创造力、制度创造力、实践创造力。理论创造力突出体现在指导思想的与时俱进；制度创造力突出体现在中国特色社会主义道路的发展完善；实践创造力突出体现在党中央系列重大决策部署的革故鼎新。当前保持党的创造力，最关键的就是坚持习近平新时代中国特色社会主义思想。“新时代中国特色社会主义思想和基本方略，不是从天上掉下来的，不是主观臆想出来的，而是党的十八大以来，在新中国成立特别是改革开放以来我们党推进理论创新和实践创新的基础上，全党全国各族人民进行艰辛理论探索的成果，是全党全国各族人民创新创造的智慧结晶。”① 全党上下必须坚持习近平新时代中国特色社会主义思想这个新时代理论创新和实践创新的根本指针，坚定不移坚持和巩固支撑中国特色社会主义制度的根本制度、基本制度、重要制度，通过强化政治监督，确保全党上下自觉运用科学理论指导实践，使各方面工作更符合客观规律、科学规律的要求，不断提高新时代坚持和发展中国特色社会主义的能力。

（三）政治监督关系党的凝聚力

凝聚力是我们党保持生机与活力的基础，是我们党团结有力量的集中体现。马克思主义政党高度重视政党的凝聚力，恩格斯指出：“要使无产阶级在决定关头强大到足以取得胜利，无产阶级必须（马克思和我从1847年以来就坚持这种立场）组成一个不同于其他所有政党并与它们对立的特殊的政党，一个自己的阶级政党。”② 列宁指出：“党应当是组织的总和（并且不是什么简单的算术式的总和，而是一个整体）。”③ 无产阶级“所以能够成为而且必然会成为不可战胜的力量，就是因为它根据马克思主义原则形成的思想一致是用组织的物质统一来巩

① 习近平：《在党的十九届一中全会上的讲话》，载《求是》2018年第1期。

② 《马克思恩格斯选集》（第四卷），人民出版社1995年版，第685页。

③ 《列宁选集》（第一卷），人民出版社1995年版，第471页。

固的，这个组织把千百万劳动者团结成一支工人阶级的大军”①。全党上下必须紧密凝聚在以习近平同志为核心的党中央周围，自觉同党的基本理论、基本路线、基本方略对标对表，同党中央决策部署对标对表，经常校正偏差，做到党中央提倡的坚决响应、党中央决定的坚决照办、党中央禁止的坚决杜绝，绝不能在政治方向上走偏了。要通过政治监督，及时纠正偏差，真正使每一个党组织、党员干部确实与党中央思想统一、步调一致。

（四）政治监督关系党的战斗力

战斗力是马克思主义政党鲜明的政治本色，是永葆党的旺盛生命力的必然要求。保持党的战斗力关键是坚决执行党的路线方针政策和决议。习近平总书记深刻指出：“这段时间，大家都在讲‘两个确立’、‘两个维护’，体现了坚持党中央集中统一领导的高度自觉。这不能停留在口头上，关键还是要体现到落实党的二十大精神的实际行动中。为什么我们党如此强调党中央权威和集中统一领导？根本目的就是要在错综复杂的国内外形势中维护党的团结统一，把全党的思想和行动统一到党中央精神上来，把党的理论和路线方针政策、党中央的决策部署坚决贯彻下去。”②每个党组织、党员干部必须坚决执行党中央各项决策部署，凡是重大问题、重要事项、重要工作进展情况，都必须严格履行请示报告制度，确保党始终保持昂扬的战斗力。

三、政治监督的重点内容

政治监督的核心内容是确保全党上下统一意志、坚决做到“两个维护”，集中体现为维护中国特色社会主义制度、推动党中央重大决策部署落实见效、督促落实全面从严治党责任、保证权力在正确轨道上运行等方面。政治监督应当突出“关键少数”，重点加强对“一把手”、

---

① 《列宁选集》（第一卷），人民出版社 1995 年版，第 526 页。

② 《习近平关于全面加强党的纪律建设论述摘编》，中央文献出版社 2024 年版，第 53 页。

同级党委特别是常委会委员的监督。

（一）对党忠诚，坚持党的领导，贯彻落实党的理论和路线方针政策、党中央决策部署，践行“两个维护”的情况

推动党中央重大决策部署落实见效是开展政治监督的重要任务。讲政治是具体的而不是抽象的，最直接的要求就是坚决贯彻落实好党中央决策部署、战略举措和习近平总书记重要指示批示精神。实践证明，一个地方、部门或单位，如果对党中央重大决策部署的贯彻落实都不认真、不坚决，其所辖的地区或领域必然是浑浑噩噩、弊病丛生。习近平总书记指出：“对党忠诚是具体的、实践的，不是空洞的口号，不能只停留在口头表态上，要体现在贯彻党中央决策部署的行动上，体现在履职尽责、做好本职工作的实效上，体现在日常言行上，自觉做到党中央提倡的坚决响应、党中央决定的坚决照办、党中央禁止的坚决不做，不讲条件、不搞变通，不掉队、不走偏，保证全党上下拧成一股绳，心往一处想、劲往一处使。”①纪检监察机关要通过强有力的政治监督，加强对党中央决策部署、战略举措和习近平总书记重要指示批示精神落实情况的监督检查，加强对各领域各方面重要政策、重要任务推进情况的监督检查。坚持党中央重大决策部署到哪里，政治监督就跟进到哪里，把政治监督和日常监督紧密结合，保持高度的政治敏锐性，从政治上看、政治上查，把准政治方向、落实政治要求，善于从工作偏差中发现政治问题，从倾向性苗头性问题中发现政治端倪②。坚决查处贯彻落实中存在的不在乎、装样子、做选择、搞变通，空泛表态、敷衍塞责，有令不行、有禁不止，弄虚作假、阳奉阴违等问题。要督促各级党组织提升制

① 《习近平关于全面加强党的纪律建设论述摘编》，中央文献出版社 2024 年版，第 50 页。

② 李希：《深入学习贯彻习近平总书记关于党的自我革命的重要思想　纵深推进新征程纪检监察工作高质量发展——在中国共产党第二十届中央纪律检查委员会第三次全体会议上的工作报告》，载《人民日报》2024 年 2 月 26 日。

度执行力，健全督促检查、绩效考核等制度，以制度效力提高落实党中央决策部署的现实效能。要督促广大党员干部和公职人员善作善为、敢作敢为，不断提高担当作为的主动性和积极性。

（二）坚定理想信念宗旨，牢记初心使命，践行入党誓词，坚持中国特色社会主义制度的情况

维护中国特色社会主义制度是开展政治监督的首要任务。中国特色社会主义制度是党和人民在长期实践探索中形成的科学制度体系，它由众多的具体制度组成，其中中国共产党的领导制度是我国的根本领导制度，在整个制度体系中具有统领地位。纪检监察机关要通过强有力的政治监督，督促各级党组织坚持好落实好支撑中国特色社会主义制度的根本制度、基本制度、重要制度，深化重要领域改革，坚决破除一切妨碍科学发展的思想观念和体制机制弊端，固根基、扬优势、补短板、强弱项，构建系统完备、科学规范、运行有效的制度体系。督促各级党组织加强系统治理、依法治理、综合治理、源头治理，善于运用制度威力应对风险挑战的冲击，善于运用制度威力攻坚克难，不断把我国制度优势更好转化为国家治理效能。

（三）落实全面从严治党主体责任和监督责任的情况

督促落实全面从严治党责任是政治监督在管党治党中的突出要求。办好中国的事情，关键在党，关键在党要管党、从严治党。新的历史条件下，我们党要更好进行具有许多新的历史特点的伟大斗争、推进中国特色社会主义伟大事业，就必须以更大力度推进党的建设新的伟大工程，坚定不移推进全面从严治党，坚决落实管党治党政治责任。习近平总书记指出：“坚持责任上全链条，压实各级党委（党组）全面从严治党主体责任、各级纪委的监督责任，推动各级党委（党组）书记扛起第一责任人责任、领导班子其他成员切实担负‘一岗双责’，让每名党员、干部行使应有权利、履行应尽责任，做到权责对等、失责必问，压力层层传导，责任环环相扣，切实增强管党治党的责任感使命感，巩固

发展全党动手一起抓的良好局面。”[①] 纪检监察机关要通过强有力的政治监督，督促各级党组织坚决落实全面从严治党主体责任，推动主体责任和监督责任一贯到底，切实解决基层党的领导和监督虚化、弱化等问题。督促各个党组织发挥好战斗堡垒作用，把负责、守责、尽责体现在每个党组织、每个岗位上。坚决纠治人民群众反映强烈的形式主义和官僚主义、干部不担当不作为、侵害群众利益等突出问题，持续保持反腐高压态势，铲除寄生在党的肌体上的毒瘤，永葆党的肌体健康。

（四）贯彻执行民主集中制，公正用权、依法用权、廉洁用权、担当作为的情况

腐败的本质是权力滥用、以权谋私，反腐败必须强化监督、管住权力。习近平总书记指出：“各级领导干部手中的权力都是党的执政权的一部分，必须始终用来为人民谋幸福。”纪检监察机关要通过强有力的政治监督，督促各级党组织抓住定政策、作决策、审批监管等关键权力，聚焦重点领域深化体制机制改革，加快新兴领域治理机制建设，完善权力配置和运行制约机制，减少权力对微观经济活动的不当干预。督促各级党组织按照权责法定原则，健全分事行权、分岗设权、分级授权、定期轮岗制度，明晰权力边界，规范工作流程，强化权力制约，进一步堵塞制度漏洞，规范自由裁量权，减少设租寻租机会。督促各级党组织按照权责透明原则，推动用权公开，完善党务、政务、司法和各领域办事公开制度。督促各级党组织按照民主集中制原则，形成决策科学、执行坚决、监督有力的权力运行机制。

四、推进政治监督具体化精准化常态化

（一）从政治纪律查起

从政治纪律查起，是纪检监察机关开展政治监督的重要方法。从政

---

① 《习近平关于全面加强党的纪律建设论述摘编》，中央文献出版社 2024 年版，第 179—180 页。

治纪律查起是指，纪检监察机关必须提高政治站位，突出政治责任，把严明党的政治纪律和政治规矩摆在突出位置，聚焦政治忠诚、政治安全、政治责任、政治立场、党内政治生活，坚决纠正政治偏差，及时消除政治隐患。

（二）突出监督重点

新时代推进政治监督必须更加自觉地把工作置于党和国家大局中谋划推进，准确把握党中央提出的重大判断、重大战略、重大任务、重大举措，聚焦关键人、关键事、关键时，找准切入点、结合点、着力点，持续推进政治监督具体化、精准化、常态化。具体化，就是要推动党中央决策部署同部门、行业、领域实际紧密结合，从一项项工作、一件件事情中，看党中央关于全面贯彻新发展理念、着力推动高质量发展、主动构建新发展格局等战略部署落实了没有、落实得好不好；看党中央提出的重点任务、重点举措、重要政策、重要要求贯彻得怎么样；看属于本地区本部门本单位的职责有没有担当起来。精准化，就是要盯住重点人重点事，聚焦重点岗位、重点领域、重要工作、重要环节，及时准确发现有令不行、有禁不止，做选择、搞变通、打折扣，不顾大局、搞部门和地方保护主义，照搬照抄、上下一般粗等突出问题，切实打通贯彻执行中的堵点淤点难点。常态化，就是要把政治监督贯穿党领导经济社会发展全过程各方面，融入重大发展战略、重要政策举措、重点项目任务的制定和落实之中，推动完善党中央重大决策部署落实机制，以有力有效日常监督促进各项政策落实落地①。

（三）秉承斗争精神

政治监督的对象主要是领导干部，工作难度大，纪检监察机关必须敢于碰硬，把红脸出汗、猛击一掌的思想引导和战斗精神贯彻始终，促

① 《习近平关于全面加强党的纪律建设论述摘编》，中央文献出版社 2024 年版，第 53—54 页。

使有关领导干部知耻而后勇。对思想认识不到位的要进行正确引导，对检讨反思不认真的要严肃批评，对构成违纪行为的要追究纪律责任。优先处置涉及政治纪律政治规矩的问题线索，及时发现、着力解决“七个有之”问题，坚决纠治“低级红”“高级黑”。聚焦政治安全，对在党内搞政治团伙、小圈子、利益集团的人决不手软，及时消除政治隐患①。

（四）聚焦“关键少数”

政治监督的重点对象是“关键少数”。“国家监察体制改革后，纪委监委实现了对所有党组织、党员以及行使公权力的公职人员的监督全覆盖，监督对象大幅增加。尽管监督对象很多，但监督全覆盖不等于平均用力，在兼顾全面的同时依然要盯住重点，突出‘关键少数’、聚焦班子成员特别是一把手。”②“关键少数”的一言一行是政治生态的风向标，只有把“关键少数”管好了，党内政治生活才会发生根本性变化。因此，政治监督必须从党组织和“一把手”抓起，把违反政治纪律和政治规矩落实到具体的人和事上，突出党委领导集体和党政“一把手”这两个重点。

（五）坚持“一案双查”

政治问题与经济问题相互交织，是腐败的重要表现形式。开展政治监督，既要通过监督检查，发现党员干部违反政治纪律、破坏政治生态的问题，同时也要深挖隐藏在背后的腐败党员干部和公职人员腐败问题，做到政治问题与经济问题“一案双查”。比如 2018 年，中央严肃处理的秦岭违建别墅问题。习近平总书记对秦岭违建别墅严重破坏生态

① 李希：《深入学习贯彻习近平总书记关于党的自我革命的重要思想　纵深推进新征程纪检监察工作高质量发展——在中国共产党第二十届中央纪律检查委员会第三次全体会议上的工作报告》，载新华网，2024 年 2 月 5 日。

② 贺夏蓉：《政治监督的内涵及要求》，载《中国纪检监察报》2018 年 9 月 27 日。

问题和秦岭生态环境保护先后六次作出重要批示指示，但违建别墅问题并未得到有效解决。其中的原因，既是个别领导干部严重违反党的政治纪律和政治规矩，没有执行好习近平总书记的重要指示批示要求，同时也是一些干部涉嫌腐败所致，“违建别墅能大行其道，一些领导干部和管理部门的干部与开发商官商勾结、权钱交易是重要的原因”①。大量的违建别墅，成了一些干部腐败的重灾区，也是违建别墅清查不彻底、整而未治、禁而不绝的一个重要原因。对此，中央纪委国家监委和陕西省纪委监委既严肃查处其中违反政治纪律的问题，也严肃查处其中的腐败问题。

第三节　党风政风监督

党风政风监督是纪检监察机关履行监督职责的重要内容。党的十八大以来，全党上下落实中央八项规定精神、驰而不息纠正“四风”，已经成为党中央管党治党的一张金色名片。

一、党风、政风与行风的内涵

党风通常是指党的组织、干部和党员在工作生活学习等各个方面所展现出来的体现党性原则的一贯的态度和行为模式，是党员党性和世界观的外在表现。

政风行风是党风的重要组成部分。具体来讲，政风是指负责行政管理职责的政府机关、政府公务人员在实施公务活动和处理公共事务的过程中所展示出来的行为风格，是政府机关和公职人员政治品质和道德品行的外在表现，是判定政府形象的直观依据。行风是政风的重要载体和具体体现。一个地区的政风主要通过所在地区各行业各部门的风气来展现，特别是体现在那些与群众日常生产生活密切相关、直接涉及群众切身利益的行政执法部门、经济管理部门和具有一定行业垄断性质的公共

① 《一抓到底正风纪——秦岭违建别墅整治始末》，载新华网，2019年1月9日。

服务单位。

在我国，党风与政风行风具有内在统一性。第一，党风决定政风。我们党是执政党，政风是执政党党风的具体体现和延伸，党风正则政风正，政风正则行风正，党风不正政风行风也难正。第二，政风反作用于党风。政风是实现党风好转的具体途径和载体，政风的改进，可以为党风提供良好的氛围，起到促进作用。第三，党风政风带动社风民风。党风政风与社风民风紧密相连、相互作用，党风政风决定社风民风，社风民风是党风政风的风向标。

二、党风政风监督的内涵

党风政风监督是指党组织依照党章党规和国家法律规定对党风政风建设情况进行监督检查，并对违纪违法的党组织、党员干部及国家公职人员进行惩治的行为。开展党风政风监督工作，党委（党组）负主体责任，各部门各负其责，纪检监察机关承担监督责任。

（一）党委（党组）承担主体责任

抓好党风是管党治党的重要内容，党委（党组）负主体责任。党章规定，纪委协助党委加强党风建设。一些党委以纪委“协助”为由，将党风建设责任推给纪检监察机关，这是一种严重不负责任的表现。党委（党组）必须亲自当好党风建设和监督的领导者、执行者、推动者，牢固树立“抓党风建设是本职、不抓党风是失职、抓不好党风是渎职”的理念，把党风建设纳入经济社会发展和党的建设总体布局，坚持党风建设与经济建设、政治建设、文化建设、社会建设、生态文明建设“五位一体”总体布局同部署、同落实、同检查、同考核，把主体责任落到实处。

（二）政风行风建设，政府和行业主管部门各负其责

作为本部门、本系统、本行业政风的主责部门，抓好政风行风建设和监督是行业主管部门义不容辞的职责。管理本身就包含监督，主责部门不仅是管理者，更是监督者。按照“谁主管谁负责”和“管行业必

须管行风”的原则，行业主管部门必须切实发挥在政风行风建设中的重要作用，从体制上保证行风建设落到实处。比如，党委组织部门是本地区用人选人风气的主责部门，教育主管部门是本地区教风学风的主责部门，政法部门是本地区司法公正和司法风气的主责部门，都必须对本行业政风行风建设负责。

（三）纪检监察机关承担监督责任

纪检监察机关是党风政风监督的专责机关。“党风政风监督是纪检监察职责的重要组成部分，其工作内容聚焦党风政风，但从本质属性看，重音在‘监督’上。”[①] 纪检监察机关在党风政风监督中的主要职责是，依照党章党规党纪和国家法律法规对党风政风建设和监督情况进行监督检查，追究违纪违法的党组织、党员和国家公职人员的纪律责任和法律责任。党的十八大以来，根据党中央要求，各级纪检监察机关采取了一系列坚定有力的举措，扭住落实中央八项规定精神不放，坚决纠正“四风”。比如，中央纪委专门设立了“中央纪委党风政风监督举报平台”，形成了中央纪委国家监委网站“四风”监督举报曝光专区、手机客户端“反‘四风’一键通”和微信“四风举报”组成的“一网一端一微”格局。

从纪检监察机关内部分工来看，开展党风政风监督是纪律监督、监察监督、巡视监督、派驻监督的重要工作内容，监督检查部门、审查调查部门、巡视巡察部门、派驻机构等均承担党风政风监督的重要职责。党风政风监督部门主要通过综合协调来开展监督。[②]

设立党风政风监督部门，整合党风政风监督职能，强调其“监督”职责定位，是党的十八大以来纪检监察机关组织制度创新的重要成果。

---

① 陈学东：《增强监督的严肃性协同性有效性》，载《中国纪检监察报》2020 年 1 月 9 日。

② 陈学东：《增强监督的严肃性协同性有效性》，载《中国纪检监察报》2020 年 1 月 9 日。

《纪律检查机关监督执纪工作规则》第12条规定："党风政风监督部门应当加强对党风政风建设的综合协调，做好督促检查、通报曝光和综合分析等工作。"党风政风监督室是党风政风监督工作"决策的参谋部""部署的指挥所""执行的督查队"①，履行综合协调职责。"党风政风监督室切实履行综合协调职责，通过做好'穿针引线、搭桥铺路'的工作，有利于纪检监察机关整合内部监督力量，加强纪检监察专责监督与其他方面监督的衔接协调，强化监督合力。"② 党风政风监督部门具体职责包括，综合协调贯彻落实中央八项规定精神、纠正"四风"工作，综合协调整治群众身边的腐败和作风问题，综合协调纪检监察机关参与调查的事故、事件中涉及的监督对象违纪违法行为和需要问责情形的调查处理工作等。党风政风监督部门还负责组织开展党风政风监督专项检查活动，对党风政风监督中发现的典型问题通报曝光，综合分析党风政风监督工作情况等。③

三、党风政风监督的重要意义

（一）加强党风政风监督是全面从严治党的迫切要求

作风问题关乎人心向背，关乎党的生死存亡。我们党作为一个在中国长期执政的马克思主义政党，对作风问题任何时候都不能掉以轻心。形式主义、官僚主义、享乐主义和奢靡之风严重侵蚀党的肌体、动摇党的执政基础，是脱离群众危险的集中体现。党在革命、建设、改革各个历史时期经验证明，什么时候党的作风建设抓得紧、抓得好，党的事业就发展顺利一些，反之就会遭受挫折和损失。能不能切实改进作风、密切联系群众，应对挑战、化解风险，这个课题正考验着我们党和党员干

---

① 浙江省杭州市纪委监委调研课题组：《坚持党风政风监督鲜明政治属性》，载《中国纪检监察报》2019年1月31日。

② 陈学东：《增强监督的严肃性协同性有效性》，载《中国纪检监察报》2020年1月9日。

③ 《〈中国共产党纪律检查机关监督执纪工作规则〉释义》，中国方正出版社2019年版，第70页。

部。如果不对“四风”问题击一猛掌，我们党就会失去党心民心，中华民族发展的宝贵机遇期就会丧失，中华民族伟大复兴的中国梦就难以实现。

（二）加强党风政风监督是密切党同人民群众血肉联系的必然要求

作风问题核心是党同人民群众的关系问题。不正之风严重违背党的性质和宗旨，是当前群众深恶痛绝、反映最强烈的问题，也是损害党群干群关系的重要根源[①]。比如，形式主义，群众反映最突出的是追求形式、不重实效，图虚名、务虚功、工作不抓落实；官僚主义，群众最不满意的是办事推诿扯皮多，效率低下，不作为、不负责任；享乐主义，基层和群众反映最多的是一些领导干部安于现状、贪图安逸，缺乏忧患意识和创新精神；奢靡之风，主要是条件好了，许多方面做过头，大手大脚、铺张浪费。[②] 更有甚者，一些党政部门和行业与民夺利，比如在脱贫攻坚、教育医疗、环境保护、食品药品安全等方面侵害群众利益问题，基层干部贪污侵占、虚报冒领、截留挪用、优亲厚友等行为，群众对此深恶痛绝，必须坚决惩治。

（三）加强党风政风监督是深入推进反腐败斗争的重要内容

作风问题是腐败的温床。习近平总书记深刻指出：“不正之风和腐败问题互为表里、同根同源。不正之风滋生掩藏腐败，腐败行为助长加剧不正之风甚至催生新的作风问题。”[③] 作风问题看似是小事，但是很多腐败行为都是从开始的不良作风逐步演化而成的。作风问题往往是消极腐败的根源，且二者共生共长，如影随形，“四风”毒瘤不割除，久而久之就会引发腐败“恶果”。大量案例表明，领导干部最容易犯错误

---

① 《习近平关于党风廉政建设和反腐败斗争论述摘编》，中央文献出版社、中国方正出版社 2015 年版，第 72 页。

② 《十八大以来重要文献选编》（上），中央文献出版社 2014 年版，第 311—312 页。

③ 《习近平关于全面加强党的纪律建设论述摘编》，中央文献出版社 2024 年版，第 141 页。

的地方就是作风，一旦打开“作风”的缺口，就会堕落，就会腐化，从而滑向腐败的深渊。实际上，不正之风和腐败问题也并不存在一条不可逾越的鸿沟，形式主义、官僚主义本身就是违反党的政治纪律和政治规矩的行为，一些所谓的不正之风本身就属于腐败范畴，比如，收受礼品、滥发奖金，摊派商品、公费旅游，江湖结义、投桃报李，购物卡、消费券四处发送等，这些本身就是腐败行为。

（四）加强党风政风监督是推进作风建设常态化的重要保证

纪检监察机关对党风政风建设情况实施强有力的监督，是推进作风建设常态化的重要保证。在近年来的高压态势之下，一些“四风”问题趋于隐蔽、转入“地下”，而且花样翻新；组织涣散、纪律松弛现象普遍存在；一些党员干部仍然不收敛不收手，反映领导干部问题线索还在增多。这些都表明，“四风”问题依然严重。纪检监察机关处在反腐败斗争的最前沿，要坚定政治立场，增强政治定力，把握好监督和惩治的力度和节奏，以最坚决的态度、最果断的措施落实中央八项规定精神，驰而不息纠正“四风”，推进作风建设常态长效。

四、党风政风监督的主要内容

（一）督促落实主体责任和监管责任

党风政风建设和监督，党委承担主体责任，职能部门承担监管责任，纪委（纪检组）履行监督责任。

切实督促党委（党组）履行主体责任。纪检监察机关必须紧紧抓住主体责任、党委（党组）书记第一责任人这个“牛鼻子”，通过强化责任追究，促进主体责任落地生根。（1）加强监督检查。纪检监察机关要加大对主体责任落实情况的监督检查力度。通过听取汇报、查阅资料、现场检查、重点抽查等方式，查找主体责任落实中存在的问题和不足。（2）督促落实。督促党委（党组）和主责部门加强党风政风建设和监督工作，增强意识、细化任务、明确责任，对主体责任落实不力的党组织和领导干部，通过警示约谈、分层通报等形式，层层传导压力。

发挥问责利器作用，加大对落实中央八项规定精神不力问题的问责力度，压实管党治党主体责任。（3）督促整改。针对发现的问题，建设性地提出意见，督促党委（党组）和主责部门，摸清查摆自身存在的突出问题、具体表现，剖析危害和根源、找到症结，拿出管用的办法精准施策，实现标本兼治。比如，中央纪委国家监委督促推动中央有关职能部门完善公务接待、公务差旅、公务用车、中央企业商务接待等规定。

切实督促职能部门履行监管责任。纪检监察机关要坚守“再监督”的职能定位，加强对主责部门履行监管责任、改进作风的“督查”。要以“监督员”的身份，督促主责部门切实履行职责，突出对主抓者、主责者、监管者的监督。要以“执纪者”的身份，对不履行或不正确履行职责及监管不力的情形，严格问责，并查处背后隐藏的违纪违法问题。要加强纪检监察机关与职能部门的协作配合，建立健全专题会商、情况通报、措施配合、线索移送等工作机制。

（二）狠抓中央八项规定精神落实情况监督检查

习近平总书记深刻指出，制定实施中央八项规定，是我们党在新时代的徙木立信之举，必须常抓不懈、久久为功，直至真正化风成俗，以优良党风引领社风民风。各级纪检监察机关必须把锲而不舍落实中央八项规定精神始终作为执纪重点，一严到底纠治“四风”。

要把监督挺在前面，拓宽监督渠道，强化监督合力，联合公安、财政、税务等职能部门，通过专项检查、随机抽查、突击检查、交叉互查等方式，加大监督检查力度。紧盯元旦、春节、五一、端午、中秋、国庆等重要节日，下发通知、打招呼、提要求，层层设置防线，密切关注“四风”隐形变异、改头换面等新动向。近年来，中央纪委每到重要时间节点出台禁令正成为惯例。比如，2024 年元旦春节前夕，中央纪委印发了《关于做好 2024 年元旦春节期间正风肃纪工作的通知》。要密切关注“四风”隐形变异、改头换面等新动向，坚决防止享乐主义、奢靡之风反弹回潮。严查“吃公函”“吃食堂”“吃老板”“吃下级”等问题，精准发现、从严处理“快递送礼”以及借培训考察、党建活动等名义公款旅游问题。坚决防止金融、国企等单位公务接待“特殊论”。

此外，执纪执法实践中，对违反中央八项规定精神问题的处置，应当把握以下问题：（1）在适用对象上，除中共党员外，非党员的公职人员也纳入其中。中央八项规定精神已经通过法定程序体现在《政务处分法》等法律法规要求中，包括非中共党员在内的所有公职人员都必须严格落实中央八项规定精神，违反相关纪律和法律法规要求的，均可以认定为违反中央八项规定精神。（2）在时间节点上，党中央强调要重点查处党的十八大以后、中央八项规定出台以后的顶风违纪行为，越往后执纪越严。（3）在执纪政策把握上，处理违反中央八项规定精神行为，要把握问题的本质和特点，突出重点，避免畸轻畸重，实现政治效果、纪法效果和社会效果的有机统一。（4）在条款适用上，对违反中央八项规定精神问题，并不是直接依据中央八项规定作出定性处理，而是依据《党纪处分条例》分则对应的具体条款。（5）在审理文书和处分文书表述上，如被审查调查对象存在违反政治纪律的问题，将其违反中央八项规定精神问题表述在“违反政治纪律”之后，其余纪律问题之前；如不存在违反政治纪律的问题，将违反中央八项规定精神问题表述在其余纪律问题之前。

（三）健全风腐同查同治工作机制

风腐交织是现阶段党风廉政建设和反腐败斗争要着力解决的突出问题，必须坚持正风肃纪反腐相贯通，不敢腐、不能腐、不想腐一体推进。习近平总书记在二十届中央纪委四次全会上深刻指出，坚持正风肃纪反腐相贯通，以“同查”严惩风腐交织问题，以“同治”铲除风腐共性根源。这是党中央深刻把握不正之风和腐败同根同源的规律性认识作出的重大战略部署，是实现作风建设标本兼治的重大举措。作风建设是一项系统工程，要着眼于运用“全周期管理”方式，坚持风腐一体同查、同审、同析、同治，精准把脉查找作风顽疾，找准纠治的点位和方向，协同发力、深入纠治，坚决斩断由风及腐、由风变腐的勾连纽带①。一方面，要做到风腐同查，凡查腐败案件必看作风问题，凡查作风问题必挖腐败案件。在查处作风问题的同时，要深挖背后是否存在权权交易、权钱交易、政商勾连、违规插手干预等腐败问题；在查处腐败问题的同时，要深挖被审查调查人和其他相关人员存在的涉嫌违反中央八项规定精神问题线索，做到以风挖腐、以腐查风，有机结合。另一方面，要做到风腐共治，破除风腐一体勾连的纽带。纪检监察机关把反“四风”和反腐败统筹推进，落实到党风政风监督、监督检查、审查调查、巡视巡察等各项工作中，一体谋划和纠治，同时推进主责部门加强制度建设、堵塞风险漏洞，强化系统治理、源头治理，不断提升风腐同查同纠同治的综合效能。

（四）切实为基层减负赋能

党的十九大以来，党中央建立中央层面整治形式主义为基层减负专项工作机制。党的二十届三中全会对持续深化拓展整治形式主义为基层减负作出部署，明确提出要健全为基层减负长效机制。2024 年 8 月，中共中央办公厅、国务院办公厅印发《整治形式主义为基层减负若干规定》，为深化拓展整治形式主义为基层减负工作提供重要制度遵循。在二十届中央纪委四次全会上，习近平总书记再次强调，落实整治形式主义为基层减负长效机制，让广大基层干部有更多精力抓落实。加重基层负担的形式主义、官僚主义问题，背后既有思想认识、政绩观的偏差，也有领导方法、工作方式、制度机制等方面的不足，必须系统施治、综合施策，打好减负增效“组合拳”。为基层减负和赋能是有机统

---

① 严志铭：《健全风腐同查同治工作机制》，载中央纪委国家监委网站，2024 年 1 月 18 日。

一的，一手做减法，一手做加法，二者相互促进、协同发力。[①] 一方面，要持之以恒为基层减负，加强源头治理，转变工作作风与方式方法，让基层干部从繁文缛节、文山会海、迎来送往中解脱出来。另一方面，要为基层赋能增效，明确基层职责事项清单，强化向基层赋能的资源保障，推动更多社会资源、管理权限和民生服务下放基层，让基层干部工作起来更有底气、更加主动。纪检监察机关要强化监督，聚焦脱离实际定政策、督检考过多过频、过度留痕、层层加码等加重基层负担问题，常态化开展《整治形式主义为基层减负若干规定》执行情况的监督检查，持续增强基层干部群众减负获得感。

第四节　日常监督

《纪律检查委员会工作条例》第 34 条规定："党的纪律检查委员会应当加强日常监督。"扎扎实实开展日常监督，是纪检监察机关履行监督职责的最基本方式。

一、日常监督的内涵

开展日常监督是指，纪检监察机关应当结合被监督对象的职责，运用好各种日常监督方式，加强对监督对象的监督检查。

纪检监察机关开展日常监督，必须紧盯"重点事"，盯住被监督对象的思想、工作、作风、生活情况。必须紧盯"重点人"，盯住党的领导机关和领导干部特别是主要领导干部。必须注重方式方法，坚持抓早抓小、防微杜渐，从点滴抓起、从小节抓起，运用好监督执纪"四种形态"，及时发现问题，常咬耳朵、常扯袖子。必须善于综合运用各种处理措施，发现党员、干部及监察对象有轻微违纪违法问题的，应当及时谈话提醒、批评教育、责令检查或者予以诫勉，让一些游走在违纪边缘的干部

---

① 本书编写组：《贯彻落实中央八项规定精神学习读本》，中国方正出版社 2025 年版，第 96 页。

悬崖勒马，使更多的干部受到警醒，体现对干部的最大关心和爱护[①]，对已构成违纪违法的，要及时处置。纪检监察干部开展日常监督，必须敢于担当，不能在办公室坐等案件线索，要当有心人，随时瞪大眼睛、拉长耳朵、勤打听，提高发现问题和日常监督的能力。

二、日常监督与政治监督、专项监督的关系

关于日常监督和政治监督。政治监督和日常监督两者有机统一，政治监督重在强调监督的政治性、方向性，日常监督重在强调监督的常态化、日常性，二者理念相通、目标一致、内在统一。一方面，政治监督在各项监督中处于根本性地位，对抓好日常监督具有统领性作用。政治监督强调必须突出监督的政治属性，把“两个维护”作为根本任务，聚焦习近平总书记重要讲话、重要指示批示精神和党中央大政方针、决策部署贯彻落实情况，将其贯穿于日常监督全过程各方面，融入日常、抓在经常，以解决党内突出矛盾和现实问题。另一方面，日常监督是政治监督的具体载体和开展方式，政治监督不是空泛的、抽象的，而是具体的、实践的，必须依托日常监督的权限方法，落实到日常监督实践中。纪检监察在开展监督检查中，必须善于用政治眼光、政治视角审视问题、研判问题，查找政治立场、政治态度、政治担当上的深层次偏差，提高从政治上发现、分析和解决问题能力，推动政治监督和日常监督贯通融合、产生综合效果[②]。

关于日常监督和专项监督。日常监督和专项监督都是开展监督检查的重要方式，是政治监督的重要手段，两者既紧密联系又各有侧重。一方面，日常监督的优势在“常”，强调要综合运用座谈调研、谈心谈话、查阅资料、实地调查、驻点监督等多种监督方式，及时发现问题、纠正偏差，防患于未然。另一方面，专项监督的优势在“专”，强调要

① 杜冬冬：《如何理解关于日常监督的规定?》，载《中国纪检监察》2019年第4期。

② 杨文佳：《把政治监督和日常监督紧密结合》，载《中国纪检监察报》2024年5月15日。

综合运用集中整治、专项治理、专题督办、“小切口”监督检查等方式，聚焦重大发展战略、重要政策举措、重点项目任务等进行有针对性的监督。专项监督更加突出政治要求，注重在规定时间，集中优势兵力，综合运用多种监督方法，开展更加精准深入的监督，针对性更强、监督力度更大。纪检监察在开展监督检查中，必须以政治监督为统领，统筹发挥日常监督和专项监督的优势，形成整体监督合力①。

三、日常监督的方式

《纪律检查委员会工作条例》第34条规定，党的纪律检查委员会应当加强日常监督，监督方式主要包括：座谈，召集、参加或者列席会议，了解党内同志和社会群众反映；查阅查询相关资料和信息数据；现场调查，驻点监督；督促巡视巡察整改；谈心谈话，听取工作汇报，听取述责述廉；建立健全党员领导干部廉政档案，开展党风廉政意见回复等工作。下面对一些重点监督方式进行阐释。

（一）定期召开专题会议

定期召开专题会议是指，纪检监察机关应搭建党委（党组）在党内监督中履行主体责任的平台，通过定期召开专门性会议，推动主体责任落实。

纪检监察机关是党内监督和国家监察的专责机关，但监督不是纪检监察机关一家的事，党委（党组）在党内监督中承担主体责任。推动党委更好履行主体责任，是纪检监察机关开展监督的重要职责方法。党内法规和国家法律规定了多项专题会议制度，比如，《纪律检查机关监督执纪工作规则》第14条规定：“纪委监委（纪检监察组、纪检监察工委）报请或者会同党委（党组）定期召开专题会议，听取加强党内监督情况专题报告，综合分析所联系的地区、部门、单位政治生态状

---

① 张建峰：《把日常监督和专项监督结合起来》，载《中国纪检监察报》2024年10月25日。

况。”这里的“专题报告”既包括听取纪检监察机关的报告，也包括听取党委组织部门、宣传部门等党的工作机关的报告，还包括听取下级党组织的报告等①。再比如，《中共中央关于加强对“一把手”和领导班子监督的意见》要求，“党委（党组）要定期分析本地区本部门本单位政治生态状况，经常听取纪检机关、党的工作机关相关报告”。

定期召开专题会议，目的是综合分析所联系的地区、部门、单位政治生态状况，提出加强和改进的意见及工作措施，抓好组织实施和督促检查，推动部门党组织切实担负起全面从严治党的主体责任。

（二）畅通信访举报渠道

畅通信访举报渠道是指，纪检监察机关应当畅通来信、来访、来电和网络等举报渠道，建设覆盖纪检监察系统的检举举报平台，及时受理检举控告，发挥党员和群众的监督作用。比如，《纪律检查委员会工作条例》第 35 条规定，各级纪委应当畅通信访举报渠道，依规依纪受理党员群众的信访举报。信访举报是纪检监察问题线索来源的“主渠道”，不仅为纪检监察机关提供问题线索，而且一段时期内、一定数量的信访举报也能反映本地区政治生态、社会热点以及群众期盼，是不断健全完善党和国家监督体系的信息“富矿”。②

纪检监察机关要认真处理信访举报，做好问题线索分类处置，早发现早报告，对社会反映突出、群众评价较差的领导干部情况及时报告，对重要检举事项应当集体研究。定期分析研判信访举报情况，对反映的典型性、普遍性、苗头性问题提出有针对性的工作建议，形成综合分析或者专题分析材料，向同级党委、上级纪委报告或者向有关党组织通报，并督促信访举报比较集中的地方和部门查找分析原因并认真整改。

---

① 《〈中国共产党纪律检查机关监督执纪工作规则〉释义》，中国方正出版社 2019 年版，第 77 页。

② 云南省纪委监委信访室：《守正创新　推动信访举报工作高质量发展》，载《中国纪检监察报》2024 年 6 月 26 日。

要充分依靠人民群众，实现信访举报渠道的多元化和信息化，鼓励和发动人民群众，按照党的路线方针政策，有序地监督党员和行使公权力的公职人员，激发群众监督的主动性和积极性。要通过覆盖纪检监察系统的检举举报平台，借助现代信息技术梳理甄别举报件，通过共享和最大限度利用各种相关信息，提高信访举报分析研判的全面性和精准度。[①]

（三）建立健全廉政档案

廉政档案是各级纪检监察机关在对党员干部（主要是领导干部）加强管理和监督过程中，形成的反映党员干部党风廉政建设情况和廉洁自律状况的各种形式的历史记录。作为动态反映党员领导干部廉政情况的重要载体，廉政档案在信访举报筛选、问题线索研判、推进政治监督等方面发挥愈来愈重要的作用，成为研判政治生态、精准有力监督办案的重要保障[②]。《纪律检查委员会工作条例》《纪律检查机关监督执纪工作规则》等都对纪检监察机关建立健全党员领导干部廉政档案提出明确要求。

廉政档案比较客观、全面地反映了党员干部的廉政情况，在强化日常监督中具有重要作用。一是为做好党风廉政意见回复工作提供参考，确保纪检监察机关依据可靠的信息支撑，作出准确判断；二是为开展政治生态研判提供参考，能够对研判某一地区、部门或单位政治生态中涉及领导干部的共性问题提供重要参考；三是为开展日常监督提供参考，及时发现党员干部可能出现的问题，并可以分析预判某地区、部门或单位存在的廉政风险，有针对性地抓早抓小，强化日常监督[③]。

廉政档案主要由纪检监察机关负责建立和管理，其主要内容包括任

① 《〈中国共产党纪律检查机关监督执纪工作规则〉释义》，中国方正出版社2019年版，第83页。

② 曹溢：《干部廉政档案助力精准监督》，载中央纪委国家监委网站，2024年2月28日。

③ 唐林娟：《为履行监督首责当好参谋助手》，载《中国纪检监察》2019年第11期。

免情况、人事档案情况、因不如实报告个人有关事项受到处理的情况等，巡视巡察、信访、案件监督管理以及其他方面移交的问题线索和处置情况，开展谈话函询、初步核实、审查调查以及其他工作形成的有关材料，党风廉政意见回复材料，其他反映廉政情况的材料。要探索建立电子廉政档案，推动大数据监督和日常监督深度融合，动态管理党员干部廉政档案，及时、准确、完整地勾勒出党员干部“廉洁曲线”，实现疑点问题精准发现、廉政风险精确研判、问题线索精细处置[①]。

（四）做好廉政意见回复

廉政意见回复是指，在干部选拔任用过程中，纪检监察机关收到组织部门来函后，综合日常工作中掌握的情况，分不同情况向组织部门提出干部使用的建议。党风廉政意见回复工作是干部选拔任用的一道重要关口，是防止“带病提拔”“带病上岗”的关键环节，是纪检监察机关开展监督的重要方式。2016 年 8 月，中共中央办公厅印发的《关于防止干部“带病提拔”的意见》对“凡提四必”作出明确规定，其中就要求纪检监察机关意见“凡提必听”，反映违规违纪问题线索具体、有可查性的信访举报“凡提必查”。《纪律检查机关监督执纪工作规则》第 18 条强调，纪检监察机关应当做好干部选拔任用党风廉政意见回复工作。2021 年 3 月印发的《中共中央关于加强对“一把手”和领导班子监督的意见》提出，纪检机关应当动态更新领导干部廉政档案，严把党风廉政意见回复关。

纪检监察机关收到组织部门来函后，应当综合日常工作中掌握的情况，加强分析研判，梳理反映拟提拔任用干部的问题线索及处置情况，需要了解核查的要及时认真地开展，并用好巡视巡察等其他监督成果，加强分析研判。在此基础上，严格把握政策界限，坚持原则、分类处置，分别不同情况向组织部门提出不影响使用、暂缓使用、不宜使用、

① 汪曦永：《规范廉政档案的管理运用》，载《中国纪检监察报》2022 年 4 月 7 日。

组织处理等建议①。

（五）提出纪检监察建议

纪检监察建议是纪检监察机关履行监督职责的重要手段，是做深做实查办案件“后半篇文章”的重要抓手，也是深化标本兼治、一体推进“三不腐”的有效方法。《纪律检查委员会工作条例》《纪律检查机关监督执纪工作规则》和《监察法》等，对纪检监察建议的提出、落实、追责等都作出了明确规定。二十届中央纪委三次全会工作报告强调，完善纪检监察建议的提出、督办、反馈和回访监督机制，增强刚性约束，防止“一发了之”。根据适用对象不同，可分为纪律检查建议、监察建议和纪检监察建议②。

纪律检查建议主要是指党的纪律检查机关根据开展监督检查等工作发现的问题，就所涉及的人员或组织，依据党章党规党纪向有关党组织提出的处理建议。《纪律检查委员会工作条例》第 41 条规定：“在监督检查、纪律审查等过程中，应当注意查找分析监督对象所在党组织党风廉政建设、管理监督等方面存在的突出问题，采取制发纪律检查建议书或者其他适当方式，提出有关强化管党治党、净化政治生态、健全制度、整改纠正等意见建议，督促指导和推动有关地区、部门、单位党组织举一反三、切实整改。”因此，纪律检查建议的适用对象主要是党组织，针对的主要是监督对象所在党组织党风廉政建设、管理监督等方面存在的突出问题，特别是深挖问题背后存在的制度漏洞，挖掘案件背后的行业性、系统性和领域性突出问题，找准“病灶”，对症下药，提出可量化、可检验、操作性的具体建议，推动被监督党组织正视问题、堵塞漏洞，深化改革、建章立制，充分发挥纠偏、处置、治本作用。

监察建议是指对监察对象所在单位廉政建设和履行职责存在的问题

---

① 徐汉鑫：《如何理解关于党风廉政意见回复工作的规定?》，载《中国纪检监察》2019 年第 4 期。

② 张剑峰：《如何写好纪检监察建议》，载《中国纪检监察报》2021 年 6 月 9 日。

等提出具有一定法律效力的建议。根据《监察法实施条例》第 36 条等规定，监察机关根据监督、调查结果，发现监察对象所在单位在廉政建设、权力制约、监督管理、制度执行以及履行职责等方面存在问题需要整改纠正的，依法提出监察建议。因此，提出监察建议的对象是监察对象所在单位，提出监察建议的根据是对监察对象的监督、调查结果，目的是督促监察对象所在单位切实履行主体责任，推动完善制度、强化监管、堵塞漏洞。需要强调的是，监察建议不是一般性的工作建议，而是具有法定的效力。根据《监察法》第 71 条的规定，有关单位无正当理由拒不采纳监察建议的，由其主管部门、上级机关责令改正，对单位给予通报批评。此外，为了防止“一提了之”，监察机关应当跟踪了解监察建议的采纳情况，指导、督促有关单位“限期整改”。实践中，监察机关应当完善监察建议提出、督办、反馈和回访监督机制，确保所提问题及时整改到位①。

纪检监察建议是指就同一事项向同一党组织、单位，既提出纪律检查建议又提出监察建议。纪检监察建议一般包括：监督调查情况；调查中发现的主要问题及其产生的原因；整改建议、要求和期限等。为提升纪检监察建议精准性，必须在有限篇幅，做到描述问题入木三分、指出漏洞发人深省、提供建议切中要害②。实践中，近年来各级纪委监委出台制度规范，规定纪检监察建议适用范围及需要提出建议的具体情形，明确建议内容、制发程序、执行标准、监督管理及结果运用等，解决“为什么发”“谁来发”“发给谁”“怎么发”等问题，为规范运用纪检监察建议提供制度遵循。

---

① 《〈中华人民共和国监察法实施条例〉释义》，中国方正出版社 2022 年版，第 58 页。

② 韩亚栋：《防止“一发了之”做实以案促改》，载《中国纪检监察报》2024 年 5 月 17 日。

第五节　监督检查的方法创新

能否履行好监督职责，体现了纪检监察机关和纪检监察干部的责任担当。纪检监察机关应贯彻落实“监督是基本职责”的工作要求，以发现问题、纠正偏差、推动治本为工作目标，积极探索监督方法路径。

一、突出“监督的再监督”

二十届中央纪委四次全会强调，纪委要突出“监督的再监督”，督促各责任主体把责任扛起来，确保监督不越位。纪检监察机关监督职责的定位是“监督的再监督”，这里的第一个“监督”指的是党委（党组）的主体责任、职能部门的监管责任；第二个“监督”是纪委监委的专责监督，是对前者监督的再监督，是对党委（党组）的主体责任、职能部门的监管责任进行再监督再检查。

（一）区分与职能部门的监管责任

纪检监察机关承担的监督责任与其他党和国家机关承担的监管责任有根本性的区别。在社会管理中，各个党和国家机关承担着以业务内容为核心的监管责任，这是职能部门行使管理职能的组成部分，强调“谁主管、谁负责，谁主管、谁监管”。纪检监察机关的监督是对党组织、党员领导干部、公职人员履行职责和权力行使情况进行监督。纪检监察监督与职能部门监管责任的重要区别是监督对象不同，纪检监察机关的监督对象是党组织、党员和公职人员，而不是普通群众；它的监督客体是履行职责和权力行使情况，而不是具体业务工作。简言之，职能部门监管具体业务工作，纪检监察机关监督党组织、党员干部和公职人员履行职责和权力行使情况。纪委监委的监督是监督的再监督、检查的再检查。

（二）突出“再监督”作用

在监督工作中，纪检监察机关是对职能部门的监管行为进行再监督再检查，是裁判员不是运动员，不能凡事直接冲到一线、深入到具体工作中去监督和检查，更不是代替行业主管部门工作，越俎代庖，种别人的田、荒自己的地。比如，围绕坚决打好污染防治攻坚战开展监督工作，纪检监察机关的监督与生态环境部门的监管责任是不同的。生态环境部门作为行业主管部门是在一线对生态环境问题进行业务督察，而纪检监察机关则是对有关部门的党员干部、公职人员在环保方面履职尽责、权力行使情况进行监督，这个区分本身就体现了纪委监委监督职责的政治属性①。

（三）强化监督执纪问责

纪检监察机关的职责就是通过监督执纪问责，推动和督促各级党组织和领导干部履行职责、开展工作，并严肃查清其中的违纪违法问题。以乡村振兴领域监督执纪问责工作为例，纪检监察工作的使命是，牢牢盯住各级党组织和领导干部对乡村振兴工作的政治站位、政治态度和实际行动，重点盯住“一把手”；纪检监察工作的职责是，通过监督执纪问责，推动和督促各级党组织和领导干部严格按照党中央关于乡村振兴的决策部署要求履行职责、开展工作；纪检监察工作的重点是，着力发现和严肃查处乡村振兴领域中存在的腐败和作风问题，既要严肃惩治腐败问题，也要严肃整治干部的不作为不担当问题。

二、做深做实日常监督

中央纪委反复强调，纪检监察机关要着力在日常监督、长期监督上探索创新、实现突破，敢于监督、善于监督、规范监督，贯通运用“四种形态”，使监督更加聚焦、更加精准、更加有力。本书将目前实务界的探索作一些总结。

（一）强化统筹理念

监督检查工作涉及的工作内容、职责范围是多方面的，纪检监察机关必须设立全局意识、系统思维，在贯通结合、一体落实上下功夫，在

① 贺夏蓉：《政治监督的内涵及要求》，载《中国纪检监察报》2018年9月27日。

重点难点任务上集中火力。（1）把精准发现党员、干部及监察对象违纪违法问题作为衡量监督检查工作质量的重要标准。监督检查必须要善于发现问题，如果不能及时精准地发现问题，那监督检查就是一个“花瓶”。（2）监督检查必须与审查调查有机结合。通过发现问题，为开展立案审查调查作准备。纪检监察工作反对“唯案论”，但是如果不查办案件，则永远难以看清一个地区单位真实的政治生态面貌。（3）把监督检查放在纪检监察全局中去把握。通过监督检查创造良好的发展环境、营商环境、干部干事创业的环境，以及风清气正的政治生态环境、让干部少犯错误不犯错误的机制制度环境。

（二）抓好日常检查

强化日常监督的关键是敢于直面问题。要以“咬定青山不放松”的决心，年年抓、月月抓、日日抓，使之成为工作常态。要把思想政治工作和群众工作贯穿始终，通过个别谈话、参加民主生活会、提出纪检监察建议等，抓实近距离常态化监督。监督的内容一定要具体，不要空泛，要深入研判被监督地区、部门在全面从严治党中总体情况怎么样，有什么需要注意的倾向，有哪些值得注意的问题，深入发现党员、公职人员存在什么问题、有哪些线索，见人见事，不能大而化之。

要聚焦突出问题。在一个阶段一个时期，选择几个与人民群众生产生活关系密切、群众意见比较大的部门和行业作为重中之重，集中解决一两个突出问题。比如，紧盯党中央关于乡村全面振兴、惠民富民、防止规模性返贫致贫等方面政策措施落实情况，对贪污侵占、截留挪用、虚报冒领、吃拿卡要等行为严惩不贷；持续深化“校园餐”、农村集体“三资”管理、乡村振兴资金使用监管、医保基金管理、养老服务等方面突出问题治理，常态化机制化推进扫黑除恶“打伞破网”。深化运用群众点题机制，指导各地选择民生痛点难点因地制宜开展整治，让群众可感可及。

深化运用“四种形态”。树立“严管厚爱”的理念，从小处着手、小事出发、小节管起，及早发现党员干部思想、工作、生活中的苗头性、倾向性问题，发现线索要及时追踪，有了反映就及时提醒，对一些蛛丝马迹也不能忽略，决不能把小问题拖成大问题。

（三）紧盯“关键少数”

紧盯“关键少数”是党的十八大以来全面从严治党的重要经验。“一把手”是“关键少数”中的“关键少数”，紧盯“关键少数”，必须突出“一把手”这个重中之重。习近平总书记重要指示批示精神和党中央重大决策部署的贯彻落实，不管是扶贫工作，还是生态环保工作；不管是经济工作，还是管党治党工作，纪检监察机关首先必须牢牢盯住党委（党组）及其“一把手”。比如，纪检监察机关对党中央某项决策部署的贯彻落实情况开展监督检查，应当重点关注党委（党组）及其“一把手”，思想是否重视，部署是否及时，举措是否务实，压力是否传导，作风是否扎实，用权是否廉洁，成效是否显著。要立足于“监督的再监督”这一定位，把责任向党委（党组）和“一把手”压紧压实，督促其充分履行好主体责任和第一责任人职责。针对“关键少数”思想和行为上存在的问题和偏差，应当及时谈话提醒、批评教育、责令检查或者予以诫勉，提高监督的针对性和实效性。

（四）创新监督方式

监督检查工作必须不断探索有效的方式方法。要用好参加民主生活会、核实个人有关事项、组织述责述廉、回复党风廉政意见、实地考察调研、谈话诫勉、调阅审查文件资料、开展民主测评、进行警示教育提醒等日常监督手段，用好审计监督、财务监督、巡视巡察等措施手段。提高主动发现问题的能力，依靠群众主动发现问题，而不只是被动地受理信访举报、处理问题线索。

近年来，各地在加强日常监督上探索创新，积累了有益经验。比如，运用“室组地”联动机制，通过常态化沟通联系、监督调研等，深入掌握各地各部门党委（党组）领导班子运行情况、政治生态情况，对各地各部门政治生态状况进行分析评价，并对“一把手”和领导班子进行画像①。有的将监督关口前移、责任发条拧紧，探索建立“分类预警”监督机制，通过“红、黄、绿”三色预警，着力构建具体化、常态化、可视化的监督路径②。有的省纪委监委专门制定出台工作方案，明确由领导班子带队深入各市（州）及省直部门开展全覆盖走访，了解“一把手”思想、工作、作风、生活状况，党委（党组）责任落实情况和下级纪委监委开展同级监督情况，对发现的问题及时提醒、督促整改③。有的强调“要以不影响被监督单位日常工作为原则”，坚持“不发通知、不听汇报、不要材料、不搞陪同、直插基层、直奔一线、直到现场”开展监督检查。有的地方专门出台意见，聚焦省委“一把手”、省委常委班子成员、省纪委3个监督主体，“条目化”“清单化”梳理出具体监督任务④。总之，纪检监察机关的监督检查要成为一把“无形之剑”，既要形成监督无处不在的强烈震慑，又要使监督成为有温度的关心关爱干部之举。

（五）充分发挥大数据监督作用

当前随着信息技术的加速迭代，大数据、人工智能、“互联网+”等数字化手段越来越多地被应用在监督工作中，成为监督的有力武器。《监察法实施条例》第23条规定，“监察机关应当依法运用大数据、人工智能等信息化手段，整合各类监督信息资源，强化数据综合分析研判，促进及时预警风险、精准发现问题。”二十届中央纪委四次全会强调，以大数据信息化赋能正风反腐，提高监督穿透力，依靠大数据分析

---

① 黄彭：《四川成都“室组地”联动深入调研 精准画像研判政治生态》，载《中国纪检监察报》2024年1月21日。

② 胡耀华、龚海峰：《建立政治生态预警机制》，载《中国纪检监察报》2023年8月13日。

③ 《贵州做实对一把手监督谈话》，载《中国纪检监察报》2021年12月26日。

④ 《陕西对省市常委班子成员监督清单化》，载《中国纪检监察报》2022年4月6日。

精准发现不正之风和腐败问题线索，加强预警纠治。纪检监察工作高质量发展，需要充分发挥数据资源作用，善于获取数据、分析数据、运用数据，使数据在实现主动监督、精准监督，推动高质量发展上发挥更大作用。纪检监察机关可以通过汇集相关部门和领域的监督数据，借助大数据监督平台进行数据分析穿透，主动发现监督对象的问题特别是苗头性、倾向性问题，从而实现监督关口前移①。比如，有的省纪委监委建设公权力大数据监督应用，覆盖基层、司法、行政、国企高校等重点领域、关键场景，通过监督模型预警、数据碰撞分析，实现对公权力全天候监督，推动区域性领域性问题系统治理②。

三、建立监督长效机制

纪检监察机关要探索长期监督的有效路径，使“两个责任”贯通协同、形成合力，更好地将监督成效转化为标本兼治的长效机制。

（一）建立主体责任与监督责任贯通机制

全面从严治党说到底是个责任问题，管党治党能否取得扎扎实实的成效，关键就在于主体责任这个“牛鼻子”抓没抓住。纪检监察机关强化日常监督的诀窍是盯住班子、牵住“牛鼻子”。纪检监察机关实现监督全覆盖，不是说对 1 亿多名党员都要一个一个直接去监督，关键是盯住领导班子、盯住党员领导干部，推动主体责任的落实。纪检监察机关要紧紧抓住主体责任、党委（党组）书记第一责任人这个“牛鼻子”，使其忠实履行主体责任、发挥领导核心作用，推动层层落实主体责任，这样监督的质量才能提升上去。

纪检监察机关要通过经常性、全过程的监督检查督促党委（党组）落实好主体责任，建立健全组织领导、责任分解、压力传导、谈话提

---

① 肖云祥：《以数字技术赋能纪检监察工作高质量发展》，载《中国纪检监察研究》2024 年第 2 期，第 74 页。

② 曹俊明、徐菱骏：《浙江深入推进公权力大数据监督应用建设》，载《中国纪检监察报》2024 年 7 月 2 日。

醒、督促检查、考核评价、追责问责等机制，形成落实主体责任的工作任务明细表。比如，“党委（党组）要定期向上级党委（党组）和纪委报告主体责任落实情况”，“纪委书记要主动约谈下级党委（党组）和纪委主要负责同志”，这些都是有效的监督方式。

（二）建立监督责任与协助职责协同机制

纪检监察机关要正确处理好协助与监督的关系，在履行全面从严治党监督责任同时，通过重大事项请示报告、提出意见建议、监督推动决策落实等方式，协助党委（党组）落实全面从严治党主体责任。当然需要强调的是，纪委保障党委决策部署实施，绝不是代替主责部门去监督检查具体业务工作，而是通过监督检查督促主责部门履职尽责，保障党委政府各项中心工作顺利推进。比如，有的地方纪委监委建立与党委书记定期沟通交流机制，“省纪委书记对全面从严治党、党风廉政建设和反腐败斗争方面的重要部署、重大问题、重要案件，定期向省委‘一把手’报告、提出建议，并跟进相关工作落实，充分发挥协助和监督职责”①。

保障党委决策部署实施，一方面要加强监督检查，通过重点核查、事项抽查等方式，督促主责部门履职尽责，压实主体责任。另一方面，要建立与主责部门的沟通协调机制，建立健全各负其责、衔接顺畅、运行高效的问题线索移交程序，严肃处理违纪违法行为。以纪检监察机关对某地党委中心工作和重点项目开展监督检查为例，主要环节应当包括：第一步，围绕党委中心工作和重点项目，强化监督检查，牢牢盯住主责部门、牵头部门党委（党组）及主要负责人。第二步，重点检查发现不重视、不落实、不担当的党委（党组）和主要负责人。第三步，建立问题线索传递机制，督促主责部门和牵头部门党委（党组）向纪

① 《陕西对省市常委班子成员监督清单化》，载《中国纪检监察报》2022 年 4 月 6 日。

委监委移交党员干部及公职人员违纪违法问题线索。第四步，纪委监委启动审查调查程序，严肃处理违纪违法的党组织、党员及监察对象；做实“一案一整改”，深刻反思剖析，深挖背后的问题根源，对症下药、靶向治疗，建章立制、堵塞漏洞，实现标本兼治。

（三）建立标本兼治长效机制

纪检监察机关要按照一体推进不敢腐、不能腐、不想腐的要求，建立推动标本兼治长效机制。一方面，纪检监察机关要总结监督检查方面的成功经验，把经验固化为制度。另一方面，要引导和督促有关部门、单位完善权力配置和运行制约机制，规范工作流程、健全制度建设，解决深层次体制机制性问题，压减权力设租寻租空间。比如，中央纪委国家监委建立以案促改、以案促治机制，达到“查办一起案件、教育一批干部、完善一套制度、解决一类问题”的效果，推动系统施治、标本兼治；有的地方探索建立“党委统一领导、纪委主导推进、部门协调配合、案发单位具体落实”的以案促改联动机制，把重心落在“治理”上，促进办案和治理相互贯通①。

◉ 案例

从政治纪律查起

2018年下半年，“秦岭违建别墅拆除”备受社会关注。中央、省、市三级打响秦岭保卫战，秦岭北麓西安段共有1194栋违建别墅被列为查处整治对象。“秦岭违建”由来已久，2014年5月到2018年7月，习近平总书记先后对秦岭违建别墅作出六次重要批示指示，当地政府仍敷衍了事，形式主义走过场，官僚主义不作为。2018年7月，习近平总书记在第六次批示中强调：“首先从政治纪律查起，彻底查处整而未

① 《强化以案为戒做实以案促改》，载《中国纪检监察报》2022年4月6日。

治、阳奉阴违、禁而不绝的问题。”当月下旬，中央专门派出中央纪委领衔的专项整治工作组入驻陕西，展开针对秦岭违建别墅的整治行动。习近平总书记要求从政治纪律查起，抓住了问题的要害。中央纪委副书记徐令义表示，违建别墅的发生和演变，最重要的原因在于有关党组织的政治建设缺失缺位、软弱无力，有关领导干部对政治纪律缺乏敬畏，政治规矩、意识淡薄。这再次警示我们，同以习近平同志为核心的党中央保持高度一致，不是空喊口号，而是重在落实、令行禁止，在贯彻执行中央决策部署上不打折扣、不搞变通。[①]

◉ 评析

从政治纪律查起，是纪检监察机关开展政治监督的重要方法。在党的纪律中，政治纪律最重要、最根本、最关键。政治纪律和政治规矩不是抽象的，而是由具体的人和事构成的，必须看行动、见实效。严明政治纪律和政治规矩是政治建设的保证，也是政治监督的重要内容。纪检监察机关必须强化政治监督，保证党中央重大决策部署、重大战略举措和习近平总书记重要指示批示精神的贯彻落实，确保党中央权威和中央政令畅通。

本案中，习近平总书记对秦岭生态环境保护和秦岭违建别墅严重破坏生态问题高度重视，先后六次作出重要批示指示，但是党中央的明确要求在一些地方贯彻落实得不认真不彻底，表态的调门很高、落实的效果差，甚至阳奉阴违。归结起来，违建别墅只是一个表象，不讲政治才是根本。

开展政治监督，一是政治导向要鲜明。监督党中央重大决策部署在各个地区各个单位贯彻执行落实得怎么样？是真落实还是假落实？是全

---

① 《一抓到底正风纪——秦岭违建别墅整治始末》，载新华网，2019 年 1 月 10 日。

心全意，还是半心半意？是喊口号还是出实招？这是政治监督首要关注的。习近平总书记指出："对党忠诚必须是纯粹的、无条件的，是政治标准、更是实践标准，鲜明体现在坚决贯彻党中央决策部署上。中军帐运筹帷幄，一盘棋车马分明，党中央作出的决策部署，所有党组织都要不折不扣贯彻落实。"① "两个维护"和党的领导是具体的不是抽象的，关键在于各级党组织和党员干部履行好肩负的职能责任，保障党的路线方针政策和党中央重大决策部署贯彻落实。二是监督要紧紧盯住党委（党组）领导班子成员。通过监督党委（党组）和"关键少数"，使其忠实履行主体责任、发挥领导核心作用，推动层层落实主体责任，这样的监督才是全面的。三是严明政治纪律和政治规矩。对"七个有之"和"五个有的"问题保持高度警觉，把政治上蜕变，对党不忠诚不老实，阳奉阴违的两面派、两面人发现出来，清除出去。对结党营私，拉帮结派，搞圈子文化、码头文化的严肃查处，绝不姑息，推动本地区本单位形成风清气正的政治生态。

◉ 案例

治理收费乱象，纪委该不该冲到一线？

近日，D 市纪检监察机关针对公路"三乱"、教育乱收费等群众关心的热点难点问题，通过联合交通、公安等相关单位对公路"三乱"情况进行明察暗访，对全县教育系统乱收费现象进行抽查等方式，开展专项整治行动，并对检查、抽查中发现的问题进行及时处理。

前不久，H 市纪检监察机关根据举报线索调查核实情况，责令该市公安局对在执法过程中乱收费、乱罚款的相关人员予以严肃处理，并由此推动当地公安系统举一反三，开展专项治理行动。

① 《习近平谈治国理政》（第三卷），外文出版社 2020 年版，第 505 页。

◉ 评析

按照党和国家权力分工，党的工作部门、国家机关部门等职能部门承担监管责任。监管责任是以业务内容为核心的专项监督，是职能部门行使管理职能的组成部分。从管理学角度来看，管理活动由五种要素组成，即计划、组织、指挥、协调、控制。其中的控制就是监管。可以说，任何一个组织只要承担了管理职责，就必然承担了监管职责。否则，这个管理过程就是不完整的。因此，任何一个单位、部门行使某项职权，就必须要加强对该项职权的监管，这是管理的应有之义。凡是某个领域、某个行业出了问题，首先就是主责部门管理和监管不到位导致的。

有监督，还要有再监督。“再监督”是保障“监管”落实到位的重要保证。纪检监察机关通过对职能部门监管责任的再监督，督促主责部门切实履行职责。两者相互促进，不可或缺，更不能相互替代。

本案中，同样是治理乱收费、乱罚款，同样达到了发现和解决问题的效果，但上述两地的做法却形成了鲜明的对比，纪检监察机关在其中扮演的角色也有很大差异。那么，究竟哪种做法更符合纪检监察机关职责定位要求呢？很明显，D 市纪检监察机关的做法违背了纪检监察机关的职责定位，将大量的纪检监察力量投入本该由有关职能部门负责的那些监管环节上，工作发散有余、聚焦不足。而 H 市纪检监察机关则明确了“监督的再监督”的定位，以合理的方式履行了职责。凡是某个领域、某个行业出了问题，首先是其主管部门的责任，纪检监察机关主要对主责部门和相关责任人进行监督甚至问责，这样才能做到各司其职、各负其责。也就是说，像治理收费乱象这类工作，纪检监察机关要聚焦“监督的再监督”，而不是动辄冲到一线。作一个形象比喻，各职能部门是“钉子”，根据不同职责钉在不同位置上。纪检监察机关是“锤子”，它的职责是监督“钉子”钉的位置对不对，钉得结不结实。

如果发现问题，则要通过监督检查、执纪问责等方式对管理者的违纪违法、失职渎职行为进行责任追究，督促它钉得更好更结实。

思考题：

1. 什么是政治监督？如何开展政治监督？
2. 如何撰写纪检监察建设？
3. 开展监督检查有哪些有效的方式方法？

第十三章　线索处置

加强和规范问题线索处置是纪检监察机关的基础性工作，对于开展好监督检查、审查调查工作起着重要的作用。纪检监察机关应当严格规范问题线索管理，对问题线索归口受理、集中管理，分类处置、及时办理，清理核对、安全保密，做到件件有着落。

第一节　概　　述

一、问题线索处置的内涵

问题线索是纪检监察机关开展监督检查、审查调查工作的源头和基础。问题线索是指纪检监察机关从收到的信访举报和监督检查、审查调查等工作中发现以及巡视巡察机构等单位移交的问题线索材料中，筛选出的反映党组织和党员、监察对象涉嫌违纪、职务违法、职务犯罪问题的材料。问题线索处置是指，纪检监察机关对问题线索进行综合分析研判，按照适当了解、谈话函询、初步核实、暂存待查、予以了结等方式进行处置的活动。

关于精准规范处置问题线索，党内法规和国家法律都作出了明确规定。比如，《纪律检查机关监督执纪工作规则》第四章专门规定了“线索处置”，要求加强对各个环节的监督制约，实现对问题线索的有效管控。《监察法实施条例》第 204 条规定：“监督检查部门应当结合问题线索所涉及地区、部门、单位总体情况进行综合分析，提出处置意见并制定处置方案，经审批按照适当了解、谈话、函询、初步核实、暂存待查、予以了结等方式进行处置，或者按照职责移送调查部门处置。”

二、问题线索处置的意义

（一）规范线索处置是纪检监察工作规范化法治化正规化的必然要求

问题线索处置是纪检监察机关的重要工作内容和抓手，实事求是、精准高效处置好问题线索，既是纪检监察工作高质量发展的应有之义，也是规范案件查办的必然要求。线索处置中发现的问题线索，是进一步开展初核和立案的重要依据，是能否成案的前提和基础。切实提高问题线索管理水平，确保线索处置保密规范、科学高效，对于保证纪检监察机关依纪依法履行职责、推动防范和治理腐败问题常态化、长效化具有重要意义。

（二）规范线索处置是强化纪检监察内部监督制约的重要要求

一段时间里，“来自不同渠道的问题线索分散在纪检监察机关的不同部门，有些纪检监察室甚至包揽了从受理到处置的全过程，监管上存在风险和漏洞”①，有的纪检干部甚至因为泄露问题线索、以案谋私等问题一步步滑向腐败深渊，最终受到法纪的严惩。通过规范线索处置分工和流程，信访举报部门负责接收问题线索，案件监督管理部门负责管理交办、督办问题线索，监督检查部门或审查调查部门负责线索承办，有效解决了问题线索随意处置的问题，消除了个别纪检干部私自留存、擅自处置问题线索甚至泄露线索、抹案销案的风险隐患，并在相关部门和单位之间形成了环环紧扣、层层制约的问题线索处置机制。

---

① 《把好监督执纪工作的源头——规范问题线索管理和处置》，载《中国纪检监察》2017 年第 12 期。

（三）规范线索处置是研判政治生态情况的有效方式

问题线索不仅是纪检监察机关发现问题的一个重要来源，同时也是了解一个地区一个单位整体政治生态情况，了解“树木”与“森林”情况的一个重要途径和方法。通过对问题线索定期进行分析和研判，能够及时掌握所辖范围内党员干部的整体情况，把脉政治生态，开出治本之方，促进“森林”整体健康。

三、问题线索处置的类型

根据党内法规和国家法律规定，纪检监察机关应当结合问题线索所涉及地区、部门、单位总体情况进行综合分析，提出处置意见并制定处置方案，经审批按照适当了解、谈话函询、初步核实、暂存待查、予以了结等方式进行处置。

（一）适当了解。适当了解主要适用于反映的问题比较笼统、真实性存疑，需要进一步了解有关情况的。根据《监察法实施条例》第205条等规定，采取适当了解方式处置问题线索，应当按规定报批后，依法依规向有关单位和个人了解情况，验证问题的真实性，不得采取限制人身、财产权利的措施，不得与被反映人接触。承办部门应当根据适当了解的情况，提出谈话、函询、初步核实、拟立案调查、予以了结、暂存待查，或者移送有关部门、机关处理等建议，按程序报批后办理。

（二）谈话。谈话主要适用于反映问题具有苗头性、倾向性；或者虽有违纪事实，但情节轻微不需要追究纪律法律责任；或者反映的问题具有一般性，查清后给予轻处分、批评教育等情形，通过面对面谈话能够达到澄清事实、批评教育的目的，体现“抓早抓小”的要求。比如，党员干部贯彻落实党的路线方针政策和上级决策部署不力，不认真履行职责造成工作损失，情节轻微的违反廉洁自律规定的行为等，经过认真研判，可以开展谈话。

（三）函询。函询与谈话的目的相同，都是体现“抓早抓小”的要求，主要适用于反映问题具有苗头性、倾向性或情节轻微；或者反映问题可信度不高，内容笼统，多为道听途说或者主观臆测；或者反映的问题简单、明确等，通过函询能够达到弄清事实、批评教育的目的。比如，反映离退休人员轻微违纪行为的，时间久远难以查证的等，经过认真研判，可以开展函询。

（四）初步核实。初步核实主要适用于反映的问题有存在的可能性和可查性，需要追究纪律或者法律责任的，应当进行初步核实。

（五）暂存待查。暂存待查主要适用于反映的问题虽具有一定的可查性，但由于时机、现有条件、涉案人一时难以找到等种种原因，暂不具备核查的条件而存放备查。同时要求，对于确定暂存待查的线索，一旦条件成熟应立即开展核查工作。

（六）予以了结。予以了结主要适用于反映的问题失实或没有可能开展核查工作的，经批准可以予以了结。比如，虽有违纪事实但情节轻微不需追究纪律法律责任，已建议有关党组织作出恰当处理的；反映问题发生时间久远、无法查证的，或者被反映人已去世的，或者已有明确调查结果又有重复反映的，等等。

第二节　检举控告的处理

接收检举控告是纪检监察机关问题线索的重要来源，在纪检监察机关问题线索管理中处于重要地位。接收、受理和办理检举控告，既是纪检监察机关发现问题线索的重要渠道，也是党内监督、监察监督和群众监督相结合的重要方式，在全面从严治党中具有重要地位和作用。

一、检举控告的接收和受理

（一）检举控告的受理范围

根据《处理检举控告工作规则》第 4 条的规定，任何组织和个人有权对党组织和党员违反党的纪律行为，对监察对象涉嫌职务违法犯罪行为，以及其他依照规定由纪检监察机关处理的违纪违法行为提出检举控告。严格来讲，检举与控告两者存在一定区别。检举的行为主体一般是与案件没有直接关系的人，既不是同案人，也不是被害人；而控告人则是直接或间接的受害人，或是受害人的法定代理人及其亲属等。另外，两者行为的目的不同，检举一般是出于义愤或为了维护公共利益；而控告一般是为了保护自己的权益。

此外，根据《处理检举控告工作规则》第 13 条规定，纪检监察机关对反映的以下事项，不予受理：（1）已经或者依法应当通过诉讼、仲裁、行政裁决、行政复议等途径解决的。比如，民事纠纷、行政诉讼之类，需要注意的是，有些民事纠纷相对人属于党员和公职人员，如反映公职人员借款不还等，此类纠纷应告知举报人提起民事诉讼。如举报人反映公职人员利用职权或职务影响借款并提供相关证据的，可按规定受理后核查。(2）依照有关规定，属于其他机关或者单位职责范围的。如控告相关单位或个人不正确履行职责或者不作为的，应当予以受理。(3）仅列举出违纪或者职务违法、职务犯罪行为名称但无实质内容的。此类举报事项不具有可查性，没有受理的必要性[①]。对上述所列事项，通过来信反映的，应当及时转有关机关或者单位处理；通过来访、来电、网络举报受理平台等方式反映的，应当告知检举控告人依规依纪依法向有权处理的机关或者单位反映。

（二）检举控告的接收渠道

作为问题线索的“主渠道”，检举控告在发现问题上具有天然优势。根据《处理检举控告工作规则》第 7 条的规定，党员、群众可以通过邮寄信件、当面反映、电话举报，以及通过检举控告网站、微信公众平台、手机客户端等网络举报受理平台反映检举控告问题。此外，县级以上纪检监察机关应设置接待群众场所，公开检举控告地址、电话、网站等信息，及时发现问题线索，更好服务群众。纪检监察机关及其工

① 本书编写组：《纪检监察实务问答》，中国方正出版社 2023 年版，第 6 页。

作人员在处理检举控告工作中，必须强化宗旨意识，严格落实保密要求，严格执行回避规定，保护举报人的合法权益。

（三）检举控告的受理程序

纪检监察机关检举控告的受理分工与纪检监察机关的管辖分工相一致，按照干部管理权限实行分级受理。中央纪委国家监委、地方各级纪委监委、基层纪委分别受理反映同级党委管理的党员、干部、监察对象以及党组织涉嫌违纪或者职务违法、职务犯罪问题的检举控告。此外，关于反映“双管干部”即党的组织关系在地方、干部管理权限在主管部门的党员、干部以及监察对象的检举控告，其受理程序与管辖规定相一致，按照“谁主管谁负责”的原则，由设在主管部门、有管辖权的纪检监察机关受理。地方纪检监察机关接到检举控告的，经与设在主管部门、有管辖权的纪检监察机关协调，可以按规定受理。

根据规定，纪检监察机关信访举报部门对属于受理范围的检举控告必须严格管理，按照程序进行编号登记，按规定录入检举举报平台。对涉及同级党委管理的党员、干部以及监察对象的检举控告，应当定期梳理汇总，并向本机关主要负责人报告。

二、检举控告的办理

（一）属于本级受理的初次检举控告

根据《处理检举控告工作规则》规定，纪检监察机关信访举报部门经过筛选，对属于本级受理的初次检举控告，应当移送本机关监督检查部门或者相关部门，并按规定将移送情况通报案件监督管理部门。监督检查部门对收到的检举控告进行认真甄别，不得随意处置检举控告，属于受理范围的在综合分析、适当了解、集体研究并履行报批程序后分类处置；对没有实质内容的检举控告，经报批按程序退回信访举报部门处理①。

① 邹开红：《充分发挥处理检举控告在全面从严治党中的基础性作用》，载中央纪委国家监委网站，2020年2月5日。

（二）属于上级纪检监察机关受理的检举控告

纪检监察机关必须严格按照受理范围接收检举控告，这既是工作程序要求，也是纪律要求。信访举报部门收到属于上级纪检监察机关受理的检举控告，应当径送本机关主要负责人，并在收到之日起5个工作日内报送上一级纪检监察机关信访举报部门。要严格执行保密纪律，对该类检举控告，不得瞒报、漏报、迟报，也不得扩大知情范围。此外，信访举报部门接收反映本机关主要负责人问题的检举控告，必须严格按照程序规定，径送上一级纪检监察机关信访举报部门，不得随意处置。

（三）属于下级纪检监察机关受理的检举控告

按照检举控告分级受理的要求，信访举报部门收到属于下级纪检监察机关受理的检举控告，应当及时转送下级纪检监察机关。下一级纪检监察机关对转送的检举控告，应当按照规定进行登记，并在收到之日起5个工作日内完成受理或者转办工作。

三、检举控告的检查督办

为加强上级纪委对下级纪委的领导，纪检监察机关信访举报部门对属于下级纪检监察机关受理的检举控告，可以进行交办和督办，以加强对下级信访举报工作的领导和监督。

交办是指纪检监察机关信访举报部门对属于下级纪检监察机关受理的检举控告，存在问题典型、久拖不办等情形的，可以发函交办。交办的情形包括：在落实党中央决策部署中，存在明显违纪违法问题的；问题典型、群众反映强烈的；对检举控告问题久拖不办，造成不良影响的；其他需要交办的情形。

督办是指对交办的检举控告，下级纪检监察机关存在超过期限仍未办结、推诿敷衍等情形的，上级纪检监察机关可以进行督办。督办的方式包括，发函、听取汇报、审阅案卷、检查督促等。督办的情形包括：超过期限仍未办结的；组织不力、核查处理不认真，或者推诿敷衍的；需要补充核查、重新研究处理意见或者补报有关材料的；其他需要督办的情形。

第三节　线索处置的程序

问题线索是监督检查和审查调查的源头和基础。问题线索的受理、管理、处置、审批等各环节必须严格履行程序要求，确保线索处置保密规范、科学高效。

一、问题线索的受理

问题线索受理是线索处置的第一步。“信访举报”不能等同于“问题线索”，信访举报是问题线索来源的重要渠道之一，但不是唯一渠道。纪检监察机关问题线索的来源有多个渠道，包括信访举报，主要指群众来信、来访、电话举报、网络举报等；纪检监察机关监督执纪执法过程中发现的问题线索，如被审查调查对象和其他涉案人员检举揭发的问题线索；巡视巡察组移交的问题线索；其他执法机关和司法机关向纪检监察机关移交的问题线索，比如公安机关、检察机关、法院等移交的问题线索等。

其中，纪检监察机关信访举报部门是信访举报的归口受理部门。根据《纪律检查委员会工作条例》《监察法实施条例》等规定，纪检监察信访举报部门归口受理本机关管辖对象涉嫌违纪、职务违法和职务犯罪问题的检举控告，统一接收有关纪检监察机关以及其他单位移送的相关检举控告，移交本机关监督检查部门或者相关部门，并将移交情况通报案件监督管理部门，以保障检举控告和问题线索的有序处理。明确信访举报部门归口受理信访举报，能够有效避免信访举报多头受理、分散处置的风险，发挥好信访举报作为发现问题线索的主渠道作用。

此外，纪检监察案件监督管理部门统一接收巡视巡察机构和审计机关、执法机关、司法机关等其他机关移送的职务违法和职务犯罪问题线索，按程序移交本机关监督检查部门或者相关部门办理。监督检查部门、调查部门在工作中发现的相关问题线索，属于本部门受理范围的，应当报送案件监督管理部门备案；属于本机关其他部门受理范围的，经审批后移交案件监督管理部门分办。案件监督管理部门对收到的问题线索提出分办意见，按照程序报批后转相关纪检监察室办理①。

二、问题线索的统一管理

案件监督管理部门是纪检监察机关线索处置的综合管理协调部门。无论问题线索来自何处、由谁收到，千条线、万条线，最后都要统一归口到案件监督管理部门这“一根针”上来，由案件监督管理部门统一管理，发挥案件监督管理部门在问题线索处置中的组织协调作用。由案件监督管理部门统一管理问题线索，从体制机制上有效避免了“问题线索随意放”以及“办与不办个人说了算”等问题的发生，防止对问题线索私存截留、擅自处置和通风报信等问题的出现，也有利于实现对问题线索的全程动态管理和综合分析研判。

案件监督管理部门对问题线索实行集中管理、动态更新、定期汇总核对，按照程序分办问题线索，对问题线索管理全过程进行监督检查。体现在以下方面：（1）对检举控告的问题线索进行集中管理。信访举报部门经筛选，对属于本级受理的初次检举控告，应当移送本机关监督检查部门或者相关部门，并按规定将移送情况通报案件监督管理部门。纪检监察机关案件监督管理部门应当加强对检举控告办理情况的监督。信访举报、监督检查、审查调查部门应当定期向案件监督管理部门通报有关情况。（2）对监督检查、审查调查部门发现的问题线索进行集中管理。纪检监察机关内部相关部门发现的问题线索。比如，监督检查部门、审查调查部门、干部监督部门发现的相关问题线索，属于本部门受理范围的，按规定办理，并送案件监督管理部门备案；属于本机关其他部门受理范围的，经审批后移送案件监督管理部门分办。案件监督管理

---

① 《〈中华人民共和国监察法实施条例〉释义》，中国方正出版社 2022 年版，第 277 页。

部门提出分办意见后，报纪检监察机关主要负责人批准，按程序移送监督检查室、审查调查室、干部监督室等具体承办部门。（3）对其他执纪执法机关移送的问题线索进行集中管理。公安机关、检察机关、法院等执法机关、司法机关在工作中，发现纪检监察机关管辖范围的问题线索，应当及时移送纪检监察机关，由纪检监察机关案件监督管理部门负责统一接收[①]。（4）案件监督管理部门定期汇总、核对问题线索及处置情况，向纪检监察机关主要负责人报告，并向相关部门通报。

三、问题线索的研判处置

承办部门在收到问题线索后，应结合问题线索所涉及地区、部门、单位总体情况，综合分析，分类处置。

（一）承办部门接收问题线索

线索承办部门必须强化责任担当，认真对待每一条问题线索，确保件件有着落。根据《处理检举控告工作规则》等规定，纪检监察机关监督检查部门应当对收到的检举控告进行认真甄别，对没有实质内容的检举控告或者属于其他纪检监察机关受理的检举控告，在沟通研究、经本机关分管领导批准后，按程序退回信访举报部门处理。监督检查部门对属于本级受理的检举控告，应当集体研究、认真研判，分类处置。承办部门应当严格按照规定的权限和程序处置线索，结合掌握的情况综合分析，在收到问题线索之日起1个月内，按照适当了解、谈话函询、初步核实、暂存待查、予以了结等方式研提处置意见，经审批后及时处置。

为加强线索处置全过程监管，承办部门应当指定专人负责管理，逐件登记、建立台账，保证线索处置过程"全程留痕"，确保每个线索都处于跟踪监督之中，防止问题线索在流转过程中走形变样甚至无故

① 《执法机关和司法机关向纪检监察机关移送问题线索工作办法印发》，载《中国纪检监察报》2019年12月10日。

“消失”。线索管理处置各环节应当由经手人员签名，全程登记备查，并及时与案件监督管理部门核对。比如，中央纪委国家监委某监督检查室指定综合处专人作为问题线索管理员，负责所有问题线索的登记录入和台账管理。

（二）对问题线索分析研判

承办部门应当结合日常监督掌握的情况，对问题线索适当了解、综合分析、精准研判。

1. 提高研判的精准性

纪检监察机关线索材料来源多样，质量参差不齐，有必要加强甄别、筛选，从源头提高线索质量，集中精力精准处置价值高的问题线索①。纪检监察机关要加强对被监督地区和部门的日常监督工作，通过日常走访、监督检查、参加民主生活会和工作会议、参加巡视反馈等方式，尽可能全面地了解被监督地区和部门业务情况、党风廉政建设情况，了解其政治生态和领导干部的基本情况、日常表现，全面掌握被监督单位政治生态情况和被监督对象的思想、工作、作风、生活情况，以便在处置问题线索时综合分析、有的放矢，对问题线索的真实性、可靠性进行更加精准的研判。在当前反腐败斗争严峻复杂的形势下，如果不综合判断、去伪存真，在线索处置时就有可能片面或者偏颇，看不清事物的真实面貌。

2. 坚持实事求是

线索处置必须做到客观公正、精心研判。对线索真实性的研判要重点突出线索的明确性、可能性和关联性三个方面。明确性包括线索反映的对象、内容、情节等是否具体；可能性包括线索的来源渠道、线索反映的内容及背景、线索举报人的身份和动机，以及被反映对象日常履职

---

① 王卓：《中央纪委印发〈纪检监察机关问题线索管理办法〉构建上下贯通的问题线索管理体系》，载中央纪委国家监委网站，2022年8月30日。

情况、干部群众日常反映情况、所在行业或系统业务情况等；关联性包括问题线索反映对象所处的职务、职权情况，以及有无进行被反映问题的机会与条件等。对问题线索具体、可查性强的线索，深入研判，提出处置意见，切不可马虎应付。

3. 树立整体思维

在处置具体问题线索时，应提高政治站位，树立整体性思维。把握“树木”与“森林”的关系，不能只见“树木”、不见“森林”，不仅要关注一个个具体的线索和案件，而且要关注整体政治生态。要在深入了解所联系地区（部门、单位）政治生态、党风廉政建设和反腐败斗争整体情况的基础上，结合被反映人以往问题线索处置情况，对线索来源、问题性质、真实性、可查性等因素进行综合分析，科学合理提出问题线索处置方式。此外，承办部门既要对个体问题线索提出实事求是的处置意见，也要全面掌握所联系地区、部门或单位的情况，深入分析研判“森林”状况，提高监督的针对性。

4. 坚持严管和厚爱结合、激励和约束并重

习近平总书记强调，全面从严治党的目的不是要把人管死，让人瞻前顾后、畏首畏尾，搞成暮气沉沉、无所作为的一潭死水，而是要通过明方向、立规矩、正风气、强免疫，营造积极健康、干事创业的政治生态和良好环境。纪检监察机关精准处置问题线索，必须坚持严管和厚爱结合、激励和约束并重。一方面，要把党的纪律挺在前面，抓早抓小、防微杜渐，一般性问题及时进行谈话提醒、函询核实，让党员干部主动把问题向组织讲清楚，体现组织对党员领导干部的严管厚爱。另一方面，要全面、历史、辩证地研判党员、监察对象问题线索情况，为担当者担当，为负责者负责，把从严管理监督和鼓励担当作为统一起来，把对组织负责和对干部负责一致起来，充分调动干部干事创业的积极性，实现政治效果、纪法效果、社会效果有机统一。

5. 挖掘行业案、系统案问题线索

发现一个、带出一串，是窝案串案的典型表现。一些领域的违纪和职务违法犯罪问题具有长期性、连续性、“传染性”等特点，同一岗位、同一领域的违纪和职务违法犯罪问题易发多发。纪检监察机关在线索处置中应分析总结行业和领域特点，及时发现一些行业和领域存在的共性问题，挖掘窝案串案。对那些行业、系统管理秩序混乱、监管不力，以及容易出现违纪违法犯罪问题的薄弱环节，要重点予以关注。

（三）线索处置阶段可以采取的措施权限

纪检监察机关在线索处置过程中，根据党内法规和国家法律规定，可以对问题线索进行适当了解，确保精准提出处置意见。纪检监察机关承办部门可以通过查找公开信息、调阅有关资料、向相关人员了解情况、开展监督调研等方式，适当了解有关情况。此外，根据规定，纪检监察机关承办部门经过严格审批，可以采取外围谈话、函询查询、调取措施验证反映问题的真实性，这有利于各级纪检监察机关更好地研判问题线索的真实性，更加准确地提出处置方式。

另外，在线索处置中，要充分运用好谈心谈话这个化解矛盾、指出问题、增进认同的有力武器。比如，有的地方纪委监委积极践行“纪检监察工作归根到底是做人的工作”理念，把谈话机制融入问题线索处置工作，把运用谈心类谈话作为处置问题线索前端工作重要内容，注重把握政策策略，对存在苗头性、倾向性问题的被反映干部进行严肃教育提醒，帮助其汲取教训、校正偏差，防止小错变大错，让“良药”不再苦口，让执纪更有温度①。

（四）提出处置意见

承办部门对问题线索综合研判后，经集体研究并履行报批程序后，

① 山东省纪委监委第六监督检查室：《在线索处置中用好谈心类谈话》，载中央纪委国家监委网站，2024年6月13日。

以谈话、函询、初步核实、暂存待查、予以了结等方式处置，或者按规定移送审查调查部门处置。线索处置是严肃的政治工作，必须重程序、讲规矩，加强请示报告。（1）严格履行集体研究程序。承办部门必须坚持民主集中制，对问题线索的处置意见应经集体研究并履行报批程序，决不能先斩后奏，更不能搞倒逼，把事办得差不多了，甚至已经既成事实了，再往上一端。（2）严格执行线索处置时限。承办部门不得拖延和积压问题线索，应当在收到问题线索之日起 1 个月内提出处置意见，并且制定具体处置方案，履行规定的审批手续。这就要求纪检监察机关落实抓早抓小要求，减少线索存量，提高线索处置质量。（3）承办部门应当做好线索处置归档工作。归档材料齐全完整，载明领导批示和处置过程。

第四节　线索处置的制度要求

为切实提高纪检监察机关线索管理处置水平，确保线索处置保密规范、科学高效，党内法规和国家法律规定了一系列线索处置综合管理制度，保证纪检监察机关依规依纪依法履行职责。

一、问题线索处置专题会议制度

问题线索不仅是纪检监察机关发现问题的一个重要来源，也是了解一个地区一个单位整体政治生态情况，了解“树木”与“森林”情况的一个重要途径和方法。《纪律检查机关监督执纪工作规则》第 24 条规定：“纪检监察机关应当根据工作需要，定期召开专题会议，听取问题线索综合情况汇报，进行分析研判，对重要检举事项和反映问题集中的领域深入研究，提出处置要求，做到件件有着落。”

问题线索处置专题会议制度发挥以下作用：（1）对一些疑难问题线索提出处置意见。专题会议对一定范围内的问题线索集体研究、逐项审查，排查出具有可查性的“指向性明确”的问题线索，对一些疑难问题线索提出处置意见，防止问题线索长期搁置。（2）研判政治生态。

纪检监察机关通过召开专题会议定期进行分析和研判线索，及时掌握一个地区的政治生态和“树木”“森林”情况，对重要检举事项和反映问题集中的领域深入研究，推动标本兼治。（3）强化内部监督制约。有效化解问题线索处置过程中可能出现的问题和风险。[①]

二、问题线索汇总核对和报告制度

案件监督管理部门应当加强对线索处置的过程管理，及时纠正线索处置中的偏差。《纪律检查机关监督执纪工作规则》第25条规定：“案件监督管理部门定期汇总、核对问题线索及处置情况，向纪检监察机关主要负责人报告，并向相关部门通报。”《监察法》第40条规定：“线索处置情况应当定期汇总、通报，定期检查、抽查。”《监察法实施条例》第203条规定：“案件监督管理部门应当对问题线索实行集中管理、动态更新，定期汇总、核对问题线索及处置情况，向监察机关主要负责人报告，并向相关部门通报。”这就要求案件监督管理室对分流的线索，必须全程跟踪、定期督办，确保件件有着落，防止久办不结、失管失控。一方面，应加强督促办理。对承办部门定期统计通报问题线索处置工作量，开展绩效监督；对问题线索，逐件登记办理用时，到期及时提醒，定期汇总分析，呈报领导参阅。另一方面，对承办部门和下级纪检监察机关问题线索处置工作加强指导，统一处置标准，推动线索处置形成“一盘棋”。

三、重要线索处置向上级纪检监察机关报告制度

为了加强上级纪检监察机关对下级纪检监察机关的领导，《纪律检查机关监督执纪工作规则》第22条规定，纪检监察机关对反映同级党委委员、候补委员，纪委常委、监委委员，以及所辖地区、部门、单位主要负责人的问题线索和线索处置情况，应当及时向上级纪检监察机关

① 《〈中国共产党纪律检查机关监督执纪工作规则〉释义》，中国方正出版社2019年版，第103—104页。

报告。这既体现了上级对下级的领导，也体现了上级对下级的监督，既是组织原则，也是工作程序，必须严格执行。

四、问题线索的综合运用制度

纪检监察机关要充分利用好问题线索，发挥好问题线索在发现问题、了解政治生态、推动标本兼治等方面的积极作用。（1）形成综合分析报告。根据《处理检举控告工作规则》第 31 条的要求，纪检监察机关应当定期研判所辖地区、部门、单位检举控告情况，对反映的典型性、普遍性、苗头性问题提出有针对性的工作建议，形成综合分析报告，报上一级纪检监察机关，必要时向同级党委报告。（2）开展专题分析。根据《处理检举控告工作规则》第 31 条的要求，纪检监察机关应当根据全面从严治党、党风廉政建设和反腐败工作重点以及检举控告反映的热点问题，开展专题分析，深入了解存在的突出矛盾和问题症结。对问题集中、反映强烈的地区、部门、单位，可以将相关分析情况向有关党组织通报，推动问题的解决。（3）发挥对巡视巡察的支持作用。纪检监察机关应当根据巡视巡察工作机构的要求，及时提供涉及被巡视巡察地区、部门、单位的检举控告情况，切实发挥检举控告作为社情民意"晴雨表"、政治生态"风向标"的作用。（4）提出纪律检查建议或者监察建议。根据《处理检举控告工作规则》第 34 条的要求，对检举控告较多的地区、部门、单位，纪检监察机关经了解核实后，发现有关党组织或者单位党风廉政建设和履行职责存在问题的，应当向其提出纪律检查建议或者监察建议，并督促整改落实。

◉ 案例

问题线索处置应具体问题具体分析

W 市纪委监委有关部门陆续收到反映一些市管干部涉嫌违纪违法

的问题线索材料，这些材料按程序报批后转交给监督检查部门。

（1）举报材料反映，W 市 B 县副县长武某在 2025 年元旦期间，收受下属单位礼品礼金，线索具体明确，但所涉礼品礼金数额不大。

（2）举报材料反映，W 市乡村振兴局副局长郑某与某培训机构负责人借合作培训名义，虚报冒领套取挪用国家乡村振兴项目资金。虽然这是一封匿名举报信，但反映对象明确、反映内容具体、问题描述翔实，暴露出乡村振兴领域违纪违法行为的新趋势新动向，可查性较强。

（3）举报材料反映，现任 W 市环保局副局长刘某，在当地环保设备采购过程中接受相关企业供货，该企业提供的设备质量差、存在重要安全质量隐患。举报材料中附加了刘某违规接受该企业宴请，接受对方回扣等一系列具体翔实的证据材料，材料还反映刘某已经觉察到自己的违纪违法问题可能会暴露，正在进行私下串供和伪造证据活动。

（4）举报材料反映，已退休且年龄已过 70 岁的市管干部孙某，曾于 20 世纪 90 年代与某女性有不正当性关系，但没有任何实质性证据，纯属道听途说。

◉ 评析

加强和规范问题线索处置是纪检监察机关重要的基础性工作，是审查调查工作的源头。纪委监委必须严格按照规定，按照适当了解、谈话函询、初步核实、暂存待查、予以了结等方式处置问题线索。纪委监委有关部门在处置问题线索时，应当认真分析线索材料反映的情况，有针对性地提出切实可行、积极稳妥的拟办意见，经集体研究并按程序履行审批手续后，进行分类办理。

本案中，针对反映的问题线索，监督检查部门分别提出了线索处置的拟办意见，报到市纪委监委分管领导后，该领导进行了认真分析研究，并与监督检查部门共同会商，确定了处置意见。

案例 1 中，鉴于反映武某的问题比较轻微，查清了只能给予轻处分或批评教育，同时为了给武某一个如实、主动向组织说清楚的机会，决定对武某进行谈话。案例 2 中，反映郑某的问题线索虽然来源于匿名举报，但反映的内容翔实具体，且该问题反映的是虚报冒领套取挪用国家乡村振兴项目资金，涉及民生领域腐败和作风问题，如反映属实，该行为严重违背党和国家重大决策部署，侵害群众切实利益，必须严惩不贷。对于该线索问题，应当尽快了解有关情况，彻查乡村振兴领域违纪违法行为的新问题新动向，因此，决定对反映郑某的问题线索进行初步核实。案例 3 中，鉴于反映刘某的问题线索具体，可查性强，特别是涉及民生问题隐患，如反映属实却不能得到及时查处、有效纠正，就会对当地生态环境带来隐患甚至造成重大恶劣社会影响。此外，由于刘某正在进行私下串供和伪造证据活动，不适宜对刘某进行谈话函询，以避免“打草惊蛇”，因此，决定对反映刘某的问题线索进行初步核实。案例 4 中，反映退休人员孙某的问题线索，因孙某已经 70 多岁，反映的问题时间久远，且没有任何实质性证据，纯属道听途说，因此，对该问题线索予以了结。

总之，纪委监委对问题线索的处置必须实事求是、具体问题具体分析，因时、因地、因人，做到精准处置。

思考题：

1. 问题线索的主要处置方式及适用情形有哪些？
2. 纪检监察机关受理检举控告的范围及程序有哪些？
3. 如何加强对问题线索反映情况的综合运用？

第十四章　谈话函询

谈话函询既是纪检监察机关问题线索的处置方式，也是加强日常监督的重要方式，对于落实把监督挺在前面，用好“四种形态”特别是第一种形态具有重要意义。

第一节　概　　述

一、谈话函询的内涵

谈话函询作为纪检监察机关问题线索处置方式，是指纪检监察机关对线索中反映的带有苗头性、倾向性、一般性的问题，及时通过谈话或函询方式进行处置，目的是抓早抓小、动辄则咎，防止党员干部和公职人员由小错酿成大错，小问题变成大问题。在日常监督中，纪检机关和监察机关均可以采取谈话函询方式处置问题线索。通俗地说，“谈话”是面对面的，就是纪检监察机关针对收到的问题线索，跟被反映人谈话，让被反映人讲清自己的问题。“函询”是书面的，就是针对收到的问题线索，纪检监察机关给被反映人发函，请被反映人对被反映的问题给出书面解释。

“谈话函询”中的“谈话”不同于约谈、日常谈话、任前谈话、廉政谈话等一般意义上的谈话，而是纪检监察机关线索处置的四类方式之一。实践中要区分谈话函询与提醒谈话、诫勉谈话、审查调查谈话等的区别。

（一）谈话函询与提醒谈话的区别

谈话函询与提醒谈话的区别，主要体现在以下方面：（1）两者适用情形不同。提醒谈话是一种处理方式，是指党员在思想、作风、纪律等方面有苗头性、倾向性问题，虽不需要追究纪律或法律责任，但对其进行提醒谈话。而谈话函询是问题线索处置方式，是针对反映一般性违纪和职务违法问题的线索进行的分类处置方式。（2）谈话主体不同。提醒谈话的主体比较广泛，包括党委（党组）、党的工作部门、纪委（纪检组）。谈话函询的主体是纪检监察机关，或委托被谈话人所在党组织主要负责人进行。（3）两者的性质不同。谈话函询的谈话是一种处置性（过程性）谈话，而非结果性谈话，纪检监察机关要根据谈话函询的情况作出相应处置。而提醒谈话作为一种教育惩治手段，可以作为结果性谈话，包括经过谈话函询发现问题轻微，不需要追究纪律或法律责任的，可采取提醒谈话、诫勉谈话等其他谈话进行处理①。

（二）谈话函询与诫勉谈话的区别

谈话函询与诫勉谈话的区别，主要体现在以下方面：（1）两者适用情形不用。诫勉谈话是处理方式，是指对具有轻微违纪和职务违法问题、不需要追究纪律或法律责任的党员，对其诫勉谈话。而谈话函询是问题线索处置方式之一。（2）谈话主体不同。诫勉谈话的主体包括党委（党组）、纪委（纪检组）、党的工作部门、上级党组织负责人。谈话函询的主体是纪检监察机关，或委托被谈话人所在党组织主要负责人进行。（3）两者的性质不同。谈话函询的谈话是一种处置性（过程性）谈话，谈话后根据《纪律检查机关监督执纪工作规则》第 30 条规定，根据不同情况作出相应处置。而诫勉谈话是一种结果性谈话，是一种教

① 孙倩：《如何把握〈规则〉规定谈话函询的谈话与其他谈话的区别》，载《中国纪检监察》2019 年第 13 期。

育惩治手段，比如中央组织部《关于组织人事部门对领导干部提醒、函询和诫勉的实施细则》第19条规定，受到诫勉的领导干部，取消当年年度考核、本任期考核评优和各类先进的资格，六个月内不得提拔或者重用。

二、谈话函询的意义

（一）谈话函询是纪检监察机关强化日常监督的重要方式

全面从严治党，必须在强化日常监督上下功夫。谈话函询是“四种形态”的第一种形态最基本、最有效的实现形式，也是把党的纪律挺在前面的重要载体。一些党员干部和公职人员一步步走向犯罪深渊，其重要原因就是对一些小问题、小错小节没有及时纠正，积弊日深，最后积重难返。包括一些“四风”方面的小问题没有及时得到纠正，日积月累，逐步发展到严重违纪违法。是否敢于监督、敢于抓早抓小，能否做到敢管敢严、真管真严，最能检验纪检监察机关和纪检监察干部的责任担当。“谈话、函询给予被反映人如实说明或澄清问题的机会，目的是让被谈话、函询的公职人员讲清问题。”① 谈话函询是日常监督最基本、最有效的实现方式。通过谈话函询，对苗头性、倾向性、一般性的问题及时进行提醒教育、咬耳扯袖，让被反映人反思和自省，有苗头及时得到纠正，防止由小错酿成大错，小问题变成大问题，真正体现了对党员干部和公职人员的关心厚爱。

（二）谈话函询是对党员干部和公职人员进行思想政治教育的重要方式

谈话函询是严肃的思想政治工作。谈话函询是对党员干部和公职人员的关爱，它的落脚点不仅仅是核实被反映问题的真实性，更重要的是教育挽救。通过细致入微的思想政治工作，进行深刻的党章党规党纪教

① 《〈中华人民共和国监察法实施条例〉释义》，中国方正出版社2022年版，第279页。

育，使党员干部和公职人员真正认识到自身存在的问题，知道错在哪里、差距有多大，唤醒党员和公职人员意识，使其放下思想包袱，如实向组织说明情况，及时改正错误，忠诚于党、忠诚于组织。通过谈话函询，使其增强党员和公职人员意识，提高思想觉悟，之后能够用更加严格的党员和公职人员标准要求自己。这样，谈话函询的目的才真正达到了。

（三）谈话函询是有效处置问题线索的重要方式

一段时间里，线索处置没有章法，大量问题线索长期冬眠或搁置暂存，得不到有效处置，既浪费了宝贵的线索资源，也出现了个别纪检监察干部私自留存、违规处置问题线索等问题，这是纪检监察职权运行中的一个重要风险点。而从纪检监察庞大的信访举报量构成来看，较大一部分线索反映的问题比较轻微，或反映问题笼统，多为道听途说或主观臆测，难以查证。如何有效处置该部分问题线索？谈话函询是非常有效的方式。一方面，能够防止问题线索“冬眠”，有效化解存量；另一方面，本着对同志高度负责的态度，给予党员干部和公职人员承认错误、说明澄清的机会，对反映的一般性问题及时同本人见面，谈话提醒、约谈函询，要求其写出情况说明，提醒教育、咬耳扯袖，这是提醒教育党员干部和公职人员的重要方式。

三、谈话函询的适用情形

一般来讲，谈话函询适用以下情形：（1）反映党员和公职人员思想、作风、纪律等方面的苗头性、倾向性问题。（2）反映问题轻微，查清了只能给予党纪政务轻处分或批评教育，或者反映问题不实而予以澄清的。（3）反映问题笼统、没有实质性内容，或者年代久远，难以查证、无从查起的。此外，根据《监察法实施条例》等规定，谈话函询也适用于监察工作，对反映监察对象一般性职务违法的问题线索，可以依法采取谈话函询方式进行处置。实践中，对具有中共党员身份的监察对象开展谈话函询的，应当先以纪委名义进行。主要考虑是对于具有中共党员身份的监察对象而言，其第一身份是党员。破法者必先破纪，为体现纪严于法、纪在法前的要求，首先应当以党纪的尺子衡量党员的行为，唤醒被谈话函询人的党员意识。而对非中共党员的监察对象开展谈话函询的，应当以监委名义进行，主要考虑是与监察对象的身份相对应，对可能发生职务违法的行为进行监督。

另外，以下情形不能以谈话函询进行处置：（1）对于明显违纪违法，且问题线索反映具体、可查性强的；（2）被反映人正在接受党组织审查或司法机关调查的；（3）提醒警示可能影响对被反映人审查调查的，可能导致被反映人出现串供或者伪造、销毁、转移、隐匿证据等对抗组织审查行为。

第二节　谈话函询的程序

谈话函询工作既是问题线索处置方式，更是严肃的日常监督工作，必须严格依规依纪依法，减少随意性，保证谈话函询效果。

一、谈话函询的启动和审批权限

谈话函询的启动和审批，必须严格履行程序，强化对谈话函询过程的把关和监管。

（一）起草谈话函询报批请示

开展谈话函询首先应当按照干部管理权限，由纪检监察机关有关部门提出报批请示意见。谈话函询作为严肃的党内监督工作，是组织行为，既不可乱用，也不可滥用。如果想用就用，不想用就不用，谈话函询就可能存在“高举轻放”、徇私舞弊风险，甚至成为一些纪检干部“吃线索”、谋私利的捷径。因此，承办部门对于问题线索是否按照谈话函询进行处置，必须认真研判，客观公正。要认真研判问题线索是否属于谈话函询类型，该用则用，不能用的坚决不用；要认真研究谈话函询的方式方法，实现监督效果最大化。

（二）严格履行报批程序

程序上的严密规范能最大程度减少谈话函询的主观性和随意性，防止跑风漏气、线索流失。根据规定，谈话函询必须严格履行以下报批程序[①]：（1）谈话的审批程序。对同级党委管理的正职领导干部采取谈话方式处置问题线索的，报同级党委主要负责人审批；对同级党委管理的副职领导干部采取谈话方式处置问题线索的，报纪检监察机关主要负责人审批；对同级党委管理的领导干部以外的人员采取谈话方式处置问题线索的，报纪检监察机关分管领导审批。（2）函询的审批程序。对同级党委管理的干部采取函询方式处置问题线索的，报纪检监察机关主要负责人审批；对同级党委管理的干部以外的人员采取函询方式处置问题线索的，报纪检监察机关分管领导审批。

（三）拟订谈话方案和相关工作预案

为了提高谈话函询的质量，纪检监察机关每次谈话函询前都要针对具体的人和事，结合相关情况，全面分析研判。包括：摸清谈话函询对象的基本情况和性格特点，比如，认真研判谈话对象的履历、家庭情况、身体健康情况等，做好充分准备；理清问题线索的具体内容和脉络；研究制定具有针对性、可行性的方案，提高谈话函询的针对性。另外，纪检监察机关必须牢固树立安全文明办案的底线意识，针对谈话过程中可能出现的突发应急情况，提前制订相应处置对策，综合评估安全风险，以便有效应对、妥善处置，防范不良后果的发生，一般包括安全、医疗、保密等突发应急情况的预案等。谈话函询的报批请示、谈话方案和相关工作预案，应当按程序报批。

二、谈话的具体实施

（一）谈话的主体

谈话的主体包括，纪检监察机关相关负责人或者承办部门负责人，可以由所在党委（党组）、纪委监委（纪检监察组、纪检监察工委）有

---

① 《〈中国共产党纪律检查机关监督执纪工作规则〉释义》，中国方正出版社2019年版，第108—109页。

关负责人陪同。所在单位有关负责人陪同，有助于做好被谈话人的思想工作。此外，“谈话函询是推动‘两个责任’有机贯通的桥梁纽带，谈话函询是党委（党组）和纪检监察机关齐抓共管的共同责任”[①]。根据实际情况，认为委托谈话较为适宜的，纪检监察机关经履行报批程序后，可以委托所在党委（党组）主要负责人进行。这有利于推动主体责任落实，提高主体责任落实的积极性。根据规定，委托谈话的，受委托人应当在收到委托函后的 15 个工作日以内进行谈话。谈话至少要由两人进行，一般应当由一名领导同志担任主谈话人，另一名工作人员负责记录。

（二）谈话的场所

谈话应当在工作地点等场所进行，这是因为谈话函询主要是为了讲清问题，及时给予警示、批评或者教育。在工作地点等场所开展谈话，有利于谈话对象减轻压力、放下思想包袱，如实说清问题。当然，关于谈话地点的选择，实践中不能一概而论，要根据情况综合分析考量，如果根据谈话内容、谈话对象性格特征、身体健康状况等因素，不适合在工作地点开展谈话的，可以根据需要在专门的谈话场所进行[②]。

另外，由纪检监察机关谈话的，应当形成谈话笔录或者记录。实践中，应当形成笔录还是记录，应当根据谈话具体情况而定。谈话结束后，可以根据需要要求被谈话人在 15 个工作日以内作出书面说明，这有利于被谈话人作出深刻反省，也可以作为将来核实谈话情况的重要依据。委托谈话的，受委托人应当在谈话结束后及时形成谈话情况材料报送纪检监察机关，必要时附被谈话人的书面说明。

① 四川省纪委监委第五纪检监察室：《在谈话函询中体现“三不”一体理念》，载《中国纪检监察报》2020 年 11 月 19 日。

② 《〈中华人民共和国监察法实施条例〉释义》，中国方正出版社 2022 年版，第 128 页。

（三）谈话的内容

开展谈话的核心是提高谈话质量。谈话的内容应当包括：向谈话对象说明谈话纪律和谈话要求；谈话人向谈话对象说明谈话原因，指出存在的问题或者需要核实了解的问题；谈话对象对有关问题作出答复和说明；谈话人提出针对性要求，并要求其制订改正措施；等等。谈话必须坚持实事求是，注重做好思想政治工作。比如，某省纪委监委强调，谈话要讲策略、讲艺术，充分体现党组织对党员干部的关心关爱，本着实事求是、求真务实的态度沟通互动，说真话、说实话、说心里话，不说假大空的套话、不说形式主义的废话，通过党性教育、政策感召，给被反映干部主动向组织汇报思想、讲清问题的机会，让其充满信任真心谈、卸下包袱愿意谈 。[①] 总之，应当通过谈话达到以下效果：提高被谈话对象的“四个意识”，提高接受监督意识；向被谈话对象所在单位传导压力，推动履行主体责任；有效体现抓早抓小、防微杜渐；给有问题的党员提供一个向组织主动说明问题的机会，体现党组织对干部的关心爱护；科学有效处置问题线索，体现政绩观的转变；通过谈话了解所在单位管党治党和政治生态建设情况。

（四）谈话的相关要求

谈话中应注意以下要求：（1）谈话必须严肃，决不能走过场。谈话是严肃的思想政治工作，必须建立在求真务实、实事求是的基础上，谈话人员要提高政策水平和政策把握能力，言要及物、言要及行，不能盲目、千篇一律，甚至走过场。（2）把握谈话节奏。改进谈话和函询工作方法，减轻干部不必要的心理负担，保护干部干事创业的积极性。（3）核实问题和提醒警示相结合。谈话既要达到核实反映的问题是否存在的效果，更要达到抓早抓小、提醒警示的效果。要通过党章党规党

① 山东省纪委监委第六监督检查室：《在线索处置中用好谈心类谈话》，载《中国纪检监察报》2024 年 6 月 13 日。

纪以及相关法律法规教育，通过理想信念宗旨教育，使被谈话人真正认识到自己的错误，抓早抓小，真正体现对党员干部和公职人员的关爱。(4) 严格依规依纪与注重思想工作相结合。谈话函询必须严格依规依纪，按照谈话方案开展谈话，不能擅自扩大谈话内容范围。同时，谈话人员要牢固树立治病救人的意识，深入细致做好思想政治教育工作，在谈话中，既要有雷霆霹雳，也要有春风化雨。要坚持尊重事实、尊重对象的人格，真心教育挽救。(5) 周密安排与防止谈话风险相结合。针对谈话对象的个人情况，及时做好正面引导工作。特别是对心理压力较大的谈话对象，在谈话结束时做好心理减压和安抚疏导工作，防止其离开谈话点后发生安全事件。

三、函询的具体实施

（一）函询的通知

承办部门采用函询方式处置问题线索应制作函询工作方案和函询通知书，以办公厅（室）名义发函给被反映人，体现纪检监察工作的严肃性和规范性。函询书同时抄送其所在党委（党组）和派驻纪检监察组主要负责人。函询书抄送党委（党组）主要负责人，是因为党委（党组）主要负责人要对被反映人的说明材料签署意见，同时推动主体责任落实。函询书抄送派驻纪检监察组主要负责人，是因为根据派驻机构的职责，函询对象一般也是派驻监督的对象，掌握函询情况有利于派驻纪检监察组及时了解掌握情况，加强派驻监督工作。①

（二）函询的回复

被函询对象在收到函件后 15 个工作日内，将由其所在单位党委（党组）主要负责人签字背书的书面说明材料径送纪检监察机关承办部门，因特殊情况不能如期完成的，需及时与纪检监察机关承办部门联系

---

① 《〈中国共产党纪律检查机关监督执纪工作规则〉释义》，中国方正出版社 2019 年版，第 112 页。

并说明理由。此外，根据《纪律检查机关监督执纪工作规则》第 29 条规定，被函询人为党委（党组）主要负责人的，或者被函询人所作说明涉及党委（党组）主要负责人的，应当直接发函回复纪检监察机关，无需党委（党组）主要负责人签字。这样规定可以破除被函询人的思想顾虑，减少函询阻力。

（三）函询的相关要求

函询中应注意以下要求：（1）把握函询的节奏。注意谈话函询的频率，避免过于频繁，影响党员干部的正常工作。一般来讲，对同一被反映人的函询一年之内不宜超过两次。若需要核实的问题是关于单位的，可向单位函询，而非单位负责人；对于反映较多的，可以分批次，采取多事一报，多次报批、一次处置等方式。（2）提高函询针对性。函询的作用能否得到有效发挥，关键在于精准、有针对性地设计问题。函询前，要通过各种方式了解函询对象家庭背景、任职经历、工作业绩等情况，了解被函询对象所在单位管党治党情况、政治生态、业务工作等情况，确保函询的问题设计因人而异、一针见血，使函询对象不能仅以“存在”或“不存在”回复，还要说明事情经过、本人在事件中发挥的作用等①。（3）函询要控制知情面。函询过程应控制知情面，被函询人所在党委（党组）主要负责人为函询签署意见，同时也应注意保密。因为一旦人为扩大知情面，容易为线索的流失埋下隐患，而且一旦线索外传，会影响处置的效果。（4）函询的问题摘要应当客观。对于明显属于子虚乌有、诬告陷害的线索不能函询。对举报信的文字要作适当处理，避免人身攻击甚至侮辱性的语言。

四、压实主体责任

“红红脸、出出汗”要成为常态，离不开纪委（纪检组）监督责任

① 《山东省纪委监委从多方面入手做好谈话函询基本功》，载《中国纪检监察报》2019 年 5 月 9 日。

的履行，更离不开党委（党组）主体责任的落实。谈话函询中要注重将履行监督责任与推动主体责任落实相结合，具体体现在以下方面：(1) 谈话可以由纪检监察机关相关负责人或者承办部门主要负责人进行，同时请被谈话人所在党委（党组）或者纪委（纪检组）主要负责人陪同。(2) 经批准后，谈话也可以委托被谈话人所在党委（党组）主要负责人进行。(3) 被函询人的说明材料要由所在党委（党组）主要负责人签署意见后发函回复，也就是通常说的“背书”。被函询对象所在党组织负责人应当严格落实主体责任，在签字前进行认真审核，督促函询对象如实说明，对延迟回复的进行批评教育，不能简单地签名交差。这些制度设计的目的都是要求纪检监察机关在认真履行监督责任的同时压实下一级党委（党组）的主体责任，推动党委（党组）强化对党员干部的日常管理和监督，这样才能压实全面从严治党的要求。

第三节　谈话函询后的处置

谈话结束或者收回函询回复后，纪检监察机关应当加强对谈话函询结果的审核把关，根据不同情形作出相应处理，确保谈话函询效果最大化。

一、对谈话函询结果的分类处置

承办部门在谈话结束或者收到函询回复后，应当在 1 个月内写出情况报告和处置意见，不能超期拖延，以保护干部干事创业的积极性。情况报告和处置意见应按照规定程序报批，根据不同情形作出相应处理：

（一）予以采信了结

对反映不实，或者没有证据证明存在问题的，予以采信了结，对采取函询的并向被函询人发函反馈。2017 年 5 月，经党中央批准，中央纪委印发《关于向中管干部反馈函询了结情况的通知》，要求认真分析评估函询回复，对如实说明情况的予以采信并了结。各级纪检监察机关按照中央纪委的要求，对函询了结的问题线索向被函询人予以反馈，并适时进行回访。比如，有的干部被函询过，就认为组织对其不信任，情绪比较低落，干事创业精神不佳。纪检监察干部要将这些人作为回访教育的重点对象，因人因事制定回访工作方案，促使其卸下包袱轻装上阵①。此外，实践中，对谈话后采信了结的也应当以适当方式向被谈话人反馈，比如，电话反馈、发函反馈、当面反馈等。及时采信了结并向被谈话函询人反馈，有助于党员干部卸下思想包袱轻装上阵，保护其干事创业的积极性，另一方面也增强谈话函询对象本人的纪律意识，促使其“有则改之，无则加勉”，自觉接受党内监督。

（二）采取党纪政务处分之外的处理方式

对问题轻微，不需要追究纪律或者法律责任的，采取谈话提醒、批评教育、责令检查、诫勉等方式处理，体现惩前毖后、治病救人的方针。对谈话函询过程中态度不端正的，要严肃批评教育。

（三）再次谈话函询或者提出初核、立案等的建议

对反映问题比较具体，但被反映人予以否认且否认理由不充分具体的，或者说明存在明显问题的，一般应当再次谈话或者函询；发现被反映人涉嫌违纪或者职务违法、职务犯罪问题需要追究纪律和法律责任的，应当提出初步核实、拟立案等建议。实践中，应动态把握谈话函询的进展，对已经构成违纪违法的行为，应当及时进行初核或立案。

（四）依规依纪依法查处诬告陷害者

举报制度是监督的利器，但这绝不意味着举报者可以不负责任地肆意妄为。诬告陷害行为，既污染政治生态，又浪费监督资源，严重影响党员干部干事创业的积极性。查处诬告陷害行为是党组织关心厚爱党员干部和公职人员的具体表现，也有利于形成依规依纪依法进行检举控告

---

① 贡发明、胡恒：《如何把好函询质量关》，载《中国纪检监察报》2021年11月4日。

的正确导向。[①]

二、对谈话函询结果的审核把关

为了防止谈话函询流于形式，应当做好谈话函询“后半篇文章”，完善后续工作，正确运用结果，确保谈话函询效果最大化。

（一）加强对函询回复的审核

函询不能走过场，必须加强对函询回复的审核，重点核查以下内容：函询对象是否对全部问题进行说明，说明内容及提供的证明材料是否与反映问题相吻合；此次函询是否对被函询人起到了教育警示效果；被函询人是否作出明确承诺，是否提高了纪律和规矩意识。对函询说明存在疑点、态度不到位应付过关的，采取批评教育、谈心谈话、补充说明、开展抽查等方式，维护函询的严肃性。此外，一些函询对象为了印证其书面说明材料真实性，还会提供相关物证、书证等予以佐证。对此，纪检监察干部应对函询回复说明材料涉及的具体问题进行逐一检视，分析每个问题说明理由是否充分、具体，是否实事求是；对相关物证、书证等进行审核甄别时，要注重通过这些证据反映的内容，研判党员干部有无违纪违法行为、有无责任及责任大小等问题。通过甄别函询回复材料，如果发现疑点，应对相关问题进行抽查核实[②]。

（二）建立谈话函询抽查核实机制

《纪律检查机关监督执纪工作规则》第 30 条第 2 款规定：“必要时可以对被反映人谈话函询的说明情况进行抽查核实。”《监察法实施条例》第 206 条规定：“经审批可以对谈话、函询情况进行核实。”加强抽查核实是提高谈话函询质量的重要举措，能够及时发现被谈话函询对

---

① 《〈中国共产党纪律检查机关监督执纪工作规则〉释义》，中国方正出版社 2019 年版，第 115 页。

② 贡发明、胡恒：《如何把好函询质量关》，载《中国纪检监察报》2021 年 11 月 4 日。

象未如实向组织说明问题，以及提供虚假情况、掩盖事实等问题，防止出现“一谈了之”“一函了之”现象，也有助于拓展发现新的问题线索。特别是要将涉及“四风”问题的、谈话函询后群众仍不断重复举报的、书面说明或证明材料与组织掌握的情况明显不符或存有重大疑点的问题线索等，作为重点关注的对象。实践中一些纪检监察机关专门规定了抽查核实的比例，防止谈话函询走过场。抽查核实后，对谈话函询中不如实说明情况、欺骗组织的要严肃处理，情节严重的，应当按照《党纪处分条例》第 81 条关于“在组织进行谈话函询时，不如实向组织说明问题”之规定，给予相应党纪处分。

（三）深化拓展谈话函询成果运用

纪检监察机关应有效运用谈话函询成果，最大程度发挥好谈话函询效果。一方面，在横向上，通过谈话函询深层次了解党员干部的有关情况，及时将谈话函询材料存入廉政档案，对该党员干部有更全面的了解，与干部使用、考核有机结合。另一方面，在纵向上，通过对一个单位党员干部的多次谈话函询，全面把握整个单位的政治生态情况。

三、在民主生活会、组织生活会上作出说明

民主生活会和组织生活会是党内政治生活的重要内容，是发扬党内民主、加强党内监督的重要方式。党内法规明确要求党员干部要将接受谈话函询情况在民主生活会和组织生活会作出说明。《党内监督条例》第 20 条规定：“民主生活会重在解决突出问题，领导干部应当在会上把群众反映、巡视反馈、组织约谈函询的问题说清楚、谈透彻，开展批评和自我批评，提出整改措施，接受组织监督。”《纪律检查机关监督执纪工作规则》第 31 条要求，“被谈话函询的党员干部应当在民主生活会、组织生活会上就本年度或者上年度谈话函询问题进行说明”。党员领导干部应当在民主生活会上就谈话函询问题作说明，其他党员干部在组织生活会上作说明。如果民主生活会、组织生活会在年底召开的，则就本年度谈话函询问题进行说明，如果在次年年初召开的，则就上年度谈话函询问题进行说明。[①]

◉ 案例

依规依纪依法开展谈话函询

Z 市纪委监委案件监督管理室将一部分反映领导干部问题线索移送给第二监督检查室。线索主要情况如下：（1）反映市旅游局党组书记、局长赵某违规接受管理对象宴请，收受礼品，用公款报销私人费用等问题。（2）反映 Z 市 N 区副区长孙某违规提拔自己学生问题。根据反映问题的内容，第二监督检查室经集体研究，决定对赵某采用谈话方式，对孙某采用函询方式。在认真分析每个谈话函询对象的岗位特性和性格特点的基础上，第二监督检查室制定了详细的谈话函询方案和相关工作预案，列明谈话函询对象的基本情况、反映的主要问题、谈话函询的时间及地点、参加谈话函询工作的人员以及有关工作要求等，按程序报分管的市纪委副书记批准。其中，由于赵某是下一级党委（党组）主要负责人，按照规定，对其谈话层报市委书记批准。

经市委书记批准后，第二监督检查室对赵某进行了谈话，谈话由市纪委副书记主持。谈话在安装有录音录像等监控设备的谈话室进行，强化安全防范措施。谈话中，市纪委副书记首先向赵某说明谈话原因，要求其认真对待，实事求是地对举报中的有关问题作出说明。赵某表示，自己确实参加了某老板的宴请，并多次收受礼品，但并未用公款报销私人费用。按照规定，谈话形成了翔实的谈话笔录，同时要求赵某根据谈

---

① 《〈中国共产党纪律检查机关监督执纪工作规则〉释义》，中国方正出版社 2019 年版，第 118 页。

话情况和反映的问题实事求是写出书面说明，于5个工作日内上报。

同时，对反映Z市N区副区长孙某违规提拔自己学生问题的函询也在进行中。市纪委办公室发函给孙某本人，要求其在15个工作日内就反映问题如实作出说明，写出书面材料，同时该函抄送N区委书记。10天后，孙某的函询说明材料交由N区委书记签署意见后，发函回复给市纪委。

谈话函询结束后，第二监督检查室对谈话函询结果进行认真分析研判，认为赵某主动交代的问题涉嫌违反廉洁纪律，需要进一步调查了解，建议对该问题进行初步核实。关于孙某违规提拔自己学生问题，孙某在函询回复中予以否认，但说明问题避重就轻，有回避躲闪之嫌，据此，第二监督检查室建议找孙某再次谈话。

对两人的谈话函询情况报告和处置意见经批准后，所有谈话函询材料分别存入了两人的个人廉政档案。

◉ 评析

谈话函询是严肃的党内监督工作，是纪检监察机关处置问题线索的重要方式，是运用好“四种形态”的重要手段，必须严格依规依纪依法行使。谈话函询必须严格履行程序，起草谈话函询报批请示，拟订谈话方案和相关工作预案，按程序报批。这就要求每次谈话函询前都要针对具体的人和事，结合相关情况，全面分析研判，摸清谈话函询对象的基本情况和性格特点，理清问题线索的具体内容和脉络，研究制定具有针对性、可行性的方案，并履行严格的审批手续，减少谈话函询的主观性和随意性，防止跑风漏气、线索流失等问题。

本案中，Z市纪委监委严格依照程序进行谈话函询，根据反映的具体问题，集体研究决定按照谈话函询方式处置线索；认真拟订谈话方案，制定了详细的工作预案，按程序报领导批准；严格按照要求开展谈话函询，谈话在具备安全保障条件的场所进行，制作了谈话笔录，谈话后要求被谈话人写出书面说明；将履行监督责任与推动主体责任落实相结合，要求被函询人的说明材料由所在党委（党组）主要负责人签署意见后发函回复。这些都体现了依规依纪依法严格依照程序开展谈话函询的要求。

谈话函询不能泛泛地谈，更不能草草了结，必须做好“后半篇文章”，完善后续工作，正确运用结果，才能确保效果最大化。第二监督检查室认真分析研判谈话函询结果，根据不同情形作出相应处理，建议对赵某违纪问题进行初步核实，建议对孙某再次谈话，保证了谈话函询不走过场，提高了谈话函询的质量。

思考题：

1. 谈话函询与提醒谈话、诫勉谈话的区别有哪些？
2. 如何提高谈话函询的针对性和有效性？
3. 如何加强对谈话函询结果的审核把关？

第十五章　初步核实

初步核实是立案前对问题线索进行初步了解和核实的活动，是立案的前提和基础，是监督执纪执法的重要环节。初步核实的主要任务是了解反映的主要问题是否存在，是否需要追究纪律法律责任，为立案与否或者适用其他处置措施提供依据。

第一节　概　　述

一、初步核实的内涵

初步核实是指，党委（党组）、纪委监委（纪检监察组）按照有关规定对具有可查性的涉嫌违纪或者职务违法、职务犯罪问题线索，进行初步核查、证实的活动。

初步核实具有线索处置方式和启动审查调查双重属性。一方面，初步核实是问题线索处置方式的一种；另一方面，初核是立案审查调查的前置程序。虽然初核并不是立案的必经程序，但实践中往往是经过初核程序后才立案，初核能够为立案提供扎实的依据。

一般来讲，审查调查模式下的初核应当具备以下条件：（1）掌握反映相关党员、干部及监察对象涉嫌违纪或者职务违法、职务犯罪的问题线索。（2）所掌握的问题线索属于本级纪检监察机关管辖。（3）问题线索具有存在的可能性，并具有可查性。（4）党员、干部及监察对象可能构成违纪或者职务违法、职务犯罪，需追究纪律或法律责任。（5）初核机关已履行必要的审批程序。

二、初步核实与审查调查的关系

初步核实是立案审查调查的前置程序。《监察法》第42条第1款规定："经过初步核实，对监察对象涉嫌职务违法犯罪，需要追究法律责任的，监察机关应当按照规定的权限和程序办理立案手续。"《纪律检查机关监督执纪工作规则》第37条规定："纪检监察机关经过初步核实，对党员、干部以及监察对象涉嫌违纪或者职务违法、职务犯罪，需要追究纪律或者法律责任的，应当立案审查调查。"以上规定，均强调了初核的地位和作用。实践中，要尽量避免不经初核而直接立案审查调查情况的发生，强化对审查调查活动的监督制约，保证审查调查的精准化。

需要强调的是，初核是立案的前置程序，但并非必经程序。虽然实践中绝大多数案件在立案之前都会经过初核，但也有些案件可以不经过初核直接立案审查调查。比如，网络曝光的党员干部违纪违法事件，曝光的内容足以证实当事人的违纪违法事实，达到了立案条件，纪检监察机关应当当机立断进行立案调查，回应社会关注，而不能贻误时机、陷入舆论被动。

三、初步核实的意义

（一）初步核实是立案审查调查的启动程序

初步核实的重要任务是了解、核实所反映的主要问题是否存在，以及是否需要追究审查调查对象的纪律责任、法律责任。立案的重要前提是已经掌握部分违纪违法事实和确凿证据，具备进行审查调查的条件。因此，初核质量高低对于能否成案、定案意义重大。初核做得扎实，立案就有保障；初核做得潦草，立案就缺失基础。纪检监察机关面对纷繁复杂的情况和线索，要求初核工作必须兵贵神速，抓住所反映的主要问题线索迅速调查取证，为立案提供坚实依据。

（二）初步核实影响立案审查调查的走向

初核作为立案的前置程序，扎实有效的初步核实工作能够前移调查重心，对相关证据及时加以收集、固定、保全，尽可能在外围获取足够多的证据，有利于把握办案的主动权，为审查调查工作打下良好基础①。特别是《监察法》对留置时间有严格的时限要求，把初核工作做扎实就显得尤为重要。此外，初核的过程实际上也是对案件审查调查工作的预演的过程，是对不同方案筛选与优化的过程，是审查调查的重要“预演”。在这个过程中，如何找准切入点和突破口，关系着立案审查调查的方向和成败。

（三）初步核实对时机、节奏要求很高

初核对时间、时机、工作节奏以及纪检监察干部工作的能力素质要求很高。初核工作必须把握时机，迅速及时，以快取胜，不给涉案人串通、逃匿的机会。初核工作一旦确定，就要集中力量、集中时间，抓住所反映的主要问题线索迅速调查取证，在尽可能短的时间内查清所反映的主要问题。这也要求纪检监察干部必须具有清醒的头脑、冷静的决断、敏锐的洞察力、缜密的分析能力和逻辑思维能力。

四、初步核实对象的选择

《党纪处分条例》第 7 条第 2 款规定：“重点查处党的十八大以来不收敛、不收手，问题线索反映集中、群众反映强烈，政治问题和经济问题交织的腐败案件，违反中央八项规定精神的问题。”根据党内法规、国家法律以及党中央的政策要求，当前初核对象的选择着重从以下方面考虑：

（一）有力削减存量、遏制增量

习近平总书记在二十届中央纪委四次全会上作出“两个仍然”重

---

① 但孝飞：《坚持三项原则做好问题线索初核》，载《中国纪检监察报》2017 年 9 月 20 日。

大判断，强调“当前反腐败斗争形势仍然严峻复杂。腐败存量尚未清除，增量还在持续发生，铲除腐败滋生土壤和条件任务仍然艰巨繁重”。腐蚀和反腐蚀斗争长期存在，稍有松懈就可能前功尽弃，反腐败没有选择，必须知难而进。要坚持靶向治疗、精确惩治，突出审查调查重点，对党的十八大以来不收敛、不收手，严重阻碍党的路线方针政策贯彻执行、严重损害党的执政根基，成为全面从严治党障碍的腐败问题从严查处，重点查处政治问题和经济问题交织的腐败案件，坚决斩断“围猎”和甘于被“围猎”的利益链，坚决破除权钱交易的关系网。

（二）违反政治纪律问题优先查

党员干部违反政治纪律和政治规矩严重破坏一个地方单位的政治生态，对党和国家事业影响恶劣。习近平总书记强调，“干部在政治上出问题，对党的危害不亚于腐败问题，有的甚至比腐败问题更严重”。对党员干部违反政治纪律的行为，必须优先查处，要持续盯住“七个有之”问题，把严惩政商勾连的腐败作为攻坚战重中之重，坚决打击以权力为依托的资本逐利行为，坚决防止各种利益集团、权势团体向政治领域渗透。

（三）重点领域、重点工作优先查

初核工作应该重点关注一段时间党中央确定的重点领域、重点工作，紧盯重大工程、重大项目，为党中央重大举措部署保驾护航。比如，二十届中央纪委四次全会强调，聚焦政治问题和经济问题交织的腐败案件，严惩以商养官、以官护商、官商一体等问题；着重抓好金融、国有企业、能源、消防、烟草、医药、高校、体育、开发区、工程建设和招标投标等权力集中、资金密集、资源富集领域系统整治，持续深化政商“旋转门”“逃逸式辞职”治理[①]。

---

① 李希：《深入推进党风廉政建设和反腐败斗争　以全面从严治党新成效为推进中国式现代化提供坚强保障——在中国共产党第二十届中央纪律检查委员会第四次全体会议上的工作报告》，载《人民日报》2025 年 2 月 28 日。

（四）严重破坏政治生态的优先查

一个地方要实现政通人和、安定有序，必须有良好政治生态。政治生态好，人心就顺、正气就足；政治生态不好，就会人心涣散、弊病丛生。有的地方，存在一些买官卖官、官商同盟现象，盘根错节，甚至形成利益集团或人身依附，成为一个地方政治生态的污染源，必须坚决查处。要全面分析研判联系地区或部门政治生态情况，通盘考虑“树木”和“森林”的关系，从中找出并拔掉对政治生态破坏最大的“烂树”[①]。

第二节　初步核实的程序

根据《纪律检查机关监督执纪工作规则》《监察法》等党内法规和国家法律规定，初步核实一般包括以下程序：

一、初步核实的过程

（一）严格履行初核报批程序

采取初核措施，必须履行严格的审批程序，减少随意性，这是强化纪检监察机关内部监督与制约的必然要求。关于初步核实的决定机关，根据《纪律检查机关监督执纪工作规则》等规定，党委（党组）、纪委监委（纪检监察组）均是初步核实的决定机关，由于党委（党组）的主体责任作用，特殊情况下党委（党组）直接决定初步核实的问题线索，纪委监委（纪检监察组）必须执行。[②] 初步核实的承办部门一般是指纪检监察机关从事监督检查和审查调查的部门等。承办部门应当确定初步核实对象，制定工作方案，明确需要核实的问题和采取的措施，按程序报有关负责人审批。根据规定，对同级党委管理的正职领导干部开展初步核实，报同级党委主要负责人审批；对同级党委管理的副职领导干部开展初步核实，报纪检监察机关主要负责人审批；对同级党委管理

① 李如君：《审查调查工作实务概论》，中国方正出版社 2023 年版，第 75 页。
② 李亚群：《如何做好初核》，中国方正出版社 2020 年版，第 7 页。

的领导干部以外的人员开展初步核实，报纪检监察机关分管领导审批。①

此外，纪检监察机关对具有中共党员身份的监察对象开展初步核实的，可以纪委名义或者纪委监委名义进行；发现涉嫌职务违法或职务犯罪问题需要固定证据甚至在刑事诉讼中使用的，应当以监委名义进行。对非中共党员的监察对象开展初核，以监委名义进行。

（二）成立核查组

承办部门应根据领导的批示、所反映主要问题以及审查调查人员的业务素质、专业知识等情况，确定初核人员，成立核查组。核查组是指针对要采取初步核实方式处置的问题线索，由纪检监察机关承办部门成立的初步核查和核实工作的小组，主要任务是采取必要措施收集证据，了解问题线索是否存在，并如实撰写初核情况报告。核查组不得少于2人，对案情复杂、性质严重的，应根据情况，适当增配人员力量。

成立核查组应注意以下方面：（1）选择精干人员参加。人员要精干有经验，为尽快找准切入口和突破点提供保证。（2）注意吸收专门人才。初核中涉及大量的调取外围证据、客观性证据和分析判断工作，要根据案件特点，有针对性地吸收审计、会计人员，以及银行、工程建设等领域人员参加。核查组应指定组长或负责人，并明确职责和组织领导关系。（3）对重点人、重点事的初核，应予以重点关注。扎实的初核工作对立案极为重要。在初核阶段，纪检监察机关相关负责人对有关重要事项要亲自把握方向，必要时直接调度、亲自推动②。（4）严格执行回避要求。下列人员不得参加初核工作：本案被审查调查人的近亲属；本案的检举人、主要证人；本人或近亲属与本案有利害关系的人

---

① 《〈中国共产党纪律检查机关监督执纪工作规则〉释义》，中国方正出版社2019年版，第122页。

② 李亚群：《如何做好初核》，中国方正出版社2020年版，第62页。

员；与本案有其他关系，可能影响公正查处案件的人员。

（三）制定初核方案

初核工作关系着审查调查工作的走向，应当严格按照相关规定慎重稳妥开展，否则，一旦出现纰漏或失误，不仅会给后续审查调查工作带来困难，还会产生不良影响。核查组成立后，应认真分析研究主要问题线索、案件基本情况以及涉及的单位和人员，学习有关党内法规和国家法律制度，在熟悉案情和掌握政策的基础上，制定初步核实方案。初步核实工作方案的内容一般包括：初步核实的依据；违纪违法线索来源和被核查人的基本情况；需要核实的问题；初步核实的方法、步骤、时间、范围、措施手段；核查组人员组成；初步核实中应注意的事项[①]。初步核实方案由核查组制定后，按程序报纪检监察机关相关负责人或主要负责人批准后实施。

（四）初步核实的实施

核查组经批准后，应当严格执行初核方案，按照党内法规和国家法律赋予的权限手段开展初核工作。初步核实的方式包括以下几个方面：

1. 与相关人员谈话了解情况。包括向实名举报人核实，通过深入细致的思想教育，促使举报人实事求是地提供有关具体线索，协助查清问题；向知情人核实，通过细致入微的思想教育，促使知情人讲真话说实情，如实提供有关证据，协助查清问题。在调查核实过程中，应注意策略，讲话有分寸，不得泄露案情。

2. 要求相关组织作出说明。通过向有关单位核实，要求其提供与案件有关的文件、资料等书面材料以及其他必要的情况，收集能够证明案件真实情况的一切证据。

3. 调取个人有关事项报告。了解初核对象的家庭成员基本情况、

① 《〈中华人民共和国监察法实施条例〉释义》，中国方正出版社2022年版，第285页。

亲属情况、家庭房产情况、家庭成员投资情况等。

4. 查阅复制文件、账目、档案等资料。包括文件、资料、账册、单据、会议记录、工作笔迹等书面材料。

5. 查核资产情况和有关信息。尽可能多地掌握初核对象的基本情况，将初核对象及相关涉案人员的个人情况、财产情况、职权运行情况、社会关系情况、健康情况、活动轨迹等信息纳入了解范围，全面了解其职责范围和个人性格特征、心理素质、兴趣爱好、生活经历、家庭情况等，多方向、多渠道地收集线索，在此基础上进行评估研判，提高问题核查质量。

6. 进行鉴定勘验。对案件所涉及的专门性问题，提请有关专门机构或人员作出鉴定结论。

7. 对被核查人及相关人员主动上交的财物，核查组应当予以暂扣。根据党内法规和国家法律规定，冻结、搜查、查封、扣押等涉及对财产处置的措施必须立案后方可使用。但是对被核查人及相关人员主动上交的财物，应当予以暂扣。对被核查人及相关人员主动上交的财物，实践中一般应通过开具《主动上交财物登记表》予以接收，立案后需要扣押的可依法扣押①。

8. 需要采取技术调查或者限制出境等措施的，纪检监察机关应当严格履行审批手续，交公安机关或者国家有关执法机关执行。

二、初步核实的权限

（一）关于初核阶段可以使用的措施

根据规定，纪检监察机关在初步核实中，可以依规依法采取以下措施：（1）可采取的普遍性措施。包括，采取谈话、函询、询问、查询、调取、勘验检查、调查实验、鉴定措施。（2）可采取的紧急性措施。

---

① 周岩：《纪检监察机关审查调查工作中涉案财物追缴方式》，载中央纪委国家监委网站，2019 年 4 月 18 日。

对于未被留置的人员，主要是涉嫌严重职务违法或者职务犯罪的自动投案人员，以及在接受谈话、函询、询问过程中，交代涉嫌严重职务违法或者职务犯罪问题的人员，监察机关发现存在逃跑、自杀等重大安全风险的，经依法审批，可以进行管护，符合立案条件的应当及时立案。此外，对在日常监督和初核阶段有关人员主动上交的财物，可以采取纪委的暂扣措施但不能使用监察机关的扣押措施。（3）可采取的有限性措施。需要采取技术调查、限制出境措施的，应当按照规定交有关机关依法执行。设区的市级以下监察机关在初步核实中不得采取技术调查措施。

（二）关于初核阶段与被核查人谈话

根据初步核实的特点，初步核实重在收集客观性证据，必要时也可以收集言词证据，向知情人或参与人了解情况，但应当严格控制范围，一般不与被核查人接触。对确需与被核查人进行核实谈话的，应当严格履行报批程序，其审批程序与初步核实决定审批程序相同，即对同级党委管理的正职领导干部开展核实谈话，报同级党委主要负责人审批；对同级党委管理的副职领导干部开展核实谈话，报纪检监察机关主要负责人审批；对同级党委管理的领导干部以外的人员开展核实谈话，报纪检监察机关分管领导审批。

（三）严格请示报告制度

初核过程中发现的重要情况应及时按照程序请示汇报。根据《监察法实施条例》第 207 条规定：“在初步核实中发现或者受理被核查人新的具有可查性的问题线索的，应当经审批纳入原初核方案开展核查。”这就强调，纪检监察机关在初核过程中发现新的问题线索后，无需修改原初核方案，也无需重新制作初核方案再次报批，而是应当在经过审批后，将新的问题线索纳入原初核方案，在原初核方案确定的初核方法、步骤、时间、措施手段等框架内开展核查，这样既体现了审批程序的严肃性，也兼顾了初核工作效率[①]。

三、初步核实的方法

（一）选择重点问题线索突破

初核阶段和立案阶段不一样，初核工作是对反映的主要问题开展核查，不同于立案后的全面审查。因此，初步核实阶段不求全面开花，应当对核查的问题线索有所侧重，选择重要线索进行重点突破。一是选择违纪违法性质明确且达到一定严重程度的问题进行核查。初核中不宜选择在事实、性质、定性上有争议的线索作为立案依据，也不能将问题轻微、不需要追究纪律或者法律责任的线索作为立案依据。二是选择证据链条较长、客观性证据较强的线索进行核查。一般不宜仅依靠双方口供等孤证作为定案依据，更多选择收受房产、干股受贿、投资型受贿等链条长、证据相互印证的线索作为核查重点。三是至少应查实两个以上的问题线索，保证立案依据的扎实性。

（二）固定重要证据

了解问题线索是否存在，必须用证据说话，因此，初步核实必须固定好部分证据，特别是注重收集客观性证据，确保真实性和准确性，为立案作准备。当然，初核不同于立案，也不能贪大求全，不能要求掌握全部违纪和职务违法犯罪的事实。全部事实要到调查阶段结束之后才能得以查清，而且很多需要被审查调查对象本人供述的关键问题、关键环节，往往不可能在初核阶段就直接谈话取得。因此，初核工作中，核查组必须突出重点，抓住主要问题收集证据、查清事实[②]。要坚持重急轻缓原则，在多个问题线索中先核实重大的、有影响的问题线索；在各个有重大影响的问题线索中，先核实易取证、易查清的问题线索。对于易灭失、易变化和审查调查对象易隐蔽的证据和材料要优先收集，影响成

---

① 《〈中华人民共和国监察法实施条例〉释义》，中国方正出版社2022年版，第286页。

② 《〈中华人民共和国监察法〉案例解读》，中国方正出版社2018年版，第327页。

案的关键证据要优先调取。[①]

（三）发现和深挖其他线索

初核阶段既要解决立案的问题，还要在安全保密条件允许的情况下，未雨绸缪、谋划准备立案后的问题，确保立案前掌握更多翔实情况，帮助立案后尽快打开局面[②]。比如，进一步查询初核对象和涉案人的社会关系、财产和行踪等；保护好举报人；提审在押人员，获取在押人员检举；利用好巡视巡察成果，挖掘关联线索；利用好审计移交的线索等；固定好被审查调查对象其他涉嫌严重违纪或者职务违法、职务犯罪的部分证据等，为立案后迅速开展工作做好准备。

（四）缩小影响、注意保密

初步核实工作必须尽量缩小影响，选择可控范围内的事项取证。一方面，如果打草惊蛇，可能导致被审查调查人采取转移隐匿财产、销毁物证书证，甚至自杀自残等对抗措施。另一方面，初核后如果发现被审查调查人没有构成违纪违法行为，则会影响到被审查调查人正常的工作和生活秩序。特别是一些重大案件涉及一定层级的领导干部，如果初核工作稍有不慎出现偏差，不仅会给后续的调查工作带来困难，而且还会产生不良政治影响和社会影响[③]。因此，实践中初核工作应尽量掩护作业，隐蔽初核意图。

第三节　初步核实后的处置

初核的目的是核查事实、查清问题。通过开展初步核实，纪委监委能够及时对被反映人涉及的问题线索去伪存真、深入甄别，还原事实、明辨是非。

---

① 《监察调查程序与措施》，中国方正出版社2020年版，第27页。

② 李如君：《审查调查工作实务概论》，中国方正出版社2023年版，第79页。

③ 《〈中华人民共和国监察法〉案例解读》，中国方正出版社2018年版，第327页。

一、形成初核报告

初步核实工作结束后，核查组应当撰写初核情况报告。初核报告的主要内容包括：（1）标题；（2）被核查人基本情况；（3）反映的主要问题；（4）办理依据及初核结果；（5）存在疑点；（6）处理建议；（7）签名。初核报告要由核查组全体人员签名备查，体现权责一致、权责对等，强化核查组的工作责任。

二、进行分类处置

初核结束后，承办部门应当综合分析初步核实情况，提出具体处置建议。一方面，通过初核发现问题，依纪依法查处违纪违法问题很重要。另一方面，通过初核还原事实、澄清问题，保护干部干事创业的积极性也很重要。无论是查实还是查否，无论是立案还是澄清，都要本着实事求是、客观公正的态度，秉公用权、秉公执纪、秉公核查，都要以查清查明问题事实和人员责任作为工作的唯一目的①。实践中，既要坚决避免“大事化小、小事化了”，人为“抹”掉案子；也要避免“小题大做”，不够立案的证据标准，刻意“拔高”立案。根据《监察法》等规定，审查调查结束后发现初核的立案依据不充分或者失实，应当严肃追究相关人员责任②。

初核后采取何种处置方式，取决于核查的具体事实，具体包括以下处置方式：（1）立案审查调查。初步核实后发现确有严重违纪违法问题、需要追究纪律法律责任的，应该当机立断按程序立案后正式开展审查调查。（2）予以了结。经初步核实后发现确实没有问题或有问题但责任不在于初核对象的，应当实事求是地澄清问题，对问题线索予以了结，保护干部干事创业的积极性。（3）采取相应处理方式。经初步核实后发现确有问题但问题轻微、不需要追究纪律或者法律责任的，采取

---

① 《〈中华人民共和国监察法〉案例解读》，中国方正出版社 2018 年版，第 333 页。

② 李如君：《审查调查工作实务概论》，中国方正出版社 2023 年版，第 79 页。

谈话提醒、批评教育、责令检查、诫勉等组织方式处理。（4）暂存待查。初步核实后，发现反映的问题虽具有一定的可查性，但由于时机、现有条件、涉案人一时难以找到等种种原因，暂不具备核查的条件而存放备查。对于确定暂存待查的线索，一旦条件成熟应立即开展核查工作。（5）移送有关党组织、机关处理等。对经初步核实，虽有违纪违法事实，但情节轻微，不需追究党纪政务责任的，移送有关党组织、机关处理。处理的方式包括：党组织负责人同被反映人谈话，进行批评教育；责成被反映人作出口头或书面检查；召开民主生活会，对被反映人进行批评帮助；对被反映人的工作或职务进行调整；在一定范围内进行通报批评；等等。

三、初核结果的报批

初步核实情况报告必须履行严格的报批程序。根据规定，对同级党委管理的正职领导干部开展初步核实的情况报告，报同级党委主要负责人审批；对同级党委管理的副职领导干部开展初步核实的情况报告，报纪检监察机关主要负责人审批；对同级党委管理的领导干部以外的人员开展初步核实的情况报告，报纪检监察机关分管领导审批。[①]

四、严格依规依纪依法安全文明办案

审查调查人员必须严格依规依纪依法，保证办案安全。（1）严守安全办案底线。严格履行各种程序规定，建立健全安全文明办案规定，把依纪依法安全办案的各项要求贯穿于初核工作全过程。（2）严防发生安全事故。在初核阶段，一般不接触被初核对象，但会接触一些证人等知情人，有时还会对涉嫌行贿或共同受贿的人员采取强制措施。因此，初核阶段要坚决防止走漏消息。要严格保密，控制案件知情面；适时对初核对象采取限制出境措施，防止潜逃境外；开展工作时内紧外

---

① 《〈中国共产党纪律检查机关监督执纪工作规则〉释义》，中国方正出版社 2019 年版，第 126 页。

松，注意隐蔽初核意图。（3）强化内部监督。初核工作必须严格执行各项制度要求，强化内部监督和制约，避免在操作上掺杂个人意见或者人为干预，坚决防止以案谋私、跑风漏气等损害执纪执法公正的行为。

◉ 案例

如何开展初步核实

W 市纪委监委前期按程序报批后，对辖区内党员领导干部 A 某涉嫌严重违纪违法的问题线索进行了初步核实，由审查调查部门成立的核查组具体承担初核工作。

核查组按照党内法规和国家法律规定的初核权限和手段，严格依规依纪依法开展初核工作。初步查明 A 某存在以下问题：涉嫌违反政治纪律和政治规矩，政治信仰缺失，大搞封建迷信；违反中央八项规定精神，接受可能影响公正执行公务的宴请和旅游安排；违反组织纪律，利用职务便利违规为他人在干部选拔任用方面提供帮助，组织函询时不如实说明问题，不按规定报告个人有关事项；违反廉洁纪律，以赌博方式敛取巨额钱财，通过“大赌”“假赌”大搞权钱交易，违规经商办企业；利用职务上的便利和职权、地位形成的便利条件为他人谋取利益并收受巨额财物，涉嫌受贿犯罪；等等。经过一段时期初步核实工作，审查调查部门已对目前能在外围开展的取证工作进行了充分取证，但出于办案安全和保密工作需要，尚未对 A 某及其直接关系人进行谈话取证，尚未形成完整的证据链条，后经 W 市纪委监委领导班子集体研究决定，认为现有证据已足以证明 A 某涉嫌严重违纪特别是涉嫌职务违法犯罪，需要追究其纪律法律责任，决定按程序办理立案手续，并对 A 某等人采取留置措施，继续开展相应审查调查。

◉ 评析

纪检监察机关开展初步核实的任务是了解问题线索是否存在，为立案与否提供依据。本案中，W 市纪委监委严格履行初核审批手续，成立核查组开展初核工作。由于在初核阶段主要是外围调查，没有主要对象的口供，亦未开展涉案财物扣押，尚未形成完整的证据链条，但是现有证据已足以证明 A 某涉嫌严重违纪特别是涉嫌职务违法犯罪，W 市纪委监委决定按程序办理立案手续，符合党内法规和国家法律规定要求。

初步核实是纪检监察机关开展审查调查的重要环节，初核查清的事实和收集的证据材料，是能够立案审查调查的重要依据。初核阶段的主要任务是为了查清部分问题事实，并不要求查清全部问题事实。况且，在实际工作中，由于初核阶段要确保安全保密，有些措施不能使用。比如，一般不直接找利益关系人谈话，很难调取能够直接证明犯罪问题的书证物证等。此时，获取的违纪违法事实绝大部分只能是相对清晰的事实，不可能是证据确实充分、可以达到认定条件的事实，也不一定能够形成完整的证据链。但是只要已经掌握部分违纪或者职务违法、职务犯罪事实和证据，问题线索具有存在的可能性，并具有可查性，需要追究被审查调查对象的纪律或法律责任的，具备了立案的条件，就应当立案。因此，纪检监察机关在初核过程中，要尽最大可能获取证据，综合判断、作出决策。同时要敢于担当，对于具备立案条件的，应当果断提出立案建议，不能贻误时机。

思考题：

1. 对案件开展初步核实应当具备哪些条件？
2. 初步核实阶段可以使用哪些措施和权限？
3. 初步核实过程中如何保证安全文明办案？

第十六章　审查调查

反腐败是最彻底的自我革命，办案是最有力的监督。审查调查工作最能体现纪检监察机关的权威和特色，是纪检监察工作中违纪与执纪、违法与执法之间的斗争表现得最尖锐、最直接、最激烈、最复杂的领域。开展审查调查工作是巩固反腐败斗争成果的必然要求。

第一节　概　　述

一、审查调查的内涵

纪律审查是纪律检查机关的重要职责。纪律审查是指，纪律检查机关依规依纪对党组织和党员违反党章和其他党内法规的行为进行立案审查的活动。

监察调查是国家监察机关的重要职责。监察调查是指，监察机关对涉嫌贪污贿赂、滥用职权、玩忽职守、权力寻租、利益输送、徇私舞弊以及浪费国家资财等职务违法和职务犯罪进行调查的活动。

纪律检查机关的纪律审查职责和国家监察机关的监察调查职责统称为审查调查。具体来讲，审查调查是指，纪检监察机关对党员、干部以及监察对象涉嫌违纪或者职务违法、职务犯罪，需要追究纪律或者法律责任的问题，进行立案审查调查的活动。

二、审查调查职责的特征

（一）审查调查的主体

审查调查的主体是纪检监察机关，审查调查工作只能由纪检监察机关进行。纪检监察机关是党和国家监督的专责机关，审查调查是纪检监察机关的专责。在党和国家监督体系中，纪检监察机关的监督职责与司法监督、审计监督、政协监督、舆论监督等其他类型的监督职责有着本质的区别。纪检监察机关是党和国家专门设立的专门监督机关，是一种具有独立存在价值的纪检监察权，它代表党和国家对党组织和党员、干部以及监察对象涉嫌违纪或者职务违法、职务犯罪问题进行审查调查。其他一些国家机关尽管也负有监督的职责，但都不是专门的监督机关。既然审查调查是纪检监察机关的专责，那么这种专责是不能拆分的，是其他组织或个人所无法替代的。比如，处理重大安全责任事故，政府部门是领导机关，负责安全责任事故的调查，但是如何追究党员、干部及监察对象的违纪违法责任，给予何种处置，必须由纪检监察机关严格依纪依法进行。有的地方直接将“处置结果”报给纪检监察机关，这是错误的，必须由纪检监察机关依纪依法审查调查。

从具体权限来看，纪律检查机关拥有纪律审查权，监察机关拥有监察调查权。此外，根据国家法律规定，派驻或派出的监察机构，其监察权限必须根据授权而定。《监察法》第 13 条规定：“派驻或者派出的监察机构、监察专员根据授权，按照管理权限依法对公职人员进行监督，提出监察建议，依法对公职人员进行调查、处置。”比如，有的地方派驻或派出监察机构，仅具有调查公职人员职务违法的权力，但没有调查职务犯罪的权力。

（二）审查调查的范围

根据党内法规和国家法律规定，纪检监察机关审查调查的范围是党组织和党员、干部以及监察对象涉嫌违纪或者职务违法、职务犯罪，需要追究纪律或者法律责任的行为。纪检监察机关对于经过初步核实、达到立案标准的案件应当立案审查调查，按照程序办理立案手续、依规依纪依法调查取证，直至获取证据、查清事实、作出处理。国家监察体制改革后，纪检监察机关对涉嫌违纪、职务违法和职务犯罪问题一体进行审查调查和审理处理，体现党的集中统一领导，这就要求纪检监察机关必须把执纪和执法贯通起来，实现适用纪律和适用法律、执纪和执法的有机融合。

（三）审查调查的依据

纪检监察机关立案审查的依据主要有以下三类：一是党章党规党纪。党章以及《廉洁自律准则》《党内监督条例》《党纪处分条例》《纪律检查机关监督执纪工作规则》等党内法规，都是纪律检查机关执纪审查的依据。二是国家监察法律法规。《监察法》《政务处分法》《监察法实施条例》以及有关监察规章制度等，是监察机关开展监察调查的依据。三是党和国家的其他政策、法律法规。《刑法》《刑事诉讼法》等实体法和程序法，以及党和国家的相关政策等也是纪检监察机关开展审查调查的重要依据。

（四）审查调查的手段

纪检监察机关审查调查手段具有一定的强制性、专有性和限制性。（1）强制性。审查调查手段具有权威性、震慑性，根据党内法规和国家法律规定，审查调查可以依照党章党规和监察法，经审批进行谈话、函询、讯问、询问、强制到案、责令候查、管护、留置、禁闭、查询、冻结、搜查、调取、查封、扣押（暂扣、封存）、勘验检查、鉴定、调查实验、通缉，提请有关机关采取技术调查、限制出境等措施。（2）专有性。监察机关的调查手段具有自身职能特色，区别于检察机关、公安机关的监督权限。比如，《监察法》规定的责令候查措施，区别于检察机关的监视居住、取保候审等强制措施。（3）限制性。纪检监察机关的调查手段又是有限的，纪检监察机关不能采用拘传、取保候审、监视居住、拘留、逮捕等司法机关采用的强制性侦查措施。再比如，纪检监察机关也不得直接使用技术调查措施。需要采取技术调查措施时，必须按照规定交公安机关或者国家有关执法机关等执行。

三、审查调查的意义

（一）审查调查工作是深入推进党的自我革命的必然要求

腐败是危害党的生命力和战斗力的最大毒瘤，反对腐败、建设廉洁政治，是我们党一贯坚持的鲜明政治立场，是党自我革命必须长期抓好的重大政治任务。习近平总书记深刻指出："不反腐败确实要亡党，真反腐败不仅不会亡党，而且能增强党自我净化、自我完善、自我革新、自我提高能力，保持党同人民群众的血肉联系，使我们党更加坚强、更有力量。"新时代以来，通过不懈努力，我们党找到了自我革命这一跳出治乱兴衰历史周期率的第二个答案，以反腐惩恶的雷霆之势刹住了一些长期没有刹住的歪风，纠治了一些多年未除的顽瘴痼疾，清除了党、国家、军队内部存在的严重隐患，防止了党因腐败蔓延、"四风"肆虐、特权横行而变质褪色，防止了党被利益集团、权势团体渗透干预，防止了党在日益复杂的斗争中迷失方向、懈怠停滞，成功走出一条依靠政治优势、制度优势、法治优势的反腐败之路，开辟了百年大党自我革命的新境界，书写了人类反腐败斗争历史新篇章①。

（二）审查调查工作是巩固反腐败斗争成果的重要抓手

新时代以来，以习近平同志为核心的党中央开展史无前例的反腐败斗争，着力铲除腐败滋生的土壤和条件，推动反腐败斗争取得历史性成就，但对形势的严峻性和复杂性一点也不能低估，对腐败的顽固性和危害性绝不能低估，对反腐败斗争的新情况新动向要有清醒认识。"腐败滋生有着历史、文化、经济、社会、制度、生态等多方面的土壤和条

---

① 钟纪言：《反腐败是最彻底的自我革命》，载《中国纪检监察报》2023年9月28日。

件，反腐败斗争是一场总体战、攻坚战、持久战。”[①] 从腐败的发生机理来看，权力是天然的腐蚀剂，我们党全面领导、长期执政，党员、干部时刻面临被“围猎”、被腐蚀的风险。腐败与反腐败并存是一个长期过程，反腐败一定要坚持发现、治理，再发现、再治理，以永远在路上的坚韧执着，常态化地坚持下去。习近平总书记深刻指出：“反腐败斗争必须坚定不移，任何犹豫动摇、松懈手软或半途而废，都将犯颠覆性错误。”深入推进反腐败斗争，必须坚持一体推进不敢腐、不能腐、不想腐，深化标本兼治、系统施治，不断拓展反腐败斗争深度广度，发挥审查调查的震慑力。

（三）审查调查工作能够深刻把握一个地区政治生态的真实面貌

政治生态不是朦胧含混、虚无缥缈的，相反，政治生态恰恰是具体现实的，如同自然生态一样是可透视、可检查、可量化的[②]。纪检监察工作反对“唯案论”，但是没有案子剖析开来看，永远看不清一个地区一个单位管党治党中存在的深层次矛盾和问题，难以把握政治生态真实面目。通过审查调查工作，能够对一个地区和单位的政治生态“解剖麻雀”、剖析开来加以分析研究，寻找个中的深层次原因，分析案发地的政治生态是怎么样的，问题出在哪里，从中吸取教训、寻找规律，针对性地堵塞漏洞，健全防范机制，推动实现标本兼治。

（四）审查调查工作最能体现纪检监察机关的权威和特色

在纪检监察工作中，虽然对党员、干部以及监察对象涉嫌违纪或者职务违法、职务犯罪立案审查调查的只是极少数，但却是纪检监察工作极为重要的组成部分。审查调查工作是纪检监察权力运用、措施手段使用最集中，纪律审查和监察调查安全、履职风险最突出的领域。特别是当前腐败手段智能化、腐败形式隐秘化、腐败收益期权化的特征日趋明

① 钟纪言：《深入学习贯彻习近平总书记关于党的自我革命的重要思想　持续发力纵深推进反腐败斗争》，载《中国纪检监察报》2024 年 1 月 18 日。

② 徐令义：《政治生态的“七看”“七着力”》，载《学习时报》2018 年 4 月 4 日。

显，各种隐形变异、曲线敛财、翻新升级的新型腐败和隐性腐败层出不穷，一些政治问题与经济问题相互交织，严重危害党的领导和团结统一。牢记忠诚使命、依纪依法开展审查调查，体现了纪检监察机关的责任和担当。

四、审查调查的立案条件

《监察法》第 42 条第 1 款规定："经过初步核实，对监察对象涉嫌职务违法犯罪，需要追究法律责任的，监察机关应当按照规定的权限和程序办理立案手续。"《纪律检查机关监督执纪工作规则》第 37 条规定："纪检监察机关经过初步核实，对党员、干部以及监察对象涉嫌违纪或者职务违法、职务犯罪，需要追究纪律或者法律责任的，应当立案审查调查。凡报请批准立案的，应当已经掌握部分违纪或者职务违法、职务犯罪事实和证据，具备进行审查调查的条件。"上述规定均强调，凡需要立案的，应当已经掌握部分违纪或者职务违法、职务犯罪事实和证据，具备了进一步调查的条件。

因此，立案应当符合以下条件：（1）被审查调查对象存在违纪或者职务违法、职务犯罪事实；（2）需要追究被审查调查对象的纪律或法律责任；（3）按照规定的权限和程序办理立案手续。需要说明的是，立案所需的职务违法或者职务犯罪的事实，仅指初步确认的部分职务违法或者职务犯罪的事实，而不是全部职务违法或者职务犯罪的事实，全部事实要到调查阶段结束之后才能得以查清，而且还要经过审理之后才能认定[①]。

此外，对经过初核，发现问题线索反映失实的，或者虽有违纪违法事实但情节轻微，不需要追究纪律或者法律责任的，不再办理立案手续。比如，《党纪处分条例》第 19 条规定，党员有作风纪律方面的苗头性、倾向性问题或者违犯党纪情节轻微的，可以给予谈话提醒、批评

① 《〈中华人民共和国监察法〉案例解读》，中国方正出版社 2018 年版，第 336 页。

教育、责令检查等，或者予以诫勉，不予党纪处分。

第二节　审查调查工作的总体要求

审查调查是纪检监察工作的重要组成部分，在这一环节，政治性要求高、责任重大、社会关注度高，必须有针对性地提出总体要求。

一、加强党对审查调查工作的统一领导

坚持党对审查调查工作的全过程全方位领导。审查调查工作政治属性强、社会关注度高，必须提高政治站位，坚定不移把讲政治的要求落实到审查调查工作的全过程。党委（党组）加强对审查调查工作的领导，有利于落实管党治党的主体责任，有利于协调工作中遇到的困难和问题，有利于实现审查工作的精准有序，也有利于加强对纪检监察机关的监督。

按照党管干部原则，党委（党组）对审查调查工作的领导体现在以下方面：（1）加强对纪委监委工作的领导和监督。党委（党组）应当定期听取纪委监委工作情况报告，加强对纪委监委工作的领导、管理和监督。（2）请示报告制度。地方各级纪检监察机关对作出立案审查调查决定、给予党纪政务处分等重要事项，应当向同级党委（党组）请示汇报并向上级纪委监委报告，形成明确意见后再正式行文请示。遇有重要事项应当及时报告。（3）对审查调查工作的组织领导。党委（党组）应当按照管理权限，加强对党员、干部以及监察对象涉嫌严重违纪或者职务违法、职务犯罪问题审查调查工作的领导，定期听取重大案件情况报告，加强反腐败协调机构建设，坚定不移、精准有序惩治腐败。（4）对审查调查重要事项的审批。党委（党组）对重要事项的审批，体现了党管干部的原则和党委对审查调查工作的统一领导。比如，根据规定，对同级党委管理的正职领导干部采取谈话方式处置问题线索、开展初步核实等应当报同级党委主要负责人审批；对同级党委管理的干部进行立案调查，应当报同级党委主要负责人审批；对同级党委管

理的正职领导干部采取询问、搜查、技术调查、限制出境等措施，以及依法需要对同级党委管理的干部采取强制到案、责令候查、管护、留置措施等，应当按照规定程序报同级党委主要负责人审批等。这既体现了党委对纪检监察机关行使权力的领导监督和制约，也是党委（党组）落实管党治党主体责任的重要体现。

二、坚持双重领导体制具体化、程序化、制度化

实行纪检监察工作双重领导体制，是党内法规和国家法律确定的重大制度安排。《纪律检查机关监督执纪工作规则》第 3 条第（二）项规定："坚持纪律检查工作双重领导体制，监督执纪工作以上级纪委领导为主，线索处置、立案审查等在向同级党委报告的同时应当向上级纪委报告。"《监察法实施条例》第 10 条规定："地方各级监察委员会在同级党委和上级监察委员会双重领导下工作，监督执法调查工作以上级监察委员会领导为主，线索处置和案件查办在向同级党委报告的同时应当一并向上一级监察委员会报告。"

上级纪委监委对审查调查工作的领导体现在以下方面：（1）请示报告制度。地方各级纪检监察机关对作出立案审查调查决定、给予党纪政务处分等重要事项，应当向同级党委（党组）请示汇报并向上级纪委监委报告，形成明确意见后再正式行文请示。遇有重要事项应当及时报告。（2）指定管辖权。上级纪检监察机关有权指定下级纪检监察机关对其他下级纪检监察机关管辖的党组织和党员、干部以及监察对象涉嫌违纪或者职务违法、职务犯罪问题进行审查调查，必要时也可以直接进行审查调查。上级纪检监察机关可以将其直接管辖的事项指定下级纪检监察机关进行审查调查。（3）线索报告制度。纪检监察机关对反映同级党委委员、候补委员，纪委常委、监委委员，以及所辖地区、部门、单位主要负责人的问题线索和线索处置情况，应当及时向上级纪检监察机关报告。（4）对审查调查重要事项的审批。比如，设区的市级以下纪检监察机关采取留置措施，应当报上一级纪检监察机关批准。省级纪检监察机关采取留置措施，应当报中央纪委国家监委备案。此外，上级纪检监察机关应当在工作部署、日常监督等方面加强对下级纪检监察机关的领导。坚持双重领导体制，既保证了执纪执法工作的权威性、相对独立性，也通过上级纪检监察机关领导下级纪检监察机关，确保党对反腐败斗争的集中统一领导。

三、牢固树立纪法思维和程序意识

纪检监察机关是执纪执法机关，在建设法治国家和法治社会条件下，最基本的底线是坚持依规依纪依法，严格按照规定的权限、规则和程序开展工作，否则就是执纪违纪、执法违法。纪检监察机关滥用职权不仅侵犯党员、干部及公职人员的人身权利、财产权利，而且严重破坏社会主义法治，损害党和国家形象。

纪检监察机关必须把纪法思维和程序意识贯彻至审查调查工作的各个方面，增强纪律意识、法律意识和程序意识，具体体现在以下方面：(1) 严把事实关。坚持以事实为根据，以纪律法律为准绳，严格依规依纪依法收集证据。特别是在调查职务犯罪时，必须严格依法收集、固定、审查判断被调查人涉嫌职务犯罪的供述和辩解、证人证言、物证、书证等证据材料，严格遵循刑事审判关于证据的要求和标准，形成相互印证、完整稳定的证据链，确保犯罪事实清楚、证据确实充分，严格排除非法证据。(2) 严把程序关。程序是"看得见的正义"，纪检监察权的权威来自程序的公平公正。线索处置、措施使用、证据收集、涉案财物管理等各项工作都必须严格按照法定权限、规则、程序来开展，保障纪检监察权力正确行使。比如，《纪律检查机关监督执纪工作规则》规定了 20 多项审批程序，目的就是依靠严格程序规范纪检监察权运行。纪检监察机关必须强化底线思维和红线意识，守牢安全底线，"绝不能靠违规办案、违规向被调查人施加压力等错误方式审查调查获取证据；同时也绝不能把依规依纪依法当作不想担当、不愿作为的借口，消极应付、失职失责”[①]。(3) 严把纪律法律适用关。纪检监察工作是个精细活，必须强化精准思维，精准适用纪律和法律，一是一，二是二，切勿畸轻畸重、尺度不准。在党纪国法面前，人人平等。

四、实现执纪与执法一体推进

在党中央统一领导下，纪检机关与监察机关合署办公，纪委的纪律审查与监委的监察调查，两者既有区别，又有一致性，从根本上统一于党的领导，统一于党对反腐败工作的统一领导。纪律审查与监察调查、党纪处分与政务处分、党内问责和监察问责等，都是相互统一、互为补充的。纪检监察机关手握党规党纪、法律法规“两把尺子”，既执纪又执法，必须把执纪和执法贯通起来，执纪与执法一体推进。

执纪执法一体推进体现在以下方面：(1) 实现对纪委监委工作一体领导。在党和国家监督体系中，党内监督处于主导地位，纪检监察合署办公，实现执纪执法贯通。《纪律检查机关监督执纪工作规则》第6条规定：“中央纪委和地方各级纪委贯彻党中央关于国家监察工作的决策部署，审议决定监委依法履职中的重要事项。”(2) 实现纪法双施双守。党纪国法都是管党治党、治国理政的基本依据，纪律和法律本质目标是一致的，必须把执纪和执法贯通起来，实现纪法优势互补、相辅相成、相得益彰。一方面，要分清纪法界限，防止以纪律处分代替法律制裁，防止以刑事处罚代替党纪处分。另一方面，纪与法应当有效对接，党组织在审查调查中发现党员、干部及监察对象严重违纪涉嫌违法犯罪的，原则上先作出党纪处分决定，并按照规定给予政务处分后，再移送检察机关追究法律责任。(3) 纪检监察机关内部建立统一决策、一体运行的执纪执法权力运行机制。在纪检监察管辖制度、监督检查、线索处置、审查调查、审理、请示报告、措施使用等各个环节，都应当体现一体的要求。比如，在审查调查措施使用审批方面，《纪律检查机关监

① 蓝佛安：《依规依纪依法履职尽责》，载《中国纪检监察》2018年第20期。

督执纪工作规则》将纪律检查措施和国家监察措施有机衔接，明确审查调查可以采取的措施手段以及审批权限，体现了执纪与执法无缝对接、一体运行。

五、建立健全相互制约、相互监督的有效机制

宪法规定："监察机关办理职务违法和职务犯罪案件，应当与审判机关、检察机关、执法部门互相配合，互相制约。"《纪律检查机关监督执纪工作规则》和《监察法》《监察法实施条例》等法规制度，将纪检监察机关与司法机关、执法部门的相互制约和监督进一步制度化、规范化。

纪检监察机关与司法机关、执法部门的相互制约和监督体现在以下方面：（1）审查调查过程的相互制约。纪检监察机关采取通缉、技术调查、限制出境措施，应当交公安机关或国家有关执法机关执行。（2）移送起诉过程的相互制约。监察机关与检察机关在提前介入、审查起诉、退回补充调查等方面都有一系列的制约机制。（3）审判过程的相互制约。案件提起公诉后，监察机关应当配合做好刑事审判工作，比如，根据《监察法实施条例》等规定，人民检察院、人民法院需要调取同步录音录像的，监察机关应当依法予以提供；法庭审理过程中人民法院就证据收集合法性要求监察机关调查人员出庭说明情况的，监察机关应当予以配合。

六、把严格监督贯彻始终

审查调查工作是纪检监察工作中权力运用集中、履职风险突出、保密要求高、社会关注度高的重点领域，必须在审查调查的各个环节强化监督。比如，《纪律检查机关监督执纪工作规则》要求，在立案环节，严格规范立案条件、审查程序、审批权限等；在外查环节，要求审查调查人员严格执行外查方案，对方案确定的审查调查范围、审查调查对象和事项开展工作，不得随意扩大，并严格外查纪律；在措施使用上，要求对涉嫌严重违纪或者职务违法、职务犯罪问题的审查调查谈话、搜查、查封、扣押（暂扣、封存）涉案财物等重要取证工作全过程进行录音录像；在办案安全上，要求监督检查部门、审查调查部门主要负责人、分管领导应当定期检查审查调查期间的录音录像、谈话笔录、涉案财物登记资料等。2024 年《监察法》修改，秉持审慎赋权、严格限权的理念，既赋予监察机关必要权限、优化留置期限，进一步丰富反腐败工具箱，又强化对监察措施行使的管理监督①。这些都是强化内部自我监督的重要体现，目的是强化对审查调查全过程的监督。

第三节　审查调查的程序

根据党内法规和国家法律规定，纪检监察机关立案审查调查必须严格依规依纪依法开展。立案审查调查的程序一般包括以下步骤：

一、立案审批阶段

立案是开展审查调查的起点。立案时机、质量决定着案件的质量和效果，对组织和个人都有重要影响，必须慎之又慎，履行非常严格的审批程序。

（一）立案审批手续

对需要追究纪律或法律责任的监督对象，承办部门应当按照规定的权限和程序办理立案手续，撰写立案呈批报告。立案呈批报告应包括以下内容：（1）标题。一般表述为“关于对××同志（或组织）××问题的立案审查调查的呈批报告”。（2）批准立案单位。（3）问题线索来源。（4）被审查调查对象的基本情况。（5）呈报单位意见。（6）署名。包括提出立案审查调查的部门名称、时间以及抄送单位等。（7）附材料。主要包括反映、检举材料和初步核实材料。②

立案必须履行严格的审批程序，坚决防止立案权被滥用。根据规

① 中央纪委国家监委法规室：《充分发挥监察法规的制度效能　推进监察工作规范化法治化正规化建设》，载《中国纪检监察报》2025 年 6 月 12 日。

② 《纪律审查与监察调查程序图解》，中国方正出版社 2019 年版，第 57—58 页。

定，立案审批包括两种情形：（1）对同级党委管理的干部的立案审批。纪检监察机关对同级党委管理的党员、干部及监察对象决定立案，必须经本机关主要负责人审批，并报同级党委主要负责人批准。[①] 比如，市纪委监委对市管干部立案，市纪委书记审批后，还必须报市委书记审批。这体现了党委对审查调查工作的领导，也进一步压实党委管党治党的主体责任。（2）对同级党委管理的干部以外的人员的立案审批。纪检监察机关对同级党委管理的干部以外的人员，比如下级党委（党组）管理的干部或涉案人员进行立案，省级以下纪委监委必须报同级纪委监委主要负责人审批。这些制度要求都充分体现了对立案权的严格审慎把握，防止权力滥用。

（二）立案程序

规范立案程序，对于确保纪检监察机关依规依纪依法、一体两面履行党的纪律检查和国家监察两项职责具有重要作用。具体来讲，纪检监察机关立案程序包括以下情形：

1. 对党员、监察对象的立案程序

对同一案件涉及不同层级违纪违法人员的案件，立案程序包括以下情形：（1）对同一案件涉及不同层级违纪违法人员的，一般由对违纪违法人员中级别最高的人有管辖权的纪检监察机关进行初核，必要时，上级纪检监察机关也可委托下级纪检监察机关进行初核。（2）初核后，对属于本级纪检监察机关管辖的涉案人，可直接立案审查调查；需要交由下级纪检监察机关立案的，经审批交由下级纪检监察机关办理立案手续。（3）对涉及无隶属关系的其他纪检监察机关的管辖对象，认为需要立案调查的，应当商请有管理权限的纪检监察机关依法立案调查；承办案件的纪检监察机关认为由其一并调查更为适宜的，可以报请有权决定的上级纪检监察机关指定管辖。

---

① 《监察调查程序与措施》，中国方正出版社2020年版，第40页。

由于纪检监察机关合署办公，根据审查调查对象和审查调查问题性质不同，实践中应把握“单立案”和“双立案”问题。包括以下情形：（1）对立案的对象既涉嫌违纪又涉嫌职务违法、职务犯罪的，应当同时办理纪委立案审查和监委立案调查手续。（2）对仅涉嫌违纪的，办理纪委立案审查手续；仅涉嫌职务违法犯罪需追究法律责任的，办理监委立案调查手续。（3）根据立案时掌握的情况能够判断需要追究纪律责任，但尚不确定其是否涉嫌职务违法、职务犯罪的，可以先办理纪委立案审查手续，根据审查情况再决定是否办理监委立案调查手续。

2. 对涉案人员中的非公职人员的立案程序

根据《监察法实施条例》第 49 条规定的对非公职人员的关联管辖原则，纪检监察机关调查公职人员涉嫌职务犯罪案件，可以依法对涉嫌行贿犯罪、介绍贿赂犯罪或者共同职务犯罪的涉案人员中的非公职人员一并管辖并进行调查处置，比如行贿人、涉案的家属等。一般原则是，应当由负责该案被调查人调查工作的监察机关办理立案调查手续。

此外，在一般原则基础上，还有两种特殊情况。（1）根据工作需要，审查主案的监察机关可以将涉案人员交由下级监察机关立案并采取留置措施。比如，对中央纪委国家监委办理的案件中的涉案人员，中央纪委国家监委可以立案审查调查，也可以交由省级纪检监察机关立案审查调查。下级监察机关如有管辖权的，上级监察机关应当出具交办函件；下级监察机关没有管辖权的，上级监察机关应当出具《指定管辖决定书》。（2）涉案人员属于管理权限在其他监察机关的监察对象的，对涉案人员有管理权限的监察机关可以立案调查。

3. 对党组织、单位的立案程序

关于对党组织立案。根据《党纪处分条例》第 9 条规定，对于违犯党的纪律的党组织，上级党组织应当责令其作出检查或者进行通报批评。对于严重违犯党的纪律、本身又不能纠正的党组织，上一级党的委员会在查明核实后，根据情节严重的程度，可以予以改组或解散。因此，对党组织立案应当由上一级党委决定，并由纪委办理具体立案手续。

关于对单位立案。我国法律明确了单位犯罪中对单位和有关责任人员的双罚规定，比如《刑法》第31条规定：“单位犯罪的，对单位判处罚金，并对其直接负责的主管人员和其他直接责任人员判处刑罚。”对单位涉嫌受贿、行贿等职务犯罪，需要追究法律责任的，依法对该单位办理立案调查手续。实践中，监察机关对单位立案调查，一般应同时确定需要追究法律责任的人员，与立案一并报批；立案调查后，发现还有需要追究法律责任的人员，按照其对应的审批权限履行报批手续，不再对相关责任人员重复办理立案程序。

此外，对党组织违纪立案审查或者对单位涉嫌职务犯罪立案调查，按照该党组织或者单位主要负责人对应的审批权限报批。

4. 以事立案程序

对事故（事件）中存在违纪或者职务违法、职务犯罪事实，需要追究纪律责任、法律责任，但相关责任人员尚不明确的，可以以事立案[①]。以事立案的，承办部门应当根据相关批示、指示等立案。以事立案具有一定的优势，特别是在发生安全生产事故后，对于及时回应社会关切、迅速查明案情，找出并锁定相关责任人员具有重要意义。但是以事立案作为一种特殊的立案模式，不能滥用，必须严格把握其特定条件。根据《监察法实施条例》等规定，以事立案的案件须同时满足以下三个条件：一是以事立案适用于事故（事件）类追责问责、失职渎职案件。二是存在违纪、职务违法或者职务犯罪事实，需要追究纪律、法律责任的。三是相关责任人尚不明确的。如果案件中相关责任人已经明确，则直接以人立案即可[②]。

① 《中央纪委国家监委印发规定规范立案相关工作程序》，载《中国纪检监察报》2018年11月2日。

② 赵宇宾：《严格条件程序　确保质量效率并重》，载《中国纪检监察》2022年第3期。

此外，以事立案应当从严掌握，严格履行审批程序，切不可认为以事立案对事不对人就可以随意立案，规避审批。《监察法实施条例》第211条规定："以事立案后，经调查确定相关责任人员的，按照管理权限报批确定被调查人。"这里的报批，并非报批立案，否则属于重复立案，应当理解为此前因相关责任人不明确，未按照干部管理权限履行审批程序，在相关责任人明确后，则应按照立案需履行的审批权限呈报批准。其中，被审查调查人为同级党委管理的干部，应当报同级党委主要负责人批准，其他人员一并审批①。

5. 对受到刑事责任追究、行政处罚以及司法机关决定不追究刑事责任的党员干部、监察对象的立案程序

对受到刑事责任追究、行政处罚以及司法机关决定不追究刑事责任的党员、干部及监察对象的立案程序，具体包括两种情形：（1）对依法受到刑事责任追究和免予起诉的对象。根据《监察法实施条例》第211条规定，纪检监察机关根据人民法院生效刑事判决、裁定和人民检察院不起诉决定认定的事实，需要对对象给予党纪政务处分的，一般不再履行立案程序，可以由相关监督检查部门依据司法机关的生效判决、裁定、决定及其认定的事实、性质和情节，提出给予政务处分的意见，按程序移送审理。这是因为司法机关对依法受到刑事责任追究的对象作出的生效判决、裁定和决定，经过法律程序予以确认，具有法定的公信力和证明力，无需重复审核，以节约办案资源。（2）对依法被追究行政法律责任的对象，需要给予党纪政务处分的，应当依法办理立案手续，以体现党纪政务处分的严肃性。

6. "简单案件"的特殊立案程序

"简单案件"是指案情简单、经过初步核实已查清主要违纪和职务

① 赵宇宾：《严格条件程序　确保质量效率并重》，载《中国纪检监察》2022年第3期。

违法事实，应当追究党员和监察对象党纪和政务责任，不再需要开展审查调查的案件。根据《监察法实施条例》第212条规定，对于“简单案件”，立案和移送审理可以一并报批，履行立案程序后再移送审理。对于简单案件，事实核查和证据收集工作已在初步核实阶段完成，基于实事求是和简案快办原则，承办部门在立案后一般无需制定调查方案；调查报告可以在初步核实情况报告的基础上进行精简。需要强调的是，程序的精简并不意味着审批权限的降低。在适用特殊程序办理简单案件时，各个环节的审批权限仍应严格按照《监督执法工作规定》等相关要求执行①。

（三）立案决定的通报

根据《纪律检查机关监督执纪工作规则》第38条、《监察法》第42条等规定，立案审查调查决定应当向被审查调查人宣布。宣布立案后，应当及时向被审查调查人所在单位等相关组织送达《立案通知书》，并向被审查调查人所在党委（党组）主要负责人通报。向当事人宣布立案审查调查决定，是保障被审查调查人合法权益的要求，也是被审查调查人积极配合组织审查，如实供述自己违纪违法犯罪行为的需要。此外，经决定或批准立案的案件，纪检监察机关应当向同级党委组织部门（民主党派的向同级党委统战部门）发函通报立案情况；向被审查调查人所在党委（党组）主要负责人通报；被审查调查人系人大代表、政协委员或民主党派成员的，还应当向有关人大、政协、民主党派通报。这既是让被审查调查人所在党委（党组）知晓情况，也是纪检监察机关依纪依法履职、自觉接受监督的重要体现。通报后可能影响调查的，可暂不通报。

另外，在审查调查中，调查组认为被审查调查人犯有严重错误，已

① 王玮玮：《准确界定“案情简单” 规范精简办案程序》，载《中国纪检监察》2021年第23期。

不适宜担任现任职务或妨碍纪律审查和监察调查的，可建议对其采取停职检查措施，还可进行调整职务、免职等组织处理。

（四）采取留置措施的通知和公开发布

根据《纪律检查机关监督执纪工作规则》第 41 条、《监察法》第 50 条等规定，需要对被审查调查人采取管护或者留置措施的，应当在 24 小时内通知其所在单位和家属。这是保证被留置人员单位和家属知情权的要求，也是纪检监察机关主动接受监督的体现。对特殊情况下不宜通知的，比如通知后可能出现毁灭、伪造证据，干扰证人作证或者串供等有碍调查情形的，可以暂不通知单位和家属，但应当按程序报批并记录在案。待有碍调查的情形消失后，应当立即通知被留置人员所在单位和家属。

此外，在通知被留置人员所在单位和家属后，应当及时向社会公开公布主要对象接受纪律审查、监察调查的消息。这是纪检监察机关依纪依法履职、依纪依法公开、接受社会监督的重要方式。

二、审前准备阶段

审前准备是开展审查调查工作不可缺少的程序。扎实周密的审前准备有利于突出审查调查重点、找准审查调查突破点，防范审查调查风险、提高审查调查质量。

（一）确定审查调查方案

根据《纪律检查机关监督执纪工作规则》第 39 条、《监察法》第 42 条等规定，对涉嫌严重违纪或者职务违法、职务犯罪人员立案审查调查，纪检监察机关主要负责人应当主持召开由纪检监察机关相关负责人参加的专题会议，研究批准审查调查方案。审查调查是严肃的执纪执法工作，必须谋定而后动。审查调查方案是对审查调查工作的总设计、总安排，是进行审查调查工作的具体计划和部署。审查调查人员必须严格执行审查调查方案、严格遵守请示报告制度，防止个人专断、以案谋私。

（二）成立审查调查组

根据《纪律检查机关监督执纪工作规则》第39条等规定，纪检监察机关相关负责人批准成立审查调查组，确定审查调查谈话方案、外查方案，审批重要信息查询、涉案财物查扣等事项。立案后，纪检监察机关应当迅速组织审查调查组，确定审查调查组组长。审查调查组一般下设综合协调组、内审谈话组、外查取证组等3个小组，实践中，有的审查调查组还专门成立了证据审核组。审查调查组是审查调查的具体执行者，必须严格执行审查调查方案，不得擅自更改；以书面形式报告审查调查进展情况，遇有重要事项及时请示。

（三）熟悉案情和法规制度

审查调查组成立后，应组织全体审查调查人员认真阅读、分析初步核实材料，对问题线索来源、案件基本情况、涉案人员的具体情况及其与案件的关系等进行认真研究。审查调查人员应根据案件的具体情况，认真学习和掌握有关政策、党规党纪和法律法规的规定，为扎实有效地开展审查调查工作做好储备。

三、审查调查实施阶段

审查调查实施是指，审查调查组严格依规依纪依法，采取适当的方法措施，查清违纪违法事实，同时立足教育挽救，使审查对象真心忏悔、认错认罪。

（一）向审查调查对象宣布立案决定

批准立案后，立案决定应当向被审查调查对象宣布。根据《监察法实施条例》第214条等规定，批准立案后，应当由二名以上调查人员出示证件，向被调查人宣布立案决定。宣布立案决定后，应当及时向被调查人所在单位等相关组织送达《立案通知书》，并向被调查人所在单位主要负责人通报。此外，对涉嫌严重职务违法或者职务犯罪的公职人员立案调查并采取留置措施的，应当按规定通知被调查人所在单位和家属，并向社会公开发布。同时，存在可能毁灭、伪造证据、干扰众人作证或者串供等有碍调查情形的，可以暂不通知被调查人所在单位和家属[①]。

宣布立案后，一般由纪检监察机关相关负责人或者承办部门负责人进行首场谈话[②]。谈话时应充分表明党中央惩治腐败的坚定决心和坚决态度，讲明党的政策，告知被审查调查对象应当遵守的纪律要求，包括端正态度，如实说明情况，主动交代问题，认真检查错误，配合组织尽快查清问题等。纪检监察机关相关负责人或者承办部门负责人宣布立案决定后，一般应当进行首场谈话。[③] 谈话时应充分表明党中央惩治腐败的坚定决心和坚决态度，讲明党的政策，告知被审查调查对象应当遵守的纪律要求，包括端正态度，如实说明情况，主动交代问题，认真检查错误，配合组织尽快查清问题等。

（二）加强审查调查工作的组织协作

做好案件的组织协作，对坚定稳妥推进审查调查工作极为重要。审查调查工作是一项系统工程，必须树立系统思维。审查调查组要加强对全案的系统谋划、顶层设计和组织指挥，准确把握好案件的推进方向、阶段重点和工作节奏，确保全案形成分工有序、紧密协作、联络畅通、高效运转的内部工作机制。比如有的实务专家提出，专案组一般内设综合保障组、内审谈话组、外查取证组、证据审核组，四个组好比“四轮驱动”的四个轮子，要在专案组领导人员的统一指挥下协调运转，系统集成，成建制统筹规划，按要求分别配置。综合保障组是专案组的中枢系统，要发挥好协调调度功能，做好情报汇总、分析研判和统筹指挥；内审谈话组与审查调查对象直接接触，要做好思想政治工作、研究谈话策略、制作谈话笔录、进行案件剖析；外查取证组主要是调取言

① 《〈中华人民共和国监察法实施条例〉释义》，中国方正出版社 2022 年版，第 296 页。

② 《〈中国共产党纪律检查机关监督执纪工作规则〉释义》，中国方正出版社 2019 年版，第 144 页。

③ 《〈中国共产党纪律检查机关监督执纪工作规则〉释义》，中国方正出版社 2019 年版，第 144 页。

证、书证、物证；证据审核组是专案工作的“参谋部”，要及时提出调查取证意见建议，对相关证据材料进行审核把关，对案件事实和证据情况进行“预审理”，提高案件查办工作质量，形成全案整体“一盘棋”格局[①]。

（三）与被审查调查对象谈话

审查调查组应当考虑被审查调查人的情况、案件的性质、社会影响等因素，精心选择谈话人员，确定主谈话人。此外，立案后与被审查调查对象开展谈话无须再办理审批程序。因为，审查调查谈话前，案件已按程序报批立案和调查方案，谈话作为审查调查必经的程序，不需要每次再单独报批。

根据党内法规和国家法律规定，与被审查调查人谈话有以下要求：（1）审查调查期间，对被审查调查人要以同志相称，安排学习党章党规党纪以及相关法律法规，开展理想信念宗旨教育，通过深入细致的思想政治工作，促使其深刻反省、认识错误、交代问题，写出忏悔反思材料。要在掌握对象个人履历、身体精神状况、性格特点、家庭关系、工作表现、为人处世等“六必知”基础上，重点了解其家庭财产、收入来源、成长轨迹、人际交往等情况，系统分析对象岗位职责、涉案问题、心理素质等，找准思想政治工作切入点和着力点[②]。审查调查人员要有人文情怀，善于换位思考，不能把审查调查对象冷冰冰地放在对立面，要开展“同志式”“帮助式”的审查调查，对被审查调查人关心关爱，不能使用呼来喝去、口大气粗、冷漠生硬等错误方式。要帮助审查调查对象深刻认识自己的错误，唤醒谈话对象党的意识、法的敬畏，洗刷心灵、纠错改错，积极配合审查，回到正确轨道上来，实现良好的政

① 李亚群：《如何做好审查调查组织协作》，中国方正出版社2023年版，第20—21页。

② 朱旭：《将思想政治工作贯穿审查调查始终》，载《中国纪检监察报》2022年9月8日。

治效果、纪法效果和社会效果。（2）对涉嫌贪污贿赂、失职渎职等职务犯罪的被调查人，监察机关可以进行讯问，要求其如实供述涉嫌犯罪的情况。被讯问人未被限制人身自由的，应当在首次讯问时向其出具《讯问通知书》。（3）谈话和讯问都必须忠于事实真相、客观全面，既要收集能够证实被审查调查人有违纪违法行为的证据，也要收集能够证实被审查调查人无违纪违法行为的证据，以及从重、加重、从轻、减轻等量纪量刑情节证据。（4）与涉嫌严重职务违法的被调查人进行谈话的，应当全程同步录音录像，并告知被调查人。告知情况应当在录音录像中予以反映，并在笔录中记明，并事先告知本人。（5）与被强制到案人员、被管护人员、被留置人员或者被禁闭人员谈话的，按照法定程序在执行相关监察强制措施的场所进行。

（四）开展外查取证

外查取证是指，围绕被审查调查人的违纪违法事实开展外围调查工作获取相关证据的一系列活动，包括与相关人员如举报人、有关事项请托人、参与有关事项决策人、有关事项经办人等谈话，查询重要信息，查阅复制文件资料，搜集相关证言证物等。简言之，除向主要审查调查对象本人取证外，其他的都属于外围审查调查。外查取证的核心任务，就是收集固定主要审查调查对象涉嫌违纪违法犯罪问题的证据，与审查谈话相互呼应并提供有力支撑，共同形成完整的证据链。

外查取证中应注意以下要求：（1）及时调查收集证据。立案后应迅速组织外查人员，调查收集证据，防止出现转移毁灭证据、涉案人串通出逃、威胁恐吓证人等情况出现。要深入细致地分析收集到的证据，不轻信证据的表面现象，不放过任何疑点，形成完整的证据链。外查取证必须客观全面，既要收集不利于被审查调查人的证据，也要收集有利于被审查调查人的证据。（2）严格依规依纪依法。必须严格排除非法证据，以合法合规的手段获取相关证据，严禁以威胁、引诱、欺骗以及其他违规违纪违法方式收集证据，严禁隐匿、损毁、篡改、伪造证据。

（3）严格遵守外查取证纪律要求。外查工作是审查调查的重要方面，发生问题的风险较高，必须严格控制和管理。审查调查人员在外查过程中应当严格执行外查方案，对方案确定的审查调查范围、审查调查对象和事项开展工作，不得随意扩大，如果发现重要问题、超出审查调查范围的，应当及时请示报告，不得个人擅自处理。必须严格遵守外查纪律，外查期间未经批准，审查调查人员不得单独接触任何涉案人员和特定关系人，更不得擅自采取审查调查措施，也不得从事与外查事项无关的活动。[①]

（五）严格使用审查调查措施

纪检监察机关和审查调查人员必须严格按照规定使用审查调查措施，强化监督管理，并突出以下要求：（1）纪律要求。审查调查人员必须严格依规依纪依法使用审查调查措施，对规避审批、违背程序、越权使用措施等行为应当追究纪律或法律责任。此外，《监察法》还规定了申请变更机制，赋予被管护人员、被留置人员及其近亲属申请变更管护、留置措施的权利，并明确了监察机关的答复要求，以保障申请人权利得到落实。（2）审查调查人员要求。审查调查工作应当依照规定由两人以上进行，不得一人擅自进行，同时必须按照规定出示证件，出具书面通知。（3）录音录像要求。根据《监察法实施条例》规定，开展讯问、搜查、查封、扣押以及重要的谈话、询问等调查取证工作，应当全程同步录音录像，并保持录音录像资料的完整性。谈话笔录、讯问笔录、询问笔录内容应当与录音录像资料内容相符。同步录音录像资料应当妥善保管、及时归档，留存备查。纪检监察机关案件监督管理部门应当开展常态化检查。人民检察院、人民法院需要调取同步录音录像的，纪检监察机关应当依法予以提供。（4）承办部门管理要求。承办部门

① 中央纪委国家监委法规室：《严格依规依纪依法开展审查调查》，载《中国纪检监察》2019年第3期。

应当建立措施使用台账，一般应于每季度末向案件监督管理部门备案。其中，对于留置、技术调查、通缉、限制出境等重要措施应当附详细办理情况。[①]（5）案件监督管理部门监督管理要求。案件监督管理部门应当加强核对检查，通过定期查看审批文书及其他书面材料、驻点值班、实地检查和核查录音录像等方式，进行有效监督，发现违规违纪违法使用措施的，区分不同情况进行处理。案件监督管理部门还应当定期汇总重要措施使用情况并报告纪委监委领导和上一级纪检监察机关。

（六）严格遵循审查调查期限

国家法律规定了监察机关的调查期限，以防止案件调查时间过长、久拖不决。根据《监察法实施条例》第215条规定，对被调查人没有采取留置措施的，应当在立案后一年以内作出处理决定；对被调查人解除留置措施的，应当在解除留置措施后一年以内作出处理决定。因此，如果一个案件中涉及多个被调查人，每个被调查人的未被留置调查期限应单独进行计算。调查期限从立案后次日或解除留置措施后次日开始计算，到期间的最后一日即次年到期月的对应日截止[②]。案情重大复杂的案件，经上一级监察机关批准，可以适当延长，但延长期限不得超过六个月。此外，法律还规定了调查期限重新计算制度，即被调查人在监察机关立案调查以后逃匿的，调查期限自被调查人到案之日起重新计算。

四、严格审查调查安全

审查调查工作必须高度重视安全问题。审查调查的目的是维护党纪国法的权威和尊严，如果审查调查工作方式不当、安全责任落实不到位，甚至执纪违纪、执法违法，会严重影响纪检监察工作高质量发展，

---

① 《〈中国共产党纪律检查机关监督执纪工作规则〉释义》，中国方正出版社2019年版，第139页。

② 左安斌、吉波涛：《规范权力行使 提高办案效率》，载《中国纪检监察》2022年第3期。

损害纪检监察机关公信力，损害党纪国法的权威性。中央纪委国家监委反复强调：要确保办案安全，牢牢守住底线；确保审查调查安全是严肃的政治问题、纪律问题。

（一）保障被审查调查对象的合法权益

审查调查工作必须保障被审查调查对象的合法权益，按照规定及时告知对象享有的权利和承担的义务。审查调查组应当充分听取被审查调查人的陈述，保障其饮食、休息和安全，对患有疾病或者身体不适的，应当及时提供医疗服务。[①] 审查调查人员必须严格遵守工作纪律，不得侵犯被审查调查人的知情权、人身权、财产权、申辩权等合法权益，严禁刑讯逼供和诱供，严禁对被审查对象侮辱、打骂、虐待、体罚或者变相体罚。此外，根据《监察法》等规定，纪检监察机关及其工作人员在履行职责过程中应当依法保护企业产权和自主经营权，严禁利用职权非法干扰企业生产经营。需要企业经营者协助调查的，应当保障其人身权利、财产权利和其他合法权益，避免或者尽量减少对企业正常生产经营活动的影响。

（二）坚决防范审查调查谈话风险

对涉嫌严重违纪或者职务违法、职务犯罪问题的审查调查谈话，必须严格执行《纪律检查机关监督执纪工作规则》第 49 条中关于“三个不得”的要求，即“未经批准并办理相关手续，不得将被审查调查人或者其他重要的谈话、询问对象带离规定的谈话场所，不得在未配置监控设备的场所进行审查调查谈话或者其他重要的谈话、询问，不得在谈话期间关闭录音录像设备”。这“三个不得”的要求，目的是防止谈话脱离组织监督控制范围，出现安全风险，也防止审查调查人员滥用职权、非法取证。

---

① 《〈中国共产党纪律检查机关监督执纪工作规则〉释义》，中国方正出版社 2019 年版，第 144 页。

（三）强化办案安全管理监督

监督检查、审查调查部门主要负责人以及纪检监察机关分管审查调查工作的领导应当定期检查审查调查期间的录音录像、谈话笔录、涉案财物登记资料，对于发现的问题应当及时纠正并报告。这既是权力，更是责任，还是内部自我监督的体现，目的是强化对审查调查全过程的监督[①]。另外，不但监督检查、审查调查部门的分管领导要强化监督责任，分管案件监督管理、案件审理等部门的相关负责人也应当根据职责加强对审查调查全过程的监督，严格管控审查调查中的安全风险点。

（四）落实安全工作责任制

纪检监察机关要把安全要求贯穿至审查调查工作的各个层面、各个环节。执行留置、开展“走读式”谈话、外查等工作都必须把安全问题放在首位，制定每一个工作方案时都同时制定安全预案，防范可能出现的安全问题。纪检监察机关及审查调查部门主要负责人要将审查调查安全工作当作最重要的工作任务之一，时时刻刻都绷紧安全弦，加强日常督促和专门检查。落实安全工作责任制，审查调查部门主要负责人、审查调查组组长作为安全工作第一责任人，必须牵头制定安全预案，把安全要求贯彻至讯问、询问、搜查以及执行强制到案、管护、留置等工作中，督促检查安全制度执行情况，经常性开展安全教育，选择责任心强的同志专职负责安全工作，严守安全底线。

第四节 审查调查后的处置

审查调查结束后，审查调查组应当认定违纪违法事实，形成违纪违法事实材料，进行违纪违法事实见面，提出定性处理意见，形成审查调查报告，并依照规定移送审理。

---

① 王薇：《严格依规依纪依法开展审查调查》，载《中国纪检监察》2019 年第 3 期。

一、审查调查终结

（一）认定违纪违法事实

违纪违法事实是指违纪违法的时间、地点、经过、手段、动机、目的、危害后果等与定性量纪量刑有关的事实要素。认定违纪违法事实，必须以确实充分的证据为依据，每一个定案的证据均已经法定程序查证属实，证据与证据之间、证据与案件事实之间不存在矛盾或者矛盾得以合理排除，根据证据认定案件事实的过程符合逻辑和经验规则，由证据得出的结论为唯一结论。

（二）形成违纪违法事实材料

违纪违法事实材料，是党组织或纪检监察机关经过审核作为处分依据的事实材料。查明涉嫌违纪或者职务违法、职务犯罪问题后，审查调查组应在认真审查和分析所收集的证据材料的基础上，形成违纪违法事实材料。违纪违法事实材料的内容应包括：被审查调查人的基本情况、主要违纪违法事实、违纪违法行为性质及责任。特殊情况下，如违纪违法行为复杂，性质一时难以确定的，也可不在违纪违法事实材料中表述[①]。

（三）违纪违法事实见面

违纪违法事实见面是指审查调查组将经过核实认定的违纪或者职务违法、职务犯罪事实材料，与被审查调查人见面，听取意见和申辩的活动。这是党章作出的明确规定，也是保障被审查调查对象权利的重要体现和保证案件质量的重要措施。关于见面时机，一般可选择在案件审查工作结束、正式移送审理前开展。关于违纪违法事实的归类，见面时，一般应采取“一类一见”。“一类一见”即按《党纪处分条例》分则规定的六项纪律以及“违反中央八项规定精神”“违反国家法律法规”“涉嫌犯罪问题”等大类，将同类性质的违纪问题形成一份材料与被审

① 《纪律审查与监察调查程序图解》，中国方正出版社2019年版，第120页。

查人见面的方式；违纪问题种类较为单一的，也可以采取“一事一见”的方式进行见面。关于被审查人签写意见的规范问题，被审查人对违纪违法事实无不同意见的，应在每份违纪违法事实材料上签写“以上事实属实，同意”的意见。被审查人有不同意见或提出辩解时，审查调查组应当认真听取并及时研究，按规定写出说明，必要时还应作补充调查或重新调查，同时根据需要，重新就该违纪违法问题单独形成违纪违法事实材料与被审查人见面，不再归入其他同类性质的违纪违法事实材料①。

此外，审查调查组在已经查清违纪违法问题，被审查调查人同意组织调查认定的违纪违法事实后，还应要求被审查调查人亲笔写出忏悔书。这是纪检监察机关开展审查调查工作的一个重要特色，体现了思想政治工作成果②。

（四）提出定性处置意见

提出定性处置意见是指审查调查组在事实清楚、证据确凿充分的基础上，按照党内法规和国家法律规定，对违纪违法行为的性质和处理提出具体意见。根据违纪违法行为的性质、情节和造成的后果，并考虑被审查调查人对其所犯错误的认识态度，提出定性处置意见，包括：确定被审查调查人违纪违法行为的定性、处分（处理）意见；对被审查调查人涉嫌犯罪问题移送检察机关审查起诉的意见；对涉案财物的处理意见。

（五）撰写审查调查报告

审查调查报告是审查调查组对被审查调查人的违纪违法问题进行审查调查后撰写的说明案件事实真相、提出定性和处理意见的书面综合材料，是用文字形式表达出来的审查调查成果。审查调查报告的主要内容

① 钟纪晟：《关于做好违纪事实材料见面工作的几个问题》，载《中国纪检监察报》2017 年 3 月 1 日。

② 《〈中国共产党纪律检查机关监督执纪工作规则〉释义》，中国方正出版社 2019 年版，第 146 页。

有：被审查调查人的基本情况、问题线索来源及审查调查依据、审查调查过程、涉嫌的主要违纪违法事实、被审查调查人的态度和认识、处理建议及党纪国法依据、审查组组长及有关人员签名，等等。此外，审查调查组对被审查调查人涉嫌职务犯罪拟依法移送人民检察院审查起诉的，还应当起草《起诉建议书》。

纪检监察机关在审查调查工作结束后，应当从以下方面做好案件总结和剖析：（1）审查调查组内部进行交流总结，互相取长补短，不断提高审查调查工作水平。（2）对其他涉案人员，根据其违纪违法行为情节和性质分别处置，对有严重违纪违法的，应依纪依法严肃处理。（3）对发案的单位，提出纪律检查建议或者监察建议，发挥查办案件的治本作用。对审查调查过程中发现的重要问题和意见建议，应当形成专题报告。（4）对不履行全面从严治党主体责任或者履行全面从严治党主体责任不力的，按照管理权限对领导班子和领导干部进行问责，或者向有权作出问责决定的机关提出问责建议。

二、移送审理

凡需追究纪律法律责任的案件，审查调查结束后，都应按程序移送审理。移送审理的案件，一般应当符合以下条件：（1）该案件已审查调查终结；（2）被审查调查人的行为已经构成违纪违法，需要追究纪律责任或法律责任；（3）案件材料齐全并组装成卷；（4）已经报经纪检监察机关主要负责人批示同意移送审理。

根据《纪律检查机关监督执纪工作规则》第 52 条、《监察法实施条例》第 220 条等规定，移送审理的材料包括：审查调查报告以及忏悔反思材料，违纪或者职务违法、职务犯罪事实材料，涉案财物报告等，涉案人员处理意见等材料，连同全部证据和文书手续移送审理。其中，涉案财物报告、涉案人员处理意见属于调查组对于重要问题形成的专题报告或专门材料。涉案财物报告应写明涉案财物的数量、价值、保管等情况，提出对涉案财物的处理意见，并附涉案财物清单①。需要强调的是，移送审理的应是全部证据材料，既包括证明被审查调查人构成违纪违法或违纪违法情节严重的证据，也包括证明被审查调查人违纪违法情节轻微或不构成违纪违法的证据。

此外，对涉嫌职务犯罪的案件材料应当按照刑事诉讼要求单独立卷，与《起诉建议书》、涉案财物报告、同步录音录像资料及其自查报告等材料一并移送审理，以便将涉嫌职务犯罪案件及证据材料移送人民检察院审查起诉。根据有关规定，单独立卷的被调查人涉嫌职务犯罪案件卷宗材料应当包括法律文书、手续和证据材料，并按照涉嫌的犯罪罪名和不同事实分别进行组卷，具体分为三种材料：（1）证据材料，包括主体身份材料，被调查人供述和辩解，证人证言，物证，书证，视听资料，电子数据，鉴定意见，勘验检查、搜查笔录等。（2）法律手续和文书，包括立案决定书，留置决定书、留置通知书，查封、扣押、限制出境等相关文书。（3）被调查人到案经过和量刑情节等材料②。

三、涉案财物管理

在审查调查中，查封、扣押（暂扣、封存）、冻结、移交涉案财物，都应当严格履行审批手续。采取查封、扣押（暂扣、封存）措施，应当由持有人或者保管人、见证人在场，当面逐一拍照、登记、编号，现场填写登记表，由在场人员签名。见证人应当选取与案件无关的人员。纪检监察机关不得随意扩大查封、扣押（暂扣、封存）的范围。纪检监察机关应当设立专用账户、专门场所，指定专门人员严格按照规定保管涉案财物。

审查调查部门向案件审理部门移送案件时，应按以下方式将查封、

---

① 《〈中华人民共和国监察法实施条例〉释义》，中国方正出版社 2022 年版，第 307 页。

② 《〈中华人民共和国监察法实施条例〉释义》，中国方正出版社 2022 年版，第 307 页。

扣押（暂扣、封存）的涉案财物情况及其处理意见移送案件审理部门审核：（1）在审查调查报告中写明全部涉案财物的数量、价值、保管情况等，提出对涉案财物的处理意见，并附涉案财物清单。（2）案件移送审理时，应同时将对涉案财物采取查封、扣押（暂扣、封存）、冻结、责令不得变卖、转移等措施的手续、文书及鉴定材料等一并移送审理。（3）未经移送审理的，一律不得擅自处理涉案财物①。

四、关于依规依法撤销案件

党内法规和国家法律对纪检监察机关依规依法撤销案件均有明确规定。《监察法实施条例》第237条明确了应当依法撤销案件的两种情形：一是没有证据证明被调查人存在违法犯罪行为的，包括检举失实、完全查否、违法犯罪事实并非被调查人所为等案件。二是现有证据不足以证明被调查人存在违法犯罪行为的，属事实存疑案件，按照证据标准和有利于被调查人原则，也应予以撤销案件。实践中，审查调查部门和案件审理部门根据案件所在阶段和调查情况，均有权提出撤销案件的建议②。

◉ 案例

牢固树立纪法思维和程序意识

K市纪委对反映市招商局党组书记、局长孙某的问题线索进行初步核实后认为，孙某对中央八项规定精神置若罔闻，长期违规频繁接受宴请，大吃大喝；与不法私营企业主沆瀣一气，大搞权钱交易，利用职权或者职务上的影响为他人谋取利益收受对方财物等，属严重违纪且涉嫌犯罪，拟对其立案审查。

① 《纪律审查与监察调查程序》，中国方正出版社2019年版，第140页。

② 许展、徐磊：《确保撤销案件权依法规范行使》，载《中国纪检监察》2022年第7期。

按照党内法规和国家法律规定要求，K 市纪委将对孙某立案审查的决定向市委请示汇报并向省纪委做了报告。形成明确意见后，7 月 12 日，市纪委第六审查调查室起草了立案审查调查呈批报告，经市纪委书记审批并报市委书记批准同意予以立案审查。随后，第六审查调查室主任带领室内同志研究提出了审查谈话方案、外查方案，报市纪委副书记批准后，由第六审查调查室副主任担任组长的审查调查组同时成立，下设谈话、外查、综合、后勤保障等若干小组。7 月 17 日，市纪委书记主持召开专题会议，纪检监察机关相关负责人参加，研究确定了审查调查方案，提出了需要采取的审查措施。7 月 21 日下午，审查组的 2 名同志敲开了孙某办公室的门，将其带到了市纪委专门的审查调查地点。"我是被冤枉的，我一直清廉自律，严格要求自己！"直到市纪委副书记向其宣布立案决定的那一刻，孙某仍以为自己已经侥幸过关。当天晚上 8 点，审查组同志拨通了孙某家属的电话，通知孙某正在接受组织审查。晚上 9 点，市纪委网站上挂出了"市招商局党组书记、局长孙×涉嫌严重违纪，目前正接受 K 市纪委监委纪律审查和监察调查"的消息。

经过审查调查组细致入微的思想政治工作，孙某从刚开始的拒不配合、消极应对到逐步正视自己的问题。8 月 11 日是孙某的入党时间，谈话组的同志决定给他过一次政治生日。他们调取了孙某的入党志愿书，和他一起重温入党誓词、重读入党志愿书。面对着墙上的党旗和自己当初手写的入党志愿书，想起当年握拳许下的誓言，孙某再也抑制不住自己的情绪，失声痛哭起来……随后几天，孙某逐步交代自己的问题。谈话组均如实记录在讯问笔录中，由孙某阅看后签字。与此同时，外查工作也在紧锣密鼓地进行……

经过连续 3 个多月的奋战，审查调查组查明了孙某的违纪违法事实，撰写了事实材料并与孙某见面，听取了本人意见。孙某对此表示认同，签署了同意的意见。

在集体讨论的基础上，审查调查组形成了审查调查报告，包括孙某的基本情况、问题线索来源及审查调查依据、审查调查过程、主要违纪和职务违法职务犯罪事实、被审查人的态度和认识、处理建议等，审查调查组组长及有关人员均在报告上签名。

此外，对审查调查中发现的市招商局有关招商流程不规范、“一把手”权力过大、日常监督不力等问题，审查调查组还另行起草了专题报告，有针对性地提出了意见建议，呈报市纪委领导。

案结卷成，事毕归档。此时，审查调查报告、忏悔反思材料、违纪和职务违法职务犯罪事实材料、涉案财物报告，以及全部证据和程序材料，变成厚厚的一沓案卷，所有材料装订成册。在报市纪委书记批准后，这些案卷材料依照规定移送审理，审查调查工作告一段落①。

◉ 评析

审查调查是指，纪检监察机关对党员、干部以及监察对象涉嫌违纪或者职务违法、职务犯罪，需要追究纪律或者法律责任的问题，进行立案审查调查的活动。审查调查工作必须牢固树立纪法思维和程序意识，严格按照立案条件、审查调查程序、审批权限和请示报告制度开展工作。

本案中，K市纪委监委和具体承办部门严格依照程序履行重大事项请示报告制度，将对孙某立案审查的决定向市委请示汇报并向省纪委作了报告；履行立案审批程序，呈批报告经市纪委书记审批并报市委书记批准同意；起草审查谈话方案、外查方案，召集由纪委书记主持的专题会议，研究批准审查调查方案；采取留置措施后，24小时内通知其所在单位和家属，并及时向社会公开公布；等等。这一系列工作都是审查调查工作重要的程序要求。程序是“看得见的正义”，纪检监察权的权威来源于程序的公平公正。审查调查的各项工作必须严格按照法定权

---

① 参见沈叶：《立案审查的规矩与红线》，载《中国纪检监察》2017年第9期。

限、规则、程序来开展，决不能因为目的正当而忽略程序、规避程序。

审查调查工作是严肃的思想政治教育工作。《纪律检查机关监督执纪工作规则》强调，审查调查期间，对被审查调查人以同志相称，安排学习党章党规党纪以及相关法律法规，开展理想信念宗旨教育，通过深入细致的思想政治工作，促使其深刻反省、认识错误、交代问题，写出忏悔反思材料。本案中，审查调查组对孙某以同志相称、安排学习党章党规党纪、重温入党誓词、重读入党志愿书、撰写忏悔和反思材料……旨在唤醒犯错误党员对“激情燃烧岁月”的记忆。这些措施，不仅是对人性和灵魂的救赎，更体现了我们党惩前毖后、治病救人的一贯方针。

查明涉嫌违纪或者职务违法、职务犯罪问题后，审查调查组应当撰写事实材料，与被审查调查人见面，听取意见。审查调查工作结束后，应当形成审查调查报告。审查调查报告是审查调查组对被审查调查人的违纪违法问题进行审查核实后，如实形成的关于违纪违法事实和处理建议等情况的书面综合材料，是审查调查组全体人员集体辛劳和智慧的结晶。审查调查组应当集体讨论，形成审查调查报告，并由审查调查组组长以及有关人员签名。这体现了审查调查工作的严肃性和规范性，坚持集体讨论和签名留痕也可为倒查追责、终身追溯留下依据，确保审查调查客观公正。

思考题：

1. 审查调查的立案条件是什么？
2. 审查调查工作中如何牢固树立纪法思维和程序意识？
3. 审查调查立案程序分为哪几类？

第十七章　审查调查措施的使用

党内法规和国家法律赋予了纪检监察机关必要的审查调查措施，依规依纪依法采取审查调查措施是监督执纪执法的重要环节。纪检监察机关采取审查调查措施必须严格遵循规定的审批权限、办理程序、时限要求等，规范相关纪律法律文书的制作和使用，确保依规依纪依法使用各项措施。

第一节　概　　述

一、审查调查措施的内涵

审查调查措施是指，纪检监察机关在纪律审查和监察调查中，所运用的查明违纪违法问题的各种手段和措施。

《纪律检查机关监督执纪工作规则》和《监察法》《监督执法工作规定》等规定了纪检监察机关执纪执法中拥有的21项措施。由于纪检监察机关合署办公，纪律审查措施和监察调查措施可以综合运用。具体分为以下情形。

（一）纪检机关和监察机关分别可以采取的措施

根据规定，纪检机关在监督执纪中可以采取8项措施，包括：谈话、函询、查询、调取、暂扣、封存、勘验检查、鉴定。纪检机关在监督执纪中不能采取限制出境、技术调查措施等权限，主要是考虑到限制出境、技术调查措施直接影响措施使用对象的人身自由和通信秘密权利，敏感程度较高，且须交有关机关执行，应当从严掌握。

监察机关在监察执法中可以采取 21 项措施，包括：谈话、函询、讯问、询问、强制到案、责令候查、管护、留置、禁闭、查询、冻结、搜查、调取、查封、扣押、勘验检查、调查实验、鉴定、通缉、技术调查、限制出境。其中采取技术调查、限制出境措施的，按照规定审批后，交有关机关执行。

（二）日常监督、初步核实、立案调查等各阶段分别可以采取的措施

根据《纪律检查机关监督执纪工作规则》的规定，纪检监察机关在日常监督中可以采取谈话函询方式处置问题线索，必要时可以对被反映人谈话函询的说明情况进行抽查核实。《监察法》第 18 条规定，监察机关行使监督、调查职权，有权依法向有关单位和个人了解情况，收集、调取证据。鉴于对被反映人谈话函询的说明情况进行抽查核实需要对相关信息的查询、调取等必要措施，为有效满足日常监督工作需要，有必要赋予采取相关措施的权限。根据规定，纪检监察机关在问题线索处置阶段可以采取谈话、函询、查询、调取共 4 项措施，这样有利于提高监督的精准性、针对性和实效性。

纪检监察机关在初步核实阶段，不仅可以使用上述 4 项措施，还可以进一步采取 6 项措施，包括：询问、勘验检查、调查实验、鉴定、技术调查、限制出境。这也意味着该 6 项措施必须在初核后才能使用。

纪检监察机关在立案后，不仅可以使用上述 10 项措施，还可以进一步采取 11 项措施，包括：讯问、强制到案、责令候查、管护、留置、禁闭、冻结、搜查、查封、扣押、通缉。这也意味着该 11 项措施必须在立案后才能使用。

此外，要强调三种特殊情况：（1）管护措施一般应当立案后使用，紧急情况下可以在初核阶段使用，但应当及时办理立案程序。（2）纪

检机关的暂扣措施一般应当立案后使用，但在初核阶段，对被核查人及相关人员主动上交的财物，核查组应当予以暂扣。（3）虽然监察机关在初步核实阶段可以使用技术调查措施，但是有一个例外情形，即设区的市级以下监察机关在初步核实中不得采取技术调查措施。

（三）调查职务违法和职务犯罪分别可以采取的措施

根据《监察法》《监察法实施条例》规定，调查职务违法和职务犯罪案件，可以采取的措施是不同的。比如，留置、管护、责令候查、强制到案、禁闭措施只能适用于严重职务违法或者职务犯罪案件。讯问只能适用于涉嫌职务犯罪的被调查人。搜查只能适用于监察机关调查职务犯罪案件。技术调查措施只能适用于调查涉嫌重大贪污贿赂等职务犯罪。

二、审查调查措施的特征

（一）规定的明确性

纪检监察机关在审查调查中采取的措施，必须以党内法规和国家法律为依据。《监督执法工作规定》《监察法》《监察法实施条例》等均对审查调查措施作出明确规定，形成了轻重结合、配套衔接、环环相扣的监察强制措施体系。党内法规和国家法律没有授权的，不能作为审查调查措施使用。比如，纪检监察机关采取技术调查、限制出境措施，必须提请有关机关执行，绝对不能自己执行。此外，纪律审查措施属于党内监督手段，监察调查措施属于国家监察手段，两者也不可混同。

（二）实施的强制性

审查调查措施的实施，以党的纪律执行力和国家强制力作为坚强保障，具有强制性。比如，《监察法》第 4 条第 3 款规定："监察机关在工作中需要协助的，有关机关和单位应当根据监察机关的要求依法予以协助。"第 72 条规定，有关人员违反监察法规定阻碍、干扰监察工作的，如"不按要求提供有关材料，拒绝、阻碍调查措施实施等拒不配合监察机关调查的"，由其所在单位、主管部门、上级机关或者监察机关责令改正，依法给予处理。纪检监察机关执纪执法过程，涉案人员及其他相关人员必须执行和配合，否则可以追究相关人员的责任。

（三）操作的规范性

使用审查调查措施，必须严格依照规定的程序执行，严格履行报批程序，严格管控措施使用，重要取证工作必须全程同步录音录像，并根据规定履行有关告知程序。严格控制措施使用范围，不能对与案件无关的人员和事项采取审查调查措施，不能将审查调查措施用于办案以外的目的。审查调查人员行使职权，侵犯公民、法人和其他组织的合法权益造成损害的，应当依法给予国家赔偿，并追究相关人员责任。

（四）条件的规定性

采取审查调查措施必须符合规定的条件，包括采取措施的条件、时间、对象、所要达到的目的等。比如《监察法》第 20 条规定，讯问的对象必须是“涉嫌贪污贿赂、失职渎职等职务犯罪的被调查人”；第 26 条规定，采取查询、冻结措施的前提是“调查涉嫌贪污贿赂、失职渎职等严重职务违法或者职务犯罪”。不符合采取审查调查措施条件的，不应当采取。特别是，强制到案、责令候查、管护、留置、禁闭、冻结、搜查、查封、扣押、通缉等限制人身自由和财产权的强制措施必须立案后才能使用，立案前不得使用，防止对公民、法人和其他组织的合法权益造成损害。

（五）使用的时限性

审查调查措施的使用都有明确的时间要求，不能无限期使用。比如，《监察法》对留置的时间有严格的时限要求；冻结涉案存款、汇款、交易结算资金等财产的期限不得超过 6 个月，冻结证券财产的期限不得超过 2 年，如有特殊原因需要延长的，应当在冻结期限届满前按原程序报批后办理续冻手续。在审查调查措施的实施过程中，发现措施失当，或者采取措施的必要条件消失时，应当及时解除相应审查调查措施。

三、审查调查措施与刑事侦查措施的区别

《刑事诉讼法》赋予检察机关和公安机关法定侦查权。在一些西方

国家的侦查犯罪用词上，“侦查”和“调查”是同一概念。英语中对犯罪的侦查使用的是“Investigate”，《布莱克法律词典》将其解释为：“调查，1. 指系统地查究某一事项；将某一嫌疑人列为刑事侦查对象。2. 开展官方调查。”[①] 从目前英、美等国家有关犯罪侦查的相关材料看，犯罪调查和犯罪侦查基本作为相同概念使用。但是在中国，“侦查”与“调查”都具有特定内涵，侦查权与调查权有着本质性的不同，刑事侦查措施与审查调查措施有着本质性区别，不可混为一谈。

（一）主体不同

侦查是公安机关和人民检察院的专有职权，《刑事诉讼法》明确规定犯罪侦查的主体是公安机关和人民检察院。而纪律审查措施的使用主体是党的纪律检查机关，监察调查措施的使用主体是国家监察机关。在国家监察体制改革过程中，也有学者提出“将检察机关的侦查权全部转移至监察机关”，这种观点是欠妥的。因为监察机关与检察机关有着本质性区别，监察机关的首要职责是监督，特别是对公职人员的日常监督；检察机关是代表国家依法行使检察权的国家机关，其主要职责是追究刑事责任，提起公诉和实施法律监督。因此，不宜将以“追究刑事责任”为目的的侦查措施转移至监察机关这个监督机关。

（二）手段措施不同

《刑事诉讼法》赋予了检察机关多种侦查措施和手段，包括特定的5种“强制措施”，即拘传、取保候审、监视居住、拘留和逮捕。《监察法》等规定了监察机关可以采取的调查措施。检察机关的侦查措施与监察机关的调查措施有相同点，也有各自专有的措施。两者不同的一个重要原因是职务违法犯罪与其他违法犯罪性质与特点的不同。职务违法犯罪是违法犯罪与国家权力相结合的“隐性违法犯罪”，职务性、隐蔽性、智能性、复杂性等特点明显，这就要求监察调查必须既借鉴刑事侦

① Black's Law Dictionary. 8th ed. , Thomas Reuters，2004：2420.

查措施的优点与经验，又遵循职务违法犯罪调查的客观规律和特点，增强职务违法犯罪调查的权威性、主动性和有效性，并切实维护调查过程中的实体公正和程序公正。比如，《监察法》规定的管护措施与《刑事诉讼法》规定的强制措施有明显区别，管护措施的适用情形是监察机关对自动投案或者交代有关问题的涉嫌严重职务违法或者职务犯罪人员，在紧急情况下可以进行管护，旨在及时排除风险隐患，保障办案安全。可以说，管护措施从根本上讲是一种主动保护性措施，针对的是未被留置的人员存在逃跑、自杀等重大安全风险，这是适应办理职务违法和职务犯罪案件特点和规律的重要制度设计。

（三）适用法律不同

使用侦查措施适用的是《刑事诉讼法》等刑事法律法规；使用调查措施适用的是《监察法》等监察法律法规，使用审查措施适用的是《纪律检查机关监督执纪工作规则》等党内法规。特别是要区分侦查措施与调查措施适用法律的不同。《刑事诉讼法》第 1 条规定刑事诉讼法的目的是“为了保证刑法的正确实施，惩罚犯罪，保护人民”，它的适用对象是“犯罪行为”。监察机关是“监督机关”而不是“办案机关”，监察机关的首要职责是监督，特别是对公职人员的日常监督。作为一项监督活动，监察机关的监督行为就不能适用以“查明犯罪事实，正确应用法律，惩罚犯罪分子”为主旨的《刑事诉讼法》。因此，监察机关调查职务违法和职务犯罪适用监察法律，案件移送检察机关后适用刑事诉讼法律。

四、审查调查措施使用原则和要求

（一）合规合法原则

纪检监察机关是执纪执法机关，依规依纪依法履行职责，是其履职的底线要求。党内法规和国家法律坚持授权与控权相结合，对纪检监察各项审查调查措施的审批程序、法定时限以及工作要求等作了系统规定。纪检监察机关必须把合规合法原则贯彻于措施使用全过程，包括每项措施的审批和监管，每项措施使用的范围、程序和期限，每项法律文书的出具和送达等都必须严格依规依法。“纪检监察机关应当按照不同阶段采取相应措施，在立案以后才能采取的措施在初核阶段不得使用，不得未经审批采取措施或者超越审批范围采取措施。采取措施时，要按照规定出具相应文书并对相关事项履行告知义务，切实保护当事人的合法权益。”[①] 否则，就可能执纪违纪、执法违法，并承担相应的纪律和法律后果。

（二）必要性原则

使用审查调查措施的目的在于查清违纪违法行为、保证审查调查工作顺利进行，在客观上会不同程度地影响公民的人身权利，如果使用不当势必会对公民的人身权利造成伤害，在使用时必须严肃谨慎。“措施使用直接影响被审查调查人和涉案人员的人身、财产等权利，涉及人身自由、财产、隐私等方方面面。纪检监察机关查办案件必须把政治效果摆在首位，消除措施使用的各类风险隐患，保护被审查调查人和涉案人员的合法权利，特别是确保相关人员的人身安全。”[②]纪检监察机关采取审查调查措施应当坚持必要性原则，只有在为了保证审查调查工作顺利推进、确有必要时才能采取，不得随意使用强制措施，更不能将强制措施作为一种处罚措施予以使用。《监察法实施条例》第 58 条也明确规定，“监察机关应当根据开展监督执法调查工作的需要、涉嫌职务违法或者职务犯罪行为的严重程度、监察措施适用对象与案件的关联程度，以及采取监察措施的紧急程度等情况，合理确定采取监察措施的对象、种类和期限，不得超过必要限度。禁止违反规定滥用监察措施。”实践中，应综合考虑违纪违法行为的严重程度、被审查调查人妨碍审查调查

① 中央纪委国家监委案件监督管理室：《准确把握〈监察法实施条例〉中案件监督管理工作相关规定》，载《中国纪检监察报》2022 年 9 月 7 日。

② 中央纪委国家监委案件监督管理室：《准确把握〈监察法实施条例〉中案件监督管理工作相关规定》，载《中国纪检监察报》2022 年 9 月 7 日。

的现实可能性、安全风险和案件情况的紧急性等，研判是否有必要采取措施以及采取何种措施，尽量减少对公民权利的影响[①]。

（三）相当性原则

相当性原则强调纪检监察机关采取何种审查调查措施，要与审查调查对象违纪违法犯罪的程度相适应。一般来讲，违纪违法犯罪的程度越严重，采取审查调查措施的必要性就越大，采用的审查调查措施的强度就越高。特别是使用每一种审查调查措施均有法定条件，只有根据已经查明的案件事实和已有的证据，才能确定是否使用某些审查调查措施。"在采取措施时，要认真分析研判，把握适度原则，坚持从严使用、严禁滥用，对于措施是否需要使用应当统筹把握，综合考虑相关人员涉嫌违纪或者职务违法、职务犯罪行为的严重程度等因素，合理确定采取措施的对象、种类、时限等，坚决防止擅自扩大范围、延长时限，避免随意降低门槛造成措施使用的泛化和随意化。"[②]比如，强制到案适用的条件是监察机关调查严重职务违法或者职务犯罪，对于经通知无正当理由不到案的被调查人，经依法审批，才可以采取强制到案措施。留置适用的条件是被调查人涉嫌贪污贿赂、失职渎职等严重职务违法或者职务犯罪，监察机关已经掌握其部分违法犯罪事实及证据，仍有重要问题需要进一步调查，并有《监察法》第 24 条规定的法定情形，经监察机关依法审批，才可以将其留置在特定场所。

第二节 谈 话

一、谈话的概念和意义

谈话是指对可能发生违纪或者职务违法的监督对象，依照法定程序

① 李庚：《准确把握新增监察强制措施的内涵》，载《中国纪检监察》2025 年第 1 期。

② 中央纪委国家监委案件监督管理室：《准确把握〈监察法实施条例〉中案件监督管理工作相关规定》，载《中国纪检监察报》2022 年 9 月 7 日。

采取言词交谈方式处置问题线索以及调查取证的一种措施。在纪检监察工作中，主要有四种类型的谈话，分别是：日常谈心谈话、问题线索处置谈话、初步核实谈话和立案审查调查谈话。日常谈心谈话是党组织包括纪检监察机关开展日常监督的一种重要方式，本节中的谈话措施主要是指后三种类型的谈话。谈话既是纪律审查措施，也是监察调查措施。

谈话措施具有以下特点：（1）谈话的对象是涉嫌违纪、职务违法的被核查人、被审查调查人以及监督执纪中的证人等相关知情人员。对涉嫌职务犯罪的被审查调查人，应使用讯问措施。（2）党的纪律检查机关和国家监察机关均可以使用谈话措施。比如，《监察法》第20条规定，在调查过程中，对涉嫌职务违法的被调查人，监察机关可以进行谈话，要求其就涉嫌违法行为作出陈述，必要时向被调查人出具书面通知。谈话措施使用的阶段包括问题线索处置阶段、初步核实阶段和立案阶段。（3）问题线索处置阶段的谈话主体一般是纪检监察工作人员，经审批可以委托被谈话人所在单位主要负责人等进行谈话；初步核实阶段和立案阶段的谈话主体只能是纪检监察机关工作人员，不能委托给其他机关、个人行使。

谈话是纪检监察机关重要的监督和审查调查措施，具有重要作用与价值。（1）谈话措施是落实“四种形态”中第一种形态的重要抓手。采取谈话方式处置问题线索，主要是为了谈清问题、抓早抓小，及时给予警示、批评或者教育，避免对象滑向职务违法犯罪的深渊，体现我们党惩前毖后、治病救人的一贯方针。（2）谈话是查清有无违纪违法事实的重要手段。通过谈话，使审查调查对象能够认识到自己的错误，交代自己的违纪违法事实。同时，对于问题线索反映不实的，审查调查对象也可以客观向组织说明，说清问题、澄清事实。（3）谈话是收集证据、核查事实的重要途径。“谈话的过程也是收集证据、核实事实的过程。”① 通

① 《监察调查程序与措施》，中国方正出版社2020年版，第88页。

过谈话，核查相关问题线索，及时收集固定证据，认定违纪违法事实。

二、谈话的程序和要求

根据规定，开展问题线索处置谈话与初核谈话、审查调查谈话的要求是不同的。关于问题线索处置谈话，本书第十四章专门作了阐述，这里主要阐述初核谈话和审查调查谈话。

纪检监察机关开展谈话，必须严格依规依法。（1）关于谈话的场所。根据规定，为了保证谈话安全，与未被限制人身自由的被审查调查人谈话，应当在具备安全保障条件的场所进行；与被留置的被审查调查人谈话，按照法定程序在留置场所进行。（2）关于审批程序。立案后与被审查调查人开展谈话无须再办理审批程序。因为，审查调查谈话前，案件已按程序报批立案和调查方案，谈话作为审查调查必经的程序，不需要每次再单独报批。但是，谈话前应当拟定谈话方案和相关工作预案，纪检监察干部不能擅自越权谈话。（3）关于文书要求。审查调查谈话应当个别进行。根据《监察法实施条例》第 81 条规定，与被调查人首次谈话时，应当出示《被调查人权利义务告知书》，由其签名、捺指印。被调查人拒绝签名、捺指印的，调查人员应当在文书上记明。对于被调查人未被限制人身自由的，应当在首次谈话时出具《谈话通知书》。（4）要将思想政治工作贯穿审查调查始终。根据不同对象的成长经历、个性特征、社会关系、兴趣爱好、一贯表现以及涉案问题性质，因人施策、对症下药，分门别类制定谈话方案，有针对性地开展思想政治谈话工作。对存有抵触情绪的对象，侧重从其个人角度思考问题，分析利弊、指明出路；对存有侥幸或犹豫心理的对象，主要从加强思想教育、纠正错误认识入手，引导其相信和依靠组织；对存有悲观、畏罪思想的对象，将其功过是非列入谈话内容，促使正视错误，打开心结[①]。（5）关于录

---

① 朱旭：《将思想政治工作贯穿审查调查始终》，载《中国纪检监察报》2022 年 9 月 8 日。

音录像。与涉嫌严重违纪或者职务违法、职务犯罪问题的被审查调查人进行谈话，都应当全程同步录音录像，并告知被审查调查人。（6）关于权益保障。与被审查调查人进行谈话，应当合理安排时间、控制时长，保证其饮食和必要的休息时间。

三、制作谈话笔录

审查调查谈话应当在谈话现场制作谈话笔录。笔录应当紧紧围绕违纪违法构成要素和证据的客观性、关联性、合法性来制作，确保叙事清晰、要件齐备，严谨规范、详细具体，既能够准确定性案件，又能够体现谈话对象的态度。笔录制作完成后，应当交给被审查调查人核对，如果记载有遗漏或者差错，应当在笔录上补充或者更正，并由被审查调查人在补充或者更正处捺指印。被审查调查人核对无误后，应当在笔录中逐页签名、捺指印。被调查人请求自行书写说明材料的，应当准许，必要时，审查调查人员也可以要求被审查调查人自行书写说明材料，并逐页签名、捺指印，在末页写明日期。2 名以上审查调查人员在首页注明接受的日期并签名①。

第三节　讯　　问

一、讯问的概念和意义

讯问是指对涉嫌贪污贿赂、失职渎职等职务犯罪的被调查人，依照法定程序以言词方式就案件事实和其他与案件有关的问题向被审查调查人进行查问，要求其如实供述涉嫌犯罪情况的一种措施。《监察法》第 20 条第 2 款规定："对涉嫌贪污贿赂、失职渎职等职务犯罪的被调查人，监察机关可以进行讯问，要求其如实供述涉嫌犯罪的情况。"

讯问措施具有以下特点：（1）讯问的对象是涉嫌职务犯罪的被调

---

① 中共中央纪律检查委员会、中华人民共和国国家监察委员会案件审理室：《公职人员职务犯罪调查取证工作百问百答》，中国方正出版社 2019 年版，第 65 页。

查人，以及涉嫌行贿犯罪或者共同职务犯罪的涉案人员。在调查工作中，有的被调查人只涉嫌职务违法，尚不涉嫌职务犯罪，监察机关应当按规定进行谈话，而不是进行讯问。对已被公安等侦查机关、司法机关采取刑事强制措施的犯罪嫌疑人、被告人，如果其在监察机关查办的案件中只是作为证人身份的，应当按规定进行询问，而不是讯问。（2）讯问必须立案后使用，在初核阶段不可使用。讯问被留置的被调查人，应当在留置场所进行。（3）讯问措施只能由国家监察机关行使，不能以党的纪律检查机关名义行使。以监察机关名义收集的证据材料可以在监督执纪中作为违纪证据使用。

讯问是立案调查的重要权限，在调查工作中具有十分重要的意义。（1）讯问是调查职务犯罪的必经程序。被调查人对自己是否实施犯罪以及如何实施犯罪最清楚，通过讯问可以获得有价值的口供或者被调查人的无罪辩护，有利于判断事实、查明案情。（2）讯问是调查职务犯罪的有效措施。通过讯问可以查明职务犯罪的时间、地点、动机、目的、实施过程、手段等案件事实和情节，判断职务犯罪的性质；查明有无遗漏的违法犯罪行为；查明赃款赃物的去向，尽可能挽回经济损失；还可以追查其他犯罪线索，揭露其他犯罪行为，追究其他应当追究法律责任的人员，扩大监察调查效果。（3）讯问是被调查人进行辩解的重要机会。在讯问中，被调查人可以进行无罪或罪轻的辩解，维护自己的合法权益；也可以坦白交代违法犯罪行为，检举揭发他人，获得从轻从宽处理的机会。（4）讯问笔录也是作出处置、审查起诉和刑事审判的重要证据。

二、讯问的程序和要求

（一）讯问的主体

讯问只能由纪检监察机关工作人员依法行使，不能委托给其他机关、个人行使。讯问应当个别进行，调查人员不得少于2人。

（二）讯问前的准备

讯问前，调查人员应当做好充分的准备，包括：制定明确具体的谈话方案和谈话提纲；分析被调查人的心理状态，研究被调查人成长经历、个性特点、家庭情况、社会关系、身体健康状态等基本情况；熟悉与案件有关的法律法规，包括实体性法律法规、程序性法律法规以及与调查有关的地区性或者行业性的相关政策等；全面熟悉和掌握案件情况，对已收集的证据材料进行归纳总结，拟订讯问方案和讯问提纲；制定应急预案，针对讯问中可能发现的意外情况，制定应急办法和预案；准备好录音录像设备等。总之，要摸清底数、应知尽知，把问题尽可能想全想透，准确做好风险评估。

（三）进行首次讯问

首次讯问时，应当按照以下要求进行：（1）关于文书。调查人员应当向被讯问人出示《被调查人权利义务告知书》，由其签名、捺指印。被讯问人拒绝签名、捺指印的，调查人员应当在文书上记明。被讯问人未被限制人身自由的，还应当在首次讯问时向其出具《讯问通知书》。《讯问通知书》是要求被讯问人按照规定的时间地点接受讯问的法律文书。（2）关于讯问顺序。《监察法实施条例》第 90 条详细规定了开展讯问的顺序。调查人员应当讯问被讯问人是否有犯罪行为，让其陈述有罪的事实或者无罪的辩解，然后再向其提出问题，防止调查人员主观片面、先入为主。对被讯问人的犯罪事实、动机、目的、手段，与犯罪有关的时间、地点，涉及的人、事、物，都应当讯问清楚。此外，应当注意了解被讯问人到案经过的相关内容，在定案时用以认定被讯问人是否构成自首等情节。[①]（3）关于主动告知事项。包括：询问被讯问人的身体状况，告知被讯问人如实供述自己罪行可以依法从宽处理和认罪认罚的法律规定，告知被讯问人将进行全程同步录音录像，询问被讯问人是否需要申请回避等。

---

① 中共中央纪律检查委员会、中华人民共和国国家监察委员会案件审理室：《公职人员职务犯罪调查取证工作百问百答》，中国方正出版社 2019 年版，第 52—56 页。

（四）讯问的注意事项

讯问中还需注意以下事项：（1）讯问应当客观清楚。对被调查人违法犯罪的事实、动机、目的、手段，与违法犯罪有关的时间、地点、人物等，都应当讯问清楚。（2）讯问必须依规依法。讯问中，调查人员禁止对被调查人作出不当承诺，避免使用诱导性语言。（3）讯问过程必须全程录音录像，留存备查。讯问时应当对每一次讯问全程不间断进行，保持完整性，不得选择性录制，不得剪接、删改。录音录像应当自讯问开始时录制，至被调查人核对讯问笔录、签字捺指印后结束。讯问笔录记载的起止时间应当与录音录像资料反映的起止时间一致。（4）讯问必须坚持实事求是。要以事实为基础，坚持一切从实际出发，结合动机态度、客观条件、性质程度、后果影响等因素，对谈话对象的问题进行综合分析，讲清楚党组织的态度和政策，是什么性质的问题就按什么性质对待，不主观片面，不随意放大或者缩小相关问题，对欺骗组织、对抗审查调查的坚决查处，对知错悔改、真心悔过的给机会、给出路，为案件定性提供真实的材料和意见①。此外，讯问的目的，不光是要查清问题，更是做思想政治工作，通过教育、感化挽救，唤醒党章党规党纪法律意识，使其真心忏悔，交代问题，写出忏悔录和反思材料。这体现了纪检监察机关的职责与调查工作的特点。

（五）保障被调查人合法权益

安全文明办案、保证办案安全是讯问工作必须严守的底线。纪检监察机关禁止使用违反党章党规党纪和国家法律的手段，严禁逼供、诱供、侮辱、虐待、体罚或者变相体罚。讯问期间要注意观察被讯问人情况，讯问人员中应有人专门负责安全问题，如被讯问人身体出现不适，应中止讯问，请医护人员到场诊疗。

---

① 朱旭：《将思想政治工作贯穿审查调查始终》，载《中国纪检监察报》2022年9月8日。

三、制作讯问笔录

讯问被调查人，应当制作讯问笔录。讯问笔录是重要的证据材料，调查人员应当将问话和被调查人的供述或者辩解如实地记录清楚。(1) 监察机关立案调查的涉嫌职务犯罪案件，应按照监察机关讯问笔录格式要求制作。(2) 讯问笔录应详细记录谈话信息和被调查人基本情况。笔录的时间精确到分钟，地点具体到房间。(3) 讯问笔录应当交被调查人核对，对于没有阅读能力的，应当向他宣读。如果记载有遗漏或者差错，被调查人可以提出补充或者改正。被调查人核对无误后，应在笔录末页结束处签写“以上笔录共×页，我已看过（或向我宣读过），和我说的相符”，并签名、写明日期、捺指印；同时，还要逐页在笔录上签名和捺指印，签名要字迹清晰可辨；如果记载有遗漏或差错的，应在笔录补充或修改处捺指印。被调查人拒绝签名、捺指印的，调查人员应该在笔录中注明。(4) 讯问笔录制作完成后，调查人员须现场在笔录上分别签名，要求字迹清晰可辨。同时，要避免代签行为的发生，不能出现同一调查人员在同一时段对多个被调查人开展谈话的情况。(5) 在讯问结束时应与被调查人核查以下问题，并记录在讯问笔录中：“本次讯问中，有无暴力、威胁、引诱、欺骗或者以其他非法方法获取证据的情形？”“你还有什么要补充的吗？”“你以上所讲是否属实？”“有无检举、揭发？”①

第四节　询　　问

一、询问的概念和意义

询问是指依照法定程序以言词交谈方式，就有关情况向证人或被害人等相关知情人员进行调查了解的一种措施。询问措施只能以监察机关

① 中共中央纪律检查委员会、中华人民共和国国家监察委员会案件审理室：《公职人员职务犯罪调查取证工作百问百答》，中国方正出版社2019年版，第64—65页。

名义行使。《监察法》第 22 条规定："在调查过程中，监察机关可以询问证人等人员。"

询问措施具有以下特点：（1）询问的对象是证人、被害人等相关人员。"证人"是指知道纪检监察机关所调查案件真相的当事人以外的第三人。证人包括很多种，有涉案人员，比如行贿人；有直接知情人，比如行贿的经办人员；有间接知情人，比如接触过部分违纪违法事实的人员；有利益相关人，比如秘书、司机等。国家法律规定，凡是知道案件情况的人，都有作证的义务。每个公民都有揭露犯罪、证实犯罪的义务，作证是公民的义务。"被害人"是指合法权益遭受违法犯罪行为侵害的人，被害人一定是遭受一定的损失或者损害者，包括物质或精神、有形与无形、抽象与具体的损害等。（2）询问应以国家监察机关名义行使，不能以党的纪律检查机关名义行使。以监察机关名义收集的证据材料可以在监督执纪中作为违纪证据使用。（3）询问措施在初核阶段和立案后都可使用。询问的主体是纪检监察机关工作人员，不能委托他人进行询问。

询问是调查工作中广泛使用的一项措施，对调查工作具有重要意义。（1）可以协助查明案件情况。证人是知道案件情况的人，被害人陈述更是控诉违法犯罪的有力证据，有可能直接证明案件事实或者提供破案线索。通过询问证人、被害人，能够了解到与案件有关的情况，如职务违法犯罪的具体时间、地点、过程等细节事实，发现有价值的问题线索，为突破案件提供帮助。（2）可以查获被调查对象。通过询问证人、被害人，能够及时获取被调查对象的行踪，及时查明和留置被调查人。（3）可以收集证据材料。通过询问证人、被害人，能够核对相关材料的真实性，帮助审查调查人员排除矛盾、弄清疑点，并及时收集固定证据，形成相互印证、完整稳定的证据链，保证调查工作质量。（4）保护被害人的合法权益。通过询问被害人，了解、核实被害人受到的损失或损害，并帮助其挽回损失，保障被害人合法权益。

二、询问的程序和要求

（一）履行报批程序

对证人等人员进行询问，必须严格按照程序报批。根据询问对象不同，依照法规制度规定，视情况分别报同级党委主要负责人、监委主要负责人、监委分管领导、监督检查部门（审查调查部门）主要负责人审批。

（二）询问的场所

为了尊重和保护证人的权益，根据《监察法实施条例》规定，证人未被限制人身自由的，可以在其工作地点、住所或者其提出的地点进行询问，也可以通知其到指定地点，比如监察机关的办案场所接受询问。

此外，参照刑事诉讼法律规定，同一个案件有几个证人需要询问的时候，调查人员应当对每个证人单独进行询问。询问某一个证人时，不得有其他证人在场，也不允许采用开座谈会的形式，避免证人之间相互影响。这样才能保证证人独立地提供他所知道的案件情况，解除思想顾虑，充分陈述自己的所见所闻；也便于调查人员对证人提供的证言进行审查判断，从中发现矛盾、澄清疑点。

（三）实施询问活动

根据《监察法》《监察法实施条例》等规定，询问应当依照规定出示证件，出具书面通知，由 2 人以上进行，形成笔录、报告等书面材料，并由相关人员签名、盖章。具体包括以下要求：（1）首次询问时，应当向证人出示《证人权利义务告知书》，由其签名、捺指印。证人拒绝签名、捺手印的，审查调查人员应当在文书上记明。证人未被限制人身自由的，应当在首次询问时向其出具《询问通知书》。（2）询问时，应当核实证人身份，问明证人的基本情况以及与当事人的关系。首次询问时，应当告知证人的权利义务。包括告知：凡是知道监察事项情况的人，都有作证的义务；有用本民族的语言进行作证的权利；有权要求相关人员回避；询问未成年人，应当通知其法定代理人到场；有权核对询问笔录。因在询问中作证，人身安全面临危险的，可以向监察机关请求对本人或者其近亲属予以保护[①]。向证人告知权利义务，不仅要体现在口头上，而且要体现在询问证人的笔录当中。（3）根据调查工作特点，调查人员询问证人时应当首先让他把知道的案情连续地陈述出来，在陈述时尽量不要随意打断，以保持证人陈述的连续性。然后，再就其陈述中的重点难点和疑点对证人发问，要求他回答。对证人陈述的事实，应当问明来源和根据，并注意查明证人得知案件情况时的主观和客观条件[②]。（4）询问过程中，调查人员应当多“引导”，禁止“诱导”。比如，为了帮助证人、被害人恢复记忆，可以利用相关案件的背景信息，对证人、被害人陈述或者回答提问进行引导，但是不得使用包含暗示答案的诱导性问题进行提问。（5）询问重大或者有社会影响案件的重要证人，应当对询问过程全程同步录音录像，并告知证人。（6）调查人员不得向证人泄露案情或者表示对案件的看法，严禁采用羁押、暴力、威胁、引诱、欺骗以及其他非法方式询问证人。在询问被害人时，应当注意方式方法，避免一些不当行为使被害人遭受“二次侵害”，比如，对被害人的询问次数没有限制，过度重复询问，不注意询问环境，询问方式简单粗暴，任意涉及被害人隐私，不注意对被害人隐私的保密等。

三、制作询问笔录

询问证人，应当制作询问笔录。笔录内容一般包括首部、正文和尾部，首部包括询问的具体起止时间、地点，被询问人的姓名、性别、年龄、工作单位、职务、政治面貌、家庭住址、联系方式等。正文部分要全面完整、准确清楚、主次得当，主要记录涉嫌职务违法犯罪的事实，包括时间、地点、人物、经过、手段、原因、结果等。尾部包括确认笔

---

① 中共中央纪律检查委员会、中华人民共和国国家监察委员会案件审理室：《公职人员职务犯罪调查取证工作百问百答》，中国方正出版社 2019 年版，第 126—127 页。

② 陈光中：《刑事诉讼法》（第五版），北京大学出版社、高等教育出版社 2013 年版，第 288 页。

录的真实性和完整性，核对笔录并签名捺指印等[①]。询问笔录应当忠实于原话，字迹清楚，详细具体，并交证人核对。证人没有阅读能力的，应当向他宣读。如果记载有遗漏或者差错，应当补充或者改正，由证人在补充或更正处捺手印。证人认为询问笔录没有错误的，由证人在笔录上逐页签名、盖章或者捺指印，并在末页写明“以上笔录共×页，我已看过（或者向我宣读过），与我讲的相符”，同时签名、写明日期、捺指印，并逐页签名、捺指印。进行询问的调查人员也应当在笔录上签名。证人请求自行书写证词的，应当准许，必要的时候，调查人员可以要求证人亲笔书写证词。

关于证人证言的法律效力，参照有关规定，证人的猜测性、评论性、推断性的证言，不得作为证据使用。询问中，调查人员应当及时制止证人的上述言论，并告知其应当就自己亲自感知的事实进行陈述，但根据一般生活经验判断符合事实的除外。另外，对经查证属暴力、威胁以及非法限制人身自由等非法方式收集的证人证言，应当作为非法证据予以排除。获取证人证言时，不得采取羁押或者变相拘禁等非法限制人身自由方式，但对涉嫌行贿犯罪或者共同职务犯罪的涉案人员，纪检监察机关根据需要可以及时依法采取强制到案、责令候查、管护、留置等强制措施。此外，对于进入刑事审判阶段的案件，询问取得的证人证言必须在法庭上经过公诉人和被告人、辩护人双方质证并且查实以后，才能作为审判定案的根据。

第五节　强制到案

一、强制到案的概念和意义

强制到案是指监察机关调查严重职务违法或者职务犯罪，对于经

---

① 张剑峰：《如何依规依纪依法询问证人》，载《中国纪检监察报》2020年11月11日。

通知无正当理由不到案的被调查人，可以强制其到监察机关谈话场所或者留置场所接受调查的一种强制措施。

强制到案措施具有以下特点：（1）适用对象。强制到案的对象是涉嫌严重职务违法或者职务犯罪，且“经通知无正当理由不到案”的被调查人，包括涉嫌行贿犯罪或者共同职务犯罪的涉案人员。对仅涉嫌构成违纪行为的，不能使用强制到案措施。另外，对于已经被管护、留置的调查对象，可以直接进行谈话或讯问，不需要经过强制到案措施。（2）使用主体。强制到案措施只能由国家监察机关行使，不能以党的纪律检查机关名义行使。（3）期限。强制到案属于非羁押性强制措施，限制人身自由时间较短，强制到案持续的时间不得超过十二小时；需要采取管护或者留置措施的，强制到案持续的时间不得超过二十四小时。不得以连续强制到案的方式变相拘禁被调查人。（4）场所。采取强制到案措施后，应当立即将被强制到案人员送至监察机关谈话场所或者留置场所。

强制到案的目的是解决监察实践中存在的部分被调查人经通知不到案的问题，增强监察执法权威性。在监察调查中采用强制到案措施具有重要意义。（1）可以依法采取强制措施保证被调查人及时到案，接受谈话或讯问，参加监察调查活动。（2）保证监察调查活动的顺利进行。根据案件情况，为了监察调查的需要，为了及时收集证据，在不具备采取其他强制措施的条件下，适用强制到案措施可以确保监察调查工作顺利进行。

二、强制到案的程序和要求

（一）履行报批程序

采取强制到案措施，必须严格履行审批程序，根据规定，应当按照规定的权限和程序，经监察机关主要负责人、党委主要负责人批准。

（二）实施强制到案活动

根据规定，首次通知到案一般应当以书面方式，确因情况紧急无法书面通知的，可以通过电话等方式通知，并将相关情况制作工作记录。监察机关采取强制到案措施，必须确保安全文明，防范可能发生的安全风险。采取强制到案措施时，调查人员不得少于二人，应当向被强制到案人员出具《强制到案决定书》。根据工作需要，可以提请同级公安机关配合，公安机关应当依法予以协助。监察机关应当保障被强制到案人员的饮食、休息和安全，提供医疗服务。对其谈话、讯问的，应当合理安排时间和时长，谈话笔录、讯问笔录由被谈话人、被讯问人阅看后签名。采取“强制到案”措施的目的在于“询问或者讯问”，而非开展较长时期的调查，因此，必须把握好“强制到案持续的时长”，“不得以连续强制到案的方式变相拘禁被调查人”等要求。

（三）解除强制到案措施

谈话或讯问结束后，如果被强制到案人符合其他强制措施如管护、留置条件的，应当依法采取其他强制措施。如果不需要采取其他强制措施的，应当将其放回，恢复其人身自由。

第六节　责令候查

一、责令候查的概念和意义

责令候查是指监察机关责令符合留置条件，但因故不适宜留置的涉嫌严重职务违法或者职务犯罪的被调查人，在一定期限内不得离开指定的区域，并对其行动加以监视的一种强制措施。

责令候查措施具有以下特点：（1）适用对象。被调查人涉嫌严重职务违法或者职务犯罪，并有下列情形之一的，包括：①不具有《监察法》第 24 条第 1 款所规定的应当采取留置措施的情形；②符合留置条件，但患有严重疾病、生活不能自理的，系怀孕或者正在哺乳自己婴儿的妇女，或者生活不能自理的人的唯一扶养人；③案件尚未办结，但留置期限届满或者对被留置人员不需要继续采取留置措施的；④符合留置条件，但因为案件的特殊情况或者办理案件的需要，采取责令候查措施更为适宜的。需要指出的是，责令候查的对象，既包括涉嫌严重职务违法和职务犯罪的公职人员，也包括涉嫌行贿、共同受贿犯罪的非公职人员。（2）使用主体。强制到案措施只能由国家监察机关行使，不能以党的纪律检查机关名义行使。（3）期限。责令候查措施是预防性措施，而不是惩戒性措施，重点解决的是加强对未被采取留置措施的被调查人的监督管理，减少留置措施适用。对一个被调查人责令候查的期限，累计最长不得超过十二个月。即使责令候查期间变更使用了强制措施，比如，责令候查期间采取了管护措施，之后又采取了责令候查措施，采取责令候查措施的期限累计也不得超过十二个月，这体现了严格审慎使用监察措施，尊重和保障人权的要求。

责令候查措施，其突出特点是“不限制人身自由，但限制活动范围”，旨在解决未被采取留置措施的被调查人缺乏相应监督管理措施的问题，同时减少留置措施适用，彰显《监察法》关于尊重和保障人权、维护监察对象和相关人员合法权益的基本原则，也是在强制措施问题上贯彻必要性、相当性原则的重要体现。

二、责令候查的程序和要求

（一）履行报批程序

采取责令候查措施，应当按照规定的权限和程序，经纪检监察机关主要负责人、党委主要负责人批准。

（二）实施责令候查活动

责令候查应当由决定采取责令候查措施的监察机关执行。监察机关采取责令候查措施，必须确保安全文明，防范可能发生的安全风险。监察机关采取责令候查措施，可以根据工作需要提请公安机关配合，公安机关应当依法予以协助。监察机关执行责令候查，应当告知被责令候查人应当遵守的法律法规以及违反法律规定应负的法律责任。被责令候查人员未经批准不得离开所居住的市、县。确有正当理由需要离开的，应当经决定采取责令候查措施的监察机关批准。

（三）被责令候查人员应当遵守的规定

根据《监察法》第23条规定，被责令候查人员应当遵守以下规定：（1）未经监察机关批准不得离开所居住的直辖市、设区的市的城市市区或者不设区的市、县的辖区；（2）住址、工作单位和联系方式发生变动的，在二十四小时以内向监察机关报告；（3）在接到通知的时候及时到案接受调查；（4）不得以任何形式干扰证人作证；（5）不得串供或者伪造、隐匿、毁灭证据。被责令候查人员违反上述规定，情节严重的，可以依法予以留置。另外，责令候查措施给予了被责令候查人较大的人身自由，因此，不存在折抵刑期问题。

第七节　管　　护

一、管护的概念和意义

管护是指监察机关在特定情形下，对存在逃跑、自杀等重大安全风险的涉嫌严重职务违法或者职务犯罪的未被留置人员，经依法审批，采取的一种强制性措施。

管护措施具有以下特点：（1）适用对象。符合留置条件但尚未被采取留置措施的下列人员，存在逃跑、自杀等重大安全风险的。包括：①涉嫌严重职务违法或者职务犯罪的自动投案人员；②在接受谈话、函询、询问过程中，交代涉嫌严重职务违法或者职务犯罪问题的人员；③在接受讯问过程中，主动交代涉嫌重大职务犯罪问题的人员。采取管护措施，主要是避免有关人员自动投案或者交代有关问题后因情绪波动等原因发生安全事件。（2）使用主体。强制到案措施只能由国家监察机关行使，不能以党的纪律检查机关名义行使。（3）期限。监察机关采取管护措施的，应当在七日以内依法作出留置或者解除管护的决定，特殊情况下可以延长一日至三日，也就是管护的最长期限为十日。

管护措施，规定监察机关对自动投案或者交代有关问题的涉嫌严重职务违法或者职务犯罪人员，在紧急情况下可以进行管护，旨在及时排除风险隐患，防范被调查对象可能出现的重大安全风险，保障办案安全。

二、管护的程序和要求

（一）履行报批程序

采取管护措施，应当按照规定的权限和程序，经纪检监察机关主要负责人、党委主要负责人批准。

（二）管护地点

采取管护措施后，应当立即将被管护人员送留置场所，至迟不得超过二十四小时。

（三）实施管护活动

采取管护措施时，调查人员不得少于二人，应当向被管护人员宣布《管护决定书》，告知被管护人员权利义务，要求其在《管护决定书》上签名、捺指印。监察机关采取管护措施，必须确保安全文明，防范可能发生的安全风险。根据规定，监察机关采取管护措施，可以根据工作需要提请公安机关配合。公安机关应当依法予以协助。监察机关应当保障被管护人员以及被留置人员的饮食、休息和安全，提供医疗服务。监察机关采取管护措施后，应当在二十四小时以内对被管护人员进行谈话、讯问。谈话、讯问的，应当合理安排时间和时长，谈话笔录、讯问笔录由被谈话人、被讯问人阅看后签名。

采取管护措施后，应当在二十四小时以内，通知被管护人员所在单位和家属，但有可能伪造、隐匿、毁灭证据，干扰证人作证或者串供等有碍调查情形的除外。有碍调查的情形消失后，应当立即通知被管护人员所在单位和家属。解除管护，应当及时通知被管护人员所在单位和家属。

被管护人员及其近亲属有权申请变更管护措施。监察机关收到申请后，应当在三日以内作出决定；不同意变更措施的，应当告知申请人，并说明不同意的理由。

（四）强制到案抵扣和解除

被管护人员涉嫌犯罪移送司法机关后，被依法判处管制、拘役或者有期徒刑的，管护一日折抵管制二日，折抵拘役、有期徒刑一日。

第八节 留　　置

一、留置的概念和意义

留置是指，监察机关调查严重职务违法或者职务犯罪时，已经掌握被调查人部分违法犯罪事实及证据，仍有重要问题需要进一步调查，在具备法定情形下，经依法审批后，依法限制被审查调查人的人身自由的一种强制性措施。留置措施只能以监察机关名义行使。

留置措施具有以下特点：（1）留置的对象既包括作为监察对象的被调查人，也包括涉嫌行贿犯罪或者共同职务犯罪的涉案人员。需要注意的是，留置对象与监察对象是不同的概念。对留置对象适用留置措施的前提和基础是，监委对职务违法和职务犯罪具有案件管辖权，而并不要求留置对象必须为监察对象。监察对象与留置对象的范围可以交叉重合，但并非是相互对应和包容关系。留置对象是否为监察对象，对适用留置措施并无影响①。在监委管辖的罪名中，有很多犯罪主体并非监察对象，比如，单位职务犯罪和行贿犯罪属于监委的管辖罪名，而其犯罪主体可能并非监察对象，但监察机关拥有案件管辖权，可以依法对相关人员采取留置措施。再比如，《监察法实施条例》第 49 条规定的“关联管辖”，监察机关调查公职人员涉嫌职务犯罪案件，可以依法对涉嫌犯罪的涉案人员中的非公职人员一并管辖并进行调查处置。（2）留置措施只能由国家监察机关行使，不能以党的纪律检查机关名义行使。以

① 朱金刚：《正确理解监察对象与留置对象的关系》，载《中国纪检监察报》2018 年 9 月 26 日。

监察机关名义收集的证据材料可以在监督执纪中作为违纪证据使用。(3) 留置措施必须立案后才能使用，立案前不能使用。

留置是剥夺被审查调查对象人身自由的强制措施，是审查调查措施中最为严厉的一种。正确及时地使用留置措施，能够有效防止被调查人员、涉案人员逃跑、自杀、串供或者伪造、隐匿、毁灭证据或者发生其他妨碍调查行为，有助于全面收集证据、查明案情，对惩治腐败行为、维护社会公平正义具有重要作用。但是，如果留置措施错用滥用，就会伤害无辜，侵害党员、干部以及公职人员甚至普通公民的人身权利和民主权利，损害纪检监察机关的公信力，破坏社会主义法治。因此，纪检监察机关对留置措施必须坚持"慎用"的政策，切实做到不枉不纵，既不能该留置的不留置，也不能任意留置。监察机关侵犯公民、法人和其他组织的合法权益造成损害的，应当依法给予国家赔偿。

二、留置的对象和条件

采取留置措施应当符合三个要件：(1) 涉案要件。留置的涉案要件是，被调查人涉嫌贪污贿赂、失职渎职等严重职务违法或者职务犯罪。按照采取留置措施应当与可能被追究法律责任的违法犯罪行为严重程度适应相当的原则，"严重职务违法"是指被调查人涉嫌的职务违法行为情节严重，可能被给予撤职以上政务处分，即撤职、开除两种处分种类，违法犯罪行为轻微的一般不采取留置措施。"被调查人可能被给予撤职以上政务处分的，说明其涉嫌的职务违法行为情节严重，主观错误和社会危险性大，其逃避或者妨碍监察机关调查的可能性也相对较大，可以采取留置措施。"[①] (2) 证据要件。留置的证据要件是，监察机关已经掌握部分违法犯罪事实及证据，且仍有重要问题需要进一步调查。"重要问题"是指对被调查人涉嫌的职务违法或者职务犯罪，在定

① 《〈中华人民共和国监察法实施条例〉释义》，中国方正出版社 2022 年版，第 160 页。

性处置、定罪量刑等方面有重要影响的事实、情节及证据。（3）同时具备下列法定的情形之一：涉及案情重大、复杂的；可能逃跑、自杀的；可能串供或者伪造、隐匿、毁灭证据的；可能有其他妨碍调查行为的，《监察法实施条例》第122—124条对其具体情形分别作出了细化规定。总之，留置的上述三个要件相互联系、缺一不可，必须严格掌握，只有同时具备这三个要件，才能对被调查人实施留置。

此外，《监察法实施条例》第125条规定了不能采取留置措施的三种情形，包括：患有严重疾病、生活不能自理的；怀孕或者正在哺乳自己婴儿的妇女；系生活不能自理的人的唯一扶养人。这充分体现了对人权的尊重和保护，当然，上述情形消除后，根据调查需要可以对相关人员采取留置措施。

三、留置的程序和要求

（一）留置的审批权限

留置措施必须按照法律规定的条件和程序从严掌握、慎重使用，不得越权或违规使用留置措施。根据规定，依法需要对同级党委管理的干部采取留置措施，纪检监察机关应当召开专题会议集体研究决定，并报同级党委主要负责人审批。对同级党委管理的干部以外的人员采取留置措施的，应当报纪委监委主要负责人审批。此外，省级监察机关采取留置措施，应当报国家监察委员会备案。市级、县级纪检监察机关决定采取留置措施，还应当报上一级监察机关批准。上一级纪检监察机关应当加强对报请审批的留置事项的审核把关，确保留置措施正确使用。

（二）实施留置活动

纪检监察机关做好留置工作，应突出以下要求：（1）当留则留、当解则解。一方面，精准使用留置措施，根据工作实际情况该留置的果断留置，当用则用，同时要准确把握留置条件，严格审批权限，确保留置措施不被滥用。另一方面，对问题已查清的涉案人，不需要继续留置的，应当及时解除；即使是被调查人，问题查清楚后未达到移送司法机关追究刑事责任标准的，也应当及时解除留置措施。这可以树立一种积极的导向，鼓励留置对象主动讲清楚问题①。（2）执行留置应当保证绝对安全。监察机关不配备类似检察院、法院“法警”那样的强制执行队伍，应格外注重安全问题。在执行留置前应制定详细的工作方案，充分考虑各种可能及突发因素，并有针对性地做好应对准备。根据规定，县级以上监察机关需要提请公安机关协助采取留置措施的，应当按规定报批，请同级公安机关依法予以协助。（3）规范使用留置文书。采取留置措施时，应当向被留置人员宣布《留置决定书》，告知被留置人员权利义务，要求其在《留置决定书》上签名、捺指印。被留置人员拒绝签名、捺指印的，调查人员应当在文书上记明。《留置决定书》是监察机关决定对被调查人采取留置措施时使用的专门法律文书。（4）做好留置通知。采取留置措施后，应当在24小时以内通知被留置人员所在单位和家属，当面通知的，由有关人员在《留置通知书》上签名。无法当面通知的，可以先以电话等方式通知，并通过邮寄、转交等方式送达《留置通知书》，要求有关人员在《留置通知书》上签名。对采取留置措施的案件还应当及时向社会公开发布。（5）留置期间，严格依照程序开展谈话和讯问工作，做好谈话和讯问笔录。

（三）留置的时限

1. 一般时限

根据《监察法》规定，一般情况下，留置时间不得超过3个月。在特殊情况下，经审批可以延长一次，延长时间不得超过3个月。

2. 特殊时限

2024年新修订的《监察法》在一般时限的基础上规定了特殊时限，

---

① 中央纪委国家监委案件监督管理室：《准确把握〈监察法实施条例〉中案件监督管理工作相关规定》，载《中国纪检监察报》2022年9月7日。

即留置时间再延长和留置时间重新计算制度。（1）留置时间再延长制度。对涉嫌职务犯罪的被调查人可能判处十年有期徒刑以上刑罚，监察机关 6 个月留置期限届满，仍不能调查终结的，经国家监察委员会批准或者决定，可以再延长二个月。省级以下监察机关需要再延长留置时间的，应当逐级报送国家监察委员会批准。要强调的是，留置时间再延长必须经国家监察委员会批准或者决定，这是严格限权的一道重要“防线”。（2）留置时间重新计算制度。省级以上监察机关在调查期间，发现特定情形，即“涉嫌职务犯罪的被调查人另有与留置时的罪行不同种的重大职务犯罪或者同种的影响罪名认定、量刑档次的重大职务犯罪”，经国家监察委员会批准或者决定，自发现之日起依照《监察法》的规定重新计算留置时间。留置时间重新计算以一次为限，坚决避免对涉嫌多个罪名的被调查人反复重新计算留置时间。特别是监察机关此前已经根据《监察法实施条例》第 130 条规定，对被调查人的留置再延长两个月（不超过二个月）的，不得再次适用该规定再延长留置时间。据此计算，对一个调查对象的留置时间最长不得超过 14 个月，即 3 个月+3 个月+2 个月+3 个月+3 个月。留置时间重新计算制度旨在解决重大复杂案件办理中的实际难题，仅适用于国家监察委员会和省级监察机关办理的案件，市级和县级监察机关调查职务犯罪案件不能重新计算留置时间①。

3. 留置的时间计算

关于留置的起始和结束时间计算，起算时间为向被留置人员宣布留置决定之日起，监察机关应当“依法及时向被留置人员宣布留置决定，并开始计算留置时间，避免人已经被控制，但迟迟不向其宣布留置决

① 黄歆然：《依法准确适用留置时间再延长和重新计算制度》，载《中国纪检监察》2025 年第 1 期。

定”①。关于留置时间的到期日，根据《监察法实施条例》第 327 条规定，到期月的对应日为期间的最后一日；没有对应日的，月末日为期间的最后一日。比如，3 月 20 日宣布留置决定，3 个月留置期的到期日为 6 月 20 日。如果留置时间到期日是节假日的，应当以节假日结束的次日为期间的最后一日。此外，案件移送审查起诉的，留置措施自犯罪嫌疑人被执行拘留时自动解除，而不是决定拘留时解除，避免出现性质不明的时间空隙。

国家法律严格控制留置时限，体现了以法治思维和法治方式惩治腐败的要求，与此同时也对审查调查工作提出了更高要求，要求既保证案件质量，又提高工作效率。

（四）留置折抵和解除

被审查调查人涉嫌职务犯罪的，由纪检监察机关移送检察机关审查起诉。根据《刑事诉讼法》规定，对于监察机关移送起诉的已采取留置措施的案件，人民检察院应当对犯罪嫌疑人先行拘留，留置措施自动解除。人民检察院应当在拘留后的十日以内作出是否逮捕、取保候审或者监视居住的决定。在特殊情况下，决定的时间可以延长一日至四日。人民检察院决定采取强制措施的期间不计入审查起诉期限。上述规定实现了监察机关调查措施和检察机关侦查措施的有机衔接。另外，根据《监察法》规定，被留置人员涉嫌犯罪移送司法机关后，被依法判处管制、拘役和有期徒刑的，留置一日折抵管制二日，折抵拘役、有期徒刑一日。

四、保证办案安全

纪检监察机关必须牢固树立办案安全意识，把办案安全摆在更加突出的位置，严格按照党内法规和国家法律规定实施留置措施。要将安全作为开展留置工作的底线，在完善规章制度、规范陪护力量、保证场所

① 《〈中华人民共和国监察法实施条例〉释义》，中国方正出版社 2022 年版，第 173 页。

安全、规范开展留置讯问等方面严把安全关，切实保证留置安全。

纪检监察机关要依法慎用留置措施，对不需要采取留置措施的应当及时解除或者变更为责令候查措施，减少留置措施适用。确有必要采取留置措施的，应当保障被留置人员的合法权益，尊重其人格和民族习俗，保障饮食、休息和安全，对患有疾病或者身体不适的，应当及时提供医疗服务，确保安全。讯问被留置人员应当合理安排讯问时间和时长，禁止采取疲劳讯问等方式获取言词证据，特别是纪检监察人员禁止使用违反党章党规党纪和国家法律的手段，严禁逼供、诱供、侮辱、虐待、体罚或者变相体罚。

第九节　查　　询

一、查询的概念和意义

查询，是指纪检监察机关根据监督检查、审查调查工作的需要依法向金融机构、证券公司、邮政部门或企业查询被审查调查人、涉案人员或者单位的存款、汇款、股票、基金份额等财产的一种措施。查询既是纪律审查措施，也是监察调查措施。根据《纪律检查机关监督执纪工作规则》《监察法》等规定，纪检监察机关审查调查涉嫌违纪、严重职务违法或者职务犯罪案件，根据工作需要，可以依照规定查询、冻结涉案单位和个人的存款、汇款、债券、股票、基金份额等财产，有关单位和个人应当配合。

查询措施具有以下特点：（1）查询的对象。纪检监察机关可以查询的，只能是涉案单位和个人的财产情况，不能随意扩大查询对象，不能查询与案件无关的单位和个人的财产情况。（2）查询的范围。《纪律检查机关监督执纪工作规则》规定，纪委可以查核资产情况和有关信息。《监察法》规定，监察机关可以查询涉案单位和个人的存款、汇款、债券、股票、基金份额等金融财产。从查核信息范围看，《纪律检查机关监督执纪工作规则》规定的“资产情况和有关信息”既包括《监察法》

规定的金融财产信息，也包括其他相关信息，比如不动产、车辆等财产情况。实践中，通常还包含个人档案、个人有关事项报告、通信记录、房产、车辆登记、出行记录、住宿登记等相关信息[①]。（3）党的纪律检查机关和国家监察机关均可以使用查询措施，且在初步核实阶段和立案后都可以采用。

查询的要件主要包括两个方面：（1）涉案要件。查询的涉案要件是，纪检监察机关审查调查党员、干部、监察对象涉嫌违纪，以及贪污贿赂、失职渎职等严重职务违法或者职务犯罪案件。（2）必要性要件。纪检监察机关采取查询措施，必须“根据工作需要”，这主要是指涉案单位和个人为达到伪造、隐匿、毁灭证据的目的，有可能提取、转移其存款、汇款、债券、股票、基金份额等财产，或者如果不采取查询措施，就无法掌握涉案人员与案件有关的财产信息、资金信息和经济往来信息。

查询是审查调查的重要措施，对开展审查调查工作具有重要意义。（1）及时发现、获取新的案件线索。通过查询，获取更多有价值的信息，分析判断和发现新的问题线索，找准案件突破口，增强谈话讯问的针对性。特别是在信息时代，依法、精准、高效使用有效信息，对于突破案件具有重要作用。（2）有利于查明事实、固定证据。通过查询涉案单位和个人的存款、汇款、债券、股票、基金份额等，追查相关资金的来源与流向，及时收集固定证据，查实被审查调查人的违纪违法犯罪行为。

二、查询的程序和要求

纪检监察机关采取查询措施必须严格按照程序报批。根据“一事一提请”原则，填写查询事由、事项、信息类型、时间范围等内容，并严格按照规定的审批权限，根据查询对象不同，视情况分别报监委主要负责人、监委分管领导、监督检查部门（审查调查部门）主要领导

---

① 赵德华、张东晓：《浅谈查询和调取措施的运用》，载《中国纪检监察报》2021 年 3 月 24 日。

审批。纪检监察机关开展查询，必须按照批准的范围和事项严格执行，不得随意扩大查询事项，所有的查询内容、开具的查询单都要备案留查。在工作实践中，承办部门承担对查询或调取内容与案件关联性审核的主体责任，坚持有限必要原则，防止随意扩大查询、调取范围。采取查询、调取措施时，承办部门应当对每个对象与案件的关联性和必要性作出说明①。

办理查询相关工作，应当由2名以上审查调查人员参加。查询财产应当出具《协助查询财产通知书》，填写查询账号、查询内容等信息，送交银行或者其他金融机构、邮政部门等单位执行。没有具体账号的，应当填写足以确定账户或者权利人的自然人姓名、身份证件号码或者企业法人名称、统一社会信用代码等信息。一份《协助查询财产通知书》只能用于查询一个单位或个人的财产。上述金融机构或财产登记、监管机构等单位应当准予查询、实施冻结并提供必要的协助，不得以任何理由拒绝、阻挠或者拖延②。纪检监察机关必须严格规范使用查询措施，加强对查询信息的管理，规范信息交接、调阅、使用程序和手续，任何人不得在查询中“夹带私货”，一旦发现，严肃追究责任。

三、查询的收集证据要求

查询收集的证据应当具有完整性与客观性，符合纪检监察证据的实质要件和形式要件要求。根据规定，审查调查人员可以根据需要对查询结果进行打印、抄录、复制、拍照，要求相关单位在有关材料上加盖证明印章。此外，使用查询措施，既要收集有利于审查调查认定的证据，也要收集有利于被审查调查人的证据，这两方面的要求是相一致、辩证统一的，以形成相互印证、完整稳定的证据链。

---

① 中央纪委国家监委案件监督管理室：《准确把握〈监察法实施条例〉中案件监督管理工作相关规定》，载《中国纪检监察报》2022年9月7日。

② 《〈中华人民共和国监察法〉释义》，中国方正出版社2018年版，第138页。

第十节 冻　　结

一、冻结的概念和意义

冻结，是指监察机关根据调查涉嫌贪污贿赂、失职渎职等严重职务违法或者职务犯罪的工作需要，对被审查调查人的存款、汇款、股票、基金份额等财产在必要时予以冻结的一种措施。

冻结措施具有以下特点：（1）冻结的对象。冻结的对象只能是涉案单位和个人的财产，而不能是其他主体的。冻结必须严格区分违法所得、其他涉案财产与合法财产，严格区分企业法人财产与股东个人财产，严格区分犯罪嫌疑人个人财产与家庭成员财产，不得超权限、超范围、超数额、超时限查封、扣押、冻结，并注意保护利害关系人的合法权益。（2）冻结措施只能以监察机关名义行使。（3）冻结措施必须立案后才能使用。

冻结措施是重要的监察调查措施，是保全证据和保全财产的有效手段。（1）有利于保全证据。违法行为中涉及的财产既是侵害的对象，也是证明违法行为存在的证据，及时采取冻结措施可以防止作为证据使用的涉案款物流失或者被隐匿，通过限制当事人对财产的支配，保证调查活动顺利进行。同时，也有利于及时了解被调查人的违法犯罪情况，迅速固定证据，及时查明事实真相。（2）有利于保全财产。所有贪利型犯罪都是以非法占有为目的，财产权始终是贪利型犯罪所追求的目标。及时采取冻结措施能够防止被调查人将涉案财产转移、隐匿或者使用这些财产实施新的违法行为，也确保在后续工作中对违法犯罪所得予以没收、追缴、返还、责令退赔能够执行到位，为国家、集体和公民个人挽回经济损失。

二、冻结的程序和要求

（一）冻结的审批程序

采取冻结措施必须履行严格的审批程序。与查询相比，冻结不仅是了解被调查人、涉案人员或者有关单位的财产状况，还涉及对财产交易、流转的限制。因此，在审批程序上必须更为严格。纪检监察机关采取冻结措施，应根据冻结财产所有人的不同，依照相关制度规定，视情形分别报监委主要负责人、监委分管领导审批。

（二）实施冻结活动

经审批后，监察机关开具《协助冻结财产通知书》，送交银行或者其他金融机构、邮政部门等单位执行。《监察法实施条例》第 136 条详细规定了《协助冻结财产通知书》的文书填写，包括：必填信息、冻结数额、冻结的范围是否及于孳息等。开展冻结相关工作，应当由 2 名以上审查调查人员参加。实践中，应关注“轮候冻结”和“冻结顺位”问题。

“轮候冻结”是指监察机关在采取冻结措施时，如果相关财产已被其他国家机关冻结的，应当向有关银行或者其他金融机构等单位办理轮候冻结登记。当其他国家机关解除冻结，登记在先的轮候冻结才能生效。但是如果原冻结机关办理延期冻结手续的，轮候冻结的机关只能继续等待该冻结措施解除后才能冻结。“轮候冻结”可以避免多个国家机关重复采取冻结措施，规范了执纪执法秩序。在轮候冻结的情形下，有关银行或者其他金融机构等单位在有关国家机关解除冻结或者做出处理前，应当通知办理轮候冻结登记的其他国家机关，监察机关也应当向银行或者其他金融机构等单位提出相应的要求①。

“冻结顺位”是指监察机关接受司法机关、其他监察机关等国家机关移送的涉案财物后，该国家机关采取的冻结期限届满，监察机关续行冻结的顺位与该国家机关冻结的顺位相同，即监察机关自动取得该国家机关的冻结权。申请轮候冻结的其他国家机关不得以其送达通知书的时

---

① 《〈中华人民共和国监察法实施条例〉释义》，中国方正出版社 2022 年版，第 185 页。

间在监察机关之前为由，对抗监察机关办理续行冻结手续的效力[①]。比如，监察机关接受公安机关移送的涉案财物，目前轮候冻结的有海关和国税，根据这一规定，监察机关轮候冻结就排在第一位。

（三）冻结的期限

关于冻结财产的期限，公安机关规定，"冻结涉案存款、汇款、交易结算资金等财产的期限不得超过6个月；冻结证券财产的期限不得超过2年"。《监察法实施条例》对监察机关的冻结期限作出了更加严格的规定，要求冻结财产的期限一律不得超过6个月，体现了监察机关更加严格的自我约束。监察机关如有特殊原因需要延长的，应当在冻结期限届满前按原程序报批后办理续冻手续。[②]目前，法律没有限制续冻次数的规定，但是监察机关在查清事实后，对与案件无关的财产应当及时解冻，保护正常的市场经济秩序。

（四）关于可售性冻结

冻结阶段能够申请出售或变现的财产主要是指股票、债券、基金份额类财产，即可售性冻结。《监察法实施条例》第141条对出售、变现冻结财产专门作出规定，主要有两点考虑：一是股票、债券、基金的行情是不断波动的，监察机关将其冻结后，此类财产因价格波动导致贬值，可能会对后续没收、追缴或者责令退赔造成困难。二是与其他财产不同，股票、债券、基金等财产一般通过二级市场进行交易，有公开的交易价格，并不存在恶意串通低价转移财产的问题。为了保障投资者投资权益，避免财产受到不必要的损失，可以允许财产权利人申请出售。因此，对于债券、股票、基金份额等价格易变动，存在价值贬损风险的

---

① 《〈中华人民共和国监察法实施条例〉释义》，中国方正出版社2022年版，第185页。

② 中共中央纪律检查委员会、中华人民共和国国家监察委员会案件审理室：《公职人员职务犯罪调查取证工作百问百答》，中国方正出版社2019年版，第274页。

财产，监察机关在冻结时应当向权利人等告知其有权申请出售变现[①]。

根据《监察法实施条例》第 141 条规定，冻结财产的出售或变现主要分为两种程序：一是对于被冻结的股票、债券、基金份额等财产的出售或变现，必须由相关权利人提出申请，在不损害国家利益、被害人利益，不影响调查正常进行的情况下，经审批可以在案件办结前由相关机构依法出售或者变现。监察机关不能自行出售或者变现。二是对于被冻结的即将到期的汇票、本票、支票，监察机关经审批可以由相关机构依法出售或者变现，不需要经权利人等申请。因为汇票、本票、支票是有时间期限的支付票据，应当在规定的期限内用于支付或者变现。到期以后，票据记载的权利将失效或者受到影响。为保障涉案财产不受损失，对于即将到期的汇票、本票、支票，监察机关应当依法出售或者变现[②]。出售上述财产的，应当出具《许可出售冻结财产通知书》。出售或者变现所得价款应当继续冻结在其对应的银行账户中；没有对应的银行账户的，应当存入监察机关指定的专用账户保管，并将存款凭证送监察机关登记。监察机关应当及时向权利人或者其法定代理人、委托代理人出具《出售冻结财产通知书》，并要求其签名。拒绝签名的，调查人员应当在文书上记明。

（五）冻结的解除

冻结的解除有两种情况：（1）主动解除。冻结的财产经查明与案件无关的，应当在查明后 3 日内解除冻结，将《解除冻结财产通知书》交有关单位执行，并通知被冻结财产的权利人或者其法定代理人、委托代理人。（2）自动解除。冻结期限届满，未办理续冻手续的，冻结自动解除。

---

① 中央纪委国家监委案件监督管理室：《准确把握〈监察法实施条例〉中案件监督管理工作相关规定》，载《中国纪检监察报》2022 年 9 月 7 日。

② 《〈中华人民共和国监察法实施条例〉释义》，中国方正出版社 2022 年版，第 187 页。

三、冻结的收集证据要求

采取冻结方式收集、保全证据必须依规依法。采用违法手段冻结而获得的证据，可能被作为非法证据排除。如果冻结行为违法且给当事人或其他利害关系人造成损失的，当事人或利害关系人享有申请国家赔偿权。

第十一节　搜　　查

一、搜查的概念和意义

搜查，是指监察机关对被调查人以及可能隐藏罪犯或者犯罪证据的人的身体、物品、住处、银行保管箱和其他有关的地方进行搜索检查的一种措施。搜查措施只能以监察机关名义行使。

搜查措施具有以下特点：(1) 搜查的适用范围是调查职务犯罪案件。调查人员只有出于获取犯罪证据，查获被调查人的目的，才能使用搜查措施，而且搜查的地方必须是与所调查的案件有关。(2) 搜查的范围包括：涉嫌职务犯罪的被调查人的身体、物品、住处，可能隐藏被调查人或者犯罪证据的身体、物品、住处，以及被调查人可能藏身或者隐匿犯罪证据的其他有关地方。(3) 搜查措施只能由国家监察机关行使，不能以党的纪律检查机关名义行使。以监察机关名义收集的证据材料可以在监督执纪中作为违纪证据使用。(4) 搜查必须在监察机关立案后才能使用。

搜查措施对于查清案情、追缴赃款赃物、保证调查的顺利进行有着十分重要的作用。(1) 查获被调查人及赃款赃物。凡是可能隐藏被调查人或者犯罪证据的人的身体、物品、住处和其他有关地方，监察机关都可以依法进行搜查。(2) 及时收集物证、书证、电子数据等犯罪证据；(3) 掌握被调查人的经济状况、成长历程、感情经历、生活习惯、家庭关系、兴趣爱好等信息，对查清案件事实具有重要辅助作用[①]。

---

① 安徽省纪委监委第十三纪检监察室：《有效使用搜查助力案件突破》，载《中国纪检监察报》2020 年 2 月 26 日。

二、搜查的程序和要求

（一）履行严格的审批程序

搜查措施关涉公民的人身自由和住宅不受侵犯的权利，必须履行严格的审批程序。依据法规制度规定，根据搜查对象不同，视情形分别报同级党委主要负责人、同级监委主要负责人、同级监委分管领导审批。

审批后，监察机关必须签发《搜查证》。《搜查证》上应当写明被搜查人的有关信息、搜查的目的、搜查机关、执行人员以及搜查日期等内容。搜查人员不得少于2人。监察机关进行搜查，既可以在勘验检查时进行，也可以在执行留置时进行，还可以单独进行。搜查前，应当做好准备工作，明确搜查的目的、范围和重点，了解被搜查对象的基本情况、搜查现场及周围环境，明确搜查人员的责任和分工，制定搜查方案。

（二）实施搜查活动

实施搜查活动，应注意以下要求：（1）搜查人员应当服从指挥、文明执法，不得擅自变更搜查对象和扩大搜查范围。搜查的具体时间、方法，在实施前应当严格保密。（2）搜查时，应当有被搜查人或者其家属，其所在单位工作人员或者其他见证人在场，并向其出示《搜查证》。（3）监察机关进行搜查时，可以根据工作需要提请公安机关配合。（4）搜查女性身体，应当由女性工作人员进行。（5）搜查应当全程录音录像，留存备查。（6）进行搜查的人员必须遵守纪律、服从指挥，不得无故损坏搜查现场的物品，不得擅自扩大搜查对象和范围，严禁单独进入搜查区域。

此外，参照《人民检察院刑事诉讼规则》第205条规定，在执行逮捕、拘留的时候，遇有下列紧急情况之一，不另用搜查证也可以进行搜查：（一）可能随身携带凶器的；（二）可能隐藏爆炸、剧毒等危险物品的；（三）可能隐匿、毁弃、转移犯罪证据的；（四）可能隐匿其他犯罪嫌疑人的；（五）其他紧急情况。搜查结束后，搜查人员应当在二十四小时以内补办有关手续。

（三）搜查的规范化法治化

搜查人员应当严守纪律、举止文明，充分体现对被搜查人及其家属等的人文关怀，切实维护纪检监察机关的良好形象[①]。搜查人员必须严守办案安全底线，防范搜查工作中可能出现的安全风险。搜查前，应对其家庭情况进行了解，避免未成年人和老年人或者其他不适宜在搜查现场的人在场。比如，在搜查住所时，尽量在老人外出、学生上学期间进行。搜查时，应尽快进入搜查现场，不要在户外过长时间停留，避免造成不良社会影响；搜查人员应当注意方式方法，言词文明、举止得体，杜绝简单、粗暴，不能颐指气使、口大气粗；应当同步录音录像，全程留痕，搜查后应尽量恢复原状。搜查结束后，要安排专人对搜查扣押的物品进行分类整理；对赃款赃物及时登记造册，移交给专门部门妥善保管；对书证材料认真进行梳理、筛选，结合初核情况查找线索和疑点；对手机、电脑等电子产品逐件编号，并交由相关部门进行数据恢复和提取[②]。

三、搜查的收集证据要求

（一）搜查时应当注意收集、固定、提取证据

对于查获的重要书证、物证、视听资料、电子数据及其放置、存储位置，应当拍照，并作出文字说明。在搜查过程中查封、扣押财物和文件的，应当按照查封、扣押的有关规定办理[③]。

（二）搜查应当现场制作搜查笔录

搜查笔录包括：搜查的事由、起止时间、地点、工作人员、见证人员、搜查对象（场所、人员或者物品）以及依据的搜查证号；搜查的简要情况，包括被搜查人的身体、被搜查场所搜查出的物品及存放的具

---

① 中央纪委国家监委案件监督管理室：《准确把握〈监察法实施条例〉中案件监督管理工作相关规定》，载《中国纪检监察报》2022 年 9 月 7 日。

② 安徽省纪委监委第十三纪检监察室：《有效使用搜查助力案件突破》，载《中国纪检监察报》2020 年 2 月 26 日。

③ 中共中央纪律检查委员会、中华人民共和国国家监察委员会案件审理室：《公职人员职务犯罪调查取证工作百问百答》，中国方正出版社 2019 年版，第 302 页。

体位置情况，被搜查人对搜查的意见等。对搜查出的物品、文件需要查封、扣押的，要制作查封、扣押清单，并在笔录中说明将清单交给被调查人或者其家属的情况。搜查笔录应当在搜查现场由调查人员和被搜查人或者其家属、见证人签名。如果被搜查人拒绝签名，或者被搜查人在逃，其家属拒绝签名或者不在场，调查人员应当在笔录中注明①。

（三）搜查收集的证据应当与案件事实存在关联

参照《人民法院办理刑事案件第一审普通程序法庭调查规程（试行）》第46条规定："通过勘验、检查、搜查等方式搜集的物证、书证等证据，未通过辨认、鉴定等方式确定其与案件事实的关联的，不得作为定案的根据。法庭对鉴定意见有疑问的，可以重新鉴定。"因此，搜查收集的证据必须在司法审判时通过辨认、鉴定等方式确定与案件事实的关联后，才能作为定案的根据。

第十二节 调 取

一、调取的概念和意义

调取，是指纪检监察机关依法向有关单位和个人了解情况，收集、调取证据的一种措施。这里的"证据"包括但不限于与刑事诉讼相关的证据，既包括监督检查所需的证据，也包括审查调查所需的证据；既包括证明违纪、职务违法行为的证据，也包括证明职务犯罪行为的证据。调取既是纪律审查措施，也是监察调查措施。

调取措施具有以下特点：（1）调取的范围是能够证明被审查调查人涉嫌违纪、职务违法、职务犯罪的物证、书证、视听资料、电子数据等证据材料。要注意调取与技术调查措施的区分，根据规定，调取的内容是不涉及具体通信内容的信息。纪检监察机关不得通过调取措施获取

---

① 中共中央纪律检查委员会、中华人民共和国国家监察委员会案件审理室：《公职人员职务犯罪调查取证工作百问百答》，中国方正出版社2019年版，第309—310页。

含有个人语音、短信息、微信聊天记录、电子邮件等涉及具体通信内容的信息。确需获取相关信息的，应当严格按照采取技术调查措施的程序和要求，交由有关机关协助办理。（2）采取调取措施应当同时具备两个条件：一是需要调取的财物、文件和电子数据必须是纪检监察机关在初步核实阶段或审查调查过程中发现的；二是上述这些财物、文件和电子数据必须与纪检监察机关审查调查的违纪违法行为有关联，能够或者有可能证明该违纪违法犯罪行为的真实情况。（3）党的纪律检查机关和国家监察机关在初步核实阶段和立案后均可以使用调取措施。调取措施是纪检监察机关查明违纪违法事实、保全证据时常用的措施。通过调取用以证明被审查调查人涉嫌违纪违法的财物、文件和电子数据等信息，及时获取和保全证据，防止证据的丢失；快速了解案件情况，掌握关键书证物证，形成完整的证据链条。

二、调取的程序和要求

（一）履行严格的审批程序

调取措施涉及对公民隐私权的保护，必须履行严格的审批程序。按照法规制度规定，调取同级党委管理干部的个人有关事项报告材料，应根据对象不同，视情形分别报同级纪委监委主要负责人、纪委监委分管领导审批。调取同级党委管理干部的人事档案、人口户籍信息、婚姻登记信息、房产车辆信息等个人信息资料，应当报纪委监委分管领导审批。另外，纪检监察机关调取个人有关事项报告材料和干部人事档案，应当出具正式公函。

（二）实施调取活动

纪检监察机关严格依规依纪依法办理调取事项，应注意以下事项。（1）办理调取事项时，应当由 2 名以上审查调查人员，出示工作证件，以及纪检监察机关办公厅（室）出具的正式公函。调取时，应有持有人或者保管人、见证人在场。见证人在场有利于证实整个过程，防止侵犯当事人合法权益。（2）在仔细查点的基础上，当面逐一拍照、登记、编号，开列清单，由在场人员当场核对、签字。在清单上写明调取、查封、扣押财物和文件的名称、规格、特征、质量、数量，文件和电子数据的编号，以及发现的地点和时间等。清单副本交财物、文件的持有人或者占有人。[①]（3）纪检监察机关以调取证据原件为原则，以调取照片、录像、副本或者复制件为例外。根据《监察法实施条例》第151条规定，确有困难不能调取原物原件的法定情形，对物证而言包括四种情形：原物不便搬运的，原物不便保存的，原物依法应当及时返还的，因保密工作需要不能调取原物的。对书证、视听资料而言，包括两种情形：调取原件确有困难的，因保密工作需要不能调取原件的。（4）收集、提取电子数据的方式，主要包括三种：扣押原始存储介质，提取电子数据，特殊情况下可以采取打印、拍照或者录像等方式固定相关证据，并在制作的笔录中说明具体原因[②]。（5）对调取的财物、文件和电子数据等信息，纪检监察机关要设立专门场所，配备专用的存储设备，由专门人员妥善保管和使用，防止证据遗失、损毁或者被调换。

（三）使用调取的财物、文件和电子数据等信息

在调查中需要使用调取的财物、文件和电子数据等信息的，应当履行严格的审批手续，调取、交接应当严格登记。任何单位和个人都不得以任何借口将被调取、查封、扣押的财物、文件用于审查调查违纪违法犯罪行为以外的目的，也不得将其损毁或者自行处理，要保证其完好无损。

三、调取的收集证据要求

调取是收集、保全、固定客观证据的一项重要措施。《监察法》第28条第1款规定："监察机关在调查过程中，可以调取、查封、扣押用以证明被调查人涉嫌违法犯罪的财物、文件和电子数据等信息。"根据规定，纪检监察机关依规依纪依法调取被审查调查对象涉嫌违纪、违法

① 《〈中华人民共和国监察法〉释义》，中国方正出版社2018年版，第145页。

② 《〈中华人民共和国监察法实施条例〉释义》，中国方正出版社2022年版，第204页。

和犯罪的物证、书证、视听资料、电子数据等证据材料，应当出具《调取证据通知书》，并附《调取证据清单》。纪检监察机关在收集调取证据时，应当全面、客观地收集证明被审查调查人有无违纪违法行为，以及行为轻重的证据。特别是监察机关在收集调取证据的过程中，要确保其收集调取的证据符合刑事审判的标准和要求。

第十三节　查封、扣押

一、查封、扣押的概念和意义

查封、扣押，是指监察机关依法强行封存、扣留和提存与案件有关的财物、文件的一种调查措施。具体来讲，查封是指监察机关根据调查工作需要，对有关财物、文件、电子数据等就地封存，或者到不动产登记机构办理查封手续；扣押是指监察机关根据调查工作需要，将有关的财物、文件、电子数据等予以暂时扣留。查封与扣押的重要区别就是标的物的位置是否转移，查封的标的物一般留在原地，而扣押的标的物一般要转移地点，脱离被执行人或占有人的实际控制，禁止其占有、使用和处分，即通常所说的“就地查封”和“异地扣押”。查封、扣押只能以监察机关名义行使。查封、扣押措施具有以下特点：（1）查封、扣押的对象是被调查人、涉案人员的财物、文件和电子数据等信息。（2）现实中，查封主要适用于涉案的土地、房屋、林地等不动产，以及涉案的车辆、船舶、航空器和大型机器、设备等特定动产。对于附着于土地上的不宜扣押、不宜移动的设施、家具等其他相关财物，可以一并查封。扣押主要适用于涉案的金银珠宝、文物、名贵字画、外币等动产。（3）查封、扣押措施只能由国家监察机关在立案后行使，不能以党的纪律检查机关名义行使。以监察机关名义收集的证据材料可以在监督执纪中作为违纪证据使用。

使用查封、扣押措施应同时具备两个条件：（1）需要查封的财物、文件、电子数据必须是监察机关在调查过程中发现的。（2）上述这些财物、文件、电子数据必须与监察机关调查的职务违法犯罪行为有关联性，能够或者有可能证明该违法犯罪行为的真实情况。对于被调查人随身携带的物品，以及被调查人或者其他相关人员主动上交的财物和文件，需要扣押的，也可以进行扣押。与案件无关的，不得查封或者扣押。持有人拒绝交出的，可以强行进行查封、扣押。查封、扣押涉案财物，应当为被调查人及其所扶养的亲属保留必需的生活费用和物品，减少对涉案单位正常办公、生产、经营等活动的影响。[①]

查封、扣押措施对开展审查调查工作具有重要意义。一方面，通过查封、扣押财物、文件和电子数据等，获取重要信息，帮助调查组尽快查清案情、突破案件，认定违法犯罪事实。另一方面，通过查封、扣押措施，获取和保全物证、书证，固定关键证据，防止证据损毁和被隐匿，随案移送司法机关，作为定罪量刑的重要依据。

二、查封、扣押的程序和要求

（一）履行严格的审批程序

为保障公职人员以及公民、法人和其他组织的财产权利和其他权利不受侵犯，查封、扣押必须严格按照程序，依规依法进行。采取查封、扣押等措施时，必须严格保护个人与单位的合法财产。查封、扣押、冻结财产，应当严格区分违法所得、其他涉案财产与合法财产，严格区分单位财产与个人财产，严格区分涉案人个人财产与家庭成员财产，不得超权限、超范围、超数额、超时限查封、扣押、冻结，不得划转、转账或者以其他方式变相扣押，不得冻结与案件无关的财产。对于涉案企业正在投入生产运营和正在用于科技创新、产品研发的设备、资金和技术资料等，原则上不予查封、扣押、冻结，确需提取违法犯罪证据的，可

① 中共中央纪律检查委员会、中华人民共和国国家监察委员会案件审理室：《公职人员职务犯罪调查取证工作百问百答》，中国方正出版社2019年版，第249页。

以采取拍照、复制等方式提取[①]。

（二）实施查封、扣押活动

采取查封、扣押措施，应当由2名以上审查人员持工作证件进行，并依法出具《查封/扣押通知书》，有持有人或者保管人、见证人在场，并告知当事人及其他直接利害关系人对查封措施不服的可以进行申诉或者控告。见证人在场有利于证实整个过程，有利于调查人员严格依法行使监察权，防止侵犯当事人合法权益。对于查封、扣押的物品，调查人员应当会同在场见证人和被查封、扣押财物持有人查点清楚，开列《查封/扣押财物、文件清单》，由调查人员、见证人和持有人签名或者盖章。持有人不在场或者拒绝签名、盖章的，调查人员应当在清单上记明。查封、扣押过程应当全程录音录像，留存备查。

（三）查封、扣押特殊财物

1. 查封、扣押不动产等特殊财物

不动产和置于不动产之上不宜移动的财物，因其性质特殊，不可移动或难以移动，监察机关很难也没有必要将其带回特定场所保存。对此，《监察法实施条例》第157条规定，查封、扣押特殊财物，必要时可以扣押其权利证书，对财物拍照或者录像后原地封存，比如，对商品房，可以扣押其产权证书。必要时，可以将被查封的特殊财物交持有人或者其近亲属保管，并告知其妥善保管。[②] 调查人员应当将《查封/扣押通知书》送达相应的财物登记、管理部门，告知其在查封期间禁止办理抵押、转让、出售等权属关系变更、转移登记手续。

2. 查封、扣押不易辨别真伪的贵重物品等特殊财物

《监察法实施条例》第158条规定了对不易辨别真伪的贵重物品等

---

① 中央纪委国家监委案件监督管理室：《准确把握〈监察法实施条例〉中案件监督管理工作相关规定》，载《中国纪检监察报》2022年9月7日。

② 《〈中华人民共和国监察法实施条例〉释义》，中国方正出版社2022年版，第211页。

六类物品进行查封、扣押的特殊要求。比如，对有消费期限的会员卡，应当在笔录中记明，以拍照、录像等方法加以保全后进行封存，或者经审批委托有关机构变卖、拍卖。

3. 查封、扣押物品的保管

对涉案款项，审查调查部门应当在采取措施后及时存入专用账户；对涉案物品，审查调查部门应当在采取措施后及时移交专门部门或者人员保管。因特殊原因不能按时存入专用账户或者移送保管的，应当按程序报批并在原因消除后及时存入或者移交。对查封、扣押的财物、文件，监察机关应当设立专用账户、专门场所，确定专门部门或者人员妥善保管，严格履行交接、调取手续，定期对账核实，不得毁损或者用于其他目的。对价值不明物品应当及时鉴定，专门封存保管。①

查封、扣押的财物、文件经查明与案件无关的，应当在查明后 3 日内解除查封、扣押，予以退还。

三、查封、扣押的收集证据要求

查封、扣押收集的物品作为物证、书证、视听资料、电子数据等证据使用的，必须符合纪检监察证据实质要件和形式要件要求，并按照证据规则严格审查后使用。在做查封、扣押相关笔录时，注意请财物持有人或保管人说明拟被查封、扣押财物的来源，或根据同期发现的其他信息对其来源进行追溯，为后期的审查调查综合分析提供可靠信息②。此外，根据《人民检察院刑事诉讼规则》第 413 条规定，庭审中，检察机关对于搜查、查封、扣押、冻结、勘验、检查、辨认、侦查实验等活动中形成的笔录存在争议，需要调查人员、侦查人员以及上述活动的见证人出庭陈述有关情况的，公诉人可以建议合议庭通知其出庭。

---

① 中共中央纪律检查委员会、中华人民共和国国家监察委员会案件审理室：《公职人员职务犯罪调查取证工作百问百答》，中国方正出版社 2019 年版，第 250 页。

② 李国正：《查封扣押措施使用中应注意的几个问题》，载《中国纪检监察报》2021 年 5 月 12 日。

第十四节　勘验检查、调查实验

一、勘验检查的概念和意义

勘验检查是指审查调查人员对于违纪或者职务违法、职务犯罪有关的场所、物品、人身等进行勘查、检验或检查，以发现和收集违纪或者职务违法、职务犯罪活动所遗留的各种痕迹和物品的一种措施。勘验检查既是纪律审查措施，也是监察调查措施。

勘验检查措施具有以下特点：（1）勘验检查的实施主体。勘验检查要求具有一定的专业化素质，而且要求形成严谨规范的勘验检查笔录。因此，纪检监察机关工作人员可以亲自勘验检查，也可以指派、聘请具有专门知识的人在审查调查人员主持下进行勘验检查。（2）勘验检查的对象。勘验检查的对象是与违纪、职务违法和职务犯罪行为有关的场所、物品、人身等。勘验、检查的性质是一样的，只是对象不同。勘验的对象是现场、物品和尸体等，而检查的对象则是活人的身体。具体来讲，勘验是针对与案件有关的场所、物品等所进行的观察、测量、检验、拍照、绘图等活动，目的是了解与案件有关的场所、物品，发现和收集证据；检查是针对与案件有关的人所进行的观察、检验等活动，目的在于确定被调查人、被害人的某些特征、伤害状况或者生理状态①。（3）按照对象和内容的不同，勘验检查可以分为现场勘验、物品检验、人身检查、尸体检验、电子数据检验等。此外，根据《监察法》规定，必要时，监察机关可以进行调查实验。调查实验情况应当制作笔录，由参加实验的人员签名或者盖章。（4）党的纪律检查机关和国家监察机关均可以使用勘验检查措施。

勘验检查是重要的审查调查手段，是发现和获取证据、查清案情的

① 中共中央纪律检查委员会、中华人民共和国国家监察委员会案件审理室：《公职人员职务犯罪调查取证工作百问百答》，中国方正出版社 2019 年版，第 311—312 页。

重要措施，对审查调查工作具有重要意义。（1）通过勘验检查，能够发现和提取违纪、职务违法和职务犯罪行为所遗留的各种痕迹和物品，获取重要的原始证据和“第一手材料”，为审查调查工作提供线索和证据。（2）通过对所获得的各种痕迹和物品的分析研究，可以判明案件的性质，明确审查调查的方向和范围。（3）通过勘验调查，能够固定证据，认定案件事实。

二、勘验检查的程序和要求

（一）履行严格的审批程序

勘验检查会对被审查调查人或者其他人员的人身权利和财产权利造成一定的影响，必须严格履行审批程序。根据规定，纪检监察机关依规依纪依法采取勘验检查措施，应当报同级纪委监委分管领导审批，并制作《勘验检查证》。

纪检监察机关开展勘验检查，应当由2名以上调查人员进行，必要的时候可以指派或者聘请具有专门知识的人，在审查调查人员的主持下进行。勘验检查时应当持《勘验检查证》进行。需要委托勘验检查的，应当出具《委托勘验检查书》，送具有专门知识的人办理。

（二）电子数据勘验检查

对电子数据进行勘验检查是勘验检查的重要类型，具体是指纪检监察机关对采取调取措施时扣押的电子数据原始存储介质，或者收集、提取的电子数据，需要通过数据恢复、破解、搜索、关联、统计、比对等方式，以进一步发现和收集与案件相关的线索和证据的，可以进行电子数据勘验检查。电子数据勘验检查，既可以由监察机关负责信息工作的人员使用专业设备进行，也可以指派或者聘请具有专门知识、资格的人员进行①。

① 《〈中华人民共和国监察法实施条例〉释义》，中国方正出版社2022年版，第225页。

（三）进行辨认

根据《监察法实施条例》等规定，辨认是指纪检监察机关为查明案件事实，依法组织被害人、证人和被调查人，对与违纪违法有关的物品、文件、尸体或场所，以及被调查人、涉案人员等进行识别、确认的审查调查活动。为保证辨认结果客观真实、准确，组织辨认的对象（包括人员、物品）应当达到法定数量，且应当将辨认对象混杂在其他对象之中。辨认应当形成笔录，并由调查人员、辨认人签名或者盖章①。辨认笔录属于监察执法和刑事诉讼的法定证据。

三、勘验检查的收集证据要求

勘验检查情况应当制作笔录。笔录主要包括勘验检查的时间、地点、对象、目的、经过和结果，并由参加勘验人员和见证人签名或者盖章。勘验现场应当全程录音录像，勘验现场的情况应当拍摄现场照片、制作现场图并签名。

纪检监察机关进行勘验检查应当严格按照法规制度要求开展，收集的证据必须符合证据标准要求，并与案件事实具有关联性。人民检察院在审查起诉时，对监察机关的勘验检查，认为需要复验、复查的，可以要求监察机关复验、复查。对此，《人民检察院刑事诉讼规则》第335条规定："人民检察院审查案件时，对监察机关或者公安机关的勘验、检查，认为需要复验、复查的，应当要求其复验、复查，人民检察院可以派员参加；也可以自行复验、复查，商请监察机关或者公安机关派员参加，必要时也可以指派检察技术人员或者聘请其他有专门知识的人参加。"此外，《人民法院办理刑事案件第一审普通程序法庭调查规程（试行）》第46条规定："通过勘验、检查、搜查等方式搜集的物证、书证等证据，未通过辨认、鉴定等方式确定其

① 《〈中华人民共和国监察法实施条例〉释义》，中国方正出版社2022年版，第232页。

与案件事实的关联的，不得作为定案的根据。法庭对鉴定意见有疑问的，可以重新鉴定。”

四、调查实验的概念与要求

调查实验是指纪检监察人员在审查调查过程中，为了查明案情，在与案件发生相同或相似的条件下，采用现场模拟、过程重演、亲身经历等方法，证实在一定条件下违纪违法行为能否发生、如何发生及相关危害后果的一种审查调查措施。《监察法》第 29 条第 2 款规定，必要时，监察机关可以进行调查实验。调查实验情况应当制作笔录，由参加实验的人员签名或者盖章。

近年来，职务违法犯罪的手段呈新型化、复杂化趋势，这对纪检监察机关准确、规范、充分运用调查措施提出了新的更高要求。一般情况下，调查实验可用于分析、研究、证明某些犯罪手段、犯罪情节，判明证人、被害人的陈述和被调查人的供述、辩解是否符合客观实际、是否真实①。虽然调查实验结论从性质上来看属于补强性证据，但是通过调查实验，纪检监察人员能够对相关证据的真实性、关联性、合法性进行综合研判，形成内心确信，全面精准了解案情，更好推动调查工作②。

第十五节　鉴　　定

一、鉴定的概念和意义

鉴定，是指纪检监察机关在监督检查、审查调查过程中，指派、聘请有专门知识的人就某些专门性问题进行鉴别判断并作出鉴定意见的一种活动。鉴定人进行鉴定后，应当出具鉴定意见，并且签名。鉴定既是纪律审查措施，也是监察调查措施。

---

① 徐浚玮：《监察机关开展调查实验若干思考》，载《中国纪检监察报》2022 年 7 月 27 日。

② 孙梦远：《审核调查实验笔录需注意的几个问题》，载《中国纪检监察报》2022 年 7 月 20 日。

鉴定措施具有以下特点：（1）鉴定的实施主体。鉴定的实施主体是具有鉴定资格的单位（人员），纪检监察机关是采取鉴定措施的委托主体。（2）鉴定的实施对象。鉴定的对象是专门性问题，“专门性问题”，是指纪检监察机关在审查调查过程中遇到的，必须借助专门的知识和经验进行研究分析才能作出科学判断的问题①，比如文书鉴定、音像资料鉴定、痕迹鉴定和法医类鉴定等。（3）党的纪律检查机关和国家监察机关在初步核实阶段和立案后均可以使用鉴定措施。

纪检监察机关在审查调查中，对于某些专门性问题，依纪依法指派或者聘请具有鉴定资格的人进行鉴定，可以对与案件有关的物品、笔迹、文件、财物会计资料、录音录像、人身等证据材料的真伪性、相关性等进行科学判断；同时，通过鉴定解决案件中的专门性问题，利用鉴定获取和补强证据，为固定证据、查明案件事实提供有力支持。

二、鉴定人的条件和鉴定的范围

为了保证鉴定意见的科学性、准确性和客观性，鉴定人应当具备以下条件：（1）鉴定机构和鉴定人应当具有法定资质。鉴定人必须是专门机构中从事专门技术工作的人，必须具有足以解决案件中专门问题的知识和技能。（2）必须是获得纪检监察机关的指派或聘请的人。2005年颁布的《全国人民代表大会常务委员会关于司法鉴定管理问题的决定》第4条规定了鉴定人需要具备的条件。纪检监察机关可以参照该规定，指派、聘请相应的鉴定人。（3）必须与案件及被调查人无利害关系或者无其他应当回避的情形，能够客观公正地作出鉴定意见。鉴定人员不少于2人。

鉴定的范围，应是案件查办中遇到的专门性问题，特别是需要运用专门的知识和经验作出科学判断的问题。《监察法实施条例》第176条

① 《〈中华人民共和国监察法实施条例〉释义》，中国方正出版社2022年版，第238页。

规定了依法可以开展鉴定的七种情形，包括：对笔迹、印刷文件、污损文件、制成时间不明的文件和以其他形式表现的文件等进行鉴定；对案件中涉及的财务会计资料及相关财物进行会计鉴定；对被调查人、证人的行为能力进行精神病鉴定；对人体造成的损害或者死因进行人身伤亡医学鉴定；对录音录像资料进行鉴定；对因电子信息技术应用而出现的材料及其派生物进行电子证据鉴定等。

三、鉴定的程序和要求

（一）履行审批程序

采取鉴定措施必须履行审批程序。由于鉴定措施一般不会对被审查调查对象的人身或财产权益造成较大影响，因此，依纪依法需要鉴定的，经承担的监督检查部门（审查调查部门）主要负责人审批即可。审批后，出具《委托鉴定书》，交具有鉴定资格的单位（人员）办理。审查调查人员不得私自或者以个人名义开展鉴定工作。

（二）实施鉴定活动

审查调查人员应当为鉴定人进行鉴定提供必要的条件，及时向鉴定人提交有关检材和对比样本等原始材料，介绍与鉴定有关的情况，并明确提出要求鉴定解决的问题，但不能对鉴定人进行技术上的干预，更不能暗示或者强迫鉴定人或者鉴定机构作出某种不真实的倾向性结论。审查调查人员应当做好检材的保管和送检工作，并写明检材送检环节的责任人，确保检材在流转环节的同一性和不被污染。对于涉及估价鉴定的，应当明确鉴定基准日。鉴定人应当按照鉴定规则，运用科学方法独立进行鉴定。根据《监察法实施条例》第 178 条规定，鉴定后，应当出具鉴定意见、检验报告，附鉴定机构和鉴定人的资质证明或者其他证明文件，并签名或者盖章。多个鉴定人的鉴定意见不一致的，应当在鉴定意见上写明分歧的内容和理由，并且分别签名。

（三）协调鉴定人出庭作证

鉴定意见本质上是鉴定人的推断性意见，根据证据裁判原则，鉴定人应出庭作证。《刑事诉讼法》第192条第3款规定，公诉人、当事人或者辩护人、诉讼代理人对鉴定意见有异议，人民法院认为鉴定人有必要出庭的，鉴定人应当出庭作证。经人民法院通知，鉴定人拒不出庭作证的，鉴定意见不得作为定案的根据。因此，监察机关确定鉴定机构后，应告知鉴定机构及鉴定人有出庭作证的义务。人民法院在法庭审理中依法决定鉴定人出庭作证的，纪检监察机关应当予以协调。鉴定人故意作虚假鉴定的，应当依法追究法律责任。

四、鉴定的收集证据要求

（一）对鉴定意见进行审查

鉴定意见作出后，审查调查人员应当对鉴定意见进行审查。虽然鉴定意见具有一定的专业性，与对待其他证据一样，纪检监察机关在将鉴定意见作为证据使用前，需要对其真实性、合法性和关联性进行审查[①]。在形式要件方面要审查鉴定文书的形式要件是否完备，如鉴定文书是否注明提起鉴定的事由、鉴定委托人、鉴定机构、鉴定要求、鉴定过程、鉴定方法、鉴定日期等内容，鉴定人是否在鉴定意见上签名，是否附有鉴定机构和鉴定人的资质证明或者其他证明文件，等等。实际工作中，一些调查人员因忽略对鉴定文书形式要件的审查，导致有的鉴定文书没有鉴定人员签名仍被当成重要证据移送起诉，造成鉴定文书缺少必备要件而被法庭排除。[②] 在实质要件方面要审查鉴定内容是否有遗漏，鉴定意见是否完整，鉴定人有无故意作虚假鉴定或者违反回避规定的行为，鉴定意见依据是否充分，等等。

此外，根据《监察法实施条例》第179条规定，对经审查作为证据使用的鉴定意见，应当告知被调查人及相关单位、人员，送达《鉴定意见告知书》。因为用作证据的鉴定意见直接关系到案件事实的认

① 《〈中华人民共和国监察法实施条例〉释义》，中国方正出版社2022年版，第245页。

② 龚举文：《监察调查中如何适用鉴定措施》，载《中国纪检监察》2019年第24期。

定，与被调查人等有直接的利害关系，所以应当将鉴定意见告知他们，允许他们发表自己的意见，并拥有救济的渠道。纪检监察机关告知鉴定意见时，应当全面、准确地向被调查人及相关单位、人员告知相关内容。比如，根据鉴定的实际情况，既要告知鉴定结论，也要告知鉴定的内容和经过。又如，一个鉴定意见中对多个物品或者检材有多个结论的，可以采取附表形式列明物品及其鉴定意见。①

（二）补充鉴定或者重新鉴定

被调查人或者相关单位、人员对鉴定意见有异议的，有权提出补充鉴定或者重新鉴定申请，这为审查调查对象提供了具体的救济渠道。补充鉴定是在原鉴定的基础上对其中个别增加问题进行复查、修改、补充，以使鉴定结论更加全面地反映客观真实，比如，发现了新的有鉴定意义的证物，补充鉴定和原鉴定同属一次鉴定，《监察法实施条例》第 180 条规定了应当补充鉴定的五种情形。重新鉴定是一个独立的鉴定程序，主要适用于鉴定本身存在违法情况、对鉴定程序、方法和结论持有异议，裁判机关难以采信等情况，比如，鉴定机构、鉴定人不具备相应的鉴定资质和条件等，《监察法实施条例》第 181 条规定了应当重新鉴定的六种情形。决定重新鉴定的，应当另行确定鉴定机构和鉴定人。

（三）专门性问题报告的证据效力

根据《监察法实施条例》第 182 条规定，专门性问题报告是指监察机关需要对案件的专门性问题进行鉴定，但因为没有法定的鉴定机构，或者根据法律法规等的规定，监察机关可以指派、聘请具有专门知识的人，就案件的专门性问题出具书面报告。要强调的是，专门性问题报告不是《监察法实施条例》规定的 8 种证据，但对其审查与认定参

① 《〈中华人民共和国监察法实施条例〉释义》，中国方正出版社 2022 年版，第 245 页。

照鉴定意见把握，且在刑事诉讼中可以作为证据使用[①]。

第十六节　技术调查

一、技术调查的概念和意义

技术调查措施一般是指公安机关或者国家有关执法机关中负责技术调查的部门实施的行踪监控、通信监控和场所监控等措施。提请技术调查是指，监察机关根据调查职务犯罪的工作需要，在经过严格的审批手续后，委托有关机关运用技术设备收集证据或查获被调查人的一种特殊调查措施。

技术调查措施具有以下特点：（1）技术调查措施适用于涉嫌重大贪污贿赂等职务犯罪案件，应当根据调查工作需要，审慎决定是否采取技术调查措施，并非一律需要采取该措施。（2）采取技术调查措施，由监察机关决定，交有关机关执行。在监察调查中，是否采取技术调查措施，由监察机关来决定并履行审批手续，这是国家法律赋予监察机关的权限。但具体执行技术调查措施，则交给公安机关等有关机关执行。（3）监察机关在初步核实阶段和立案后可以申请使用技术调查措施，例外情形是设区的市级以下监察机关在初步核实中不得采取技术调查措施。采取技术调查措施必须履行严格的审批程序。

技术调查措施具有科技化、智能化、专业化等特点，在发现线索、固定证据、查清事实等方面具有独特优势。随着科学技术的发展，职务犯罪手段越趋隐蔽化、智能化、期权化，对职务犯罪调查工作提出了更高的要求。采取技术调查措施对严重职务犯罪行为进行调查，是世界各国的通行做法。《联合国反腐败公约》第 50 条规定："为有效地打击腐败，各缔约国均应当在其本国法律制度基本原则许

① 《〈中华人民共和国监察法实施条例〉释义》，中国方正出版社 2022 年版，第 250 页。

可的范围内并根据本国法律规定的条件在其力所能及的情况下采取必要措施，允许其主管机关在其领域内酌情使用控制下交付和在其认为适当时使用诸如电子或者其他监视形式和特工行动等其他特殊侦查手段，并允许法庭采信由这些手段产生的证据。”《监察法》中关于监察机关可以提请有关机关采取技术调查的规定，有利于监察机关迅速及时地收集证据，查处职务犯罪行为，同时也有利于震慑职务犯罪行为，预防职务犯罪行为的发生。

二、技术调查的适用对象

纪检监察机关决定采取技术调查措施的，应同时具备以下条件。(1) 该案件涉及重大贪污贿赂等职务犯罪。如果被调查人仅仅涉及一般职务违法或违纪，就不能采取技术调查措施[①]。(2) 具体适用对象是对被审查调查人、涉案人员，除此之外不能采取技术调查措施。(3) 应当是“确有必要”。纪检监察机关采取技术调查措施，必须采取审慎的原则，技术调查措施一定是在使用常规的调查手段无法达到调查目的时才能采取的手段。对既可以采取技术调查措施，又可以通过其他的调查途径解决问题的，应当采取其他的调查途径解决。[②]

三、提请技术调查的程序和要求

（一）履行严格的审批程序

技术调查措施作为一项特殊的审查调查措施，涉及公民人身权益，尤其是隐私权，批准时必须严之又严，使用时必须慎之又慎。要严格履行规定的审批程序，根据对象不同，在履行纪委、监委和党委政法委批准手续基础上，视情形分别报同级党委主要负责人、纪委监委主要负责人、同级纪委监委分管领导等审批。此外，市级、县级纪委监委采取技

① 中央纪委国家监委案件监督管理室：《准确把握〈监察法实施条例〉中案件监督管理工作相关规定》，载《中国纪检监察报》2022 年 9 月 7 日。

② 《监察机关如何使用技术调查措施?》，载中央纪委国家监委网站，2018 年 8 月 6 日。

术调查措施还应当履行更加严格的审批程序。

在批准决定中要明确采取技术调查措施的种类和适用对象。批准决定要明确采取哪一种或哪几种具体的调查手段，而不是只笼统地批准可以采取技术调查措施，不加区分地所有技术调查手段一起上。同时，还要具体明确对案件中的哪个人采取，而不是笼统地批准对哪个案件采取技术调查措施。[①]

（二）具体执行

采取技术调查措施，必须审慎稳妥，严格审批权限，规范内核程序，按照规定委托公安机关等执行，纪委监委不能自己执行。根据《监察法实施条例》等规定，依规依法采取技术调查措施的，纪检监察机关应当出具《采取技术调查措施委托函》《采取技术调查措施决定书》和《采取技术调查措施适用对象情况表》，送交有关机关执行。其中，设区的市级以下纪检监察机关委托有关执行机关采取技术调查措施，还应当提供《立案决定书》。

（三）时限规定

采取技术调查措施的期限为 3 个月，自批准决定签发之日起算。对于复杂、疑难案件期满后，经过批准，可以延长，但每次延长不得超过 3 个月。应说明的是，"经过批准"还是要重新办理报批和委托手续。[②] 技术调查措施期限届满前，监察机关未办理延期手续的，到期自动解除。对于不需要继续采取技术调查措施的，应当及时主动解除。

四、采取技术调查措施的收集证据要求

采取技术调查措施获取的信息和材料，不能直接作为刑事证据使用，也不得在谈话（讯问、询问）中直接引用。对于依法需要作为刑

① 《〈中华人民共和国监察法〉释义》，中国方正出版社 2018 年版，第 154 页。
② 《〈中华人民共和国监察法〉释义》，中国方正出版社 2018 年版，第 155 页。

事诉讼证据使用的，监察机关应当按规定报批，并向执行机关出具《调取技术调查证据材料通知书》，以证明收集证据的合法程序和真实来源，保证证据效力。

另外，根据《监察法实施条例》第186条规定，为使采取技术调查措施收集的证据材料更加规范，便于在调查工作中依法使用和接受审核，调查人员应当对收集的物证、书证及其他证据材料制作相应的书面说明，写明获取证据的时间、地点、数量、特征以及采取技术调查措施的批准机关、种类等，并在书面说明上签名。

第十七节　通　　缉

一、通缉的概念和意义

通缉是指，公安机关发布通缉令并采取有效措施，将应当逮捕而在逃的犯罪嫌疑人追捕归案的一种侦查活动。[①] 提请通缉是指，监察机关可以决定在本行政区域内通缉，由公安机关将应当留置而在逃的被调查人、涉案人员追捕归案的调查措施。提请采取通缉措施只能以国家监察机关名义行使。

通缉措施具有以下特点：（1）通缉的决定机关是县级以上监察机关，通缉的执行必须交给公安机关，公安机关是通缉措施的执行机关。实践中，在逃的被审查调查人、涉案人员往往需要在全国进行追捕，但并无必要一律报请中央纪委国家监委采取通缉措施，由县级以上纪检监察机关商请同级公安机关采取网上追逃措施，同样可以实现在全国范围内实施追捕，且效率更高。（2）提请采取通缉应当以国家监察机关名义行使，不能以纪律检查机关名义行使。（3）通缉措施必须立案后使用，初核阶段不能使用。

① 陈光中：《刑事诉讼法》（第五版），北京大学出版社、高等教育出版社2013年版，第304页。

通缉是世界各国都普遍采用的一种查缉在逃人员的调查侦查措施和手段。国家监察体制改革后，《监察法》赋予监察机关通缉的法定职权，对及时抓获在逃的被调查人，保证案件调查顺利进行，有力打击职务违法犯罪行为具有重要意义。

二、通缉的适用对象

监察机关决定采取通缉措施，应当同时具备以下条件。（1）被通缉的人必须是涉嫌职务违法犯罪的被调查人，既包括职务违法的被调查人，也包括职务犯罪的被调查人。（2）通缉对象是依法符合留置条件的人员，即符合《监察法》规定的留置条件应当依法留置。（3）该被调查人因逃避调查而下落不明，既包括下落不明的涉嫌职务违法犯罪的被调查人，也包括已经依法留置，但又逃跑的被调查人。①

三、提请通缉的程序和要求

通缉措施属于限制人身自由的重要措施，必须履行严格的报批程序。根据规定，纪检监察机关根据通缉对象不同，视情形分别报纪委监委主要负责人、纪委监委分管领导审批，送交同级公安机关执行。通缉范围在本行政区域内的，县级以上监察机关有权自己作出决定，并按规定报批；通缉范围超出本行政区域的，下级监察机关应当逐级报有决定权的上级监察机关，由上级监察机关作出决定，并按规定报批②。

根据《监察法实施条例》第188条规定，送交执行时，应当出具《通缉决定书》，附《留置决定书》等法律文书和被通缉人员信息，以及承办单位、承办人员等有关情况。通缉范围超出本行政区域的，应当报有决定权的上级监察机关出具《通缉决定书》，并附《留置决定书》及相关材料，送交同级公安机关执行。

---

① 《〈中华人民共和国监察法〉释义》，中国方正出版社2018年版，第156页。

② 《〈中华人民共和国监察法实施条例〉释义》，中国方正出版社2022年版，第258页。

四、通缉的执行

监察机关决定采取通缉措施后，交由公安机关发布通缉令进行追捕。监察机关和公安机关应当加强协调配合。公安机关接到监察机关移送的通缉决定的，应当及时发布通缉令。各级公安机关接到通缉令后，应当迅速部署、组织力量，积极进行查缉工作。

根据《监察法实施条例》第 190 条规定，监察机关接到公安机关抓获被通缉人员的通知后，应当立即核实被抓获人员身份，并在接到通知后 24 小时以内派员办理交接手续。边远或者交通不便地区，至迟不得超过 3 日。公安机关在移交前，将被抓获人员送往当地监察机关留置场所临时看管的，当地监察机关应当树立“全国一盘棋”的意识，依法予以接收，并做好安全、保密工作。

此外，监察机关需要提请公安机关协助将被抓获人员带回的，应当按规定报批，请本地同级公安机关依法予以协助。提请协助时，监察机关应当向同级公安机关出具《提请协助采取留置措施函》，附《留置决定书》复印件及相关材料。

监察机关对于被通缉人员已经归案、死亡，或者依法撤销留置决定以及发现有其他不需要继续采取通缉措施情形的，应当经审批出具《撤销通缉通知书》，送交协助采取原措施的公安机关执行。

第十八节　限制出境

一、限制出境的概念和意义

限制出境，是指出于维护国家安全和利益、保证诉讼顺利进行、维持社会公共秩序等需要，国家移民管理局机构根据有关机关的决定，在出入境口岸依法对特定人员实施出境入境控制的措施。提请限制出境，是指纪检监察机关提请移民管理机构采取有效措施，对被审查调查人不准予离开国境的一种措施。限制出境措施分为两类。第一类是法定不准出境报备，2021 年 9 月国家移民管理局出台了《法定不准出境人员报备管理工作规范》，对法定不准出境人员报备的适用情形和具体措施作出了调整，对于采取法定不准出境报备的对象，出入境管理机构不给办理出入境证件，同时边检机关也要阻止其出境。第二类是边控措施，适用于有出入境证件的对象，省级以下纪检监察机关采取边控措施的，按规定审批后由省级纪检监察机关统一交控。

限制出境措施具有以下特点：（1）纪检监察机关依纪依法作出限制出境决定后，应当交国家移民管理机关执行。2018 年国家移民管理局成立后，公安机关的出入境管理职责已由国家移民管理机关承担。（2）使用限制出境措施，必须经省级以上纪检监察机关批准。纪检监察机关在审批过程中，应当把握必要性原则，不得随意扩大适用范围或者不加分辨地采取措施。（3）纪检监察机关在初步核实阶段和立案后均可使用限制出境措施。

赋予纪检监察机关采取限制出境措施的权限，一方面能够保障调查工作的顺利进行，防止因被调查人及相关人员逃匿境外带来消极政治和社会影响，以及因不能掌握违纪违法犯罪事实及证据，导致审查调查工作停滞。另一方面，通过适时运用限制出境措施，能够对被调查人及涉案人员产生强大震慑效应，使其丢掉幻想、放弃抵抗，主动交代问题。

二、限制出境的适用对象

纪检监察机关决定限制出境的对象需具备以下条件：（1）适用对象是可能逃匿境外的被调查人以及相关人员，既包括涉嫌职务违法犯罪的被调查人，也包括涉嫌行贿犯罪或者共同职务犯罪的涉案人员，以及与案件有关的其他人员。实践中，并不是对所有涉嫌违纪以及职务违法犯罪的被调查人都采取限制出境措施，而是应当把握必要性原则，结合适用对象情况、违纪违法程度、外逃可能性、初核或审查调查工作需要等因素充分研判评估适用的必要性，对有可能逃匿境外的被调查人及相关人员限制出境。[①] 采取措施时要审慎分析研判，不得对没有外逃风险的涉案人员以及案件无关人员采取限制出境措施[②]。（2）对象可能逃往境外。这里的“境外”，既包括国外，也包括港澳台地区。

三、提请限制出境的程序和要求

（一）限制出境的审批程序

采取限制出境的审批主体和程序非常严格。根据规定，纪检监察机关根据限制出境对象不同，视情形分别报同级党委主要负责人、纪委监委主要负责人、纪委监委分管领导审批。设区的市级以下监察机关采取限制出境措施，必须层报省级纪委监察机关批准，防止限制出境措施的随意使用，切实保护公民合法权利。

（二）限制出境的执行

根据《监察法实施条例》第 193 条规定，纪检监察机关采取限制出境措施应当出具有关函件，与采取限制出境措施决定书等文书材料一并送交移民管理机构执行。有关函件和《采取限制出境措施决定书》的内容应当具体明确，以便移民管理机构后续执行。其中，采取边控措施的，应当附《边控对象通知书》。此外，根据调查工作需要，纪检监察机关可以依法决定对应当予以限制出境的有关人员采取法定不批准出境措施。决定采取法定不批准出境措施的，在送交移民管理机构执行时，除了出具有关函件和《采取限制出境措施决定书》外，还应当附《法定不准出境人员报备表》。

纪检监察机关要注重限制出境与初核、审查调查工作中的其他措施严密配合，实现各类措施有效运用、同频共振。比如，要将限制出境措施与“走读式谈话”、搜查等措施配合使用，发现并深挖违纪违法

---

① 云南省纪委监委第十一审查调查室：《助力案件突破和衍生证据收集》，载《中国纪检监察报》2020 年 4 月 8 日。

② 中央纪委国家监委案件监督管理室：《准确把握〈监察法实施条例〉中案件监督管理工作相关规定》，载《中国纪检监察报》2022 年 9 月 7 日。

事实。

纪检监察机关接到口岸移民管理机构查获被决定采取留置措施的边控对象的通知后，应当于 24 小时以内到达口岸办理移交手续。无法及时到达的，应当委托当地监察机关及时前往口岸办理移交手续。当地监察机关应当予以协助。

此外，《监察法实施条例》第 197 条规定了临时紧急救济措施，即县级以上纪检监察机关在重要紧急情况下，比如重要涉案人马上要出逃，经审批可以依法直接向口岸所在地口岸移民管理机构提请办理临时限制出境措施，期限不超过七日，不能延期。

（三）限制出境的延长和解除

限制出境措施期限届满后可以延长，但仍须由省级及以上纪检监察机关审批。承办部门应当出具有关函件，在到期前与《延长限制出境措施期限决定书》一并送交移民管理机构执行。延长期限每次不得超过 3 个月。为加强对公民合法权利的保护，在具体执行中，对期限尚未届满但不需要继续采取限制出境措施的，纪检监察机关应当及时作出解除决定，承办部门应当出具有关函件，与《解除限制出境措施决定书》一并送交移民管理机构执行。

◉ 案例

依规依纪依法使用搜查措施

报经 W 市委书记批准，W 市纪委监委对涉嫌贪污受贿犯罪的财政局副局长董某依纪依法进行立案审查调查。为了收集董某的犯罪证据，经 W 市纪委书记、监委主任孙某审批后，市纪委监委依纪依法对董某的办公室和住房进行了搜查。进行搜查时，工作人员出具了《搜查证》，进行了拍照，并对全过程进行录音录像。在董某的办公室里，搜查人员搜查到多本境外反动书籍，3块高档男士手表，2个分别装有10万元和8万元现金的纸袋，财政局办公室主任李某等人在现场见证并在搜查笔录上签字。在董某家中，搜查到了50多万元现金，多根重量不同的金条，一批名烟名酒。根据掌握的信息，审查调查组按程序报批后，又对董某在该市的另一处房屋进行了搜查，发现了董某隐匿在此的大量现金、玉石珠宝。根据搜查获取的证据，董某很快交代了自己的问题。

◉ 评析

搜查是指监察机关为了收集犯罪证据、查获涉嫌职务犯罪的被调查人，对被调查人以及可能隐藏被调查人或者犯罪证据的人的身体、物品、住处和其他有关地方进行搜索和检查的调查措施。《监察法》第27条规定："监察机关可以对涉嫌职务犯罪的被调查人以及可能隐藏被调查人或者犯罪证据的人的身体、物品、住处和其他有关地方进行搜查。"搜查措施只能由国家监察机关行使，不能以党的纪律检查机关名义行使，且立案后才能使用。搜查必须履行严格的审批程序，根据规定，对同级党委管理的正职领导干部采取搜查措施的，应当报同级党委主要负责人审批；对同级党委管理的副职领导干部采取搜查措施的，应当报同级监委主要负责人审批。

本案中，W市纪委监委严格依规依纪依法采取搜查措施。因董某是同级党委管理的副职领导干部，由市纪委书记、监委主任审批后采取搜查措施。搜查时，工作人员出具了《搜查证》，全程同步录音录像，并现场制作笔录，由见证人签名，符合搜查的程序要求。

调查人员开展搜查时，应注意以下要求：第一，搜查的具体实施时间、方法，在实施前应当严格保密。搜查时，应当有被搜查人或者其家属，其所在单位工作人员或者其他见证人在场，并向其出示《搜查证》。监察机关进行搜查时，可以根据工作需要提请公安机关配合。第二，进行搜查的人员必须遵守纪律、服从指挥，不得无故损坏搜查现场的物品，不得擅自扩大搜查对象和范围，严禁单独进入搜查区域。搜查应当全程录音录像，留存备查。第三，搜查应当现场制作搜查笔录。搜查笔录应当在搜查现场由调查人员和被搜查人或者其家属、邻居或者其他见证人签名。如果被搜查人拒绝签名，或者被搜查人在逃，其家属拒绝签名或者不在场，调查人员应当在笔录中注明。第四，对于查获的重要书证、物证、视听资料、电子数据及其放置、存储位置，应当拍照，并作出文字说明。在搜查过程中查封、扣押财物和文件的，应当按照查封、扣押的有关规定办理。

思考题：

1. 审查调查措施使用的原则和要求是什么？
2. 谈话措施与讯问措施的使用有何区别？
3. 采取留置措施的程序和安全要求是什么？

第十八章　纪检监察证据适用

证据适用是审查调查工作的重要组成部分。严格依规依纪依法收集、固定、审查、运用证据是推进纪检监察工作规范化、法治化、正规化的必然要求。纪检监察机关应当严格执行违纪案件、职务违法案件、职务犯罪案件证据适用要求，做到全面、客观，形成相互印证、完整稳定的证据链。

第一节　概　　述

一、纪检监察证据适用的内涵

纪检监察证据适用，是指纪检监察机关依规依纪依法收集、固定、审查、运用证据等活动的总称。纪检监察证据适用是纪检监察工作的重要组成内容。

纪检监察证据适用包括以下内涵：一是证据适用是一个上位概念，是关于纪检监察中证据活动的专有概念，证据、证明是证据适用的下位概念。二是证据适用是纪检监察中与证据相关的系列活动的总称，包括收集、固定、审查、运用证据等一系列活动。三是证据适用是一个规范体系，包括违纪案件证据适用、职务违法案件证据适用、职务犯罪案件证据适用。

构建纪检监察证据适用体系是推动纪检监察工作规范化、法治化、正规化建设的必然要求和重要内容。纪检监察证据适用与审查调查工作相辅相成、不可分割，审查调查工作是证据适用的重要载体，审查调查的过程就是收集、审查、鉴别、使用证据的过程。推动纪检监察工作高质量发展必须建立起一整套与纪检监察机关职责权限相符，适应违纪、职务违法和职务犯罪案件审查调查特点的证据适用体系。通过科学、规范、严格的证据适用体系，规范纪检监察机关的审查调查和证据适用工作，提高纪检监察干部的纪法意识、程序意识和证据意识，确保所办案件办成铁案，案件质量经得起历史检验。

二、严格纪检监察证据适用的意义

（一）严格证据适用是实现纪检监察工作高质量发展的必然要求

纪检监察工作高质量发展，首先体现在查办案件工作的高质量上。坚持实事求是，以事实为依据，以党章党规党纪和国家法律法规为准绳，是纪检监察工作基本原则。纪检监察工作必须在严格收集证据、准确认定案件事实的基础上，才能精准作出处置。严格证据适用必须切实解决实践中一些纪检监察机关存在的证据收集范围不清、标准不明导致的案件质量不高、办案效率较低等问题，实现错罚相当、罚当其错，最大限度地做到不枉不纵，让被审查调查人心服口服，达到惩前毖后、治病救人的目的，推动纪检监察工作高质量发展。

（二）严格证据适用是准确认定案件事实的必然要求

审查调查工作离不开证据。审查调查工作是围绕收集证据、审查证据、运用证据、认定案件事实而展开的。审查调查的过程首先就是运用证据认定案件事实的过程。任何一个案件事实都发生在过去，不可能真正重现，审查调查工作人员只有通过严格的证据适用工作，才能“重现”案件事实，查明事实真相、准确认定性质，追究相关人员责任。同时，严格证据适用的标准、规则和程序要求，也有利于强化对纪检监察职权运行的监督和制约，防止权力滥用，保障公民合法权益，保证审查调查工作的公正性。

（三）严格证据适用是维护公民合法权益的必然要求

纪检监察机关必须严格依规依纪依法收集证据，使真正的犯罪分子受到应有的惩罚，避免无辜者被错误追诉，甚至造成冤假错案。此外，从保护被审查调查人合法权益的角度看，被审查调查人虽然违纪违法甚至犯罪，应当追究其纪法责任，但是必须经过法定程序、由相关机关依纪依法作出结论后才能追究，在其配合审查调查期间仍然应当保障其合法权益[①]。监察机关及其工作人员行使职权，侵犯公民、法人和其他组织的合法权益造成损害的，依法给予国家赔偿。

（四）严格证据适用是实现法法衔接的必然要求

监察机关调查取得的证据材料在刑事诉讼中可以作为证据使用，这一方面降低了诉讼成本，有利于实现监察机关与司法机关的有机衔接，同时也对监察机关的调查取证工作提出了更高要求。“按照庭审标准对职务犯罪调查工作中收集调取的证据进行审核把关，实质上是监察机关调查处置工作对接以审判为中心的刑事诉讼制度改革的核心环节，也是法法衔接的核心内容。”[②] 如果证据不扎实、不合法，轻则被检察机关退回补充调查，影响审查调查工作效率；重则会被司法机关作为非法证据予以排除，导致司法机关无法准确认定定罪量刑的情节。纪检监察机关必须不断增强证据意识，收集、固定和审查证据材料，严格遵循证据要求和标准，严禁以违规违纪违法方式收集证据，切实以法治思维和法治方式开展工作。

三、纪检监察证据及证据种类

（一）纪检监察证据

“证据”一词，在日常生活中被广泛使用，通常是指“能够证明某

---

① 王薇：《如何理解关于纪检监察机关调查取证要求的规定》，载《中国纪检监察》2019 年第 5 期。

② 钟纪晟：《如何严格按照庭审标准，对职务犯罪调查工作中形成的证据进行审核把关?》，载《中国纪检监察报》2019 年 9 月 4 日。

事物的真实性的有关事实或材料"[①]。证据应当是内容与形式的统一，证据的内容是证据所表达的事实，证据的形式是事实赖以存在的载体。我国《刑事诉讼法》第 50 条第 1 款规定："可以用于证明案件事实的材料，都是证据。"这里的"材料"就是证据事实和证据载体相统一的表述[②]。《监察法实施条例》第 66 条也采用了同样的表述，规定"可以用于证明案件事实的材料都是证据"。具体来讲，纪检监察证据是指，在纪检监察工作中可以用于证明案件事实的材料。从反映的内容看，纪检监察证据是客观存在的材料；从证明关系看，纪检监察证据是证明案件事实的材料；从属性看，纪检监察证据是反映案件事实的载体。

一般来讲，纪检监察证据要成为定案根据应当具备真实性、关联性和合规性。一是真实性。证据必须是伴随案件的发生、发展过程而遗留下来的，是不以人的主观意志为转移而存在的事实。二是关联性。证据同案件事实存在某种联系，对证明案件具有实际意义。三是合规性。审查调查人员必须依规依纪依法收集、鉴别证据，不仅要按照规定程序进行收集和认定，而且必须符合规定形式要求。严禁以暴力、威胁、引诱、欺骗以及其他违规违纪违法方式收集证据。

（二）纪检监察证据的法定形式

纪检监察证据的法定形式，也称纪检监察证据的种类，是指党内法规和国家法律规定的纪检监察证据的不同表现形式。

关于违纪案件证据种类，《中共中央纪律检查委员会关于查处党员违纪案件中收集、鉴别、使用证据的具体规定》规定："违纪案件证据种类包括：物证；书证；证人证言；视听材料；受侵害人员的陈述；受审查党员的陈述；鉴定结论；勘验、检查笔录；现场笔录。"在实践中，被审查人的自书材料、忏悔反思材料一般被认为是审查对象陈述的

① 《现代汉语词典》（第 7 版），商务印书馆 2016 年版，第 1673 页。

② 陈光中：《刑事诉讼法》（第六版），北京大学出版社、高等教育出版社 2016 年版，第 164 页。

一种证据形式。

关于职务违法和职务犯罪案件的证据种类，《监察法实施条例》第66条作出了规定，这与《刑事诉讼法》第50条关于刑事案件证据种类的规定基本是一致的。根据《监察法实施条例》的规定，职务违法和职务犯罪的证据包括：物证，书证，证人证言，被害人陈述，被调查人陈述、供述和辩解，鉴定意见，勘验检查、辨认、调查实验等笔录，视听资料、电子数据等8种。职务违法和职务犯罪的证据种类一致化，有利于充分有效利用好监察调查工作中收集的各类证据材料，实现违法行为与犯罪行为在调查、认定、处置等环节的有机衔接。

此外，关于初核期间取得的证据材料是否具有刑事诉讼的证据资格问题，《监察法实施条例》第66条规定："监察机关依照监察法和本条例规定收集的证据材料，经审查符合法定要求的，在刑事诉讼中可以作为证据使用。"这一规定有效对接了刑事审判关于证据的要求和标准。据此，监察机关在初步核实阶段以及对被调查人以涉嫌职务违法立案调查期间，依法收集、调取的证据材料，由监察机关以及人民检察院、人民法院依据监察法、《刑事诉讼法》等法律规定审查后，在刑事诉讼中可以作为证据使用。当然需要强调的是，初核阶段收集的证据，应当与初核阶段的调查权限相适应，经审查后符合刑事诉讼要求，才能作为刑事诉讼证据使用。

（三）纪检监察证据的理论分类

纪检监察证据的种类是由党内法规和国家法律规定的，具有法定的约束力。纪检监察证据的理论分类是对证据进行的学术归类，便于实践理解和运用。

1. 言词证据与实物证据

根据证据的表现形式不同，可以将纪检监察证据分为言词证据和实物证据。言词证据主要是以人类语言为表现形式的证据。最常见的言词证据包括被审查调查对象的陈述和辩解、证人证言、被害人陈述等。言词证据既可以以口头形式呈现，也可以以书面方式呈现。比如在审查调查中，审查调查人员将受审查党员的陈述以笔录的形式记录下来，就属于言词证据。实物证据主要是以实物为内容和表现形式的证据。最常见的实物证据包括物证、书证、勘验笔录等。与物证、书证等实物证据相比，一般认为言词证据主观性较强，具有不确定性，容易受各种因素影响而出现偏差，甚至可能发生变化，“其优点是关联性较强，缺点是存在较高的虚假风险”①。因此，《监察法实施条例》第 67 条规定：“只有被调查人陈述或者供述，没有其他证据的，不能认定案件事实；没有被调查人陈述或者供述，证据符合法定标准的，可以认定案件事实。”这样规定有利于引导纪检监察人员按照法定标准全面调取证据。

2. 原始证据与传来证据

根据证据的来源方式不同，可以将纪检监察证据分为原始证据和传来证据。原始证据是指直接来源于案件事实或原始出处，未经复制或转述的证据。比如，纪检监察机关在审查调查中通过搜查、查封、扣押等措施直接收集的各种物品、资料等，通过勘验检查措施，获取现场笔录、辨认笔录等，就属于原始证据。传来证据是指间接来源于案件事实，通过复制、复印、转述等某种中介，从原始证据派生出来的证据。比如，纪检监察机关从违纪违法现场提取的书证的复印件、物品的照片，以及转述他人所感知事实的证言等，就属于传来证据。

3. 直接证据与间接证据

根据证据与案件主要事实的证明关系的不同，可以将纪检监察证据分为直接证据和间接证据。直接证据是指能够直接证明案件主要事实的证据。比如，被审查调查对象是违纪违法行为的亲历者，其供述能够直接证明案件主要事实，此类言词证据可以作为直接证据使用。但是并非所有的言词证据都属于直接证据，比如，相关证人仅知道案件的某个细

① 李亚群：《审查调查证据实务》，中国方正出版社 2023 年版，第 23 页。

节或某笔款项的去向，但不知违纪违法事实是否发生，此类证据只能作为间接证据使用。间接证据是指不能单独地直接证明案件主要事实，而需要与其他证据相结合才能证明案件主要事实的证据。[①] 比如，某些物证或书证无法单独证明案件主要事实，就属于间接证据。

四、纪检监察证据适用中的证明和证明要素

证明通常是指“用可靠的材料来表明或断定人或事物的真实性”。[②]诉讼法语境下的“证明”有其特定内涵，比如，刑事诉讼中的证明“是指以公安司法机关及其办案人员为主要主体，当事人及其辩护人、诉讼代理人参与进行的收集、运用证据以认定案件事实的诉讼活动，即贯穿于刑事诉讼全过程中查明案件事实真相的活动”[③]。从审查调查工作实践来看，审查违纪案件、调查职务违法案件与职务犯罪案件都是要通过对证据的收集、固定、审查和运用来求得案件事实真相，因而这三类案件也都存在证明活动。具体来讲，纪检监察工作中的证明是指，承担证明责任的一方提出证据证实各项待证事实的活动。

从构成要素上看，证明活动主要包括证明对象、证明责任、证明标准、证据标准、证明方法和证明过程等要素。纪检监察工作中的证明也应当包括上述要素。

（一）证明对象

证明对象是指，纪检监察机关及其审查调查人员在办案中需要运用证据予以证明的事实情况，解决的是“证明什么”的问题。只有明确了证明对象，才能进一步明确相应主体的证明责任、达到的证明标准、应当采取的证明方法和使用的证明程序。根据纪检监察工作的职责权

① 陈光中：《刑事诉讼法》（第六版），北京大学出版社、高等教育出版社2016年版，第222页。

② 《现代汉语词典》（第7版），商务印书馆2016年版，第1673页。

③ 陈光中：《刑事诉讼法》（第六版），北京大学出版社、高等教育出版社2016年版，第176页。

限，纪检监察工作中的证明对象主要是有关违纪、职务违法和职务犯罪行为构成要件和裁量情节的事实，一般包括实体性事实和程序性事实。

实体性事实是指关于违纪、职务违法、职务犯罪行为构成要件的事实以及各种裁量情节事实，包括排除行为的违纪违法性、可罚性和行为人纪法责任的事实，这些事实是根据党内法规和国家法律的规定确定的。比如，参照《刑事诉讼法》相关规定，监察机关调查职务犯罪案件应当运用证据证明的案件事实包括以下方面：（1）被调查人、被害人的身份；（2）涉嫌职务犯罪事实是否存在；（3）涉嫌职务犯罪事实是否为被告人所实施；（4）被调查人有无刑事责任能力，有无罪过，实施犯罪的动机、目的；（5）实施犯罪的时间、地点、手段、后果以及案件起因等；（6）被调查人在共同犯罪中的地位、作用；（7）被调查人有无从重、从轻、减轻、免除处罚情节；（8）有关涉案财物处理的事实；（9）与定罪量刑有关的其他事实。①

程序性事实是指纪检监察机关在审查调查违纪、职务违法、职务犯罪行为中需要证明的程序方面的事实。虽然党内法规和国家法律没有将程序事实作为证明对象，但是在纪检监察工作中，程序性事实往往贯穿于整个审查调查过程，并经常发生争议需要加以证明，因此，这些程序性事实也应当纳入纪检监察证明对象的范围，以促进程序公正的实现。比如，关于管辖的事实，关于回避的事实，延长留置措施的事实等。

（二）证明责任

证明责任与证明主体密不可分，证明主体是承担证明责任的主体。具体来讲，证明主体是指，在纪检监察工作中有权利和义务依规依纪依法运用证据认定案件事实的机关与个人。证明责任是指，证明主体提出证据证明案件事实成立的责任，否则，将承担其主张不成立的风险。证

① 中共中央纪律检查委员会、中华人民共和国国家监察委员会案件审理室：《公职人员职务犯罪调查取证工作百问百答》，中国方正出版社2019年版，第10页。

明主体和证明责任解决的都是“谁来证明”的问题。

证明责任与法定的职责和义务相联系。在党和国家监督体系中，纪检监察机关负责审查调查党员、干部和监察对象的违纪违法行为，这是党内法规和国家法律赋予的职权。根据权利义务相统一的原则，纪检监察机关在行使这一职权的同时，必须承担证明案件事实的义务。

在审查违纪案件中，举证责任主要由纪检机关承担，但在特殊情形下，存在由被审查人承担部分证明责任的情形。党章规定，党员必须对党忠诚老实，对党忠诚老实是党员必须履行的义务。基于被审查对象所承担的说明义务，可以允许其自行提供查询材料和相关书证，如银行流水、转账记录、工商登记资料等，经审查可认可其证据效力①。

在调查职务违法案件中，举证责任主要由监察机关承担，但在部分情况下被调查人同样需要承担说明义务或者举证责任。鉴于国家与公职人员的特别权利义务关系，公职人员负有如实说明情况的特别义务。《监察法》第20条第1款规定：“在调查过程中，对涉嫌职务违法的被调查人，监察机关可以进行谈话，要求其就涉嫌违法行为作出陈述，必要时向被调查人出具书面通知。”此外，有专家提出，职务违法案件调查中，存在举证责任在监察机关与被调查人之间转移的情形。当监察机关证明达到“清晰且令人信服”的程度，而被调查人提出了不构成职务违法或者从轻、减轻政务处罚等于己有利的主张时，被调查人应当就其主张的部分承担提出证据责任，提供相应证据线索以供查核。例如，监察机关调查发现公职人员收受管理和服务对象的钱款涉嫌受礼或受贿问题时，被调查人可能会提出属于双方正常经济往来。对此类合理抗辩事由，举证责任转移至被调查人，但其证明标准只需达到合理的根据即可，不需要达到监察机关证明的标准。此时，被调查人仅就抗辩事由承担一定程度的举证责任，并不解除监察机关对整体案件事实的举证责

① 李亚群：《审查调查证据实务》，中国方正出版社2023年版，第23页。

任，监察机关仍要承担所提供证据无法达到法定证据标准的不利后果①。

在调查职务犯罪案件中，举证责任主要由监察机关承担，案件调查终结移送司法机关后，举证责任由人民检察院承担。《刑事诉讼法》第51条规定："公诉案件中被告人有罪的举证责任由人民检察院承担，自诉案件中被告人有罪的举证责任由自诉人承担。"据此，在刑事诉讼中，证明责任由控诉方承担。犯罪嫌疑人、被告人一般不承担证明责任。

（三）证明标准

证明标准，又称证明要求、法定的证明程度等，是指按照党内法规和法律规定认定案件事实所要求达到的程度或标准。证明标准解决的是"证明达到什么程度"的问题。

根据党内法规和国家法律规定，违纪案件、职务违法案件、职务犯罪案件的证明标准虽然在文字表述上略有不同，但都应当达到"事实清楚，证据确实、充分（确凿）"的标准。一是关于违纪案件的证明标准，《纪律检查机关监督执纪工作规则》第53条提出的24字方针明确要求"事实清楚、证据确凿"。二是关于职务违法案件的证明标准，《监察法实施条例》第69条规定为"事实清楚、证据确凿"。三是关于职务犯罪案件的证明标准，《监察法实施条例》第70条规定为"事实清楚，证据确实、充分"。据此，违纪和职务违法案件的证明标准是"事实清楚，证据确凿"，职务犯罪案件的证明标准是"事实清楚，证据确实、充分"。"确凿"与"确实、充分"在要求上是一致的，并无实质性差别。

因此，违纪、职务违法、职务犯罪三类案件的证明标准总体是一致的，都应当是事实清楚，证据确凿或者确实、充分。在实践中，虽然每

① 李亚群：《审查调查证据实务》，中国方正出版社2023年版，第23页。

类案件在具体的证据标准或证据数量上存在差异，但是运用证据认定案件事实所应当达到的程度或者标准是一致的，都应当是事实清楚，证据确实、充分（确凿）。“事实清楚”是指与定性处置、定罪量刑有关的事实情节都必须查清，“确实、充分”是指证据要真实可靠完整，如实地反映案件的事实真相。总之，就是应当形成一个完整的证据锁链，达到不枉不纵、客观真实的程度，这是法治的基本要求。

（四）证据标准

证据标准是证明标准在证据上具体化。证据标准是指，纪检监察机关为达到法定证明标准，而收集的证据需要达到的标准。证据标准解决的是“证据应当达到什么标准”的问题。

实践中，违纪、职务违法、职务犯罪三类案件的证明标准总体是一致的，但是在具体证据标准上确实存在一定差异性，即职务犯罪案件收集、固定、审查和运用证据的具体程度和要求要高于一般职务违法和违纪案件，即“差异化的违纪违法犯罪证据标准”。理由如下：第一，从危害性上看，职务犯罪具有严重的社会危害性，违纪和职务违法行为尚未构成犯罪，危害性相对较小。因此，职务犯罪案件对证据标准的要求必然比职务违法案件的要求更高、更严格。第二，从调查权限上看，违纪和职务违法的调查手段、取证措施、印证证据证明力的手段等均不及职务犯罪调查，比如，讯问、搜查、技术调查等调查手段只能适用于职务犯罪；再比如，违纪审查和职务违法调查以走读方式为主，职务犯罪调查则以留置方式为主。第三，从办案效率上看，违纪和职务违法行为事实相对简单，如果违纪和职务违法案件套用刑事审判关于职务犯罪的证据要求，不计成本，搞过度取证，不仅没有必要，而且对审查调查资源是一种极大的浪费。第四，从认定标准上看，违纪事实的认定以党员对党忠诚的纪律要求为基础，违纪、职务违法行为构成要件的标准也低于职务犯罪行为。第五，从处罚后果上看，刑事处罚的后果相较于党纪处分而言更加严厉，刑事处罚限制或剥夺公民人身权益、财产权益等，涉及公民的财产、人身自由甚至是生命，在证据把握上应当严之又严[①]。过高设置职务违法的证据标准，既不利于有效开展调查工作，也会导致不当延长调查时间，增加被调查人的利益损害和心理负担[②]。

实际上，目前一些监察法律法规已经就构建差异化的违法犯罪证据标准进行了有力探索。《监察法实施条例》第 69 条规定，认定职务违法案件的"证据确凿"应当符合下列条件："（一）定性处置的事实都有证据证实；（二）定案证据真实、合法；（三）据以定案的证据之间不存在无法排除的矛盾；（四）综合全案证据，所认定事实清晰且令人信服。"《监察法实施条例》第 70 条规定，认定职务犯罪案件的"证据确实、充分"应当符合下列条件："（一）定罪量刑的事实都有证据证明；（二）据以定案的证据均经法定程序查证属实；（三）综合全案证据，对所认定事实已排除合理怀疑。"两者的一个重要区别是，认定职务违法要求综合全案证据，所认定事实清晰且令人信服；认定职务犯罪要求综合全案证据，对所认定事实已排除合理怀疑。"排除合理怀疑"是指排除符合常理的、有根据的怀疑，不仅包括"最大程度的盖然性"，而且包括结论之"确定性""唯一性"[③]。"清晰且令人信服"是指认定有关职务违法事实的根据清晰且令人信服，主要事实的证据之间不存在矛盾，或者是即便存在矛盾也能够得到令人信服的解释和排除[④]。需要强调的是，认定职务违法的证据事实虽不需达到排除合理怀疑的程度，但也需要达到非常高的确定性，经过案件审理部门审核把关

① 王宗光：《如何把握违纪与职务犯罪案件证据标准》，载《中国纪检监察报》2021 年 4 月 21 日。

② 李太斌：《如何把握监察法实施条例对职务违法、职务犯罪案件证据标准的细化要求》，载《中国纪检监察》2022 年第 7 期。

③ 陈光中：《刑事诉讼法》（第六版），北京大学出版社、高等教育出版社 2016 年版，第 184 页。

④ 《〈中华人民共和国监察法实施条例〉释义》，中国方正出版社 2022 年版，第 113 页。

并报经纪检监察机关集体审议，认为所认定事实是清晰的，结论是令人信服的，实践中不能随意降低证据标准。

这种差异化的违纪违法犯罪证据标准，体现在具体纪检监察实践中，可以从以下维度来把握：第一，在延伸性取证上的区别。违纪和职务违法构成要件的标准低于职务犯罪，决定了违纪和职务违法案件证据的延伸性要低一些，闭合证据链的直径和证明体系的规模要小一些。实践中，职务违法行为需要证明的对象和范围包括定性和量纪事实，如违法行为发生的时间、地点、手段、情节、后果等应清楚明确，但不必包含全部细枝末节。比如收礼行为（职务违法），有被调查人证明礼金去向情况的陈述和相关书证即可，不必进一步细化和收集。职务违法行为主要事实的证据之间不存在无法解释或难以排除的矛盾，根据这些证据所获知的事实有非常高的确定性，符合认识规律及理性判断，可以达到确信的程度。这种主观确信程度虽然不必达到“排除合理怀疑”的标准，但已然达到了令人信服的程度，可以此为根据作出处置[①]。第二，在证据质的区别上，违纪和职务违法案件的证据必须是真实、合规合法的，而职务犯罪案件据以定案的证据还必须经法定程序查证属实。第三，在证据量的区别上。违纪和职务违法案件延伸性要求决定了其证据量要小于涉刑案件，因此在能够保证认定事实清晰的前提下，在同一种类的证据数量上，违纪职务违法无需机械套用刑事审判关于职务犯罪的证据标准。第四，在证据种类上的区别。违纪案件的证据种类相对比较灵活。比如，被审查人的自书材料、忏悔反思材料一般也可以作为审查对象陈述的一种证据形式[②]。

需要强调的是，提出职务违法和职务犯罪差异化的证据标准，绝不

① 李太斌：《如何把握监察法实施条例对职务违法、职务犯罪案件证据标准的细化要求》，载《中国纪检监察》2022年第7期。

② 参见英恒武：《如何把握违纪案件的证据标准》，载《中国纪检监察报》2020年1月8日。

意味着职务违法案件质量的降低。职务违法和职务犯罪案件都必须严守证据标准，强化证据意识，依规依纪依法收集固定证据。对于非法证据，要坚决予以排除，不能作为职务犯罪和职务违法案件处置的依据①。

总之，违纪案件、职务违法案件、职务犯罪案件在证明标准上总体是一致的，但是由于三者性质和特点不同，在具体的证据标准上有所差异，体现执纪审查、职务违法调查、职务犯罪调查各自的特点和要求。

（五）证明方法和证明过程

证明方法和证明过程是指，纪检监察机关及审查调查人员利用证据对案件事实进行论证应当坚持的原则、规则和具体程序。证明方法和证明过程解决的都是“如何证明”的问题。从认识论上讲，纪检监察工作中的证明就是一个坚持正确的理念、原则和规则，按照法定的程序，开展的去伪存真、由表及里，从感性认识上升到理性认识的思维过程。本章第二节将重点阐述证明的原则和规则，第三节将重点阐述证明的过程。

第二节　纪检监察证据适用的原则与规则

证据适用的原理、原则、规则是纪检监察证据适用工作的重要内容。其中，原理是纪检监察证据适用的理论基础，原则是纪检监察证据适用应当遵循的基本指导，规则是规范和约束纪检监察证据适用的具体准则。

一、纪检监察证据适用的原理

证据适用的原理，是证据适用的理论基础，为整个证据适用活动提供基本理论指导。证据适用活动作为重要的认识活动和执纪执法实践，

---

① 李太斌：《如何把握监察法实施条例对职务违法、职务犯罪案件证据标准的细化要求》，载《中国纪检监察》2022 年第 7 期。

离不开正确的价值论、认识论和方法论的指导。

（一）价值论

“价值关系不仅发生在人与物之间，也发生在人与人之间以及其他一切可能的对象性关系中。”[①] 哲学意义上的价值反映到纪检监察活动中，通常是指纪检监察活动及其结果满足民众、组织、社会和国家需要的程度。从整体上看，纪检监察证据适用工作都必须遵守共同的价值准则，包括政治忠诚、程序正当、保障权益、公平公正、注重效率等。同时在共同的价值准则下，由于审查违纪案件、调查职务违法案件、调查职务犯罪案件在性质定位上的不同，就必然决定了三者在具体的价值追求上有所不同，特别是在审查调查和证据适用中要实现多重价值之间的有机平衡。一般来讲，审查违纪案件的根本目的是纯洁党的组织、维护党的团结统一，在纪律审查中要善于把握“惩前毖后、治病救人”的方针，灵活适用党的纪律和政策，抓早抓小、防微杜渐，及时对党员干部的违纪行为作出评价，修复被破坏的政治生态。调查职务违法案件的价值更倾向于对公职人员行使公权力的监督，在执法中要善于实现惩戒与教育相结合、宽严相济。职务犯罪案件以刑事法律为依据，调查职务犯罪案件的价值更倾向于惩罚犯罪、保护人民，被审查调查人面临的是可能被剥夺财产、人身自由甚至生命的危险。出于惩治犯罪与保障人权并重的价值倾向，为避免出现冤假错案，在办理职务犯罪案件的过程中需要具备更加完备的证据要素、更加完整的证据链条。

（二）认识论

证据适用的本质是纪律和法律规范下的特殊认识活动，必须遵守科学的方法和要求。马克思主义辩证唯物主义认识论为证据适用的内在过程提供正确的观念、原则和方法。辩证唯物主义认识论科学地解决了认

① 李德顺：《价值论》，中国人民大学出版社2007年版，第28页。

识的本质，提出了能动的反映论，认为认识是主体对客体的能动反映；把实践引入认识论，认为必须从主体和客体、主观和客观的对立统一关系中去把握实践；提出了认识的辩证运动，强调认识是从实践到认识，再由认识到实践的不断反复过程。[①] 纪检监察证据适用工作，必须以辩证唯物主义认识论为指导，科学认识证据适用过程，把握证据适用规律，正确开展证据适用活动。要科学把握证据适用的主客体关系，从哲学意义上认识证据适用的主体（审查调查人员）、客体（案件事实）的规律和特点；把握证据适用的手段即证据的特点，坚持证据裁判原则，实现认定事实和客观事实的一致性；把握证据适用的认识过程，认识过程既要遵循一般的经验法则、逻辑规则，也要严格遵守党章党内法规和国家法律的要求。

（三）方法论

辩证唯物主义是中国共产党人的世界观和方法论。遵循辩证唯物主义方法论，“最重要的就是坚持一切从客观实际出发，而不是从主观愿望出发”[②]。只有坚持具体问题具体分析，才能认识事物的客观情况和发展规律。对于纪检监察案件的证据适用，应当立足于党内监督和国家监察的实践需要，立足于三类案件属性的差异，而不应照搬套用。对党员违纪案件的审查处理，首要的是维护党的先进性和纯洁性，促进党的团结和统一，巩固党的执政地位，党内纪律审查应当体现全面从严治党的要求、体现党员的纪律约束和行为准则，因此，对违纪案件证据的收集、审查、固定和运用等必须服从和服务于这一政治目标。对公职人员职务违法案件的调查处理，体现的是对公职人员行使公权力的监督，目的是维护公权力行使的廉洁性，因此，对职务违法案件证据的收集、审查、固定和运用等必须适应依法行使公权力这一监督目标。对职务犯罪

---

① 樊崇义：《证据法学》，法律出版社2017年版，第45页。

② 习近平：《辩证唯物主义是中国共产党人的世界观和方法论》，载《求是》2019年第1期。

案件的调查处理，因其涉嫌刑事犯罪，必须严格按照刑事审判关于证据的要求和标准来执行和落实。

二、纪检监察证据适用的原则

纪检监察适用的原则是指在纪检监察机关收集、固定、审查、运用证据等适用活动中应当坚持的基本制度和基本准则。根据党内法规和国家法律规定，纪检监察证据适用应强调以下原则：

（一）客观公正

客观公正是指，纪检监察机关收集的证据所表达的内容或证据事实是客观存在的，不是主观想象、臆断或者虚构的，而且从不同的角度收集了所有能够证明案件事实的证据。

纪检监察机关在收集、审查证据时必须按照客观公正的要求，注重以下方面要求：（1）收集违纪、职务违法和职务犯罪三方面证据。按照职责定位，纪检监察机关对被审查调查对象涉嫌违纪、职务违法和职务犯罪等方面证据都要收集，防止仅收集被审查调查对象违法犯罪的证据，而对违纪证据“一笔带过”。（2）坚持实事求是。按照证据的本来面目如实收集，并如实反映，既不能用主观猜想代替客观事实，也不能偏听偏信，任意取舍，甚至虚构或伪造证据。（3）对于能够反映案件真实情况的一切证据材料都应收集。不仅要注意收集能够证明被审查调查人涉嫌违纪、职务违法或者职务犯罪的证据，而且还应注意收集能够证明被审查调查人没有违纪、不构成职务违法或者职务犯罪的证据。① （4）全面收集违纪量纪、定罪量刑的证据。对违纪、定罪方面证据，围绕违纪和犯罪的构成要件收集证据，防止“缺斤短两”的现象；对量纪、量刑方面证据，收集审查从轻、减轻、加重、从重等方面的证据，避免以相关情况说明代替证据收集。

---

① 王薇：《如何理解关于纪检监察机关调查取证要求的规定》，载《中国纪检监察》2019 年第 5 期。

（二）依纪依法

依纪依法是指，纪检监察机关收集、固定、审查、运用证据的主体、方法、程序以及证据的形式都应当符合党内法规和国家法律法规规定。

证据适用必须严格依规依纪依法。特别是，纪检监察机关调查职务犯罪案件应当主动对接以审判为中心的刑事诉讼制度改革，在收集、固定、审查和运用证据时，应当与刑事审判关于证据的要求和标准相一致。根据《监察法》第 36 条等规定，若监察机关不依法收集证据，则收集到的证据会被作为非法证据排除，不得作为案件处置的依据；即便移送到司法机关，也会因与刑事审判关于证据的要求和标准不一致，无法在刑事诉讼中作为证据使用。因此，纪检监察机关应严格遵守程序合法的原则，不能图省事而减少环节，确保收集的证据具有合法性，对非法收集的证据予以排除，对瑕疵证据要求审查调查部门予以补正或解释。

（三）及时细致

及时细致是指，纪检监察机关必须提高工作主动性和能动性，利用党内法规和国家法律赋予的权限措施，及时主动、认真细致收集相关证据材料，提高证据收集的质量。

及时主动是对收集证据的时间提出的要求。证据的内容会随着时间的推移而发生变化甚至消失，纪检监察机关必须在初核阶段和立案后，按照工作要求，立即着手收集证据，快速进行调查取证，避免因不及时收集而导致重要证据流失。深入细致是对收集证据的内容提出的要求。证据的存在形式一般比较隐蔽，与案件有关的物证、书证等隐存于大千世界，了解案件的证人混藏于芸芸众生之中，特别是某些当事人故意伪造、销毁、转移、隐匿证据，都给调查取证工作带来了一定的难度。审查调查人员必须具有锐敏的洞察力、观察力和分析能力，不被假象所迷惑，通过艰苦细致的取证工作，辨别真伪，求得真相。

（四）层次差异

借鉴英美法系有关证据标准的层次化理论，根据违纪案件、职务违法案件、职务犯罪案件三类案件特点的不同，三类案件的证据标准是存在梯度性和层次化的，如我国刑事诉讼、行政诉讼和民事诉讼的证据标准，就分别是“排除合理怀疑”“明显优势证据”和“优势证据”的不同标准。因此，基于不同的价值追求和立法定位，实践中三类案件的规范依据、适用对象、办案模式、处置后果和程序要求等方面存在明显差异，应逐步考虑划分为违纪、职务违法和职务犯罪三类不同的证据标准，即“差异化的违纪违法犯罪证据标准”。三类案件的证据标准呈阶梯排列，对于职务犯罪的证据标准，严格按照司法标准办理，以便于对接司法，实现法法衔接；对于违纪和职务违法的证据标准，考虑到是纪检监察机关内部需要掌握的标准，要充分体现自身特点，特别是纪严于法的要求，与职务犯罪证据标准形成差异，以便合理区分，有效指导实践。

三、纪检监察证据适用的规则

规则是指纪检监察证据适用中规范证据收集、固定、审查、运用等活动的准则。证据适用规则是证据适用原则的下位概念，是证据适用原则的具体体现。

案件证据适用规则具有重要作用和价值。一是具有约束的效力。证据适用规则作为一种行为规范，纪检监察干部都应当遵守，否则要承担不利的后果。比如，没有依规依纪依法收集证据，根据非法证据排除规则，收集的证据可能是无效的。二是具有明确的指引性。证据适用规则是具体的操作流程，纪检监察干部、被审查调查对象可以直接从证据适用规则中知道自己应当做什么、不能做什么。三是有利于查明案件事实。证据适用规则指导和规范具体审查调查和证据适用活动，及时查明案件事实。四是有利于提高审查调查效率。避免过度取证质证，降低审查调查成本。

国家法律经过多年发展，规定了多项证据规则。这些证据规则作为规范和方法，经过实践检验、行之有效。（1）关于证据能力的规则。具体包括，非法证据排除规则，关联性证据规则，意见证据排除规则等。（2）关于证明力的规则。具体包括，补强证据规则，原始证据优先规则，直接言词证据规则，证据的证明力确定规则等。（3）关于质证的规则。比如《刑事诉讼法》规定，“证人证言必须在法庭上经过公诉人、被害人和被告人、辩护人双方质证并且查实以后，才能作为定案的根据”。这些规则都是纪检监察机关在调查职务犯罪案件中应当遵循的一般规则。

在此，强调几个纪检监察机关在审查调查违纪案件、职务违法案件、职务犯罪案件中都应当遵循的重点规则。

（一）证据为本

该原则源自证据法学中的证据裁判主义，要求对于证据事实的认定，应当采取有效的证据加以证实。如果在案件事实证明上，证据缺乏或者证明不充分，不得作为直接的事实依据。《监察法实施条例》第67条规定：“监察机关认定案件事实应当以证据为根据。”纪检监察证据适用必须建立在确凿的证据基础之上。认定案件事实，必须依据证据；实体性事实和程序性事实都应当有证据证明；对收集的证据认真审查判断，不得将不真实或真实性存疑的证据作为定案根据。

（二）非法证据排除

以正当的手段实现正当的目的是程序正义的核心价值，排除以非法手段收集的证据则是对违反程序正义原则所施加的程序性制裁。党内法规和国家法律对非法证据排除规则都有明确规定，违纪案件、违法案件、犯罪案件的非法证据排除规则是一致的，都是对证据能力和证明力的负面评价，都是对党员、公职人员和公民权利的保护。特别是《监察法实施条例》第四章第二节“证据”对非法证据排除的范围和程序等作出详细规定，分别规定了言词证据与实物证据适用不同的排除标准。采用暴力、威胁以及非法限制人身自由等非法方法收集的言词证据一律予以排除，而收集方法不符合法定程序的物证、书证，可以予以补正或作出合理解释，不能补正或作出合理解释的，依法予以排除。这主要是考虑到，相对言词证据而言，物证、书证属于客观性证据，其真实性一般不受人的主观意志的影响，具有较稳定的证明力。而且物证、书证一般具有不可替代和不可重复取得的特点，很多物证、书证具有唯一性，一旦被排除就不可能再次取得，应在统筹考虑、综合衡量的基础上作出恰当处理①。此外，《监察法实施条例》还规定了严格的“存疑证据排除制度”，即纪检监察机关确认或者不能排除以非法方法收集证据的，对有关证据依法予以排除，不得作为案件定性处置、移送审查起诉的依据。这就强调，在审查调查中，不能排除非法取证可能的，应推定为非法取证行为，该证据不予采纳，在这个过程中，审查调查人员应当承担证明取证合规合法的证明责任。

（三）孤证不能定案

孤证不能定案，是指仅有一个能够证明案件主要事实的实质性证据，不能认定违纪违法行为。比如，有的学者指出：“每一个证据的证明力之有无或者大小，都不能靠该证据本身得到证明，而必须通过对证据本身的情况、证据与其他证据之间有无矛盾以及能否相互印证、证据在全案证据体系中的地位等问题进行全面的衡量，才能作出合理的判断。”② 党内法规和国家法律都有孤证不能定案的具体规定。比如，《监察法实施条例》第 67 条规定：“只有被调查人陈述或者供述，没有其他证据的，不能认定案件事实；没有被调查人陈述或者供述，证据符合法定标准的，可以认定案件事实。”《刑事诉讼法》第 55 条第 1 款规定：

---

① 《〈中华人民共和国监察法实施条例〉释义》，中国方正出版社 2022 年版，第 118 页。

② 陈瑞华：《理想与现实——从实证的角度看中国的刑事审判方式改革》，法律出版社 2002 年版，第 416 页。

“对一切案件的判处都要重证据，重调查研究，不轻信口供。只有被告人供述，没有其他证据的，不能认定被告人有罪和处以刑罚。”在审查调查中，没有其他证据加以印证，任何孤证都不能单独作为认定案件事实的根据。

第三节　纪检监察证据适用的过程

纪检监察证据适用包括证据的收集、固定、审查、运用证据等环节。当然，上述环节相互依存相互渗透，其划分不是绝对的，既相互独立，又不能绝对分开。纪检监察机关在证据适用各个环节中，必须严格依规依纪依法，既保证取证过程的合规合法，也保证证明过程的科学合理。

一、证据的收集与固定

（一）证据收集与固定的内涵

证据的收集与固定，直接关系着案件事实能否得到查明和有效认定。在刑事诉讼中，证据收集是指，国家专门机关及其办案人员、当事人、辩护律师、代理人通过法定程序，基于职责或权利，采取一定的方式收集能够证明案件事实材料的行为。证据的固定则是为了避免证据以后可能灭失或难以取得，国家专门机关以当事人的申请或主动依职权，采取一定的措施对证据加以保全和保护的行为。①

在纪检监察工作中，为了查明违纪违法事实，同样必须对证据进行收集和固定。具体来讲，审查调查工作中的证据的收集和固定是指，审查调查人员为了查清违纪违法事实，依照有关规定，严格依规依纪依法发现和取得证据，并将证据予以固定的活动。

（二）证据收集与固定的意义

无论在执纪审查中，还是在执法调查中，纪检监察机关都应当严格

---

① 陈光中：《刑事诉讼法》（第六版），北京大学出版社、高等教育出版社2016年版，第186页。

依规依纪依法收集和保全证据，特别是《监察法》规定，监察机关依法收集的证据材料，在刑事诉讼法中可以作为证据使用；监察机关在收集、固定、审查、运用证据时，应当与刑事审判关于证据的要求和标准相一致。因此，对监察机关收集保全职务犯罪类证据的要求更高。另外，根据纪检监察机关合署办公的要求，以监委名义取得的相关证据也可以直接作为党纪处分的依据，不需要进行证据转换。[①]

（三）证据收集与固定的方法

纪检监察干部必须严格依规依纪依法收集能够证明案件事实材料的行为。（1）严格使用规定的权限收集和固定证据。党内法规和国家法律分别赋予了纪律审查、职务违法调查、职务犯罪调查不同的措施和权限，纪检监察机关必须根据案件性质不同，使用规定的措施收集和固定证据，切不可超越权限违规使用。比如，在纪律审查中，可以使用谈话措施，获取证人证言、受侵害人员的陈述、审查对象的陈述与辩解等，但不能使用讯问措施和询问等措施；再比如，调查职务违法时，纪检监察机关不能使用技术调查措施收集证据。关于证据固定的方法包括很多，比如，对证人证言、被审查调查人陈述（供述）等言词证据，采取笔录和录音录像的方式保全；对一般物证、书证，应及时开列清单，采取拍照、制图、录像、鉴定等方法予以保全，并且用文字详细说明物证的性质、形状、特征，收集的时间、地点、经过以及与案件的联系等。（2）必须客观全面。忠于事实真相，尽可能全面收集能够反映案件真实情况的一切证据。尽量收集原始证据，包括物证的原件，书证、视听资料的原件，勘验、检查笔录等。（3）必须及时。收集保全证据必须把握时机，不可拖沓，防止证据的证明力减弱或丧失，甚至造成证据被转移、隐匿或毁损等后果。（4）运用科技手段。收集和保全证据

① 中共中央纪律检查委员会、中华人民共和国国家监察委员会案件审理室：《纪检监察审理实务研究》（2019 年第 1 辑），中国方正出版社 2019 年版，第 111 页。

要注意依靠人民群众，发挥群众监督的积极作用，并善于在法定范围内，运用科技手段收集和固定证据。

二、证据的审查判断

（一）证据审查判断的内涵

在刑事诉讼中，证据的审查判断是指，侦查人员、检察人员和审判人员对收集、保全后的证据进行分析、研究，辨别其真伪，确定其证据能力和证明力的诉讼活动。[①] 在纪检监察证据适用中，证据的审查判断极为重要，《监察法实施条例》第68条规定："证据必须经过查证属实，才能作为定案的根据。"证据必须经过查证属实，才能作为定案的根据，这是证据适用的重要原则。具体来讲，证据的审查判断是指，纪检监察机关经过法定程序，对证据的合法性、客观性等情况进行审查，并将该证据与其他证据相互验证，去伪存真，从而确定证据是否真实的活动。在纪检监察证据适用中，证据的审查判断极为重要，关乎着证据的有效性。

证据审查判断与证据收集固定密切相关、不可分割。一般来讲，收集证据在前、审查判断在后。但某些情况下，收集证据的同时就要对证据进行审查判断；在审查判断证据时，发现现有证据之前存在矛盾或者还不能证明违纪、职务违法和职务犯罪事实，就需要再次收集证据。因此，收集固定证据和审查判断证据之间相互渗透、交替进行。[②]

近年来，纪检监察机关在审查调查工作实践中，在审查调查组内部设置专门的证据审核组或者指定专职证据审核人员，对审查调查工作过程和收集的证据进行审核把关，是对证据进行同步审查判断的有效做法。实践中，纪检监察机关将其称为"证据审核"。具体来讲，证据审核是指审查调查工作开展过程中，审查调查组内部对调查所认

---

① 陈光中：《刑事诉讼法》（第六版），北京大学出版社、高等教育出版社2016年版，第186页。

② 《纪律审查证据概述》，中国方正出版社2020年版，第90页。

定的违纪违法和职务犯罪事实、收集的证据材料、问题定性、有关涉案人员和涉案财物处置建议等进行审核把关的工作①。其目的是确保案件进入审理环节之前相关证据经过严格审核，对提高案件质量具有重要意义，是纪检监察机关“自加压力”，提高审查调查取证质量和效率的重要体现。比如，有的审查调查组在立案后，专门设立证据审核组，确定一名或多名具有较好纪法素养的人员作为证据审核人员，对案件审查调查过程中取得的证据进行审核把关。当然需要强调的是，审查调查中的证据审核并不能代替审理部门和检察机关的证据审查判断。具体来讲，“审查调查工作中的证据审核是一个证据由无到有、由粗到细的过程，而审理部门和检察机关的审查，是一个证据更加精准、证据体系更加完善的过程”②。实践中，有的实务专家在工作实践经验总结的基础上，结合思维逻辑和违纪违法问题认定标准，提出了证据审核“七步法”，具体包括：“提取材料信息，分类汇总问题线索；对构成要件进行分析；研究如何证明违纪违法问题；对单份证据进行审核；进行证据比对；对证明体系进行检视，进一步延伸取证；形成审查调查基本事实。”③

（二）证据审查判断的意义

对证据进行同步审查判断，在审查调查工作中具有重要意义。第一，证据审查判断是查明事实的保障。证据的审查判断是将“证明材料”转化为可作为定案依据的证据的过程。证据只有经过审查判断、鉴别属实，才能作为定案依据。第二，证据审查判断是提高审查调查质量的要求。纪检监察机关通过对收集的证据及时进行审查，审查取得的证据在收集方式上是否合规合法，在内容上是否齐备，对非法证据及时予以排除，对瑕疵证据及时要求相关部门予以补正或解释，对需要补全

① 史晓帆、孙宝峰：《如何做好证据审核》，中国方正出版社2023年版，第3页。
② 李亚群：《审查调查证据实务》，中国方正出版社2023年版，第244页。
③ 史晓帆、孙宝峰：《如何做好证据审核》，中国方正出版社2023年版，第23页。

的相关证据要求相关部门予以调取，提高审查调查的质量和水平。第三，证据审查判断是公正执纪执法的要求。任何未经审查、真假难分、来源不清的材料，都不能作为证据使用。

（三）证据审查判断的方法

1. 审查证据的真实性、合法性和关联性

《监察法实施条例》第68条规定："审查认定证据，应当结合案件的具体情况，从证据与待证事实的关联程度、各证据之间的联系、是否依照法定程序收集等方面进行综合判断。"具体来讲，就是重点审查每个证据的真实性、合法性和关联性，寻找其与案件事实之间的联系，以判断其可采性及其证明能力。

（1）审查证据的真实性

真实性强调证据必须客观真实，任何虚假的证据都不得作为认定案件事实的依据。因此，审查调查人员应当重点审查证据取得的时间、地点、情景等因素，辨别其真伪，及时排除虚假证据。比如，有的实务专家提出，要"注意核查有无出现不规范、不合理、不全面、不周延等问题，仔细比对被审查调查人的笔录和证人笔录之间有无大段雷同或重复，笔录中时间、地点是否清楚，有无缺页漏页跳页，言词证据和实物证据之间是否存在矛盾，多份证据之间是否相互印证形成完整稳定的证据链等，尽可能避免出现瑕疵证据、无效证据，给案件质量留下隐患"[①]。要排除通过一切手段精心制作的证据，比如诱供、逼供获得的证据。这些证据违背了证据真实性和合法性的要求，是不真实的证据，应依法予以排除。

（2）审查证据的合法性

合法性强调证据形式和取证主体、程序应当符合党内法规和国家法

① 方震：《审查调查中如何进行证据审核》，载《中国纪检监察报》2023年3月1日。

律规定。审查调查人员、审理人员应当从证据的来源、收集程序、表现形式、规范性等方面审查其合法性问题。一旦在证据的合法性方面存在问题，移交检察机关审查起诉后，轻则被检察机关要求说明情况，重则直接被作为非法证据排除。《人民检察院刑事诉讼规则》第 336 条规定："人民检察院对物证、书证、视听资料、电子数据及勘验、检查、辨认、侦查实验等笔录存在疑问的，可以要求调查人员或者侦查人员提供获取、制作的有关情况，必要时也可以询问提供相关证据材料的人员和见证人并制作笔录附卷，对物证、书证、视听资料、电子数据进行鉴定。"

实践中，应当区分非法证据和瑕疵证据。非法证据是指采取刑讯逼供等非法方式收集的被调查人供述和采用暴力、威胁等非法方法收集的证人证言、被害人陈述等证据。对非法证据应当依法予以排除，不得作为案件处置的依据。瑕疵证据通常是指收集物证、书证不符合法定程序或者不符合法定规范形式。不符合法定程序收集的物证、书证主要是指取证程序不规范，比如，没有履行规定的审批程序，没有出具必要的法律文书，没有告知对象必要的权利义务等。不符合法定规范形式的物证、书证主要是指证据形式不规范，比如，没有按照规范要求制作笔录，鉴定意见仅有盖章没有签名等。关于瑕疵证据的处置方式，《监察法实施条例》第 72 条第 3 款规定："收集物证、书证不符合法定程序，可能严重影响案件公正处理的，应当予以补正或者作出合理解释；不能补正或者作出合理解释的，对该证据应当予以排除。"根据该规定，对不符合法定程序收集的物证、书证，纪检监察机关应当对取证程序缺陷进行补救，或者对取证程序存在的问题作出符合情理、逻辑的说明。比如，在缺少审查调查人员签名的勘验检查笔录上签名，对书证复制件的制作时间作出解释。经过补正或者作出合理解释，不影响物证、书证真实性的，该证据可以作为证据使用。

（3）审查证据的相关性

相关性强调证据事实和案件事实存在着客观的逻辑关系，且该证明性应达到一定的程度和水平。不相关的证据不能作为定案证据。证据的相关性是由待证的要件事实决定，而要件事实最终是由实体法决定。这就要求纪检监察机关在审查调查违纪、职务违法和职务犯罪案件中，应围绕《党纪处分条例》《政务处分法》《刑法》等关于具体违纪、违法、犯罪行为的构成要件和量纪量刑情节进行取证，确保证据的真实关联性。在对证据审查过程中，审查调查人员、审理人员应细心辨明相关证据是真关联还是假关联，不具有相关性的证据不具有可采性。比如品格证据，一个人的品格与其是否实施犯罪行为没有必然的因果关系，也就没有相关性。

2. 对全案证据的互相印证进行审查

证据在审查调查实践中并不是孤立存在的，而是互相联系的，全案证据应当达到“相互印证、完整稳定”的标准。《纪律检查机关监督执纪工作规则》第 46 条第 1 款规定：“纪检监察机关应当严格依规依纪依法收集、鉴别证据，做到全面、客观，形成相互印证、完整稳定的证据链。”对全案证据互相印证，进行综合审查判断时，应注意以下要求。

（1）审查证明同一事实的证据材料内容是否一致

对案件中证明同一事实的两个或两个以上的证据材料进行比较和对照，审查其所印证的内容是否一致。比如，行贿人在询问中对行贿时间、行贿金额等相同的问题提供的供述前后不一致，或出现受贿人时供时翻等情况，应当深究原因，不能轻易采信。

（2）审查各个证据之间是否相互印证

相互印证强调案件证据相互对应、相互吻合和相互支持，证据之间具有内在的联系，共同指向同一待证事实，不存在无法排除的矛盾和无法解释的疑问。一般来说，能够得到相互印证的证据是相对真实的，而且证据间的印证越多，证据的真实性就越大。关于判断是否“相互印证”的方法，《人民法院办理刑事案件第一审普通程序法庭调查规程（试行）》第 45 条提出：“从证据与待证事实的关联程度、证据之间的印证联系、证据自身的真实性程度等方面，综合判断证据能否作为定案的根据。证据与待证事实没有关联，或者证据自身存在无法解释的疑问，或者证据与待证事实以及其他证据存在无法排除的矛盾的，不得作为定案的根据。”审查调查人员应当注意分析被审查调查人供述、不同证人的证言，物证、书证与勘验、检查、辨认等笔录之间是否存在矛盾，并及时核实或补正。

（3）采取延伸取证方式补充证据

实践中，对证据不够扎实，相互印证性不强等情形，为补强证据薄弱环节，可采取延伸取证方式，重点补充三类证据：一是补充性证据。对相关证据中反映的重要环节和情节进行补充调取证据，以对某个问题形成完整的证据链条。二是隐蔽性证据。最高人民法院《关于适用〈中华人民共和国刑事诉讼法〉的解释》第 106 条规定：“根据被告人的供述、指认提取到了隐蔽性很强的物证、书证，且被告人的供述与其他证明犯罪事实发生的证据相互印证，并排除串供、逼供、诱供等可能性的，可以认定被告人有罪。”获取了该类隐蔽性证据，会极大提升有罪供述的证明力。三是再生性证据。再生性证据是被审查调查人基于逃避党纪国法制裁的目的，而在实施作案过程中或者在审查调查人员办案过程中实施对抗、阻碍活动而生成的证据。如果获取了相关的证人证言、物证等再生性证据，就可以对原来的证据形成补强和固定的作用。

三、证据的运用

（一）证据运用的内涵

证据的运用即综合运用证据认定案件事实，是指审查调查人员在收集、保全证据以及审查判断证据的基础上，对证据进行综合比对、分析，进而对案件的基本事实作出认定的活动。

证据运用的基本任务有两个方面：一是鉴别证据的证明能力。鉴别证据是否真实、是否有关联性、是否有证明力，以及证明力的大小。二是对全案证据进行综合运行。综合判断作为定案根据的整个证据是否充分，是否能达到党内法规和国家法律规定的违纪行为、职务违法行为、职务犯罪行为认定标准。

（二）证据运用的意义

证据运用关系着案件事实的最终认定。违纪案件、职务违法案件、职务犯罪案件都应当按照“事实清楚，证据确实、充分”的证明标准，对全案证据进行综合审查。要着重审查认定的事实是否都有证据加以证明；审查每个定案的证据是否均已查证属实；审查证据之间以及证据与违纪、违法、犯罪事实之间是否存在矛盾，得出的事实结论是否合理、确信或唯一等。

（三）证据运用的方法

1. 审查全案证据的真实性和关联性

对全案证据真实性和关联性的审查，要求把相关的证据结合起来归类考虑，排除虚假的证据以及与案件无关的证据。如果仍然对证据进行单独的审查判断，往往很难发现一些深层次矛盾。综合审查判断正是要发挥全案证据结合分析的优势，甄别出那些虚假痕迹并不明显的证据。在该过程中，可能会发现有些原以为与案件有关的证据实际上与案件无关，有些原以为具有证据资格的证据实际上并不具有证据资格，对这些证据应当予以排除。审查全案证据的真实性和关联性，本质上讲，就是从证据与证据之间的联系入手，分析证据之间的一致性、存在的矛盾，去伪存真、由表及里，最终得出正确的判断。

2. 对全案证据进行综合分析

对全案证据进行综合分析是审查调查人员基于证据和科学思维，进行的主观分析过程。这种综合分析，并不是单一证据分析的简单重复或者相加，需要审查调查人员遵循认识规律，借助个人的经验和直觉，运用归纳和演绎、分析和综合、反证和排除等多种方法，对全案证据进行综合性的分析和判断。该环节对纪检监察干部的执纪执法能力提出了更高要求。纪检监察干部应当具备较强的逻辑思维能力和综合判断能力，从经验、常识和逻辑的角度进行推理，最终形成内心确信。

3. 全案证据已经形成完整的证明体系

能否形成完整的证明体系，应当具备以下条件：一是证明方向一致。对于所要证明的违纪事实、职务违法事实、职务犯罪事实，各个证据在证明方面、证明逻辑等方面具有一致性，证据之间不能相互矛盾、互相排斥。二是形成连环锁链。证据之间互相联系、支持，互相印证、补充，形成一个完整的证据锁链。三是证明充分。对构成违纪事实、职务违法事实、职务犯罪事实的所有情节，都有足够的证据进行证明，不存在证据缺口。四是对关键构成要件的证明必须完备。比如，就职务犯罪案件，关键构成要件是指犯罪是否发生、是否为被调查人所为及被调查人应当负何种程度的刑事责任等关键问题①。五是结论唯一。所有证据组合在一起，只能得出一个结论，证明一个事实，不存在其他可能性。②

第四节　各种类证据的适用问题

证据的种类是指党内法规和国家法律规定的证据的不同表现形式。无论哪种证据形式都是与具体的证据规则联系在一起的，不同种类的证据应当遵循对应的证据规则。鉴于违纪违法案件证据要求与职务犯罪案件证据要求的差异，本节侧重阐述职务犯罪案件证据的收集和审查判断问题。

一、物证

（一）物证的概念

物证是指，以其外部特征、存在状态、物质属性等证明案件事实的实物和痕迹。物证一般表现为一定的物品或痕迹，并且必须与案件事实

---

① 中共中央纪律检查委员会、中华人民共和国国家监察委员会案件审理室：《公职人员职务犯罪调查取证工作百问百答》，中国方正出版社2019年版，第25页。

② 《纪律审查证据概述》，中国方正出版社2020年版，第31页。

有关联性。物证的范围广泛，包括作案的工具、行为所侵害的客体物、行为过程中所遗留的痕迹和物品，以及其他能够作为揭露和证明与案件有关事实之用的物品和痕迹等。[①]

物证具有较强的客观性，虽然物证也可以作假，但是相对来说伪造的难度比较大，所以物证往往比其他证据更为可靠。但是物证的证明往往具有间接性，物证所反映的案件事实是不完整的片段，是静音状态的画面，是“哑巴证据”。“物证不能自己直接向法庭证明案件事实，必须与其他证明手段结合起来，因此物证一般属于间接证据。”[②]

（二）收集物证的要求

1. 收集物证应当收集原物

根据《监察法》第28条规定，监察机关采取调取、查封、扣押措施，应当收集原物原件。特定情形下不能调取原物的，可以将原物封存，并拍照、录像。实践中，不能调取原物的特定情形主要有：原物不便搬运的，如原物因体积过大不便搬运；原物不便保存的，如原物是生鲜食品等难以保存的物品；原物依法应当及时返还的，如原物是被害人生活、工作中经常使用的物品，依法应当及时返还被害人；因保密工作需要不能调取原物的，如原物是涉密程度较高的敏感领域的新型产品等。对原物拍照或者录像时，应当足以反映原物的外形、内容。

此外，对不能调取原物的证据材料，调取物证的照片、录像和书证、视听资料的副本、复制件的，应当书面记明不能调取原物、原件的原因，原物、原件存放地点，制作过程，是否与原物、原件相符。其中的“制作过程”，包括对物品进行拍照或录像，提取书证副本，以及对视听资料进行复制等的时间、地点、使用设备、制作人员等。书面记明应当由审查调查人员和物证原持有人签名或者盖章。持有人无法签名、

① 陈光中：《证据法学》（第四版），法律出版社2019年版，第154页。
② 何家弘、刘品新：《证据法学》，法律出版社2019年版，第159页。

盖章或者拒绝签名、盖章的，应当在笔录中记明，由见证人签名。

2. 依规依纪依法收集物证

（1）关于收集物证的措施。根据《纪律检查机关监督执纪工作规则》《监察法》《监察法实施条例》等规定，纪检监察机关可以采取调取、查封、扣押、搜查、勘验检查、技术调查等措施收集物证。党内法规和国家法律对如何使用各种审查调查措施收集物证都有明确规定。比如，根据《监察法实施条例》第150条规定，监察机关调取证据材料时，应当依法向有关单位和个人出具《调取证据通知书》；遇有调取证据较多等情形时，还应当附《调取证据清单》，载明证据名称、数量、特征等内容。再比如，根据《监察法实施条例》第156条规定，查封、扣押物证时，应当出具《查封/扣押通知书》，开列《查封/扣押财物、文件清单》，对收集的证据应当当面逐一拍照、登记、编号，开列清单，由在场人员当场核对、签名，并将清单副本交财物的持有人或者保管人。清单要详细记明查封、扣押物品的名称、型号、规格、数量、重量、质量、新旧程度和缺损特征等，确保查封、扣押物品清单内容准确、填写规范、手续完备。

（2）全程同步录音录像。根据《监察法实施条例》第60条规定，对搜查、查封、扣押等重要取证工作，应当全程同步录音录像，并保持录音录像资料的完整性。同步录音录像资料应当妥善保管、及时归档，留存备查。此外，《监察法实施条例》第146条还特别规定，采取搜查措施获取证据时，应当对查获的重要物证、书证、视听资料、电子数据及其放置、存储位置拍照记录，并在《搜查笔录》中作出文字说明，以确保这些证据材料的真实性、有效性。证据的放置、存储位置等情况与被调查人供述、证人证言等相互印证的，能够有力地证明案件事实。

（3）及时形成笔录。通过扣押、搜查、勘验检查等取得物证的，应当形成笔录，以体现物证的来源。比如，《监察法实施条例》第158条对查封、扣押物证如何制作笔录作出了明确规定。

（4）关于不动产物证的收集。根据《监察法实施条例》第157条规定，对属于不动产的物证，可以扣押权利证书，并进行拍照或者录像，查封清单上须由调查人员、见证人或持有人签字。同时，查封不动产物证，还应当将《查封通知书》送达不动产登记管理机构，告知其禁止办理权属变更、转移登记手续。

（5）关于物证的保管。对调取、查封、扣押的财物应当设立专用账户、专门场所，确定专门人员妥善保管，严格履行交接、调取手续，定期对账核实，不得毁损或者用于其他目的。对价值不明物品应当及时鉴定，专门封存保管。查封、扣押的财物经查明与案件无关的，应当在查明后3日内解除查封、扣押，予以退还。

（三）对物证进行审查判断

参考最高人民法院《关于适用〈中华人民共和国刑事诉讼法〉的解释》第82条的规定，对物证应当重点审查以下内容：（1）物证的真实性。包括：物证是否为原物、原件，是否经过辨认、鉴定；物证的照片、录像、复制品或者书证的副本、复制件是否与原物、原件相符，是否由二人以上制作，有无制作人关于制作过程以及原物、原件存放于何处的文字说明和签名。（2）物证的合法性。包括：物证的收集程序、方式是否符合法律、有关规定；经勘验、检查、搜查提取、扣押的物证，是否附有相关笔录、清单，笔录、清单是否经调查人员或者侦查人员、物品持有人、见证人签名，没有签名的，是否注明原因；物品的名称、特征、数量、质量等是否注明清楚。（3）物证在收集、保管、鉴定过程中是否受损或者改变。（4）物证的关联性，即与案件事实有无关联。（5）物证的全面性，即与案件事实有关联的物证是否全面收集。

二、书证

（一）书证的概念

书证是指，以文字、符号、图画、图表等表达的思想内容来证明有关案件事实的书面文字或者其他物品。书证的范围十分广泛，包括载有文字、符号、数字、图画、印章或其他具有表情达意功能的许多实物材料，如出生证、工作证、身份证、护照、营业执照、户口本、账册、账单、票据、收据、经济合同、车船票、飞机票、日记、信件等。①

书证和物证既有联系又有显著区别。从广义上来讲，书证也属于广义上的物证范畴，具有物证的特征。但两者的区别也是显而易见的。书证以文字、符号、图表、图画等表达的思想内容来证明案件事实，而物证则以其存在方式、外部特征和物质属性来证明案件事实；书证在许多情况下可以直接证明案件主要事实或案件中的某一部分事实，其证明的案件事实情节一般较为完整，而物证往往只能证明案件事实的某个环节或者局部；书证最为常见的是以纸张等物质材料作为载体，而物证的保存与固定则不尽相同。

（二）收集书证应当尽量收集原件

与调取物证的要求一致，调取书证也应当尽量调取原件。特别是书证在复制过程中，可能因各种原因发生变化，甚至会出现字迹模糊、文字缺失等情况。因此，调取书证应以调取原件为宜。当然，取得原件确有困难或者因保密工作需要不能调取原件的，可以调取副本或者复制件。实践中，不能调取原件的特定情形包括：调取原件确有困难的，如书证数量特别巨大，且其中仅有极少部分内容涉及待证事项的；因保密工作需要难以调取原件的②。根据《监察法实施条例》第151条规定，调取书证的副本、复制件的，应当书面记明不能调取原物、原件的原因，原物、原件存放地点，制作过程，是否与原物、原件相符，并由调查人员和书证原持有人签名或者盖章。比如，调取书证复制件的，可以由提供人在首页空白处记明“此材料复印（打印）于××单位（个人处），共计××页，已与原件核对无异，因档案管理要求（或者因保密工

① 陈光中：《证据法学》（第四版），法律出版社2019年版，第158页。

② 《〈中华人民共和国监察法实施条例〉释义》，中国方正出版社2022年版，第200页。

作需要等取得原件确有困难的原因)，原件存于××单位（个人处）”。对于不宜在证据材料上记明的，可以制作笔录或工作记录进行记明，也可以由提供人在《调取证据通知书》回执上写明有关情况[①]。

（三）依规违纪依法收集书证

纪检监察机关收集书证与收集物证可使用的措施和要求基本是一致的，纪检监察机关可以通过调取、查封、扣押、搜查、勘验检查、技术调查等审查调查措施收集书证。比如，根据《监察法实施条例》第 150 条规定，调取书证类证据材料时，审查调查人员不得少于 2 人，应当出示工作证，出具《调取证据通知书》，必要时附《调取证据清单》。对可作为书证的原始材料或复制件，任何单位和个人不得以任何借口拒绝提供。收集的材料涉及机密事项应履行一定的批准手续。摘抄或者复印会议记录、个人记录、私人日记时，要注意连续性，节录材料不得断章取义。对已经散落或者字迹模糊的书证，应当采取裱糊、复印、拍照等保全措施。要注意的是，对采取查封、扣押措施取得的书证，应当开列清单，由调取人、书证的持有人、保管人、见证人等在场人员当场核对、签名，并将清单副本交书证的持有人或者保管人[②]。

此外，书证被更改或者有更新痕迹的，提供者应当作出合理解释，必要时应当进行鉴定。审查调查人员可以让被害人、证人和被审查调查人对有关书证进行辨认，形成辨认笔录。

（四）对书证进行审查判断

最高人民法院《关于适用〈中华人民共和国刑事诉讼法〉的解释》第 82 条对书证应当重点审查的内容作出了规定，与对物证的审查要求

---

① 《〈中华人民共和国监察法实施条例〉释义》，中国方正出版社 2022 年版，第 201 页。

② 中共中央纪律检查委员会、中华人民共和国国家监察委员会案件审理室：《公职人员职务犯罪调查取证工作百问百答》，中国方正出版社 2019 年版，第 145—147 页、第 165 页。

基本一致。另外，根据规定，据以定案的书证应当是原件。取得原件确有困难的，可以使用副本、复制件。对书证的更改或者更改迹象不能作出合理解释，或者书证的副本、复制件不能反映原件及其内容的，不得作为定案的根据。书证的副本、复制件，经与原件核对无误、经鉴定或者以其他方式确认真实的，可以作为定案的根据。

三、证人证言

（一）证人证言的概念

证人证言是指，当事人以外了解有关案件事实情况的人，就其感知的有关案件事实，向纪检监察机关所作的与案件有关事实情况的陈述。[①] 证人证言是证明违纪、职务违法和职务犯罪行为的法定证据形式，是构成证据链的重要组成部分。证人证言具有生动、形象、具体、丰富等优点，但是也具有较强的主观性，特别是随着时间的推移记忆容易产生淡化和模糊，以及掺杂个人主观目的等。因此，对证人证言必须认真鉴别、不能偏听偏信。

（二）收集证人证言的要求

1. 收集证人证言必须严格依规依纪依法

根据《监察法》规定，监察机关采取询问措施收集证人证言。监察机关收集证人证言应当由调查人员进行，并严格履行法定程序。包括：履行报批程序；审查调查人员不少于 2 人，并出示相关证件；出具《询问通知书》《证人权利义务告知书》。《询问通知书》《证人权利义务告知书》作为重要证据应当由证人签名、捺指印。证人拒绝签名、捺指印的，审查调查人员应当在文书中写明。在首次询问笔录中，应当记明履行上述程序情况。

关于询问的地点，根据《监察法实施条例》第 93 条规定，证人未被限制人身自由的，可以在其工作地点、住所或者其提出的地点进行询

① 陈光中：《证据法学》（第四版），法律出版社 2019 年版，第 178 页。

问，也可以通知其到指定地点接受询问。此外，到证人提出的地点或者调查人员指定的地点进行询问的，应当在笔录中记明。原因是根据《最高人民法院关于适用〈中华人民共和国刑事诉讼法〉的解释》第90条的规定，询问地点不符合规定的，属于证人证言收集程序、方式方面的瑕疵，应当补正或者作出合理解释。因此，到证人提出的地点或者调查人员指定的地点进行询问的，应当在笔录中记明。

2. 依规依纪依法制作询问笔录

纪检监察机关制作询问笔录的要求与制作谈话笔录的要求基本是一致的。询问笔录应当现场制作，如实填写询问开始和结束的时间、谈话地点、谈话人、记录人等基本情况，确保笔录的客观性和真实性。笔录内容应当详细具体，全面客观地反映整个询问过程，包括所证事实发生的时间、地点、情节、结果，以及其他有关事实等。内容应当忠实于证人原话，与同步录音录像相一致，不得随意遗漏、删节或者人为加工。

询问笔录最后应当注意记录询问以下三个问题："本次询问中，有无虐待体罚、威胁、引诱、欺骗或者以其他非法方法获取证据的情形？""你还有什么需要补充的吗？""你以上所讲是否属实？"询问笔录制作完成后，应当交证人核对。证人核对无误后，应当在证据末页写明"以上笔录共×页，我已看过（或者向我宣读过），与我讲的相符"，同时签名、写明日期、捺指印，并逐页签名、捺指印。被调查人没有阅读能力的，应当向其宣读。审查调查人员需要现场在笔录上分别签名。[①]

3. 证人证言笔录避免误区

证人证言笔录要避免以下情况：收集方式不合法不规范，比如，权利告知和相关法律文书缺失，多名证人证言之间内容雷同，存在复制粘贴的可能性；在特殊地点询问未在笔录中记录清楚；询问笔录中

① 中共中央纪律检查委员会、中华人民共和国国家监察委员会案件审理室：《公职人员职务犯罪调查取证工作百问百答》，中国方正出版社2019年版，第111—113页、第165页。

没有全面反映证人的基本情况，比如，没有全面反映证人主体身份情况，没有记录证人与被调查人的关系，没有记录核实证人作证时的年龄，认知、记忆和表达能力，生理和精神状态是否影响作证能力等情况。此外，不得通过抄写、粘贴已有笔录内容等方式，在多份笔录之间相互复制。

（三）对证人证言进行审查判断

参考最高人民法院《关于适用〈中华人民共和国刑事诉讼法〉的解释》第 87 条的规定，对证人证言应当重点审查以下内容：（1）证人证言的真实性。包括：证言的内容是否为证人直接感知；证人作证时的年龄，认知、记忆和表达能力，生理和精神状态是否影响作证；证人与案件当事人、案件处理结果有无利害关系。（2）证人证言的合法性。包括：询问证人是否个别进行；询问笔录的制作、修改是否符合法律、有关规定，是否注明询问的起止时间和地点，首次询问时是否告知证人有关权利义务和法律责任，证人对询问笔录是否核对确认；询问未成年证人时，是否通知其法定代理人或者《刑事诉讼法》第 281 条第 1 款规定的合适成年人到场，有关人员是否到场；有无以暴力、威胁等非法方法收集证人证言的情形。（3）证人证言的相关性，特别是证言之间以及与其他证据之间能否相互印证，有无矛盾；存在矛盾的，能否得到合理解释。

四、被害人陈述

（一）被害人陈述的概念

被害人陈述是指，受违纪违法行为直接侵害的人就其所了解的有关案件的事实向纪检监察机关所作的陈述。这里的“被害人”是指合法权益受违纪违法行为直接侵害的人，一般是自然人，有的案件中也可能是单位[①]。由于被害人对被审查调查人行为具有真切感受，因此被害人

① 陈光中：《证据法学》（第四版），法律出版社 2019 年版，第 168 页。

陈述在证明功能上具有直接和真切的特点，对证明案件事实具有重要作用。但也正因如此，被害人陈述往往具有倾向性，容易夸大或缩小，因此，实践中应综合识别和评判。

（二）收集被害人陈述的要求

从广义上讲，被害人也属于证人范畴，调取被害人陈述与调取证人证言的要求基本相同。《监察法实施条例》第 98 条规定，“询问被害人，适用询问证人的规定。”因此，询问被害人以及收集被害人陈述，应当按照党内法规和国家法律中关于询问证人的规定进行，确保被害人陈述符合法定要求。

实践中，纪检监察机关收集受害人陈述，应向被害人讲明控告应负的责任，要求其既不夸大也不隐瞒，有根据地进行控告。在询问被害人时，还应当充分考虑被害人的心理特点、身体状况等情况，采取适当方式进行提问。此外，有条件的，可要求被害人写出亲笔控告材料，把所要证明的事实发生的时间、地点、当事人、原因、情节、手段、结果等书写清楚。

（三）对被害人陈述进行审查判断

对被害人陈述的审查与对证人证言的审查基本一致。另外，对有关机关调取并移送的被害人的陈述，必须经审查调查人员认真审核认定后才可作为证据使用，必要时应有审查调查人员重新谈话取证。

五、被审查调查人陈述、供述和辩解

（一）被审查调查人陈述、供述和辩解的概念

被审查调查人陈述、供述和辩解，是指被审查调查人就与案件有关的事实情况向纪检监察机关所作的陈说。通常包括以下情形：（1）陈述，即被审查调查人就与案件有关的事实，向纪检监察机关所作的叙述。（2）供述，即被审查调查人如实交代所实施的违纪违法事实和情节。（3）辩解，即被审查调查人辩称依纪依法不应当追究纪律和法律责任，或者应当从轻、减轻或者免除处罚等。（4）攀供，即被审查调

查人揭发、检举同案其他人员的违纪违法行为。由于被审查调查人亲历某种违纪违法行为，如果其能够如实供述，对全面、直接地揭示案件有关情况有直接帮助；但由于被审查调查人企图逃脱纪律和法律惩处的心理，导致被审查调查人往往千方百计地掩盖事实真相，具有易变性特点。因此，被审查调查人的供述往往不稳定，甚至虚假、伪造的可能性比较大。

（二）收集被审查调查人陈述、供述和辩解的要求

1. 严格依规依纪依法开展谈话和讯问

根据党内法规和国家法律规定，纪检监察机关采取谈话和讯问方式收集被审查调查人陈述、供述和辩解。谈话适用的对象是可能发生违纪或职务违法的党员、干部及监察对象；讯问适用的对象是涉嫌职务犯罪的被调查人，以及涉嫌行贿犯罪或者共同职务犯罪的涉案人员。

不管是谈话还是讯问都必须严格依纪依法进行。特别是讯问只能在立案后，由监察机关使用。讯问必须由监察机关调查人员进行，调查人员不得少于2人并应当出示工作证。讯问时应当保证被调查人饮食和必要的休息时间。收集被调查人供述和辩解要忠于事实真相、客观全面，既要收集能够证实被调查人行为构成违法犯罪的证据，也要收集能够证实被调查人行为不构成犯罪的证据，以及从重、从轻、减轻的各种证据。开展讯问时，应当进行同步录音录像，并告知被调查人，并在笔录中写明。

2. 谈话、讯问笔录的形式要求

由纪检监察机关谈话或讯问的，应当在现场制作谈话笔录或讯问笔录，并符合笔录形式和内容要求。

讯问笔录的要求更加严格，《监察法实施条例》第90条详细规定了讯问的具体要求。实践中，在讯问笔录形式要求上应注意以下方面：（1）应当按照监察机关讯问笔录格式要求制作笔录。（2）讯问笔录应当记录告知被调查人如实供述自己的罪行可以依法从宽处理和认罪处罚

相关法律规定，以及全程采取录音录像的内容。（3）讯问笔录应当详细记录谈话信息和被调查人基本情况。笔录的时间精准到分钟，地点具体到房间。（4）讯问笔录应当交被调查人核对，对于没有阅读能力的，应当向被调查人宣布。如果记录有遗漏或者差错，被调查人可以提出补充或者改正。被调查人核对无误后，应当在笔录末页写明“以上笔录共×页，我已看过（或者向我宣读过），与我讲的相符”，同时签名、写明日期、捺指印，并逐页签名、捺指印。审查调查人员需要现场在笔录上分别签名。（5）讯问笔录结束时应与被调查人核查以下问题，并记录在讯问笔录中：“本次讯问中，有无暴力、威胁、引诱、欺骗或者以其他非法方法获取证据的情形？”“你还有什么需要补充的吗？”“你以上所讲是否属实？”“有无检举、揭发。”①

在讯问笔录形式上要避免以下问题：没有如实填写讯问时间、地点、讯问人、记录人等基本情况，或者相互之间存在矛盾；首次讯问笔录没有记录告知相关权利义务和法律规定的情况；不同时间制作的多份讯问笔录内容高度一致；通过抄写、粘贴已有笔录内容等方式在多份笔录之间相互复制；长时间讯问的情况下，没有记录讯问中保障被调查人的饮食休息等情况。

3. 谈话、讯问笔录的内容要求

在讯问笔录内容要求上，应注意以下方面：（1）讯问笔录应当尽量使用被调查人原话，忠于谈话真实情况。（2）从有利于固定证据角度，既要制作系统全面的讯问笔录，也要视情况区分涉嫌犯罪问题，分别制作过程性讯问笔录。对于重要问题，可以通过多份讯问笔录予以固定。（3）讯问笔录要注意记录被调查人供述和辩解的相关细节，通过追问细节判断辩解是否合理，避免讯问内容浮于表面，给证明案件事实

① 中共中央纪律检查委员会、中华人民共和国国家监察委员会案件审理室：《公职人员职务犯罪调查取证工作百问百答》，中国方正出版社2019年版，第64—66页。

制造困难。（4）禁止指示性和诱导性提问。不能以某种不可能实现或不准备实现的许诺为诱饵，套取被调查人的供述；不能将一些未经查实的案件事实或情节指出来，或者以没有根据的假设、推测引导被调查人。（5）被调查人多次作出供述且内容不一致的，应当在笔录中明确以哪次供述内容为准，并由被调查人说明理由。①

在笔录内容上要避免以下问题：讯问笔录记录不全面，只记录对定罪有利的内容；笔录没有如实反映被讯问人的态度变化；没有详细记录被调查人供述和辩解的相关细节；在同一份讯问笔录中，被调查人对同一事项的供述和辩解内容存在前后矛盾的情况；存在指示性和诱导性提问。

（三）对被调查人供述和辩解进行审查判断

参考最高人民法院《关于适用〈中华人民共和国刑事诉讼法〉的解释》第 93 条的规定，对被调查人供述和辩解应当重点审查以下内容：（1）供述和辩解的合法性。包括：讯问的时间、地点，讯问人的身份、人数以及讯问方式等是否符合法律、有关规定；讯问笔录的制作、修改是否符合法律、有关规定，是否注明讯问的具体起止时间和地点，首次讯问时是否告知被调查人有关权利和法律规定，被告人是否核对确认；讯问未成年被告人时，是否通知其法定代理人或者合适成年人到场，有关人员是否到场；讯问女性未成年人时，是否有女性工作人员在场；有无以刑讯逼供等非法方法收集被调查人供述的情形。（2）供述和辩解的真实性。包括：被调查人的供述是否前后一致，有无反复以及出现反复的原因；被调查人的供述和辩解是否全部随案移送；被调查人的辩解内容是否符合案情和常理，有无矛盾。（3）供述和辩解的关联性，被调查人的供述和辩解与同案被调查人的供述和辩解以及其他证据能否相

---

① 中共中央纪律检查委员会、中华人民共和国国家监察委员会案件审理室：《公职人员职务犯罪调查取证工作百问百答》，中国方正出版社 2019 年版，第 64—66 页。

互印证，有无矛盾；存在矛盾的，能否得到合理解释。

六、鉴定意见

（一）鉴定意见的概念

鉴定意见是指，纪检监察机关就案件中的专门性问题，指派或者聘请具有专门知识的人进行鉴定后作出的判断性意见。鉴定是一种运用专门知识和技能就有关专门性问题进行的判断，属于意见性证据，可靠性较大。当然鉴定意见中的判断意见只是证据的一种，既不是法律判断，也不是科学的判决，必须经过审查调查人员的审查判断，确定其可以采信后，才能作为审查调查的重要依据①。

实践中，需要鉴定的情形包括：对涉案物品进行真伪甄别和价格认定；对笔迹、印刷文件、污损文件和其他形式表现的文件进行鉴定；对案件中涉及的财物会计资料及相关财物进行会计鉴定；对被审查调查人的行为能力进行精神病鉴定；对人体造成的损害或者死因进行人身伤亡医学鉴定；对录音资料进行鉴定；对因电子信息技术应用而出现的材料及其派生物进行电子证据鉴定；其他需要依法进行的专门鉴定；等等。②

（二）依规依纪依法制作鉴定意见

1. 形成鉴定意见

按照党内法规和国家法律规定，纪检监察机关采取鉴定措施收集鉴定意见。在采取鉴定措施时，纪检监察机关是采取鉴定措施的委托主体，而鉴定措施的专业性决定了鉴定措施的实施主体只能是“具有鉴定资格的鉴定机构、鉴定人”。鉴定人作出鉴定后，应当出具鉴定意见。鉴定意见应当载明委托人、委托鉴定的事项、提交鉴定的相关材料、鉴定的时间、依据和结论性意见等内容，并由鉴定人签名或者盖章。通过分析得出鉴定意见的，应当有分析过程的说明。多人参加鉴定

---

① 陈光中：《证据法学》（第四版），法律出版社 2019 年版，第 170 页。

② 中共中央纪律检查委员会、中华人民共和国国家监察委员会案件审理室：《公职人员职务犯罪调查取证工作百问百答》，中国方正出版社 2019 年版，第 183—184 页。

的，如果意见一致的，应当写出共同的鉴定意见，并分别签名；如果意见不一致的，应当在鉴定意见上记明分歧的内容和理由，并分别签名。这些要求有利于促进鉴定人对作出的鉴定意见负责，保证鉴定意见的合法性、客观性、关联性。

2. 对鉴定意见进行审查

鉴定意见虽然具有一定的专业性，证明力、可靠性较强，但总体属于意见性证据。与对待其他证据一样，监察机关在将鉴定意见作为证据使用前，需要对其真实性、合法性和关联性进行审查，这一点极为重要。而且，由于用作证据的鉴定意见直接关系到案件事实的认定，与被调查人等有直接的利害关系，所以应当将鉴定意见告知他们，允许他们发表自己的意见，并拥有救济的渠道。对此，《监察法实施条例》第179条规定，对经审查作为证据使用的鉴定意见，应当告知被调查人及相关单位、人员，送达《鉴定意见告知书》。被调查人或者相关单位、人员提出补充鉴定或者重新鉴定申请，经审查符合法定要求的，应当按规定报批，进行补充鉴定或者重新鉴定。

3. 对鉴定意见告知情况可以制作笔录

根据《监察法实施条例》第179条第3款规定，纪检监察机关在告知被调查人或者相关单位、人员鉴定意见的过程中，可以对告知情况制作笔录，载明告知内容和被告知人的意见等，其目的都是为了确保鉴定意见的客观真实。需要说明的是，本款规定不是一个必经的程序。对于被告知人没有异议的，纪检监察机关将告知书回执附卷即可；对于有异议的，监察机关可以根据情况制作笔录，说明详细情况①。

在收集鉴定意见时应避免以下问题：不严格履行程序，委托鉴定不合规，案卷中缺少委托鉴定手续；鉴定基准日不准确，委托有关部门进

① 《〈中华人民共和国监察法实施条例〉释义》，中国方正出版社2022年版，第246页。

行价格认定，鉴定基准日应为违法犯罪行为发生时；没有将鉴定意见告知被调查人并听取其意见；补充鉴定或者重新鉴定，不履行报批程序；等等。[①]

（三）对鉴定意见进行审查判断

参考最高人民法院《关于适用〈中华人民共和国刑事诉讼法〉的解释》第 97 条的规定，对鉴定意见应当重点审查以下内容：（1）鉴定意见的合法性。包括：鉴定机构和鉴定人是否具有法定资质；鉴定人是否存在应当回避的情形；检材的来源、取得、保管、送检是否符合法律、有关规定，与相关提取笔录、扣押清单等记载的内容是否相符，检材是否可靠；鉴定意见的形式要件是否完备，是否注明提起鉴定的事由、鉴定委托人、鉴定机构、鉴定要求、鉴定过程、鉴定方法、鉴定日期等相关内容，是否由鉴定机构盖章并由鉴定人签名；鉴定程序是否符合法律、有关规定；鉴定意见是否依法及时告知相关人员，当事人对鉴定意见有无异议。（2）鉴定意见的真实性。包括：鉴定的过程和方法是否符合相关专业的规范要求；鉴定意见是否明确。（3）鉴定意见的关联性，即鉴定意见与案件事实有无关联，特别是鉴定意见与勘验、检查笔录及相关照片等其他证据是否矛盾；存在矛盾的，能否得到合理解释。

七、勘验检查、辨认、调查实验等笔录

（一）勘验检查、辨认、调查实验等笔录的概念

勘验检查笔录是指，审查调查人员对与案件有关的场所、物品及其他证据材料进行勘验检查时所作的笔录。辨认笔录是指审查调查人员让被审查调查人、证人或者受害人对与案件相关的人员、物品、场所所进行的辨认所作的笔录。调查实验是为确定对查明案情有意义的某一事实

① 中共中央纪律检查委员会、中华人民共和国国家监察委员会案件审理室：《公职人员职务犯罪调查取证工作百问百答》，中国方正出版社 2019 年版，第 39—41 页、第 64—66 页。

或现象是否存在，或者在某种条件下能否发生或怎样发生，而参照案件原有条件将该事实或现象加以重新演示所作的笔录。

勘验检查、辨认、调查实验笔录有别于鉴定意见。勘验检查、辨认、调查实验笔录是在审查调查人员主持下，运用感官或者器材直接观察、辨别和测量，只是一种观察、辨别、指认和记录；鉴定意见则是运用鉴定人的专门知识对某种特定事物进行的鉴别、分析后所得出来的一种判断。勘验检查、辨认、调查实验笔录是对现场、人员以及证据等进行勘验检查和辨认的实况记述，对于证明案件中物证等的来源、揭示案件某些事实、固定证据发挥着重要作用。同时，勘验检查、辨认、调查实验等笔录也是确认勘验检查、辨认、调查实验等活动的重要载体，并通过严格的规范性要求，对勘验检查、辨认、调查实验等活动的合法性起到制约作用①。

（二）制作勘验检查、辨认、调查实验等笔录的要求

按照党内法规和国家法律规定，纪检监察机关采取勘验检查措施收集勘验检查、辨认、调查实验等笔录。纪检监察机关可以直接或者指派、聘请具有专门知识、资格的人员，在审查调查人员的主持下，对与违纪违法犯罪有关的场所、人身、痕迹、物品、尸体、电子数据等进行勘验检查。纪检监察机关收集勘验检查、辨认、调查实验等笔录必须严格履行审批程序，并依规依纪依法制作笔录，具体要求如下：

1. 制作勘验检查笔录。根据《监察法实施条例》第 168 条规定，勘验检查情况应当制作笔录，笔录的内容是勘验检查的情况，一般包括勘验检查时间、地点、对象、目的、经过和结果等。笔录应当由参加勘验检查人员和见证人签名或者盖章，其中，“参加勘验检查人员”包括纪检监察机关参与勘验检查的调查人员，以及受委托进行勘验检查的具

① 陈光中：《证据法学》（第四版），法律出版社 2019 年版，第 192—195 页。

有专门知识、勘验检查资格的人员等[1]。

2. 制作辨认笔录。根据《监察法实施条例》第 171 条规定，辨认应当形成笔录，并由审查调查人员、辨认人签名或者盖章。辨认笔录一般应当写明辨认的起止时间、地点，主持辨认的调查人员、记录人、辨认人、见证人，辨认对象的基本情况和辨认目的。笔录正文部分应当如实反映辨认活动的过程及结论，包括辨认人进行辨认的具体情况和现实条件，辨认对象的情况，辨认的方法，辨认过程中辨认人的态度，辨认结果，以及辨认人对辨认对象能够辨认、确认或者不能够辨认、确认的理由。辨认人对辨认提出疑义和要求的，也应当予以记录[2]。

3. 制作调查实验笔录。根据《监察法实施条例》第 170 条规定，进行调查实验，应当全程同步录音录像，制作调查实验笔录，记明调查实验的条件、经过和结果，由参加实验的人签名或者盖章。

（三）对勘验检查、辨认、调查实验笔录进行审查判断

对勘验检查、辨认、调查实验笔录进行审查判断，可参考最高人民法院《关于适用〈中华人民共和国刑事诉讼法〉的解释》第 102 条的相关规定。勘验检查、辨认、调查实验笔录存在明显不符合法律、有关规定的情形，不能作出合理解释的，不得作为定案的根据。

八、视听资料、电子数据

（一）视听资料、电子数据的概念

视听资料是指，可以将重现的原始声响或者形象的录音录像等用作证明案件事实的材料，比如录音资料、录像资料、电影资料等。电子数据是指案件发生过程中形成的，以数字化形成存储、处理、传输的，能够证明案件事实的数据，比如，电子网页、手机短信、电子邮件、电子

① 《〈中华人民共和国监察法实施条例〉释义》，中国方正出版社 2022 年版，第 227 页。

② 《〈中华人民共和国监察法实施条例〉释义》，中国方正出版社 2022 年版，第 232 页。

文档等。以数字化形式记载的证人证言、被害人陈述以及被调查人供述和辩解等证据，不属于电子证据。①

视听资料、电子数据属于实物证据，一般来讲，这种证据具有客观性，能够较为准确地反映与案件有关的事实，可信度高。当然，由于视听资料、电子数据的形成需要借助特定的高科技设备，一旦被伪造，不易分辨、甄别。当然，“造假”行为也绝不会天衣无缝，总会留下痕迹。② 这对审查调查人员收集证据的能力提出了更高要求。

（二）收集视听资料、电子数据的要求

1. 严格依规依纪依法收集视听资料

按照党内法规和国家法律规定，纪检监察机关可以通过调取、查封、扣押、搜查等审查调查措施收集视听资料。纪检监察机关收集视听资料与收集书证的要求，有很多共同之处。比如，根据《监察法实施条例》第151条规定，收集视听资料应当调取原件，取得原件确有困难或者因保密工作需要不能调取原件的，可以调取副本或者复制件，但不得剪辑、增加或删改。此外，为证明视听资料的真实性和合法性，在收集视听资料过程中还应当注意收集物证、书证等相关证据材料。同时，注意收集对其他证据材料具有补强作用的录音录像等视听资料。③

关于收集视听资料过程中笔录的制作。根据规定，调取视听资料的副本、复制件的，应当书面记明不能调取原物、原件的原因，原物、原件存放地点，制作过程，是否与原物、原件相符，并由审查调查人员和视听资料原持有人签名或者盖章。持有人无法签名、盖章或者拒绝签名、盖章的，应当在笔录中记明，由见证人签名。

---

① 中共中央纪律检查委员会、中华人民共和国国家监察委员会案件审理室：《公职人员职务犯罪调查取证工作百问百答》，中国方正出版社2019年版，第311页。

② 何家弘、刘品新：《证据法学》，法律出版社2019年版，第175页。

③ 中共中央纪律检查委员会、中华人民共和国国家监察委员会案件审理室：《公职人员职务犯罪调查取证工作百问百答》，中国方正出版社2019年版，第211—212页。

2. 严格依纪依法收集电子数据

按照党内法规和国家法律规定，纪检监察机关可以通过调取、查封、扣押、搜查等审查调查措施收集电子数据。一般来讲，收集电子数据应当扣押原始存储介质，保证数据无法被增加、删除或修改。原始存储介质不便封存等原因无法扣押原始存储介质的，可以采取调取、勘验检查措施，通过现场或者网络远程收集、提取电子数据，但应当在笔录中注明不能扣押原始存储介质的原因、原始存储介质的存放地点或者电子数据的来源等情况，并计算电子数据的完整性校验值。[①] 最高人民法院、最高人民检察院、公安部《关于办理刑事案件收集提取和审查判断电子数据若干问题的规定》对如何收集电子证据作出了详细规定，纪检监察机关可参考执行。

收集、提取电子数据，应当制作笔录。根据《监察法实施条例》第 153 条规定，笔录的内容主要包括：案由、对象、内容，收集、提取电子数据的时间、地点、方法、过程，并附电子数据清单，注明类别、文件格式、完整性校验值等。"完整性校验值"，是指为防止电子数据被篡改或者被破坏，使用特定算法对电子数据进行计算，得出的用于校验电子数据完整性的数据值[②]。笔录应当由调查人员、电子数据持有人（提供人）签名或者盖章；电子数据持有人（提供人）无法签名或者拒绝签名的，调查人员应当在笔录中记明，由见证人签名或者盖章。此外，有条件的应当对相关活动进行录像。

3. 严格依纪依法保管视听资料、电子数据

作为重要的证据材料，视听资料、电子数据必须严格保管。一般应当采取冻结扣押、调取、复制等方法，将电子数据固定下来妥善保管。

---

① 中共中央纪律检查委员会、中华人民共和国国家监察委员会案件审理室：《公职人员职务犯罪调查取证工作百问百答》，中国方正出版社 2019 年版，第 221 页。

② 《〈中华人民共和国监察法实施条例〉释义》，中国方正出版社 2022 年版，第 205 页。

应当保存在合适的场所，采用科学的方法，防止被损坏或篡改，并注意严格保密。此外，参照《关于办理刑事案件收集提取和审查判断电子数据若干问题的规定》，对数据量大，无法或者不便提取的；提取时间长，可能造成电子数据被篡改或者灭失的；通过网络应用可以更为直观地展示电子数据等情形的，可以采取网络保管、技术扣押、电子档案管理等方法进行冻结。

（三）对视听资料、电子数据进行审查判断

对视听资料进行审查判断，可参考最高人民法院《关于适用〈中华人民共和国刑事诉讼法〉的解释》第108条的相关规定。对电子数据进行审查判断，可参考最高人民法院《关于适用〈中华人民共和国刑事诉讼法〉的解释》第110条至第113条的相关规定。

◉ 案例

严格依规依纪依法收集证据，
形成完整稳定的证据链

王某，原L市J中学办公室主任，2024年2月至8月，王某伸手30余次，套取财政资金共计130万余元，几乎全部用于购买彩票。为了确保审查调查取得的证据经得起检察机关和审判机关的审查，L市纪委监委从立案开始就严格依法、严格按标准收集证据。

作为学校办公室主任，王某主要采取模仿校领导、教职工等人签字报销票据的方式套取财政资金。通过深入分析研判案情，调查组决定紧紧围绕其套取财政资金的过程进行调查取证，并形成了详细完整的取证提纲。

为收集、固定王某套取财政资金的证据，调查组通过讯问获取了王某的供述，扣押了物证、调取了财务凭证等书证70余份，并对60余名涉案证人逐一进行了询问，获取证人证言100余份。此后，调查组又委托市检察院对王某模仿他人签字的字迹进行了鉴定，其中涉及票据133张、模仿10个人的签名字迹共计208个。市检察院出具了10本鉴定意见书，成为案件的重要证据。综合以上，王某套取财政资金的证据链形成了闭环。

套取的财政资金，王某是怎么拿到手的？调查组又调取了王某本人和其他涉事人员的银行流水账单，以及王某到银行取款的影像资料，并通过讯问获得了王某本人提取现金的供述。

财政资金到手后，王某又花在了何处？据王某本人供述，绝大部分资金都被他用于购买彩票。调查人员按图索骥，到相关彩票店对5名知情人进行了询问，并调取了王某购买彩票的票根。

完成以上三步，从取证角度看，王某的所有犯罪事实都得到了固定。在调查取证过程中，L市纪委监委依规依纪依法开展工作，每一次使用调查措施都严格依法进行，每一份法律文书都严格按程序审批，确保证据收集的过程完全符合监察法和刑事审判对于证据合法性的程序性要求。

此后，L市纪委监委决定审理提前介入，审理室对证据进行了审核把关，并帮助查漏补缺，让证据更扎实、更完整。

◉ 评析

证据是审查调查工作的基础性问题，严格依规依纪依法收集和审查判断证据是推进纪检监察工作规范化、法治化的必然要求。

本案中，L市纪委监委为了查实王某的违纪违法行为，分别收集了能够证实王某违纪违法行为的书证、物证、证人证言、被审查调查人供述和辩解、视听资料和电子数据，形成了相互印证、完整稳定的证据链，实现了定罪量刑的事实都有证据证明，据以定案的证据均经法定程序查证属实，综合全案证据、对所认定事实已排除合理怀疑，取得了良好的政治效果、纪法效果和社会效果。

审查调查人员在收集证据时应注意以下方面要求：第一，客观全面。纪检监察机关收集的证据所证明的事实是客观存在的，不是主观想象、臆断或者虚构的，而且要从不同角度收集所有能够证明案件事实的证据。要全面收集定性量纪、定罪量刑的证据，围绕违纪和犯罪的构成要件收集证据，防止“缺斤短两”的现象；对量纪、量刑方面证据，收集审查从轻、减轻、加重、从重等方面的证据，避免以相关情况说明代替证据收集。第二，依规依纪依法。纪检监察机关收集证据的主体、方法、程序以及证据的形式都应当符合党内法规和国家法律规定。要严格遵守程序合法的原则，不能图省事而减少环节，确保收集的证据具有合法性，对非法收集的证据予以排除，对瑕疵证据要求审查调查部门予以补正或解释。第三，及时细致。证据的存在形式一般比较隐蔽，与案件有关的物证、书证等隐存于大千世界，了解案件的证人混藏于芸芸众生之中，审查调查人员必须具有锐敏的洞察力、观察力和分析能力，不被假象所迷惑，通过细致的取证工作，辨别真伪，求得真相。第四，同步审查判断。纪检监察机关在证据的收集和审核中，要注意审查判断证据的真实性、合法性、关联性，及时排除虚假的、违法的和与案件无关的证据。当发现收集的证据在证明方向上互相矛盾时，要进行比较，鉴别真伪，合理排除其中的矛盾，并综合全案证据，对所认定事实排除合理怀疑。第五，防止过度取证。审查调查中，既要注重证据的客观全面，又要防止不计成本，过度取证。证据具有关联性的要求，如果不分主次取证，可能造成关键证据不到位，一般证据却过度调取的不利局面，造成时间浪费、人员浪费、资源浪费。这要求审查调查人员不断加强业务学习，学通弄懂各项法规制度，练就能够在堆积如山的材料中掌握好证据取舍的分寸感。[1]

思考题：

1. 纪检监察证据适用的内涵和意义是什么？
2. 纪检监察证据适用应当坚持哪些重要规则？
3. 如何在实践中加强对证据的审查判断？

① 王希鹏：《严格依规依纪依法收集审查证据的实践思考》，载《中国纪检监察报》2019年12月4日。

第十九章　案件审理

案件审理工作发挥对审查调查的审核把关和监督制约作用，是纪检监察机关办理案件的必经程序和重要环节。案件审理工作的高质量是实现整个审查调查工作高质量的重要保证。

第一节　概　　述

一、案件审理的内涵

案件审理是指纪检监察机关依据党章党规党纪和宪法法律法规，按照规定要求和程序，对涉嫌违纪或者职务违法、职务犯罪问题进行审核处理，以及对已作出的处理处分决定进行复议复查、复审复核的活动。

案件审理工作是在审查调查结束后对违纪违法案件所进行的审核工作。党内法规和国家法律明确规定，纪检监察机关实行“查审分离”原则，即审查调查与审理相分离，审查调查人员不得参与审理，坚决杜绝“先定后审”“未审即定”和“查审不分”等问题①，这是建立纪检监察机关相互协调、相互制约的工作机制的重要举措，以保证审理人员客观公正地审核案件，避免先入为主影响对案件的审核，增强案件审理的权威性。审理工作既是审查调查工作的继续，也是对审查调查工作审

① 《把握总体要求认真履行审理工作职责——〈关于加强和改进案件审理工作的意见〉系列解读之一》，载《中国纪检监察报》2019 年 7 月 10 日。

核把关的重要环节，对维护被审查调查人合法权利、保证整个案件质量等具有重要意义。

根据《纪律检查机关监督执纪工作规则》等规定，审理工作的基本要求是，事实清楚、证据确凿、定性准确、处理恰当、手续完备、程序合规。

二、负责审理的部门

案件审理部门是纪检监察机关专门负责审理的部门。《纪律检查机关监督执纪工作规则》规定，纪检监察机关案件审理部门对涉嫌违纪或者职务违法、职务犯罪问题，依照规定应当给予纪律处理或者纪律处分、政务处分的案件和复议复查案件进行审核处理。

此外，根据《党组讨论和决定党员处分事项工作程序规定》第 6 条的规定，派驻机构对驻在单位（含综合监督单位）党组管理的领导班子成员、其他列入重点监督对象的党员涉嫌违纪违法问题立案审查调查结束，经内部审理、集体研究，提出党纪处分建议，并通报党组后，按照驻在单位党的工作领导关系移送相应的派出机构进行审理。比如，中央纪委国家监委派驻某国家部委纪检监察组，对驻在部门某司局级党员干部涉嫌违纪问题进行立案审查和内部审理后，按照规定，还应将案件移送中央和国家机关纪检监察工委进行审理。

三、审理工作的任务和职责

《案件审理工作条例》规定：“案件审理工作的任务是：审查处理党员、党组织违犯党的纪律的案件和复查的案件。”案件审理部门实事求是地核查违纪、职务违法和职务犯罪案件的事实材料，审查鉴别证据，分析认定问题的性质，根据党章党规、国家法律和党对犯错误党员的一贯政策以及规定的程序，正确地处分处置违纪违法的党组织、党员干部及监察对象。

具体来讲，根据党内法规和国家法律规定，以下案件必须经过审理程序：（1）拟给予纪律处理的案件。纪律处理不同于纪律处分。纪律处理主要是指《党纪处分条例》第 9 条规定的，对于严重违犯党的纪律、本身又不能纠正的党组织，上一级党的委员会在查明核实后，根据情节严重的程度，可以予以改组或解散。（2）拟给予纪律处分的案件。只要给予党纪处分就必须经过审理。需要强调的是，根据《党纪处分条例》第 19 条规定，对党员违犯党纪免予党纪处分的，也必须经过审理。（3）拟给予政务处分的案件。依据《政务处分法》，只要给予政务处分就必须经过审理。（4）拟移送起诉的涉嫌职务犯罪案件。案件审理部门对纪委监委审查调查的涉嫌职务犯罪案件的事实证据、定性、程序手续、涉案财物等进行全面审理。（5）移送起诉的适用缺席审判程序的案件。根据《刑事诉讼法》第 291 条规定，监委对可以适用缺席审判程序的案件，审查调查终结后，依法应当追究刑事责任的，承办的审查调查部门应当按规定将案件移送审理。（6）拟移送起诉的申请没收违法所得的案件。根据《刑事诉讼法》第 298 条规定，监委对可以适用申请没收违法所得的案件，审查调查终结后，认为依照刑法规定应当追缴其违法所得及其他涉案财产的，承办的审查调查部门应当按规定将案件移送审理。（7）申诉复查案件。根据《纪律检查机关监督执纪工作规则》第 54 条规定、《监察法》第 56 条、《政务处分法》第 55 条规定，对纪检监察机关作出党纪政务处分或者其他处理不服的，提出申诉复查的案件。

第二节　案件审理工作程序

案件审理部门应当强化精准思维、坚持实事求是，以事实为依据，以纪律、法律为准绳，严格履行案件审理工作基本程序，对案件进行全面审核，严把案件质量关。

一、案件受理

（一）审核相关案卷材料

案件审理部门收到审查调查报告后，经审核符合移送条件的予以受理。审理部门应当审核材料是否齐全、手续是否完备，对符合以下条件的案件应当受理：（1）属于本级纪检监察机关的受理案件范围。（2）违纪违法案件已经审查调查终结。（3）被审查调查人的行为已经构成违纪违法，需要追究纪律或法律责任，或者涉嫌犯罪需要移送司法机关。（4）案件材料齐全并已装订成卷。承担的监督检查部门、审查调查部门在移送审理时应当形成审查调查报告。在移送审理的材料中，对涉嫌职务犯罪的案件材料应当按照刑事诉讼要求单独立卷，并与审查调查报告、《起诉建议书》、同步录音录像、涉案财物报告等材料一并移送案件审理部门。（5）纪委监委主要负责人审批同意移送审理。根据《监察法实施条例》第 221 条等规定，审核后，对不符合移送条件的可以暂缓受理或者不予受理，并要求审查调查部门补充完善材料。

（二）关于案件审理部门提前介入

提前介入是指案件审理部门和审理人员经批准在案件审查调查阶段对案件事实、证据进行初步审核的程序。案件审理部门通过提前介入，能促使和帮助审查调查部门全面、准确、客观地收集、调取、固定证据，提高收集证据的质量，使证据在移送起诉之前就能达到或基本达到庭审标准，同时也可以对案件审查调查程序与实体进行有效监督，及时发现和纠正审查调查活动中的违纪违法行为。提前介入并不是审理任何案件的必经程序，提前介入审理的案件，限于两种情况：一是重大、复杂、疑难案件，即在本地区、本部门有重大政治影响、经济影响、社会影响的案件，包括突发性且办案时间紧迫的案件等，或者存在社会关系复杂、法律关系复杂、调查取证难度大、因果关系证明难等情节；二是性质认定分歧较大的案件，即对违纪违法犯罪事实认定、党纪条规和法律法规适用、证据结构、举证标准等存在较大分歧[①]。提前介入是具有选择性的，对案情简单、查证难度较少的案件不宜提前介入，否则会浪

① 唐麒昆：《提高质效，强化监督制约》，载《中国纪检监察》2019 年第 10 期。

费宝贵的办案资源。另外，案件审理部门已经提前介入的案件，待案件达到移送审理条件时，审查调查部门仍要将案件移送案件审理部门，由案件审理部门履行正式受理程序。

（三）指定管辖案件的双重审理制度

监察法规规定了特殊的指定管辖案件的双重审理制度。根据《监察法实施条例》第229条规定，对于指定管辖案件，除依法将处理意见报有权决定的上级监察机关审核同意的重大、复杂案件以外，被指定管辖的监察机关和有管理权限的监察机关均应进行审理。指定管辖案件的双重审理制度，有利于确保调查工作质量和衔接后续移送司法工作。此外，由于指定管辖后依然应当由有管理权限的监察机关负责作出政务处分决定，进行双重审理有利于确保执法尺度在本系统本单位本地区保持大体均衡，有利于后续开展复审工作[①]。

二、案件审核

案件审核的主要任务是，案件审理部门在确定移送或呈报的案件符合受理条件后，通过审阅案卷材料、补充调查、与被审查调查人谈话等方式，对案件的事实证据、性质认定、程序手续、涉案财物进行全面审理，提出意见，为纪检监察机关正确处理案件打下坚实基础。案件审核环节包括以下程序。

（一）组成审理组审核案卷

案件审理部门受理案件后，应当成立由两人以上组成的审理组，并确定一人主办，全面审理案卷材料。审理组应当以党内法规和国家法律为准绳，对移送审理的所有案件材料进行全面审核，综合判断案件事实是否清楚，证据是否确凿，定性是否准确，处理是否恰当，手续是否完备，程序是否合法，涉案财物管理是否合规，是否应补充调查等。案件

① 《〈中华人民共和国监察法实施条例〉释义》，中国方正出版社2022年版，第324页。

审理人员应当坚持原则，敢于善于提出不同意见，发挥好对案件的监督制约作用。

审理中，承办人应重点审核以下内容：（1）审看违纪、违法事实是否能作为处理的依据。（2）审看违纪、违法事实发生发展的全过程是否清晰完整。（3）审看违纪、违法事实中有关人员的责任是否划分清楚。（4）审看每一条违纪、违法事实是否有证据予以证明。（5）审看审查调查工作每个具体程序是否严格依规依纪依法进行。（6）审看作为案件证据的涉案财物是否为原物、原件，财物照片、录像等是否与原件相符，涉案财物的收集、保管过程是否合规合法等。[①] 总之，既要审理事实和性质认定是否准确，也要审理支撑事实的每一份证据是否真实、合法、有证明力；既要审理实体性问题，也要审理程序性问题；既要审理被审查调查人、涉案人的处理等“人”的问题，也要审理对涉案财物是否提出处置意见、处置意见是否全面准确等“物”的问题，不能忽视任何可能影响案件质量的细节[②]。

（二）重新或者补充审查调查

审理组经审核后，对主要事实不清、证据不足的，经纪检监察机关主要负责人批准，退回监督检查、审查调查部门重新审查调查；需要补充完善证据的，经纪检监察机关相关负责人批准，退回监督检查、审查调查部门补充审查调查。

案件审理人员要充分发挥审核把关作用，对事实不清、证据不足的案件敢于说“不”，发现审查调查人员以威胁或者引诱等非法方式收集证据的，应当依纪依法将有关证据予以排除，否则极易造成错案。对取证主体、取证手续、取证程序、法律文书等不符合法律法规要求的瑕疵证据，应当要求相关审查调查人员予以补正或者作出合理解释。不能补

① 《纪律审查与监察调查程序图解》，中国方正出版社 2019 年版，第 159 页。

② 中央纪委国家监委案件审理室：《准确理解把握〈监察法实施条例〉中关于案件审理工作的规定（一）》，载《中国纪检监察报》2022 年 7 月 13 日。

正或者不能作出合理解释的，对该证据应当予以排除。

（三）开展审理谈话

案件审理部门根据案件审理情况，经审批，可以与被审查调查人谈话，核对违纪或者职务违法、职务犯罪事实，听取辩解意见，了解有关情况。根据《纪律检查机关监督执纪工作规则》《监督执法工作规定》《监察法实施条例》等规定，审理谈话并非必经程序，应根据案件具体情况判断是否进行，不宜一概而论①。《监察法实施条例》第 225 条规定了案件审理部门开展审理谈话工作的程序、目的及具体情形，细化了一般应当开展审理谈话的五种情形：（1）对被调查人采取留置措施，拟移送起诉的；（2）可能存在以非法方法收集证据情形的；（3）被调查人对涉嫌违法犯罪事实材料签署不同意见或者拒不签署意见的；（4）被调查人要求向案件审理人员当面陈述的；（5）其他有必要与被调查人进行谈话的情形。审理谈话的内容一般包括：就案件事实听取被审查调查人意见；就案件定性听取被审查调查人意见；就案件处理听取被审查调查人意见；就办案程序、审查调查主体在审查调查中有无违规违纪行为以及其他需要核对的事项向被审查调查人了解情况；对被审查调查人所犯错误进行批评教育，做好思想政治工作等。

（四）商请检察机关提前介入

重大、疑难、复杂职务犯罪案件，在进入案件审理阶段后，由案件审理部门报纪委监委分管领导审批后，可以书面形式商请同级检察机关提前介入。检察机关提前介入的目的是提出进一步补充、固定和完善证据的工作建议，更好地对接以审判为中心的刑事诉讼制度改革。

检察机关公诉部门提前介入与纪委监委案件审理部门提前介入是不同的。案件审理部门提前介入是在案件调查取证工作基本结束、正式移

① 中央纪委国家监委案件审理室：《准确理解把握〈监察法实施条例〉中关于案件审理工作的规定（二）》，载《中国纪检监察报》2022 年 7 月 20 日。

送审理之前，检察机关提前介入是在案件移送审理之后、移送审查起诉之前。对检察机关提前介入形成的书面意见，由案件审理部门进行审核，认为需要补充证据的，履行审批程序后，交承办的审查调查部门进行补证[①]。补证结束后，审查调查部门应当形成补证情况报告，并将调取的证据材料装订成册，一并移送案件审理部门。

（五）组织专家论证

对重大、疑难、复杂职务犯罪案件，对案件办理中涉及的专业性技术问题或者疑难复杂问题，报纪委监委分管审理部门的领导审批后，案件审理部门可以组织专家就相关问题进行论证。

（六）初步提出审理意见

审理组人员在全面了解审查调查情况的基础上，初步提出审理意见。所提意见要综合分析违纪违法行为的性质、情节、危害后果、行为人的目的与动机、侵害对象、违纪违法手段等情况，全面把握案件事实，给予正确的处理。

三、案件审议

（一）坚持集体审议

集体审议是在案件审理工作中落实民主集中制原则的具体体现，是监察机关审理涉嫌违法犯罪案件的必经环节，具体来讲，是指案件审理部门集体讨论、审核案件事实、证据、定性和处理建议，并提出审理意见的工作程序。审理工作中的集体审议包括审理组讨论和案件审理部门的讨论。审理组在全面审阅卷宗材料的基础上，通过集体讨论研究，形成对涉嫌违法犯罪事实、性质的认定和处理建议，提交部门集体审议。案件审理部门集体审议时，应当听取审理组的汇报，对重点问题进行认

① 《监委案件审理部门提前介入与检察机关公诉部门提前介入有何区别》，载《中国纪检监察报》2019 年 3 月 15 日。

真研究，在民主讨论的基础上形成意见[1]。在讨论中，如在重大问题上不能取得一致意见，不能简单否定不同意见，要讨论充分、做好记录，必要时应及时按程序请示报告[2]。集体审议后，认为案件事实清楚、证据确实充分的，提出定性、处理意见，由承办人根据集体审议的结论性意见，修改或写出审理报告。

（二）形成审理报告

审理报告是案件审理部门就本机关案件承办部门移送审理或下级纪检监察机关呈报审批案件的事实、证据、定性、处理和办案程序手续等提出审理意见时撰写的文书，是案件审理情况的集中展现[3]。根据《纪律检查机关监督执纪工作规则》《监察法实施条例》等规定，审理报告应当列明被审查调查人的基本情况、审查调查简况、涉嫌违纪违法或者犯罪事实、涉案财物处置情况、被审查调查人态度和认识、监督检查或审查调查部门意见、审理意见等内容。审理报告附件应当包括被审查调查人的简历、忏悔反思或检讨材料、违纪违法事实材料、《起诉意见书》等。[4]

根据《纪律检查机关监督执纪工作规则》等要求，审理报告应当体现党内审查特色，依据党内法规和国家法律认定违纪或者职务违法、职务犯罪事实性质，分析被审查调查人违反党章和法律法规、背离党的性质宗旨的错误本质，反映其态度、认识以及思想转变过程。根据案件的不同类型，本文书的内容也有所不同。比如，严重违反党纪、违反国家法律法规同时涉嫌职务犯罪拟移送司法机关处理的案件，在主要违纪违法事实部分，要按照违反党的纪律、违反国家法律法规（包括职务

---

① 《〈中华人民共和国监察法实施条例〉释义》，中国方正出版社2022年版，第313页。

② 中央纪委国家监委案件审理室：《准确理解把握〈监察法实施条例〉中关于案件审理工作的规定（一）》，载《中国纪检监察报》2022年7月13日。

③ 本书编写组：《如何撰写审理文书》，中国方正出版社2023年版，第31页。

④ 《〈中国共产党纪律检查机关监督执纪工作规则〉释义》，中国方正出版社2019年版，第174—175页。

违法行为和其他违法行为）和涉嫌犯罪问题三部分进行归类表述，即要同时体现纪、法、罪的事实①。

对于违反党纪问题，应使用纪言纪语，突出违纪行为的本质和特点；对于涉嫌犯罪问题，应按照犯罪构成要件，用法律语言规范表述，在本文书中对相关事实进行简要表述，在《起诉意见书》中进行详细表述。《起诉意见书》应当作为审理报告附件。《起诉意见书》应当忠实于事实真相，载明被调查人基本情况，调查简况，采取监察强制措施的时间，依法查明的犯罪事实和证据，从重、从轻、减轻或者免除处罚等情节，涉案财物情况，涉嫌罪名和法律依据，采取刑事强制措施的建议，以及其他需要说明的情况。这就强调，《起诉意见书》必须忠实于事实真相，与《刑事诉讼法》有关规定实现有机衔接，对于移送起诉的案件必须符合刑事审判关于证据的标准和要求，经得起司法程序的检验，经得起历史和人民的检验②。

（三）提请纪委常委会会议审议

审理报告报经纪检监察机关主要负责人批准后，由案件审理部门提请纪委常委会会议审议。审议批准程序是整个案件查办过程中的关键环节。纪委常委会会议应按照民主集中制原则，对案件进行充分讨论，对案件审理部门的意见作出同意、更改、否定或者需要继续调查补证的决定。③

（四）与上级纪委沟通

地方纪委监委给予同级党委委员、候补委员，同级纪委委员、监委委员处分的，在同级党委审议前，应当与上级纪委监委沟通并形成处理意见。这是落实“监督执纪工作以上级纪委领导为主”要求的重要举

① 本书编写组：《如何撰写审理文书》，中国方正出版社 2023 年版，第 32 页。

② 《〈中华人民共和国监察法实施条例〉释义》，中国方正出版社 2022 年版，第 321 页。

③ 《〈中国共产党纪律检查机关监督执纪工作规则〉图解》，中国方正出版社 2019 年版，第 149 页。

措，有利于上级纪委监委及时了解掌握整个审查调查过程，加强指导和组织协调，保证执纪执法工作的公正性和权威性。

（五）征求有关党组织意见

根据《处分违纪党员批准权限和程序规定》第16条等规定，县级以上纪委审查违纪党员，拟不经过党支部党员大会讨论程序即拟履行处分党员特殊程序，且处分决定须报请同级党委或上级党组织审批的，在纪委常委会会议审议后，应当征求同级党委组织部门和被审查人所在党委（党组）的意见。征求意见应当以纪检监察机关办公厅（室）名义进行，一般采取书面发函形式征求。这是保证纪委监委处分（处置）精准的重要制度要求。

（六）呈报同级党委审批

审理报告提请纪委常委会会议审议，并按有关规定报送同级党委审批，这是落实党委主体责任的重要体现。根据规定，报送同级党委的请示、审理报告应当附被调查人的简历、违法事实材料、《起诉意见书》等。

四、作出或批准处分（处置）决定

案件审理部门和承办部门，根据纪委常委会会议审议决定，在同级党委（党组）及上级纪委监委批准后，按照被审查调查人违纪和职务违法犯罪的不同性质的情况，分别形成党纪、政务处分决定书，移送起诉意见书，或者提出问责建议、纪律检查建议、监察建议。对职务犯罪案件移送人民检察院审查起诉前，需要终止人大代表资格、撤销政协委员职务的应当按照《政务处分法》等规定提请有关机关作出处理。属于下级纪委报批的案件，制作处分批复。

第三节　处分决定的执行

处分决定的执行是将批准生效的处分决定或审查结论付诸实施的过程。经批准生效的处分决定或审查结论具有严肃性，一经生效后，就必须执行，不能随意改变。党员和公职人员对所受党纪政务处分不服的，可以依照有关规定提出申诉。

一、党纪处分决定的执行

关于党纪处分的执行，党内法规作出明确规定。（1）处分的告知。《纪律检查机关监督执纪工作规则》第56条要求，处分决定作出后，纪检监察机关应当通知受处分党员所在党委（党组），抄送同级党委组织部门。（2）处分的宣布。《党纪处分条例》第44条规定，在1个月内，一般由直接作出处分决定的纪检监察机关直接向受处分党员所在党的基层组织中的全体党员及其本人宣布，是领导班子成员的还应当向所在党组织领导班子宣布，并按照干部管理权限和组织关系将处分决定材料归入受处分者档案。此外，处分决定向受处分人宣布后，应要求受处分人在处分决定书上签写对处分决定的意见并签名（盖章），受处分人拒不表态、不签名（盖章）的，处分决定宣布人员应在处分决定书上注明。（3）后续处理。《党纪处分条例》第44条对受处分人员的职务、工资、工作及其他有关待遇等的变更，作出具体规定。（4）时限要求。《党纪处分条例》第45条规定，执行党纪处分决定的机关或者受处分党员所在单位，应当在6个月内将处分决定的执行情况向作出或者批准处分决定的机关报告。（5）定期呈报处分决定执行（含处分宣布）情况。根据《处分违纪党员批准权限和程序规定》第19条规定，各级纪委按规定呈报同级党委或者上级党组织批准后作出党纪处分决定的，处分决定执行完毕后，应当按照程序于每季度首月15日前将上一季度的处分决定执行（含处分宣布）情况汇总呈报同级党委或者上级党组织。目的是确保批准党纪处分的党组织全面掌握处分工作的宣布、执行情况，了解受处分人思想动态，做好“后半篇文章”，进一步提高管党治党能力水平①。

① 《〈中国共产党处分违纪党员批准权限和程序规定〉释义》，中国方正出版社2024年版，第120页。

二、政务处分决定的执行

关于政务处分的执行，国家法律作出明确规定。（1）处分的宣布。《政务处分法》规定，政务处分决定书应当及时送达被处分人和被处分人所在机关、单位，并在一定范围内宣布。政务处分是国家行为，公开宣布体现了国家权威性和法律严肃性。（2）处分的告知。根据《政务处分法》规定，作出政务处分决定后，监察机关应当根据被处分人的具体身份书面告知相关的机关、单位。（3）后续处理。《政务处分法》第 54 条对公职人员受到处分后职务、工资及其他有关待遇等的变更作出具体规定，具体程序要求、时限要求等与党纪处分的执行基本保持一致，实现纪法有机衔接。

三、做实做细案件“后半篇文章”

处分执行后，应当做实做细“后半篇文章”，包括以下内容：（1）确保处分决定执行到位。处分决定执行是审查调查工作的“最后一公里”，必须不折不扣执行到位。案件审理部门要加强与有关党组织及监督检查、审查调查等部门的协调配合，注重对受处分人的思想教育，做好处分决定宣布工作。对于涉嫌职务犯罪案件，一般应当在受处分人被移送司法机关前向其宣布处分决定。落实处分决定宣布情况向同级党委报告制度。（2）及时发现纠正处分决定执行中存在的问题。案件审理部门经常会同案件承办等部门开展处分决定执行情况监督检查，及时发现和纠正处分决定执行“打白条”“打折扣”“搞变通”等问题。（3）建立健全处分决定执行工作长效机制。建立处分决定执行公示、回访教育、情况报告及专项检查等制度，不断提高执行工作的规范化水平。

四、移送检察机关审查起诉

根据《监察法实施条例》第 243 条规定，纪检监察机关案件审理部门负责与人民检察院审查起诉的衔接工作，调查、案件监督管理等部门应当予以协助。由案件审理部门负责协调办理移送司法机关事宜，主要考虑到案件审理部门具体负责、深度参与到与移送审查起诉相关的工作中，包括移送《起诉意见书》等文书材料，商请检察机关提前介入和指定管辖等工作，案件移送审查起诉后的补充提供证据材料、退回补充调查等工作也由案件审理部门负责对接。因此，由案件审理部门负责协调衔接更为合适①。

此外，审理工作完成后，对不属于本机关管辖的其他党员、干部及监察对象涉及的违纪或者职务违法、职务犯罪问题线索，应当根据有关规定由本机关相关部门经呈报批准后转有关纪检监察机关处置。②

第四节　处理申诉

处理申诉是纪检监察工作的重要组成部分，是检验纪检监察机关办案质量和效果的重要关口，是保障党员、干部和公职人员合法权益的重要体现。

一、处理申诉的内涵

（一）处理申诉的概念

申诉是指党员、党组织及监察对象对所受到的党纪政务处分决定或者审查调查结论不服，提出申诉的活动。处理申诉是指，纪检监察机关依据规定对原处分决定或者审查调查结论进行全面复议、复查（复审、复核）的工作。《纪律检查机关监督执纪工作规则》第 59 条规定了“复议、复查”，申诉主体是党员；《政务处分法》第五章规定了“复审、复核”，与《监察法》第 56 条关于复审、复核的规定相衔接，申请主体是公职人员。上述规定都体现了纪检监察机关一以贯之坚持实事求是、有错必纠和充分保障被审查调查人权利的工作要求。

---

① 中央纪委国家监委案件审理室：《准确理解把握〈监察法实施条例〉中关于案件审理工作的规定（四）》，载《中国纪检监察报》2022 年 8 月 3 日。

② 《〈中国共产党纪律检查机关监督执纪工作规则〉图解》，中国方正出版社 2019 年版，第 150 页。

（二）提出申诉的主体

提出申诉的主体是受到党纪处分的党员、党组织或者受到政务处分的监察对象。申诉期间，不停止原处分决定的执行。此外，根据《监察法》第 69 条规定，在特定情形下，还可以由被调查人及其近亲属、利害关系人提出。在纪检监察机关作出复议、复审（复查、复核）决定前，申诉人可以撤回申诉。

（三）处理申诉的方式

根据党内法规和国家法律规定，党内申诉和监察申诉的处置方式有所差别。

1. 党内申诉的处置方式

根据《纪律检查机关监督执纪工作规则》等规定，党内申诉的主要方式是复议、复查。复议是指，根据申诉人的申诉，承办机关只就案卷材料包括原案卷材料、下级党委、纪委报送的复议复查案卷材料及申诉人的申诉材料进行阅卷审查，从而得出结论性意见的工作方式。复查是指，承办机关需要对原案中存在的问题重新进行调查取证的活动。[①] 一般来讲，复议主要针对事实比较清楚，但对定性处置存在异议的情形，主要方式是对申诉材料进行阅卷审查，不需要重新调查取证；复查主要针对事实不清、证据不足的情形，主要方式是重新进行调查取证。党员、党组织对所受党纪处分不服的申诉，由批准处分的党的委员会或纪律检查委员会承办。申诉人如果对复议、复查结论仍然不服，由批准的党的委员会或纪律检查委员会，将申诉人的意见及复议、复查的结论和有关材料，一并报上一级党的委员会或纪律检查委员会审查决定。此外，《党员权利保障条例》第 18 条规定，党员有党内申诉权，对于党组织给予本人的处理、处分或者作出的鉴定、审查结论不服的，有权按

① 《什么是党纪处分的“复议复查”?》，载中央纪委国家监委网站，2017 年 6 月 3 日。

照规定程序逐级向本人所在党组织、上级党组织直至中央提出申诉。

2. 监察申诉的处置方式

《监察法》《政务处分法》等规定，监察申诉的主要方式是复审、复核两种：（1）复审。复审是监察对象向作出决定的监察机关进行的申诉。（2）复核。复核是监察对象对复审决定不服，向上一级监察机关进行的申诉。复审是复核的前置程序，未经复审的，不能提出复核申请。根据《监察法实施条例》第241条规定，公职人员可以在收到处理决定之日起一个月内，向作出决定的监察机关申请复审，复审机关应当在受理后一个月以内作出复审决定；公职人员对复审决定仍不服的，可以在收到复审决定之日起一个月内，向上一级监察机关申请复核，复核机关应当在受理后二个月以内作出复核决定。上一级监察机关的复核决定和国家监察委员会的复审、复核决定为最终决定。即监察机关作出的处理决定经过一次复审及复核后，法定意义上的复审复核程序即已终结。考虑到国家监委是宪法规定的最高监察机关，对最高监察机关作出的复审决定，客观上已无上一级监察机关可以继续审查，因此国家监委作出的复审决定也属于最终决定①。

（四）处理申诉的意义

纪检监察机关做好申诉处理工作具有重要意义。（1）做好申诉工作是对纪检监察机关办案质量的重要检验。办理申诉与审查调查、审理工作是辩证统一的。做好审查调查和审理工作，严格依纪依法办案，使所办案件都符合实体和程序要求，这是减少申诉的根本途径。同时，坚持实事求是，全面客观地对申诉案件进行复议、复查（复审、复核），也是对纪检监察机关审查调查质量的重要检验，是对整个审查调查工作和审理工作的监督和制约。（2）做好申诉工作是保障党员、党组织及

① 《〈中华人民共和国监察法实施条例〉释义》，中国方正出版社2022年版，第347页。

监察对象合法权利的重要要求。党章规定，如果本人对处分决定不服，可以提出申诉，有关党组织必须负责处理或者迅速转递，不得扣压。《监察法》规定，被调查人及其近亲属、利害关系人有权提出申诉。(3) 做好申诉工作是维护党纪国法严肃性的重要要求。通过客观公正的申诉办理工作，使原来处理不当的案件及时得到纠正，使正确的决定得到执行和维护，维护党纪国法的权威和尊严。

二、处理申诉的原则

纪检监察机关处理申诉工作，必须坚持客观公正，以事实为依据，以党纪国法为准绳，不主观臆断，不先入为主，一是一，二是二，保证办理申诉工作的实体公正和程序公正。做好申诉工作应当坚持以下原则要求：

（一）首诉必办原则

党员、党组织及监察对象首次向纪委监委提出的申诉，承担申诉的机关应当按照规定的程序和权限认真进行复议、复查（复审、复核），给予申诉人负责任的答复。坚决杜绝对申诉置之不理的现象。

（二）申诉不加重原则

纪检监察机关受理申诉后，在复议、复查（复审、复核）时，应当围绕原处分决定认定的事实、证据、定性等方面进行审核，审核时认定的违纪违法事实一般不能超越原处分认定的范围。特别是，不论申诉的理由是否得当，都不能因为党员、干部及监察对象对所受到的党纪政务处分决定或者审查调查结论不服或态度不好而加重处分。如果在该过程中发现对象新的违纪违法问题线索，可以移交给相关部门进行审查调查。

（三）有错必究原则

办理申诉案件应当坚持全错全纠、部分错部分纠、不错不纠。原处分决定或审查调查结论所依据的基本事实不清楚、不存在，或者认定基本事实所依据的主要证据发生了重大变化，从而使定性处理失去了基础，原处分决定或审查调查结论就应当全部纠正。原处分决定或审查调查结论所依据的基本事实或基本证据没有发生变化，但案件的某一方面或某一部分存在不当或出现错误，则只对不当之处或错误之处予以变更。原处分或其他处理认定定性准确、事实清楚、手续完备的，维持原来正确的处分或处理决定。凡属冤假错案，都要实事求是地予以纠正。

三、处理申诉的程序

（一）申诉的受理

申诉工作实行分级办理原则，实行“谁批准谁首办”。《纪律检查机关监督执纪工作规则》第59条第1款规定：“对不服处分决定的申诉，由批准或者决定处分的党委（党组）或者纪检监察机关受理；需要复议复查的，由纪检监察机关相关负责人批准后受理。”《政务处分法》第55条规定：“公职人员对监察机关作出的涉及本人的政务处分决定不服的，可以依法向作出决定的监察机关申请复审；公职人员对复审决定仍不服的，可以向上一级监察机关申请复核。”需要强调的是，申诉工作必须坚持复议、复查（复审、复核）与调查审理分离原则，原案审查调查、审理人员不得参与复议、复查（复审、复核），坚决维护申诉工作严肃性与权威性。

根据分级办理原则，实践中包括以下情况：（1）对党纪政务处分或者其他处理不服的申诉，都应当由先批准或者作出决定的党委、纪委监委进行复议、复查或复审。（2）申诉人如果对复议、复查决定或复审决定仍然不服的，再由上一级的党委、纪委监委复议、复查或复核。（3）上级纪委监委认为有必要，可以直接对管辖范围内的申诉案件直接进行复议、复查或复审。上级纪委监委认为有必要的，也可以指定有关纪检监察机关办理。根据规定，原作出批准处分的党委或纪委已经撤销的，由申诉人现在的相当于原批准处分的一级党委或纪委承办。

此外，监察对象对不服任免机关、单位依据监察机关的监察建议作出的处分决定的申诉，不属于监察机关的受理范围，应由任免机关、单位接收该类申诉案件。

（二）初步审核

根据规定，对党员、党组织及监察对象提出的申诉，应及时办理，不得延误。不需要复议、复查或复审的，由承办的纪检监察机关或有关党组织对申诉人说明理由，做好工作。

对应由上级处理的问题，应迅速报告上级处理；对应由本级处理的问题，本级有关领导或有关部门应及时处理；对应由下级处理的问题，应迅速转交下级处理。

（三）全面审查

复议、复查（复审、复核）申诉案件必须调阅原案的全部材料，进行全面审查，重点查明以下情况：事实是否清楚，证据是否确实充分；适用党内法规和国家法律规定是否准确；定性是否准确；处理是否恰当；程序是否符合规定；手续是否完备等。在办理申诉案件过程中一般要和申诉人进行谈话。可以针对申诉人的申诉请求和思想实际，劝导其接受党组织或纪检监察机关的正确处理意见。对正确处理拒不接受或思想上存在错误认识的，进行细致的思想政治工作。

四、申诉决定的作出与执行

（一）作出申诉决定

纪检监察机关经过复议、复查（复审、复核），分情况作出处置。（1）维持原决定。如果原结论或处理决定是正确的，应作出维持原结论或处理的决定，并报原批准的党委或纪委监委批准结案。（2）重新作出决定。如果原结论或处理存在事实不清、证据不足、程序违规违法等重大实体性和程序性问题，应当撤销原党纪政务处分决定，并重新作出决定。比如《政务处分法》第 57 条规定，存在政务处分所依据的违法事实不清或者证据不足、违反法定程序影响案件公正处理、超越职权或者滥用职权作出政务处分决定等情形的，复审、复核机关应当撤销原政务处分决定，重新作出决定或者责令原作出决定的监察机关重新作出决定。（3）变更原处分决定。如果原结论或处理事实基本清楚、程序合规合法，但存在适用党内法规或国家法律有错误、处分档次不当等情形的，应当重新作出决定。比如《政务处分法》第58条规定，存在适用法律法规确有错误、对违法行为的情节认定确有错误、政务处分不当等情形的，复审、复核机关应当变更原政务处分决定，或者责令原作出决定的监察机关予以变更。

（二）处理申诉中的特殊情况

纪检监察机关认为被审查调查人涉嫌犯罪给予相应处理后，司法机关认定不构成犯罪的，或者人民检察院认为犯罪情节轻微依法作出不起诉决定的，或者人民法院依法作出有罪判决并免予刑事处罚的，受处分人据此提出申诉，应分情况处理。（1）司法机关认为违法事实清楚，但情节显著轻微不构成犯罪或情节轻微、危害不大免予刑事处罚的，纪检监察机关应重新审核，认为原处分事实清楚、定性处理恰当的，应维持原处分决定。（2）检察机关和法院认为案件证据不足，犯罪事实不存在，从而作出不起诉或宣告被调查人无罪的，纪检监察机关应加强沟通，了解司法机关对相关问题的认定意见，综合考虑全案情况审慎作出决定。对确需调整纪检监察机关的认定和处理意见的，可以变更原处理决定并重新作出处理决定。

（三）执行申诉决定

根据党内法规和国家法律规定，纪检监察机关对申诉案件复议、复查（复审、复核）后，严格执行相应处置决定。（1）经集体研究后，提出办理意见，报纪检监察机关相关负责人批准或者纪委常委会会议研究决定，作出复议复查（复审、复核）决定。（2）应当制作决定书，同申诉人见面，听取其意见。复议、复查（复审、复核）的结论和决定，应交给申诉人一份，并抄送原处理决定机关及有关单位，同时在一定范围内宣布。（3）如果党纪政务处分决定被改变或撤销，应当依规依法改变或恢复该党员或公职人员的级别、薪酬待遇，如果原处分被撤销的，应当在原党纪政务处分决定公布范围内为受处分人恢复名誉。

◉ 案例

严格依规依纪依法开展审理工作

2025 年 1 月，W 市纪委监委对市管干部张某涉嫌严重违纪违法问题按程序报批后立案审查调查，由第三审查调查室负责具体审查调查工作。第三审查调查室经过认真细致的调查取证工作，查清了张某的违纪违法事实。经 W 市纪委书记批准后，案件移送审理。6 月 3 日，市纪委案件审理室收到关于张某违纪违法问题的审查报告后，对案卷材料进行了初步审核，认为该案符合审理条件，予以受理。随即，审理室成立了由 1 名副主任和 2 名审理干部组成的审理组，对案卷材料进行全面审理。对每一项违纪违法行为的构成要件逐一审核，对事实证据、定性处理、程序手续、涉案财物等严格把关，从书证言证等看违纪违法事实客观性，并结合张某的认错态度，从任职经历、职权特点、性格特征、违纪违法方式等方面，仔细甄别错与非错，发现影响案件质量的瑕疵。与此同时，审理组同志与张某进行谈话，核对违纪事实，听取辩解意见，了解有关情况。

审理过程中，审理人员对张某收受房屋问题提出不同意见。张某以儿子上学需要为名，长期占用某老板孙某的一套住房，未办理过户手续，且案发前搬离。但证据中仅有张某和孙某的口供，证据链不完整。慎重起见，审理组提出应当从进一步讯问张某和孙某明确双方具体的约定、询问其他知情人、查明张某收受房屋的时间等方面，补充完善证据。经市纪委副书记批准，退回第三审查调查室补证。

6 月 28 日，在集体审议、民主讨论的基础上，审理组形成了一致意见，起草了审理报告，列明了张某的基本情况、线索来源、违纪违法

事实、涉案财物、审查部门意见和审理意见，并形成《起诉意见书》，作为审理报告的附件。审理报告在审理室室务会议集体讨论通过后，经市纪委书记审批后，提请纪委常委会会议审议，并按照规定报送市委审批。报送市委的请示、审理报告还附上了被调查人的简历、违法事实材料、《起诉意见书》等。

◉ 评析

审理是指纪检监察机关对涉嫌违纪或者职务违法、职务犯罪案件严格依规依纪依法审核把关，提出纪律处理或者纪律处分、政务处分意见的活动，发挥着对审查调查的审核把关和监督制约的重要作用。案件审理工作必须严格依规依纪依法进行。案件审理部门收到审查调查报告后，经审核符合移送条件的予以受理。案件审理部门受理案件后，应当成立由两人以上组成的审理组。审理组对移送审理的所有案件材料进行全面审核，综合判断案件事实是否清楚，证据是否确凿，定性是否准确，处理是否恰当，手续是否完备，程序是否合法，是否应补充调查等。

本案中，审理室对第三审查调查室移交的案卷材料进行了初步审核，认为符合审理条件，予以受理，并组成了审理组，对案卷材料进行全面审核。案件审理人员还要充分发挥审核把关作用，对以非法方式收集的证据，应当依纪依法予以排除；对于瑕疵证据，需要补正、解释的，应当予以补正、解释。本案中，审理人员对张某收受房屋问题提出补证意见，发挥了很好的审查把关作用。

此外，审理工作必须履行集体审议程序。审理组提出违纪违法事实、性质的认定意见和处理意见后，案件审理部门实行集体审议制度，根据承办人的汇报，集体讨论案件的事实、证据、定性和处理，提出审理意见，形成审理报告。审理报告报经纪检监察机关主要负责人批准后，由案件审理部门提请纪委常委会会议审议，并按照规定呈报审批。通过层层审核把关，发挥集体力量和智慧，实现案件审理的客观公正。

思考题：

1. 哪些案件必须经过审理程序？
2. 审理的工作程序和要求有哪些？
3. 如何撰写审理报告？

第二十章　处分处置

依规依纪依法对违纪违法的党员、干部及监察对象进行处分处置，是纪检监察工作的重要内容，是纪检监察机关维护党纪国法权威性和尊严性的重要体现。

第一节　概　　述

一、处分处置的内涵

处分处置是指党组织包括纪检监察机关依纪依法给予违纪、违法的党员、干部及监察对象各种处分处置方式的总称。依规依纪依法对违纪、违法的党员、干部及监察对象进行处分处置，是纪检监察机关的重要职责。

处分处置工作在管党治党、依法治国中具有重要的地位和作用。(1) 发挥教育功能。通过惩治各种违纪违法行为，既教育惩治违纪违法的党员、干部及监察对象，也教育警示广大党员干部和国家公职人员，增强纪法观念，自觉遵纪守法。(2) 发挥惩戒功能。通过及时惩处违纪违法行为，维护党的团结统一，维护党纪国法的权威和尊严，保证党的路线、方针、政策和决议的贯彻执行，保障中央政令畅通。(3) 发挥震慑功能。通过及时惩治违纪违法行为，对胆敢触碰纪律和法律红线的党组织和个人形成强有力的震慑，有效预防违纪违法行为，保障党纪国法得到全面及时、不折不扣地执行。（4）发挥净化功能。通过及时惩治违纪违法行为，将严重违纪违法犯罪的党员、干部及公职人员清除出党的队伍、公职人员队伍，始终保证党的先进性和纯洁性，净化一个地区一个单位的政治生态。

二、处分处置的类型

综合党内法规和国家法律规定，纪检监察机关根据监督、审查调查结果，可以进行以下处置：（1）党员、干部有作风纪律方面的苗头性、倾向性问题或者轻微违纪问题，或者有一般违纪问题但具备免予处分情形的，属于“第一种形态”的，按照规定进行谈话提醒、批评教育、责令检查等，或者予以诫勉。（2）对有职务违法行为但情节较轻的公职人员谈话提醒、批评教育、责令检查，或者予以诫勉。（3）对违纪的党员依规依纪作出党纪处分决定，对违法的公职人员依规依法作出政务处分决定。（4）对不履行或者不正确履行职责负有责任的领导人员进行问责。（5）对涉嫌职务犯罪的被调查人，移送人民检察院审查起诉。（6）对公职人员依法由其他机关管辖的涉嫌违法犯罪问题，移送主管机关处理。（7）对纪检监察对象所在单位廉政建设和履行职责存在的问题等提出纪检监察建议。（8）对经审查调查没有证据证明被审查调查人存在违纪违法犯罪行为的，依规依纪依法撤销案件。（9）对违纪违法犯罪取得的财物及孳息，依规依纪依法予以处理。

其中，党纪处分的主体包括，党委（党组）、纪委（纪检组）。政务处分的主体是监察机关。问责的主体包括党委（党组）、纪委（纪检组）、监委以及党的工作部门。对涉嫌职务犯罪的移送人民检察院提起公诉的主体是国家监察机关。

三、处分处置的特征

（一）职权的特定性

职权的特定性强调，给予党员、干部及监察对象处分处置必须由党内法规和国家法律授权的主体依规依纪依法行使，其他任何组织或个人无权行使。比如，给予党员纪律处分，只能由党委（党组）和纪委（纪检组）行使，对党组织或党员的处分，必须坚持民主集中制的原则，按照规定程序经党组织集体讨论决定。其他任何党的机构和个人都不能行使该项权力，更不允许任何个人或少数人擅自决定和批准对党组织或党员的处分。

（二）依据的法定性

依据的法定性强调，给予党员、干部及监察对象处分处置必须以党章党规党纪和国家法律法规为准绳，严格遵循纪法程序。给予党员、干部及监察对象相应的处分处置必须有具体的纪法依据，没有处分处置依据，就不能认定为违纪违法。纪检监察机关处分处置的依据主要有三类：一是党内法规，这是给予党纪处分的主要依据；二是国家法律，任何公民特别是公职人员的行为必须受到国家法律的调整和规范；三是国家的方针政策，以及党在长期实践中形成的优良传统和工作惯例等党的规矩。这是因为，党和国家的方针政策本来就是制定党内法规、国家法律法规的依据。但是依据政策定性必须慎之又慎，除严格履行审批程序外，还要多方征求意见。此外，在处分处置过程中，每一个环节和步骤都要依照党内法规和国家法律规定的权限和程序进行操作，不仅在定性上要合乎纪法规定，而且在程序上也必须合乎纪法规定。不合程序规定的处分处置不能发生效力。

（三）处置的精准性

处置的精准性强调，给予党员、干部及监察对象处分处置必须以事实为依据，以党章党规党纪和国家法律法规为准绳，准确认定违纪违法性质，区别不同情况，恰当予以处理。给予处分处置必须坚持精准思维，精准发现问题、精准把握政策、精准作出处置，不能马马虎虎、粗枝大叶。必须以事实为依据，是什么样的问题，就定什么性质，该给予什么样的处分处置，就给予什么样的处分处置，不能牵强附会、任意拔高，更不能放弃原则、不分是非。在严把事实证据、定性处理和手续程序关的同时，要加强量纪平衡把握，确保案件处理的综合效果。[①] 总之，要坚决防止出现事实和性质认定不准、政策法规适用不当、执纪执法尺度不一、处理畸轻畸重等问题。

（四）处置的权威性

处置的权威性强调，对党员、干部及监察对象的处分处置具有极强的权威性和强制性，任何组织和个人都必须执行。处分处置工作以党内法规和国家法律的强制力为后盾，以党组织和纪委监委的名义进行，具有纪法效力，任何组织和个人都必须执行，不得擅自修改和违抗。1992年中央纪委就印发了《关于中央、中央纪委决定或批准的对犯错误党员的处分执行程序的通知》，2019 年中央纪委办公厅印发《关于坚决纠正和防止纪律处分决定执行不到位问题的通知》，对加强和改进纪律处分决定执行工作，作出了进一步规范[②]。2022 年 1 月，中央纪委国家监委案件审理室又印发《关于进一步加强和规范纪律处分执行工作的通知》，切实维护纪律处分的严肃性和权威性[③]。需要强调的是，严格执行处分处置决定，不仅包括不折不扣地执行处分处置决定，同时要按照“惩前毖后、治病救人”的原则，加强对被处理人员的关心爱护，决不能处分处理完了就冷却搁置、不管不问，要引导他们真心认错悔错改错，重拾工作信心，这是严格执行处分处置决定的重要要求。另外，处分处置的结果，应当以一定形式的纪法文本来表现，如纪律处分决定、政务处分决定等。

---

① 《把握总体要求认真履行审理工作职责——〈关于加强和改进案件审理工作的意见〉系列解读之一》，载《中国纪检监察报》2019 年 7 月 10 日。

② 《中央纪委办公厅印发通知　坚决纠正和防止纪律处分决定执行不到位问题》，载《中国纪检监察报》2019 年 1 月 28 日。

③ 《〈中国共产党处分违纪党员批准权限和程序规定〉释义》，中国方正出版社 2024 年版，第 119 页。

第二节　党纪处分

中国共产党纪律处分，简称党纪处分，是党组织同党内各种违纪行为和腐败现象作斗争的重要手段，是维护党的纪律的重要保障。

一、党纪处分的内涵

（一）党纪处分的概念

党纪处分是指党的组织对党组织和党员违反党章和其他党内法规，违反国家法律法规，违反党和国家政策，违反社会主义道德，危害党、国家和人民利益的行为，依照规定给予纪律处理或者处分的活动。具体来讲，对党组织的处分为“纪律处理”，对党员的处分为“纪律处分”。

党纪处分是对违纪党组织和党员采取的必要的教育手段和组织手段。党章规定，坚持惩前毖后、治病救人，执纪必严、违纪必究，抓早抓小、防微杜渐，按照错误性质和情节轻重，给以批评教育直至纪律处分。

（二）党纪处分的主体

党纪处分只能由党组织依规依纪行使。只有各级党委（党组）和纪委（纪检组）才有权行使纪律处分权，其他任何机关、团体和个人均无权行使。各级党委和党的纪检机关应当以事实为依据，以党章、其他党内法规和国家法律法规为准绳，严格按照规定权限和程序，准确认定违纪性质，依规依纪给予违纪的党组织和党员相应的纪律处理或纪律处分。根据《处分违纪党员批准权限和程序规定》等规定，对违纪党员实施党纪处分实行分级负责制，处分违纪党员批准权限主要依据党员组织隶属关系和干部人事管理权限确定，其中系党员干部的，除《处分违纪党员批准权限和程序规定》和有关党内法规规定的特殊情形外，优先依据干部人事管理权限确定。其中，给予各级党委管理的党员警告、严重警告处分，可以由同级纪委审查批准；给予其撤销党内职务、留党察看或者开除党籍处分，须经同级纪委审查同意后报请这一级党委审议批准。

（三）党纪处分的对象

党纪处分的对象是违犯党的纪律的党组织和党员。党组织和党员的行为构成违纪，应当同时具备危害性、违规性、应受惩责性三个条件。（1）危害性，即党组织和党员实施的行为是危害党、国家和人民利益的行为。某种行为没有危害性，比如苗头性倾向性问题，也不认定为违纪行为。只有那些危害性达到规定程度的行为，才构成违纪。（2）违规性，即党组织和党员实施的行为违反了党的纪律规范。违纪行为应当是党组织和党员实施了党的纪律规范所禁止的行为。此外，党的纪律是对党组织和党员提出的更高要求，党员违反国家法律法规的行为都是党的纪律所禁止的，危害了党、国家和人民利益，都应当承担相应的纪律责任。（3）应受惩责性，即党组织和党员实施的行为应当承担纪律责任。违纪行为在具有危害性和违规性的同时，必须具有应受惩责性。如果某一行为情节极其轻微或存在特殊事由，根据规定不应当承担纪律责任的，则不能认定为违纪行为。要坚持错责相当，纪律责任应与违纪性质、情节、后果等相适应。

（四）党纪处分的种类

根据党章和《党纪处分条例》《问责条例》等规定，对党组织的纪律处理方式主要有书面检查、通报批评、改组、解散。

对党员的纪律处分种类包括五种：警告、严重警告、撤销党内职务、留党察看、开除党籍。

二、党纪处分的程序

党纪处分的程序是给予党组织和党员党纪处理或处分必须遵循的程序规定和要求。对党员的纪律处分是一项非常严肃的工作，必须严格按照党章和党内法规要求的程序和手续办理。具体来讲，对违纪党组织和党员处分的程序包括以下方面：

（一）对严重违纪党组织的处理程序

根据党章第 44 条和《党纪处分条例》第 9 条规定，对于违犯党的纪律的党组织，上级党组织应当责令其作出检查或者进行通报批评。对于严重违犯党的纪律、本身又不能纠正的党组织，应根据情节严重的程度，作出进行改组或予以解散的决定。具体程序包括：（1）由上一级党委对下级党组织的严重违纪行为进行调查核实。（2）查明核实后，根据情节严重的程度，作出进行改组或解散的决定。（3）报请再上一级党委审查批准后，正式宣布执行。

（二）对违纪党员处分的一般程序和特殊程序

党章第 42 条规定，“对党员的纪律处分，必须经过支部大会讨论决定，报党的基层委员会批准；如果涉及的问题比较重要或复杂，或给党员以开除党籍的处分，应分别不同情况，报县级或县级以上党的纪律检查委员会审查批准。在特殊情况下，县级和县级以上各级党的委员会和纪律检查委员会有权直接决定给党员以纪律处分。”根据党章、《处分违纪党员批准权限和程序规定》等，对违纪党员的纪律处分分为一般程序和特殊程序。

1. 一般程序

一般程序是指，根据党章规定，除特殊情况外，对违纪党员的党纪处分必须经过支部大会讨论决定。这是党支部对于党员负有教育、管理、监督职责的体现。同时，党支部掌握党员的日常表现情况，党纪处分经过支部大会讨论决定，有利于充分考虑被审查人的一贯表现，做到公正合理、稳妥恰当①。

对违纪党员处分的一般程序包括：（1）负责审查的纪委将违纪事实和处分意见通报被审查人所在党支部。实践中分为两种情况：一是如

① 《〈中国共产党处分违纪党员批准权限和程序规定〉释义》，中国方正出版社 2024 年版，第 83 页。

果该纪委不是被审查人所在党支部的上一级纪委，应将关于违纪事实和处分意见的通报材料交下一级党组织，由下一级党组织交由被审查人所在党支部，并督促该党支部及时召开党员大会讨论形成决议；如果负责审查的纪委是被审查人所在党支部的上一级纪委，应直接将关于违纪事实和处分意见的通报材料交由该党支部的党员大会讨论形成决议。（2）谈话教育。党组织应当派专人与违纪党员谈话，进行帮助和教育，听取申辩。（3）召开支部大会讨论处分决定。被审查人所在党支部党员大会讨论给予其党纪处分时，实际到会有表决权的党员人数必须超过全部应到会有表决权的党员的半数，且表决时必须经过全部应到会有表决权的党员过半数赞成，方可形成决议。党支部召开党员大会讨论党纪处分的，应当提前通知被审查人到会，被审查人有权参加和进行申辩。需要注意的是，如果通知被审查人后，被审查人因自身原因未参加党支部党员大会的，应视为其自愿放弃相关党员权利；如果被审查人因被留置、逮捕等原因被依法限制人身自由，无法参加党支部党员大会的，应在会议记录中如实记明①。（4）在党支部党员大会决议形成后，被审查人应当在支部大会决议上签写意见，表明态度。拒不签写意见或者因其他原因不能签写意见的，支部委员会应在决议上注明。（5）纪委案件审理部门收到被审查人所在党支部党员大会决议后，连同案件审理报告一并提请纪委常委会（未设常委会应当召开纪委全体会议）集体审议，并依照《处分违纪党员批准权限和程序规定》履行处分审批程序②。（6）党组织应当及时跟进做好思想政治工作，根据对象问题性质、情绪变化等情况作出安全评估，密切关注对象动态，一旦发现苗头性、倾

① 《〈中国共产党处分违纪党员批准权限和程序规定〉释义》，中国方正出版社2024年版，第87页。

② 《〈中国共产党处分违纪党员批准权限和程序规定〉释义》，中国方正出版社2024年版，第84—88页。

向性问题，及时加强思想引导和处置应对，防范化解安全隐患①。

2. 特殊程序

特殊程序是指，在特殊情况下，县级和县级以上各级党的委员会和纪律检查委员会有权直接决定给党员以纪律处分，不走支部大会决定程序。对于担任较高职务的党员，多数是按特殊程序办理的。比如，省纪委监委审查副厅级党员干部的违纪行为，由省纪委直接决定其纪律处分，并报省委批准，不通过支部大会决定程序。

哪些属于特殊情况？根据《处分违纪党员批准权限和程序规定》第14条规定，主要包括以下七类情形：（1）案情涉密、敏感的；（2）违纪案件跨地区跨部门跨单位的；（3）违纪党员系县级以上各级党委管理的党员干部的；（4）违纪党员所在的基层党组织无法正常履行职责、不正确履行职责或者其负责人同违纪问题有关联的；（5）违纪党员所在党支部党员大会经讨论无法及时形成决议，或者因可到会有表决权的党员人数未超过全部应到会有表决权的党员半数，不能及时召开党支部党员大会讨论表决的；（6）县级以上纪委提级审查下级党委（党组）管理的党员的；（7）党章和有关党内法规规定的其他情况。

三、党纪处分决定的执行

党纪处分决定作出后，相关组织和个人必须严格执行处分决定。根据党章及《党纪处分条例》《纪律检查机关监督执纪工作规则》等规定，党纪处分决定的执行必须履行处分决定的宣布、处分决定材料的归档、执行情况的报告等程序。该方面内容本书审理章节已有专门论述，此处不做赘述。需要强调的是，要切实做好受处分党员的“后半篇文章”，党组织应当按照干部管理权限和组织关系对受处分党员开展日常教育、管理和监督工作，深入开展跟踪回访教育，建立起有效的管理激

① 朱旭：《将思想政治工作贯穿审查调查始终》，载《中国纪检监察报》2022年9月8日。

励机制，帮助受处分党员干部重拾信心，让受处分党员干部丢下思想包袱，重拾信心、努力作为，绝不可“一处了之”、不管不问。

第三节　政务处分

政务处分是监察机关对违法公职人员的惩戒措施。正确使用政务处分，对确保党和国家路线政策和各项决策部署的贯彻落实，确保公职人员履职用权的公正合法具有重要意义。

一、政务处分的内涵

（一）政务处分的概念

政务处分是指，监察机关对违法的公职人员，根据其性质、情节、危害程度等，按照国家法律有关规定作出的处罚。

“政务”是指国家及其他政治团体的事务。政务一词在我国历史上出现较早，《后汉书》卷四《班彪传上》记载，“政务之绩，有绝异之效。”“政务”一词在党的文献中最早出现在1943年4月陕甘宁边区政府颁布的《陕甘宁边区政纪总则草案》，其中明确提出了“政纪”和“政务人员”。

新中国成立初期，我国对国家工作人员违法行为的处分曾使用过“行政处分”“纪律处分”。1987年监察部恢复组建后至国家监察体制改革前，主要使用“行政处分”一词。“政务处分”是国家监察体制改革中出现的新名词。2018年3月20日实施的《监察法》将“政务处分”写入其中。《监察法》实施后，国家监察委员会制定了《公职人员政务处分暂行规定》，作为实施政务处分的过渡性规范。2020年6月20日，《政务处分法》颁布。

从“行政处分”到“政务处分”，体现了对党和国家权力运行逻辑认识的深化。“政务处分”与“行政处分”相比，内涵更加准确，“行政机关”一般指国务院所属的行政部门，适用范围过窄，在我国“政府”历来是广义的，党的机关、人大、行政机关、政协机关以及法院和检察院，在广大群众眼里都是政府，都在从事政务管理；对象更加全面，“行政处分”主要适用行政机关及其工作人员，“政务处分”则适用所有行使公权力的公职人员。

（二）政务处分的主体

根据《政务处分法》规定，政务处分的主体是监察机关。对公职人员的监督，任免机关、单位承担主体责任，监察机关承担监督责任。任免机关、单位应当按照管理权限，加强对公职人员的教育、管理、监督，依法给予违法的公职人员处分，但不能给予政务处分。政务处分专属于监察机关。

（三）政务处分的对象

政务处分的对象是《监察法》第15条规定的公职人员和有关人员。监察机关给予公职人员政务处分，应当符合三个要件：（1）监察机关根据监督、调查结果，认定公职人员的行为已经构成违法，应当给予政务处分。（2）行为人违法时的身份符合职务违法行为的主体要件，即违法时应当是行使权力的公职人员，否则不能认定。（3）给予处分时，行为人应当符合职务违法行为的主体要件。如果被处分时，行为人不是公职人员，例如已经退休、离职或者死亡，就不再给予其政务处分，但是监察机关可以对其立案调查。根据调查结果，作出不同的处置，对涉嫌职务犯罪的，可以移送检察机关审查起诉；对违法取得的财物和用于违法行为的本人财物，监察机关可以依法没收、追缴或者责令退赔等；因违法行为获得不正当利益，可以按程序纠正；依法应当予以降级、撤职、开除的，应当按照规定相应调整其享受的待遇；违法行为未过行政处罚追究时效期限的，可以建议行政执法机关依法给予行政处罚。

（四）政务处分的依据

给予公职人员政务处分，主要依据以下法律法规。（1）《监察法》和国家监委依据《全国人民代表大会常务委员会关于国家监察委员会制定监察法规的决定》制定的监察法规。(2)《政务处分法》等专门对职务违法行为作出规定的法律法规规章等。但是，需要注意的是，《政务处分法》可以给予处分的情形，并不局限于职务违法，比如，第40条规定的“吸食、注射毒品，组织赌博，组织、支持、参与卖淫、嫖娼、色情淫乱活动”等违反《治安管理处罚法》的行为，依据《政务处分法》也应当给予政务处分。(3)违反其他规范公职人员履职行为的法律法规。具体可以分为两种情形：一是公务员法、人民警察法、法官法、检察官法、国有企业管理人员处分条例、事业单位人事管理条例等规定不同类型公职人员履职要求的“身份法”；二是各类“行业管理法”，既规定了金融、税收征收、海关等不同行业的管理，也规定了从事特定行业管理的公职人员依法履职的具体要求及其违法行为的处置。相比于前两个层次的法律法规，这些法律法规对于具体某类职务违法的行为表现有更为具体的规定。它们与《监察法》《政务处分法》等相互配合，共同织密法网。

（五）政务处分的违法情形

《政务处分法》第三章专门规定了“违法行为及其适用的政务处分”，具体可分为违反政治要求、违反组织要求、违反廉洁要求、违反群众要求、违反工作要求、违反公职人员道德要求等六类。这种分类与党章关于党的六大纪律的分类相一致，有利于纪法衔接。同时，《政务处分法》把违反政治要求的规定排在首位，通过抓政治要求这个纲，把严肃其他要求带动起来，具有很强的针对性，体现了对反腐败内在规律的深刻把握。大量事实证明，一些公职人员违纪违法甚至滑向犯罪的深渊，根本原因是政治上变质、信念上动摇、思想上滑坡，政务处分必须把公职人员违反政治要求行为的审查放在首要位置。

（六）政务处分的种类

《政务处分法》将政务处分的种类分为警告、记过、记大过、降级、撤职、开除六大类。其中，警告、记过、记大过、降级属于政务轻处分，撤职、开除属于政务重处分。

二、政务处分与处分

《政务处分法》明确了处分与政务处分双轨并行的处分体制[①]。执法实践中，应处理好两者的关系。

（一）政务处分与处分目标一致、功能互补

政务处分与处分都是对违法公职人员的责任追究措施。二者的重要区别之一是主体不同，政务处分主体是监察机关，处分的主体是公职人员任免机关、单位。比如，2024 年颁布实施的《国有企业管理人员处分条例》第 2 条明确规定："国有企业管理人员任免机关、单位（以下简称任免机关、单位）对违法的国有企业管理人员给予处分，适用公职人员政务处分法第二章、第三章和本条例的规定。""国家监察体制改革后，监察机关的监督责任不代替任免机关、单位的主体责任，仍保留其处分权，对本机关、单位的公职人员有违法行为的，应当按照管理权限作出处分决定。"[②]任免机关、单位和监察机关按照不同的管理权限分别对违法的公职人员给予处分或者政务处分，实现处分和政务处分相互促进，体现了监督全覆盖的要求。

（二）坚持一事不二罚

根据《政务处分法》第 16 条规定，对公职人员的同一违法行为，监察机关和公职人员任免机关、单位不得重复给予政务处分和处分。这避免了对同一违法行为的重复处罚。这就要求，监察机关与公职人员任免机关、单位要加强沟通协调、积极作为，"对违法的公职人员是给予政务处分还是处分，要根据干部管理权限以及违法案件由哪个主体调查

---

① 邹开红：《完善党和国家监督体系，推进政务处分工作规范化法治化》，载《中国纪检监察》2020 年第 13 期。

② 陆国栋：《对政务处分和处分的主体、职责是怎样规定的?》，载《中国纪检监察》2020 年第 13 期。

处置更为合适等因素统筹把握，不能有本位主义”①。如果任免机关、单位应当给予处分而未给予或者处分违法、不当的，监察机关应当提出监察建议予以纠正。

（三）政务处分与处分在程序、申诉等方面存在差异

政务处分与处分在程序、申诉等方面存在一定的区别。根据《政务处分法》第2条规定，任免机关、单位给予处分的程序、申诉等适用其他法律、行政法规、国务院部门规章和国家有关规定。因此，在具体程序、申诉等方面，政务处分依据的是《监察法》《政务处分法》等规定；处分依据的是《公务员法》《国有企业管理人员处分条例》《事业单位人事管理条例》等其他规定。比如，有关公务员对处分决定不服的，应当按照《公务员法》第十五章等规定申请复核申诉；监察对象对政务处分决定不服的，应当依据《政务处分法》第五章等规定向监察机关申请复审、复核。

三、政务处分与党纪处分

按照纪法贯通的要求，政务处分与党纪处分相互贯通、有机衔接。(1) 处分权限上相互贯通。政务处分和党纪处分都遵循党管干部原则，严格按照干部管理权限履行批准手续，报相应的党委、党组批准作出政务处分或者处分决定，两者在批准程序上是统一的。(2) 政务处分与党纪处分匹配使用。根据规定，在执纪执法实践中，对于具有党员身份的公职人员涉嫌违纪违法的，给予的党纪政务处分轻重程度要相匹配。(3) 处分规则上相互贯通。政务处分和党纪处分根据党员干部和公职人员的违纪违法事实，依纪依法衡量对象是否应当承担纪律责任、法律责任以及应当给予何种处分，所遵循的原则和要求基本是一致的，体现了纪法贯通的要求。

---

① 《正确理解和适用政务处分与处分》，载《中国纪检监察》2020年第13期。

四、政务处分的程序

（一）监察调查程序

开展监察调查应当严格执行《监察法》《监督执法工作规定》等制度要求，严格依规依纪依法开展调查。开展监察调查必须保障被调查对象的合法权益，严禁以暴力、威胁、引诱、欺骗及其他非法方式收集证据，作出政务处分决定前，听取被调查人的陈述和申辩。调查终结后，监察机关根据不同情况，分别作出相应处理。

（二）处分批准程序

监察调查终结后，对确有应受政务处分的违法行为的，应当根据情节轻重，按照政务处分决定权限，作出政务处分决定。给予政务处分必须按照干部管理权限，履行规定的审批手续。《政务处分法》第 3 条规定，监察机关应当按照管理权限，加强对公职人员的监督，依法给予违法的公职人员政务处分。“按照管理权限”，就是要遵循党管干部原则，按照干部管理权限，报相应的党委、党组批准作出政务处分或者处分决定①。比如，省级监委依法给予违法的本省省管干部政务处分，市级监委依法给予违法的本市市管干部政务处分。这实现了党纪处分程序与政务处分程序的贯通。政务处分工作必须坚持民主集中制，集体讨论作出决定，不允许任何个人或者少数人擅自决定和批准。

政务处分必须坚持实事求是、错责相当。《政务处分法》第 4 条规定“给予的政务处分与违法行为的性质、情节、危害程度相当”。对职务违法行为的认定必须以事实为根据，以法律为准绳，统筹考虑违法行为的性质情节、后果影响，依规依纪、审慎稳妥，在法律规定幅度内，合理恰当地作出处分决定。在法律规定的幅度内，恰当地确定对违法行为人的政务处分种类。“性质恶劣、情节严重、危害性大的违法行为，

① 王伟：《实现政务处分制度的纪法贯通、法法衔接》，载《中国纪检监察》2020 年第 13 期。

应当给予较重的政务处分；反之，则应当给予相对较轻的政务处分。总之，就是要做到过罚相当，防止畸轻畸重。”①

政务处分还必须坚持惩戒与教育相结合，宽严相济。宽严相济是指在对职务违法行为依法处置时，应当综合运用宽和严两种方式，做到严中有宽、宽以济严；宽中有严、严以济宽。纪检监察机关在执法中，应当既讲政治、又讲法纪，既有原则性、又有灵活性，既讲高压震慑、又讲政策感召。根据问题性质等区别对待，对存在主动交代、配合调查、检举他人、有效挽回损失等情形的宽大处理；对情节轻微的，可以进行谈话提醒、批评教育、责令检查或者予以诫勉，实现抓早抓小、防微杜渐；对依法需要给予处分的，也不能“一棍子打死”，从审查调查开始，就要立足教育挽救，加强思想政治工作，使其认识错误，更好改正错误；对受到处分的公职人员要加强教育，帮助找回初心、重拾信心。

（三）制作政务处分决定书

决定给予政务处分的，应当制作政务处分决定书。根据《政务处分法》第45条、第46条的规定，政务处分决定书应当载明违法事实和证据、政务处分种类和依据、申请复审复核的途径和期限等事项，并及时送达被处分人和被处分人所在机关、单位，并在一定范围内宣布，充分保障被处分人知情权，切实做到公开公平公正。

五、政务处分决定的执行

政务处分决定是国家行为，体现国家权威性和法律公正性，被处分人员和相关部门必须严格执行处分决定。

1. 政务处分决定书的送达、宣布和书面告知

根据《政务处分法》规定，公职人员在被立案调查期间，未经监

① 黄韶鹏：《政务处分的基本原则、方针和要求》，载《中国纪检监察》2020年第13期。

察机关同意，不得出境、辞去公职等。作出政务处分决定后，纪检监察机关应当将政务处分决定书在作出后一个月以内送达被处分人和被处分人所在机关、单位，政务处分决定应当在一定范围内宣布，并根据被处分人的具体身份书面告知相关的机关、单位。

2. 政务处分决定的生效和执行

政务处分决定自作出之日起生效。有关机关、单位、组织应当依法及时执行处分决定，包括：政务处分决定书存入被处分人的个人档案，对于受到降级以上政务处分的，人事部门应当按照管理权限在法定期限内办理职务、工资及其他有关待遇等的变更手续等。处分决定应当在作出之日起一个月以内执行完毕，特殊情况下经监察机关批准可以适当延长办理期限，最迟不得超过六个月。处分执行单位应当及时将执行情况向纪检监察机关报告。“对拒不执行政务处分决定等行为依法给予处理，防止‘打白条’，确保政务处分取得实实在在的效果。”①

3. 政务处分的解除

政务处分期满后自动解除。根据《政务处分法》规定，公职人员受到开除以外的政务处分，在政务处分期内有悔改表现，并且没有再发生应当给予政务处分的违法行为的，期满后，政务处分自动解除，不需要履行审批手续。

第四节　党纪政务处分以外的处理

党纪政务处分以外的处理是党纪处分、政务处分的重要补充，在依规治党和依法治国中发挥着重要作用。

一、党纪政务处分以外的处理的内涵

（一）党纪政务处分以外的处理的概念

党纪政务处分以外的处理，是指党组织包括纪检监察机关，根据党

① 彭亮：《增强政务处分的有效性》，载《中国纪检监察》2020 年第 13 期。

内法规和国家法律，对违纪违法的党员、干部、监察对象适用的党纪处分、政务处分以外的处理方式的总称。

（二）党纪政务处分以外的处理的意义

党纪政务处分以外的处理方式与党纪处分、政务处分相互补充。由于违纪、违法行为和党纪责任、监察法律责任的多样化，必须要求党纪责任、监察法律责任实现方式的多样化。为了体现对党员、干部、监察对象违纪违法责任追究的全面性，维护党纪国法的严肃性，对不需要给予党纪处分、政务处分，但要进行一定处理的党员、干部和监察对象，或者在给予党纪处分、政务处分的同时，应当同时给予组织处理的党员、干部、监察对象，党内法规和国家法律规定了党纪政务处分以外的处理方式。

（三）党纪政务处分以外的处理的种类

党纪政务处分以外的处理方式主要包括批评教育类和组织处理类。批评教育类主要有谈话提醒、批评教育、责令纠正、责令赔礼道歉、责令检查、诫勉、通报批评等。根据《中国共产党组织处理规定（试行）》，组织处理类主要有停职检查、调整职务、责令辞职、免职、降职等。

一般来讲，党纪处分、政务处分与党纪政务处分以外的处理功能作用、惩戒后果不一样的，可以合并使用。例如，诫勉与责令辞职、免职可以合并使用。以下三类情况不宜合并使用：一是采取一种处置方式就足以达到惩戒违纪违法行为目的、发挥教育警示作用的。二是功能和作用相近的问责方式。例如，责令辞职、免职的组织处理与撤职政务处分都属于职务调整类的惩戒措施，不宜合并使用。三是采取了较为严厉的措施，一般来说就没有必要再给予较轻的处罚。例如，已经给予政务处分的，就没有必要再进行诫勉①。

---

① 《〈中华人民共和国监察法实施条例〉释义》，中国方正出版社 2022 年版，第 332 页。

二、党纪政务处分以外的处理的主要内容

（一）批评教育类

1. 谈话提醒

谈话提醒是指，党组织包括纪检监察机关运用谈话的方式对监督对象进行提醒和告诫。谈话提醒适用的情形是，被监督对象有思想、作风、纪律等方面苗头性、倾向性问题或者轻微违纪违法问题，但尚不需要给予党纪政务处分。纪委和监委均可以使用谈话提醒方式。《党内监督条例》第 21 条、《党纪处分条例》第 19 条、《纪律检查机关监督执纪工作规则》第 15 条等对党委、纪检机关使用谈话提醒作出规定；《监察法》第 52 条、《政务处分法》第 12 条等对监察机关使用谈话提醒作出规定。谈话提醒对于落实把监督挺在前面，让“红红脸、出出汗”成为常态具有重要意义。

2. 批评教育

批评教育是指，党组织包括纪检监察机关通过批评指出被监督对象存在的错误，并要求其改正错误。批评教育适用的情形是，被监督对象有思想、作风、纪律等方面苗头性、倾向性问题或者轻微违纪违法问题，但尚不需要给予党纪政务处分。纪委和监委均可以使用批评教育方式。党章第 40 条、《党纪处分条例》第 19 条、《纪律检查机关监督执纪工作规则》第 15 条等对党委、纪检机关使用批评教育作出规定；《监察法》第 52 条、《政务处分法》第 12 条等对监察机关使用批评教育作出规定。批评教育是对党员干部、公职人员进行日常监督管理的重要方式，其目的是抓早抓小、防微杜渐。

3. 责令纠正

责令纠正是指，党组织包括纪检监察机关要求相关单位和人员及时纠正违纪违法行为或者纠正违纪违法获得的有关利益。纪委和监委均可以使用责令纠正方式。《党纪处分条例》第 9 条、第 43 条等对违纪行为的责令纠正作出规定；《政务处分法》第 25 条对违法行为的责令纠正

作出规定。责令纠正的目的是对违纪违法行为采取补救措施，挽救和减少违纪违法行为造成的损失和影响。

4. 责令赔礼道歉

责令赔礼道歉是指，党组织包括纪检机关责令违纪的党员主动向受害人当面赔礼道歉。《党员权利保障条例》等党内法规对责令赔礼道歉作出了明确规定。责令赔礼道歉的目的一方面是督促违纪党员认识到自己的错误、悔过自新，另一方面安抚受害人，保障受害人的合法权益。

5. 责令检查

责令检查是指，党组织包括纪检监察机关责令被监督对象对自己的错误作出书面检查。责令检查适用的情形是，被监督对象有苗头性、倾向性问题或者轻微违纪违法问题，但尚不需要给予党纪政务处分。纪委和监委均可以使用责令检查方式。《党纪处分条例》第 19 条、《纪律检查机关监督执纪工作规则》第 15 条等对纪检机关使用责令检查作出规定；《监察法》第 52 条、《政务处分法》第 12 条等对监察机关使用责令检查作出规定。责令检查的目的是督促被监督对象吸取教训、保证不再重犯。

6. 通报批评

通报批评是指，党组织包括纪检机关对具有典型意义的违纪行为，在一定范围内通报批评。《党内监督条例》第 33 条、《党纪处分条例》第 9 条等对通报批评作出了规定。实践中，并非所有的违纪行为都要求通报批评，一般有典型教育意义的违纪行为才适用通报批评。比如，《党内监督条例》第 33 条规定，对违反中央八项规定精神的，严重违纪被立案审查开除党籍的，严重失职失责被问责的，以及发生在群众身边、影响恶劣的不正之风和腐败问题，应当点名道姓通报曝光。

此外，监察机关在特定情况下也可以使用通报批评方式。《政务处分法》第 61 条规定，“有关机关、单位无正当理由拒不采纳监察建议的，由其上级机关、主管部门责令改正，对该机关、单位给予通报批评，对负有责任的领导人员和直接责任人员依法给予处理”。

7. 诫勉

诫勉是指，党组织包括纪检监察机关发现被监督对象有轻微违纪违法问题，尚不需要给予党纪政务处分的，应当对其予以诫勉。纪委和监委均可以使用诫勉方式。根据《党内监督条例》第 21 条规定，党内诫勉适用的情形是“轻微违纪问题”。根据《政务处分法》第 12 条规定，政务诫勉适用的情形是“公职人员违法行为情节轻微，且具有本法第十一条规定的情形之一的，可以对其予以诫勉”。诫勉后，免予或者不再给予党纪政务处分。

进行诫勉，可以采用谈话的方式，也可以采用书面的形式。根据《监察法实施条例》第 231 条规定，采取谈话方式予以诫勉的，应当由纪检监察机关相关负责人或者承办部门负责人进行，经批准也可以委托诫勉对象所在单位主要负责人进行，对谈话情况应当制作记录。此外，根据有关规定，受到诫勉的领导干部，取消当年年度考核、本任期考核评优和各类先进的资格，六个月内不得提拔或者重用。诫勉六个月后，应当采取适当方式，对诫勉对象的改正情况进行了解。对于没有改正或者改正不明显的，根据情节轻重，给予调离岗位、引咎辞职、责令辞职、免职、降职等组织处理。

（二）组织处理类

组织处理，是指党组织对违规违纪违法、失职失责失范的领导干部采取的岗位、职务、职级调整措施。党委（党组）及其组织（人事）部门按照干部管理权限履行组织处理职责。纪检监察机关在执纪执法、日常管理监督等工作中发现领导干部存在需要进行组织处理的情形，应当向党委（党组）报告，或者向组织（人事）部门提出建议。

1. 停职检查

停职检查是指党组织对犯有错误，已不适宜担任现任职务或或者妨碍审查调查的，可建议停职检查。停职检查是临时性组织处理措施，期限一般不超过 6 个月，且期满后不影响党组织、组织部门适用平职调整、转任职级公务员等其他组织处理措施。停职检查对党员和公职人员都是适用的，比如，《政务处分法》第 52 条规定，公职人员涉嫌违法，已经被立案调查，不宜继续履行职责的，公职人员任免机关、单位可以决定暂停其履行职务。

2. 调整职务

调整职务是指，对有证据证明存在一定违纪违法问题的党员干部和公职人员，根据情况不宜在现岗位继续工作的，可对其予以调整岗位或调离原单位。比如，《问责条例》第 8 条使用的就是“调整职务”一词。调离岗位主要针对两种情形：一是作为审查调查中的临时措施，即“对有证据证明违纪问题明显、但短时期难以完全查清违纪事实的审查对象，根据情况不宜在现岗位继续工作的，可对其予以调整”。[①] 二是作为对查实的违纪违法党员干部和公职人员的惩戒措施。比如，对执纪执法司法等重要岗位的党员干部，受到党内严重警告处分，不适宜继续从事相关工作的，可建议原系统平职安排工作[②]。受到调整职务处理的，1 年内不得提拔职务、晋升职级或者进一步使用。

3. 责令辞职

责令辞职是指，党员干部和公职人员因工作严重失职失责应引咎辞职，但其拒不引咎辞职的，党委（党组）通过一定程序责令其辞去现任领导职务。责令辞职后，需要追究党纪政务责任的，仍要给予党纪处分、政务处分。受到责令辞职的，1 年内不得安排领导职务，2 年内不得担任高于原职务层次的领导职务或者晋升职级。

---

① 中央纪委法规室：《立案后可以对审查对象采取哪些岗位、职务调整的组织措施?》，载中央纪委国家监委网站，2017 年 6 月 4 日。

② 许展、杨跃宏：《纪检监察机关提出组织处理建议有关问题探析》，载中央纪委国家监委网站，2023 年 1 月 9 日。

4. 免职

免职是指，党委（党组）通过一定程序免去党员干部或公职人员担任的党内外领导职务。免职主要适用两种情形：一是对有证据证明违纪违法问题明显、不宜继续履职的被审查调查人，在作出处分前先行免去现职，与停职检查区别在于并非临时性措施。免职后，需要追究党纪政务责任的，仍要给予党纪处分、政务处分。二是给予党纪重处分的同时，为匹配处分档次、强化处理效果予以免职①。受到免职处理的，1年内不得安排领导职务，2年内不得担任高于原职务层次的领导职务或者晋升职级。

5. 降职

降职是党内重要的组织调整或者组织处理方式，不同于政务处分中的“降级”处分。降职是指，降低一个以上职务层级安排职务。降职多用于有严重违纪行为的党员，给予党纪处分的同时，再给予降职处理，发挥党纪处分和组织处理的双重惩戒作用。降职后，需要追究党纪政务责任的，仍要给予党纪处分、政务处分。受到降职处理的，2年内不得提拔职务、晋升职级或者进一步使用。

三、组织处理与党纪处分的关系

组织处理与党纪处分一样，都是组织行为，实践中既可以结合使用，也可以单独使用。分为以下情况：

（一）党纪处分与组织处理结合使用。关于合并使用一般包括两种情况：一是给予党员、干部和公职人员党纪政务重处分的，应当同时给予相应组织处理。比如，《纪律检查委员会工作条例》第31条规定，“党员、干部有严重违纪问题，或者严重违纪并构成严重职务违法的，运用监督执纪第三种形态，按照规定给予撤销党内职务、留党察看、开

---

① 许展、杨跃宏：《纪检监察机关提出组织处理建议有关问题探析》，载中央纪委国家监委网站，2023年1月9日。

除党籍处分，同时建议给予降职或者依法给予撤职、开除公职、调整其享受的待遇等处理。”二是给予党员、干部和公职人员党纪政务轻处分的同时还不足以发挥惩戒作用，或者根据情况需要进行组织处理的，可以建议并处停职检查、调整职务、责令辞职、免职等处理。

（二）党纪处分或组织处理单独使用。对有违纪事实，但情节轻微、不足以给予党纪处分的，则可采取组织处理方式；对按照规定可给予严重警告以下党纪处分、且有减轻处分情节的，如认为采取组织处理方式已达到惩戒目的，根据《党纪处分条例》第19条第1款规定，可免于党纪处分。

（三）组织处理可以在党纪处分前使用，也可以同时使用。一种情况是，在审查调查中，对有证据证明违纪问题明显、但短时间难以完全查清的，根据情况可对被审查党员先行采取组织处理措施；不宜在现岗位继续工作的，可予以调整；不宜继续担任领导职务的，可予以免职。另一种情况是，审查终结后，根据审查情况，可以建议给予被审查人调整职务、责令辞职、免职、降职等组织处理。[①]

总之，组织处理与纪律处分两者优势互补、相辅相成。实践中，应善于运用组织处理和纪律处分处理案件，综合权衡、宽严相济。但决不允许以组织处理代替纪律处分，或者以纪律处分代替组织处理。

四、组织处理与政务处分的关系

组织处理与政务处分应当相互配合使用、实现优势互补。

（一）组织处理在政务处分前使用。根据《政务处分法》第52条规定，公职人员涉嫌违法，已经被立案调查，不宜在现岗位继续工作的，公职人员任免机关、单位可以决定暂停其履行职务，保证调查工作顺利进行。

---

① 钟纪晟：《如何把握组织处理与党纪处分的关系?》，载《中国纪检监察报》2019年8月21日。

（二）给予政务处分的同时给予相应组织处理。在特定情况下，组织处理是政务处分的重要处分后果。比如，根据《政务处分法》第 19 条、第 20 条、第 21 条规定，给予监察对象撤职处分的，应当按照规定降低职务、职级、衔级、级别、岗位和职员等级等，并降低薪酬待遇。这些规定，体现了政务处分与相应处理的配合使用。

（三）给予组织处理的同时给予政务处分。根据《政务处分法》第 17 条、第 18 条规定，公职人员有违法行为，有关机关依照规定给予组织处理的，监察机关可以同时给予政务处分；担任领导职务的公职人员有违法行为，被罢免、撤销、免去或者辞去领导职务的，监察机关可以同时给予政务处分。

第五节　问　　责

问责是全面从严治党的利器，是纪检监察机关的基本职责之一，具有很强的政治属性。各级党组织应当坚持严字当头，做到失责必问、问责必严，把制度的刚性立起来。

一、问责的内涵

问责包括党内问责和监察问责。党内问责是指，党组织按照职责权限，追究在党的建设、党的事业中失职失责党组织和党的领导干部的主体责任、监督责任、领导责任。监察问责是指，监察机关按照职责权限，追究不履行或者不正确履行职责造成严重后果或者恶劣影响的领导人员的责任。

（一）问责的主体

问责的主体包括，各级党委（党组）、纪委监委及其派驻（派出）机构、党的工作机关，它们在各自职权范围内实施问责工作。根据《问责条例》第 4 条规定，党委（党组）履行全面从严治党主体责任，加强对本地区本部门本单位问责工作的领导、指导和监督，领导本地区本部门本单位问责工作，指导纪委和党的工作机关积极开展问责工作，加强对问责工作的监督，及时予以纠正问责偏差。党委（党组）在问责工作上，既要加强领导统筹又要积极主动开展问责，“既当好指挥员，也要当好战斗员，对一些重大事故、重要事件要主动启动问责调查程序，牵头成立责任调查组。对失职失责的党组织或党的领导干部，适合运用第一种形态，如检查、通报、诫勉等方式进行问责的，党委（党组）自身就可以作出决定并实施，而不是都推给纪委监委去做。对应启动问责调查而未及时启动的，党委（党组）应责令有管理权限的下级党组织启动，必要时也可以直接启动问责调查”①。

纪委监委履行监督专责，协助同级党委开展问责工作，对于职责范围内的事项，要敢于问责、精准问责，纪委派驻（派出）机构按照职责权限开展问责工作。

党的工作机关是党实施政治、思想和组织领导的政治机关，必须担负起管党治党政治责任，依据职能履行监督职责，实施本机关本系统本领域的问责工作②。

（二）问责的对象

问责的对象包括，党组织、党的领导干部，重点是党委（党组）、党的工作机关及其领导成员，纪委监委、纪委监委派驻（派出）机构及其领导成员。根据《问责条例》第5条规定，问责对象是党组织、党的领导干部而不是普通党员，必须抓住“关键少数”，防止问责对象泛化③。党组织和党的领导干部坚持把自己摆进去、把职责摆进去、把工作摆进去，注重从自身找问题、查原因，勇于担当、敢于负责，不得向下级党组织和干部推卸责任。问责工作必须分清责任，党组织领导班

---

① 丁芬：《党委（党组）如何落实〈问责条例〉规定的问责工作主体责任?》，载《中国纪检监察》2019年第24期。

② 王鸿斌：《把问责的责任扛在肩上》，载《中国纪检监察》2019年第18期。

③ 邹开红：《增强“四个意识”做到“两个维护” 提高问责工作的政治性精准性实效性》，载《中国纪检监察》2019年第18期。

子在职责范围内负有全面领导责任，领导班子主要负责人和直接主管的班子成员在职责范围内承担主要领导责任，参与决策和工作的班子成员在职责范围内承担重要领导责任。

实践中，要正确区分“追责”与“问责”的区别。追责是指依据党章、《党纪处分条例》等党内法规追究违纪的党组织和党员的直接责任，问责则是依据党章、《问责条例》追究主体责任、监督责任、领导责任，两者不可混淆。工作中，不能把“追究责任”混同于“问责”，不能把“直接责任”混同于“领导责任”，更不能以追究普通干部的直接责任代替问责领导干部应当承担的主体责任、监督责任、领导责任。

（三）问责的原则

问责工作应当坚持依规依纪、实事求是；失责必问、问责必严；权责一致、错责相当；严管和厚爱结合、激励和约束并重；惩前毖后、治病救人；集体决定、分清责任等原则。要不断提高问责的制度化、规范化水平，做到精准科学，既防止问责不力，又防止问责泛化、简单化。同时，树立鲜明的干事导向，既捆住一些人乱作为的手脚，又激发广大党员干部担当作为、干事创业的积极性。[①]

（四）问责的情形

关于问责的情形，《问责条例》第7条明确了11种问责情形，主要包括五种类型：一是发生党的领导弱化，“四个意识”不强，“两个维护”不力类问题；二是在党的政治建设、思想建设、组织建设、作风建设、纪律建设以及反腐败斗争中失职失责类问题；三是全面从严治党“两个责任”落实不到位类问题；四是发生严重事故事件中存在履行管理、监督职责不力类问题；五是在维护人民群众最关心最直接最现实的利益问题上失职失责类问题。

---

① 霍小力：《如何理解关于问责工作原则的规定?》，载《中国纪检监察》2019年第18期。

（五）问责的方式

根据《问责条例》规定，对党组织的问责方式包括：检查、通报、改组等。对党的领导干部的问责方式包括：通报、诫勉、组织调整或者组织处理、纪律处分等。根据《监察法》《监察法实施条例》规定，监察机关对领导人员的问责方式包括：通报、诫勉、政务处分、提出组织处理的建议等。党内问责方式和监察问责方式在具体运用上是相通的，体现了党内问责和监察问责的有效贯通。

二、问责的程序

（一）启动问责调查程序

有管理权限的党组织发现有《问责条例》所列问责情形，需要进行问责调查的，应当经主要负责人审批，及时启动问责调查程序。《问责条例》规定“启动”问责调查，而不是“立案”进行问责调查，主要是为了与审查调查工作的“立案”作适当区分，避免出现两种“立案”，造成混淆[①]。

启动问责调查程序，应注意以下方面：（1）严格履行启动程序。原则上凡是出现《问责条例》所列情形发生，都要及时启动问责调查程序，进行问责调查。但也有例外，有的问责事项是由其他案件移交的，已经经过了审查调查或者正在接受立案审查的，无须再履行问责调查的启动程序[②]。（2）启动问责程序的主体。启动问责程序的主体是有管理权限的党委（党组）、纪委监委、党的工作机关。（3）启动问责调查的审批。有管理权限的党委（党组）、纪委监委、党的工作机关经本单位主要负责人审批。需要注意的是，纪委监委、党的工作机关如果对同级党委（党组）直接领导的党组织及其主要负责人启动问责调查，

① 贾金峰：《如何理解关于启动问责调查程序的规定?》，载《中国纪检监察》2019年第18期。

② 贾金峰：《如何理解关于启动问责调查程序的规定?》，载《中国纪检监察》2019年第18期。

应当报同级党委（党组）主要负责人批准。（4）应当启动问责调查而未及时启动的。上级党组织应当责令有管理权限的党组织启动。此外，根据问题性质或者工作需要，上级党组织可以直接启动问责调查，也可以指定其他党组织启动。

（二）开展问责调查

1. 依规依纪依法开展调查

启动问责调查后，应及时成立调查组，调查组人数不能少于 2 人。对问责情形复杂的，可适当增加调查组人员。调查组必须依规依纪依法，严格按照规定的权限和程序开展调查工作，调查工作不能泛化，应当紧紧围绕“查明党组织、党的领导干部失职失责问题”这个重心而展开，重点查明问责对象失职失责问题。

2. 综合考虑主客观因素

调查工作必须正确区分贯彻执行党中央或者上级决策部署过程中出现的执行不当、执行不力、不执行等不同情况。其中，“执行不当”是指主观上想正确执行，但执行过程中出现了偏差；“执行不力”是指由于主观上重视不够，导致客观执行不到位，其性质比“执行不当”要重；“不执行”性质最为严重，是指置党中央和上级决策部署于不顾，不担当不作为，没有履职尽责。只有正确区分不同情况，才能实现所提意见的精准①。

3. 精准提出处理意见

调查组根据调查情况，精准提出处理意见，做到事实清楚、证据确凿、依据充分、责任分明、程序合规、处理恰当。要防止问责不力或者问责泛化、简单化。问责工作既要防止问责不力，又要防止问责泛化，防止出现“一有错就问责”“一问责就动纪”等问责泛化的现象，切实

---

① 赵娜：《如何理解关于问责调查要求、精准提出问责处理意见的规定?》，载《中国纪检监察》2019 年第 18 期。

做到规范精准，达到“问责面要聚焦、警示面要放大”的效果。

4. 形成调查报告

调查结束后，调查组应当撰写事实材料，与调查对象见面，听取其陈述和申辩，并记录在案。调查工作结束后，调查组应当集体讨论，形成调查报告。根据《问责条例》规定，调查报告应当列明调查对象基本情况、调查依据、调查过程，问责事实，调查对象的态度、认识及其申辩，处理意见以及依据，由调查组组长以及有关人员签名后，履行审批手续。

（三）作出问责决定

问责决定应当由有管理权限的党组织作出。查明党组织、党的领导干部失职失责问题，要综合考虑动机态度、客观条件、性质程度、历史原因、工作过程和当事人一贯表现、挽回损失等因素[①]，结合《问责条例》关于可以不予问责或者免予问责情形、可以从轻或者减轻问责情形、应当从重或者加重问责情形等规定，正确区分不同情况，精准作出问责决定，防止简单机械搞“一刀切”。坚持严管和厚爱结合、激励和约束并重，精准把握政策，区分不同情况，做到处理恰当。要通过精准有效的问责，督促党组织和党的领导干部强化责任意识，激发担当精神，而不是束缚干部干事创业的手脚[②]。

问责是严肃的政治工作，纪委监委和党的工作机关必须根据《问责条例》规定的权限、程序作出问责决定。其中，对同级党委（党组）直接领导的党组织进行问责，报经同级党委（党组）或者其主要负责人批准，可以采取检查、通报方式进行；采取改组方式问责的，按照党章党内法规规定的权限、程序执行。对同级党委管理的领导干部进行问

① 霍小力：《如何理解关于问责工作原则的规定?》，载《中国纪检监察》2019年第18期。

② 沈涛：《以精准问责促进全党牢记初心使命勇于担当作为》，载《中国纪检监察》2019年第18期。

责，报经同级党委或者其主要负责人批准，可以采取通报、诫勉方式进行，或者提出组织调整或者组织处理的建议；采取纪律处分方式问责的，按照党章党规党纪规定的权限、程序执行。

三、问责决定的执行

问责决定作出后，必须严格执行。（1）宣布和通报问责决定。问责决定应当及时向被问责党组织、被问责领导干部及其所在党组织宣布并督促执行。有关问责情况应当向纪委和组织部门通报，纪委应当将问责决定材料归入被问责领导干部廉政档案，组织部门应当将问责决定材料归入被问责领导干部的人事档案，并报上一级组织部门备案。（2）作出检讨检查。被问责领导干部应当写出书面检讨，并在民主生活会、组织生活会或者党的其他会议上作出深刻检查。（3）典型问题通报曝光。采取组织调整或者组织处理、纪律处分方式问责的，应当以适当方式公开，发挥好问责的教育警示效果。（4）推动以案促改。被问责党组织、被问责领导干部及其所在党组织应当深刻吸取教训，查找体制机制上存在的问题，明确整改措施。作出问责决定的党组织应当加强督促检查，推动开展以案促改工作。

开展问责工作必须坚持“惩前毖后、治病救人”原则，既要严字当头，也要严管厚爱。“实施问责的目的，是督促党组织和党的领导干部强化责任意识，激发担当精神，而不是束缚干部手脚。”① 要树立鲜明的干事导向，正确对待被问责干部，对影响期满、表现好的干部，符合条件的，按照干部选拔任用有关规定正常使用。通过精准规范的问责工作，切实激发干部干事创业的积极性。

第六节　移送起诉

移送起诉是职务犯罪案件从调查程序转入诉讼程序的标志。建立权

① 邹开红：《增强“四个意识”　做到“两个维护”　提高问责工作的政治性精准性实效性》，载《中国纪检监察》2019年第18期。

威高效、衔接顺畅的监察调查与审查起诉工作衔接机制，是深化国家监察体制改革和司法体制改革的重要要求，有助于提高反腐败工作效率、形成反腐败工作合力。

一、移送起诉的内涵

移送起诉是指，被审查调查对象涉嫌职务犯罪的，纪检监察机关在审查调查终结、审理完毕并履行相关程序后，将案件移送检察机关依法审查、提起公诉的过程。

（一）移送的主体

移送的主体是有管辖权的纪检监察机关。根据规定，监察机关具体由案件审理部门负责与人民检察院审查起诉的衔接工作，这样避免多头联系，有利于规范衔接。此外，审查调查部门、案件监督管理等部门根据各自职责定位，协助做好相关工作。比如，审查调查部门应当配合做好向人民检察院移送被调查人、全部案卷材料、涉案款物等具体工作[①]。

（二）移送的条件

移送的条件是纪检监察机关经过调查，认为被审查调查人涉嫌职务犯罪的事实清楚，证据确实、充分，需要追究刑事责任。2021 年，国家监委与最高人民法院、最高人民检察院、公安部联合印发了《关于加强和完善监察执法与刑事司法衔接机制的意见（试行）》，涉及管辖、证据、留置与刑事强制措施、移送起诉、审查起诉、审判、从宽处罚、涉案财物等方面问题[②]，进一步推动监察执法与刑事司法衔接工作的规范化、法治化。

（三）监察机关移送审查起诉的衔接原则

监察机关移送审查起诉的基本衔接原则是“同级移送为主、指定

① 《〈中华人民共和国监察法实施条例〉释义》，中国方正出版社 2022 年版，第 350 页。

② 《国家监委与有关单位联合印发意见　加强和完善监察执法与刑事司法衔接机制》，载中央纪委国家监委网站，2021 年 1 月 17 日。

管辖为辅”。

1. “同级移送”原则

为主动对接以审判为中心的刑事诉讼制度改革，监察法律制度规定，监察机关移送审查起诉的衔接原则是“同级移送”，即监察机关移送同级人民检察院。这里的“同级人民检察院”既包括本地同级人民检察院，也包括异地同级人民检察院。比如，A 省监察委员会将案件移送 A 省人民检察院，B 县监察委员会将案件移送 B 县人民检察院。

根据“同级移送”原则，由本地人民检察院审查起诉的，监察机关应当将案件移送本地同级人民检察院，其受理后直接办理或者移送有管辖权的人民检察院办理；由异地人民检察院审查起诉的，监察机关应当将案件移送异地同级人民检察院，其受理后直接办理或者移送有管辖权的人民检察院办理。其中，由异地上级人民检察院审查起诉的，监察机关应当将案件通过上级监察机关移送异地同级人民检察院办理。

此外，依据“同级移送”原则，《监察法实施条例》第 243 条专门对国家监察委员会派驻或者派出的监察机构、监察专员调查的职务犯罪案件如何移送专门作出了规定，考虑到移送层级、工作衔接等相关因素，规定该类案件“应当依法移送省级人民检察院审查起诉”。根据实际工作需要，该类案件既可以按照《刑事诉讼法》规定的管辖原则直接移送被调查人犯罪地或者居住地省级人民检察院审查起诉，也可以经指定管辖移送其他省级人民检察院审查起诉。国家监委派驻或者派出的监察机构、监察专员调查的职务犯罪案件需要指定起诉、审判管辖的，应当报国家监委办理指定管辖手续[①]。

2. 指定起诉、审判管辖

指定起诉、审判管辖是“同级移送”的重要补充。由于监察管辖

① 《〈中华人民共和国监察法实施条例〉释义》，中国方正出版社 2022 年版，第 350—351 页。

是按照干部管理权限和属地（包括犯罪地、居住地）管辖相结合的原则确定，而起诉、审判管辖是按照犯罪地为主、居住地为辅的原则确定。对于监察机关立案调查的案件，若被调查人犯罪地或者居住地在本辖区，则本辖区司法机关有权管辖，不需要商请司法机关指定起诉、审判管辖，这种情况在实践中最为常见。但若被调查人犯罪地和居住地均不在本辖区，则本辖区司法机关不具有管辖权，监察机关在移送起诉前需要按程序先行商请司法机关确定起诉、审判管辖①。

关于指定起诉、审判管辖的具体程序，《监察法实施条例》第 252 条规定了“同级协商”原则，即监察机关办理的职务犯罪案件移送起诉，需要指定起诉、审判管辖的，应当与同级人民检察院协商有关程序事宜，这样规定有利于指定起诉、审判管辖衔接有序，以及手续及时有效办理。在依法确定起诉、审判管辖后，还应当遵循“同级移送”原则，将案件移送同级人民检察院审查起诉。比如，A 市监委调查的案件，被调查人王某的犯罪地、居住地均不在 A 市，应先按程序与 A 市人民检察院商请确定起诉、审判管辖，确定由 A 市 B 县人民检察院、人民法院管辖的，应当将案件移送 A 市人民检察院，其受理后移送 B 县人民检察院审查起诉②。

3. 两类特殊情形的管辖规定

一是指定管辖案件的审查起诉管辖。根据监察法规规定，上级监察机关指定下级监察机关办理的案件，由下级监察机关开展审查调查和审理工作；移送起诉时需要人民检察院依法指定管辖的，按照《监察法实施条例》第 253 条规定办理。这样规定，既体现了监察事项的指定管辖原则，又体现了指定起诉、审判管辖要求，实现了两种程序的有机

① 周岩：《监察管辖与起诉、审判管辖如何衔接》，载中央纪委国家监委网站，2021 年 3 月 3 日。

② 孙梦远：《如何理解和把握监察法实施条例关于职务犯罪案件指定起诉、审判管辖的相关规定》，载《中国纪检监察》2022 年第 17 期。

衔接。

二是关联案件的移送审查起诉管辖。监察法规规定了“关联案件随主案确定管辖”制度，即对于涉嫌行贿犯罪、介绍贿赂犯罪或者共同职务犯罪等关联案件的涉案人员，移送起诉时一般应当随主案确定管辖，这样有利于司法机关查清案件事实，实现对案件的全面、公正审理。当然，关联案件随主案确定管辖，并不是指关联案件必须与主案由同一个人民检察院审查起诉、由同一个法院审判。实践中，综合考虑有关检察机关、审判机关的办案力量等因素，关联案件可以由受理公职人员职务犯罪案件的人民检察院、人民法院或者其下级人民检察院、人民法院管辖①。此外，根据《监察法实施条例》第 255 条规定，主案与关联案件由不同监察机关立案调查的，调查关联案件的监察机关在移送起诉前，应当报告或者通报调查主案的监察机关，由其统一协调案件管辖事宜，目的是保证负责调查主案的监察机关及时准确掌握相关信息，并就主案与关联案件的管辖事宜一并与相关人民检察院协商。因特殊原因，关联案件不宜随主案确定管辖的，调查主案的监察机关应当及时通报和协调有关事项。因为主案与关联案件存在密切关系，即便关联案件不能随主案确定司法管辖，相关司法机关、监察机关之间也应当加强沟通协作，保证诉讼工作顺利开展②。

二、移送起诉的程序

为建立权威高效、衔接顺畅的监察调查与审查起诉衔接机制，党内法规和国家法律作出了系列具体规定。

（一）决定移送起诉

纪检监察机关审理终结后，经履行审批程序后，决定移送起诉的涉

---

① 《〈中华人民共和国监察法实施条例〉释义》，中国方正出版社 2022 年版，第 374 页。

② 《〈中华人民共和国监察法实施条例〉释义》，中国方正出版社 2022 年版，第 375 页。

嫌职务犯罪案件，以监察委员会名义出具《起诉意见书》，连同相关证据材料、证据及到案经过等，一并移送同级人民检察院。

根据规定，监察机关向人民检察院移送审查起诉职务犯罪案件的材料一般包括：（1）起诉意见书。（2）调查卷宗，即证明被调查人涉嫌职务犯罪事实的全部证据材料。其中，主体身份证据应当有证明被调查人自然身份的证据，证明被调查人职务身份及职责的证据等。（3）《移送司法机关涉案财物清单》。（4）被调查人到案经过及法定量刑情节方面的材料。证明被调查人自首、坦白、立功的证据材料，应当加盖接受投案、坦白、检举揭发等单位的印章，并由接受人签名。（5）法律手续和文书。（6）作为证据使用的查封、扣押、冻结的被调查人财物及其孳息，对于实物不宜移送的移送清单、照片和其他证明文件[①]。

根据规定，监察机关一般应当在正式移送起诉 10 日前，向拟移送的人民检察院采取书面通知等方式预告移送事宜。因为根据《刑事诉讼法》第 170 条规定，对于监察机关移送起诉的已采取留置措施的案件，人民检察院应当对犯罪嫌疑人先行拘留，留置措施自动解除，人民检察院采取强制措施特别是刑事拘留措施，依法由公安机关执行，因此有必要预留一定的时间，方便人民检察院与公安机关提前沟通相关事宜，并做好接收移送案件的相关准备。实践中，在时间紧急等特殊情况下，监察机关也可以通过电话通知等方式向拟移送案件的人民检察院预告移送事宜[②]。

根据《人民检察院刑事诉讼规则》第 330 条规定，人民检察院对监察机关移送起诉的案件应当进行审查，重点查明犯罪嫌疑人身份状况是否清楚；犯罪事实、情节是否清楚；实施犯罪的时间、地点、手段、

① 《〈中华人民共和国监察法实施条例〉释义》，中国方正出版社 2022 年版，第 350 页。

② 《〈中华人民共和国监察法实施条例〉释义》，中国方正出版社 2022 年版，第 368 页。

危害后果是否明确等 13 个方面的情况。

（二）提出监察从宽处罚建议

监察法规专门规定了从宽处罚建议制度。监察从宽处罚建议是纪检监察机关从全面从严治党和反腐败工作大局出发，在严格依法开展调查的基础上，运用党的政策策略，经综合分析、统筹把握后，依规依法向人民检察院提出对被调查人或涉案人从宽处罚的建议。监察从宽处罚建议具有以下特点：

第一，提出监察从宽处罚建议的条件。根据《监察法》第 34 条规定，对被调查人可以提出从宽处罚建议的条件是，被调查人“主动认罪认罚”前提下具有“自动投案”“如实供述”“积极退赃”“重大立功表现或者案件涉及国家重大利益”等 4 种法定情形，《监察法实施条例》第 245 条至第 248 条对上述情形作出了细化规定。实践中，应理清“自动投案”与“自首”的区别、“如实供述”与“坦白”的区别，自动投案不等于自首，如实供述不等于坦白，监察机关认定“自动投案”“如实供述”的从宽情形需要经过后续刑事诉讼程序直到作出一审判决时，才能最终认定是否具有自首、坦白情节。因此，在起诉意见书中不能将从宽情形表述为自首、坦白，而要客观表述自动投案及供述情况、悔罪悔过表现等内容[①]。此外，《监察法》第 35 条规定了对涉案人员可以提出从宽处罚建议的条件是“揭发有关被调查人职务违法犯罪行为，查证属实的，或者提供重要线索，有助于调查其他案件”。需要强调的是，根据《监察法》规定，对符合从宽处罚法定情形的“可以”而不是一律“应当”提出从宽处罚建议。

第二，提出监察从宽处罚建议必须严格履行程序。监察机关提出监察从宽处罚建议必须经综合研判和集体审议，并报上一级监察机关批

① 佟晓琳：《制作起诉意见书需注意的几个问题》，载中央纪委国家监委网站，2023 年 3 月 16 日。

准，可以在移送人民检察院时依法提出从宽处罚建议，包括从轻、减轻或者免除处罚等。监察机关是否提出从宽处罚建议，要坚持宽严相济，在全面考察涉嫌犯罪的事实、性质、情节、后果和对社会危害程度的基础上，结合被调查人、涉案人员一贯表现、主观恶性、认罪悔罪态度等因素，综合分析判断①。此外，根据《监察法实施条例》第 250 条规定，从宽处罚建议一般应当在移送起诉时作为《起诉意见书》内容一并提出，特殊情况下也可以在案件移送后、人民检察院提起公诉前，单独形成从宽处罚建议书移送人民检察院。对于从宽处罚建议所依据的证据材料，应当一并移送人民检察院。

第三，实现从宽处罚建议制度与刑事诉讼认罪认罚从宽制度有机衔接。关于监察机关从宽处罚建议制度与刑事诉讼认罪认罚从宽制度的关系，需要从两个方面进行把握：一方面，两者在适用的对象、范围、条件、程序和法律效果等方面均有差异，不能简单等同，比如，在适用条件上，监察从宽处罚建议要求满足“认罪+认罚+特定情形”三个条件；对于被调查人有重大立功表现或者案件涉及国家重大利益等情形的，监察机关仅有提出从宽处罚建议权，无启动撤案程序的权力等。再比如，有的学者指出，“监察机关在提出从宽处罚建议时要注意‘度’的把握，可以提出原则性的从宽建议，如可以适用从轻或者减轻处罚，但不宜提出精确的刑罚种类、刑罚幅度或者具体刑罚以及执行方式等。这不同于检察机关可以提出精准的或有幅度的量刑建议”②。另一方面，两种制度在立法精神和处置政策方面具有相通性，应当有效对接，形成制度合力，比如，根据《监察法实施条例》第 250 条规定，监察机关对于被调查人在调查阶段认罪认罚，但不符合《监察法》规定的提出从

① 《〈中华人民共和国监察法实施条例〉释义》，中国方正出版社 2022 年版，第 352 页。

② 王霑：《准确适用提出从宽处罚建议制度的思考》，载《中国纪检监察报》2020 年 11 月 11 日。

宽处罚建议条件，在移送起诉时没有提出从宽处罚建议的，应当在《起诉意见书》中写明其自愿认罪认罚的情况，目的就是确保被调查人移送审查起诉后依法适用刑事诉讼认罪认罚从宽制度。

（三）留置措施与拘留措施转换

根据《纪律检查机关监督执纪工作规则》第57条和《刑事诉讼法》第170条规定，对于监察机关移送起诉的已采取留置措施的案件，人民检察院应当在受理案件后，及时对犯罪嫌疑人作出拘留决定，交公安机关执行。执行拘留后，留置措施自动解除。"'先行拘留'是一种法定的临时性、过渡性强制措施，目的是将犯罪嫌疑人从监察调查程序转入刑事诉讼程序"[①]，实现了监察程序与司法程序的顺畅衔接。人民检察院应当在执行拘留后10日以内，作出是否逮捕、取保候审或者监视居住的决定。特殊情况下，决定的时间可以延长1日至4日，人民检察院决定采取强制措施的期间不计入审查起诉期限。

此外，监察法规规定了两种特殊情况，一是对于已采取留置措施的案件，监察机关发现被调查人因身体等原因存在不适宜羁押等可能影响刑事强制措施执行情形的，应当通报人民检察院；被调查人已被采取留置措施的，可以在移送起诉前依法变更为责令候查措施。二是对于未采取监察强制措施的案件，监察机关可以根据案件具体情况，向人民检察院提出对被调查人采取刑事强制措施的建议。根据《人民检察院刑事诉讼规则》第146条规定，人民检察院受理后，可以依照相关规定决定是否采取逮捕、取保候审或者监视居住措施。

检察机关作出拘留决定后，案件进入刑事诉讼程序，必须按照《刑事诉讼法》等法律规定保护犯罪嫌疑人的权益。根据《人民检察院刑事诉讼规则》等规定，除无法通知的以外，人民检察院应当在公安

① 《〈中国共产党纪律检查机关监督执纪工作规则〉释义》，中国方正出版社2019年版，第180页。

机关执行拘留、逮捕后 24 小时以内，通知犯罪嫌疑人的家属。人民检察院应当自收到移送起诉的案卷材料之日起 3 日以内告知犯罪嫌疑人有权委托辩护人。对已经采取留置措施的，应当在执行拘留时告知。

（四）检察机关退回补充调查或自行补充侦查

1. 退回补充调查或自行补充侦查的具体情形。根据《监察法》第 54 条第 3 款规定，人民检察院经审查，认为需要补充核实的，应当退回监察机关补充调查，必要时可以自行补充侦查。这是检察机关对监察机关进行监督和制约的重要体现和制度措施，纪检监察机关切不可刻意追求“零退查”“零不诉”，更不能干预司法，损害党纪国法的权威性。需要注意的是，“退回补充调查”与“自行补充侦查”是有先后顺序的，考虑到监察机关移送的案件政治性强、比较敏感，检察机关公诉部门审查后认为需要补充证据的，一般应当先退回监察机关进行补充调查；必要时，才由检察机关自行补充侦查。[①] 对于退回补充调查的案件，监察机关应当认真对待，向主要负责人报告，确保案件质量达到规定标准和要求。

2. 监察机关积极开展补充调查工作。人民检察院退回补充调查工作由监察机关案件审理部门负责对接。案件审理部门应当及时履行工作程序，交由调查部门补充调查。调查部门应当在法定期限内及时补充调查完毕并形成补充调查报告，经案件审理部门审核并按程序报批后，反馈人民检察院相关职能部门[②]。《监察法实施条例》第 258 条列举了监察机关办理人民检察院退回补充调查案件的 4 类处理方式，对实践中的各类做法进行了规范。根据《监察法》规定，对于补充调查的案件，应当在一个月内补充调查完毕。补充调查以二次为限。退回补充调查的案件，监察机关重新移送检察机关审查时，一般应当移送以下材料，一

① 《〈中华人民共和国监察法〉释义》，中国方正出版社 2018 年版，第 214 页。

② 《〈中华人民共和国监察法实施条例〉释义》，中国方正出版社 2022 年版，第 378 页。

是补充调查报告书；二是补充调查中形成的其他案件材料。[①]

3. 关于检察机关决定自行补充侦查的案件。对于检察机关决定自行补充侦查的案件，监察机关应当积极配合。根据《人民检察院刑事诉讼规则》第344条规定，对于监察机关移送起诉的案件，具有下列情形之一的，人民检察院可以自行补充侦查，包括：（1）证人证言、犯罪嫌疑人供述和辩解、被害人陈述的内容主要情节一致，个别情节不一致的；（2）物证、书证等证据材料需要补充鉴定的；（3）其他由人民检察院查证更为便利、更有效率、更有利于查清案件事实的情形。自行补充侦查完毕后，应当将相关证据材料入卷，同时抄送监察机关。人民检察院自行补充侦查的，可以商请监察机关提供协助。

4. 关于对不起诉决定提请复议。根据《监察法》规定，检察机关对于有《刑事诉讼法》规定的不起诉的情形的，经上一级人民检察院批准，有权依法作出不起诉的决定。为了强化监察机关与人民检察院的相互制约，《监察法实施条例》第261条规定，监察机关认为人民检察院不起诉决定有错误的，应当在收到不起诉决定书后30日以内，按照“谁批准谁负责”原则，依法直接向履行批准程序的上一级人民检察院提请复议。同时，监察机关应当将上述情况及时向上一级监察机关书面报告，便于上级监察机关及时掌握情况，这也是监督执法调查工作以上级监察委员会领导为主的重要体现。

（五）监察机关配合做好审查起诉和刑事审判工作

根据《纪律检查机关监督执纪工作规则》第57条等要求，案件移送司法机关后，纪检监察机关的相关审查调查部门应当加强跟踪了解，发现问题及时报告，但是不得违规过问、干预处理工作。纪检监察机关必须自觉维护宪法和法律权威和尊严，做到“配合而不干预”，支持司

① 中共中央纪律检查委员会、中华人民共和国国家监察委员会案件审理室：《公职人员职务犯罪调查取证工作百问百答》，中国方正出版社2019年版，第521页。

法机关依法独立行使职权，不得违规过问、干预司法。

1. 人民检察院在审查起诉中移送新的职务违法犯罪线索。人民检察院在审查起诉过程中发现新的职务违法、职务犯罪问题线索，应当移送监察机关，监察机关应当依法接收，对收到的问题线索进行分析研判、及时处置。这是人民检察院与监察机关各自发挥在党和国家监督体系中的职责作用，形成反腐败工作合力的重要体现。对新收到的线索，监察机关可采取以下处置方式：一是监察机关经过调查，认定被调查人涉嫌新的职务犯罪事实的，应当按照规定移送人民检察院；二是如果调查处置工作时间较长，法院已作出生效判决的，监察机关应当另行移送审查起诉；三是对于被调查人在移送司法机关前已被开除的，监察机关调查发现其有新的违法行为应当受到政务处分的，作出书面结论，不再另行作出政务处分决定，其中有违法所得的依法予以没收、追缴或者责令退赔[①]。

2. 配合人民检察院做好证据补正、解释以及补充侦查等工作。案件移送起诉后，为了进一步体现监察机关与检察机关、审判机关相互协调、相互制约的关系，检察机关和审判机关应当就证据收集的合法性问题加强对监察机关的监督制约。根据规定，案件移送检察机关起诉后，检察机关为证实相关证据的真实性，排除非法证据，确需要调取与证据合法性审查相关的同步录音录像时，监察机关应当支持。在案件审判过程中，人民检察院书面要求监察机关补充提供证据，对证据进行补正、解释，或者协助人民检察院补充侦查的，监察机关应当予以配合。监察机关不能提供有关证据材料的，应当书面说明情况。

3. 调查人员出庭说明情况。案件提起公诉后，监察机关应当主动配合法院做好刑事审判工作。人民法院在庭审过程中，如果认为现有证

---

① 《〈中华人民共和国监察法实施条例〉释义》，中国方正出版社 2022 年版，第 381 页。

据材料不能证明证据收集的合法性，有权要求监察机关有关调查人员出庭说明情况，监察机关应当根据工作需要予以配合。

（六）对涉嫌行贿等违法犯罪的涉案单位和人员的处置

坚持受贿行贿一起查，是党中央作出的重大决策部署。党的二十大报告强调，坚持受贿行贿一起查，惩治新型腐败和隐性腐败。2021 年 7 月，中央纪委国家监委与中央组织部、中央统战部、中央政法委、最高人民法院、最高人民检察院联合印发《关于进一步推进受贿行贿一起查的意见》，对进一步推进受贿行贿一起查作出具体部署。

1. 对涉嫌行贿等犯罪的非监察对象的处置。根据《监察法实施条例》第 238 条规定，主要分为两种情形：一是对依法应当追究刑事责任的，案件调查终结后依法移送起诉。二是经审批不予移送起诉。综合考虑非监察对象的行为性质、手段、后果、时间节点、认罪悔罪态度等具体情况，对于情节较轻，经审批可以不予起诉，当然，对不予移送起诉必须严格依法适用。“纪检监察机关在对行贿人提出处理意见时，要在实事求是、查清违纪违法犯罪事实基础上，综合考虑行贿金额、次数、发生领域以及行贿人的主观恶性、造成的危害后果、认错悔过态度、退赔退缴等因素，精准提出处理意见，严格掌握从宽处理政策”①，既达到严肃惩治行贿行为，又体现党的政策。对经审批不予移送起诉的监察对象应当采取批评教育、责令具结悔过等方式处置；应当给予行政处罚的，依法移送有关行政执法部门。

2. 建立行贿单位和人员信息记录制度。《关于进一步推进受贿行贿一起查的意见》要求，建立对行贿人的联合惩戒机制，探索推行行贿人名单管理制度。《监察法实施条例》第 238 条规定，对于有行贿行为的涉案单位和人员，按规定记入相关信息记录，可以作为信用评价的

① 中央纪委国家监委案件审理室：《准确理解把握〈监察法实施条例〉中关于案件审理工作的规定（三）》，载《中国纪检监察报》2022 年 7 月 27 日。

依据。

3. 对行贿行为违法获得利益的处理。纪检监察机关在审查调查中要认真履行追赃挽损职责，尽力追缴非法获利。根据《关于进一步推进受贿行贿一起查的意见》等规定，对于行贿所得的不正当财产性利益，依法予以没收、追缴或者责令退赔；对于行贿所得的不正当非财产性利益，如职务职称、政治荣誉、经营资格资质、学历学位等，督促相关单位依照规定通过取消、撤销、变更等措施予以纠正。

三、特殊移送制度

（一）关于被调查人逃匿或者死亡继续进行调查的规定

《监察法》第 55 条规定："监察机关在调查贪污贿赂、失职渎职等职务犯罪案件过程中，被调查人逃匿或者死亡，有必要继续调查的，应当继续调查并作出结论。"该规定适用的情形是"被调查人逃匿或者死亡，有必要继续调查的"，参照 2017 年 1 月 5 日起施行的《最高人民法院、最高人民检察院关于适用犯罪嫌疑人、被告人逃匿、死亡案件违法所得没收程序若干问题的规定》（法释〔2017〕1 号）第 3 条规定的精神，被调查人为逃避调查和刑事追究潜逃、隐匿的，应当认定为"逃匿"；被调查人因意外事故下落不明满二年，或者因意外事故下落不明，经有关机关证明其不可能生存的，也按照"逃匿"处理。

监察机关继续调查后，根据调查情况作出相应处置：（1）如果被调查人死亡，依照《刑事诉讼法》第 16 条的规定，应当撤销案件，或者不起诉，或者终止审理。（2）被调查人在境外的，依法应当追究刑事责任的，应当移送审查起诉，适用缺席审判程序。（3）被调查人逃匿，在通缉一年后不能到案，或者死亡的，由监察机关提请人民检察院依照法定程序，向人民法院提出没收违法所得的申请。

（二）适用缺席审判程序

刑法规定缺席审判程序，主要针对的是贪污贿赂犯罪等案件。一段时间里，一些人把境外作为避罪的天堂，实施贪污、贿赂犯罪以后，携款到境外企图逃避法律惩罚。建立缺席审判制度，对推动监察机关、司法机关积极履职、丰富惩治犯罪的手段、促进反腐败国际追逃工作，都具有重要意义。2018 年修订的《刑事诉讼法》第三章增设了“缺席审判程序”，第 291 条第 1 款规定：“对于贪污贿赂犯罪案件，以及需要及时进行审判，经最高人民检察院核准的严重危害国家安全犯罪、恐怖活动犯罪案件，犯罪嫌疑人、被告人在境外，监察机关、公安机关移送起诉，人民检察院认为犯罪事实已经查清，证据确实、充分，依法应当追究刑事责任的，可以向人民法院提起公诉。人民法院进行审查后，对于起诉书中有明确的指控犯罪事实，符合缺席审判程序适用条件的，应当决定开庭审判。”2020 年，河南检察机关首次适用缺席审判程序，对潜逃境外 19 年的贪污犯罪嫌疑人程三昌提起公诉①。监察机关提起缺席审判程序，应当突出以下要求：

1. 严格案件适用范围。案件范围是监察机关管辖的贪污贿赂犯罪案件，主要包括《刑法》分则第八章规定的贪污罪、挪用公款罪、受贿罪、行贿罪、巨额财产来源不明罪、隐瞒境外存款罪等，而且被调查人在境外。如果被调查人因逃匿不能到案，但并未身处境外的，则不能提起缺席审判程序，此时应当通过通缉等措施促使被调查人尽快归案。另外，有专家指出，提起缺席审判程序，一般应满足以下条件：“追回难度大，归案无望；有沟通途径，确保知情；证据条件好，能够判决。”② 实践中是否需要适用缺席审判程序，必须综合研判，统筹考虑案件情节、社会影响、恶劣程度、追逃追赃必要性、执行可能性等因素，取得政治效果、纪法效果、社会效果的有机统一。

2. 严格案件证据标准。根据《刑事诉讼法》及相关规定，人民法

---

① 《最高人民检察院工作报告——2021 年 3 月 8 日在第十三届全国人民代表大会第四次会议上》，载最高人民检察院网站，2021 年 3 月 15 日。

② 秦秀春：《如何理解和把握监察法实施条例中对缺席审判程序的相关规定》，载《中国纪检监察》2022 年第 7 期。

院对缺席审判案件作出有罪判决的，应当达到证据确实、充分的证明标准，即缺席审判案件与一般刑事案件的证明标准一致。考虑到缺席审判案件中被调查人不在案，为了弥补被调查人供述这个重要证据缺失的不足，其他证据的证明力必须更强，证据之间能够相互印证，形成稳固链条，得出唯一性、排他性结论的标准必须更高。比如，对于受贿犯罪的故意，可通过强化被调查人与行贿人之间的资金往来、收受财物的去向以及证明贿赂与谋利事项之间存在对价关系的物证、书证、电子证据的收集，搭建起要素完备、指向明晰、层次清楚、逻辑严谨的证据体系予以证实①。

3. 严格案件审批程序。缺席审判取消了被告人部分诉讼权利，因此在适用上必须经过严格审批，慎之又慎。根据规定监察机关立案调查拟适用缺席审判程序的贪污贿赂犯罪案件，应当逐级报送国家监委同意，旨在强化国家监委对缺席审判案件的统筹管理，做到依法稳慎、有序推进②。

监察机关对符合上述条件的案件，按照规定的程序报批和集体审议后，以监察机关名义出具《起诉意见书》，连同相关证据材料一并移送检察机关审查起诉。

（三）适用没收违法所得程序

为严厉惩治腐败犯罪、恐怖活动犯罪，深入开展国际追赃工作，2012 年 3 月 14 日，第十一届全国人民代表大会第五次会议通过《关于修改〈中华人民共和国刑事诉讼法〉的决定》，专门规定了“犯罪嫌疑人、被告人逃匿、死亡案件违法所得的没收程序”。《最高人民法院、最高人民检察院关于适用犯罪嫌疑人、被告人逃匿、死亡案件违法所得

---

① 秦秀春：《如何理解和把握监察法实施条例中对缺席审判程序的相关规定》，载《中国纪检监察》2022 年第 7 期。

② 《〈中华人民共和国监察法实施条例〉释义》，中国方正出版社 2022 年版，第 391 页。

没收程序若干问题的规定》对违法所得没收程序作出更加细致的规定。《监察法》第55条也规定："被调查人逃匿，在通缉一年后不能到案，或者死亡的，由监察机关提请人民检察院依照法定程序，向人民法院提出没收违法所得的申请。"

根据《监察法》《刑事诉讼法》等规定，监察机关向检察机关移送审查起诉违法所得没收案件，应同时具备三个条件：（1）案件范围。主要是指涉嫌贪污贿赂、失职渎职等职务犯罪案件。（2）被调查人情况。主要是指被调查人逃匿，在通缉一年后不能到案或者被调查人死亡两种情形。（3）依照刑法规定应当追缴其违法所得及其他涉案财产。根据《监察法实施条例》第263条规定，对符合条件的违法所得没收案件，监察机关应当经集体审议，出具《没收违法所得意见书》，连同案卷材料、证据等，一并移送人民检察院依法提出没收违法所得的申请。

此外，根据有关法律、司法解释规定，办理违法所得没收程序案件，在证明标准上与普通刑事犯罪案件有较大区别。因为违法所得没收程序主要解决违法犯罪资产的追缴问题，本质上是对物的诉讼，不解决被告人刑事责任问题，而且被告人因逃匿、死亡无法到案，所以此类案件的证明标准既无必要也无可能向普通刑事诉讼程序中证明犯罪的最严格标准看齐。因此，有的专家提出，监察机关立案调查的拟适用违法所得没收程序案件，应当采用"有犯罪事实"和"高度可能"的证明标准。"有犯罪事实"证明标准与普通刑事诉讼中逮捕的证明标准基本一致；"高度可能"证明标准是违法所得及其他涉案财产认定的标准，这一规定明确了对于申请没收的财产与犯罪事实的关联性，采用优势证据规则，即申请没收的财产具有高度可能属于违法所得及其他涉案财产①。

---

① 熊飞、李栋：《如何做好涉案财物工作》，中国方正出版社2023年版，第192—195页。

要注意把握没收违法所得程序与缺席审判程序的区别：一是适用案件范围方面。二者都可以适用于“贪污贿赂犯罪案件”，没收违法所得程序还可以适用于失职渎职犯罪案件。二是处置对象方面。没收违法所得程序主要是对涉案财物进行处置，不涉及对犯罪人的定罪量刑；而缺席审判程序主要是审理并判决被告人是否有罪，并对涉案财物进行处置，不仅对“物”，更侧重对“人”。三是被调查人方面。没收违法所得程序适用于被调查人逃匿，在通缉一年后不能到案，或者被调查人死亡的情形，包括被调查人在境内境外的情形；缺席审判程序仅适用于被调查人在境外的情形①。

第七节　处置涉案财物

根据党内法规和监察法律制度规定，对涉案财物应当分类处置，确保严格依规依纪依法，既严惩腐败分子，追回国家损失，又保障有关人员合法权益。

一、涉案财物处置的内涵

根据2021年中央纪委国家监委印发的《纪检监察机关涉案财物管理规定》等规定，涉案财物是指纪检监察机关在开展监督检查、审查调查工作中查封、扣押（含暂扣、封存）、冻结，监督检查、审查调查工作结束后追缴、责令退赔，以及从其他单位或人员处接收的与监督检查、审查调查工作有关的财物及其孳息、收益。包括：（1）涉嫌违规违纪违法所得财物。（2）涉嫌职务犯罪所得财物。（3）用于实施违纪违法犯罪行为的本人财物。（4）非法持有的违禁品。（5）监督检查、审查调查对象及有关人员主动上交的财物。（6）其他与监督检查、审查调查工作有关的财物，比如，被审查调查人承认系违纪违法所得，但

① 《〈中华人民共和国监察法实施条例〉释义》，中国方正出版社2022年版，第392页。

因证据缺失等原因难以查清的财物；被审查调查人合法所有的财物中，需要先行查扣预留给法院执行罚金、没收财产等财产刑的部分；其他可以证明违纪违法行为发生、违纪违法行为情节轻重的物品和文件[①]。

涉案财物处置是指纪检监察机关在案件处置阶段，严格按照法定职责、权限、程序对涉案财物准确定性、恰当处理的活动。涉案财物处置是涉案财物管理工作的关键环节，也是整个审查调查工作的重要组成部分。纪检监察机关从维护国家利益出发，必须做到应缴尽缴，不能让被审查调查人或涉案人通过违纪违法行为得利[②]。

二、处置违规违纪违法所得财物

对被审查调查人违规违纪违法取得的财物及孳息，应当依规依纪依法予以收缴、责令退赔或者登记上交，并出具有关纪律和法律文书。

（一）收缴（含没收、追缴）

追究党纪责任时对违纪所得予以“收缴”，相当于追究监察责任时对违法所得予以“没收”和“追缴”，通常针对的是实施违纪违法行为所获得的财物及其孳息收益。具体而言，一是“没收”，是指将违纪违法所得财物强制收归国有，没收的财物一律上缴国库。二是“追缴”，是指将违纪违法所得财物予以追回，追缴的财物退回原所有人或原持有人，依法不应退回的则上缴国库。常见的比如违规从事营利活动所得、滥发津贴补贴、违规报销个人费用等行为。

（二）责令退赔

“责令退赔”通常针对的是违反规定挥霍浪费国有资产，如公款吃喝、公款旅游以及违反规定乱罚款、乱收费获得的财物等，责令被审查调查人将违纪违法所得的财物予以归还，财物已经被消耗、毁损的，应

---

① 熊飞、李栋：《如何做好涉案财物工作》，中国方正出版社2023年版，第1—8页。

② 中央纪委国家监委案件监督管理室：《准确把握〈监察法实施条例〉中案件监督管理工作相关规定》，载《中国纪检监察报》2022年9月7日。

当用与之价值相当的财物予以赔偿；责令退赔的财物直接退赔原所有人或原持有人，无法退赔的上缴国库①。需要强调的是，收缴、责令退赔都应当是经审查调查与审理后认定为违规违纪违法所得，由纪检监察机关作出收缴或责令退赔的决定。

（三）登记上交

登记上交是党内法规确定的涉案财物处置方式，具体是指，对被审查调查人自述违规收受的财物，因证据缺失等原因纪检监察机关未认定为违纪违法所得的，按照《纪律检查机关监督执纪工作规则》的规定予以登记上交。登记上交必须是被审查调查人主动做出的选择，系其自觉行为，其适用条件是“对被审查调查人交代违规收受的财物，必须是在因证据缺失情形下，而不能是在证据矛盾的情形下适用登记上交”②。比如，党员干部自述存在收受财物问题，本人主动上交财物，但因时间久远、人证书证缺失等原因，其收礼问题无法被查实。在这种情形下，党员干部自述收礼问题没有证据予以证实，对此行为不能认定为违纪，对党员干部主动提出上交财物，可以按照其自述收受财物的金额，采取登记上交方式处置，由其提交书面说明，讲清上交财物有关情况。办案人员及时办理暂扣财物手续，填写《登记上交财物清单》并上缴国库③。

三、处置涉嫌职务犯罪所得财物

（一）随案移送人民检察院

根据《监察法实施条例》第 239 条规定，对查封、扣押、冻结的涉嫌职务犯罪所得财物及孳息应当妥善保管，并制作《移送司法机关

① 《中央纪委国家监委发布第一批执纪执法指导性案例》，载中央纪委国家监委网站，2021 年 8 月 4 日。

② 杜茂林：《登记上交处置涉案财物需注意什么》，载《中国纪检监察报》2022 年 3 月 30 日。

③ 王惟红：《主动上交与登记上交的异同》，载《中国纪检监察报》2023 年 7 月 19 日。

涉案财物清单》随案移送人民检察院。实践中，对于监察机关与司法机关已建立涉案财物集中管理机制和统一保管平台的，应当将有关涉案财物纳入该平台统一保管和处置，同时移交《移送司法机关涉案财物清单》，实行清单流转、实物不动①。对作为证据使用的实物应当随案移送；对不宜移送的，应当将清单、照片和其他证明文件随案移送。对于移送人民检察院的涉案财物，价值不明的，应当在移送起诉前委托进行价格认定，以利于司法机关依法处理财物和精准量刑。

（二）做好追赃挽损工作

根据《纪律检查机关监督执纪工作规则》《监察法实施条例》《涉案财物管理规定》等规定，纪检监察机关在监督检查、审查调查工作中，应当认真履行追赃挽损职责，最大程度为国家和人民挽回损失。具体来讲，追赃是指，纪检监察机关依规依纪依法追缴涉案财物的活动，追缴的财物包括：被审查调查人本人或通过他人违规违纪违法获得的财物及其孳息、收益；被审查调查人涉嫌职务犯罪的财物及其孳息、收益；有关涉案单位和人员通过行贿等非法手段取得的财物及孳息、收益；等等。挽损是指，纪检监察机关在监督检查、审查调查工作中，发现党员干部、公职人员实施违规违纪违法行为造成经济损失，侵害国家和人民利益，纪检监察机关应正确行使党和人民赋予的权力，通过依规依纪依法履行职责来挽回国家损失。挽损的方式有多种，包括：可以责令被审查调查人、涉案单位和人员采取措施及时止损或避免更大损失；可以督促或协调有关行政管理部门依法挽回国家损失；等等。比如，国家工作人员帮助他人违规违法获取土地使用权，纪检监察机关可以督促自然资源部门依法予以纠正并作出相应处罚②。

---

① 《〈中华人民共和国监察法实施条例〉释义》，中国方正出版社 2022 年版，第 342 页。

② 熊飞、李栋：《如何做好涉案财物工作》，中国方正出版社 2023 年版，第 181—182 页。

此外，针对实践中有的被审查调查人不配合追缴工作，导致案件调查终结但涉案财物仍未追缴到位，对此，《监察法实施条例》第240条规定，监察机关经调查，对违法取得的财物及孳息决定追缴或者责令退赔的，可以依法要求公安、自然资源、住房城乡建设、市场监管、金融监管等部门以及银行等机构、单位予以协助。追缴涉案财物应当坚持应缴尽缴原则，凡属违法所得及其孳息、收益的，必须一追到底，这既适用于案件调查期间，也适用于调查终结后[①]。要强调的是，涉案财物已被用于清偿合法债务、转让或者设置其他权利负担，善意第三人通过正常市场交易、支付合理对价，并实际取得相应权利的，不得对善意取得的财物进行追缴。追缴或者责令退赔应当自处置决定作出之日起一个月以内执行完毕。因被调查人的原因逾期执行的除外。

（三）关于违纪、违法财物和涉罪财物冲突问题

违纪、违法财物和涉罪财物冲突问题，主要表现在违纪违法财物与涉罪财物混同后无法分割产生的混同冲突，比如购房款一部分来自收礼，一部分来自受贿，违纪和涉罪财产混同于房产中，可以采取将混同后的财物先行移送司法机关，待司法机关将涉案财物拍卖变现后，将相应违纪违法部分返给纪检监察机关的方式处理。[②]

四、处置对经认定不属于违法所得的财物及孳息

根据规定，对经认定不属于违纪违法所得的财物及孳息，应当及时予以返还，并办理签收手续，保护公民、法人合法财产。对审查后认定所查封、扣押（暂扣、封存）、冻结的款物不属于涉案款物范畴的，也应依纪依法及时解除措施。原财物被消耗、毁损的，用与之价值相关的财物予以赔偿。

---

① 《〈中华人民共和国监察法实施条例〉释义》，中国方正出版社2022年版，第344页。

② 杨宁、李璐：《不让被审查调查人非法获益》，载《中国纪检监察》2019年第21期。

◉ 案例

监察机关依规依法对
涉嫌职务犯罪案件移送起诉

S市纪委监委机关对该市财政局副局长郑某（中共党员）严重违纪违法问题进行了立案审查调查并采取留置措施。经查，郑某严重违反党的政治纪律、组织纪律、廉洁纪律、生活纪律，构成严重职务违法并涉嫌受贿犯罪和挪用公款犯罪，事实清楚，证据确实、充分。依据《党纪处分条例》《监察法》等有关规定，经S市纪委常委会会议研究并报S市委批准，决定给予郑某开除党籍处分；由监委给予其开除公职处分；终止其市党代会代表资格；收缴其违纪违法所得；将其涉嫌犯罪问题移送检察机关依法审查起诉，所涉财物随案移送。

S市监委制作了《起诉意见书》，连同相关证据材料一并移送S市人民检察院，并建议对其采取逮捕措施。随后，市人民检察院到留置场所对郑某进行捕前提讯。4日后，S市人民检察院对郑某依法采取逮捕措施并由公安机关执行，对郑某的留置措施依照规定自动解除。S市人民检察院在审查起诉期间，为证实相关证据的真实性，向监察机关提出调取与指控犯罪有关并且与证据合法性审查相关的同步录音录像。S市纪委监委审理室报请S市纪委书记、监委主任审批后，由具体承办案件的第二审查调查室向检察机关提供了相应的同步录音录像材料。S市人民检察院经审查认为，郑某涉嫌受贿、挪用公款的犯罪事实已经查清，证据确实充分，形成了相互印证、完整稳定的证据链，依法应当追究刑事责任，应当作出起诉决定。随后，S市人民检察院向市人民法院依法提起公诉。S市人民法院对郑某涉嫌受贿、挪用公款案依法公开开庭审理，以受贿罪、挪用公款罪数罪并罚判处郑某有期徒刑8年。

◉ 评析

将涉嫌职务犯罪的案件移送检察机关依法审查、提起公诉，是监察机关的一项重要处置职权。建立权威高效、衔接顺畅的监察调查与审查起诉工作衔接机制，是深化国家监察体制改革和司法体制改革的重要要求。根据有关要求，移送人民检察院的案件材料一般应当包括《起诉意见书》，调查卷宗，《涉案财物清单》，被调查人到案经过及量刑情节方面的材料，立案调查决定、采取留置措施、延长留置期限等程序性文书，以及其他需要移送的案件材料。对涉嫌犯罪取得的财物，应当随案移送人民检察院。监察机关向检察机关移送案件时，应随案移送适用强制措施的建议、情况说明等。本案中，S市监委制作了《起诉意见书》，连同相关证据材料一并移送S市人民检察院，并建议对其采取逮捕措施，符合移送起诉的相关程序要求。

根据《纪律检查机关监督执纪工作规则》和《人民检察院刑事诉讼规则》等规定，对于监察机关移送起诉的已采取留置措施的案件，人民检察院应当在受理案件后，及时对犯罪嫌疑人作出拘留决定，交公安机关执行。执行拘留后，留置措施自动解除。人民检察院应当在执行拘留后10日以内，作出是否逮捕、取保候审或者监视居住的决定。特殊情况下，决定的时间可以延长1日至4日。人民检察院决定采取强制措施的期间不计入审查起诉期限。本案中，S市人民检察院对郑某依法采取逮捕措施并由公安机关执行，对郑某的留置措施依照规定自动解除，案件进入刑事诉讼程序。

根据规定，案件移送检察机关起诉后，检察机关为证实相关证据的真实性，排除非法证据，确需要调取与证据合法性审查相关的同步录音录像时，监察机关应当支持。这体现了监察机关与检察机关相互协调、相互制约。

此外，监察机关将案件移送检察机关后，应当加强跟踪了解，发现问题及时报告，不是移送了就万事大吉了。但是监察机关不得违规过问、干预处理工作。纪检监察机关必须自觉维护宪法和法律权威和尊严，支持司法机关依法独立行使职权，不得干预司法。

思考题：

1. 党纪处分、政务处分、组织处理三者的关系？
2. 开展问责的主体及程序要求？
3. 职务犯罪案件移送起诉的具体程序？

第二十一章　监督管理

权力是天然的腐蚀剂，任何一种权力都必须接受监督。纪检监察机关作为党和国家监督的专责机关，必须建立更为严格的监督和制约机制，健全内控措施，自觉接受党内监督、社会监督和群众监督，确保权力不被滥用①。

第一节　概　　述

一、监督管理的内涵

监督管理是指，纪检监察机关必须严格依照党章党规党纪和国家法律法规，强化自我监督、健全内控机制，在行使权力上慎之又慎，在自我约束上严之又严，以铁一般的纪律作风锻造纪检监察队伍。

“善禁者，先禁其身而后人；不善禁者，先禁人而后身。”纪检监察机关作为专门的监督机关，必须接受最严格的约束和监督。习近平总书记多次强调，“纪检监察机关是推进党的自我革命的重要力量，肩负特殊政治责任和光荣使命任务，必须始终做到绝对忠诚、绝对可靠、绝对纯洁”②。2023 年，党中央决定开展全国纪检监察干部队伍教育整顿，

---

① 本章参见王希鹏：《中国共产党纪律检查工作概论》，中国社会科学出版社 2016 年版，第 361—376 页。

② 《习近平关于全面加强党的纪律建设论述摘编》，中央文献出版社 2024 年版，第 180 页。

“以最鲜明的态度、最有力的措施、最果断的行动坚决查处‘两面人’、坚决防治‘灯下黑’，着力打造忠诚干净担当、敢于善于斗争的纪检监察铁军”①。2025年，纪检监察系统开展“纪检监察工作规范化法治化正规化建设年”行动。新时代新征程，纪检监察机关必须始终保持敬畏之心，全面提升纪检监察工作规范化法治化正规化水平，以更高标准、更严要求，打造忠诚干净担当、敢于善于斗争的高素质专业化纪检监察队伍。

二、加强监督管理的重要意义

（一）强化监督管理关系到党的执政基础

党内法规和国家法律赋予了纪检监察机关监督职权，纪检监察这把剑必须成为中国共产党、中国人民的一把维护国家政权、捍卫民族复兴的利剑。如果不能切实强化纪检监察队伍自我监督，一旦纪检监察权力被滥用，出现执纪违纪、执法违法问题，其后果并非只是违纪违法干部个人受到惩处那么简单，更严重的后果是动摇人民群众对全面从严治党和反腐败的信心，最终将动摇党的执政基础②。

（二）强化监督管理关系到纪检监察权力行使的正当性

从政治监督学的角度来看，任何一种权力都有被滥用的倾向，任何一种权力都必须接受监督。纪检监察机关对党组织和党员开展监督，对行使公权力的公职人员实施监察，而纪检监察机关本身就是拥有重要公权力的机构，监督权是党和国家重要的公权力，必须受到最严格的监督和制约。此外，纪检监察权作为一种监督性的权力，只有本身具有良好的公信力，其监督行为才能得到监督对象接受和信服。纪检监察机关要

---

① 《李希在全国纪检监察干部队伍教育整顿动员部署会议上强调 以彻底自我革命精神开展教育整顿 打造忠诚干净担当、敢于善于斗争的纪检监察铁军》，载《中国纪检监察报》2023年2月25日。

② 刘美频：《从严从实加强纪检监察队伍自我监督》，载《中国纪检监察》2019年第5期。

监督别人，必须首先管好自己。纪检监察机关的公信力与纪检监察权是否公正运行、纪检监察机关是否依规依纪依法履行职责有着密切的联系。

（三）强化监督管理关系到纪检监察权力行使的规范性

纪检监察的运行机制和约束机制，两者相辅相成、相互促进。纪检监察的运行机制实质是从权力运行的正面为纪检监察职权设定运行轨道，纪检监察的约束机制则是从权力的反作用角度进一步明晰纪检监察职权的边界，是从监督制约的角度明确纪检监察职权运行的最大范围。二者犹如车之两轮、鸟之两翼，互为依存、缺一不可，绝对不能因为强调行使职权的效率，而忽视自我监督管理。在整个纪检监察工作中，必须统筹抓好职权行使与强化自身监督，做到两手抓，两手都要硬，保证纪检监察权始终在正确的轨道上运行。

（四）强化监督管理关系到纪检监察权力行使的权威性

纪检监察机关的权力是人民赋予的，必须始终接受严格的监督。从现实看，纪检监察干部处于正风肃纪反腐第一线，权力很大、责任很重，被"围猎"的风险也很突出。"纪检监察干部仍然是一些别有用心的人'围猎'的重点对象，面临各种腐蚀的风险。"[①] 纪检监察机关不是保险箱，纪检监察干部也没有天然的免疫力。纪检监察机关必须时刻铭记"谁来监督纪委"之问的政治责任，把自我监督上升为高度的政治自觉和行为自觉，从更长远的眼光思考纪检监察队伍自身建设问题，以更高的标准、更严的纪律要求自己，强化日常监督，确保党和人民赋予的权力不被滥用、惩恶扬善的利剑永不蒙尘。

三、监督管理的构成

从纪检监察职权的运行机理看，依据监督与制约方式的不同，可分

① 《〈中国共产党纪律检查机关监督执纪工作规则〉释义》，中国方正出版社2019年版，第189页。

为实体约束与程序约束；依据监督主体的不同，可分为内部监督与外部监督。这些监督方式相辅相成，共同发挥作用。

第二节　纪检监察机关的实体约束

纪检监察的实体约束是指，严格纪检监察干部的纪律要求和制度要求，从实体上排除恣意因素，确保纪检监察工作的客观、公正。

一、纪检监察干部的纪律要求和制度要求

根据党内法规和国家法律规定，纪检监察干部必须严格遵守和执行相关纪律和制度要求。

（一）严格干部准入规定

严格干部准入规定强调，纪检监察机关必须坚持党管干部，严格干部准入制度，严把政治安全关，确保纪检监察干部具备履行职责的基本条件。《纪律检查委员会工作条例》第 47 条、《纪律检查机关监督执纪工作规则》第 61 条、《监察法实施条例》第 288 条等都对此作出明确规定。

纪检监察机关是政治机关，所处的特殊位置和承担的重要职责，要求纪检监察机关必须严把准入制度。首要的就是纪检监察干部必须有对党绝对忠诚的高度自觉，坚决贯彻落实党中央全面从严治党重大决策部署，坚守职责定位。如果政治上不合格、有问题的干部加入纪检监察队伍，就会贻误党的事业，损害党的形象。[①] 纪检监察干部必须始终做到忠诚坚定、担当尽责、遵纪守法、清正廉洁，这是履行职责的基本条件。此外，随着纪检监察体制改革深入推进，纪检监察工作专业性越来越强，纪检监察干部不仅要具有较高的政治素质和工作热情，而且必须具有较强的业务能力。[②] 对不适合从事纪检监察工作的，坚决不予录用、不予选调。

---

① 《〈中国共产党纪律检查机关监督执纪工作规则〉释义》，中国方正出版社 2019 年版，第 193 页。

② 《〈中华人民共和国监察法〉释义》，中国方正出版社 2018 年版，第 251 页。

（二）加强自身建设规定

加强自身建设规定强调，纪检监察机关必须加强党的政治建设、思想建设、组织建设、作风建设和纪律建设，强化政治引领，建设让党放心、人民信赖的纪检监察干部队伍。《纪律检查委员会工作条例》第48条，《纪律检查机关监督执纪工作规则》第62条、第63条等都作出明确规定。

政治建设是党的根本性建设，决定党的建设方向和效果。纪检监察干部必须在加强政治建设、思想建设和组织建设方面发挥表率作用，带头自觉同以习近平同志为核心的党中央保持高度一致，坚决维护党中央权威和集中统一领导。审查调查组有正式党员3人以上的，应当设立临时党支部，把政治建设、政治引领、政治要求贯穿于业务工作始终。纪检监察机关要加强干部队伍作风建设，树立良好形象，力戒形式主义、官僚主义，力戒特权思想，力戒口大气粗、颐指气使，始终做党和人民的忠诚卫士。

（三）说情干预报告和登记备案规定

说情干预报告和登记备案规定强调，纪检监察机关必须严格执行纪检干部打听案情、过问案件、说情干预问题报告制度，有关情况应当登记备案。《纪律检查委员会工作条例》第51条、《纪律检查机关监督执纪工作规则》第64条、《监察法实施条例》第294条等都作出明确规定。

纪检监察干部打听案情、过问案件、说情干预，会影响执纪执法的公正性，产生泄露案情隐患，人为增加执纪执法的难度，造成严重后果和恶劣影响。纪检监察干部说情干预案件，受请托人应当向审查调查组组长和监督检查、审查调查部门主要负责人报告并登记备案。

此外，发现审查调查组成员未经批准接触被审查调查人、涉案人员及其特定关系人，或者存在交往情形的，也应当及时向审查调查组组长和监督检查、审查调查部门主要负责人直至纪检监察机关主要负责人报告并登记备案。通过建立此项制度，加强内部人员之间的互相监督，及时向组织报告可能出现的违纪违法问题，有助于将问题解决在萌芽状态，体现了抓早抓小、防微杜渐，也是对纪检监察干部真正的关心和爱护。

（四）回避规定

回避规定强调，办理纪检监察事项的纪检监察干部存在可能影响事项公正处理情形的，应当主动申请回避，被审查调查人、检举控告人以及其他有关人员也有权要求其回避。《纪律检查委员会工作条例》第52条、《纪律检查机关监督执纪工作规则》第65条、《监察法实施条例》第295条等都作出明确规定。

回避制度是保证纪检监察干部秉公用权、公正用权的重要制度设计，防止纪检监察干部因人情、利益等因素影响工作。（1）回避的情形。主要包括"审查调查审理人员系被审查调查人或者检举人近亲属、本案证人、利害关系人"，或者"存在其他可能影响公正审查调查审理的情形"，比如因为有其他利益、感情等特殊因素的存在，有可能影响审查调查审理工作客观公正进行等情况。（2）回避的方式。包括主动申请回避和被审查调查人、检举人以及其他有关人员要求其回避等方式。（3）选用借调人员、看护人员、审查场所，也应当严格执行回避制度。[①]

（五）借调人员选用和管理监督规定

借调人员选用和管理监督规定强调，纪检监察机关应当加强对借调人员的管理监督，严格纪律要求。《纪律检查机关监督执纪工作规则》第66条、《监察法实施条例》第295条等都作出明确规定。

借调人员承担着相应的工作职责，也应当具备必需的履职条件，严格遵守纪律要求。（1）建立审查调查人才库。建立审查调查人才库有利于储备审查调查人才，也从源头上对借调干部予以把关。审查调查人

① 《〈中国共产党纪律检查机关监督执纪工作规则〉释义》，中国方正出版社2019年版，第205—207页。

才库的使用应坚持两个原则：一是借调办案人员应优先从人才库中选调，二是通过人才库之外借调的，在借调后纳入人才库管理，使人才库建设成为借调人员管理的重要平台。审查调查人才库建成后，审查调查组需要借调人员的，除特殊情况外，都应当严格从人才库里选调。（2）实行一案一借，不得连续多次借调。这样规定的目的在于防止时间久了，形成固定的办案圈子，弱化相互监督。调用决定应当以书面形式作出。（3）加强对借调人员的管理监督。将借调人员纳入临时党支部，加强日常监督管理。借调结束后由审查调查组写出鉴定，为所在单位进一步了解使用干部提供参考。但是借调单位和党员干部不得干预借调人员岗位调整、职务晋升等事项。[①]

（六）保密规定

保密规定强调，纪检监察干部应当严格执行保密制度，按照规定控制纪检监察重要工作事项知悉范围和时间，严禁泄露审查调查工作情况。《纪律检查委员会工作条例》第53条、《纪律检查机关监督执纪工作规则》第67条、《监察法实施条例》第299条等都作出明确规定。

纪检监察机关针对党员、干部以及监察对象进行的监督执纪、监察执法工作，涉密程度高，一旦出现保密问题，后果不堪设想。（1）总体要求。监督执纪人员必须增强保密意识，严控审查调查工作事项知悉范围和时间，除工作必需外，不能随意扩大知悉范围和时间。不准私自留存、隐匿、查阅、摘抄、复制、携带问题线索和涉案资料，不得向任何人员泄露审查调查工作情况。（2）严格保密设备管理。审查调查组成员工作期间，应当使用专用手机、电脑、电子设备和存储介质，上述设备实行编号管理。审查调查工作结束后收回检查。（3）规范审查调查材料传递。审查调查过程必然会涉及汇报案情、传递材料以及携带案

① 《〈中国共产党纪律检查机关监督执纪工作规则〉释义》，中国方正出版社2019年版，第208—210页。

卷等工作，必须严格执行保密纪律，传递材料应当使用加密设施，携带案卷材料应当专人专车、卷不离身。

（七）脱密期管理和从业限制规定

脱密期管理和从业限制规定强调，纪检监察机关相关涉密人员离岗离职后，应当遵守脱密期管理规定，纪检监察干部离职的，应当严格遵守有关离职后从业限制的规定，三年内不得从事与纪检监察和司法工作相关联且可能发生利益冲突的职业。《纪律检查委员会工作条例》第53条、《纪律检查机关监督执纪工作规则》第68条、《监察法实施条例》第301条等都作出明确规定。

设立脱密期管理和从业限制规定，目的是防止离岗离职后发生失密、泄密等问题，防止发生利益冲突。（1）离岗离职后的保密要求。纪检监察机关相关涉密人员离岗离职后，应当遵守脱密期管理规定，严格遵守就业、出境等方面的限制性要求，严格履行保密义务，不得泄露相关秘密。（2）从业限制。纪检监察干部辞职、退休后，其原有的职权仍会在一定范围和一定时期内产生影响或者发挥作用，根据规定，三年内不得从事与纪检监察和司法工作相关联、可能发生利益冲突的职业。监督执纪人员应当履行谨慎注意的义务，只要打算从事的职业与纪检监察和司法工作有关，且有可能引致他人怀疑与原工作内容产生重要关联或利益冲突的，都应事先请示报告、经过审批。如果审批同意后，则可以从事，否则不得从事。①

（八）谈话安全规定

谈话安全规定强调，纪检监察机关开展谈话应当合理安排时间、控制时长，做到全程可控，保证谈话安全。《纪律检查机关监督执纪工作规则》第69条、《监察法实施条例》第84条等都作出明确规定。

---

① 《〈中国共产党纪律检查机关监督执纪工作规则〉释义》，中国方正出版社2019年版，第218页。

纪检监察机关开展谈话，不仅是为了查明问题、获取证据，也是开展思想政治教育的过程，必须立足教育挽救，注意方式方法，坚决守住不发生重大安全事故的底线。（1）谈话前准备阶段。做好风险评估、医疗保障、安全防范工作以及应对突发事件的预案，对可能存在的风险、可能出现的突发事件等进行评估，并采用有效应对措施。（2）谈话实施阶段。及时研判谈话内容以及案情变化，及时调整谈话策略。特别是发现严重职务违法、职务犯罪，依照监察法需要采取留置措施的，从保护对象安全的角度出发，对心理不稳定、有条件留置的就要留置。（3）谈话的结束阶段及谈话后跟踪回访。谈话结束前，应消除被谈话人心理不稳定因素，减轻其精神压力，防范意外事件发生。同时，谈话后按程序与相关单位或者人员交接，并做好跟踪回访等工作，始终将思想政治教育工作贯穿始终。

（九）安全责任制规定

安全责任制规定强调，纪检监察机关建立健全安全责任制，严格防范发生审查安全事故。《纪律检查委员会工作条例》第 54 条、《监察法》第 70 条等都作出明确规定。

审查调查工作必须严格依纪依法，保证办案安全。发生安全事故的背后是相关人员政治意识、纪律意识和法治意识的薄弱。纪检监察干部必须本着对党、国家和人民负责，对审查调查对象负责的态度，扎实做好安全工作。（1）建立健全安全责任制。监督检查、审查调查部门主要负责人和审查调查组组长是审查调查安全第一责任人，审查调查组应当指定专人担任安全员。根据规定，被审查调查人发生安全事故的，应当在 24 小时内逐级上报至中央纪委国家监委，及时妥善处置，并做好舆论引导。（2）责任追究。纪检监察机关必须做安全文明执纪执法的典范。一旦发生严重安全事故的，或者存在严重违规违纪违法行为的，省级纪检监察机关主要负责人应当向中央纪委作出检讨，并予以通报、严肃问责追责。（3）加强监督检查。案件监督管理部门是审查调查安全工作的主管部门，应当组织开展经常性检查和不定期抽查，发现问题及时报告并督促整改，将安全文明办案的要求落实到各个环节之中。

二、严肃责任追究

纪检监察机关作为党和国家监督的专责机关，必须以更高更严的纪律严格要求自己，这关系到党的形象，关系到纪检监察机关的公信力。《纪律检查委员会工作条例》第55条，《纪律检查机关监察执纪工作规则》第71条、第72条，《监察法》第七章对纪检监察干部在监督执纪执法中可能出现的违纪违法情形以及严肃追责作出了明确规定。纪检监察干部不得越权接触相关地区、部门、单位党委（党组）负责人；不得私存线索、跑风漏气、违反安全保密规定；不得接受请托、干预审查调查、以案谋私、办人情案；不得侮辱、虐待、体罚或者变相体罚被审查调查人；不得以违规违纪违法方式收集证据；不得截留挪用、侵占私分涉案财物；不得接受宴请和财物；等等。

纪检监察干部有上述行为，必须依规依纪依法严肃处理；涉嫌职务违法、职务犯罪的，依法追究法律责任；纪检监察机关在维护监督执纪执法工作纪律方面失职失责的，予以严肃问责。

三、采取禁闭措施

《监察法》第64条规定，监察人员涉嫌严重职务违法或者职务犯罪，为防止造成更为严重的后果或者恶劣影响，监察机关经依法审批，可以对其采取禁闭措施。禁闭的期限不得超过七日，自向被禁闭人员宣布之日起算。

禁闭是纪检监察机关加强内部监督的重要措施，对进一步强化对纪检监察人员的监督，确保监察执法权依法公正行使具有重要意义。禁闭措施适用于涉嫌严重职务违法或者职务犯罪的监察人员，这既体现了禁闭的内部监督功能，也符合监察机关法定管辖职责。同时，采取禁闭措施的目的是防止造成更为严重的后果或者恶劣影响，具有积极的预防功能①。纪检监察工作对公平公正有很高的要求，纪检监察干部一旦在执纪执法工作中出现严重职务违法或者职务犯罪行为，会严重阻止审查调查活动的正常进行，严重损害纪检监察机关的权威性和公信力。纪检监察机关在掌握纪检监察人员有关问题线索的情况下，依法对其采取禁闭措施，能够有效预防和制止严重后果或者恶劣影响发生，维护纪检监察工作秩序。被禁闭人员应当配合纪检监察机关调查。纪检监察机关经调查发现被禁闭人员符合管护或者留置条件的，可以对其采取管护或者留置措施。

四、“一案双查”和办案质量责任制

为了进一步督促纪检监察干部严格依规依纪依法办案，在严格自律上为全党全社会树立标杆，《纪律检查委员会工作条例》《纪律检查机关监督执纪工作规则》等法规制度专门规定了“一案双查”制度、办案质量责任制和终身问责制，以严肃责任倒逼严格管理。

（一）“一案双查”制度

对案件处置出现重大失误，纪检监察干部涉嫌严重违纪或者职务违法、职务犯罪的，不仅要查明纪检监察干部本身的违纪违法行为，追究其直接责任；同时要查明有关领导人员是否履职尽责，对没有尽到监督管理责任的，严肃追究责任。

（二）办案质量责任制

办案质量责任制将办案责任落实到具体人员，要求办案人员对自己办理的案件，应当在规定的职责范围内承担相应的责任，实现权责一致。每个纪检监察干部必须以高度负责的态度对待每一个案件，保证每一个案件都经得起纪律、法律和历史的检验。

---

① 薛宁馨：《建立禁闭制度　强化对监察人员的监督》，载《中国纪检监察》2025年第1期。

(三) 终身问责制

终身问责制强调一旦案件出现了问题，依纪依法追根溯源，对办案人员进行追责。根据《问责条例》规定，实行终身问责，对失职失责性质恶劣、后果严重的，不论其责任人是否调离转岗、提拔或者退休，都应当严肃问责。

第三节　纪检监察机关的程序约束

纪检监察的程序约束是指，通过对纪检监察职权在上下级机关及各业务部门之间进行科学配置，在相互配合的同时起到相互制约的作用，以排除履职过程中的恣意和滥用职权行为。

一、上级纪委监委对下级纪委监委的监督制约

纪律检查工作实行双重领导体制。《纪律检查机关监督执纪工作规则》等要求，纪检监察机关应当严格执行请示报告制度。地方各级纪检监察机关对作出立案审查调查决定、给予党纪政务处分等重要事项，应当向同级党委请示汇报并向上级纪委监委报告，形成明确意见后再正式行文请示。遇有重要事项应当及时报告。这是加强上级纪委对下级纪委监督和制约的重要举措。

根据相关法规制度规定，上级纪委监委对下级纪委监委的制约体现在很多方面。比如，在案件管辖方面，上级纪委监委有指定管辖权和直接管辖权；在线索处置方面，重要线索处置按要求及时向上级纪检监察机关报告；在措施使用方面，采取留置、技术调查等措施必须经上级纪委监委批准等；在纪律处分方面，重要纪律处分应征求上级纪委意见或经上级纪委批准。此外，上级纪检监察机关应当通过督导、检查和调研等方式，检查下级纪检监察机关履职尽责情况、落实上级部署的工作情况等，了解情况、发现问题，强化监督和制约。

二、纪检监察机关负责人的监督制约

纪检监察机关内部严格履行请示报告制度，重要事项必须报纪检监

察机关相关负责人批准，这是纪检监察机关内部强化监督制约的重要体现。

纪检监察机关应当坚持民主集中制，对于线索处置、谈话函询、初步核实、立案审查调查、案件审理、处置执行中的重要问题，经集体研究后，报纪检监察机关相关负责人、主要负责人审批。比如，在线索处置方面，案件监督管理部门对问题线索实行集中管理，提出分办意见，报纪检监察机关主要负责人批准，按程序移送承办部门；在谈话函询方面，以谈话方式处置反映同级党委管理的正职领导干部的问题线索，报同级党委主要负责人批准，以谈话方式处置反映同级党委管理的副职领导干部的问题线索，报同级纪委监委主要负责人批准；以函询方式处置反映同级党委管理干部的问题线索，报同级纪委监委主要负责人批准；在初步核实方面，对同级党委管理的正职领导干部开展初核，报同级党委主要负责人审批，对同级党委管理的副职领导干部开展初核，报同级纪委监委主要负责人审批；在立案审查调查方面，对同级党委管理的干部进行立案，应报同级党委主要负责人批准，对同级党委管理的干部以外的人员进行立案，应报同级纪委监委主要负责人批准；在立案审查调查过程中，纪检监察机关主要负责人应当主持召开由纪检监察机关相关负责人参加的专题会议，研究批准审查调查方案；在采取审查调查措施方面，纪检监察机关采取询问、搜查、调取、冻结、扣押等各项审查调查措施，都应当根据具体情形，报纪委监委分管领导、主要负责人或同级党委主要负责人审批；等等。

三、各职能部门之间的监督制约

各职能部门之间的监督和制约强调，各个部门之间应科学分权、分工制衡，加强主要业务环节间的互相监督制约。纪检监察机关应当建立信访举报、监督检查、审查调查、案件监督管理、案件审理相互协调、相互制约的工作机制。有的纪检监察干部担心过分强调按程序办事，会影响办事效率。实际上，程序与效率是不矛盾的，科学合理的程序，既保证公平也保障效率。忽视程序制度无序地管理，不按程序办事，即使一时一事上产生了所谓的“效率”，但那样的“效率”是局部而非整体的，是暂时而非长远的。

根据法规制度规定，各职能部门之间的监督和制约体现在很多方面，比如，案件监督管理部门负责对监督检查、审查调查工作全过程进行监督管理；案件审理部门负责对需要给予党纪政务处分的案件审核把关；等等。

此外，根据《监察法实施条例》等规定，纪检监察机关应当部署使用覆盖信访举报、线索处置、监督检查、审查调查、案件审理等执纪执法主要流程和关键要素的纪检监察一体化工作平台，推动数字技术融入纪检监察工作，通过信息化手段加强对监督执纪执法和处置工作的全过程监督管理。

四、各职能部门内部的监督制约

职能部门是一级纪检监察机关的重要组成部分，各职能部门应根据工作特点，围绕具体业务职责，建立健全内部权力制衡和监督机制，实现决策、执行和监督的相互分离、相互制约，实现以制度管人、管事、管权。比如，信访举报部门通过完善工作流程，从信访举报件的接收、登录、报批、分流等各环节都要制定严密的工作规范，明确办理时限和各岗位责任，坚决防止举报件积压、遗失或泄露；监督检查部门和审查调查部门，通过建立健全监督检查、审查调查流程规范化管理制度，对线索分类处置、初核、立案、审查调查取证、使用审查调查措施、移送审理等过程实行规范化管理；审理部门严格执行案件两人以上审理制度，明确主办人和协办人的责任，实行案件集体审议制度，案件集体审议以室务会形式进行；等等。

此外，各职能部门应认真梳理岗位职责，针对容易发生的廉洁风险点，编制业务工作流程，将风险点在业务工作流程上予以标识，制定相应管控措施。比如在外查工作环节，制定防控措施，要求案件谈话突破和外出取证时，必须2名办案人员同时参加，未经批准，监督执纪人员不得单独接触任何涉案人员及其特定关系人，不得擅自采取审查调查措施，不得从事与外查事项无关的活动。同时，程序内部的每一个步骤都应无缝连接，具体规定每个程序的“入口”与“出口”，既使各个程序之间环环相扣、相互制约，又防止工作拖沓、推诿扯皮。

第四节　纪检监察机关的内部监督

纪检监察机关的内部监督是指，纪检监察机关内部应当加强对纪检监察工作的领导，切实履行自身建设主体责任，严格教育、管理和监督。

一、同级党委监督

《纪律检查机关监督执纪工作规则》第5条规定，党委应当加强对纪委监委工作的领导、管理和监督。党委应当加强对纪委的监督，督促纪委依规依纪依法正确履行职责。

党委的监督体现在很多方面。比如，在汇报工作方面，党委应当定期听取、审议同级纪委监委的工作报告；在请示报告方面，对作出立案审查调查决定、给予党纪政务处分等重要事项，纪委应当向同级党委请示汇报，遇有重要事项应当及时报告；在线索处置方面，对反映同级党委管理的正职领导干部的问题线索，采取谈话方式进行处置的，应当报同级党委主要负责人审批；在开展初步核实方面，依法对同级党委管理的正职领导干部开展初核，应当报同级党委主要负责人审批；在立案审批方面，依法需要对同级党委管理的干部进行立案调查的，应当报同级党委主要负责人审批；在采取审查调查措施方面，对同级党委管理的正职领导干部采取询问、搜查、技术调查等审查调查措施必须报同级党委主要负责人审批等。这些规定都强化了党委对纪委监委的监督，督促纪检监察机关规范、文明、公正监督执纪执法。

二、落实管党治党的主体责任

纪检监察机关承担着监督各级党组织落实主体责任的职责，在抓自身建设上、在抓干部管理监督上，纪检监察机关同样必须落实好主体责任。各级纪检监察机关必须切实承担起加强自身建设的主体责任。纪委书记（纪检监察组长）切实担负起“第一责任人”的政治责任，管好班子、带好队伍、当好廉洁从政的表率。班子成员在职责范围内履行监督职责，在抓好分管工作的同时，用严的纪律和规矩带好队伍。

此外，纪检监察机关各个部门都要“守土有责”，切实抓好对本部门干部的日常管理和监督。

三、建立健全纪委常委会监督机制

常委会作为纪检监察机关的最高业务决策及监督机构，应切实发挥好监督职责。包括，加强调查研究，及时发现和研究纪检监察机关履职中存在的问题，及时纠正偏差；加强分析研判，对纪检监察工作成效、工作方法、纪检监察干部业务能力等进行风险评估，及时防范化解重大风险；对提交常委会决定的重大疑难案件、重要问题进行审议监督，督促秉公执纪执法；听取各部门工作情况的报告，督促各部门严格执行常委会决定；派员列席下级纪检监察机关常委会议，对辖区内纪检监察机关具体工作情况进行检查；等等。

四、发挥纪委监委内部监督部门的职能作用

纪检监察干部监督室是负责纪委监委内部监督的专责部门。2014年，中央纪委成立了纪检监察干部监督室，之后，地方也陆续成立了纪检监察干部监督室，加强对纪检监察干部的日常监督和管理。通俗地讲，纪检监察干部监督室就是纪委监委中的“纪委”，是对监督者的再监督。干部监督室通过“盯紧自己人”，切实解决“灯下黑”问题。纪检监察干部监督室要加强对纪检监察干部遵守党章党规党纪和国家法律法规、履职尽责、廉洁自律等方面的监督检查，受理对纪检监察干部的检举控告，审查调查纪检监察干部违纪违法和职务犯罪问题。

此外，纪检监察机关组织部门应当加强对干部的日常管理。机关党委作为纪委监委内部负责党建工作的专门部门，也必须加强对党员的日常管理和监督。

五、发挥临时党支部监督作用

重视和加强党支部建设，是马克思主义政党的鲜明特征。党章规定，“党的基层组织是党在社会基层组织中的战斗堡垒，是党的全部工作和战斗力的基础”。《纪律检查机关监督执纪工作规则》明确规定，“审查调查组有正式党员 3 人以上的，应当设立临时党支部”。审查调查组在监督执纪执法一线开展工作，是临时的专项机构，组成人员多，有时来自不同单位，任务繁重，接触社会面广，直接行使各项审查调查权力，采取各种审查调查措施，安全责任、权力风险集中。临时党支部通过加强对审查调查组成员的教育、管理、监督，开展政策理论学习，做好思想政治工作，及时发现问题、进行批评纠正，发挥好战斗堡垒作用。

第五节　纪检监察机关的外部监督

纪检监察机关的外部监督制约是相对于内部监督制约而言的一种监督制约方式。它是指纪检监察系统以外的机关、组织和人员，依照一定的权限，按照规定程序所进行的监督工作。

一、人大监督

《监察法》第 60 条规定，各级监察委员会应当接受本级人民代表大会及其常务委员会的监督。监察委员会由人大产生，理应受其监督。

人大对监委的监督体现在以下方面：（1）听取和审议本级监察委员会的专项工作报告。各级监委应当按照《监察法》规定，由主要负责人在本级人民代表大会常务委员会全体会议上报告专项工作。（2）组织执法检查。各级人大常委会根据工作需要，可以选择若干关系改革发展稳定大局和群众切身利益、社会普遍关注的重大问题，有计划地对涉及监察工作的有关法律、法规实施情况组织执法检查。（3）县级以上各级人大及其常委会举行会议时，人大代表或者常委会组成人员可以依照法律规定的程序，就监察工作中的有关问题提出询问或者质询，监察机关必须严肃对待。此外，根据宪法规定，人民代表大会对本级监委主任具有罢免权。

二、特约监察员监督

特约监察员制度是监察机关依法接受民主监督、社会监督、舆论监督的重要方式。2018 年 8 月，中央纪委国家监委专门出台了《国家监察委员会特约监察员工作办法》，发挥特约监察员制度对监察机关及其工作人员的监督作用，发挥参谋咨询、桥梁纽带、舆论引导作用。

特约监察员的监督体现在以下方面：（1）对纪检监察机关及其工作人员履行职责情况进行监督，提出加强和改进纪检监察工作的意见、建议；（2）根据履职需要并按程序报批后，查阅、获得有关文件和资料；（3）参加或者列席国家监察委员会组织的有关会议；（4）参加国家监察委员会组织的有关业务培训；（5）了解、反映有关行业、领域廉洁从政从业情况及所提意见建议办理情况；（6）受国家监察委员会委托开展工作时，享有与受托工作相关的法定权限；等等。特约监察员对监察机关提出的意见、建议和批评，监察机关应当及时办理和反馈。

三、人民群众监督和舆论监督

民心是最大的政治，是中国共产党领导和执政的最宝贵资源。纪检监察工作为了人民、植根人民、依靠人民，必须不断提高工作透明度，主动接受群众监督和舆论监督，畅通群众监督和舆论监督渠道，拓宽线索来源，形成无处不在的监督网。

人民群众的监督体现在以下方面：（1）实行信息公开制度。按照规定，向社会公开纪检监察机关机构设置、审查调查程序、审查调查工作纪律等，增强纪检监察工作透明度，自觉接受社会各界的监督。（2）完善信访举报制度。向社会公布、通报举报电话、电子邮箱、举报网址，探索与电信部门联合建立服务专线，既接受人民群众的查询和质询，也接受人民群众的信访举报。（3）重视舆论监督。加强对各种舆情的收集、研判和处置，及时作出回应，正确引导舆论，对反映领导干部违纪违法问题的要及时调查处理，对反映失实的要及时澄清。(4) 重要审查调查情况通报制度。纪检监察机关通过报刊、网站等载体，定期向社会集中通报一段时间审查调查的举报数、立案数、审查调查情况以及处置情况等，使人民群众对纪检监察机关工作情况做到心中有底，强化人民群众和舆论对纪检监察工作的监督。

◉ 案例

纪检监察机关必须严格监督管理，清除“害群之马”

赵某，原某省纪委监委干部。赵某曾经是家乡的高考状元，知名大学法学院高材生，大学毕业后直接考入省纪委监委机关工作，曾经参与查办过多起大案要案，也曾经立功受奖。但近期省纪委监委在审查调查有关案件过程中，发现赵某涉嫌严重违纪违法问题，按程序初步核实后，由省纪委监委干部监督室依纪依法对赵某立案审查调查。经查，赵某严重违反党的政治纪律和政治规矩，妄议中央大政方针政策，大搞封建迷信，将工作秘密拿来做交易，违规私自接触被监督对象、被调查人或涉案人，并利用这些干部的职权和影响为自己办事、谋取巨额利益。比如，赵某在查办某案件时，某涉案人黄某主动多次与赵某接触，打探案件相关信息，赵某都一一奉告。为此黄某多次请赵某喝酒、吃饭，赠送名贵手表等贵重的礼物，并帮助赵某以他人名义开办的公司在该市承揽工程项目，后该公司顺利获取了合同标的数千万元的绿化工程项目，赵某从中获得了巨额利益。

赵某的上述问题均被依纪依法查明，省纪委监委按程序对赵某进行了严肃处理，并将其涉嫌犯罪问题移送司法机关依法处理。赵某被依纪依法处理后，追悔莫及，痛哭流涕，深深忏悔。

◉ 评析

打铁必须自身硬。纪检监察机关对党组织和党员开展监督，对行使公权力的公职人员实施监察，而纪检监察机关本身就是拥有重要公权力的机构，监督权是党和国家重要的公权力，必须受到最严格的监督和制约。纪检监察机关必须从维护保障党中央设计的党和国家监督体系的战略高度，从党和国家事业全局和纪检监察队伍建设大局需要出发，深刻认识和把握加强纪检监察队伍自身建设的极端重要性，切实采取有效措施，强化纪检监察系统的自我监督。

本案中，赵某无视党和人民的培养，无视组织的关心培养，严重违反政治纪律和政治规矩，泄露工作秘密，利用自己手中的权力，胡作非为、滥作滥为，把纪律和法律底线置之脑后，严重违纪违法，滑向腐败堕落的深渊，直到身陷囹圄，才幡然醒悟，但为时已晚，令人痛心。

党中央反复强调，纪检监察干部必须做到忠诚干净担当、敢于善于斗争，对加强纪检监察干部自身队伍建设提出了一系列具体要求。但是在这样的高压态势下，仍有个别干部搞贪腐不收敛不收手；仍有人越权接触相关地区、部门、单位党委（党组）负责人；仍有人交往对象过杂，与商人老板甚至涉案对象勾肩搭背；仍有人以案谋私，向监督对象传送信息、透露工作秘密；仍有人接受请托、干预审查调查、以案谋私、办人情案；等等。这些问题必须引起高度警觉。实践证明，纪检监察机关不是天然的保险箱，纪检监察干部也不是生活在真空中，同样面临着腐蚀与被围猎的风险。《纪律检查委员会工作条例》《纪律检查机关监督执纪工作规则》《监察法》等对纪检监察干部行使职权提出了一系列纪律要求，通过健全内控机制，把执纪执法权力真正关进制度的笼子。纪检监察干部必须严格执行、遵守各项纪律和法律要求，自觉接受党内监督和其他各方面监督，严格约束家属、子女和身边工作人员。纪检监察机关必须强化内部监督管理，对执纪违纪、执法违法者“零容忍”，坚决防止“灯下黑”，坚决清除“害群之马”，切实打造忠诚坚定、担当尽责、遵纪守法、清正廉洁的纪检监察铁军。

思考题：

1. 纪检监察机关强化内部监督管理的重要性？
2. 纪检监察干部应当遵守哪些具体纪律要求？
3. 纪检监察工作的程序约束体现在哪些方面？

后　　记

建设纪检监察学科是中国特色开创性事业。2022 年 9 月，国务院学位委员会在《博士、硕士学位授予和培养研究生的学科专业目录》中增设纪检监察学一级学科，开启了纪检监察学科发展的新纪元。关于创建纪检监察学的重大意义，这不仅是推进纪检监察工作规范化、法治化、正规化建设的重大里程碑，而且也是推进中国特色社会主义监督制度进程中的一件大事。纪检监察学是中国共产党在与世界马克思主义政党命运比较和以不断深化的自我革命理论和实践应对长期执政面临的现实考验中孕育产生的，是在新时代发展中国特色社会主义监督制度的伟大实践中发展完善起来的，是中国特色社会主义监督制度在学科建设上的集中体现。

2021 年我撰写了《纪检监察学基础》一书，对纪检监察学科的知识体系进行了构建和研究。近年来，伴随着纪检监察理论和实践的重大发展，我也不断对《纪检监察学基础》书稿进行补充完善，作为第二版出版发行。第二版增加了《纪律检查委员会工作条例》、新修订的《监察法》及实施条例等党内法规和国家法律中的具体内容，增加了近年来纪检监察工作的新成效、新部署、新要求。另外，我有幸参与了纪检监察一级学科的申请工作、纪检监察学科统编教材编写等工作，在这个过程中不断深化对纪检监察学科及其知识体系的认识，一并体现在书稿中。

本书借鉴了许多专家、学者和同仁们的研究成果，尤其参考了中央纪委国家监委法规室编写的《〈中华人民共和国监察法〉释义》《〈中华人民共和国监察法实施条例〉释义》《〈中国共产党纪律检查机关监督执纪工作规则〉释义》《〈监察机关监督执法工作规定〉释义》，以及中央纪委国家监委审理室编写的《纪检监察审理实务研究》《公职人员职务犯罪调查取证工作百问百答》等重要著作。书稿撰写过程中得到了中央纪委国家监委相关部门诸位领导和同事的悉心指导和帮助，得到了中国纪检监察学院各位领导和同事的帮助鼓励，得到了中国方正出版社的大力支持。中国政法大学研究生薛琪洪对全书进行了认真细致的校核工作。

需要指出的是，本书仅为广大纪检监察干部、理论研究者、院校学生学习纪检监察知识提供一种思路上的启发，仅为推进纪检监察学科建设进行的探索，不能作为权威解释和有效依据。若能对读者学习纪检监察理论和业务知识提供帮助、有所裨益，将不胜欣慰。

由于笔者水平有限，错误纰漏之处在所难免，恳请读者批评指正。

王希鹏

2025 年 7 月于中国纪检监察学院

图书在版编目（CIP）数据

纪检监察学基础 / 王希鹏著. -- 2 版. -- 北京：
中国方正出版社，2025. 3. -- ISBN 978-7-5174-1432-2

Ⅰ. D262. 6

中国国家版本馆 CIP 数据核字第 2025Y5P880 号

纪检监察学基础（第二版）
JIJIAN JIANCHAXUE JICHU（DIERBAN）
王希鹏　著

责任编辑：安乐明
责任校对：周志娟
责任印制：李惠君

出版发行：中国方正出版社
（北京市西城区广安门南街甲 2 号　邮编：100053）
发行部：（010）66560933　门市部：（010）66562755
编辑部：（010）59594610　出版部：（010）59594625
网址：www. lianzheng. com. cn
经　　销：新华书店
印　　刷：保定市中画美凯印刷有限公司

开　　本：787 毫米×1092 毫米　1/16
印　　张：46
字　　数：610 千字
版　　次：2025 年 7 月第 2 版　2025 年 7 月北京第 1 次印刷

ISBN 978-7-5174-1432-2　定价：136. 00 元
